상담 심리사

한권으로 끝내기

끝까지 책임진다! 시대에듀!

QR코드를 통해 도서 출간 이후 발견된 오류나 개정법령, 변경된 시험 정보, 최신기출문제, 도서 업데이트 자료 등이 있는지 확인해 보세요! **시대에듀 합격 스마트 앱**을 통해서도 알려 드리고 있으니 구글 플레이나 앱 스토어에서 다운받아 사용하세요. 또한, 파본 도서인 경우에는 구입하신 곳에서 교환해 드립니다.

편집진행 박종옥 · 김연지 | **표지디자인** 현수빈 | **본문디자인** 조성아 · 김휘주

머리말

상담은 21세기 유망직종으로 알려져 있습니다.

이에 많은 사람들이 대학원에서 상담학과 심리학을 공부하고 임상 훈련을 거쳐 상담사가 되려고 합니다. 상담사는 한 개인의 정신을 다루는 영역으로 자신은 물론 다른 사람의 삶에 중요한 영향을 미칩니다. 따라서 높은 도덕적 가치와 학문적 수준을 요구합니다. 상담사는 전문적인 지식을 토대로 훈련과 교육을 통해 성장해야 합니다. 자신의 부족한 부분을 채우고 다른 사람을 향한 애정이 전제되어야 합니다. 또한 객관적인 실력을 검증받음으로써 상담사가 될 수 있습니다.

현재 우리나라에서 자격증을 발급받을 수 있는 길은 크게 두 가지 방법이 있습니다. 국가에서 시행하는 자격시험을 통과하는 것과 민간자격증을 받는 길입니다.

국가에서 운영하는 상담관련 자격증은 임상심리사(한국산업인력공단), 정신건강임상심리사(보건복지부), 청소년상담사(여성가족부)가 있습니다. 가정폭력상담사와 성폭력상담사는 법률로 정하고 있지만 엄밀하게 말하면 자격증은 발급되지 않습니다. 그 외의 자격증들은 민간자격증으로 국가에 등록해서 민간이 운영하는 자격으로 나누어집니다. 민간자격은 한국직업능력개발원 홈페이지의 '민간자격 정보 서비스(www.pqi.or.kr)'를 통해서 확인할 수 있습니다.

Always **with you**

사람의 인연은 길에서 우연하게 만나거나 함께 살아가는 것만을 의미하지는 않습니다.
책을 펴내는 출판사와 그 책을 읽는 독자의 만남도 소중한 인연입니다.
시대에듀는 항상 독자의 마음을 헤아리기 위해 노력하고 있습니다. 늘 독자와 함께하겠습니다.

현재 '상담'이라는 이름으로 검색한 관련 자격증이 무려 4천여 개나 운용이 되고 있어 자격을 취득하는 데 있어 상당한 주의가 필요합니다. 여러 자격증 가운데 비교적 신뢰할 만한 자격증들은 한국상담학회, 한국상담심리학회, 한국심리학회, 한국상담전공대학원협의회, 한국가족상담협회, 한국예술심리상담협회 등에서 발급하는 것들입니다. 이러한 단체들의 자격증은 국가자격에 준하는 정도의 권위를 인정받고 있다고 할 수 있습니다. 이 단체들은 그 권위를 인정받기 위해 상당한 헌신과 노력, 그리고 공정한 운영을 하고 있기 때문입니다.

이 책은 위 단체들을 포함하여 각종 상담 관련 자격증을 발급하는 기관이나 단체들에서 시행하는 자격시험을 위한 수험서입니다. 상담사라면 누구나 알아야 하는 기본적인 내용들을 중심으로 정리하였습니다.

또한 중요한 부분은 예상문제로 정리하여 시험에 대비할 수 있도록 하였습니다. 그동안 상담사 시험을 준비하며 종합적인 자료가 많지 않아 고생하는 수험생들이나 예비 상담사들을 위해 여러 기관의 전문가들이 힘을 모았습니다. 자료정리를 위해 상담심리학, 심리학, 보건학, 가족상담학, 예술치료 분야 전문가들이 참여하였기에 각 분야를 통합한 균형있는 자료가 될 것입니다.

이 책을 통해 정신건강과 상담, 그리고 코칭의 주요 축에서 심리 관련 전문가들을 양성하는 데 도움이 되기를 기대합니다.

편저자 올림

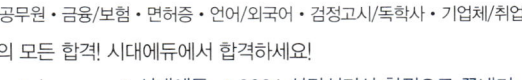

구성과 특징 STRUCTURES

빨리보는 간단한 키워드

핵심적인 내용을 빠르게 익힐 수 있도록 키워드로 간단하게 정리하였습니다. 이론을 학습할 때 어느 부분에 중점을 두어야 할지 파악할 수 있고, 시험 전 빠르게 훑어보며 내용정리를 하는 데 도움이 됩니다.

핵심 KEY & 핵심이론

각 단원마다 수록한 핵심 KEY를 통해 학습을 시작하기 전 어떤 내용을 담고 있는지 미리 알 수 있도록 하였습니다. 또한 이론 중에서 반드시 이해하고 학습해야 할 핵심만 모아 체계적으로 정리하였습니다.

핵심문제

핵심이론에서 다루었던 이론들 중에서 시험에 출제될 확률이 높은 것을 엄선하여 핵심문제로 수록하였습니다.

적중예상문제 & 명쾌한 해설

적중예상문제를 풀어보면서 자신의 취약점을 파악하고, 현재 실력을 가늠할 수 있는 잣대로 활용할 수 있습니다. 문제를 맞고 틀린 이유를 쉽게 파악할 수 있도록 명쾌한 해설을 수록하였습니다.

시험안내 INFORMATION

○ 상담심리사란?

상담심리사는 한국상담심리학회에서 인정한 상담심리사 자격을 취득한 자로서 상담심리사 1급(상담심리전문가)과 상담심리사 2급(상담심리사)으로 구분됩니다. 현재 국내에서 가장 널리 인정받는 상담자격으로 자격증을 소지한 자는 관련 분야 취업 시 우대를 받고 있습니다.

○ 2025 시험일정

구 분	날 짜
홈페이지 신청 및 응시료 납부	6월 2일(월) ~ 6월 6일(금) 18:00
자격시험(필기)	6월 28일(토)
합격자 발표	7월 4일(금)

※ 시험일정은 한국상담심리학회를 기준으로 수록하였습니다.
  2026년 일정은 아직 발표되지 않았으므로, 추후 한국심리상담학회 홈페이지(krcpa.or.kr)를 참고하시기 바랍니다.

○ 상담심리사의 역할

❶ 개인 또는 집단의 심리적 성숙과 사회적 적응능력 향상을 위한 조력 및 지도
❷ 심리적 부적응을 겪는 개인 또는 집단에 대한 심리평가 및 상담
❸ 지역사회 상담교육, 사회병리적 문제에 대한 예방활동 및 재난후유증에 대한 심리상담
❹ 기업체 내의 인간관계 자문 및 심리교육
❺ 상담 및 심리치료에 관한 연구

○ 상담심리사 자격취득 절차

학회 가입 → 상담경력 및 과목이수 충족 → 자격시험 합격 → 최소 수련내용 충족 → 자격심사 합격 → 자격증 취득

○ 자격검정방법

구 분	내 용
자격시험	각 과목 객관식 25문항 • 시험과목 : 상담심리학, 발달심리학, 이상심리학, 학습심리학, 심리검사(5과목) • 각 과목별 40점 이상, 전과목 평균 60점 이상이면 합격 • 자격시험 합격 유효기간 : 5년
자격심사	자격시험에 합격한 자에 대해 상담수련과정 및 자격검정기준을 평가하는 면접시험

○ 자격시험 응시서류

❶ 자격시험 응시원서
❷ 상담경력 확인서
❸ 학부 성적증명서 및 학사학위 증명서

※ 응시서류는 상담관련 학사학위 취득자를 기준으로 작성되었으며, 응시자가 해당하는 조건에 따라 차이가 있을 수 있습니다. 자세한 내용은 한국상담심리학회 홈페이지(krcpa.or.kr)를 참고하시기 바랍니다.

○ 시험 시행현황

구 분		1급	2급	전 체
2021	응시자	737명	1,462명	2,199명
	합격자	128명	389명	517명
	합격률	17.37%	26.61%	23.51%
2022	응시자	803명	1,721명	2,524명
	합격자	123명	432명	555명
	합격률	15.32%	25.1%	21.99%
2022	응시자	890명	1,652명	2,542명
	합격자	123명	477명	600명
	합격률	13.82%	28.87%	23.6%
2024	응시자	988명	1,580명	2,568명
	합격자	158명	363명	521명
	합격률	15.99%	22.97%	20.28%

시험안내 INFORMATION

○ 자격심사 청구를 위한 최소수련내용(상담심리사 2급)

영 역		일반수련자	외국수련자
접수면접		상담 및 심리검사 접수면접 20회 이상	
개인상담	면접상담	5사례, 합 50회기 이상 ⟶ 부부, 가족, 아동상담 포함	
	수퍼비전	10회 이상 ⟶ 공개사례발표 2회 포함	
집단상담	참 여	참여 또는 보조리더 2개 집단 이상 ⟶ 집단별 최소 15시간 총 30시간 이상, 식사시간 미포함	
	실 시	–	
	수퍼비전	–	
심리평가	검사실시	10사례 이상 ⟶ 1사례당 2개 이상, 그 중 개인용 검사 1개 포함	
	해석상담	10사례 이상	
	수퍼비전	5사례 이상 ⟶ 1사례당 2개 이상, 그 중 개인용 검사 1개 포함	
	검사종류	자격검정위원회에서 인정하는 개인용 검사 ⟶ MMPI, HTP, BGT, DAP, SCT, KFD, 성인 및 아동용 개인용 지능검사 　예 K-WAIS, K-WPPSI, K-WISC, KEDI-WISC, K-ABC 등 자격검정위원회에서 인정하는 표준화 검사(개인용 이외의 검사) ⟶ 검사의 실시, 채점, 해석 등 전 과정이 표준화되어 있고, 공인된 출판사에서 제작, 판매하는 검사 　예 성격진단검사, 적성진단검사, MBTI 등 단, 한 검사가 전체 사례의 1/2을 초과할 수 없음 ⟶ 검사 실시, 해석, 수퍼비전 모두 해당	
공개사례발표		분회, 상담사례 토의모임에서 개인상담 2사례, 총 10회기 이상 ⟶ 3주 이상 발표간격을 두고 발표 ⟶ 외국자격증 소지자로 자격시험 면제자는 개인상담 1사례, 총 10회기 이상	
상담사례 연구활동		학회 학술 및 사례 심포지엄(월례회) 2회 이상을 포함하여 분회, 상담사례 토의모임에 총 10회 이상 참여	
학술 및 연구활동		–	

○ 자격심사 청구를 위한 최소수련내용(상담심리사 1급)

영역		일반수련자	외국수련자
접수면접		—	—
개인상담	면접상담	20사례 이상, 합 400회기 이상	7사례 이상, 합 100회기 이상
	수퍼비전	50회 이상 … 공개사례발표 4회 포함	5회
집단상담	참여경험	2개 집단 이상 … 집단별 최소 15시간 이상 총 30시간 이상, 식사시간 미포함	—
	리더 또는 보조리더	2개 집단 이상 … 집단별 최소 10시간 이상 총 30시간 이상, 식사시간 미포함	—
	수퍼비전	2개 집단 이상 … 집단별 최소 10시간 이상 총 30시간 이상, 식사시간 미포함	—
심리평가	검사실시	20사례 이상 … 1사례당 2개 이상, 그 중 개인용 검사 1개 포함	—
	해석상담	20사례 이상	—
	수퍼비전	10사례 이상 … 1사례당 2개 이상, 그 중 개인용 검사 1개 포함	—
	검사종류	자격검정위원회에서 인정하는 개인용 검사 … MMPI, HTP, BGT, DAP, SCT, KFD, 성인 및 아동용 개인용 지능검사 예) K-WAIS, K-WPPSI, K-WISC, KEDI-WISC, K-ABC 등 자격검정위원회에서 인정하는 표준화 검사(개인용 이외의 검사) … 검사의 실시, 채점, 해석 등 전 과정이 표준화되어 있고, 공인된 출판사에서 제작, 판매하는 검사 예) 성격진단검사, 적성진단검사, MBTI 등 단, 한 검사가 전체 사례의 1/2을 초과할 수 없음	
공개사례발표		분회, 상담사례 토의모임에서 개인상담 4사례, 총 40회기 이상 (3주 이상 발표간격을 두고 발표) … 상담심리사 2급 자격으로 응시할 경우 개인상담 3사례, 총 30회기 이상	분회, 상담사례 토의모임에서 개인상담을 2사례, 총 20회기 이상 (3주 이상 발표간격을 두고 발표)
상담사례 연구활동		학회 "학술 및 사례 심포지엄" 6회 이상을 포함하여 분회, 상담사례 토의모임에 총 30회 이상 참여	—
학술 및 연구활동		학회 또는 유관 학술지에 발표한 1편 이상의 연구 논문 제출	—

Q&A QUESTION AND ANSWER

Question 자격시험(필기) 응시 기준은 무엇인가요?

Answer

❶ 1급 취득과정
- 상담관련 석사학위 취득자
- 상담심리사 2급 취득자
- 상담 비관련 석사학위 취득자로서 상담관련 박사과정에 입학한 자
- 외국의 상담 및 심리치료 분야의 전문가 자격증 소지자
- 외국학회의 인턴십을 마친 자

❷ 2급 취득과정
- 상담관련 석사재학
- 상담관련 학사학위 취득자
- 비상담 관련 학사학위 취득자
- 외국의 상담 및 심리치료 분야의 전문가 자격증 소지자

※ 자격증 취득과정은 한국상담심리학회 홈페이지 → 상담심리사 취득과정 → '상담심리사 1급과정 또는 상담심리사 2급과정'을 통해서 확인 가능합니다.

Question 자격시험(필기) 합격 유효기간이 어떻게 되나요?

Answer 자격시험 합격 유효기간은 5년

예 2026년 취득자 : 2031년까지 응시가능

Question 자격시험(필기) 과목 면제 기준은 어떻게 되나요?

Answer

❶ 상담관련 박사학위 취득 후 2학기 이상의 해당과목 대학교 강의경력, 저서 등의 실적이 있는 자는 최대 3과목까지 면제
❷ 위 서류 이외의 제출서류 : 자격시험 면제신청서/강의경력 및 저서 등의 실적에 관한 증빙서류

과목별 공략 포인트 POINT

1과목 상담심리학

상담심리사가 현장에서 실무를 처리할 때 필수적인 부분입니다. 너무 다양하고 복잡하여 자칫 지루하게 느껴질 수 있는 상담기법과 사례를 스스로 다양하게 설정하여 즐기며 공부하는 것이 좋습니다. 디테일한 부분을 명확하게 구분하여 기억하는 것도 필요합니다.

2과목 이상심리학

긴 용어라든가 암기하여야 할 장애 명칭 등이 많아 수험생들이 어려워하는 과목입니다. 명칭 등은 모두 암기하여야 하며 유사한 명칭이 많기 때문에 명칭에 따른 확실한 이해가 필요합니다. 상담심리사 실무에서 가장 기본이 되는 과목으로 볼 수 있기 때문에 어려워도 소홀히 해서는 안 됩니다.

3과목 심리검사

진단의 기본이 되는 영역입니다. 심리학 영역에서 전반적으로 사용하고 있는 지능검사, 성격검사 등 여러 유형의 검사 및 그 특징과 심리검사와 측정의 기본이 되는 개념에 대하여 공부하는 파트입니다. 딱딱한 개념과 용어라도 차근차근 학습하여 완전히 이해하도록 합니다.

4과목 학습심리학

기초심리학의 하나로 역시 심리학의 뼈대가 되는 중요한 과목입니다. 고전적 조건형성과 조작적 조건형성 등 큰 틀이 되는 이론 위주로 먼저 파악한 후 세부적인 이론으로 이해를 확장하며 공부할 필요가 있습니다. 세부 내용도 역시 모두 중요하기 때문에 확실히 이해하며 학습합니다.

5과목 발달심리학

심리학 분야에 있어서 가장 기초이며 뿌리가 될 만한 중요한 부분입니다. 무조건 암기하는 것보다는 체계적으로 이해하며 공부하여야 합니다. 학자별 특징과 그 특징에 맞는 세부이론을 하위에 추가하는 방식으로 공부하는 방식을 추천합니다.

이 책의 목차 CONTENTS

빨리보는 간단한 키워드

1편 핵심이론

PART 01 상담심리학
- CHAPTER 01 상담심리학 ········· 005

PART 02 이상심리학
- CHAPTER 01 이상심리학 ········· 049
- CHAPTER 02 성격심리학 ········· 099

PART 03 심리평가 및 연구방법론
- CHAPTER 01 심리검사 ········· 167
- CHAPTER 02 연구방법론 ········· 231

PART 04 집단상담 및 가족상담
- CHAPTER 01 집단상담 ········· 251
- CHAPTER 02 가족치료 ········· 287

PART 05 발달상담 및 학업상담
- CHAPTER 01 발달심리학 ········· 341
- CHAPTER 02 학습심리학 ········· 377

2편 적중예상문제/부록

- 적중예상문제 ········· 411
- 부록(상담심리사 윤리강령) ········· 483

빨리보는 간단한 키워드

PART 01	상담심리학
PART 02	이상심리학
PART 03	심리평가 및 연구방법론
PART 04	집단상담 및 가족상담
PART 05	발달상담 및 학업상담

빨리보는 간단한 키워드

PART 01 상담심리학

■ 상담의 기본원리
- 개별화의 원리
- 의도적 감정표현의 원리
- 통제된 정서 관여의 원리
- 수용의 원리
- 비심판적 태도의 원리
- 자기결정의 원리
- 비밀보장의 원리

■ 상담자의 바람직한 자세 및 역할
- 진실성 : 상담자는 자신의 생각, 감정, 능력에 대해 진실되고 일관성이 있어야 한다.
- 공감적 이해 : 공감의 의미는 내담자가 경험하는 방식으로 내담자의 세계를 경험하는 것이다.
- 무조건적·긍정적 존중 : 내담자를 판단하지 않고 온전하게 받아들이는 것이다.
- 경청하기 : 내담자로 하여금 생각이나 감정을 자유롭게 표현할 수 있도록 북돋아준다.
- 반영하기 : 상담자의 감정 반영이 내담자에게 감정표현의 모델이 될 수 있다.
- 직면하기 : 내담자가 스스로 깨닫지 못한 자신의 말이나 행동의 불일치를 지적할 수 있다.
- 해석하기 : 내담자의 행동과 생활방식에 대한 새로운 이해의 틀을 제공한다.

■ 상담의 과정
- 의뢰와 사전 준비
- 첫 만남
  - 내담자의 기대를 탐색하고 불안 등의 감정을 이해하고 공감하는 것이 필요하다.
  - 내담자의 비언어적 행동을 관찰하는 것부터 시작한다.
- 상담 초기
  상담자가 내담자를 처음 만난 후부터 상담목표를 세워 구체적으로 개입하기 전까지를 말한다.

- 상담 중기
  - 심층적 탐색과 내담자의 자각이 이루어지는 시기이다.
  - 내담자는 상담에 대한 저항으로 상담 때문에 더 나빠지고 있다는 느낌을 가질 수 있다.
- 상담 종결
  - 상담관계를 끝낼 때 상담자는 내담자가 느낄 수 있는 여러 감정을 충분히 다루어준다.
  - 추수상담은 내담자의 행동 변화를 지속적으로 점검하고 내담자의 강점을 강화하고 부족한 점을 보완할 수 있다.

■ 단기상담

- 단기상담의 기간은 주로 1회부터 25회기 미만을 일컫는다.
- 시간이 짧기 때문에 목표 설정에 제한성이 있다.
- 내담자의 문제에 대해 즉각적이고 신속한 개입이 이루어져야 한다.

■ 정신분석이론

- 주요개념
  - 본능이론 : 성적 본능(Libido, 삶의 본능), 공격적 본능(Thanatos, 죽음의 본능)
  - 의식구조 : 의식, 전의식, 무의식
  - 성격구조 : 원초아, 자아, 초자아
  - 방어기제 : 억압(Repression), 부인(Denial), 투사(Projection), 동일시(Identification), 퇴행(Regression), 합리화(Rationalization), 승화(Sublimation), 치환(Displacement), 반동형성(Reaction Formation)
- 상담과정
  - 초기단계 : 상담자와 내담자가 신뢰관계를 형성하여 치료동맹 관계를 맺는 단계이다.
  - 전이단계 : 상담자는 내담자의 전이욕구에 중립적 태도로, 포용과 존중의 마음으로 이해한다.
  - 통찰단계 : 내담자의 의존욕구와 사랑욕구의 좌절에 대한 감정을 이해하고 통찰하는 단계이다.
  - 훈습단계 : 내담자가 통찰한 내용을 실제 생활로 옮겨가는 과정의 단계이다. 훈습단계를 통해 내담자의 행동변화가 어느 정도 안정되면 종결을 준비한다.

■ 인간중심이론

- 주요개념
  - 성격발달 : 인간은 유아기에는 자아가 분화되지 않다가 점차 자신과 세계를 분리하는 과정에서 자기개념이 생기고 자신에 대한 외부의 평가를 내면화하면서 자기개념이 발달한다.
  - 충분히 기능하는 사람(Fully Functioning Person) : 현재 자신의 자아를 완전히 지각하고 있는 사람이다. 로저스는 충분히 기능하는 사람은 계속적으로 변화하는 사람으로, 과정 중에 있는 사람이라고 정의하였다.
- 상담과정
  - 초기단계 : 상담자가 내담자를 있는 그대로 이해하고 수용할 때 내담자가 자신도 스스로를 이해하고 수용하게 되면서 통찰이 증가하고 성격의 통합이 이루어진다.
  - 중기단계 : 내담자가 자신을 보다 잘 이해하고 수용하면서 긍정적이고 건설적인 행동을 취하게 된다.
  - 종결단계 : 내담자가 전에 부인하였던 감정을 수용하고 현실을 왜곡하지 않고 있는 그대로 받아들이며, 스스로 자신의 문제를 해결하며 성장해나간다.

■ 행동주의이론

- 행동주의 접근의 4가지 요소
  - 고전적 조건형성
  - 조작적 조건형성
  - 사회학습
  - 인지적 경향
- 상담과정

상담관계 형성	상담자는 가치판단 없이 온정적·공감적으로 내담자의 말을 수용하고 이해하려는 노력이 필요하며, 내담자에 대해 많은 관심을 가져야 한다.
문제행동 규명	상담자는 내담자가 스스로 자신의 문제를 확실히 알 수 있도록 도와주며, 문제행동을 구체적인 행동으로 나타낼 수 있도록 돕는다.
내담자의 현재 상태 파악	상담자는 내담자에 의해 제시된 문제행동을 분석하고 내외적 정보와 자원을 탐색한다.
상담목표 설정	상담목표는 상담자와 내담자의 행동 표적이 된다.
상담기술 적용	내담자가 바람직하다고 생각되는 행동을 하도록 돕는 기술과 내담자 스스로 통제할 수 있도록 돕는 기술이 필요하다.
상담결과 평가	상담의 진행과 기술이 효과가 있었는지 알아본다.
상담종결	최종 목표 행동에 대한 최종 평가 후에 이루어진다.

■ 인지행동이론

- 인지적 기법
  - 비합리적 신념 논박하기 : 상담자는 내담자로 하여금 사건이나 상황이 아닌 자신이 가지고 있는 비합리적 신념 때문에 장애를 느낀다는 것을 깨닫게 한다.
  - 인지적 과제 주기 : 내담자에게 자신의 문제 목록표를 만들고, 당위론적 신념을 밝히며 논박하게 하고 비합리적 신념을 줄이기 위한 과제를 부여한다.
- 정서적 기법
  - 합리적 정서 상담 : 내담자 자신에게 일어날 수 있는 최악의 상황을 상상하게 하여 그 상황에 맞지 않는 부적절한 감정을 적절한 감정으로 변화시키는 방법이다.
  - 유머의 사용 : 내담자가 필요 이상으로 심각하게 받아들이는 것에 대하여 반박하고, 틀에 박힌 생활 철학을 논박하도록 조언하는 데 유머를 사용한다.
- 행동적 기법
  내담자에게 어떤 행동을 하게 함으로써 그의 신념체계를 변화시키고, 증상에서 벗어나 보다 생산적인 행동을 할 수 있도록 돕는 기법이다.

■ 게슈탈트이론

- 주요개념
  - 게슈탈트 : 개체가 자신의 유기체적 욕구나 감정을 하나의 의미 있는 행동 동기로 조직화하여 지각하는 것이다.
  - 각성 : 기억되는 것보다는 지금 일어나고 있는 것을 가리키며, '지금-여기'의 현실에 무엇이 존재하느냐에 초점을 두는 능력이다.
  - 미해결 과제 : 인간의 분노, 격분, 증오, 고통, 불안, 슬픔, 죄의식, 포기 등과 같은 표현되지 못한 감정을 포함하는 개념이다.
  - 회피 : 미해결 과제에 직면하거나 미해결 상황과 관련된 불안한 정서에 직면하는 것을 스스로 막는 데 사용되는 수단 중 하나이다.
  - 전경과 배경 : 어느 한 순간에 관심의 초점이 되는 부분을 전경이라고 하고, 관심 밖에 있는 부분을 배경이라고 한다.
  - 알아차림-접촉주기 : 게슈탈트가 형성되고 해소되는 반복과정으로서, 알아차림과 접촉을 통해 전경과 배경을 교체한다.
- 상담기법
  - 욕구와 감정의 자각 : '지금-여기'에서의 욕구와 감정을 자각한다.
  - 신체자각 : '지금-여기'에서의 억압된 감정의 에너지가 집중되는 신체감각에 대해 자각하게 한다.
  - 환경자각 : 내담자의 감정과 욕구의 자각을 위해 주위 환경에서 체험되는 것, 즉, 자연경관, 사물의 모습, 맛, 냄새, 소리, 촉감 등을 자각하게 한다.
  - 언어자각 : 내담자가 사용하는 언어에서 행동의 책임 소재가 불명확한 경우, 자신의 감정과 동기에 대해 책임을 지는 형식의 문장으로 바꾸어 말하게 함으로써 자신의 욕구나 감정에 대한 책임의식을 높여줄 수 있다.
  - 과장하기 : 내담자가 어떤 상황에서 감정의 정도와 깊이가 미약하여 명확히 자각하지 못하고 있을 때는 내담자의 특정 행동이나 언어를 과장하여 표현하게 한다.
  - 빈 의자 기법 : 현재 상담에 참여하지 않은 사람과 직접 대화를 나누는 형식을 취함으로써 그 사람과의 관계를 직접 탐색해볼 수 있고, 자기 자신의 억압된 부분 혹은 개발되지 않은 부분들과의 접촉이 가능하다.
  - 꿈을 통한 통합 : 상담자가 내담자에게 꿈을 현실로 재현하도록 하여 꿈의 각 부분과 동일시해보도록 하는 기법이다.
  - 머물러 있기(느낌에 머무르기) : 내담자가 자신의 미해결 감정들을 회피하지 않고 직면하여 견뎌내도록 함으로써 이를 해소하도록 돕는 기법이다.
  - 반대로 하기(반전기법) : 내담자에게 평소 행동과 반대되는 행동을 해보도록 요구함으로써 내담자가 억압하고 통제해온 부분을 표출하도록 하는 기법이다.
  - 상전과 하인 : 상전과 하인의 내면적 대화를 의식적이고 외적인 대화로 의식화함으로써, 내담자가 자신의 행동에 대한 이해를 도모하도록 하고, 내면적 갈등을 완화할 수 있도록 하는 기법이다.
  - 대화실험 : 내담자에게 특정 장면을 연출하거나 공상 대화를 하도록 제안함으로써 내담자로 하여금 내적인 분할을 돕는 기법이다.

■ 교류분석

- 주요개념
  - 어버이 자아(P : Parent)

양육적 어버이 자아 (NP ; Nurturing Parent)	• 타인에게 관심을 가지고 보살피며 보호적이다(과잉보호의 가능성이 있다). • 스스로를 칭찬하고, 지지하고, 위안하며 타인을 인정하고 칭찬한다.
비판/통제적 어버이 자아 (CP ; Critical Parent)	• 주장적이며 처벌적이고 완고한 방식으로 기능한다. • 스스로를 비난하고 나무라며 타인의 행위나 일에 대해서도 비난하고 처벌하려고 한다.

  - 어른 자아(A : Adult)

    합리적이고 객관적으로 현실을 파악하고자 한다.
  - 어린이 자아(C : Child)

순응적 어린이 자아 (AC ; Adapted Child)	부모나 주위 어른에게 주의를 끌기 위해 눈치 보는 행동을 취한다.
자유 어린이 자아 (FC ; Free Child)	• 타인을 의식하지 않고 자유롭게 기능한다. • 자기중심적이거나 쾌락을 추구하고, 감정을 자유로이 표출한다.
꼬마 교수 자아 (LP ; Little Professor)	어른 자아의 축소판으로, 창조적이고 탐구적이며 조정적인 기능을 한다.

- 교류분석 유형
  - 상보교류
  - 교차교류
  - 이면교류
- 각본분석

자기긍정, 타인긍정 (I'm OK, You're OK)	정서적·신체적 욕구가 애정적·수용적인 방식으로 충족된다.
자기긍정, 타인부정 (I'm OK, You're not OK)	투사적 생활자세로서 자신의 실수를 타인에게 전가시키며 세상에 비난, 불신, 좌절, 분노로 반응한다.
자기부정, 타인긍정 (I'm not OK, You're OK)	무력감과 우울감을 주된 정서로 가지며, 죄의식, 공포, 의기소침, 자살 충동 등에 빠질 수 있다.
자기부정, 타인부정 (I'm not OK, You're not OK)	긍정적 스트로크의 제공자 부재로 쉽게 포기하고 희망이 없으며 심각한 정신적 문제를 가지게 된다.

■ 현실치료
- 현실치료의 5가지 원리
  - 인간은 욕구와 바람을 달성하도록 동기화되어 있다.
  - 인간은 자신이 바라는 것과 환경으로부터 얻고 있다고 지각하는 것과의 불일치로 인해 각자에게 필요한 구체적인 행동을 수행하게 된다.
  - 인간의 모든 행동은 행위, 사고, 느낌, 생물학적 행동으로 구성되며 목적이 있다.
  - 행위, 사고, 느낌, 생물학적 행동은 서로 분리될 수 없고, 내부로부터 생성되며 선택에 의한 것이다.
  - 인간은 지각체계를 통해서 세상을 본다.
- 인간의 기본 5욕구
  - 소속감의 욕구
  - 힘의 욕구
  - 즐거움의 욕구
  - 자유의 욕구
  - 생존의 욕구

PART 02 이상심리학

1. 정신장애 원인에 따른 입장

■ 정신분석이론
- 프로이트(Freud)는 심리결정론에 기초하여 일상에서 우리가 나타내는 행동과 경험은 매우 사소하고 이해하기 어려운 일이라 하더라도 원인 없이 우연히 일어나는 것이 없다고 가정한다.
- 어린 시절의 경험이 성격의 기초를 형성하며, 이러한 내면적 표상이 성인이 되어서도 지대한 영향을 미치게 된다고 본다.
- 정신분석학의 구조는 원초아, 자아, 초자아를 통해 심리성적 발달단계를 완성시킨다.

■ 행동주의이론
- 고전적 조건형성 원리와 조작적 조건형성 원리를 적용하여 심리적 장애를 교정하므로 겉으로 드러나는 증상이나 장애행동을 없애고 바람직한 적응적 행동을 습득한다.
- 부적응행동 또는 증상을 약화시키거나 제거하기 위해서는 소거, 처벌, 체계적 둔감법 등을 활용한다.

■ 인본주의이론
- 제3의 심리학이라 불리는 인본주의는 심리장애를 자기실현의 좌절에서 온 것으로 보며 인간을 성장지향적인 존재로 여긴다.
- 로저스의 인간중심과 매슬로우의 실존심리를 중심으로 신정신분석학파와 자아심리학파의 이론을 포함한다.
- 행동주의의 지극히 과학적인 입장과 반대로 내담자의 주관적 입장과 세계관을 바탕으로 전개된 인본주의는 학문적 관점에서 한계를 갖는다.

■ 인지주의이론
- 벡(Beck)이 우울증에 대해 연구하여 발전시킨 인지치료와 엘리스(Ellis)가 보다 적극적인 치료 방식으로 발전시킨 합리적정서행동치료가 있다.
- 인간의 행동을 인지만으로 단정지어 설명하는 것은 인간을 지나치게 단순화시켜 피상적으로 이해하는 것이라는 비판을 받는다.

2. DSM-5 분류에 따른 주요 장애유형
■ 신경발달장애

지적장애	아동기 및 청년기에 시작하는 발달장애 상태로, 지적·인지적 능력에 뚜렷한 제한이 있고 일상생활을 제대로 수행하기 어렵다. 지적장애 자체가 질병은 아니다.
의사소통장애	일반적인 지능수준에도 불구하고 의사소통에 사용되는 말이나 언어 사용에 결함이 있는 경우이다.
자폐스펙트럼장애	사회적 상호작용과 의사소통에서 장애를 나타내며 제한된 관심과 흥미를 보인다.
주의력결핍 및 과잉행동장애(ADHD)	끊임없이 움직이고 안절부절못하며 수다스럽게 말하는 과잉행동과 주어진 과제에 적절한 시간 동안 주의를 집중하지 못하는 주의력 결핍이 합하여 있는 경우이다.
특정학습장애	정상적인 지능을 갖추고 있고 정서적인 문제가 없음에도 불구하고 현저한 학습부진을 보이는 경우이다.
운동장애	나이나 지능수준에 비해서 움직임 및 운동능력이 현저하게 미숙한 경우를 뜻한다. 발달성 협응장애, 상동증적 운동장애, 틱장애가 있다.

■ 조현병 스펙트럼 및 기타 정신병적 장애
조현병의 대표적인 증상은 망상, 환각, 와해된 언어이다.
- 망상 : 피해망상, 과대망상부터 신체적 망상에 이르기까지 다양하다.
- 환각 : 지각의 이상으로 인해 외부의 자극이 없음에도 불구하고 지각적 경험을 한다.
- 와해된 언어 : 언어가 심하게 손상되어 의사소통에 방해가 된다. 빈번한 주제의 이탈, 탈선, 이완연상, 지리멸렬 등이 나타난다.
- 위 증상 중 2가지 이상 증상이 1개월 동안 상당 시간 나타난다.
- 가족관계 및 사회환경적 요인으로 부모의 부적절한 양육태도, 부모의 상반된 의사전달과 지시 또는 설명(이중구속이론), 가족 내 불분명하거나 비논리적인 의사소통, 부부관계의 편향적 혹은 분열적 양상이 요인으로 꼽힌다.

■ 양극성 및 관련 장애
- 제Ⅰ형 양극성장애 : 과도하게 기분이 고양된 '조증 삽화'와 과도한 자존심 및 자신감, 말이 많아지고 행동이 부산해지는 등의 부가 증상들이 최소 일주일간 지속된다.
- 제Ⅱ형 양극성장애 : 조증 삽화보다 정도가 약한 '경조증 삽화'와 함께 부가 증상들이 최소 4일간 지속되는 경우에 진단된다.
- 순환성장애 : 반복적인 기분변동을 경험하지만, 그중 어떤 것도 주요우울 삽화나 조증 삽화로 불릴 만큼 심각하지 않다.

■ 우울장애

- 주요우울장애 : 우울장애 유형 중 가장 심한 형태로 우울한 기분, 흥미 또는 즐거움의 상실이 나타난다. 피로감, 주의집중의 어려움, 무가치감, 죄책감, 죽음에 대한 동경 등 다양한 증상을 보인다. 수면, 식욕/체중, 정신운동성 활동 등의 세 가지 영역들이 증가하거나 감소한다.
- 지속성 우울장애 : 우울증상이 2년 이상 장기간에 걸쳐 지속된다. 아동·청소년에서는 우울하기보다는 과민한 상태로 나타나기도 하며 1년 이상 지속된다.
- 월경 전 불쾌감장애 : 불안정한 기분, 과민성, 불쾌감, 불안 등이 월경 주기 전에 시작되고 월경 시작 또는 직후에 사라진다.
- 파괴적 기분조절부전장애 : 분노발작이 발달수준에 부합되지 않고 평균적으로 일주일에 3회 이상 나타난다.

■ 불안장애

- 범불안장애 : 평소 불안감과 초조감을 느끼며, 항상 과민하고 긴장된 상태에 있다. 또한 주의집중이 어렵고 쉽게 피로감을 느끼며, 지속적인 긴장으로 인해 두통, 근육통, 소화불량 등을 호소한다.
- 공포증
  - 특정공포증 : 어떠한 특정한 공포 대상이나 상황에 노출되는 경우 나타나는 심각한 두려움과 비합리적인 회피행동을 동반하며, '단순공포증(Simple Phobia)'이라고도 한다.
  - 광장공포증 : 즉각적으로 모면하기 어려운 특정한 장소나 상황에 처해있는 경우 흔히 공황발작과 함께 나타난다.
  - 사회불안장애(사회공포증) : 어떠한 특정한 사회적 상황이나 일을 수행하는 상황에 노출되는 경우 발생하며, 사회적 기술의 결여 등으로 인해 상황을 회피하려는 양상을 보인다.
- 공황장애 : 예기치 못한 강렬한 불안, 즉 공황발작을 반복적으로 경험하는 장애를 말한다.
- 분리불안장애 : 애착대상으로부터 분리될 때 혹은 분리될 것으로 예상될 때 느끼는 불안의 정도가 일상생활을 위협할 정도로 심하고 지속적인 경우를 말한다.
- 선택적 함구증(무언증) : 어떤 특정한 상황에서만 다른 사람에게 전혀 대꾸를 하지 않으며 말을 하지 않는 것을 선택적 함구증이라고 한다.

■ 강박 및 관련 장애

심각한 불안이나 고통을 유발하는 강박적 사고와 이를 중화하기 위한 강박적 행동이 반복적으로 발생한다. 그러나 이런 행동은 일시적인 편안함을 제공할 뿐 결과적으로 불안을 증가시킨다.

- 강박장애
- 신체이형장애
- 수집광
- 발모광(털뽑기장애)
- 피부뜯기장애

■ 외상 및 스트레스 관련 장애

충격적인 사건, 예를 들어 강간, 폭행, 교통사고, 자연재해, 가족이나 친구의 죽음 등을 경험한 후 불안상태가 지속적으로 나타나는 양상을 보인다.
- 외상 후 스트레스장애 : 심각한 외상적 사건을 경험하고 난 사람들이 외상 후 스트레스장애(PTSD)를 보인다.
- 급성 스트레스장애
- 반응성 애착장애
- 탈억제성 사회성 유대감 장애
- 적응장애

■ 해리장애

의식, 기억, 행동 및 자기정체감의 통합적 기능에 갑작스러운 이상이 생긴 상태를 말한다. 감당하기 어려운 충격적 경험으로부터 자신을 보호하는 기능을 지니고 있으며 진화론적으로 적응적 가치가 있는 기능이라고 할 수 있다.
- 해리성 정체성장애 : '다중인격장애' 또는 '다중성격장애'라고도 하며, 한 사람에게 둘 이상의 서로 다른 정체감을 지닌 인격이 존재하는 해리상태에 해당한다.
- 해리성 기억상실
- 이인증/비현실감장애

■ 신체증상 및 관련 장애

- 신체증상장애 : 자신의 증상의 심각성에 대해 편중되고 지속적인 생각, 건강이나 증상에 대한 지속적이고 높은 단계의 불안, 이와 같은 증상이나 염려에 대한 과도한 시간과 에너지 소모가 나타난다.
- 질병불안장애 : 심각한 질병에 걸려있거나 걸리는 것에 대해 몰두한다.
- 전환장애 : 수의적 운동기능 또는 감각기관에 증상이 나타나지만, 신체적 또는 기질적 이상이 발견되지 않는다.
- 인위성장애 : 자신이나 타인의 의학적 또는 심리학적인 징후와 증상을 허위로 꾸며낸다.

■ 급식 및 섭식장애

- 신경성 식욕부진(거식증) : 체중과 체형을 보는 방식이 왜곡되고, 체중과 체형이 자기평가에 지나친 영향을 미치며, 현재의 낮은 체중의 심각함을 부정한다.
- 신경성 폭식증 : 단시간 내에(2시간 이내) 일반인들이 먹을 수 있는 양보다 명백히 많은 양을 먹고, 음식을 먹는 동안 음식 섭취에 대해 통제력을 잃는다.
- 폭식장애 : 폭식으로 인해 현저한 고통을 경험하는 경우로서, 신경증 폭식증과 달리 부적절한 보상행동(예 스스로 유도한 구토, 이뇨제, 관장약, 다른 치료약물의 남용, 금식)은 나타나지 않는다.
- 이식증 : 영양분이 없는 물질이나 먹지 못할 것(예 종이, 천, 흙, 머리카락)을 적어도 1개월 이상 지속적으로 먹는 경우를 말한다.
- 되새김장애 : 위장에 남아 있는 내용물을 식도나 구강 내로 역류시켜 다시 씹어 삼키는 행동을 적어도 1개월 동안 보이는 장애를 말한다.
- 회피적·제한적 음식섭취장애 : 심각한 체중저하와 영양결핍이 나타나도록 음식 섭취에 관심이 없거나 회피하고, 먹더라도 매우 제한적으로만 먹는 경우를 말한다.

■ 수면-각성장애
- 불면장애 : 잠을 자고 싶어도 잠을 이루지 못하는 날들이 지속되고 이로 인해 낮 동안의 활동에 심각한 장애를 받게 되는 경우를 말한다.
- 과다수면장애 : 불면장애와 반대로 과도한 졸음으로 인해 일상생활에 어려움을 겪는 경우를 말한다.
- 기면증 : 주간에 깨어있는 상태에서 갑자기 저항할 수 없는 졸음을 느껴 수면에 빠지게 되는 경우를 말한다.
- 호흡관련 수면장애 : 폐쇄성 수면 무호흡·저호흡, 중추성 수면 무호흡증, 수면관련 환기저하
- 일주기리듬 수면-각성장애 : 뒤처진 수면위상형, 앞당겨진 수면위상형, 불규칙한 수면-각성형, 비24시간 수면-각성형, 교대근무형
- 사건수면 : NREM수면-각성장애, 악몽장애, 하지불안증후군, REM수면-행동장애

■ 변태성욕장애
- 노출장애 : 낯선 사람에게 성기를 노출시키는 것이며, 때로는 성기를 노출시키면서 또는 노출시켰다는 상상을 하면서 자위행위를 하기도 한다.
- 관음장애 : 다른 사람이 옷을 벗고 있는 모습을 몰래 훔쳐봄으로써 성적 흥분을 느끼는 경우를 말한다.
- 마찰도착장애 : 동의하지 않는 사람에게 자신의 성기나 신체 일부를 접촉하거나 문지르는 행위를 반복적으로 나타내는 경우를 말한다.
- 소아성애장애 : 사춘기 이전의 소아(보통 13세 이하)를 대상으로 하여 성적 공상이나 성행위를 반복적으로 나타내는 경우를 말한다.
- 성적 피학장애 : 굴욕을 당하거나 매질을 당하거나 묶이는 등 고통을 당하는 행위를 중심으로 성적 흥분을 느끼거나 성적 행위를 반복하는 경우를 말한다.
- 성적 가학장애 : 상대방으로 하여금 고통이나 굴욕감을 느끼게 함으로써 성적 흥분을 느끼거나 그러한 성적 행위를 반복하는 경우를 말한다.
- 물품음란장애 : 무생물인 물건에 대해서 성적 흥분을 느끼며 집착하는 경우를 말한다.
- 복장도착장애 : 성적 흥분을 목적으로 이성의 옷으로 바꿔 입는 경우를 말한다.

■ 파괴적 충동조절 및 품행장애
- 적대적 반항장애 : 권위적인 대상에게 논쟁적, 반항적 행동을 하며, 보복적 특성과 분노/과민한 기분을 보인다.
- 간헐적 폭발장애 : 충동적인 공격적 행동 폭발이 급성으로 발병한다.
- 품행장애 : 다른 사람의 기본적 권리를 침해하고 연령에 적절한 사회적 규범 및 규칙을 위반하는 행동양상을 지속적이고 반복적으로 보인다.
- 병적 방화 : 금전적 이득이나 보복 등 다른 이득에 대한 동기 없이 고의로 방화를 한다.
- 병적 도벽 : 반복적으로 자신에게 필요하지 않은 물건을 훔치고 충동에 따라 행동한다.

■ 물질관련 및 중독장애

- 알코올 중독 : 과도하게 알코올을 섭취하여 심하게 취한 상태에서 부적응적 행동이 나타난다.
- 알코올 금단 : 지속적으로 마시던 알코올 섭취를 중단했을 때 일어나는 신체적·생리적·심리적 증상이다.
- 도박장애 : 지속적이고 반복적인 문제적 도박 행동이 일상에서 유의미한 손상이나 고통을 야기하며, 최소 12개월 동안 다음 5가지 양상이 나타난다.
  - 도박의 감소 혹은 중지를 시도할 때 안절부절못하거나 신경이 매우 날카로워진다.
  - 종종 도박에 집착하는 행동이 나타난다.
  - 종종 고통스런 감정을 느낄 때 도박을 한다.
  - 도박에 빠져있는 상태를 숨기기 위해 거짓말을 한다.
  - 도박의 통제, 감소, 혹은 중지에 대한 노력이 반복적으로 실패한다.

■ A군 성격장애

- 편집성 성격장애(Paranoid Personality Disorder, PPD)
  - 타인에 대한 의심과 불신이 가족, 동료, 이웃사촌과의 관계에 영향을 미쳐 그들이 자신을 부당하게 취급하고 이용할 것이라고 생각하여 끊임없이 의심하고 관련 증거를 탐색한다.
  - 타인을 순수한 마음으로 받아들이지 못하며 자신이 불리해질 수 있다는 두려움에 타인과의 대인장면에서 조심스럽고 치밀하며 비밀이 많다.
- 조현성(분열성) 성격장애(Schizoid Personality Disorder, SPD)
  - 타인과의 사교적 교류를 원치도, 즐기지도 않기 때문에 사회적 관계로부터 고립되어 대인관계를 기피하는 태도를 보이며 자신의 감정을 표현하지 않는다.
  - 타인의 칭찬이나 비난에 무관심하므로 자신의 감정을 강하게 호소하거나 드러내는 일이 없다.
- 조현형(분열형) 성격장애(Schizotypal Personality Disorder, STPD)
  - 사회적으로 고립된 형태를 갖는다는 점에서는 분열성 성격장애와 마찬가지지만, 몇 가지 보다 구별되는 특징적 증상을 갖는다.
  - 보다 괴짜적인 분열형 성격장애의 증상들은 조현병을 규정짓는 증상이 보다 경미하게 나타나는 형태로 과거에는 '단순형 정신분열증(Simple Schizophrenia)'으로 불리었다.

■ B군 성격장애

- 반사회성 성격장애(Antisocial Personality Disorder, ASPD)
  - 타인의 권리를 존중하지 않는 양상이 전반적으로 퍼져있으므로 사회규범에 적응하지 못한다.
  - 자극과민성이 높아 신체적인 공격행동을 하기도 하고, 충동적인 태도는 무책임한 행동을 하게 하며 진심이나 진실성이 없고, 자신의 잘못에 대해 전혀 죄책감을 느끼지 못한다.
- 경계선 성격장애(Borderline Personality Disorder, BPD)
  - 대인관계와 기분상의 충동성과 불안정성을 갖고 있어 타인에 대해 급작스런 감정의 변화와 태도를 가지므로 자기상 또는 자아상(Self-image), 정동에 있어 불안정하다.
  - 경계선 성격장애를 가진 사람들은 버림받을 것에 대해 두려워하며 타인이 자신에게 귀 기울여주기를 바라며 만성적인 우울감과 공허감을 갖는다.

- 연극성 성격장애(Histrionic Personality Disorder, HPD)
  - 연극성 성격장애자들은 겉모습이 연극적이고 항상 자기 자신에 대하여 관심을 끌려고 하는 행동을 한다.
  - 연극성 성격장애를 가진 사람들은 자기중심적인 경향을 띠며 신체적 매력을 드러내는 것에 매우 예민하기 때문에 성적으로 자극적이거나 유혹적인 행동을 할 가능성이 있다.
- 자기애성 성격장애(Narcissistic Personality Disorder, NPD)
  자신의 능력을 과장되게 느껴 왜곡된 자기상을 가지며, 자기중심적이며 끊임없이 주목받고 과도한 찬사를 받고 싶어한다.

■ C군 성격장애

- 회피성 성격장애(Avoidant Personality Disorder, APD)
  - 회피성 성격장애를 갖는 사람들은 비난, 거절, 반대를 몹시 두려워하기 때문에 부정적 피드백을 피하기 위해 직장이나 대인관계를 피하려는 태도를 보인다.
  - 자신이 처한 환경에서 당황이나 불편함을 겪게 될 것이 두려워 심하게 위축되는 성향을 갖는다.
- 의존성 성격장애(Dependent Personality Disorder, DPD)
  - 의존성 성격장애를 갖고 있는 사람들은 보살핌을 받고 싶은 욕구가 강해 혼자 있으면 불안해하며 지나치게 자신감이 부족하다.
  - 이들은 자신을 지나치게 약한 존재로 보고 자신의 능력과 자질을 과소평가하므로 중요한 결정을 내리거나 책임성을 요하는 일에 대해 타인에게 책임을 지운다.
- 강박성 성격장애(Obsessive-Compulsive Personality Disorder, OCPD)
  자기통제와 완벽성에 집착을 보이며 형식과 절차, 규칙에 지나치게 몰두하며 사소한 것에도 과도하게 신경을 쓴다.

■ 신경인지장애

- 섬망 : 기억, 지남력, 지각, 시공간 기술, 언어 중에서 최소한 한 가지 결손이 나타나며 단시간에 걸쳐 발생하고 하루 중에도 심각도가 변동된다.
- 주요 및 경도인지장애 : 한 가지 이상의 인지영역(복합주의력, 실행기능, 학습 및 기억력, 언어능력, 지각-운동기능 또는 사회 인지)에서 이전의 수행 수준보다 현저한 인지기능상의 저하가 나타난다.

■ 배설장애

- 유뇨증 : 5세 이상 된 아동이 신체적인 이상이 없음에도 옷이나 침구에 반복적으로 소변을 보는 경우를 말한다. 연속적으로 3개월 이상 매주 2회 이상 부적절하게 소변을 볼 경우 진단된다.
- 유분증 : 4세 이상의 아동이 대변을 적절치 않은 곳(옷, 바닥)에 반복적으로 배설하는 경우를 말한다. 특히 이러한 행동이 3개월 이상 매달 1회 이상 나타날 때 진단된다.

■ 성기능부전

- 남성 성욕감퇴장애 : 성적인 자극이나 추구하는 동기가 거의 없고, 성적인 표현을 하지 못하는 것에 대해서도 좌절감을 느끼는 정도가 약하다.
- 발기장애 : 성행위 욕구가 있음에도 적절한 발기가 되지 않아 성교에 어려움을 겪는 경우를 말하며 남성에게 있어서 가장 빈도가 높은 성기능장애이다.

- 조기사정(조루증) : 남성의 성기를 여성의 질에 삽입 후 약 1분 이내에 그리고 사정을 원하기 전에 일찍 사정하게 되거나 여성이 절정감에 도달하기 전에 사정하는 현상이 대부분의 성행위에 반복된다.
- 사정지연(지루증) : 대부분의 성관계에서 사정을 늦게 하거나 하지 못한다.
- 여성 성적 관심/흥분장애 : 성행위에 관심도 없고 환상도 없으며, 성적으로 흥분하는 데 어려움을 가지고 있다. 이는 배우자 관계에서 문제나 어려움을 일으킨다.
- 성기-골반통증/삽입장애 : 성관계에서 삽입에 따른 고통과 질 내의 긴장감으로 인해 어려움을 가지고 있다.
- 여성 극치감장애 : 절정에 도달할 수 없거나 절정에 도달하는 데 매우 긴 시간이 걸리며, 이는 배우자 관계에서 어려움을 일으킨다.

■ **성별불쾌감**
- 청소년과 성인에서의 성별불쾌감 : 타고난 성별과 경험하는 성별 사이에 현저한 불일치가 있다.
- 아동에서의 성별불쾌감 : 반대 성이 되는 것을 강력히 소망하고 타고난 자신의 성별을 거부하는 반면 다른 성별의 옷, 장난감, 게임, 놀이친구, 상상역할을 선호한다.
- 생물학적 요인으로 태아의 유전적 결함, 어머니의 약물복용에 의한 태내기 호르몬 이상과 후천적인 요인으로 반대 성의 부모에 대한 과도한 동일시를 한다. 같은 성의 부모가 소극적이거나 존재하지 않은 반면 반대 성의 부모가 지배적인 경우 아동이 반대의 성을 모델로 삼을 수 있다.

3. 주요 성격이론
■ **프로이트의 정신분석이론**
- 자각의 수준

의식	• 개인이 현재 자각하고 있는 생각을 포함한다. • 의식의 내용에 새로운 생각이 들어오고, 오래된 생각은 물러나면서 계속적으로 변한다.
전의식	의식과 무의식의 중간에 있는 자각으로 의식으로 용이하게 가져올 수 있는 정신의 부분이다.
무의식	• 프로이트가 가장 중요하게 생각했던 자각의 수준이다. • 정신분석의 초점이 되는 부분이다. • 무의식의 본능에 의해 지배되며 모든 행동의 배후에서 작동하는 주요한 추진력으로 우리의 행동을 방향 짓는 소망과 욕망이 자리잡고 있는 곳이다.

- 성격의 구조이론

원초아(생물학적 구성요소)	원초아는 성격의 가장 원시적인 부분으로 모든 본능의 저장소이다.
자아(심리적 구성요소)	실제적인 면에서 인간이 접하고 있는 현실을 인지하고 조정하면서 현실원리(Reality Principle)에 따라 작동한다.
초자아(사회적 구성요소)	도덕적인 양심, 자아이상에 의해 작동한다.

- 방어기제
  - 억압 : 자아가 위협적인 내용을 의식 밖으로 밀어내거나 혹은 그러한 자료를 의식하지 않으려는 적극적 노력이다.
  - 부정 : 현실에서 일어났던 위협적이거나 외상적인 사건을 받아들이지 않고 거절하는 것이다.
  - 반동형성 : 개인의 내면에서 수용할 수 없는 충동을 정반대로 적극적으로 표현하려는 것이다.
  - 투사 : 자신이 갖고 있는 좋지 않은 충동의 원인을 다른 사람 때문이라고 돌리는 것이다.
  - 퇴행 : 위협적인 현실에 직면하여 불안을 덜 느꼈거나 책임감이 적었던 이전의 발달단계의 행동을 하는 것이다.
  - 전위 : 어떤 대상에게 원초아의 충동을 표현하기가 부적절하면, 충동의 대상을 대체하는 것이다.
  - 승화 : 전위의 한 형태로 수용될 수 없는 충동이 사회적으로 받아들여질 수 있는 충동으로 대체되는 것이다.
  - 합리화 : 자신의 행동이 받아들여질 수 있게끔 그럴듯한 핑계를 사용하여 재해석하는 것이다.

■ 아들러의 개인심리학

- 성격 평가기법
  - 초기회상 : 내담자가 회상하는 실제적인 사건에 대한 기억이다.
  - 꿈 분석 : 꿈의 상징은 고정된 의미보다는 현재의 변화와 발달을 평가하는 데 사용된다.
  - 출생순위 분석 : 부모–자녀 간의 상호작용의 역동성과 형제간의 역동성에 집중하였다.
  - 기본적 오류 : 과잉일반화, 안전추구를 위한 그릇되거나 불가능한 목표, 인생과 인생의 요구들에 대한 잘못된 지각, 개인가치의 최소화 또는 부인, 그릇된 가치
  - 자질 : 가족구도, 초기회상, 꿈, 기본적 오류를 발견하도록 이끈다.

■ 융의 분석심리학

- 정신의 구조

의 식	• 직접 알고 있는 정신의 부분이다. • 자아(Ego)에 의해 지배된다. • 태도는 의식의 주인인 자아가 갖는 정신적 에너지의 방향이다(외향성/내향성).
개인무의식	• 의식에 인접해 있으며, 쉽게 의식화될 수 있는 망각된 경험이나 감각경험으로 구성된다. • 억압으로 인해 의식이 미약하여 의식에 도달할 수 없거나 의식에 머물 수 없는 경험을 포함한다.
집단무의식	• 융이 제안한 독창적인 개념으로 분석심리학의 가장 핵심적인 개념이다. • 개인적 경험이나 역사와 문화를 통해 공유해온 모든 정신적 자료가 유전되었다고 생각한다.

- 원 형
  - 페르소나 : 개인이 사회적 요구들에 대한 반응으로서 밖으로 내놓는 공식적인 얼굴이다.
  - 아니마와 아니무스 : 남성의 내부에 있는 여성성을 아니마(Anima), 여성 내부에 있는 남성성을 아니무스(Animus)라고 한다.
  - 그림자 : 인간의 어둡거나 사악한 측면을 나타내는 원형이다.
  - 자기 : 자기(Self)는 모든 의식과 무의식의 주인이다.

- 성격 평가기법
  - 단어연상검사 : 어떤 자극단어에 의해 마음에 떠오르는 단어로 반응하는 투사기법이다.
  - 증상분석 : 환자가 증상에 대하여 자유연상하도록 하는 기법이다.
  - 사례사 : 심리적 발달을 추적하는 데 사용된다.
  - 꿈 분석 : 꿈이 무의식적 소망 이상의 의미를 가지고 있다고 믿는 기법이다.
  - MBTI : 개인이 외부로부터 정보를 수집하고(인식기능), 자신이 수집한 정보에 근거해서 행동을 결정(판단기능) 내리는 데 있어서 선호하는 방법이 근본적으로 다르다는 것을 바탕으로 한 기법이다.

■ 호나이의 신경증적 성격이론

- 신경증 욕구 : 개인이 안전을 얻기 위해 사용하는 방어적 태도로, 비합리적으로 작용하는 것이다.
  - 애정과 인정 욕구
  - 지배적 파트너 욕구
  - 힘 욕구
  - 착취 욕구
  - 특권에 대한 욕구
  - 존경에 대한 욕구
  - 자아충족 욕구
  - 완전 욕구
  - 생의 편협한 제한 욕구

■ 에릭슨의 심리사회적 이론

- 주요개념

자아심리학	• 아동의 자아가 형성되는 역사적 환경을 강조하며 사회적 제도와 가치 체계의 특성에 따라 상호적으로 관련된다고 보았다. • 전 생애를 포괄하는 것이며 다양한 발달단계에서 출현하는 자아의 특성(덕목)에 초점을 두었다.
점성설의 원리	발달은 유전에 의존하며 전 생애에 대한 발달단계를 제시한 최초의 심리학적 이론이다.
위 기	해당단계의 개인에게 부과된 생리적 성숙과 사회적 요구로부터 발생된 인생의 전환점이다.

- 심리사회적 발달단계

연 령	적응 대 부적응 방식	덕 목
0~1세	신뢰감 대 불신감	희 망
1~3세	자율성 대 의심 및 수치심	의 지
3~5세	주도성 대 죄책감	목 적
사춘기	근면성 대 열등감	유능성
청소년기	자아정체감 대 역할혼돈	충실성
성인초기	친밀감 대 고립감	사 랑
중년기	생산성 대 침체감	배 려
노년기	자아통합 대 절망감	지 혜

■ 매슬로우의 자아실현 접근

- 욕구의 위계
  - 생리적 욕구 : 음식, 물, 성
  - 안전 욕구 : 안전, 질서, 안정성
  - 소속감과 사랑 욕구
  - 존중 욕구
  - 자아실현 욕구
- 욕구의 특성
  - 하위에 있는 욕구가 더 강하고 우선적이다.
  - 상위의 욕구는 인생의 나중에 나타난다.
  - 상위 욕구의 만족은 지연될 수 있다.
  - 상위 욕구는 생존과 성장에 기여한다.
  - 상위 욕구 만족은 생산적이고 유용하다.
  - 상위 욕구 만족은 더 좋은 외적 환경을 요구한다.
  - 위로 올라갈수록 각 욕구의 만족 비율이 낮아진다.
- 결핍동기와 성장동기
  - 결핍동기 : 유기체 내에 있는 부족한 어떤 것을 충족시키려는 욕구이다.
  - 성장동기 : 유기체가 현재 상태에서 즐거움과 만족을 느끼면서 목표를 추구하는 것이다.
- 결핍인지와 성장인지
  - 결핍인지 : 욕구가 강할 때 자주 나타난다.
  - 성장인지 : 환경에 대한 보다 정확하고 효율적인 자각이다.
- 결핍가치와 성장가치
  - 결핍가치 : 구체적인 목표 대상에 지향된 가치이다.
  - 성장가치 : 태어날 때부터 갖고 태어나는 가치이다.
- 결핍사랑과 성장사랑
  - 결핍사랑 : 타인이 자신의 욕구를 충족시켜주기 때문에 타인을 사랑하는 것이다.
  - 성장사랑 : 타인의 성장을 위한 사랑이다.

■ 로저스의 인간중심 접근

- 주요개념

유기체	• 개인은 모든 경험의 소재이다. • 유기체의 경험을 중시한다. • 경험의 전체가 현상적 장을 구성한다.
자아	자아는 개인 내부에 있는 작은 사람이 아니다. 즉 개인은 행동을 통제하는 어떤 자아를 가지고 있는 것이 아니라 현상적 장의 일부로서 조작화된 일련의 지각인 자아를 갖는다.
실현화 경향성	유기체는 기본적 경향성과 추구를 갖는데, 그것은 유기체를 실현하고, 유지하며 향상시키는 것이다.
가치의 조건화	부모로부터 긍정적 자기존중을 받기 위해 아동은 경험에 대해 폐쇄적인 자세를 취하게 되며, 자기실현에 방해받게 된다.
충분히 기능하는 사람	• 경험에 개방적이다. • 실존적 삶, 즉 매순간에 충실한 삶을 영위한다. • 창조적이다.

- 상담자가 갖추어야 할 세 가지 태도
  - 일치성 : 겉치레 없이 개방적이며 진솔하게 있는 그대로의 자신이 되려고 해야 한다.
  - 무조건적·긍정적 존중 : 상담자는 내담자를 한 인간으로서 깊고 진실하게 돌봐주어야 한다.
  - 공감적 이해 : 상담자가 마치 내담자인 것처럼 내담자의 내적 참조 틀에 의해 파악한 내담자의 주관적 가치나 감정을 되돌려주어야 한다.

■ 실존주의적 접근

- 실존주의 인간관
  - 인간은 제한된 존재로서 세상에 던져진 존재이다.
  - 인간은 존재론적 불안에 직면하면서 성장한다.
  - 자기 인생을 살고자 하는 진실성과 용기가 필요하다.
- 궁극적 관심사
  - 자유와 책임 : 인간은 자유를 가진 자아결정적 존재로서 삶의 방향을 지시하고 운명을 이루어나가는 데 책임을 져야 한다.
  - 삶의 의미성 : 삶의 중요성과 목적을 향해 노력하는 것이 인간의 독특한 특성이며 인간은 의미와 개인 정체감을 갖는다.
  - 죽음과 비존재 : 실존철학의 가장 핵심 문제가 죽음이며 인간은 자기 스스로 죽는 것을 지각할 뿐만 아니라 이를 통해 실존의 유지가 불가능해진다.
  - 진실성 : 가치 있는 실존을 위해 진실된 자세로 최선을 다해 살아가는 것이다.

■ 스키너의 조작적 조건형성

- 조작적 조건형성
  - 반응행동 : 어떤 자극에 의해 야기되거나 유발되는 반응이다.
  - 조작행동 : 유기체의 자유롭고 자발적인 반응이다.
  - 수반성 : A가 일어나면 B가 야기될 것이라는 것을 진술하는 규칙이다.
  - 강화 : 반응의 결과가 뒤따르는 반응의 빈도를 증가시키는 것이다.
  - 처벌 : 반응의 결과가 뒤따르는 반응의 빈도를 감소시키는 것이다.
- 강화계획
  - 계속강화 : 발생한 모든 반응에 강화물을 제공하는 경우로 실제적인 생활상황에서 발견되는 경험이 아니다.
  - 고정간격계획 : 일정한 시간 간격 없이 강화물이 주어지는 경우로 피험자의 반응과 관계없이 변동된 시간에 따라 제공된다.
  - 고정비율계획 : 일정한 반응 비율에 따라 강화물이 주어지는 경우로 시간보다 피험자의 반응 수에 근거한다.
  - 변동비율계획 : 변동된 반응 비율에 따라 강화물이 불규칙적으로 주어지나 평균적으로 일정한 횟수의 반응 뒤에 강화가 주어진다.
- 변별과 일반화
  - 변별 : 제시된 둘 이상의 자극에 대하여 서로 다른 반응을 보이는 것이다.
  - 일반화 : 어떤 자극에서 강화된 행동이 유사한 다른 자극에서 일어나는 것이다.

- 소 거
  - 형성된 조작행동이 줄어들거나 나타나지 않는 것을 말한다.
  - 일정한 기간이 지난 후에 소거된 행동이 다시 나타나는 것을 자발적 회복이라 한다.
- 조 성
  - 목표행동에 접근하는 반응들을 강화함으로써 새로운 행동을 가르치는 것이다.
  - 점진적 접근법을 통해 복잡한 행동 또는 기술을 조성할 수 있다. 원하는 행동의 최종 형태를 닮은 행동들을 점진적으로 강화함으로써 달성된다.

■ 반두라의 사회적 인지이론
- 관찰학습
  - 모델이 하는 행동을 따라함으로써 학습되는 것이다.
  - 주의과정 → 파지과정 → 재현과정 → 동기과정
- 자기효능감
  - 개인이 특별한 상황에서 보이는 자신의 행동능력에 대한 믿음을 말하며 혼동되기 쉬운 개념인 자아존중감은 자기가치에 대한 판단을 포함한다는 점에서 자기효능감과 다르다고 할 수 있다.
  - 자기효능감의 4가지 주요 원천 : 성취경험, 대리경험, 언어적 설득, 정서적 각성

■ 엘리스의 인지적 성격이론
- 비합리적 사고
  - 의미 있는 사람들로부터 인정받고 사랑받는 것이 필연적이다.
  - 모든 측면에서 능력 있고, 적절하며 성취적이어야 가치가 있다.
  - 자기가 원하는 대로 되지 않는 것은 파국적이다.
  - 두려운 일이 있으면 계속 걱정해야 한다.
  - 어떤 사람은 절대적으로 나쁘고 사악해서 그에 따라 반드시 처벌받아야 한다.
  - 인간의 불행은 외부에서 비롯되고 인간은 이러한 사건들을 통제할 능력이 없다.
  - 인생의 어려움이나 책임감은 직면하는 것보다 피하는 것이 용이하다.
- 당위주의
  - 인간은 근본적으로 불완전한 존재이기에 인간과 관련하여 당위성을 강조하는 것은 비합리적이다.
  - 대체로 비합리적인 신념의 뿌리를 이루고 있는 당위성은 자신에 대한 당위성, 타인에 대한 당위성, 조건에 대한 당위성이다.
- REBT의 6가지 원리
  - 인지는 인간정서의 가장 중요한 핵심적 요소이다.
  - 역기능적 사고는 정서장애의 중요한 결정요인이다.
  - REBT의 기본 개념이 우리가 사고하는 것을 느끼는 것이기 때문에 REBT는 사고의 분석부터 시작한다.
  - 비합리적 사고와 정신병리를 유도하는 원인적 요인들은 유전적이고, 환경적 영향을 포함하는 다중요소로 되어 있다.
  - 다른 상담이론과 마찬가지로 행동에 대한 과거의 영향보다 현재에 초점을 둔다.
  - 비록 쉽지는 않지만 신념은 변화한다고 믿는다.

■ 벡의 인지적 성격이론

- 4가지 인지수준
  - 자동적 사고 : 우리의 마음속에 계속적으로 진행되는 인지의 흐름을 의미한다.
  - 중재적 신념 : 사람들이 자동적으로 형성하는 극단적이며 절대적인 규칙과 태도를 반영한다.
  - 핵심 신념 : 자동적 사고의 바탕이 되는 개인에 대한 중심적인 생각이며, 자신의 중재적 신념을 반영한다.
  - 스키마 : 정신 내의 인지구조로서 정보처리와 행동을 지배하는 구체적 규칙으로 치료과정의 핵심이다.
- 자동적 사고
  - 구체적이고 분리된 이미지이다.
  - 축약되어 언어, 이미지 또는 둘 다의 형태로 나타난다.
  - 아무리 합리적이라 할지라도 거의 믿어진다.
  - 자발적인 것으로 경험된다.
  - 흔히 당위성을 가진 말로 표현된다.
  - 일을 극단적으로 보려는 경향성을 내포한다.
  - 개인에 따라 독특하게 나타난다.
  - 중단하기가 쉽지 않다.
  - 학습된다.

PART 03 심리평가 및 연구방법론

■ 심리검사의 목적

- 개인 내, 개인 간 비교를 통해 개인의 행동이나 성격을 이해하고 이를 바탕으로 하여 개인의 문제해결에 도움을 주고자 한다.
- 내담자의 임상적 진단을 명료화, 세분화하고 문제의 증상 및 심각성 정도를 구체화한다.
- 내담자의 자아강도 및 인지기능을 평가한다.
- 내담자를 치료적 관계로 유도하며, 자아강도 및 문제영역을 인식하도록 돕는다.
- 내담자의 치료에 따른 반응을 검토하며 치료효과를 평가한다.
- 문제해결을 위한 적절한 치료계획 및 치료전략을 제시한다.

■ 심리검사의 특징

- 개인에 관한 임상가의 주관적인 판단에서 비롯되는 오류를 최소화할 수 있다.
- 수검자의 행동에 대한 양적 측정을 통해 개인 내 및 개인 간 비교를 가능하게 한다.
- 개인의 심리나 행동에 대한 부분적 또는 전체적 평가를 가능하게 한다.

■ 심리검사의 유형

- 객관적 검사 : 지능검사(K-WISC-Ⅳ, K-WISC-Ⅴ, K-WAIS-Ⅲ, K-WAIS-Ⅳ, K-WPPSI-Ⅳ 등), 성격검사(MMPI, PAI, TCI, MBTI 등), 흥미검사(직업흥미검사, 적성검사, 학습흥미검사 등)
- 투사적 검사 : 로샤검사, TAT, CAT, HTP, BGT, SCT, KFD, DAP 등
- 속도검사와 역량검사
- 개인검사와 집단검사
- 지필검사와 수행검사
- 인지적 검사와 정서적 검사

■ 심리검사의 장단점

구분	장점	단점
객관적 검사	• 검사 실시의 간편성 • 객관성의 증대 • 부적절한 응답의 최소화 • 시간과 노력의 절약 • 신뢰도 및 타당도의 확보	• 사회적 바람직성(방어가 쉬움) • 묵종 경향성 • 응답 제한성 • 반응 경향성 • 문항 제한성
투사적 검사	• 반응의 독특성 • 반응의 풍부성 • 응답자의 방어가 어려움 • 무의식적 내용의 반응	• 낮은 신뢰도 • 낮은 타당도 • 반응에 대한 상황적 영향력

■ 심리검사 실시과정

- 1단계 : 심리검사의 선택
  검사자는 검사 실시의 상황 및 목적을 고려하여 검사시행 여부를 결정한다.
- 2단계 : 검사 실시방법에 대한 이해
  검사시행에 있어 검사 개발 당시 규준 작성의 진행 과정과 동일한 조건하에서 검사가 실시, 채점, 해석되어야 타당성과 신뢰성이 높은 결과를 얻을 수 있다.
- 3단계 : 검사에 대한 동기화
  수검자의 심리검사에 대한 거부감을 해소하고 수검자가 적극적으로 심리검사에 참여할 수 있도록 해당 심리검사의 목적, 특징, 절차, 효과 등에 대해 충분히 설명한다.
- 4단계 : 검사 실시
  검사자는 최적의 환경에서 검사가 실시되도록 한다.
- 5단계 : 검사채점 및 해석
  검사자는 검사요강에 제시된 기준을 충실히 이행하여 객관성을 유지하도록 노력한다.

■ 심리검사 결과 해석 시 유의사항

- 전문적인 자질과 경험을 갖춘 사람이 해석해야 한다.
- 다른 검사나 관련 자료를 함께 고려하여 결론 내려야 한다.
- 검사 결과가 악용되어서는 안 된다.
- 자기충족예언을 하여서는 안 된다.
- 내담자에게 명령을 내리거나 낙인을 찍어서는 안 된다.
- 규준에 따라 해석을 하여야 한다.

■ 지능에 대한 학자들의 정의

학자	정의
웩슬러(Wechsler)	지능은 개인이 합목적적으로 행동하고 합리적으로 사고하며, 환경을 효율적으로 다룰 수 있는 총체적인 능력이다.
비네(Binet)	지능은 일정한 방향을 설정하고 이를 유지하는 경향성, 자신이 소망하는 바를 성취하기 위해 순응하는 능력, 자신이 도달한 목표를 아는 능력이다.
터만(Terman)	지능은 추상적 사고를 하는 능력, 즉 다양한 문제들을 해결하기 위해 추상적 상징을 사용하는 능력이다.
스피어만(Spearman)	지능은 사물의 관련성을 추출할 수 있도록 하는 정신작용이다.
서스톤(Thurstone)	지능은 추상적 개념과 구체적 사실을 연관시킬 수 있는 능력이다.
피아제(Piaget)	지능은 단일 형식의 조작이 아닌 환경에의 적응 과정을 통해 동화와 조절이 균형을 이루는 형태를 말한다.
스턴(Stern)	지능은 사고를 작동시켜 새로운 요구에 의식적으로 적응하는 일반적 능력이다.
핀트너(Pintner)	지능은 새로운 환경에 자신을 적응시키는 능력이다.
게이츠(Gates)	지능은 학습해가는 능력 또는 다양하고 광범위한 사실들을 파악하는 복합화된 능력이다.
디어본(Dearborn)	지능은 학습된 능력, 즉 경험에 의해 습득되는 능력이다.
프리만(Freeman)	지능은 지능검사에 의해 측정된 것이다.
게이지와 버라이너(Gage & Berliner)	지능은 구체적인 것보다 추상적인 것을 다루는 능력, 익숙한 사건에 대한 연습된 반응이 아닌 새로운 사건에 대한 취급 능력, 언어 및 상징 등 추상적인 것에 대한 학습능력을 말한다.

■ 지능에 대한 주요 연구

비네(Binet) – 일반지능설	지능은 개인의 판단 또는 양식, 실용적 감각, 창의력, 상황에 대한 적응능력과 연관되며, 이해력, 판단력, 논리력, 추리력, 기억력 등 다양한 요소들 간의 포괄적인 관계로 구성된다.
스피어만(Spearman) – 2요인설	지능은 모든 개인이 공통적으로 가지고 있는 일반요인과 언어나 숫자 등 특정한 부분에 대한 능력인 특수요인으로 구분된다.
서스톤(Thurstone) – 다요인설	지능은 언어이해력, 단어유창성, 수, 공간시각, 기억, 추론, 지각속도 등 7가지 요인으로 구분된다.
길포드(Guilford) – 복합요인설(입체모형설)	지능의 구조는 내용, 조작, 결과의 3차원적 입체모형으로 이루어지며, 이들의 상호작용에 의한 180개의 조작적 지적능력으로 구성된다.
카텔과 혼 (Cattell & Horn)	지능은 유동성 지능과 결정성 지능으로 구분된다.
가드너(Gardner) – 다중지능이론	지능은 언어지능, 논리-수학지능, 공간지능, 신체-운동지능, 음악지능, 대인관계지능, 개인 내적 지능을 포함하여 다양한 독립된 지능으로 구성된다.
스턴버그(Sternberg) – 삼원지능이론	지능은 개인의 내부세계와 외부세계에서 비롯되는 경험의 측면에서 성분적 지능, 경험적 지능, 상황적 지능으로 구분된다.

■ 유동성 지능과 결정성 지능(카텔과 혼)

- 유동성 지능
  - 유전적·선천적으로 타고난 능력으로서 경험이나 학습의 영향을 거의 받지 않고 뇌의 성숙에 비례하여 발달하다가 청년기 이후부터 퇴보 현상이 나타나기 시작한다.
  - 처리속도, 기계적 암기, 지각 능력, 일반적 추론 능력과 같이 새로운 상황에서의 문제해결능력으로 잘 나타난다.
- 결정성 지능
  - 환경이나 경험, 다양한 문화적 영향에 의해 발달되는 지능으로서, 유동성 지능을 토대로 후천적인 지능 발달이 이루어진다.
  - 언어이해능력, 문제해결능력, 상식, 논리적 추리력 등과 나이를 먹어도 계속 발달할 수 있는 능력으로 잘 나타난다.

■ 웩슬러 지능검사의 양적 분석에 포함되는 내용

- 현재지능의 파악
- 병전지능의 파악
- 언어성 검사와 동작성 검사 간의 비교
- 소검사 간 점수들의 분산분석

※ K-WISC-V, K-WAIS-IV부터 언어성·동작성 지능 지수는 제공되지 않는다.

■ 웩슬러 지능검사

지능검사는 목적적이고 효율적으로 행동할 수 있는 개인의 잠재력을 평가하기 위한 표준화된 과제들로 구성된 정신기능 측정검사이다.

■ 우리나라에서 사용하는 웩슬러 지능검사의 종류

- K-WAIS-Ⅲ
  - 성인용 지능검사로 만 16세에서 64세 대상으로 실시
  - 언어성 검사 6개 항목(기본지식, 이해, 산수, 공통성, 숫자, 어휘)과 동작성 검사 5개 항목(빠진곳찾기, 차례맞추기, 토막짜기, 모양맞추기, 바꿔쓰기)으로 구성
- K-WAIS-Ⅳ
  - 만 16세부터 69세 11개월까지의 청소년과 성인 대상으로 실시
  - 4개 요인구조(언어이해, 지각추론, 작업기억, 처리속도)
- K-WISC-Ⅲ
  - 만 6세부터 16세 11개월까지의 아동을 대상으로 실시
  - 언어성 검사 6개 항목(기본지식, 이해, 산수, 공통성, 어휘, 숫자-보충소검사)과 동작성 검사 7개 항목(빠진곳찾기, 차례맞추기, 토막짜기, 모양맞추기, 바꿔쓰기, 동형찾기-보충소검사, 미로찾기-보충소검사)으로 구성
- K-WISC-Ⅳ
  - 만 6세부터 16세 11개월까지의 아동을 대상으로 실시
  - 4개 요인구조(언어이해, 지각추론, 작업기억, 처리속도)
  - K-WISC-Ⅲ와 동일한 10개 소검사와 5개의 소검사 추가(공통그림찾기, 순차처리, 행렬추리, 선택, 단어추리)
  - 인지능력이 평균 이하로 추정되거나 재평가해야 하는 아동, 장애아 또는 듣는 데 어려움이 있는 아동의 평가 기능
- K-WPPSI
  - 만 2세 6개월부터 7세 7개월까지의 유아를 대상으로 실시
  - 유아들이 흥미를 잃지 않으면서도 12가지의 다양한 소검사를 통해 잠재적 능력을 최대한 발휘할 수 있도록 구성
  - 특별한 교육이 필요한 아동(영재아/지체아)을 발견, 일반 아동의 부족한 면을 일찍 발견하여 성장에 도움을 주기 위해 사용
  - 유아교육기관, 병원, 특수교육기관, 학교 그리고 연구기관 등에서 사용

■ 성인용 지능검사(K-WAIS-Ⅲ)

- 언어성 검사
  - 기본지식 : 개인이 소유하고 있는 일반적인 지식의 정도를 측정하는 것으로서 이를 통해 병전지능 추정이 가능하며, 피검자의 교육적 기회나 환경의 영향 등을 알 수 있다.
  - 숫자외우기 : 청각적 자극에 대한 주의력과 단기기억력을 측정할 수 있으며 유동성 지능 및 학습장애와 관련이 있다.
  - 어휘문제 : 언어적 지식정도와 일반개념의 범위 등을 측정할 수 있으며 가장 안정적인 검사로서 전체 IQ와도 높은 상관을 보인다.
  - 산수문제 : 주의력 및 주의집중력, 청각적 기억, 숫자를 다루는 능력, 시간압력하에서의 작업능력 등과 관련이 있다.
  - 이해문제 : 일상생활에서의 사회적 상황과 관련된 여러 가지 문항들에 대해 답하는 과제들로 구성되어 있어 현실문제에 대한 이해력이나 판단력 등과 관련이 있다.
  - 공통성문제 : 언어적 이해력 및 언어적 개념화, 논리적이고 추상적인 사고능력 등을 측정하는 것으로서 일반지능을 가장 잘 나타내주는 검사에 해당한다.

- 동작성 검사
  - 빠진곳찾기 : 특정부분이 빠진 그림카드를 제시하여 피검자가 찾아내도록 하는 과제로서 시각적 기민성, 본질과 비본질을 구분하는 능력, 시간적 압박하에서의 작업능력 등을 측정한다.
  - 차례맞추기 : 사회적 장면을 이해하고 파악하는 능력을 파악하는 검사로서 사회적 지능 및 추리력, 대인관계의 예민성 등을 볼 수 있다.
  - 토막짜기 : 시각-운동 협응능력과 지각적 조직화, 공간적 표상능력 등을 파악할 수 있는 과제로서 병전지능 추정에도 사용된다.
  - 모양맞추기 : 시각-운동 협응능력과 공간적 표상능력, 부분을 전체로 통합하는 능력 등을 측정하는 과제이다.
  - 바꿔쓰기 : 시각-운동 기민성, 익숙하지 않은 과제의 학습능력, 정확성, 주의지속력 등을 측정하는 과제이다.

■ 성인용 지능검사(K-WAIS-Ⅲ) 시행순서

기본지식 → 빠진곳찾기 → 숫자외우기 → 차례맞추기 → 어휘문제 → 토막짜기 → 산수문제 → 모양맞추기 → 이해문제 → 바꿔쓰기 → 공통성문제

■ 성인용 지능검사(K-WAIS-Ⅳ)

- 언어이해지표(VCI)
  - 4개의 소척도로 구성 : 공통성, 어휘, 상식, 이해(보충)
  - 수검자의 언어능력을 반영
  - 단어의 의미를 이해하고 언어적 정보를 개념화하는 능력, 사용되는 언어적 자료와 관련된 지식의 정도, 언어적 표현력 및 유창성 등
- 지각추론지표(PRI)
  - 5개의 소척도로 구성 : 토막짜기, 행렬추론, 퍼즐, 무게비교(보충), 빠진곳찾기(보충)
  - 수검자의 추론능력을 반영
  - 시공간 정보를 평가하는 능력, 비언어적 자료를 통합할 수 있는 능력, 비언어적이면서도 유동적인 추리능력, 개인이 속한 환경과의 비언어적 접촉의 정도, 세부요소에 집중하는 능력, 구체적인 상황에서 수행하는 능력 등
- 작업기억지표(WMI)
  - 3개의 소척도로 구성 : 숫자, 산수, 순서화(보충)
  - 짧은 시간 동안 정보를 유지함과 동시에 조작하는 능력
  - 작업기억 중 시각적 요소보다 언어적, 청각적 요소를 더 많이 포함하고 있으므로 집중력, 기억력, 연속적 처리능력도 포함됨. 아울러 어떤 과제에 주의를 기울임과 동시에 다른 정신적 활동을 수행하는 능력, 인지적 융통성 등 실행기능도 나타남. 이 외에 수를 다루는 능력, 정서상태, 수행동기 등도 이들 과제 수행에 영향을 미침
- 처리속도지표(PSI)
  - 3개의 소척도로 구성 : 기호쓰기, 동형찾기, 지우기(보충)
  - 비언어적 문제를 해결할 때 요구되는 정신적 속도 및 운동속도, 계획능력, 조직화능력 및 적절한 전략을 개발하는 능력

■ 아동용 지능검사(K-WISC-Ⅳ)

- 언어이해지표(VCI)
  - 5개의 소척도로 구성 : 공통성, 어휘, 이해, 상식(보충검사), 단어추리(보충검사)
  - 언어적 개념형성, 언어적 추론 및 이해, 획득된 지식, 언어적 자극에의 주의력 등에 대한 측정치에 해당한다.
- 지각추론지표(PRI)
  - 4개의 소척도로 구성 : 토막짜기, 공통그림찾기, 행렬추리, 빠진곳찾기(보충검사)
  - 유동적 추론, 공간처리, 세부에 대한 주의력, 시각-운동 통합에 대한 측정치에 해당한다.
- 작업기억지표(WMI)
  - 3개의 소척도로 구성 : 숫자, 순차연결, 산수(보충검사)
  - 작업기억은 학습의 핵심적인 요소이므로, 작업기억에서의 차이를 통해 수검자의 주의력, 학습용량, 유동적 추론 등에 대한 개인차의 분산을 설명한다.
  - 입력된 정보의 일시적인 저장, 계산 및 변환처리 과정, 계산 및 변화의 산물(출력)이 발생하는 작업기억에 대한 정신적 용량을 측정한다.
- 처리속도지표(PSI)
  - 3개의 소척도로 구성 : 기호쓰기, 동형찾기, 선택(보충검사)
  - 수검자가 단순하거나 일상적인 정보를 오류 없이 신속하게 처리할 수 있는지를 나타낸다.
- 전체검사IQ(FSIQ)
  보충 소검사를 제외한 주요 소검사 10개 점수의 합계로서, 보통 일반요인 또는 전반적인 인지적 기능에 대한 대표치로 간주된다.

■ 아동용 지능검사(K-WISC-Ⅳ) 시행순서

빠진곳찾기 → 상식 → 기호쓰기 → 공통성 → 차례맞추기 → 산수문제 → 토막짜기 → 어휘 → 모양맞추기 → 이해 → 동형찾기 → 숫자 → 미로

■ 웩슬러 지능검사 해석의 일반적 원칙

- 검사과정에서 보인 피검자의 행동특징, 반응 내용은 인지적 평가뿐만 아니라 성격적인 면에 대한 평가에 있어서도 중요한 자료가 된다.
- 현재의 지능검사는 개인의 '능력' 자체를 측정한다기보다는 개인이 '현재까지 학습해온 것'을 측정한다고 볼 수 있다.
- 지능검사를 통해 피검자의 행동특징들에 대해 많은 것을 알 수 있지만 이를 일반화시키는 것에 대해서는 유의해야 한다.
- 검사결과는 피검자별로 해석되어야 한다.

■ MMPI(Minnesota Multiphasic Personality Inventory, 다면적 인성검사)의 개발

- 4개의 타당도 척도와 10개의 임상척도로 구성되어 있으며 수검태도를 탐지하는 타당도 척도를 가진 최초의 검사이다.
- 임상척도의 개발
  - 경험적 문항선정(Empirical Keying) 방법으로 만들어졌다.
  - 본래 Mf척도는 동성애 남성과 이성애 남성을 변별하기 위한 것이었으나, 두 집단을 적절히 변별하는 문항이 부족하므로 정상집단의 남성과 여성이 서로 다르게 반응하는 문항으로 구성되어 있고, Si척도로는 미네소타 T-S-E(벤튼, 1949)의 내향성-외향성 척도에서의 문항별 반응빈도를 대조하여 사회적 내향성 척도의 문항을 선정하였다.
- 타당도 척도의 개발
  - 타당도는 검사가 측정하려고 목적하는 것을 실제로 측정하는 정도로서, 피검자가 검사문항들을 왜곡해서 응답하지 않았는지 알아보는 것을 의미한다.
  - 수검자의 이상반응태도를 탐지하려는 목적으로 개발되었다.
- 척도점수를 T점수로 표시
  - T점수는 평균 50, 표준편차 10으로서 표준화 집단의 규준과 비교하여 그 피검자 점수의 상대적 위치를 알 수 있고, 개인 내 각 척도들 간의 상대적인 중요성을 비교할 수 있다.
  - T점수가 60점 이상인 경우 의미 있는 상승으로 해석한다.
  - 70점은 평균보다 2표준편차가 높은 점수로 상위 2%에 해당한다.
  - 60점은 평균보다 1표준편차가 높은 점수로 상위 16%에 해당한다.

■ MMPI-2의 임상척도

- 척도1 : 건강염려증(Hypochondriasis, Hs) - 기본특성 : 신중성
  - 수검자의 신체적 기능 및 건강에 대한 과도하고도 지나친 병적 관심을 반영
  - 사소한 신체적 증세 또는 감각을 심각하게 해석하여 스스로 심각한 병에 걸려 있다고 확신하거나 두려워하고, 여기에 몰두해있는 상태
- 척도2 : 우울증(Depression, D) - 기본특성 : 평가
  - 검사 수행 당시 수검자의 우울한 기분 상태를 반영
  - 현재 정서 상태에 민감하고 단독 상승이 드물기 때문에 다른 프로파일 형태 고려
- 척도3 : 히스테리(Hysteria, Hy) - 기본특성 : 표현
  - 현실적 어려움이나 갈등을 회피하는 방법으로 부인 기제를 사용하는 성향 및 정도를 반영
  - 히스테리는 정신병 또는 이상성격의 유형으로 사용될 때, 자기중심적이며 항상 남의 이목을 집중시키는 것을 바라고, 오기가 있으며 감정의 기복이 심한 성격을 가리킴
- 척도4 : 반사회성(Psychopathic Deviate, Pd) - 기본특성 : 주장성
  - 반사회적 일탈행동, 권위적 대상에 대한 불만, 반항심과 적대감, 충동성 등을 반영
  - 반사회성은 사회의 전통, 도덕, 규율, 조직 등에 대한 적의, 공격을 나타내는 것, 사회의 질서에 대한 반항적 행동으로 표현되며 청소년의 비행 등이 이에 해당
- 척도5 : 남성성-여성성(Masculinity-Femininity, Mf) - 기본특성 : 역할유연성
  - 남성성 혹은 여성성의 정도를 반영
  - 소수의 성적인 내용이 있지만 주로 직업 및 취미에 대한 관심, 심미적 및 종교적 취향, 능동성과 수동성, 대인감수성과 관련된 내용

- 척도6 : 편집증(Paranoia, Pa) – 기본특성 : 호기심
  - 대인관계에서의 민감성, 의심증, 집착증, 피해의식, 자기정당성 등을 반영
  - 편집증이란, 사람들과 환경을 불신하고 의심할 뿐만 아니라 타인들이 자신을 박해하거나 악의를 가지고 음모를 꾸미고 있다는 비현실적인 생각에 기초한 두려움과 불안에 시달리는 경향으로 나타남
- 척도7 : 강박증(Psychasthenia, Pt) – 기본특성 : 조직화
  - 심리적 고통이나 불안, 공포, 자신의 능력에 대한 의심과 회의, 강박관념의 정도를 반영
  - 강박장애는 불안장애의 하나로 반복적이고 원하지 않는 강박적 사고(Obsession)와 강박적 행동(Compulsion)을 특징으로 하는 정신질환
- 척도8 : 정신분열증(Schizophrenia, Sc) – 기본특성 : 상상력
  - 정신적 혼란으로 인한 불안정 상태, 자폐적 사고와 왜곡된 행동을 반영
  - 정신분열증은 망상, 환청, 와해된 언어, 정서적 둔감 등의 증상과 더불어 사회적 기능에 장애를 일으키는 질환
- 척도9 : 경조증(Hypomania, Ma) – 기본특성 : 열정
  - 정신적 에너지의 수준, 사고나 행동에 대한 통제 수준을 반영
  - 조증보다 정도가 약한 형태의 정신질환
- 척도0 : 내향성(Social Introversion, Si) – 기본특성 : 자율성
  - 사회적 활동 및 사회에 대한 흥미 정도, 사회적 접촉이나 책임을 피하는 정도를 반영
  - 사회적 불편감, 대인관계를 원하지 않거나 그 속에서 재미나 흥미를 느끼지 못함

■ 로샤검사

장 점	단 점
• 투사적 성격검사로서 개인의 독특한 심리적 특성을 이해하는 데 유용하게 이용된다. • 자극의 내용이 불분명하기 때문에 피검자가 방어적으로 반응하는 것이 어렵다. • 피검자의 전의식적이거나 무의식적인 심리적 특성이 반영될 수 있다.	• 신뢰도나 타당도 검증이 매우 빈약하고 그 결과도 매우 부정적이다. • 여러 상황적 요인에 의해 강하게 영향을 받는다.

- 로샤검사의 특징
  - 대표적인 투사적 · 비구조적 검사로서, 지각과 성격의 관계를 상정한다.
  - 추상적 · 비구성적인 잉크반점을 자극 자료로 하여 수검자의 학습된 특정 반응이 아닌 여러 가지 다양한 반응을 유도한다.
  - 개인이 잉크 반점을 조직하고 구조화하는 방식이 근본적으로 그 사람의 심리적 기능을 반영한다고 본다.
  - 수검자는 그가 지각한 것 속에 자신의 욕구, 경험, 습관적 반응양식을 투사한다.
  - 로샤 카드에서는 형태와 색채는 물론 음영에 대한 지각적 속성까지 고려한다.
  - 우울 증상이 있는 사람은 보통 음영 차원과 무채색 반응의 빈도가 높게 나타난다.
  - 주관적 검사로서 신뢰도 및 타당도가 검증되지 못했으므로 객관적 · 심리측정적 측면에서는 부적합하다.

■ 주제통각검사(TAT ; Thematic Apperception Test)

- 욕구이론을 펼친 머레이와 모건에 의해 1935년 개발되었다.
- 31장의 그림판이 있는데 모두 20매의 그림을 제시하고 과거, 현재, 미래의 상황이 어떻게 진행될 것인지 상상력을 동원하여 이야기를 꾸며보라고 지시한다.
- 개인의 성격과 환경과의 상호관계에 대해 알려주는 검사로 개인의 과거경험, 상상, 욕구, 갈등 등이 투사되면서 성격특징이나 발달적 배경, 환경과의 상호관계 방식에 대한 정보를 제공한다.
- 검사자는 중립적이어야 하며, 피검자의 반응에 대해 검사자의 개인적인 감정반응을 말해서는 안 된다.
- 해석 방법
  - 표준화법
  - 주인공 중심의 해석법
  - 직관적 방법
  - 대인관계법
  - 지각법

■ BGT 심리검사

- BGT 검사는 투사적 검사이며 행동상의 미성숙을 검사하는 방법 중 하나인 비언어적 검사로서, 문화적 영향을 덜 받는 검사이다.
- 도형들을 피검자에게 한 장씩 차례로 보여주고(시각기능), 그것을 종이 위에 그리도록 한 다음(운동기능), 그 결과에 대하여 형태심리학의 이론을 기초로 개인의 심리적 과정을 분석하고 해석하는 데 그 목적이 있다.

■ HTP(House-Tree-Person, 집-나무-사람) 검사

- HTP의 의의 : 집-나무-사람 그림 검사(House-Tree-Person)는 1948년 벅(Buck)이 처음 개발한 투사적 그림검사로서, 수검자가 자신의 개인적 발달사와 관련된 경험을 그림에 투사한다는 점에 기초한다.
- 해석 방법
  - 그림의 전체적 인상, 조화, 구조, 이상한 곳은 없는가를 살펴본다.
  - 그림의 순서, 위치, 크기, 필압, 선의 농담, 음영, 생략, 지우기 등을 살펴본다.

■ 홀랜드 유형 직업적성검사(CAT)

- 홀랜드는 개인-환경 적합성 모형을 통해 직업심리학적 특성과 직업 환경의 심리적 특성을 결부시킴으로써, 개인의 행동이 그들의 성격에 부합하는 직업 환경 특성들 간의 상호작용에 의해 결정된다고 보았다.
- 대부분의 사람·문화는 '현실형(Realistic Type), 탐구형(Investigative Type), 예술형(Artistic Type), 사회형(Social Type), 진취형(Enterprising Type), 관습형(Conventional Type)'의 6가지 유형 또는 유형들의 조합에 의해 분류될 수 있다.

■ CAT의 6가지 직업성격 유형

- 현실형(R : Realistic Type)
  - 확실하고 현재적·실질적인 것, 현장에서 수행하는 활동, 손이나 도구를 활용하는 활동을 선호한다.
  - 추상적인 개념을 통해 자신의 생각을 표현하는 일이나 친밀한 대인관계를 요하는 일은 선호하지 않는다.

- 탐구형(I : Investigative Type)
  - 추상적인 문제나 애매한 상황에 대한 분석적이고 논리적인 탐구활동을 선호한다.
  - 새로운 지식이나 이론을 추구하는 학문적 활동을 선호한다.
- 예술형(A : Artistic Type)
  - 어떤 것의 시비보다는 상상적이고 창조적인 것을 지향하는 문학, 미술, 연극 등의 문화 관련 활동분야를 선호한다.
  - 구조화된 상황이나 정서적으로 억압적인 상황을 선호하지 않는다.
- 사회형(S : Social Type)
  - 인간의 문제와 성장, 인간관계를 지향하고 사람과 직접 일하기를 좋아한다.
  - 논리적·분석적인 활동이나 인간의 가치가 배제된 경쟁적인 활동을 선호하지 않는다.
- 진취형(E : Enterprising Type)
  - 정치적·경제적 도전에 대한 극복을 지향하며, 지위와 권한을 통해 다른 사람의 행동을 이끌고 통제하는 활동을 선호한다.
  - 추상적이고 애매한 상황에서 관찰적이고 상징적인 활동을 선호하지 않는다.
- 관습형(C : Conventional Type)
  - 구조화된 상황에서 구체적인 정보를 토대로 정확하고 세밀한 작업을 요하는 일을 선호한다.
  - 비구조화된 상황, 창의성을 요하는 활동을 선호하지 않는다.

■ CAT 직업성격 유형의 해석

- 일관성
  유형들의 어떤 쌍은 다른 유형의 쌍들보다 공통점을 더 많이 가지고 있다.
- 일치성
  한 개인이 자기 자신의 성격유형과 동일하거나 유사한 환경에서 일하고 생활하는 경우에 해당한다.
- 차별성
  어떤 사람 또는 환경이 매우 단순하여 어느 유형과는 매우 유사한 반면, 다른 유형과는 차별적인 모습을 보인다.
- 정체성
  성격과 환경 유형 모두를 형성하도록 지원해주는 2차적인 구조로 간주된다.
- 계측성(타산성)
  유형 내 또는 유형들 간의 관계는 육각형 모델에 의해 정리되며, 육각형 모델에서의 유형들 간의 거리는 그 이론적인 관계에 반비례한다.

■ 과학적 연구

- 기술(Description)
  '무엇'에 해당하는 개념으로, 사건이나 현상에 대해 관찰한 사실들을 있는 그대로 기록하는 것이다.
- 설명(Explanation)
  '왜'에 해당하는 개념으로, 특정한 사건발생의 인과분석이나 사실의 근거를 밝히는 것이다. 이를 통해 더 많은 현상이나 사건을 설명할 수 있는 일반적인 법칙과 이론을 형성한다.
- 예측(Prediction)
  발견된 법칙으로 미래를 예측한다.

- 통제(Control)

  현상의 원인 또는 조건을 조작하여 그 현상을 일어나게 혹은 일어나지 않게 하는 것(적성검사를 통해 자신에게 맞는 교육과 훈련을 받을 경우 인격을 효과적으로 사용할 수 있는 것 등)이다.

■ 연구설계

- 횡단적 설계
  - 여러 연령집단을 동시에 표집하여 이들 집단으로부터 얻은 자료의 연령집단 간 차이를 발달적 변화의 지표로 간주하는 연구설계이다.
  - 적은 경비와 노력으로 짧은 시간에 필요한 정보수집이 가능하다.
- 종단적 설계
  - 한 연령집단을 표집하여 일정기간 동안 그 집단의 연령에 따른 발달적 변화과정을 추적 연구하는 설계이다.
  - 개인이나 집단의 발달적 변화과정을 정확하게 추적, 진단하는 장점이 있는 데 반해 시간, 노력, 경비가 많이 든다.
- 횡단적-단기종단적 설계
  - 횡단적 설계의 대상이 되는 소수의 집단을 단기간 동안 추적함으로써 종단적인 발달적 변화를 진단하고자 하는 설계이다.
  - 비교적 짧은 기간 동안에 관련되는 모든 연령 간의 종단적 변화를 관찰할 수 있다.
  - 횡단적 설계와 종단적 설계의 단점이 여전히 남아있다.
- 계열적 설계
  - 극히 소수의 집단의 특정행동이 형성되고 변화해가는 과정을 면밀하게 추적하여 분석한다.
  - 관심이 되는 행동을 반복 관찰하므로 발생과정의 철저한 규명이 가능하다.

■ 변수

연구의 대상이 되는 요인으로 연구자가 관심을 가지는 성별, 학년, 학업성취도, 동기, 정서 등을 변수라고 할 수 있다.

- 양적 변수 : 양적으로 나타낼 수 있는 변수이다. 학업성취도 점수, 지능지수, 동기 점수, 몸무게 등과 같이 양의 크기로 나타낼 수 있는 변수가 양적 변수의 대표적 예이다.
- 질적 변수 : 분류를 위해 정의된 변수이다. 성별, 학년, 결혼여부, 인종 등과 같이 분류를 위한 목적으로 사용되는 변수가 질적 변수의 대표적 예이다.
- 독립변수 : 다른 변수에 영향을 주는 원인에 해당하는 변수를 의미한다.
- 종속변수 : 다른 변수에 영향을 받는 결과에 해당하는 변수를 의미한다.

■ 진실험설계(True-Experimental Design)

실험집단과 통제집단을 가지고 있으며, 피험자들을 각 집단에 무선적으로 배치한다.

- 사전-사후 검사 통제집단 설계(Pretest-Posttest Control Group Design)

  사전검사와 사후검사 실시, 실험처치를 가하는 실험집단과 그렇지 않은 통제집단을 설정한다.
- 사후검사 통제집단 설계(Posttest-Only Control Group Design)
  - 사전검사는 없고 사후검사만 실시한다.
  - 사전검사가 없기 때문에 실험처치의 효과 크기를 알 수 없다는 단점이 있다.

- 솔로몬 4집단 설계(Solomon Four-Group Design)
  - 사전검사의 영향과 실험처치에 의한 영향이 상호작용하여 실험의 외적 타당도를 낮추고 실험결과의 일반화를 저해하는 것을 막음으로써 사전-사후 검사 통제집단 설계의 결함을 보완하는 실험설계법이다.
  - 장점 : 다른 실험설계에서 불가능한 각종 매개변수의 영향을 완벽하게 분리할 수 있다.
  - 단점 : 설계가 복잡, 집단의 수가 많음으로 인한 어려움, 시간과 비용의 어려움이 있다.
- 요인설계
  - 일원적 요인설계(Factorial Design With One Variable)
  - 이원적 요인설계(Factorial Design With Two Variables)
  - 다원적 요인설계(Factorial Design With Multiple Variables)
- 준실험설계(Quasi-Experiment Design)
  실제 교육현장에서 이루어지는 연구절차로, 피실험자들을 무선적으로 배치하는 것이 곤란하여 처치변수 외 변인에 대한 엄격한 통제가 불가능한 경우, 연구자가 실험통제를 완전하게 이루지 못한 상황하에서 자료를 수집하여 실험적 분석과 해석을 하게 되는 것이다.
  - 단일집단 사후검사 설계(One-Group Posttest Design)
  - 단일집단 사전-사후 검사 설계(One-Group Pretest-Posttest Design)
  - 이질집단 사후검사 설계(Posttest-Only Nonequivalent Design)
  - 계열적 설계(Time-Series Design)

■ 기술통계

집중경향치	• 집단의 특성이 어떠한지를 보여주는 수치로서 여러 집단 간에 비교를 가능하게 해준다. • 정적분포 : 평균치 > 중앙치 > 최빈치 • 부적분포 : 평균치 < 중앙치 < 최빈치
최빈치	• 가장 최대의 빈도를 갖는 점수나 유목(Category)을 의미한다. • 표집이 어느 한쪽으로 편파되었는지의 여부를 볼 수 있다.
중앙치	변수값을 가장 작은 것에서 큰 것 순서로 배열했을 때 50번째 백분위점수, 중간값, 즉 가운데 있는 값이다.
평균치	• 점수의 총계를 사례수로 나눈 것이다. • 평균이 중앙값이나 최빈치보다 전집평균의 좋은 추정치이므로 널리 사용된다.
변산도(산포도)	집단을 표집했을 때, 이 집단이 얼마나 동질적인지 이질적인지를 보는 것이다.

■ 추리통계

- 점수
  - 분포 내에서 위치를 명확하게 지정해주는 단일 값으로 평균 0, 편차를 1에 놓고 ±3 안에 모든 점수를 가지고 있다.
  - Z점수에서 +, −는 그 점수가 평균 이상인지 이하인지를 알려준다.

  > **Z점수의 중요성**
  > - 확률 : 확률을 구하기 위해 출발점으로 Z점수를 이용한다. 즉, 개개인의 점수가 0 근처에 분포해 있을 확률이 3 근처에 분포해 있을 확률보다 높다.
  > - 처치효과의 평가 : 실험집단의 Z점수가 1점 상승했다는 것은 34% 정도의 향상을 보였다는 의미를 지닌다.
  > - 측정 관계성 : 키 큰 아이가 지능이 높은지 알고 싶을 때, 키 큰 아이들의 Z점수가 +, 중간키는 0에 가깝고, 작은 아이들은 −를 보일 때, 지능도 이와 같은 Z점수를 기술하는지 본다.

- 표준점수
  - 한 분포 내에서 그것의 위치에 대한 정보를 제공해주는 변형된 점수이다.
  - Z점수는 표준점수의 한 예로, 원점수의 절대적 크기와는 달리 Z점수는 분포 내의 상대적 위치를 기술하는 것이다.

■ 측정과 측정치의 종류

- 측정은 규칙에 의거해서 대상이나 사건에 수를 할당하는 과정이다.
- 척도란 관찰대상을 측정하기 위한 일련의 기호 또는 숫자로 나타내는 도구이다.
- 명목척도(명명척도) : 측정결과를 각기 다른 유목으로 분류, 즉 결과에 이름을 붙여주는 척도
- 서열척도 : 크기나 중요성에 따라 관찰결과들의 순위를 매기는 척도
- 등간척도 : 관찰자가 지닌 속성의 차이를 균일한 간격을 두고 분할하여 측정하는 척도
- 비율척도 : 절대영점을 가지고 있으며 크기의 비율을 반영하는 척도

■ 관찰법

- 자연적 관찰법
- 전기적 관찰법
- 행동요약법
- 시간표본법
- 사건표본법
- 참여관찰법
- 실험적 관찰법

■ 면접법

- 표준화 면접법
- 비표준화 면접법
- 반표준화 면접법

■ 질문지법

어떤 문제나 사물에 관한 필요사항을 알아보기 위해 만든 일련의 문항들을 체계적으로 조직하여 작성한 글이다.

장 점	단 점
한번에 많은 정보 획득, 비용절감, 제작 간편, 연구자가 응답자에게 미치는 영향을 줄임, 응답자의 익명성 보장으로 솔직한 의견을 들을 수 있음	폐쇄형 질문의 경우 융통성이 떨어짐, 문장이해력과 표현력이 부족한 응답자에게는 제한적, 응답내용의 진위확인 어려움, 응답자의 동기수준을 알 수 없음

■ Q 분류법

응답자에게 많은 진술문, 그림 등을 주고 제시된 자료에 대해 응답자가 그들의 생각과 일치하는 정도에 따라 순위를 매기게 하는 방법이다.

장 점	단 점
이론검증에 유용, 개인의 변화를 연구할 수 있음	대단위 표본 사용 불가, 무선표집 및 신뢰도의 문제, 비경제성, 문항 간의 독립성을 가정할 수 없음

■ 가설검증의 오류

- 영가설 : '아무런 차이가 없다', '동일하다', '전혀 효과가 없다' 등 기존 이론에 의한 가설
- 대립가설 : '차이 있다', '다르다', '효과 있다' 등 영가설에 반대되는 가설

1종 오류	• 영가설이 옳음에도 이를 기각하는 경우 • 실제로 아무런 처치효과가 없었음에도 영가설을 기각한 경우 • 잘못된 표본인 경우와 표본에서 극단점수를 추출한 경우
2종 오류	• 영가설이 거짓임에도 영가설을 받아들인 경우 • 사실상 처치가 영향을 미쳤음에도 효과가 없었다고 결론을 내린 경우
영가설 기각 대 대립가설 입증	영가설을 기각하는 것이 대립가설을 입증하는 것보다 쉽다. 따라서 영가설을 기각함으로써 대립가설을 증명하는 것이다.

■ t검증

- 단일표본 t검증 : 단일 집단에서 추출된 점수가 통계적으로 0인지 아니면 0이 아닌 값을 갖는 것인지 유의미성을 검증할 때 사용한다(0이면 영가설, 아니면 대립가설).
- 독립2표본 t검증 : 2개 집단 간의 통계치를 비교하는 경우, 즉 실험집단과 통제집단의 평균치를 비교하여 처치효과가 있는지를 통계적으로 분석하는 방법이다.
- 비독립2표본 t검증 : 사전검사와 사후검사 간의 차이를 검증하는 반복측정방법이다.

■ 분산분석(F검증)

분산분석(ANOVA)은 두 집단 또는 세 집단 이상의 집단 간 평균차이가 통계적으로 유의한가를 검증하는 분석방법이다.

일원분산분석	독립변수가 하나인 세 집단 이상의 평균차를 비교
이원분산분석 (다변량분산분석)	• 2개 이상의 독립변수를 이용한 집단 간 평균비교를 위한 분석 방법 • 2개 이상의 독립변수들의 하나의 종속변수에 대한 평균차이가 통계적으로 유의한가를 검증하는 통계기법

■ x^2(카이제곱)검증

예측빈도(기대빈도, Expected Frequency)와 측정빈도(관측빈도, Observed Frequency) 간의 차이가 우연에 의한 것인지 아니면 체계적인 방향성을 보이는 것인지에 대한 분석이다.

■ 상관분석

두 변인 사이의 관계를 측정하고 기술하는 데 사용하는 통계기법이다.

■ 신뢰도의 의의 및 특징

- 측정도구가 측정하고자 하는 현상을 일관성 있게 측정하는 능력을 말한다.
- 어떤 측정도구를 사용해서 동일한 대상을 측정하였을 때 항상 같은 결과가 나온다면 이 측정도구는 신뢰도가 매우 높다고 할 수 있다.
- 연구조사 결과와 그 해석에 있어서 충분조건은 아니지만 필요조건에 해당한다고 볼 수 있다.
- 신뢰도와 유사한 표현으로서 신빙성, 안정성, 일관성, 예측성 등이 있다.

■ 신뢰도의 측정방법

- 검사-재검사 신뢰도(Test-retest Reliability)
  - 같은 집단에서 시간 간격을 두고 2번 실시해서 얻은 점수로 측정하는 방법이다.
  - 안정성계수(Coefficient of Stability)라고도 한다.
  - 두 검사 사이의 외생변수와 학습효과, 기억력 등으로 인한 한계가 있다.
- 동형검사 신뢰도(Equivalent-form Reliability)
  - 내용과 난이도는 같으나 문항의 형태가 다른 2개의 동형검사를 제작, 같은 피험자에게 실시하여 두 점수의 상관을 산출하여 신뢰도 계수를 보는 것이다.
  - 복수양식법, 평행양식법, 동형성계수라고도 한다.
- 반분신뢰도(Split-half Reliability)
  - 하나의 검사를 2개 부분으로 나누어 따로 채점하여 반분된 검사 간의 상관관계를 보는 것이다.
  - 기우법(홀-짝), 전후법(전반부-후반부), 단순무작위법 등이 있다.
  - 항목을 구분하는 방식에 따라서 신뢰도 계수의 추정치가 달라진다는 단점이 있다.

- 내적 합치도
  - 한 문항, 한 문항을 각각 한 개의 검사로 생각하여 각 문항 간의 상관도를 내서 그 상관도를 종합하는 방법이다.
  - 크론바흐 알파(α)가 대표적이다.
  - 계수는 '0~1'의 값을 가지며, 값이 클수록 신뢰도가 높다.
- 조사자 간 신뢰도
  그림검사에서 채점자 간의 동의 정도에 의해 신뢰도를 산출하는 것으로, 상호관찰자 기법이라고도 한다.

■ 타당도의 의의 및 특징

- 실증적 수단인 조작적 정의나 지표가 측정하고자 하는 개념을 제대로 반영하는 정도를 의미한다.
- 측정의 타당도는 조사자가 측정하고자 한 것을 실제로 정확히 측정했는가의 문제이다.
- 어떤 측정수단이 조사자가 의도하지 않은 내용을 측정하는 경우 이 수단은 타당하지 못한 것이 된다.
- 사회과학 영역에서 특히 타당도가 문제시되는 이유는 보통 측정을 간접적으로 할 수 밖에 없는 사회과학 고유의 특성 때문이다.

■ 타당도의 종류

- 내용타당도
  - 측정도구의 문항들이 측정하고자 하는 내용을 얼마나 잘 포함하고 있느냐를 논리적으로 검토해보는 것이다.
  - 측정도구가 조사하고자 하는 대상의 속성을 어느 정도 잘 포함하면 논리적으로 타당하다고 본다.
  - 연구자 직관이나 전문가의 의견을 통해 파악하는 방식이다.
- 기준타당도
  - 특정한 측정도구의 측정값을 이미 전문가들에 의해 타당도가 경험적으로 입증된 측정도구의 측정값과 비교하여 나타난 관련성의 정도를 의미한다.
  - 검사 A와 B를 바꾸어 사용할 수 있느냐 할 때 '그렇다'면 공인타당도가 있다는 것이다.
- 구인타당도
  측정도구가 측정하고자 하는 구인의 속성과 목적에 얼마나 적합한가를 이론적 근거에 비추어 경험적으로 검증하는 방법이다.

■ 신뢰도와 타당도의 관계

- 신뢰도가 검사점수의 안정성에 관한 것이라면, 타당도는 외적 준거와 관련된 것이다.
- 타당도 검증에서는 알맞고 믿을 만한 준거를 설정하는 것이다.
- 신뢰도가 높다고 하여 반드시 타당도가 높은 것은 아니다.
- 타당도가 낮다고 하여 반드시 신뢰도가 낮은 것은 아니다.
- 타당도가 없어도 신뢰도를 가질 수 있다.
- 타당도가 있으면 반드시 신뢰도도 있다.
- 타당도는 신뢰도의 충분조건이고, 신뢰도는 타당도의 필요조건이다.
- 타당도와 신뢰도는 비대칭적 관계이다.

PART 04 집단상담 및 가족상담

■ 집단상담
- 집단상담의 대상은 비교적 정상 범위의 적응 수준에 속하는 사람들이다.
- 집단상담의 초점은 생활상의 적응이나 개인의 성장에 둔다.
- 집단상담을 이끌어가는 상담자는 전문적인 능력을 갖춘 사람이어야 한다.
- 집단상담의 분위기는 상호신뢰적이고 수용적이어야 한다.
- 집단상담은 역동적인 상호교류를 통해 변화를 가져온다.

■ 집단상담의 목적
- 자기이해(Self-understanding)
- 자기수용(Self-acceptance)
- 자기개방(Self-disclosure)
- 자기주장(Self-assertiveness)

■ 집단상담과 개인상담의 공통점, 차이점
- 공통점
  - 내담자의 자기이해를 촉진한다.
  - 생활상의 문제해결을 돕는다.
  - 내담자들의 자기공개, 자기수용이 중요하다.
  - 이해적이고 허용적인 상담분위기의 조성과 유지가 필요하다.
  - 상담자의 기법면에서 내담자가 이야기한 것을 비판하지 않고 의미를 요약하며, 더 분명하게 해주는 기법을 사용한다.
  - 사적인 정보의 비밀을 보호한다.
- 차이점
  - 집단상담은 남을 대하는 바람직한 태도나 행동 반응을 즉각적으로 시도해보고 확인할 수 있으며 타인과의 친밀감에 관한 경험을 제공할 수 있다.
  - 집단상담에서는 참가자들이 다른 참가자들로부터 도움을 받을 수 있을 뿐 아니라 참가자 자신이 다른 사람을 도와주는 경험을 할 수 있다.
  - 집단상담의 상담자는 내담자의 발언이 다른 내담자와 상담 집단 전체에 어떤 영향을 주고 있는가를 유의하여 관찰해야 한다.

■ 집단상담과 집단지도

구 분	집단상담	집단지도
진행방법	상담자와 참여자가 함께 진행	교사나 강사의 책임 아래 진행
목 적	참여자 개인에게 초점을 맞추고 개개인의 실제적 행동의 변화가 목적	개인의 행동변화를 구체적으로 다루지는 않고 변화에 대한 정보 제공이 목적
지도자의 역할	안내자, 민주적인 촉진자	교육자로서 집단의 구조, 활동방향 및 진행 내용 등에 있어서 권위적인 책임을 짐
다루는 내용	참여자들의 개인적인 태도나 정서적 반응	학습방법, 수험요령, 진로결정 방법, 여가선용, 인간관리, 인간관계와 의사소통 등 교육적이고 직업적인 지식
목 표	참여자들의 생활상의 문제를 개인 나름대로 탐색하고 해결하도록 도와주는 것	특수한 정보를 얻고, 특정한 방법을 학습한다는 참여자들의 공통적 목표

■ 집단상담과 집단치료

구 분	집단상담	집단치료
대 상	비교적 정상적인 내담자 집단	임상적으로 비정상적인 내담자(환자) 집단
목 적	현재의 문제와 관련되는 요인들을 검토하고 앞으로의 성장 발달을 위한 태도변화를 강조	내담자가 겪고 있는 문제의 배경이 되고 있는 억압된 심리적 자료(무의식적 동기)를 주로 탐색하고 해석
강조점	참여자의 현재와 미래에 관심을 둠	과거(즉, 부적응행동의 원인)에 더 강조점을 둠
접근방법	예방적, 성장촉진적인 접근방법	교정적 접근방법
다루는 내용	자아개념이나 사회적 관계, 정상인의 발달에 관련된 문제를 주로 다룸	신경증이나 성격장애, 심한 심리적 갈등을 가진 사람들의 증세와 갈등을 해소

■ 집단역동에 영향을 미치는 요소

- 집단역동 : 하나의 공통장면 또는 환경 내에서 일어나는 복합적이고 상호작용적인 힘들을 말한다.
- 집단의 배경 : 새로운 집단인지 이미 계속해서 모이고 있던 집단인지에 따라 시간과 노력을 쓰는 곳이 다르므로 집단의 역동은 달라진다.
- 집단의 참여형태 : 대체로 집단원들의 참여가 광범위하게 이루어진 집단일수록 집단에 대한 흥미와 관여가 더욱 깊어지게 된다.
- 의사소통의 형태 : 의사소통은 집단활동의 궁극적 목표달성을 위한 기본 수단이며, 의사소통의 양상이나 내용은 그 집단의 역동에 결정적인 영향을 미친다.
- 집단의 응집성과 분위기 : 집단이 어느 정도로 하나의 공동체로서 활동하고 있는가를 측정하는 응집성에 따라 집단역동은 달라진다.
- 집단규범 : 공동목표를 성취하기 위해 집단에서 용납될 수 있는 행동이 무엇인가에 관한 원리 혹은 표준이 있는데 이러한 규준들은 보통 암시적으로 통용되는 경우가 많기 때문에 처음에는 혼란스러울 수 있다.

- 집단원들의 사회적 관계 유형 : 집단원들 간의 사회적 관계 유형이 집단활동과 역동관계의 형성에 중요한 영향을 미친다.
- 지도성의 경쟁 : 경쟁은 생산적인 결과를 가져와 바람직할 수도 있지만 중요한 과업을 이루는 데 방해가 될 수도 있다.

■ 집단상담의 유형

- 개방집단과 폐쇄집단

개방집단	폐쇄집단
• 집단 진행 도중 일부 집단원이 나가면 새로운 집단원이 들어오고 집단은 계속 진행된다. • 응집력이 약해지고 집단정체성에 문제가 발생할 수 있으며 의사소통이나 수용, 지지 등이 부족해 갈등을 일으킬 수 있다.	• 시간제한이 있고 집단 회기도 미리 정해져 있어서 집단이 끝날 때까지 새로운 구성원은 받아들이지 않는다. • 같은 성원의 참여로 결속력이 강하며 안정적으로 집단의 과업을 이루어갈 수 있다는 장점이 있다.

- 구조화집단과 비구조화집단

구조화집단	비구조화집단
• 상담자가 집단의 목표와 과정 등을 정해놓고 집단을 주도적으로 이끌어가는 형태이다. • 합의된 공동목표를 달성하는 데 시간과 경비를 절약할 수 있다.	• 집단의 목표, 과제, 활동방법 등에 대해 미리 정해놓지 않고 내담자의 욕구에 맞춰 스스로 정해나가는 형태이다. • 내담자의 자발성이 요구되며 집단의 심리적 관계가 중요한 작업 대상이 된다.

- 협동상담

장 점	단 점
• 한 지도자가 집단을 이끄는 동안 다른 지도자는 정서적 문제에 집중하는 등 집단 전체를 관찰할 수 있다. • 지도자들의 관점을 상호 교환함으로써 상담의 질적인 향상을 가져올 수 있다.	• 집단상담자들 사이에 협동이 이루어지지 않고 의견 충돌이 있을 경우 집단의 유지 발전에 부정적인 영향을 끼친다. • 한 지도자가 집단성원들과 결탁하여 다른 지도자에 대항하는 경우 집단이 양극화될 수 있다.

■ 아동 집단상담

- 성장중심 집단상담 : 아동들이 일상생활에서 부딪히는 문제들에 좀 더 효과적으로 대처할 수 있는 능력을 극대화시키는 데 초점을 둔다.
- 문제중심 집단상담 : 아동의 성장에 방해가 될 수 있는 현재 혹은 과거의 개인적 갈등을 치료하는 데 초점을 둔다.

■ 집단지도자의 역할

- 집단활동의 시작을 돕는다.
- 집단의 방향을 제시하고 집단 규준의 발달을 돕는다.
- 집단의 분위기 조성을 돕는다.
- 행동의 모범을 보인다.
- 의사소통 및 상호작용을 촉진시킨다.
- 집단원을 보호한다.
- 집단활동의 종결을 돕는다.

■ 집단지도자의 문제행동
- 지나친 개입
- 방어적 태도
- 폐쇄적 태도
- 과도한 자기개방

■ 지도력의 유형

민주형	• 인본주의, 형이상학적 이론을 따르는 상담자들이 선택하는 유형이다. • 집단중심적 또는 비지시적 집단지도력이라고 한다. • 장점 : 강한 동기유발, 생산성의 증가, 애정과 협동 정신 발전, 상호신뢰, 만족감 등의 효과가 있다. • 한계 : 과업성취를 위해 상당히 긴 시간이 소요된다.
독단형	• 정신분석적 모형과 관련 있다. • 자신의 지식과 경험을 토대로 집단의 방향을 설정하고 집단 과정을 주도한다. • 장점 : 단기간 내에 많은 양의 과업을 성취할 수 있다. • 한계 : 적대적, 경쟁적, 공격적인 분위기 형성, 특히 책임전가, 불화, 의존성, 창의성 결여 등의 행동경향이 나타날 수 있다.
방임형	• 집단의 방향이 전적으로 집단원들에게 달려있으며 집단 과정과 결과에 대한 책임도 그들에게 있다고 본다. • 장점 : 공격적 행동이 민주형 집단보다는 많고 독재형보다는 적다. • 한계 : 두 집단에 비해 과업 완수의 양과 질이 떨어지고, 탁상공론의 경향이 있다.

■ 리더십 이론

특성이론	지도자에게는 지도자가 될 수 있는 고유한 자질이나 특성이 있다는 이론이다.
행동이론	특성이론의 한계로 "지도자는 어떤 행동을 하며 어떻게 행동하는가?"라는 것으로 관심이 옮겨졌고 적합한 지도자의 행동 유형을 규명하는 행동이론이 등장하였다.
상황이론	지도자의 행동은 상황에 따라 달라질 수 있다는 가정에 기초하고 있다. 즉 상황이 지도자의 행동을 결정하는 요인이 된다고 보고, 상황이 달라지면 다른 지도력이 요청될 수도 있다고 보는 입장이다.
지위이론	지도력이란 사람에게 있지 않고 그가 차지하는 지위에 달려있다. 그래서 누구든지 특정한 자리를 차지하기만 하면 자동적으로 지도자가 된다고 보는 견해이다.
기능이론	지도력을 집단의 목적 및 목표달성과 관련지어 이해하려는 입장으로 누구든지 집단의 목적과 목표를 명료히 하고, 그 목적과 목표의 달성에 기여하는 행동을 하면 그것이 지도력의 기능을 이행하는 것이 된다고 보는 것이다.

■ 집단상담의 과정
- 도입 : 집단상담자는 첫 번째 모임이 시작되기 전에 사전 면담을 통하여 개별 구성원의 특성을 미리 파악해두는 것이 좋다.
- 준비 : 안정되고 신뢰감 있는 집단분위기를 조성하는 것이 기본 과업이다.
- 작업 : 집단원 상호 간의 신뢰를 바탕으로 집단 밖에서는 말하기 어려운 사적인 문제까지도 집단에서 노출하기 시작한다.
- 종결 : 집단상담자는 집단원들이 학습 결과를 잘 정리하고 이를 실천하겠다는 의지와 희망을 갖고 떠나도록 돕는다.

■ 집단상담의 기법

- 감정의 확인, 명료화 및 반영
  집단상담자는 인간의 감정 상태에 대한 이해와 반응을 소홀히 하지 않아야 한다. 집단상담의 과정에서 감정 상태를 확인하고 그것에 초점을 둔 발언을 한다.
  예 "지금 이 모임에서는 모두가 다루기 힘든 일이나 생각을 말하기 꺼려하고 있는 것 같습니다."

- 행동의 확인, 명료화 및 반영
  집단상담자는 한 개인이 어느 순간에 보인 특정 행동의 의미를 탐색하여 반응해야 한다.
  예 "지금 여러분이 보이고 있는 행동은 각자가 말한 사람을 평가하고 충고하는 것처럼 보입니다."

- 인지적 자료의 확인, 명료화 및 반영
  생각과 언어 소통을 분명히 그리고 합리적으로 하도록 격려하고 시범을 보이는 것이 도움이 된다.
  예 "지난 모임에서도 다소 그랬지만 오늘은 특히 다른 사람의 행동이나 감정을 서로 해석하고 설명하는 분위기가 되고 있습니다. 우리 모두가 전문가가 된 것 같아요."

■ 집단상담의 정신분석적 모형

- 인간 심리에 대한 구조적 가정 및 여러 가지 형태의 부적응행동에 대한 역동적 이해 등을 이론적 배경으로 한다.
- 인생의 초기 경험을 중요시하며, 무의식 혹은 심층에 숨어있는 문제의 원인을 분석하고 그것을 의식의 세계로 노출시켜 자아의 기능을 변화시키는 데 관심을 둔다.

■ T-집단과 실험실적 접근 모형

- 실험실 교육 프로그램의 방법을 활용하고 있기 때문에 실험실적 접근이라 하고, 소집단을 통한 훈련이 이 프로그램의 중심이기에 T-집단(훈련집단)이라고 한다.
- 비조직적인 작은 집단에서 집단원 모두가 직접 참여하여 스스로의 목표를 설정하며 직접적인 경험을 통해 인과관계의 기술과 집단 과정에 대해서 학습한다.

■ 참 만남(Encounter) 집단 모형

- 참 만남 집단은 고도의 친교적 집단 경험을 통하여 태도, 가치관 및 생활양식의 변화 등을 포함하는 개인적인 변화를 목표로 한다.
- '지금-여기'의 상황에 초점을 두고 개방성과 솔직성, 대인적 맞닥뜨림, 자기노출, 그리고 직접적이고 강한 정서적 표현을 격려한다.

■ 형태주의적 접근 모형(게슈탈트 집단상담)

- 오직 지금(Now) - 경험(Experience) - 각성(Awareness) - 현실(Reality)에만 초점을 모으고 있다.
- '어떻게'와 '무엇을'을 '왜'보다 더 중요시한다.
- 상담과정에서 집단원 간의 상호작용보다는 한 번에 한 집단원의 문제를 집중적으로 다룬다.

■ 합리적정서행동치료(REBT)

- 집단원들이 비합리적 생각에서 탈피하여 보다 합리적, 경험적, 논리적인 사고에 입각하여 행동할 수 있게 하는 목적 달성을 위해 모든 활동이 이루어진다.
- 인지적이고 활동적이고 지시적인 교육방법을 주로 사용하고 있다.

■ 교류분석적 모형
- 주로 대인관계 및 의사소통의 문제가 되고 있는 장면에서 적용된다.
- 집단원들의 생활을 지배하고 있는 불건전한 생활자세(자기긍정-타인부정, 자기부정-타인긍정, 자기부정-타인부정)를 건전한 자세(자기긍정-타인긍정)로 변화시키는 것이 주요 목표이다.
- 집단상담자는 집단원 간 의사소통의 언어적, 비언어적 메시지의 내용을 잘 간파해야 한다.

■ 현실치료적 접근 모형
- 인간은 특정한 욕구를 가졌고 이 욕구의 충족을 위해 환경을 통제할 수 있다고 가정한다.
- 모든 문제는 현재에 있기 때문에 과거에 대해서는 별로 관심을 갖지 않는다.

■ 행동주의적 접근 모형
- 내담자의 행동을 변화시키려는 목적으로 고안되었다.
- 학습과정을 통하여 습득된 부적응행동을 제거하고 보다 적절한 새로운 행동을 학습하도록 도움을 주는 것이다.
- 모방에 의한 사회적 학습 또는 관찰학습이론이 집단상담에 효과적으로 사용될 수 있다.

■ 가족치료 발달에 영향을 준 이론
- 구조기능론
  - 구조주의 : 가족의 구조에 따라 가족관계가 달라지고 가족구조를 바꾸면 가족문제도 개선될 수 있다.
  - 기능주의 : 가족 구성원들이 가족 집단의 기능을 위해 필요한 행동을 한다.
- 상징적 상호작용론
  가족 구성원이 주관적 입장에서 주변 환경과의 상호작용을 통하여 가치와 의미를 파악하며 지위와 역할을 획득하게 된다고 보고, 가족 구성원 간의 언어적·비언어적 행동과 의사소통, 정서적 관계를 미시적으로 연결하여 설명한다.
- 가족발달이론
  시간의 흐름에 따른 가족의 변화과정에 관심을 갖고 가족생활주기 단계별로 내적으로는 구성원들의 여러 요구와 외적으로는 사회적 기대 및 주변 환경의 요구를 효과적으로 충족할수록 가족 구성원들도 다양한 과업을 성공적으로 달성하고 발달할 것이라고 가정한다.
- 가족스트레스이론
  가족이 여러 변화나 사건을 경험할 때 스트레스원이 발생하는데 이에 대한 가족자원과 인지평가가 상호작용하여 위기를 만드는 것이다.
- 건강가족이론
  건강가족의 개념은 외형상 형태가 아닌 기능적, 사회심리적 측면에 기준을 두는 것으로 현대 가족의 건강성 척도들은 매우 다양하고 복잡하며, 주로 자기보고식의 다차원 개념들로 구성되어 있다고 주장한다.
- 가정폭력이론
  폭력은 가해자의 권력과 통제, 그리고 피해자의 억압과 두려움을 속성으로 가지며 개인적 요인, 가족요인, 사회적 요인이 복합적으로 작용하여 발생한다.
- 여권주의이론
  여성들이 남성지배적인 사회구조와 가족구조 속에서 차별받고 있으므로 여성들이 권리의식을 갖고 동등한 지위, 자유와 경제적 독립을 누리며, 자신의 삶과 상황을 통제해야 한다고 주장하는 이론이다.

- 체계이론
  - 체계는 하나의 통일된 전체를 구성하는 상호관련된 부분의 집합체로 정의된다.
  - 체계는 유기체처럼 한 부분이 변하면 다른 부분들도 변화하고 그 변화가 다시 처음의 변화 부분에 영향을 준다는 속성을 가지며, 체계 전체는 부분들 간의 '상호작용'이 포함되므로 부분들의 합보다 크다고 가정한다.
- 포스트모더니즘
  사실의 문제는 관점의 문제로 대치되어 가족치료자는 내담자도 똑같이 타당한 관점을 가지고 있다는 점을 인정하면서 옳음에 대한 초월적 준거가 없다는 점을 강조한다.
- 사회구성주의
  치료자가 사회적 배경이 다른 내담자를 접할 때 문화의 차이를 이해할 뿐 아니라 경제상황이나 사회계층 등 사회적 입장의 차이를 생각하여 그것이 치료관계에 미치는 영향에 대하여 고찰하면서 응용해야 한다.

유 형	상담목표	초 점	상담자 역할	주요 문제
가족상담	가족기능 향상	• 가족의사소통 • 연합과 역할 • 행동유형 • 상호작용패턴 • 가족체계	적극적 참여관찰자	• 부부문제 • 부모-자녀 갈등 • 고부갈등 • 가족불화 • 가족정서행동문제
개인상담	• 성격의 재구조화 • 행동수정 • 증상제거 • 인지변화	• 무의식 • 감정전이 • 방어기제 • 행동학습 • 인지, 사고 • 개 인	• 비지시적, 소극적 • 적극적, 지시적 • 참여관찰자	• 성격의 무의식적 갈등 • 방어기제의 부적응적 유형 • 스트레스 관련 불안 • 정서행동문제
집단상담	사회적 기능 향상	• 집단참여 • 피드백 • 집단역동	유동적 촉진자	• 대인관계 문제 • 부적응 • 불 안 • 행동문제

■ 기능적 가족과 역기능적 가족

기능적 가족	역기능적 가족
하위체계의 경계선이 명확하지만, 이것은 가족의 요구에 따라 변할 수 있다.	하위체계의 경계선이 경직되거나 혼란되어 있으며, 가족의 요구에도 변화하지 않는다.
가족규칙은 명확하며 공평하게 이루어진다.	• 가족규칙이 명확하지 않으며 경직되어 있다. • 가족의 행동이나 방법에 규칙을 갖고 있지 않다.
가족 구성원이 자신들의 역할을 명확히 이해한다.	역할이 경직되거나 명확하지 않아서 가족 구성원은 자신에게 요구되는 기대가 무엇인지 잘 알지 못한다.
각 개인의 자율성이 존중되면서도 전체로서의 가족이 유지된다.	개인의 자율성은 가족 전체를 위해 희생되거나, 반대로 가족이 통합되지 못해 지나친 자율성이 요구된다.
의사소통은 자유롭고 명확하며 직접적이다.	의사소통은 애매하고 간접적이고 권위적이다.

■ 가족생활주기

- 가족생활주기는 시간의 경과에 따른 가족 내의 발달적인 경향을 묘사하기 위하여 일반적으로 사용하는 용어이다.
- 개인의 발달은 가족의 영향을 받을 뿐 아니라 가족에게 영향을 주기 때문에 가족 구성원의 발달은 가족생활주기의 관점에서 살펴보아야 한다.
- 가족은 가족생활주기의 전환기에서 적응상의 문제를 일으킬 수 있으며 이 적응상의 위기는 가족문제의 근원이 될 수 있다.

■ 가족평가

- 초기단계
  - 가족이 제시하는 문제는 무엇인가?
  - 어떻게 가족치료에 의뢰되었는가?
  - 가족의 발달주기단계는 어떠하며 발달과업은 어떻게 수행되었는가?
  - 가족의 강점은 무엇인가?
  - 가족의 의사소통 유형은 어떠한가?
- 중기단계
  - 문제에 대한 개인의 책임감이 인식되었는가?
  - 가족 구성원의 상호이해가 촉진되었는가?
  - 대화주제 선택에서 치료자가 지나치게 개입하고 있지 않은가?
  - 치료자가 특정 가족 구성원의 역할(아내, 특정 자녀 등)을 맡고 있지 않은가?
- 종결단계
  - 제시된 문제가 해결되었는가?
  - 가족 상호작용 유형이 개선되었는가?
  - 미래에 비슷한 문제가 재발했을 때 다룰 수 있는 방법을 알고 있는가?
  - 가족 구성원이 가족 내외의 관계를 개선해왔는가?

■ 가족 스트레스 요인

수직적 스트레스 요인		• 가족의 태도, 기대, 규칙 등 세대에 따라 전수되는 관계와 기능양상을 포함한다. • 원가족에서 파생되는 가족이미지, 가족신화, 가족규칙 등이 이에 속한다.
수평적 스트레스 요인	발달적 스트레스 요인	자녀의 출산, 입학, 결혼처럼 대부분의 가족이 발달하면서 겪게 되는 사건과 같이 가족이 예측할 수 있는 것으로 구성된 생활주기상의 변화이다.
	외적 스트레스 요인	실직, 사고에 의한 죽음처럼 예측할 수 없는 사건들로 이루어져있다.

■ 가족체계의 주요개념

- 경 계

경 계	• 외부환경으로부터 개인, 하위체계 또는 체계를 구분 짓는 것이다. • 개인과 개인, 하위체계와 하위체계, 체계와 체계 사이에 존재한다.
경계선	• 체계 안과 밖으로 에너지와 정보가 흐르는 정도이다. • 경계 안의 구성원들 간의 친밀함 정도, 상호교류와 접촉 정도이다.
가족체계의 경계선	• 애매한 경계선 : 지나치게 개방적이어서 모든 정보가 공유되고 서로에게 지나치게 관여를 하며 얽혀있다. • 경직된 경계선 : 지나치게 폐쇄적이어서 상호 간에 생각이나 감정, 정보 등을 나누어 갖지 않고 개인적이다. • 명료한 경계선 : 경계가 유연하게 존재하여 정보가 적절히 공유되고 구성원 간에 관여하는 정도가 적당하다.

- 가족항상성
  - 모든 체계는 바람직한 균형을 유지하려는 경향이 있다.
  - 모든 가족은 일반적으로 가족의 안정(항상성)을 유지하려는 경향이 있다.
  - 가족의 항상성을 유지하는 것이 반드시 가족 구성원에게 최상의 이익을 주는 것은 아니다.
- 가족규칙
  - 가족 내에 권력, 역할, 의사소통, 문제해결 등에 관한 규칙이 존재한다.
  - 가족규칙은 오랜 기간 반복되는 가운데 은연중에 정해진 불문율적인 성격이 강하다.
- 가족신화
  가족 구성원이 공유하는 기대와 신념을 의미하는 것으로 역기능적 가족이 현실을 왜곡하거나 합리화, 부정하는 데 활용된다.
- 가족 삼각관계
  가족 삼각관계에 끼어드는 대상이 반드시 가족 구성원만 있는 것은 아니다(친척, 일, 친구, 알코올, 취미, 외부활동 등).
- 가족 의사소통
  - 언어와 비언어
  - 내용(사실적 보고)과 관계(내용 밑에 깔린 의도와 목적)
  - 단락 짓기 : 계속되는 의사소통 속에서 특정 원인을 찾는 것
  - 역기능적 의사소통 : 언어적 메시지와 비언어적 메시지의 불일치, 이중구속 메시지, 내용과 관계 수준의 불일치, 단락 짓기의 불일치
- 순환적 인과관계
  체계의 일부분에서 발생하는 변화가 부분의 변화에 그치는 것이 아니라 그 체계가 속한 전체 체계와 다른 부분에 영향을 미치고, 그 영향이 다시 처음 변화가 일어난 부분에 영향을 미치게 되는 것을 의미한다.

■ 가족상담사의 역할

- 객관적인 지각자 역할
  - 상담자는 상담장면에서 나타나는 가족 구성원 간의 상호작용 역동을 관찰하고 가족이 상황을 객관적으로 인식하도록 돕는다.
  - 그 결과 가족이 가족체계의 문제와 문제해결을 위한 목표를 동일하게 인식하고 변화가 촉진된다.

- 교사로서의 역할
  - 정보를 제공하고 새로운 행동방식을 학습할 수 있는 적절한 시기를 조정한다.
  - 상담자가 모델이 되어 의사소통방법을 가르치는 역할이다.
- 환경조정자로서의 역할
  변화가 허용될 수 있는 안전한 환경과 분위기를 만들어 주고 이를 촉진하고 지속시키는 일을 맡는다.
- 안내자 또는 지도자 역할
  상담자는 여러 이론과 기법을 적용하여 가족의 변화를 돕고 촉진하는 안내자와 지도자 역할을 하게 된다.

■ 가족상담 과정

- 초기과정

접수상담	전에 상담이나 치료경험이 있는지, 있다면 어떤 문제로 상담받았고 효과는 어느 정도였는지 파악한다.
치료적 관계형성	면접상담 첫 회기는 이후 상담의 방향과 성공여부를 결정짓는 중요한 단계이다.
상담의 구조화	치료적 관계를 바람직한 방향으로 안정시키기 위하여 상담에서 성취 가능한 범위와 제한점 안에서 가족을 교육하는 것이다.
가족사정	초기과정에서는 치료적 관계 형성 작업과 함께 문제파악과 목표설정에 초점을 둔다. 중기과정에서는 가족의 상호작용방식, 의사소통방식, 관계패턴, 가족 구성원의 견해차이, 가족 구성원의 노력과 변화 등을 파악한다. 종결과정에서는 변화된 가족체계와 관계패턴을 확인하고 상담목표 달성 정도를 파악한다.
문제의 명료화 및 상담목표의 합의	가족이 포괄적으로 말하는 문제를 구체적이고 해결 가능한 문제로 바꾸고 가족이 바라는 대안과 이를 성취하기 위한 변화나 기술들을 구체화하고 명료화한다.
상담계약	가족 구성원이 지속적으로 상담에 오도록 구체적 사항에 대하여 계약을 맺는 것이다.

- 중기과정
  - 변화를 위한 주된 작업이 이루어지는 실행과정이다.
  - 가족의 특성과 문제의 성격, 상담자의 능력과 전문적인 판단에 따라 설정된 상담목표 달성을 위해 적절한 이론과 기법을 선택하고 적용하게 된다.
- 종결과정
  - 제시된 문제가 해결되고 증상이 완화되거나 소멸된 경우, 초기에 설정한 상담목표가 이루어진 경우 종결한다.
  - 상담의 진행이 부진하거나 가족 구성원이 상담에 소극적으로 된 경우 종결한다.

■ 가족상담에서 사전동의

- 상담과정에서 다루어질 목적과 내용을 가족에게 설명한다.
- 계약상담자가 선택한 다양한 개입방법의 효율성을 설명한다.
- 예정된 상담의 횟수와 간격, 상담시간, 누가 참석할 것인가, 상담비용 등에 대해 설명한다.
- 가족상담의 위험을 최소화할 책임이 상담자에게도 있음을 이야기한다.
- 상담회기, 주기 등의 상담형식에 대해 설명한다.
- 긍정적 결과에 대해 희망을 갖도록 설명한다.
- 가족의 목표가 개인의 목표보다 우선시된다는 것을 알린다.

■ 보웬의 다세대 가족치료

- 자아분화 : 개인이 원가족의 정서적 융합에서 벗어나 자기만의 방식으로 자율적으로 기능하게 되는 과정이다.
- 미분화 가족자아군 : 온 가족이 감정적으로 한 덩어리가 되어 정서적으로 함께 고착되어 있는 상태이다.
- 삼각관계 : 두 사람 사이에 불안과 긴장을 해소하기 위하여 제3의 사람이나 대상을 관계로 끌어들이는 정서적 역동이다.
- 핵가족 정서체계 : 가족들이 감정적으로 연결되어 있는 정도를 의미하며, 원가족으로부터 형성되어 배우자 선택과 결혼생활을 통해 다세대에 걸쳐 반복된다.
- 가족투사과정 : 미성숙한 부모가 자신의 미분화와 불안을 다루고 부부체계를 안정시키기 위해 무의식적으로 가장 취약한 자녀에게 정서적 에너지를 집중하는 방어기제이다.
- 다세대 전수과정 : 여러 세대를 통하여 가족의 정서적 과정이 전수되는 것을 의미한다.
- 정서적 단절 : 관계를 유지해야 할 사람들끼리 정서적으로 접촉을 끊고 지내는 것을 의미하며 주로 원가족에서 투사과정에 개입된 자녀에게 일어나는 현상이다.
- 출생순위 : 자녀의 출생순위나 형제자매 위치에 따라 가족의 정서체계 내에서 역할과 기능이 달라지고, 결혼생활에서 배우자와의 상호작용패턴에도 영향을 준다.
- 사회적 정서과정
  - 개인과 가족의 정서적 과정을 사회로 확대시킨 개념이다.
  - 사회에 불안이 증가하면 결속에 대한 압력이 커져서 개별성과 분화 수준은 감소되고 역기능적 삼각관계가 맞물려 갈등과 투사가 발생하여 사회문제가 확산된다.
- 치료목표
  - 불안감소 : 세대에 걸쳐 누적된 불안을 감소시킨다.
  - 자아분화촉진 : 자아분화 수준을 높인다.
  - 탈삼각화 : 삼각관계에서 벗어나도록 돕는다.

■ 보웬의 다세대 가족치료 치료기법

- 가계도(Genogram)
  - 3세대 이상에 걸친 가족 구성원에 관한 정보와 그들 간의 정서과정을 표시한 그림이다.
  - 첫 면접에서 내담자와 함께 작성하여 여러 회기에 걸쳐 수정하고 보완한다.
- 치료적 삼각관계
  - 주로 부모나 부부처럼 두 사람의 성인과 치료자가 삼자관계 형태를 이루어 개입하는 기법이다.
  - 치료자가 두 사람의 정서과정에 연루되지 않으면서 두 사람과 최적의 정서적 거리를 유지하는 객관적인 자세를 취함으로써 문제해결 방법을 찾게 되고 관계를 개선시키는 것이다.
- 코 칭
  - 치료자가 내담자와 가족으로 하여금 직접 가족문제에 대처하는 데 자신의 능력과 기능을 최대한 발휘하도록 돕는 방법이다.
  - 도전이나 직면, 설명을 하기도 하고 과제도 부여한다.
- '나-입장' 취하기
  다른 사람이 무엇을 하는가를 비난하거나 지적하는 대신에 자신이 무엇을 생각하고 느끼는가를 말하게 하여 자신의 생각과 감정을 표현하게 하는 방법이다.

- 불안완화기법
  치료과정에서 불안을 완화시키고 감정을 차분히 가라앉힐 때 가족 구성원 간에 이성적으로 이야기할 수 있다.
- 관계성 실험
  중요한 삼각관계에 변화를 일으키는 것으로 정서적으로 가까이 가고자 하는 사람과 도망치는 사람을 치료하기 위한 기법이다.

■ 경험적 가족치료

- 자아존중감 및 자기가치감
  - 자아존중감과 자기가치감은 자기 자신에게 가지는 애착, 사랑, 신뢰, 존중으로 특히 사티어는 감정 측면을 중요시한다.
- 가족규칙
  - 가족 구성원의 행동을 규정하고 제한하며 역할과 관련된 기대, 생각, 감정, 반응, 태도 등이 포함된다.
  - 반복적인 생활경험을 통하여 만들어지며, 모든 가족 구성원의 행동에 영향을 주는 보이지 않는 힘이다.
- 치료목표
  - 개인의 자아존중감을 높인다.
  - 자기 인생에 대한 선택권을 갖도록 한다.
  - 가족규칙을 합리적, 현실적으로 만든다.
  - 내면적 경험과 일치된 의사소통을 한다.

■ 경험적 가족치료기법

- 가족조각 : 가족 구성원 한명이 다른 가족에게 느끼는 내적 정서상태를 동작과 자세 등의 신체적 표현을 통해 공간적으로 나타내는 것이다.
- 역할극 : 실제경험을 바탕으로 현재의 느낌을 노출하는 것을 전제로 하여 과거의 사건이나 바람 또는 미래사건에 대한 감정을 직접 표현하게 함으로써 가족 구성원들에게 생생하게 경험할 수 있는 기회를 제공하는 것이다.
- 재정의 : 부정적 의미를 긍정적으로 바꾸기 위하여 행동과 감정, 사고에 감추어진 긍정적 의미를 제시하는 것이다.
- 원가족 삼인군 치료 : 원가족 도표를 통하여 가족의 역동성과 가족관계를 쉽게 이해하고 평가하여 역기능적인 가족규칙과 대처방식에서 벗어나도록 돕는다.
- 빙산탐색 : 개인의 내적 경험을 이끌어내는 비유적 방법으로 행동, 대처, 감정, 감정에 대한 감정, 지각, 기대, 열망, 자기를 탐색한다.

■ 구조적 가족치료

- 가족구조
  - 반복적이고 체계화되어있어 예측할 수 있는 가족행동을 말한다.
  - 가족상호작용 구조 : 하위체계, 경계선, 위계구조
- 하위체계
  - 부부 하위체계 : 가족 하위체계의 기본이자 핵심이다.
  - 부모 하위체계 : 부부 하위체계가 역기능적일 경우 대부분 부모 하위체계가 약화되고 부정적 영향을 받기 쉽다.
  - 부모-자녀 하위체계 : 부모와 자녀로 구성된 체계로 위계구조와 부모의 권위가 확립되는 것이 중요하다.

- 형제자매 하위체계 : 형제들이 서로 협력하고 경쟁하며 차이를 해결하고 서로 지원하는 능력을 존중해주는 것이 좋다. 부모가 부적절하게 개입하면 더 큰 문제를 유발할 수 있다.
- 경계선
  가족 구성원 개인과 하위체계를 둘러싼 보이지 않는 테두리로서 다른 사람과의 접촉의 양과 종류에 따라 다르다.
- 위계구조
  가족 내 권력을 기반으로 한다.

■ 구조적 가족치료기법

- 합류를 위한 기법
  - 적응
  - 추적
  - 모방
- 가족구조 사정을 위한 기법
  - 실연
  - 가족지도
- 가족 재구조화를 위한 기법
  - 긴장 고조
  - 재정의
  - 경계선 설정
  - 강점 인식
  - 과제 주기

■ 전략적 가족치료

- MRI 상호작용모델
  - 순환적 인식론
  - 피드백 고리 찾기
  - 가족규칙을 변화시키는 구체적인 전략을 세워서 개입
  - 10회기 면접으로 단기에 종결
- 헤일리의 구조·전략적 모델
  - 가족관계 안에서 의사소통과 역할, 권력을 누가 주도하느냐에 관심을 갖기 시작하였다.
  - 가족에게 역설적 개입을 사용하여 자발적으로 증상을 포기하도록 하는 방법을 사용한다.
- 밀란의 체계론적 모델
  - 가족이 역기능적 상호작용규칙인 '게임규칙'에 초점을 두고 역설적 접근을 통해 게임규칙에서 벗어나게 하는 접근을 시도한다.
  - 장기적 단기치료 : 한 달에 한 번의 회기로 총 10회기

■ 전략적 가족치료기법

- 역설적 개입기법
  기존의 해결방식과 전혀 상반된 전략을 계획하여 개입하는 것이다.
- 불변의 처방
  모든 역기능 가족에서 공통적으로 유사한 가족게임이 있다는 전제를 갖고 가족게임을 중단하게 하기 위해 고안된 처방을 모든 가족에게 하는 것이다.
- 순환적 질문기법
  차이질문, 가설질문, 행동효과질문, 3인군질문 등이 있다.

■ 해결중심 단기치료

- 가 정
  - 항상 일어나는 변화를 긍정적 방향으로 이끈다.
  - 문제의 원인과 성질보다는 긍정적인 면에 초점을 맞춘다.
  - 예외적 상황의 증가는 문제해결책 실행에 도움이 된다.
- 원 리
  - 병리적인 것 대신에 건강한 것에 초점을 두고 성공경험을 발견하는 데 주안점을 둔다.
  - 예외적 상황에서의 변화를 증가시켜 변화를 긍정적 방향으로 이끈다.
- 철 학
  - 어떤 것이 잘 기능하면 그것을 고치지 않는다.
  - 효과가 없다면 같은 방법이 아닌 다른 방법을 사용한다.
- 문제와 문제해결, 저항을 보는 관점
  - 문제를 해결하기 위하여 문제내용을 알기보다는 문제해결방안과 새로운 행동유형을 만들어내는 일에 더 관심을 둔다.
  - 내담자가 진심으로 변화를 원하는 것으로 보고 저항을 보이는 일은 없다고 간주한다.

■ 해결중심 단기치료기법

- 질문기법
  - 기적 질문 : 문제가 해결된 상황을 상상해보고 원하는 것을 스스로 설명하게 하여 해결책을 구체적으로 명료화시키기 위한 질문기법이다.
    예 "세상에 기적이 일어나 당신의 모든 문제가 해결된다면 어떤 일들이 일어날까요?"
  - 예외 질문 : 문제가 발생하지 않는 예외상황을 스스로 발견하게 하기 위한 질문기법이다.
    예 "최근에 문제가 일어나지 않은 때는 언제였습니까?"
  - 척도 질문 : 현재 상태나 문제에 대해 구체적으로 알 수 있으며 변화정도에 대해 정확하게 파악할 수 있는 질문기법이다.
    예 "1점에서 10점까지의 척도에서 1은 가장 문제가 심각한 때이고, 10은 문제가 모두 해결된 점수라면 지금 몇 점입니까?"
  - 관계성 질문 : 내담가족과 관련된 다른 중요한 사람들의 생각이나 행동에 대하여 묻는 질문기법이다.
  - 대처 질문 : 자신의 상황에 대해 절망감과 좌절감을 가지고 있는 내담자에게 희망과 성공을 경험할 수 있도록 해주는 질문기법이다.
    예 "참 어려운 상황이었을 텐데 어떻게 지금까지 견뎌왔나요?"

- 메시지 주기
  - 상담 회기마다 종료 전에 내담가족에게 메시지를 주는 것이 필수적인 과정이다.
  - 칭찬 : 추상적인 것이 아닌 상담과정에서 드러난 성공과 강점을 인정하고 작은 것이라도 긍정적인 부분들을 표현하는 것이다.
  - 연결문 : 과제에 대한 이해도와 실천가능성을 높이기 위한 교육이나 이론적 근거를 제공한다.
- 과제 주기
  - 방문형 : 상담에 온 것을 칭찬하고 도움이 필요할 때 상담에 오도록 격려한다.
  - 불평형 : 다른 사람의 긍정적인 부분을 관찰하는 과제를 주거나 문제해결에 대해 생각하는 과제를 준다.
  - 고객형 : 변화를 위해 행동하는 과제, 관찰하는 과제, 생각하는 과제를 준다.

■ 정신분석 가족치료

- 전 이
  가족 구성원들은 과거의 가족관계에 대한 억압된 이미지들을 치료자와의 상호작용뿐 아니라 가족 구성원들과의 현재의 상호작용으로 드러내게 된다.
- 저 항
  치료를 가로막거나 방해하는 의식적이거나 무의식적인 행위이다.
- 투사적 동일시
  개인이 수용하기 힘든 내적 특성을 대상이 갖고 있는 것으로 지각하여 대상으로 하여금 이에 일치된 행동과 감정을 유발하게 하는 과정이다.
- 이중구속 메시지
  한 사람이 다른 사람에게 이중구속 메시지를 전달할 때 메시지를 받는 사람이 한 메시지에 반응하면 자동적으로 다른 메시지에는 위반되므로 항상 어떤 식으로든 실패하게 되어 있다.
- 희생양
  상황이 계속적으로 변화하고 두 가지의 서로 다른 메시지가 동시에 주어져 있기 때문에 상황을 파악 못함 → 자신에게 보내진 메시지를 파악하기 위해 계속 탐색하면서 결국 혼돈에 빠짐 → 점점 융통성 없는 인간이 되어 인간관계가 단절됨 → 조현병을 나타냄

■ 정신분석 가족치료기법

- 경 청
  가족의 말을 듣고 이해하는 데 초점을 두는 것이 중요하다.
- 감정이입
  공감적 이해를 의미한다.
- 해 석
  무의식적인 자료를 의식화하도록 촉진시켜 내담자가 무의식적인 자료들에 대한 통찰을 갖게 한다.
- 분 석
  가족의 역동을 통해 가족 구성원들의 저항과 전이, 꿈 등을 분석한다.
- 자유연상
  내담자가 마음속에 떠오르는 것을 무엇이든지 이야기하도록 하는 방법으로 생각, 감정, 기억 등의 모든 것을 아무런 수정 없이 이야기하게 한다.

■ 밀란모델 가족치료

- 가족 게임
  가족 안의 규칙을 지배하려는 권력과 통제력과 관련이 있으며 가족이 힘을 얻고 항상성을 유지하기 위한 은밀한 규칙
- 순환적 인식론
  가족 한 사람의 증상행동은 다른 사람의 행동의 원인이거나 반응이라고 할 수 없고, 가족 중 누군가의 안녕과 보호에 중요하며 가족통합과 항상성 유지에 필요한 것

■ 밀란모델 가족치료기법

- 순환적 질문
  체계적 가설설정 단계에서 가장 많이 활용하는 기법으로, 가족상호작용 유형이나 가족관계에 대해 질문을 함으로써 가족 구성원들 사이의 지각차이를 밝혀내는 데 목적을 두고 있다.
- 긍정적 의미부여(긍정내포)
  가족들이 가지고 있는 게임의 긍정적인 측면을 부각시키고 이를 역설적으로 처방하는 방법이다. 즉, 가족의 증상행동이나 다른 성원의 행동을 긍정적으로 재정의하고 재해석하는 것을 긍정적 의미부여라고 한다.
- 처 방
  가족의 저항에 대처하고 증상을 없애기 위하여 증상을 지속하게 하거나 증상을 과장하게 하고, 자의로 증상을 통제할 수 있도록 하는 역설적 개입전략으로 가족게임의 변화라는 치료적 효과를 목표로 한다.
- 가족의식
  가족 구성원이 하는 게임의 규칙을 변경시키기 위해 말이 아닌 행동을 실행에 옮기는 방법이다.

■ 행동주의 가족치료

정상 가족	• 주고받는 관계가 균형을 유지(좋은 관계) • 비용에 비해 이익이 높음 • 효과적인 의사소통 • 효과적인 문제해결기술
역기능 가족	• 보상에 대한 기대가 없고 비용의 최소화에 집중, 결혼 보상 〈 독신 보상 • 언어적, 도구적 보상은 없이 처벌 교환 • 악순환의 관계패턴 형성 • 긍정적인 대안이 없이 부적 반응 • 좋지 못한 문제해결 기술

■ 행동주의 가족치료기법

- 부모훈련
  - 강화 : 정적 강화는 유쾌자극을 제시함으로써, 부적 강화는 불쾌자극을 소거함으로써 긍정적인 행동을 조성한다.
  - 긍정적 연습 : 부모로 하여금 아동이 나타내보이기 바라는 기술을 반복 연습시키는 전략이다.
  - 타임아웃 : 부적절한 행동의 결과로 정적 강화를 받을 기회를 잃어버리는 것을 의미한다(아이에게는 이유를 설명해주는 것이 좋다).
  - 반응대가 : 부적절한 행동의 결과 일정 양의 정적 강화인를 상실하는 벌에 의한 형태이다(미리 이야기해야 한다).
  - 프리맥의 원리 : 발생 빈도가 높은 행동을 빈도가 낮은 행동을 위한 강화인로 사용한다.

- 부부치료
  - 주장 훈련 : 부부관계 또는 대인관계에서 주장행동을 통해 불안을 줄이는 데 사용하는 훈련이다(권리나 느낌을 정직하게 표현).
  - 체계적 둔감법 : 이완을 한 후 불안 장면(낮은 강도)을 상상케 하고 강도를 높이며 불안해하면 이완시킨 후 점진적으로 불안 장면(높은 강도)을 직면하게 하여 과민성, 공포, 불안을 극복한다.
  - 포화 : 정적 강화라도 계속적으로 주어져 포화상태에 이르게 되면 정적 강화자극의 기능을 상실하여 오히려 반대의 효과를 나타내는 원리이다.
  - 혐오기술 : 부적응행동에 혐오자극을 제시함으로써 그 행동을 멈추게 하는 것이다.
- 성치료
  - 볼페(Wolpe)의 체계적 둔감훈련
  - 주장훈련
  - 카플란(Kaplan)의 인간의 성 반응 유형
  - 관능훈련

■ 의사소통 가족치료

- 치료 목표
  - 가족문제는 잘못된 의사소통에서 비롯되므로, 가족이 보다 바람직한 의사소통 기술을 습득할 수 있도록 돕는 것을 목표로 한다.
  - 가족을 재조직하는 것이 아니라 증상을 없애는 데 그 목적이 있다.

■ 의사소통 가족치료기법

- 가르치기(Teaching)
  가르치기 방법의 목적은 가족들로 하여금 가족을 의사소통이론의 관점에서 어떻게 이해하고 받아들이며 행동해야 하는가를 이해하도록 하는 것이다.
- 분석하기(Analysing)
  사람은 의사소통을 하지 않을 수 없다는 원리의 측면에서 의사소통의 어떤 요소를 부정함으로써 역기능적 의사소통을 찾아내며, 내용과 관계의 원리의 측면에서는 어떻게 관계가 규정되는가 하는 점을 분석하게 된다.
- 해석하기(Interpreting)
  - 가족들로 하여금 자신들이 가지고 있는 의사소통의 역기능적 형태가 무엇을 의미하는지 이해하도록 하는 작업이다.
  - 역기능적 의사소통이 어떤 의사소통의 원리와 연결되는지 또는 이러한 연결들이 어떤 의미를 갖는지가 해석된다.
- 조정하기(Manipulating)
  - 역기능적 의사소통의 형태를 바꾸기 위한 여러 가지 치료의 전략을 의미한다.
  - 주로 역설적 기법과 재정의를 사용한다.

PART 05 발달상담 및 학업상담

1. 발달심리학

■ 발달심리학의 이론적 접근

- 학습이론적 접근
  - 행동주의적 접근

    인간은 환경을 통해 배워나가는 존재로 과거에 어떤 경험을 했는지에 따라 현재가 만들어진다고 보는 관점이다.
  - 사회학습이론적 접근

    행동에 대한 강화 없이도 인간은 보는 것만으로도 배울 수 있다고 보는 관점으로 사회학습과 관찰학습을 특히 중요하게 보았다. 반두라는 인간은 타인의 행동을 관찰하고 모방함으로써 새로운 행동을 획득한다고 보았다.
- 인지론적 접근
  - 인지발달적 접근

    피아제는 지능검사를 통해 아이들이 나이에 따라 문제해결방식이 다름에 착안하여 인지발달을 연구하였다.
  - 정보처리적 접근

    발달이란 아동이 동시에 정보를 처리해나갈 수 있는 정보처리역량의 변화와 적합한 정보에 주의를 기울이고 이를 부호화하며 처리해나갈 수 있는 정보처리역량의 효율성의 변화를 말한다.
- 정신분석적 접근
  - 프로이트의 심리성적 접근

개 념	• 성적 에너지인 리비도가 집중되는 신체부위의 변화에 따라 발달단계를 나눈다. • 아동의 욕구가 적절히 충족될 때 정상적인 발달을 이루나 너무 억압되거나 좌절되면 고착된다. • 0~5세까지의 발달을 중요하게 다룬다.
발달단계 (5단계)	• 구강기(출생~1세 6개월) • 항문기(1세 6개월~3세) • 남근기(3~6세) • 잠복기(6~12세) • 성기기(12세~이후)

  - 에릭슨의 심리사회적 접근

개 념	• 에릭슨은 아동의 연령에 따라 리비도의 표출양상이 달라진다는 점은 인정하나, 일반적 쾌락원리에 지배되지 않는다고 본다. • 에릭슨은 성격발달을 항상 양극적 측면으로 기술하였다.
발달단계 (8단계)	• 유아기 - 신뢰감 VS. 불신감 • 초기아동기 - 자율성 VS. 의심 및 수치심 • 학령전기(유희기) - 주도성 VS. 죄책감 • 학령기 - 근면성 VS. 열등감 • 청소년기 - 자아정체감 VS. 역할혼돈 • 성인초기(청년기) - 친밀감 VS. 고립감 • 성인기(중년기) - 생산성 VS. 침체감 • 노년기 - 자아통합 VS. 절망감

- 생태학적 접근

  동물행동학적 접근 : 동물행동학은 진화론적 관점에서 동물과 인간의 행동을 연구하는 학문으로서 인간발달에 있어서 생물학적 역할을 강조한다.

■ 애착의 형성과 발달

- 애착형성 이론

정신분석이론	영아가 빨고자 하는 구강기 욕구를 충족시켜주는 대상과의 사이에서 밀접한 관계를 형성하며 양육행동이 애착형성의 중요한 요건이 된다.
인지발달이론	• 애착은 인지발달과정과 밀접하게 연결되어 있다. • 애착대상과 다른 대상을 구별할 수 있는 지각적 변별력이 필요하다. • 내재적 작용모델로서 기대를 사용하는 능력이 필요하다. • 대상영속성이 획득되어 있어야 애착형성이 가능하다.
동물행동학적 이론	• 종의 보존과 생존에 필요한 것으로 본능적 반응의 결과물이다. • 유아는 양육자의 보호를 이끌어낼 수 있는 유발자극을 생득적으로 지니며, 어머니는 유발자극에 반응하도록 프로그램화되어 있다.
기질가설	양육자의 양육행동보다 기질이 우선시된다.

- 애착발달 과정

초기 애착형성 과정	• 생후 2주 : 모든 대상에게 애착을 보임 • 2주~8개월 : 영아가 어머니와 타인 구분, 본격적 애착형성 • 특정대상에 대한 강한 집착, 분리불안(6~12개월/2세 소멸), 낯가림(6개월~2세)
애착유형	• 안정애착 : 접근, 접촉행동의 기조를 보임, 어머니의 존재가 안전의 기반이 됨, 부모가 자녀에게 민감하고 수용적인 양육태도를 갖는다. • 불안정 회피애착 : 아동은 접근이나 접촉시도가 없으며 안정감이 결여되어 있고, 부모가 자녀에 민감하지 않고 거부적이거나 간섭도 하지 않는다. • 불안정 저항애착 : 아동은 이율배반적 행동을 보이며 안정감이 결여되어 있고, 부모가 접근행동이 적고 자녀에 대해 민감하지 않고 거부적이다. • 불안정 혼돈애착 : 아동은 회피와 저항이 복합된 행동, 부모의 비일관적 양육을 받았다.

■ 공격성의 발달

- 보상이론

  공격적 행동이 결과적으로 공격자에게 보상이 주어지기 때문에 일어난다고 주장하는 이론으로 공격적 아동은 공격적 행동의 결과에 대해 긍정적 기대를 품으며, 공격적 행동에 높은 가치(타인지배, 통제력)를 둔다고 보았다.

- 모방이론

  공격성은 공격적 행동 모방에서 시작된다고 보는 이론으로 공격성 모방학습 실험을 통해 공격성의 획득기제 설명이 가능하다고 보는 입장이다.

- 사회인지이론

  공격성은 잘못된 사회인지적 판단에 기인한다는 입장이다. 자신에 대한 또래 행동의 원인을 적의적인 것으로 판단하고, 적의적 · 공격적 반응을 보임으로써 적의적 귀인 강화의 악순환이 지속된다고 보았다.

■ 연구방법 및 연구설계

- 양적 연구
  - 객관적 실재를 형성하는 인간의 특성과 본질이 존재한다고 가정한다.
  - 대표성을 갖는 많은 수의 표본을 필요로 하며 확률적 표집방법을 주로 사용한다.
- 질적 연구
  - 객관적 실재라고 일반화시킬 수 있는 인간의 속성과 본성은 없다고 가정한다.
  - 특정 현상에 대한 해석이나 의미의 차이를 이해하는 데 연구의 목적이 있다.

■ 태내기

- 임신 : 여성의 난자와 남성의 정자가 결합하여 하나의 세포를 이루는 수정란이 되면서 태내기가 시작된다.
- 유 전
  - 성염색체

    인간의 염색체는 모두 23쌍으로 이루어져 있는데 이 중 22쌍의 염색체는 상동염색체이고 한쌍의 염색체는 태아의 성을 결정하는 성염색체로 X와 Y의 두 가지 유형이 있다. 여성은 XX, 남성은 XY로 성별이 결정된다.
  - 쌍생아

일란성 쌍생아	하나의 난자와 정자가 결합하여 수정란이 된 후 세포분열과정에서 두 개로 나눠진 것으로 유전적 정보가 일치한다.
이란성 쌍생아	짧은 간격 동안 2개의 난자가 배출되어 각각 다른 정자와 결합하여 이루어진 것으로 유전적인 정보가 일치하지 않는다.

- 태내기 발달의 3단계
  - 발아기 : 정자와 난자가 결합한 수정란이 자궁벽에 착상하는 2주까지의 기간이다.
  - 배아기 : 태아의 신체기관의 기본조직이 형성되는 가장 중요한 시기로 수정 후 2주부터 8~12주까지의 시기이다. 배아는 인간이 갖추어야 할 신체기관과 조직을 거의 모두 갖추게 된다.
  - 태아기 : 수정 후 8~12주부터 출생까지의 기간으로 신경계가 발달하고 신장과 체중이 급격히 발달한다.

■ 영아기

- 형태지각 : 영아는 직선보다는 곡선을, 규칙적인 형태보다는 불규칙적인 형태를, 윤곽이 열려있는 형태보다는 닫힌 형태를, 비대칭형보다는 대칭형을, 지나치게 단순한 형태보다 적당하게 복잡한 형태를 선호한다.
- 깊이지각 : 7개월을 전후로 길 수 있는 연령에 다다른 대부분의 영아는 시각절벽 앞에서 기기를 멈추며 머뭇거리는 반응이 있다.
- 소리지각 : 출생 후 3일 만에 어머니의 음성과 낯선 사람의 음성 구분이 가능하다.
- 영아기 이후 지각발달 : 2세 이후 지각능력이 빠르게 발달하며 신체접촉이 중요하다.

■ 아동기

- 감각운동기(0~2세)
  - 대상에 대한 외현적 활동을 통해 세계를 이해한다.
  - 대상영속성개념 획득 : 대상이 한 곳에서 다른 곳으로 사라져서 보이지 않아도 다른 곳에 존재한다는 사실에 대하여 안다.
- 전조작기(2~7세)
  - 기호(그림, 의미, 언어, 놀이) 사용이 가능하다.
  - 중심화 : 자기중심성(타인의 감정, 지각, 관점 등이 자신과 동일한 것으로 가정)과, 자기중심적 언어(자신의 생각만을 전달하는 의사소통)를 갖는다.
- 구체적 조작기(7~12세)
  - 논리적 사고의 발달, 많은 경험을 통하여 단계를 정교화하는 것이 유익하다.
  - 보존개념, 서열개념, 분류개념이 획득된다.
- 형식적 조작기(12세 이상)
  논리적 사고 및 발달이 성인과 동일하다.

■ 청소년기 발달

- 피아제의 형식적 조작사고
  - 추상적 사고가 가능한 시기로 에릭슨의 자아정체감에 대한 고민이 가능한 시기이다.
  - 가설적, 연역적 사고가 가능하므로 '스무고개놀이'가 가능하다.
  - 체계적이고 조합적인 사고가 가능하므로 문제해결을 위해 사전에 계획을 세우고, 체계적으로 해결책을 시험한다.
- 청소년기의 사회인지 발달

개인적 우화	자신은 특별하고 독특한 존재이므로 자신의 감정이나 경험세계는 다른 사람과 근본적으로 다르다고 믿는 청소년기 자아중심성을 갖는다.
상상적 청중	청소년기의 과장된 자의식으로 인해 자신이 타인의 집중적인 관심과 주의의 대상이 되고 있다고 믿는 자아중심성을 갖는다.

■ 성인기 발달

- 에릭슨(Erikson)
  - 친밀감 대 고립감(Intimacy vs. Isolation)
    정체감이 획득되면 성인의 심리사회적 발달이 이동하여 타인과의 관계에서 친밀감이나 소외를 발견한다.
  - 생산성 대 침체감(Productivity vs. Stagnation)
    생산성은 직업이나 전문적인 측면에서 사회에 공헌하는 생산적인 창조성을 의미하며, 자기침체는 이러한 활동에서 실패하게 되는 경우 자기중심적 생각에 빠지는 경우에 일어난다.
  - 자아통합 대 절망감(Integrity vs. Despair)
    인생의 마지막 단계에서의 발달과업은 자아통합감의 성취와 절망감이다.
- 레빈슨(Levinson)
  - 인생주기 모형을 제시하였는데, 이는 '성인기 사계절이론'이라고도 불린다.
  - 성인의 인생을 네 개의 시기로 나누고 각 시기 사이에 세 번의 시기 간 전환기를 설정하여 설명하고 있다.

- 베일란트(Vaillant)
  - 성인이 어려움에 직면하였을 때 가지게 되는 적응기제, 즉 방어기제에 대해 연구하였다.
  - 베일란트의 4가지 방어기제 수준 : 정신병적 기제, 미성숙한 방어기제, 신경증적 방어기제, 성숙기제

■ 성인전기 발달

- 신체발달
  신체적으로 가장 건강한 시기로 만성적 질병이 가장 적고, 이성과의 성적 관계가 확립되는 시기이다.
- 인지발달
  형식적 조작사고가 강화되고 공고화되는 과정이다.
- 성격 및 사회성 발달
  - 친근성의 발달 : 성인 초기의 성격특성은 친밀감 대 고립감의 위기로 표현한다.
  - 성인전기 친밀감의 중심문제 : 애정(애정 친밀감 관여. 성인초기 동안에 친밀감이 획득되면서 인간관계는 점차 성숙된다)

■ 성인중기 발달

- 신체적 변화
  - 감각기능의 쇠퇴 : 시각의 감퇴, 청각의 감퇴
  - 건강상태 : 피부 탄력이 줄어들고 흰머리와 체중이 늘며 배가 나온다.
  - 성적 변화 : 여성의 신체가 폐경이 야기하는 생리적 변화를 경험하는 2~5년의 시기를 갱년기라고 한다.
- 인지적 변화
  - 지능의 변화 : 생물학적 노화 과정의 일부
  - 기억의 변화 : 50세 이후 기억정보를 활성화시키는 데 필요한 시간이 20~50세 사이보다 60% 정도 증가한다.
  - 전문성의 획득
  - 지혜의 발달

■ 노년기 발달

- 신체적 변화
  - 모든 신체 감각 및 기관의 기능이 저하된다.
  - 항상성의 효과가 줄어들어 생리적인 적응능력이 감소한다.
  - 심장의 크기가 줄고 심장의 지방분이 늘어나며 심장근육은 늘어지며 말라붙는다.
- 인지적 변화
  - 시각정보를 운동반응으로 전환하는 능력과 기억, 문제해결, 정보처리 과정 등 반응속도가 둔화되지만 개인차가 존재하며 지식과 실용적 능력을 결합한 개인의 능력인 지혜가 발달한다.
  - 새로운 자료를 학습하는 속도가 느리고, 기억에서 정보를 도출할 성공률이 낮아진다.
- 심리사회적 변화
  - 노년의 역할 유형 : 제도적 역할, 희박한 역할, 비공식적 역할, 무역할
  - 배우자의 사별로 인한 역할 변화

지적 영역	• 세대차와 세대변화를 이해하기 • 은퇴생활에 필요한 지식과 생활을 배우기 • 정치, 경제, 사회, 문화에 대한 최신 동향을 얻기 • 건강증진을 위한 폭넓은 지식을 갖기
정의적 영역	• 적극적으로 일하고 생활하려는 태도를 유지하기 • 취미를 계속 살리고 여가를 즐겁게 보내기 • 정년퇴직과 수입 감소에 적응하기 • 소외감과 허무감을 극복하고 인생의 의미를 찾기 • 배우자 사망 후의 생활에 적응하기 • 동료 또는 자신의 죽음에 대하여 심리적으로 준비하기
사회적 영역	• 동년배 노인들과 친교를 유지하기 • 가정과 직장에서 일과 책임을 합당하게 물려주기 • 가정이나 사회에서 어른 구실을 하기 • 자녀 또는 손자들과 원만한 관계를 유지하기
신체적 영역	• 줄어가는 체력과 건강에 적응하기 • 노년기에 알맞은 간단한 운동을 규칙적으로 하기 • 건강 유지에 필요한 알맞은 섭생을 하기 • 지병이나 쇠약에 대해 바르게 처방하기

■ 노화이론

발테스와 발테스(P. Baltes & M. Baltes)의 SOC 이론으로 노년기의 성공적인 삶은 선택, 최적화, 보상 3가지를 필요로 한다는 것이다.

선 택 (Selection)	나이가 들어감에 따라 쇠퇴 및 감소분이 증가하므로, 자신에게 중요한 활동이나 목표를 선택적으로 남겨놓고 다른 영역은 무시하는 것
최적화 (Optimization)	노인들이 보존하고 있는 능력들을 선택한 다음 그것을 충분히 증대시키는 것을 의미하는데 양적·질적 측면 모두에서 선택한 것을 극대화하는 노력
보 상 (Compensation)	생물학적·사회적·인지적 기능의 상실이 일어났을 때, 어떠한 학습이나 보조기구, 외부적 도움, 심리적 보상기제 등으로 그 부족함을 보완하는 것

■ 사회인지 발달

- 인지발달이론
  - 자신과 타인 및 이들의 행동을 포함하는 모든 사회적 자극에 대한 지각과 이해로 자기, 타인, 사회적 관계를 포함한다.
  - 사회인지 발달도 일반적 인지와 병행하여 발달한다.
  - 피아제는 아동의 현재의 이해수준과 갈등을 일으키는 다른 사회적 경험이 아동의 사회인지 발달을 촉진시킨다고 보았다.
- 피아제(Piaget)의 인지발달이론

2~4세	• 규칙이나 질서에 대한 도덕적 인식이 거의 없다. • 아무런 규칙 없이 가상적 놀이나 게임에 몰두한다.
5~7세	• 일상생활에서 자신이 따라야 할 규칙, 질서, 사회적 정의가 있음을 깨닫고 준수하기 시작한다. • 규칙은 하나님이나 부모와 같은 절대자가 만들어놓은 것이며 반드시 지켜야 하며 결코 변할 수 없다. • 타율적 도덕성 : 동기와 상관없이 무조건 더 많은 그릇을 깬 친구가 나쁘다고 본다. • 내재적 정의 : 규칙을 어기면 반드시 벌을 받는다. 물건을 훔친 친구가 넘어지는 것은 그 때문이라고 생각한다.
8~11세	• 도덕적 상대론의 단계이다. • 사회적 규칙은 임의적인 약속이며 사람들에 의해 변화될 수 있음을 알게 된다. • 어머니 병간호를 위해 결석할 수 있고 반드시 처벌을 받는 것이 아님을 안다. • 자율적 도덕성 : 동기나 의도에 의한 도덕적 사고가 가능하다.
11세경	• 새로운 규칙을 생성하고 가설적 상황을 통제할 수 있는 규칙을 설정할 수 있다. • 도덕적 추론은 개인적 차원을 넘어서서 전쟁, 환경, 공해문제 등으로 보다 확대된다.

- 사회학습이론
  - 다양한 사회적 환경에 대한 경험을 통해 사회적 인지 발달
  - 연령에 관계없이 어떤 사회적 경험을 했느냐에 따라 인지적 표상이 다를 수 있다.
  - 사회인지 발달요소 : 행위-결과 규칙 습득, 사회적 규칙 습득

■ 자아 및 도덕성 발달

- 자아인지 발달
  - 영아의 최초 자아인지는 생후 4개월에 나타나며 대상과 분리된 존재임을 인식, 6개월경 초보적 신체적 자아인지를 형성, 18개월경 자신의 사진을 알아보는 등 자기표상 인식이 시작된다.
  - 6~8세경 타인에게 보이는 공적 자아와 개인 내적 자아의 불일치를 이해하며 개인 내적 자아가 진짜 자아임을 깨닫게 된다.
- 자아평가의 발달
  - 자아존중감 : 자아존중감은 스스로 자신이 지녔다고 생각하는 특성에 대한 느낌 또는 평가이다.
  - 부모의 수용, 사회적 비교는 자아존중감 형성에 중요한 역할을 한다(사회적 비교의 결과가 긍정적일 때 바람직한 자아존중감 형성).

- 자기통제력의 발달
  - 보다 크고 장기적인 목표달성을 위해 순간의 충동적인 욕구나 행동을 자제하며 즐거움과 만족을 지연시키는 능력이다.
  - 유혹에 저항하는 능력, 만족을 지연하는 능력, 충동을 억제하는 능력이 포함된다.
- 도덕성 발달
  - 정신분석
    프로이트는 도덕성 발달을 초자아의 형성과정으로 설명하였다. 초자아는 아동이 스스로 도달하고자 지향하는 자아이상과 옳고 그름을 판단하는 양심으로 구성된다. 자아이상은 부모와 어른들의 행위를 닮도록 행동하는 동일시에 의해 획득된다.
  - 사회학습
    도덕성은 모방과 강화에 의해 학습되는 행동이다. 부모와 교사 등 주변의 어른들을 모델로 하여 그들의 도덕적 행동을 보고 배우는 모델학습을 통해 도덕성을 획득한다.
- 콜버그(Kohlberg)의 도덕성발달이론

전인습적 수준	1단계 타율적 도덕성	처벌과 복종 지향 : 처벌을 피할 수 있거나 힘 있는 사람에게 무조건 복종하는 것에 가치를 둔다. 예 남의 것을 함부로 훔칠 수 없다. 그것은 죄다.
	2단계 개인 · 도구적 도덕성	도구적 상대주의 지향 : 자신이나 타인의 욕구를 도구적으로 충족시키는 것은 옳은 행위. 자신에게 돌아오는 이익을 생각한다. 예 약사가 돈을 받고 약을 팔려는 것은 당연한 일이다.
인습적 수준	3단계 대인관계적 도덕성	대인 간 조화와 착한 소년-소녀 지향 : 타인을 기쁘게 하거나 타인에게 인정을 받는 것이다. 예 훔치는 것은 나쁘지만 아내를 사랑하는 남편으로서 당연한 행동이다.
	4단계 법 · 질서 · 사회체계 도덕성	법과 질서 지향 : 권위, 고정된 규칙, 사회적 질서를 지향한다. 예 아내를 살리려는 것은 당연하지만 그래도 훔치는 것은 역시 나쁘다.
후인습적 수준	5단계 민주적 · 사회적 · 계약적 도덕성	사회적 계약과 합법성 지향 : 개인의 권리를 존중하고 사회 전체가 인정하는 기준을 준수하는 것이 옳은 행동이다. 예 훔치는 것이 나쁘다고 말하기 전에 전체적인 상황을 고려해야 한다. 윤리적 원리와 일치하는 양심에 의해 결정된다.
	6단계 보편윤리적 도덕성	보편적인 윤리적 원리 지향 : 옳은 행동은 자신이 선택한 윤리적 원리와 일치하는 양심에 의해 결정된다. 예 법을 준수하는 것과 생명을 구하는 것 사이에서 선택하라면 약을 훔치더라도 생명을 구해야 하는 것이 더 높은 수준의 원칙이다.

■ 언어발달

- 의사소통능력의 발달

듣기 능력	상대방이 하는 말을 주의 깊게 듣고 의미를 정확하게 이해하며 전달내용의 모순을 파악하는 능력이 중요하다.
말하기 능력	듣는 사람의 성, 연령, 사회적 지위에 따라 자신의 언어적 표현을 조정하는 능력은 2세경부터 발달한다.
상위의사소통능력	상위의사소통은 아동이 자신이나 상대방의 의사소통능력에 관해 정확한 지식을 갖고 이에 맞추어 의사소통하는 능력이다.

- 언어의 발달
  - 음운론적 발달 : 개개의 자음과 모음을 구분하고 그 발성적 특징을 이해하게 되는 것이다.
  - 의미론적 발달 : 자신을 둘러싸고 있는 세계의 수많은 대상과 현상들이 각기 독특한 낱말로 지칭됨을 이해, '자다'와 '졸다'의 차이를 구분하기 시작한다.
  - 통사론적 발달 : 낱말들을 문법적으로 정확한 순서로 배열하여 문장으로 만드는 능력이 발달해간다. '잤다, 갔다' 등은 과거에 이루어진 일임을 안다.
  - 화용론적 발달 : 같은 문장도 지시하거나 주장할 때, 간청할 때 달리 표현됨을 터득한다.

■ 성 발달

- 성유형화의 이론
  - 생물사회학적 이론 : 유전인자나 염색체 등의 생물학적 요인이 성차를 나타내게 하는 소인은 되지만 환경적 요인과 영향을 주고받음으로써 실제적인 성차가 나타난다.
  - 정신분석 이론 : 3~6세경 남근기에 들어서면서 동일 성에 대한 동일시 과정을 통해 성 특성이 발달한다.
  - 사회학습 이론 : 환경과 경험에 의해 획득된 후천적 행동양식이다.
  - 인지발달 : 성역할 개념을 이해하고 맞추어나가는 인지능력의 발달이 성역할 발달의 주요 요인이다.
  - 성도식 이론 : 성유형화 발달을 정보처리적 관점에서 설명하는 인지이론이다. 성역할 발달을 성도식의 형성과 정교화 과정으로 설명한다. 성도식은 성에 대한 인지구조로 성과 관련된 일종의 신념과 기대체계이다.

2. 학습심리학

■ 파블로프(Pavlov)의 고전적 조건형성 이론

- 고전적 조건화의 구성요소
  - 유기체로부터 자연적이고 자동적인 반응을 인출해 내는 무조건 자극(US)
  - 무조건 자극에 의해 인출된 자연적이고 자동적인 반응인 무조건 반응(UR)
  - 유기체로부터 자연적이고 자동적인 반응을 인출하지 않은 중성 자극인 조건 자극(CS)
  - 이러한 구성 요소들이 특정 방식으로 혼합될 때 나타나는 조건 반응(CR)
- 파블로프의 개 실험
  - 음식과 같은 자극이 유기체(파블로프의 연구에서 개를 의미함)에게 주어지면 타액분비와 같은 자연적이고 자동적인 반응이 유발된다.
  - 음식에 대해 자연적인 반응을 가져오는 자극을 무조건 자극(Unconditioned Stimulus : US)이라고 하고, 타액분비와 같이 무조건 자극에 자동적인 반응을 보이는 것을 무조건 반응(Unconditioned Response : UR)이라고 한다.

- 무조건 자극을 주기 전에 소리나 불빛과 같은 중성 자극들(파블로프의 실험에서는 종소리)을 제시하는데, 이것을 조건 자극(Conditioned Stimulus : CS)이라고 한다.
- 조건 자극과 무조건 자극을 반복적으로 제시하게 되면 후에 조건 자극만 제시하여도 유기체는 침을 흘리게 된다. 이것은 무조건 자극과 같지만 사실은 조건 자극에 의해 유발된 반응이다. 이것을 조건 반응(Conditioned Response : CR)이라고 한다.
- 고전적 조건화에서는 무조건 자극을 강화라고 부른다. 강화는 유기체의 반응과는 무관하다.

- 실험적 소거
  조건 자극을 유기체에게 주고 더 이상 강화(무조건 자극)가 주어지지 않으면 소거가 일어난다. 조건 반응이 일어난 후 무조건 자극 없이 조건 자극만 계속 주면 조건 반응은 점차 사라지는데, 이것을 실험적 소거라고 한다.

- 자발적 회복
  소거가 일어나고 시간이 지난 후 다시 동물에게 조건 자극을 주면 일시적으로 조건 반응이 다시 나타나는데, 이것을 자발적 회복이라고 한다. 자발적 회복은 더 이상의 조건 자극, 무조건 자극과 관련 없이 나타난다.

■ 손다이크(Thorndike)의 조작적 조건형성 이론

- 연합주의
  감각적 인상과 행위를 하고자 하는 충동 간의 연합을 매듭(Bond) 또는 연결(Connection)이라고 불렀다. 이렇게 자극(S)과 반응(R)이 신경 매듭에 의해 연결된다고 믿었는데, 이것을 연합주의라고 한다.

- 시행착오 학습
  동물이 문제를 해결하는 데 걸린 시간(종속변인)은 시행 횟수가 증가함에 따라 체계적으로 감소한다. 즉 동물은 기회를 더 많이 가질수록 문제를 더 빨리 해결한다는 것이다.

- 학습은 통찰적이지 않고 점증적이다.
  시행이 계속될수록 문제해결에 걸리는 시간이 점차 감소한다. 그러므로 학습은 급격하게 비약적으로 일어나는 것이 아니라 조금씩 단계적으로 일어난다.

- 학습은 관념에 의해 매개되지 않는다.
  학습은 사고나 추론을 통해 간접적으로 이루어지는 것이 아니라 행동에 의해 즉각적이고 직접적으로 이루어진다.

- 준비성의 법칙
  - 어떤 사람이 특정 행위를 수행할 준비가 되어있을 때 수행하는 것은 만족스러운 것이다.
  - 어떤 사람이 특정 행위를 수행할 준비가 되어있을 때 수행을 하지 못하는 것은 혐오적이다.
  - 어떤 특정 행위를 수행할 준비가 되어있지 않을 때 수행하도록 강요받으면 그것은 혐오적이다.
  - 일반적으로 목표지향적인 행동이 방해받을 때 좌절을 경험하게 되며, 또 원하지 않는 행동을 하도록 강요받으면 좌절을 경험하게 된다.

- 연습의 법칙
  - 사용의 법칙 : 자극과 반응 간의 연결은 그것을 사용함으로써 강화된다.
  - 불사용의 법칙 : 자극과 반응 간의 연결은 더 이상 연습이 지속되지 않거나 신경 매듭이 사용되지 않으면 약화된다.
  - 연습의 법칙은 어떤 것을 행함으로써 배우고, 어떤 것을 행하지 않음으로써 잊게 된다는 것을 의미한다.

- 효과의 법칙
  효과의 법칙은 반응의 결과로 자극과 반응 간의 연결의 강화와 약화를 설명한다.

■ 스키너(Skinner)의 조작적 조건형성 이론

- 원리
  - 손다이크의 영향을 받은 스키너는 유기체가 어떤 결과를 얻기 위해 환경을 조작한다는 의미에서 조작적 조건화(Operant Conditioning)라는 용어를 사용했다.
  - 조작적 조건화의 기본원리는 반응에 뒤따르는 강화에 의해 행동의 변화가 일어나게 하는 것이다.
  - 대부분의 인간 행동은 조절이 가능하기 때문에 우리에게 좋은 결과를 가져오는 것을 추구하고 반대로 나쁜 결과를 가져오는 것은 피한다.

구 분	고전적 조건형성	조작적 조건형성
자극-반응계열	자극이 반응의 앞에 온다.	반응이 효과나 보상 앞에 온다.
자극의 역할	반응은 추출된다.	반응은 방출된다.
자극의 자명성	특수반응은 특수자극을 일으킨다.	특수반응을 일으키는 특수자극은 없다.
조건형성과 과정	한 자극이 다른 자극을 대치한다.	자극의 대치는 일어나지 않는다.
내 용	정서적·불수의적 행동이 학습된다.	목적지향적·의도적 행동이 학습된다.

- 행동의 기능적 분석
  - 행동주의 이론에서는 환경적인 선행요인과 결과에 관심을 두며 이를 '선행요인(Antecedents) → 행동(Behavior) → 결과(Consequences)'의 도식으로 설명하고 있다.
  - 인간의 특정한 행동은 선행하는 사건, 즉 선행요인과 행동 뒤에 일어나는 사건, 즉 결과에 의해 일어난다고 보는 것이다.
- 일차적 강화와 이차적 강화
  - 일차적 강화 : 훈련과 관계없이 그 자체로 생리적 만족과 쾌감을 주는 자극을 말한다.
    예 음식, 배변 등과 같은 생리적 욕구 충족
  - 이차적 강화 : 강화력이 없는 자극이 일차적 강화와 연결되면서 강화력을 가지게 된 것을 말한다. 이차적 강화인자는 고전적 조건형성의 과정을 통해 학습된다.
    예 좋은 성적, 승진, 성과급
- 강화와 처벌
  - 강화 : 반응이 다시 발생할 빈도를 증가시키는 것
  - 처벌 : 반응의 결과가 뒤따르는 반응의 빈도를 감소시키는 것

정적 강화	유쾌자극을 제시함으로써 행동의 빈도를 증가시키는 것 예 선물 등 원하는 대상물을 제공함으로써 긍정적 행동을 유발
부적 강화	불쾌자극을 소거하여 행동의 빈도를 증가시키는 것 예 목표를 이룬 학생에게 청소를 면제해줌으로써 성취도를 높이는 것
정적 처벌	자극을 줌으로써 앞서 나타났던 행동을 감소시키는 것 예 벌을 주어 행동을 감소시키는 것
부적 처벌	제한으로 바람직하지 않은 행동을 감소시키는 것 예 용돈을 줄임으로써 그 행동을 감소시키는 것

- 행동조형
  - 행동에 대한 강화 이전 조작적 수준이 매우 낮을 때 또는 목표 행동이 형태상으로 다를 때 그 행동을 가르치는 수단이다.
  - 목표 행동에 좀 더 가깝게 근접하는 행동을 연속적으로 강화하면서 새로운 행동을 발달시키는 것이다. 이를 '점진적 접근법'이라고 한다.
- 강화계획

계속적 강화		• 반응의 횟수나 시간에 상관없이 기대하는 반응이 나타날 때마다 강화를 주는 것이다. • 반응의 빠른 학습이 이루어진다. • 지속성이 거의 없으며, 반응이 빨리 사라진다. 예 공부를 열심히 하면 게임을 허락하는 것
간헐적 강화	고정간격계획 (FI)	• 일정 시간이 지난 뒤에 일어나는 특정한 행동을 강화하는 것이다. • 지속성이 거의 없으며, 강화시간이 다가오면서 반응률이 증가하는 반면 강화 후 떨어진다. 예 주급, 월급, 일당, 정기시험
	가변간격계획 (VI)	• 강화 시행의 간격이 다르지만 평균적으로 확인할 수 있는 시간 간격이 지난 후에 강화를 주는 것이다. • 느리고 완만한 반응률을 보이며, 강화 후에도 거의 떨어지지 않는다. 예 평균 5분인 경우 2분, 7분, 15분 정도에 강화를 줌
	고정비율계획 (FR)	• 특정한 행동이 일정한 수만큼 일어났을 때 강화를 주는 것이다. • 빠른 반응률을 보이지만 지속성이 약하다. 예 중국집 쿠폰
	가변비율계획 (VR)	• 평균 몇 번의 반응이 일어난 후 강화를 주는 것이다. • 반응률이 높게 유지되며 지속성도 높다.

- 소 거
  - 문제행동의 빈도를 줄이기 위한 방법으로 강화를 중지하는 것이다.
  - 반응 다음에 더 이상 강화인자가 따라오지 않을 때 소거가 일어난다.
  - 고전적 조건형성에서는 조건 자극이 나타났으나 무조건 자극이 뒤따르지 않을 때 조건 반응이 소멸되는 것을 말한다.
- 미신 행동
  - 반응과 강화가 실제로는 관련이 없지만 관련된다고 생각하는 것을 미신 행동(Superstitious Behavior)의 학습이라고 한다.
  - 미신 행동은 강화가 행동에 수반되지 않을 때 또는 많은 행동들 중 어느 것이 강화를 가져오는지 정확히 알지 못할 때 일어날 수 있다.
- 프리맥의 원리
  - 프리맥에 의하면 높은 빈도의 행동(선호하는 활동)은 낮은 빈도의 행동(덜 선호하는 행동)에 대해 효과적인 강화인자가 될 수 있다.
  - 더 좋아하는 과제를 하기 위하여 덜 좋아하는 과제를 수행하게 되기 때문에 낮은 빈도의 행동(덜 선호하는 행동)을 높은 빈도의 행동(선호하는 행동) 앞에 두는 것이 효과적이다.

■ 사회학습이론

- 직접경험 모방학습
  - 강화를 받을수록 모방학습은 더 잘 일어난다고 본다.
  - 학습자는 모델 행동에 대한 반응을 개인적으로 수행하여 강화를 받고 계속적으로 직접 경험을 하게 된다.
- 간접경험 모방학습
  - 반두라의 모방학습 이론은 행동주의와 달리 강화를 받고 며칠이 지난 후에도 학습된 행동을 계속하는 경우를 설명하면서 이것이 모델 행동에 의한 강화임을 설명했다.
  - 학습자는 강화된 행동을 관찰하고 시간이 경과한 후에 똑같은 행동을 한다.
- 모델링과 모방
  - 흔히 공격적인 행동, 이타적인 행동, 불쾌감을 주는 행동이 관찰을 통해 학습된다.
  - 새로운 상황에서 다른 사람을 관찰하면서 그 행동을 따라하는 것이다. 이때 관찰의 대상은 모델이며 우리는 그의 행동을 모델링(Modeling) 또는 모방하게 된다. 이를 이용하여 광고업자들은 소비자들이 가장 존경하고 모방할 것으로 추측되는 사람을 선정하여 광고 모델로 쓴다.
  - 벌을 받은 모델을 모방하지 않고, 돈, 명성, 사회적 지위 등을 지닌 모델을 더 잘 모방한다.
- 조작적 조건화와 사회학습이론에서의 강화

조작적 조건화	사회학습이론
강화는 학습의 조건화를 위해 필요함	강화는 단지 학습에 영향을 주는 조건화를 촉진하는 한 요소임
강화는 반응 수행에 직접 영향을 주는 결과만을 포함	• 직접강화 : 외부에서 주어지는 피드백의 역할 • 대리강화와 자기강화와 같은 보다 폭넓은 강화를 포함

- 대리강화와 대리처벌
  - 대리강화는 자신의 경험 대신 다른 사람의 경험을 통해 학습하는 것이다.
  - 자신의 행동에 대해 직접적인 강화를 받지 않더라도 다른 사람이 보상이나 벌을 받는 것을 관찰함으로써 간접적인 강화를 받아 행동의 변화를 일으키는데 이것을 대리강화라고 한다.
  - 대리처벌은 다른 사람이 처벌 받는 행동을 본 사람이 모방행동을 보이지 않는 현상이다.
- 자기강화
  - 직접강화와 대리강화가 환경에 의해 주어지는 결과와 관계가 있다면 자기강화는 각 개인에 의해 의식적으로 만들어진다.
  - 인간의 행동은 전적으로 외적인 영향에 의해서만 좌우되는 것이 아니라 자기생성적 요인과 외적영향 요인의 상호작용에 의해서 지배된다는 이론이다.
  - 자기강화는 스스로 설정한 행동의 기준이고, 개인의 통제하에 강화되고 있는 사건이며, 자기 자신이 강화를 집행한다.

■ 학습자의 인지적 과정

- 주의집중(Attention)
  - 모델의 행동을 주의 깊게 관찰하고 집중하면서 모델을 정확하게 지각하는 과정이다.
  - 관찰자가 흥미를 갖고있거나 관찰자의 과거 경험과 연관되어 있다면 더욱 더 집중하게 된다.
  - 모델이 자신과 비슷한 상황이거나 모델 자체가 매력을 지녔다면 더욱 집중하게 된다.
  - 관찰자에게 학습이나 관찰을 통해 자신에게 이익이 된다고 판단되는 행동에 집중하게 된다.

- 보존(Retention)
  - 모델을 통해 받은 내용과 인상을 기억하며 장기간 보존하는 과정으로 '기억과정' 또는 '파지과정'이라고도 한다.
  - 관찰자가 흥미를 갖고있거나 관찰자의 과거 경험과 연관되어있다면 더욱 더 집중하게 된다.
  - 관찰한 사건에 대해 언어적으로 부호화하는 것을 언어적 표상체계라고 한다.
  - 모델을 보고 감각조건 형성과정을 통해 관찰된 것을 심상이나 영상으로 만들어 기억하는 것을 심상적 표상체계라고 한다.
- 운동재생 과정(Motor Reproduction)
  - 심상에 저장되어 있는 모델 행동의 상징적 표상을 적절한 행동으로 전환하는 과정이다.
  - 인지적 수준에서 반응의 선택과 조직을 포함하며 실행이 따른다.
- 동기화 과정(Motivation)
  행동 수행에 영향을 미칠 수 있는 강화조건에 따라 모델의 행동이 수행되는 과정이다.

■ 사회학습의 유형

- 배합의존형
  관찰자가 모델의 행동의 이유를 알 필요도 없이 단순히 관찰하고 따라하는 것으로 직접모방형이라고 한다.
- 동일시형
  관찰자가 모델의 행동 중 특수한 형태보다는 일반적인 행동을 모방하는 것으로 모형학습 또는 모델링(Modeling)이라고 한다. 가치관이나 정서반응양식, 의식체계를 모방하는 것을 말한다.
- 무시행학습형
  관찰자가 모델의 행동을 관찰하고 그 행동을 시행해볼 기회가 없었는데도 모방하는 것을 말한다.
- 동시학습형
  모델과 관찰자가 동시에 같은 일을 할 때 관찰자가 모델의 행동을 모방하는 것을 말한다.
- 고전적 대리조건형성형
  관찰자가 모델의 정서반응을 보고 자기도 같은 정서반응을 하는 모방 형태이다.

■ 귀인이론의 3가지 차원

- 원인의 소재(Locus of Control)
  - 어떤 일의 성공이나 실패에 대한 책임을 내적 요인에 두어야 하는지 외적 요인에 두어야 하는지에 대한 것이다.
  - 내부귀인 : 자신이나 타인의 행동을 행동주체의 성격, 태도, 동기 또는 능력 같은 개인 성향이나 기질적 특성에 귀인하는 경우이다.
  - 외부귀인 : 어떤 행동의 원인을 환경, 운 또는 과제난이도 같은 상황요인에서 찾는 경우이다.
- 안정성(Stability)
  - 어떠한 일의 원인이 시간의 경과나 특정한 과제에 따라 변화하는가의 여부에 따라 안정과 불안정으로 분류된다.
  - 어떤 사람이 성공 또는 실패했는데 그 성과를 초래한 원인이나 조건들이 계속 변하지 않는 것으로 지각되면 더 확신을 가지고 기대하게 된다는 것이다.
- 통제 가능성(Controllability)
  - 원인이 본인의 의지에 의해 통제될 수 있느냐의 여부에 따라 통제 가능과 통제 불가능으로 나뉜다.
  - 자신감과 미래에 대한 기대와 관련이 있다. 높은 점수를 통제 가능한 요인으로 귀인하면 자신감을 갖게 되고 미래에도 비슷한 결과를 기대한다.

■ 귀인의 요소와 3가지 차원과의 관계

귀인 요소	원인의 소재	안정성 여부	통제 가능성 여부
능력	내부귀인	안정적	불가능
노력	내부귀인	불안정적	가능
과제난이도	외부귀인	안정적	불가능
운	외부귀인	불안정적	불가능

■ 기억발달

- 기억과정
  - 입력(부호화), 저장(단기기억, 장기기억), 인출(재인과 회상)의 과정이다.
  - 단기기억(STM ; Short-Term Memory) : 정보가 청각부호로 처리, 되풀이 암송하는 언어적 시현이 필요, 한정된 용량, 장기기억으로 전이되지 못하면 20초 내에 소멸된다.
  - 장기기억(LTM ; Long-Term Memory) : 의미적 부호로 처리하는 기억이다.
- 지식구조
  - 장기기억에 저장되어 있는 구조화된 정보로 인지능력이 향상되면 의미적 기억능력도 향상된다.
  - 일화적 기억 : 사건이 일어나는 순서에 따라 계열적으로 기억하는 것이다.
  - 의미적 기억 : 위계망 구조의 형태, 사전적 기억이다.
- 영아기 기억발달
  - 피아제는 대상영속성개념이 발달하는 8~9개월경부터 재인기억을 갖고 있다고 생각했으며, 지연모방이 시작되는 18개월경에 회상기억이 가능하다고 주장하였으나 최근에는 영아기에 훨씬 더 많은 기억능력을 갖는다고 본다.
  - 생후 3개월경부터 재인기억이 발달, 생후 1년 사이에 정교화되며, 회상기억도 피아제가 주장한 것보다 훨씬 이전인 9개월경부터 발달한다는 연구가 많다.
- 기억방략의 발달
  연령이 증가함에 따라 아동의 주의집중 시간도 점차 길어진다.
- 시연방략의 발달
  시연방략은 정보를 눈으로 여러 번 보거나 말로 되풀이하는 기억방법으로, 초등학교 입학 후 아동기 동안 발달된다.
- 조직화방략의 발달
  조직화방략은 기억과제를 의미적으로 관련 있는 것끼리 묶어서 범주화하는 기억방법으로 의미적 조직화라 부른다.
- 정교화방략의 발달
  정교화방략은 기억해야 할 정보에 무언가를 덧붙이거나 다른 정보와 서로 관련시킴으로써 기억을 돕는 방법이다.
- 인출방략의 발달
  저장되어 있는 정보 중에서 필요한 정보를 실패하지 않고 신속하게 꺼내 쓸 수 있는 방법으로 초등학교 입학 이후에 발달되는 것으로 알려졌지만 최근 연구결과 좀 더 이른 시기에 발달된다고 본다.
- 지식구조의 발달
  - 표상의 형성
  - 지식구조의 유형과 발달 : 사태도식, 스크립트
  - 구성기억
- 상위기억능력의 발달
  상위기억은 기억현상에 관한 지식과 기억과정을 통제하는 능력이다.

■ 기억의 과정

감각 등록기	• 학습자가 눈과 귀와 같은 감각 기관을 통해 정보를 최초로 저장하는 곳이다. • 이러한 정보는 단기기억으로 전이가 이루어지지 않으면 순식간에 사라진다.
단기기억(작동기억)	• 성인의 경우 보통 5~9개의 정보가 약 20초 동안 저장될 수 있는 곳이다. • 능동적인 처리가 없을 때 단기기억의 지속 시간은 지극히 제한되어 있다. • 정보의 양과 지속 시간을 규정하고 통제하는 기능을 한다.
장기기억	• 장기기억은 많은 정보를 비교적 오랫동안 저장할 수 있는 곳이다. 감각기억이나 단기기억과 달리 정보를 무한정으로 오래 지속할 수 있는데, 일상기억과 의미기억으로 구성되어 있다. • 일상기억은 개인의 경험을 보관하는 곳으로 이 정보는 주로 이미지로 부호화되어 있으며 발생한 장소와 때를 기초로 조직된다.

■ 망각의 원인

- 비효율적 부호화
  책을 읽었는데 내용을 기억할 수 없다면 비효율적 부호화 때문에 망각이 일어난 것으로 볼 수 있다. 단지 음운적인 부호화는 의미적 부호화보다 저장률이 낮다.
- 소멸이론
  소멸이론에서는 시간의 흐름 자체가 망각을 유발한다고 한다. 시간의 경과가 망각의 주된 원인이라고 설명하는 이론이다.
- 간섭이론
  정보가 서로 경합을 벌이기 때문에 망각이 일어난다고 한다. 역행간섭은 새로운 정보가 이전에 학습한 정보의 저장을 방해하는 것을 말하고, 순행간섭은 이전에 학습한 정보가 새로운 정보의 저장을 방해하는 것을 말한다.
- 인출 실패
  인출단서와 부호화가 일치하지 않을 때 인출 실패 가능성이 높다. 부호화할 당시의 처리 유형이 인출 당시의 처리 유형과 일치하면 기억이 증가된다는 연구 결과도 있다.

■ 학습동기 이론

- 동기유발의 기능
  - 활성적 기능(Activating Function)
    유기체가 행동을 일으키는 데는 근원적인 힘이 필요한데 이것이 행동의 원인 곧 동기이다. 동기는 행동을 일으키고 지속하게 해주며, 행동을 성공적으로 추진하는 힘을 준다.
  - 지향적 기능(Directive Function)
    동기는 행동의 방향을 결정하는 데 중요한 역할을 한다. 행동의 방향 선택에서 중요한 것은 환경 요인인데 동기는 그 요인과 가깝게 또는 멀리하게 하도록 행동시키는 기능을 한다.
  - 조절적 기능(Adjusting Function)
    어떤 목표 행동에 도달하려면 다양한 동작들이 필요한데 어떤 동작을 선택하고 수행하는 과정에서 동기가 조절적 기능을 한다.
  - 강화적 기능(Reinforcing Function)
    행동의 결과로 어떤 보상(어떤 행동의 결과로 생기는 외적 강화)이 주어지느냐에 따라 동기유발의 수준이 달라진다.

■ 동기의 4가지 요소 : 켈러(Keller)의 ARCS 이론

- 주의(Attention)
  - 학습이 일어나기 위해서는 먼저 학습자가 학습 자극에 흥미를 가지고 주의를 기울여야 한다.
  - 학습자가 주위 환경을 탐구하고 탐색할 기회를 가지므로 흥미는 계속 유지된다.

지각적 주의 환기	새롭고 신기한 사건이나 사실을 제시하여 학습자의 호기심이나 주의를 유발하는 것
인식적 주의 환기	학습자 스스로 새로운 정보를 추구하고 문제해결을 하도록 계속적으로 주의나 호기심을 유지하는 것

- 관련성(Relevance)
  - 학습 상황에서 개인적인 필요, 즉 관련성이 지각되어야만 학습 동기는 계속적으로 유지된다.
  - 관련성이란 학습자가 교육의 내용을 자신의 개인적 흥미나 삶의 목적과 연관시키는 것으로, 자신의 장래에 어떤 중요한 목적을 달성하는 데 도움이 된다고 생각될 때 학습 동기가 상승된다.
- 자신감(Confidence)
  - 학습자가 학습에 재미와 필요성을 느끼고 성공의 기회가 있다는 것을 아는 것은 동기유발 및 유지를 위해 중요하다.
  - 자신에게 어떤 일을 성공시킬 수 있는 능력이 있다고 느낄 때 높은 동기를 가질 수 있으므로 능력에 대한 자각을 통해 동기를 유발하도록 한다.
- 만족감(Satisfaction)
  - 학습자의 노력의 결과가 좋을 때 그 결과에 대해 만족한다면 학습 동기는 계속 유지될 것이다.
  - 만족감은 초기 학습을 유발하는 동기라기보다는 유발된 동기를 유지시키는 역할을 한다.

■ 학습의 기본 가정

- 성숙적 준비성 모형
  인간의 행동발달은 학습의 누적 효과로부터 생겨난다. 누적된 학습의 영향으로 개개인의 발달이 이루어진다는 것이다. 그러므로 학습이 효과적으로 이루어지기 위해서는 그 전에 어떤 성숙이 이루어져야 한다.
- 누가적 학습 모형
  모든 학습된 지적 기능은 다른 많은 기능들의 학습이나 더 복잡한 기능의 학습에 기여한다. 즉 단순한 능력들은 더 복잡한 능력의 학습에 기여하며 또 다른 상황으로 일반화되어 그 결과 점차로 지적 완성을 이룬다.
- 인간 학습의 다양성
  가네는 이전의 학습 이론들이 인간 학습의 본질을 설명하는 데 한계가 있다고 지적했다. 학습이란 단순한 과정이 아니기 때문에 한 학습 이론에서 제시하는 인간 학습의 본질을 모든 학습에 적용시킬 수는 없다는 것이다.

■ 학습의 영역

- 언어 정보
  언어로 표현될 수 있는 정보를 말하는데, 사물에 대한 이름이나 사실에 대한 진위를 언급하는 단일 명제가 있고 여러 개의 명제들이 조합된 지식인 명제적 지식, 선언적 지식이 있다.
- 지적 기능
  방법적 지식, 절차적 지식으로 여러 가지 기호나 상징을 사용하여 환경과 상호작용할 수 있는 능력이다.
- 운동기능
  신체적 움직임을 수행하기 위한 능력 및 실행계획을 말한다.
- 태 도
  개인이 여러 종류의 활동들 가운데 어떤 것을 선택하는 데 영향을 주는 능력이다.
- 인지전략
  학습자들이 이전에 경험하지 않았던 문제 상황에 자신이 가지고 있는 지식과 기능을 사용하는 방법을 말한다.

■ 학습의 9단계

구 분	단 계	기 능
학습을 위한 준비	1) 주의집중	학습자로 하여금 자극에 경계하도록 한다.
	2) 기 대	학습자로 하여금 학습목표의 방향을 설정하도록 한다.
	3) 작동적 기억으로 재생	선수학습 능력의 재생을 자극한다.
획득과 수행	4) 선택적 지각	중요한 자극 특징을 자동적 기억 속에 일시적으로 저장하도록 한다.
	5) 의미론적 부호화	자극 특징과 관련 정보를 장기기억으로 전이시킨다.
	6) 재생과 반응	개인의 반응 발생기로 저장된 정보를 재현시켜 반응 행위를 하도록 한다.
	7) 강 화	학습목표에 대하여 학습자가 가졌던 기대를 확인시켜준다.
재생과 전이	8) 재생을 위한 암시	이후의 학습력 재생을 위해 부가적 암시를 제공한다.
	9) 일반화	새로운 상황으로의 학습 전이력을 높인다.

교육이란 사람이 학교에서 배운 것을
잊어버린 후에 남은 것을 말한다.
- 알버트 아인슈타인 -

제1편

핵심이론

PART 01	상담심리학
PART 02	이상심리학
PART 03	심리평가 및 연구방법론
PART 04	집단상담 및 가족상담
PART 05	발달상담 및 학업상담

행운이란 100%의 노력 뒤에 남는 것이다.
— 랭스턴 콜먼 —

PART 01

상담심리학

Chapter 01 　 상담심리학

교육이란 사람이 학교에서 배운 것을
잊어버린 후에 남은 것을 말한다.
― 알버트 아인슈타인 ―

CHAPTER 01 | 상담심리학

| 핵심 KEY |

[상담일반]
상담이란 무엇인가?
상담심리학의 발전과정
상담의 기본원리 및 목표
상담관계
상담의 과정 및 단기상담

[상담이론]
정신분석 상담이론
인간중심 상담이론
행동주의 상담이론
인지행동 상담이론
게슈탈트 상담이론

교류분석 상담이론
현실치료 상담이론
여성주의 상담이론
다문화 상담
통합적 접근

---

01 | 상담이란 무엇인가?

1. 상담의 정의

상담은 이론에 따라 규정하는 개념이 다르므로 개념 정의가 쉽지 않다. 이론에 따라서는 상담과 심리치료(Psychotherapy)의 용어를 동의어로 사용하기도 하고 상담의 대상과 범위를 제한하지도 않는다.

① 로저스(Rogers) : 상담자와의 안전한 관계에서 내담자가 과거에 부정했던 경험을 다시 자신의 내면으로 통합하여 변화하는 과정이다.
② 타일러(Tyler) : 개인이 발전하는 방향으로 현명한 선택이 이루어지도록 촉진하는 것이다.
③ 피에트로페사, 레너드 & 반 후스(Pietrofesa, Leonard & Van Hoose) : 내담자의 자기이해, 의사결정 및 문제해결이 이루어지도록 상담자가 전문적으로 도와주는 과정이다.
④ 이장호 : 도움을 필요로 하는 사람 즉, 내담자가 전문적 훈련을 받은 사람인 상담자와의 대면에서 생활과제의 해결과 사고·행동·감정 측면의 인간적 성장을 위해 노력하는 학습과정이다.

> **상담의 일반적 개념**
> - 상담은 상담자와 내담자의 상호작용 관계를 통하여 새로운 학습이 이루어지는 과정이다.
> - 상담은 내담자의 심리적인 변화가 일어나는 과정이 포함되어야 한다.
> - 상담은 내담자의 자각확장을 이루도록 조력하는 활동이다.
> - 상담은 내담자의 문제예방, 발달과 성장, 문제해결을 달성하는 것이다.
> - 상담은 내담자의 삶의 질을 향상하기 위해 노력하는 활동이다.

2. 생활지도, 심리치료와 상담의 비교

① **생활지도** : 학생들이 학교 내외에서 당면하는 적응, 발달상의 문제를 돕기 위해 마련되는 교육적·사회적·도덕적·직업적 영역의 계획적 지도활동이다.
② **심리치료** : 증상을 제거, 수정, 완화하고 장애행동을 조정하며, 긍정적 성격발달을 증진시킬 목적으로 훈련된 사람이 환자와 전문적인 관계를 의도적으로 형성하여, 정서적 문제를 심리학적 방법으로 치료하는 것이다.
  - 환자를 대상으로 증상을 다루며, 심층분석적 문제해결과 무의식적 동기의 통찰에 역점을 둔다.
  - 경청, 해석, 지지 등의 방법을 많이 사용한다.
③ **상담** : 정서적 문제뿐 아니라 사고방식, 행동양식, 대인관계 등 일상생활의 주요 과제와 요인들을 두루 취급한다.
  - 정상인을 대상으로 한다.
  - 교육적·상황적 문제해결과 의식 과정의 자각에 주력한다.
  - 설명, 정보제공, 조언 및 지시를 더 많이 한다.

3. 상담의 구분

① **구성인원에 따라** : 개인상담과 집단상담
② **연령에 따라** : 아동상담, 청소년상담, 성인상담, 노인상담
③ **내담자의 조력욕구에 따라** : 문제예방상담, 발달·성장상담, 문제해결상담
④ **내담자의 문제유형에 따라** : 정신건강상담, 진로상담, 성상담, 성장상담, 비행상담, 학습상담, 중독상담, 가족상담, 재활상담, 위기상담, 목회상담 등
⑤ **조력수단에 따라** : 놀이치료, 미술치료, 독서치료, 음악치료, 원예치료 등
⑥ **기타** : 전화상담, 사이버상담

4. 상담기관

① **대학 학생상담센터**
  - 대학생들의 정신건강문제, 학내 동료 및 이성과의 인간관계, 자기발전 프로그램, 자기이해를 위한 심리검사 등을 할 수 있다.
  - 공부방법 훈련프로그램, 진로 및 취업에 도움이 되는 프로그램 등 대학생활의 적응을 도와주는 상담 및 프로그램을 실시하고 있다.
② **청소년상담센터**
  - 주로 위기청소년을 종합적으로 지원하고 관리하는 역할을 맡고 있다.
  - 일반 청소년, 학부모, 교사 등 상담공부를 원하는 사람들을 대상으로 하며, 다양한 형태의 상담교육을 경험할 수 있다.
③ **여성관련 상담센터**
  - 성폭력상담센터, 가정폭력상담센터, 건강가정지원센터, 여성긴급상담전화(1366) 등이 설치되어 여성 위기상담을 실시하고 내담자의 요구에 맞는 상담기관을 연결해 주는 서비스를 실시하고 있다.
  - 가정폭력, 성폭력 피해자 및 가해자 상담 등 상담 분야에서 중요성이 더욱 커지고 있다.

④ 사설 민간상담센터
  - 공립상담센터보다 상담료가 비싸지만 내담자의 기대치가 높아 상담효과가 더욱 클 수도 있다.
  - 전문상담자로 훈련받은 상담자들이 운영하는 경우가 많고, 공립에 비하여 상담 실습자의 다양한 임상경험의 기회는 적을 수 있다.

⑤ 복지기관상담센터
  저소득층, 아동, 노인, 장애인들에게 사회복지사 중심으로 서비스가 이루어지는 경우가 많으나 보다 전문적 상담서비스를 위해 전문상담사들의 진출 폭이 더욱 확대되어야 할 것이다.

⑥ 직업 및 진로상담센터
  고용노동부 산하 고용안정센터가 설립되어 직업상담 전문가를 배출하는 직업상담사 자격제도를 운영하고 있다.

⑦ 기타 상담센터
  전문상담자로 성장하는 데 도움이 되도록 상담 교육과 훈련을 중심으로 운영되는 학교상담센터, 종교기관상담센터, 기업상담센터 등이 있다.

핵심문제 01

정상인을 대상으로 하며 교육적·상황적 문제해결과 의식 과정의 자각에 주력하고 설명, 정보제공, 조언 및 지시를 더 많이 하는 것은?

① 생활지도
② 심리치료
③ 상 담
④ 생활교육
⑤ 수퍼비전

고득점을 향한 해설

③ 상담은 정서적 문제뿐 아니라 사고방식, 행동양식, 대인관계 등 일상생활의 주요 과제와 요인들을 두루 취급한다. 정상인을 대상으로 교육적·상황적 문제해결과 의식 과정의 자각에 주력한다. 설명, 정보제공, 조언 및 지시를 더 많이 한다.
① 생활지도는 학생들이 학교 내외에서 당면하는 적응, 발달상의 문제를 돕기 위해 마련되는 교육적·사회적·도덕적·직업적 영역의 계획적 지도활동이다.
② 심리치료는 환자를 대상으로 증상을 다루며, 심층분석적 문제해결과 무의식적 동기의 통찰에 역점을 둔다. 경청, 해석, 지지를 더 많이 한다.
④ 생활교육은 실생활에 필요한 지식·기능·태도 등을 습득시키는 교육이다.
⑤ 수퍼비전(Supervision)은 보다 다양한 경험을 가지고 있는 수퍼바이저로부터 상담에 필요한 적절한 지식, 기술, 태도, 습관 등을 학습하며, 실제 상담장면에서 내담자에게 필요한 효과적인 서비스를 제공할 수 있도록 피드백을 받음으로써 상담자로서의 전문성을 함양할 수 있도록 돕는 전 과정이다.

답 ③

02 | 상담심리학의 발전과정

1. 상담심리학의 기초

① 프로이트(Freud)의 정신분석(1896) : 신경증의 원인과 치료에서 심리요인의 중요성을 최초로 강조하였다.
② 로저스(Rogers)의 인본주의 심리학(1942) : 정신분석이 비인간적이고 지시적 접근이라고 비판하면서, 내담자의 문제 및 증상의 치유보다 근본적으로 인간이 지니고 있는 신뢰성과 자기실현적 속성이 발휘되도록 촉진해야 한다고 주장하였다. 로저스의 이론은 상담심리학의 기초를 닦는 데 공헌했다.
③ 심리검사 : 비네와 시몽이 지능검사를 통해 학습지진과 정신지체의 문제를 다루고 육군의 업무 배치 방법을 개발했다.

2. 상담심리학의 발전과정

① 상담심리학의 태동
상담심리학은 1879년 분트(Wundt)의 실험심리학을 이론적 바탕으로 출발하여 왓슨(Watson)의 행동주의 심리학으로 이어졌다.

② 상담심리학의 형성기
제2차 세계대전의 영향으로 상담심리학이 독립된 응용심리학의 한 분야로 자리 잡게 된다. 1952년 상담심리학자를 위한 공식적인 조직이 결성되면서 상담심리학이라는 명칭이 사용되기 시작하였으며, 1943년 미국심리학회의 제17분과로 출범하면서 보다 정상적인 개인들의 정서적 문제의 해결과 생활상의 적응문제, 성격평가, 다양한 개인 및 집단검사에 관심이 집중되었다.

③ 전문적 상담심리학의 발전기
1950~1980년대를 거치면서 발전기에 접어든다. 1970년대 아이젠크가 전통적인 심리치료의 효과에 대한 의문을 제기하면서 상담 및 심리치료의 과정 및 효과에 관한 연구가 활발해졌으며, 상담의 예방 및 교육적 역할이 강조되었다.

핵심문제 02

최초로 임상심리학이라는 용어를 사용하며, 최초의 심리진료소를 개설한 임상심리학자는?

① 갈튼(Galton) ② 분트(Wundt)
③ 위트머(Witmer) ④ 프로이트(Freud)
⑤ 엑스너(Exner)

고득점을 향한 해설

위트머(Witmer)는 미국 펜실베니아(Pennsylvania)대학에서 1896년 세계 최초의 심리진료소(Psychological Clinic)를 설립하고, 1904년 임상심리학 강좌를 개설함으로써 임상심리학의 본격적인 시작을 알렸다.

답 ③

03 | 상담의 기본원리 및 목표

1. 기본원리

① 개별화의 원리

상담자는 개인의 개성과 개인차를 인정하고 개인의 특성에 맞게 상담해야 한다. 상담자는 상담면접 시간이나 환경에 세심하게 신경 써야 하며, 비밀 준수와 신뢰감을 의식해야 한다. 상담자는 충분한 사전준비를 갖추고 내담자의 활동을 적극 권장해준다.

② 의도적 감정표현의 원리

상담자는 내담자로 하여금 자유롭게 자신의 의사와 감정을 표현할 수 있도록 안정적이고 따뜻한 분위기를 만들어야 한다. 내담자의 감정표현을 비난하거나 평가해서는 안 되며, 인내심을 갖고 경청하도록 한다.

③ 통제된 정서 관여의 원리

상담은 정서적 영역에 비중을 둔다. 상담자는 내담자에게 감정을 통제만 할 것이 아니라 자유롭게 표현해도 괜찮다고 말해준다. 내담자의 감정에 대한 상담자의 민감성과 적절한 반응이 이를 촉진시킬 수 있다.

④ 수용의 원리

상담자는 내담자에게 따뜻하고 친절하며 수용적이어야 한다. 내담자를 하나의 인격체로 존중한다는 것을 말과 행동, 비언어적 태도로 전달할 수 있어야 한다.

⑤ 비심판적 태도의 원리

내담자는 자신의 잘못이나 문제에 대해 결과를 추궁받거나 질책당하는 것을 두려워한다. 상담자는 편견이나 선입관을 갖지 않아야 하며 내담자의 말을 경청하고 객관적이고 중립적인 자세를 가져야 한다.

⑥ 자기결정의 원리

상담은 개인의 가치와 존엄성을 존중하고 자기 힘으로 문제를 해결해나갈 수 있다는 신념에서 시작되어야 한다.

⑦ 비밀보장의 원리

상담내용의 비밀은 보장되어야 한다.

2. 상담목표

상담이론이나 적용분야에 따라 내담자의 문제를 이해하고 해결하기 위해 강조하는 부분이 달라지기 때문에 관점에 따라 서로 다른 상담목표를 가진다.

① 정신분석이론 : 무의식을 의식화하여 개인의 성격구조를 수정하고 자아의 기능을 강화한다.
② 행동수정이론 : 바람직하지 않은 행동은 감소시키고 바람직한 행동은 증가시킨다.
③ 인간중심이론 : 자아와 경험 간의 불일치를 제거하고 방어기제를 내려놓게 함으로써 충분히 기능하는 사람이 되도록 돕는다.
④ 인지행동이론 : 자동적 사고를 변화시키고 인지도식을 재구성하여 새롭고 합리적인 사고를 하도록 돕는다.

3. 상담목표의 기능

상담목표는 상담이 잘 진행되는지, 언제 상담을 종결해야 하는지 판단하는 기준이 된다.
① 형성평가와 총괄평가의 기준이 된다.
② 상담자와 내담자가 나아가야 할 방향을 제시해주는 중요한 기능이 있다.
③ 상담의 개입전략 및 절차, 과정에 선행되는 중요한 부분으로서 상담의 결과나 효과를 평가할 수 있는 기준을 제시한다.

4. 상담목표의 설정

좋은 상담목표는 내담자에게 중요한 것, 작고 간단하고 구체적인 것이며 단순히 문제행동을 제거 또는 감소시키는 방식이 아닌, 새로운 긍정적 행동을 형성 또는 증가시키는 방향으로 진술 가능한 것들이다.

① 소극적 수준의 상담목표
- 문제해결 : 심리적 또는 사회적 갈등 해소, 병리적 요소의 제거 및 치료 등이다.
- 적응 : 개인의 욕구와 환경 간의 갈등을 해소하여 균형과 조화를 이루는 것으로, 적응에 대한 지나친 강조는 인간을 환경적 요구에 순응하는 피동적 존재로 보게 한다.
- 예방 : 문제와 병리현상의 발생을 사전에 막는 것으로, 문제와 병리현상에 초점을 둘 경우 개인의 잠재적 능력 개발에 소홀할 가능성이 있다.

② 적극적 수준의 상담목표
- 전인적 발달 : 신체적·심리적·사회적·문화적으로 균형 있고 조화롭게 발달할 수 있도록 하여 하나의 통합된 인격체로서의 전인(全人)을 길러내는 것이다.
- 자아실현 : 개인이 갖고 태어난 무한한 잠재가능성을 발휘, 실현하며 살도록 돕는 것이다.
- 개인적 강녕 : 개인이 신체적·심리적·사회적·도덕적·경제적으로 건강하고 안정되어 있을 뿐 아니라 평화로운 가운데 보람을 느끼는 삶을 살아가게 하는 것이다.

핵심문제 03

상담의 기본원리 중 내담자를 하나의 인격체로 존중한다는 것을 말과 행동, 비언어적 태도로 전달할 수 있어야 한다는 원리는?

① 비심판적 태도의 원리　　　　　　　　② 의도적 감정표현의 원리
③ 자기결정의 원리　　　　　　　　　　④ 수용의 원리
⑤ 개별화의 원리

고득점을 향한 해설

④ 상담자는 내담자에게 따뜻하고 친절하며 수용적이어야 한다. 내담자를 하나의 인격체로 존중한다는 것을 말과 행동, 비언어적 태도로 전달할 수 있어야 한다.
① 상담자는 편견이나 선입관을 갖지 않아야 하며 내담자의 말을 경청하고 객관적이고 중립적인 자세를 가져야 한다.
② 상담자는 내담자로 하여금 자유롭게 자신의 의사와 감정을 표현할 수 있도록 안정적이고 따뜻한 분위기를 만들어야 한다.
③ 상담은 개인의 가치와 존엄성을 존중하고 자기 힘으로 문제를 해결해 나갈 수 있다는 신념에서 시작되어야 한다.
⑤ 상담자는 개인의 개성과 개인차를 인정하고 개인의 특성에 맞게 상담해야 한다.

답 ④

04 상담관계

1. 상담관계의 특성
① 상담관계는 분명한 목표와 목적을 갖는다.
② 내담자와 상담자 간 신뢰의 관계가 형성될수록 상담이 원활하게 이루어진다.
③ 상담관계는 상담이론이나 전략을 막론하고 내담자의 변화가 일어나는 장의 역할을 한다.
④ 상담관계에서 오는 새로운 경험, 포용력, 수용력, 신뢰, 사랑 등이 변화의 요소가 된다.
⑤ 내담자에 대한 진실한 관심과 그의 표현을 민감하게 알아차려 반응해주는 태도가 중요하다.
⑥ 상담관계가 유지·발전되기 위해서는 상담자와 내담자가 문제의 원인 및 상담목표, 사용되는 방법, 의사소통 방식 등에 대해 이해하고 협조적이어야 한다.
⑦ 이중관계를 지양한다. 즉, 상담자와 내담자가 상담관계 외적으로 친밀한 관계가 되지 않도록 노력한다.
⑧ 상담자와 내담자 간의 성적 관계는 상담 윤리강령에서 엄격하게 금지하고 있으며, 부적절한 관계는 내담자의 피해 및 상담자에 대한 불신 등 부정적 영향을 줄 수 있다.

2. 촉진적 상담관계의 형성
① 로저스(Rogers)에 의하면 상담자는 내담자가 자신의 경험세계를 탐색하고 존중할 수 있도록 자극하는 촉진적 조건을 제공함으로써 내담자의 변화를 이끌어낼 수 있다.
② 촉진적 상담관계를 형성하기 위하여 상담자는 공감적 이해, 무조건적·긍정적 존중, 일치성과 같은 태도를 내담자에게 보여주어야 하며, 이러한 조건들은 내담자로 하여금 자신의 문제를 극복해나가도록 하는 필요충분조건이다.
③ 무조건적·긍정적 존중
내담자에게 결론을 강요하려는 시도를 하지 않고, 완전한 감정표현의 기회를 제공하는 것이다. 상담자가 내담자를 하나의 인격체로서 온화하고 진실하게 대하며, 내담자의 감정이나 생각, 행동의 좋고 나쁨에 대한 판단을 하지 않고 있는 그대로의 내담자의 모습을 따뜻하게 수용하는 것이다.
④ 공감적 이해
상담과정에서 일어나는 순간순간의 상호작용에서 내담자의 경험과 감정들을 민감하고 정확하게 이해하는 것이다. 내담자가 자기 자신에게 더 가까이 다가가도록 하고 더욱 깊고 강한 감정을 경험하도록 도우며, 내담자 내부에 존재하는 불일치성을 인식하여 해결하도록 격려하는 데 그 목적이 있다.
⑤ 일치성
상담자는 자신의 내적 경험과 외적 표현이 일치되어야 하며, 상담자가 일치성을 유지하기 위해서는 자기인식, 자기수용, 자기진실성의 수준이 높아야 한다.

3. 상담자의 조건

① 상담자의 인간적 자질
- 교육의 질은 교사의 질을 넘을 수 없듯이 상담의 질은 상담자의 질을 넘을 수 없다.
- 상담에 대한 전문적인 지식보다 상담자의 인간적 자질이 상담효과에 더 결정적이라고 할 만큼 인간적 자질은 중요한 요인이다.
- 상담 장면에서 가장 중요한 무기는 바로 성숙한 상담자 자신이다.
- 상담자는 인간문제를 다루는 일에 대한 관심, 열의, 신념이 있어야 한다.
- 인간 및 삶의 복잡성에 대한 이해 및 관용, 정서적 안정성과 삶의 통합성, 인간관계능력, 인간문제의 해결에 필요한 삶의 지혜와 경험이 필요하다.

② 상담자의 전문적 자질
- 발달심리, 성격심리, 이상심리 등 인간이해와 관련된 전문적 지식을 갖추어야 한다.
- 심리검사를 실시하고 해석할 수 있는 능력을 갖추는 것이 필요하다.
- 자신의 이론적 지식과 임상적 경험을 활용하여 내담자 문제의 성격과 원인에 대해 이론적으로 설명하고 개념화할 수 있는 능력을 갖추어야 한다.

③ 상담자의 윤리적 자질
- 내담자에게 상담의 목표, 사용할 기법과 절차, 상담을 받는 과정에서 발생할 수 있는 위험, 내담자가 상담을 계속 받으려고 결정할 때 영향을 미칠 수 있는 다른 요인들에 대해 교육시켜야 한다.
- 내담자 문제의 내용에 대해 비밀을 보장해주어야 하며 비밀유지에 영향을 미칠 수 있는 상황과 조건(수퍼비전, 연구, 기록 등)에 대해서는 내담자에게 알려야 한다.
- 내담자와의 치료관계를 위협할 수 있는 어떠한 종류의 관계도 피해야 한다.
- 자신의 욕구가 무엇인지, 상담으로부터 무엇을 얻으려고 하는지, 자신의 욕구와 행동이 내담자에게 어떻게 영향을 미치는지 인식하고 있어야 한다.
- 내담자를 도와줄 수 없는 경우 내담자 문제의 해결에 도움을 줄 수 있는 다른 상담자나 기관에 의뢰할 수 있어야 한다.

④ 상담자의 바람직한 자세 및 역할

진실성	• 상담자는 자신의 생각, 감정, 능력에 대해 진실되고 일관성이 있어야 한다. • 상담자의 진실된 태도는 내담자가 스스로를 가치 있는 사람으로 여기게 하며, 내담자와의 상담관계를 강화함으로써 상담을 효과적으로 이끌 수 있게 만든다.
공감적 이해	• 상담자는 내담자의 곁에서 공감해야 한다. • 공감의 의미는 내담자가 경험하는 방식으로 내담자의 세계를 경험하는 것이다.
무조건적·긍정적 존중	• 내담자를 판단하지 않고 온전하게 받아들이는 것이다. • 내담자를 가치 있는 인간으로 수용하고 상담자의 가치를 내담자에게 전가하지 않는다.
경청	• 경청은 내담자로 하여금 생각이나 감정을 자유롭게 표현할 수 있도록 북돋아준다. • 상담자가 내담자의 말을 주목하여 듣고있음을 전달하는 것이 중요하다. • 상담자의 언어행동이 내담자 진술의 흐름을 방해하지 않도록 한다.
반영	• 반영은 내담자의 말과 생각 등을 상담자의 말로 요약, 반응해줌으로써 내담자 감정의 의미를 명료화해주는 것이다. • 상담자의 감정 반영이 내담자에게 감정표현의 모델이 될 수 있다. • 반영은 내담자에게 이해받는다는 느낌을 주므로 촉진적 상담관계에 유용하다.

직면	• 직면은 내담자가 모르고 있거나 인정하기를 거부하는 생각과 느낌에 대해서 주목하도록 하는 방법이다. • 내담자가 스스로 깨닫지 못한 자신의 말이나 행동의 불일치를 지적할 수 있다. • 직면 시 주의할 점은 내담자가 미처 깨닫지 못했거나 사용하지 않은 능력과 자원을 지적하여 주목하게 하는 것이다.
해석	• 해석은 내담자가 보이는 행동들 간의 관계 및 의미에 대한 가설을 제시하는 것이다. 내담자로 하여금 과거의 생각과 다른 각도에서 자기의 행동과 내면세계를 파악하게 하는 것이다. • 내담자의 행동과 생활방식에 대한 새로운 이해의 틀을 제공한다. • 효과적인 해석은 내담자를 통찰로 이끌어 감정의 정화, 행동의 변화를 유발하고, 자기통제를 촉진하는 효과가 있다. • 해석의 형식은 직접적인 해석, 가설적인 형식의 해석, 질문을 통한 해석 등이 있다.

⑤ 상담자의 수련과정
- 개인상담
  - 상담자와 내담자 간에 일대일로 이루어지는 면담을 말한다.
  - 대상은 아동, 청소년, 대학생, 성인, 여성, 노인 등으로 분류할 수 있다.
  - 문제유형은 학업, 진로, 성격, 정신건강, 성, 가족갈등 등으로 다양하다.
  - 상담자 자신도 개인상담(분석)을 받아 진행과정을 체험적으로 공부할 필요가 있다.
- 집단상담
  - 상담자가 되기 위해 필수적으로 체험하는 과정이다.
  - 10명 안팎의 집단구성원을 대상으로 구성원 간의 역동적 상호관계, 대인관계, 미해결 감정, 사고 및 행동양식의 변화를 경험할 수 있다.
- 심리검사의 실시와 해석
  - 내담자를 명확하게 이해하기 위해 실시한다.
  - 심리검사 종류에는 성격검사, 지능검사, 우울과 불안 검사, 학업관련 검사, 진로관련 검사 등이 있다.
  - 상담자는 심리검사의 종류와 특징, 실시방법, 해석 요령을 훈련받은 후에 실시한다.
- 상담교육 프로그램 참석
  - 상담사는 자신이 관심을 가지고 있거나 흥미 있어 하는 주제를 교육하는 프로그램에 참석하는 것이 필요하다.
  - 상담자들은 상담 전문가들이나 동료들이 실시한 상담사례를 접하는 것이 도움이 된다.
  - 자신이 진행한 상담사례를 발표하고 토론하는 경험도 필요하다.

4. 내담자의 이해와 평가

① 내담자의 현재 문제 파악
- 문제 발생 배경을 확인하여 문제를 명확하게 이해한다.
- 상담을 통해 내담자 자신의 의지와 동기를 확인한다.
- 자발적 참여는 내담자 스스로가 문제를 느끼고, 해결하고자 하기 때문에 기대와 의지가 있다고 본다.
- 비자발적 내담자는 타인의 동기에 이끌리기 때문에 동기가 약하다.

- 비자발적 내담자의 현재 심리상태를 이해하고 수용하는 것을 우선으로 하여 상담에 참여하는 것을 선택하도록 한다.
- 상담 동기를 평가하기 위한 질문을 한다.

② 환경적 특성 파악
- 가정환경 : 가족 구성과 가족들의 성격적 특성, 내담자와의 관계, 가족 분위기, 성장배경, 유전적 질환, 가족병력 등
- 기타환경 : 내담자를 둘러싸고 있는 전체 환경을 파악한다(또래 및 동료 환경, 학교 및 직장 환경, 지역사회 환경 등).

③ 정신상태 평가
- 전체적인 모습
  내담자의 외모, 태도, 운동기능 및 활동 수준, 의식기능 수준 등에 대한 인상을 파악한다.
- 현 상황에 대한 자각
  - 주변 환경에 대한 개인의 일반적인 자각 수준을 의미한다.
  - 직접적인 질문을 하지 않아도 상담자에 대한 인식, 자기이해 등으로 관찰된다.
- 감정과 기분
  - 감정은 정서가 밖으로 표현된 것으로 다른 사람이 관찰할 수 있는 것이다.
  - 상담자는 감정의 적절성, 강도, 유동성, 범위를 평가한다.
- 사고의 내용과 과정
  - 사고의 내용이 얼마나 실제에 가까운가?
  - 사고를 얼마나 조절할 수 있는가?
- 지각
  내담자의 환각 증상에 유의해야 한다.
- 지적 기능
  - 지적 기능의 손상 및 결핍은 지체, 발작, 뇌손상이 있음을 의미한다.
  - 기억력 문제, 은유나 추상화 등에 대한 이해 부족, 낮은 언어능력 등이 지적 기능 손상으로 나타난다.
- 자기인식
  자기인식을 점검하기 좋은 질문을 통해 정체감혼란 여부를 평가한다.
- 통찰 기능과 판단력
  - 통찰은 내담자 자기 자신과 자신의 상황 등을 얼마나 잘 이해하고 있는가 하는 것이다.
  - 사건의 연관성, 사건의 바른 인식, 다른 사람에 대한 민감성 등을 통해 통찰력을 평가한다.
- 약물남용과 중독의 평가
  - 상담자는 내담자 행동의 약물 영향 가능성을 염두에 둔다.
  - 상담자는 약물남용 및 중독의 제 증상들을 선지식화하여 내담자 상태를 평가하도록 한다.
- 자신과 타인을 해칠 위험
  상담자는 내담자가 자신이나 타인에게 위험한 일을 할 가능성이 있는지를 파악한다.

④ 심리검사를 통한 평가
- 상담에서의 심리검사 활용
  - 내담자 정보 제공
  - 자기탐색 촉진
  - 적절한 상담기법의 선정
  - 상담결과의 평가
- 심리검사를 통한 평가의 방법

면접	• 면접자와 언어를 사용하여 대화하는 형식이다. • 면접자의 태도와 감정표현을 통해 해석적 요인을 찾을 수 있다.
행동관찰	• 일상생활에서 행동을 관찰할 수 있다. • 통제된 상황에서 관찰할 수 있다.

- 심리검사의 측정 항목

인지적 과정	현재의 인지기능, 병전수준과 손상된 정도, 손상된 이유 등을 살펴본다.
정서상태	환경에 따라 정서, 기분이 바뀌는 정도를 살펴본다.
동기수준과 욕구체계	동기수준과 욕구체계 기능에 이상이 있는 경우, 무능력하거나 일탈된 부적응적 행동으로 나타날 수 있다.
대인관계 양식	인지, 정서, 동기의 기능이 건강한 개인은 대인관계 양식이 조화롭게 나타난다.

⑤ 내담자 탐색을 통한 평가
- 상담자에게 강한 전이 감정을 보이는가?
  중요인물과의 해결되지 않은 감정을 왜곡된 방식으로 상담자에게 전이시켜 관계를 맺으려 한다.
- 상담 장면에 저항하고 있는가?
  상담자와의 관계가 안전한지를 확인하기 위해 시험해보는 내담자의 심정을 잘 받아주고 이해해준다.
- 상담에 비자발적으로 참여하는가?
  비자발적 내담자의 상담의 여부와 기대가 자신에게 있음을 일깨워준다.
- 상담자에게 지나치게 의존하는가?
  - 내담자는 의사결정에 대한 책임감을 덜고자 상담자에게 의존하는 경우가 있다.
  - 상담자에 대한 의존이 심화되는 것을 알아차려 관찰하고 경계해야 한다.
- 지나치게 말이 많은가?
  상담자는 적절한 순간에 내담자의 말을 멈추고 자신의 생각과 느낌을 전하여 문제에 초점을 맞추도록 한다.
- 자신의 감정을 전혀 드러내지 않는가?
  - 자신에게 느껴지는 감정을 억압하거나 사건들을 감정으로 느끼기보다는 머리로 생각하는 방식에 익숙해져 있다.
  - 부정적 감정을 표현하는 것에 대해 안전하지 못한 것으로 여긴다.
  - 자신의 감정에 머물면서 충분히 느낄 수 있도록 돕는다.

⑥ 내담자의 자원 평가
- 내담자의 적성, 흥미, 관심의 영역을 파악한다.
- 누구나 나름의 재능이 있음을 인식시키고 활용하게 한다.
- 내담자가 일상생활에서 사용하는 지식, 기술, 특성 등을 통해 장점을 파악하고, 그것을 적용할 수 있는지 고려해야 한다.
- 도움을 받을 수 있는 사회적 자원(인적·물적 자원 등)이 있는지 살펴본다.

⑦ 내담자의 권리
- 상담에 대한 정보 제공(상담에 대한 정보 제공은 내담자의 자율성을 보장한다는 의미에서 필수적이다)
  - 상담의 목표, 기법, 과정, 한계
  - 상담으로 얻게 될 이득과 상담과정에서의 위험과 부담
  - 상담시간과 요금
  - 비밀보장의 한계
  - 상담자의 자격과 훈련
  - 회기의 녹음이나 녹화와 관련된 사항
  - 상담자를 선택할 수 있는 권리와 상담을 거부할 수 있는 권리
- 비밀보장
  - 상담진행 과정 중 가장 근본적인 윤리 기준으로 내담자의 개인적 정보관련 사항 등을 포함한다.
  - 상담과정 중 발생한 문제에 대한 조치로 보호자나 관련 기관에 요청할 수 있다.
  - 집단상담이나 가족상담일 경우 비밀유지에 한계가 있다.

핵심문제 04

상담자의 바람직한 자세 및 역할 중 내담자를 판단하지 않고 온전하게 받아들이는 것은?

① 무조건적·긍정적 존중
② 공감적 이해
③ 경청하기
④ 진실성
⑤ 반영하기

고득점을 향한 해설

② 내담자가 경험하는 방식으로 내담자의 세계를 경험하는 것이다.
③ 내담자로 하여금 생각이나 감정을 자유롭게 표현할 수 있도록 북돋아준다. 상담자가 내담자의 말을 주목하여 듣고 있음을 전달하는 것이 중요하다.
④ 상담자의 진실된 태도는 내담자가 스스로를 가치 있는 사람으로 여기게 하며, 내담자와의 상담관계를 강화함으로써 상담을 효과적으로 이끌 수 있게 만든다.
⑤ 반영은 내담자의 말과 생각 등을 상담자의 말로 요약, 반응해줌으로써 내담자의 감정의 의미를 명료화해주는 것이다.

답 ①

05 | 상담의 과정 및 단기상담

1. 상담의 과정

① 의뢰와 사전 준비
- 타인에 의해 의뢰된 내담자
  - 상담관계 형성과 자신에 대해 탐색하는 것이 어렵다.
  - 내담자를 보낸 사람이 무엇을 원하는지에 대해 내담자가 생각하고 있는 바를 탐색해야 한다.
- 자발적 내담자
  - 상담이나 자신의 성장 및 변화에 대한 동기가 비교적 높다.
  - 상담과정에 적극적으로 참여하고 자신의 문제나 배경을 개방하려고 한다.

② 첫 만남
- 내담자의 기대를 탐색하고 그의 불안 등의 감정을 이해하고 공감하는 것이 필요하다.
- 상담은 내담자의 비언어적 행동을 관찰하는 것에서부터 시작된다.
- 상담자는 내담자의 부정적인 측면뿐만 아니라 내담자의 긍정적인 측면과 강점에 대해서 관심을 보이는 것이 중요하다.

③ 상담 초기
상담자가 내담자를 처음 만난 후부터 상담목표를 세워 구체적으로 개입하기 전까지를 말한다.
- 내담자에 대한 이해
  - 상담실을 방문한 이유를 탐색한다.
  - 내담자의 인적 사항, 내담 경위 및 호소문제, 이전의 상담 경험, 인상 및 행동관찰 정보, 가족관계, 사회적 관계, 주요 발달 배경 등에 관한 정보를 수집한다.
  - 정보수집에 몰입하기보다는 자연스럽게 필요정보를 수집하도록 한다.
  - 상담자는 내담자의 강점과 긍정적 측면에 관심을 갖도록 한다.
- 촉진적 상담관계의 형성
  - 상담관계는 내담자가 상담자에 대해 전문성과 매력, 신뢰성을 느낄 때 촉진된다.
  - 관심 기울이기, 적극적 경청, 내담자에 대한 수용과 존중, 공감적 이해, 진실한 태도, 구체화 등의 기본적 태도가 필요하다.
- 구조화
  상담자가 상담의 진행방법 및 방향성에 대하여 합의를 이루는 과정이다. 구조화는 상담이 초점을 잃지 않고 효율적으로 진행될 수 있도록 돕는다.
  - 비밀보장 문제
  - 상담 회기의 시간과 상담기간 및 횟수
  - 내담자와 상담자의 의미
  - 상담 목표 및 앞으로 기대되는 결과 등
- 목표탐색 및 명료화
  - 상담자와 내담자 모두 목표에 동의하여야 한다.
  - 목표가 구체적이어야 한다.

- 자기파괴적인 행동에 관련된 것이어야 한다.
- 목표가 성취지향적이어야 하고 측정가능해야 한다.
- 행동적이고 관찰가능한 목표여야 한다.
- 목표는 이해하기 쉽고, 명확하게 재진술될 수 있어야 한다.
- 상담 초기에 설정한 목표는 필요에 따라 수정될 수 있다.

④ 상담 중기
- 상담 중기는 심층적 탐색과 내담자의 자각이 이루어지는 시기이다.

심층적 탐색	• 심층적 탐색을 통해 초기 상담에서 표현되지 않은 감정과 숨겨진 동기, 무의식적인 자료들이 밝혀진다. • 상담자와 내담자가 생활에서 있었던 주요한 경험 및 사건들의 의미를 이전보다 분명하고 통합된 시야에서 새로 인식함으로써 문제해결을 위해 노력할 수 있는 기초가 마련된다. • 내담자의 다양한 측면에 대한 통찰과 자각이 일어난다. • 통찰을 바탕으로 내담자의 소망과 욕구가 반영된 변화에 대한 목표를 설정할 수 있다.
내담자의 자각	• 내담자의 현재 문제와 외부 환경 및 선행사건 간의 관련성에 대한 자각이 일어난다. • 현재 문제와 관련된 부적응적 사고, 감정패턴에 대한 자각이 일어난다. • 행동의 동기와 결과에 대한 자각이 일어난다. • 생활패턴 및 관계유형에 대한 자각이 일어난다.

- 사용되는 기법

심층적 공감	표현되지 않은 부분을 상담자가 발굴해서 내담자로 하여금 자신을 더 깊이 이해하도록 돕는 기법으로 내담자의 긍정적 동기를 발굴해줌으로써 내담자의 자긍심을 높일 뿐만 아니라 상담의 방향도 정한다.
피드백 주기	내담자의 사고, 감정, 행동에 대해 상담자 자신이 보고 관찰한 것을 전달하여 그의 현재 모습과 변화를 지지하거나(인정적 피드백) 현재의 모습과 변화과정을 교정하게 하고 새로운 모습과 변화를 격려하는(교정적 피드백) 기법이다.
직 면	내담자가 가지고 있는 불일치, 모순 등을 상담자가 기술해주는 것을 말한다.
해 석	내담자의 문제와 염려에 대하여 새로운 참조체제를 제공함으로써 내담자가 그 상황을 잘 이해하고 효과적으로 해결할 수 있도록 하는 것이다.

- 상담 중기에 나타날 수 있는 문제
    - 자신의 사고, 감정, 행동, 삶의 패턴에 불일치와 모순이 나타나면서 내담자가 자신이 이야기하는 내용에 대해 불안감을 갖는다.
    - 상담에 대한 저항으로 상담시간에 지각하기도 하고 자신은 문제가 없는데 상담 때문에 더 나빠지고 있다는 느낌을 가질 수 있다.
- 상담에 진전이 없는 경우
    - 현재 일어나고 있는 일에 대해 즉각적인 피드백을 한다.
    - 상담과정에 대한 재검토가 필요하다.
    - 내담자에 대한 재평가가 필요하다.
    - 목표를 재설정한다.
    - 상담시간, 요일 등에 변화를 줄 수도 있다.

⑤ 상담의 종결
- 상담의 종결 시기 논의
  - 종결단계에서는 통찰을 바탕으로 현실생활에 적응할 수 있는 새로운 행동을 시험하고 평가한다.
  - 내담자가 호소하는 불편들이 사라지면 종결을 계획한다.
  - 내담자가 자신의 문제가 해결되었다고 의식하는 시기와 상담자의 종결 시기가 맞아 떨어지는 경우도 있다.
  - 의존적 내담자에게 상담의 종결이 불안을 초래할 경우라도 상담을 지속해서는 안 된다.
- 종결 시 이별의 감정 다루기
  - 상담관계를 끝낼 때 상담자는 내담자가 느낄 수 있는 여러 감정을 충분히 다루어준다.
  - 상담자는 내담자가 분리불안을 잘 다루며 스스로 설 수 있도록 지지한다.
  - 종결 후에도 심리적 어려움이 있을 때 언제든지 다시 상담할 수 있음을 알려주어 심리적 안정감을 준다.
- 상담 성과에 대한 평가와 문제해결력 다지기
  - 일상생활에서도 상담 성과가 유지되도록 필요한 노력을 구체화한다.
  - 현실 속에서 문제에 당면했을 때 상담을 통해 습득한 문제해결 방법을 효과적으로 적용하도록 돕는다.
- 추수상담에 관해 논의
  - 추수상담은 내담자의 행동변화를 지속적으로 점검하고 내담자의 강점을 강화하고 부족한 점을 보완할 수 있다.
  - 상담자 자신에게도 임상적 통찰을 가져다 준다는 점에 의미가 있다.
- 조기종결 문제 다루기

내담자에 의한 조기종결	• 상담이 만족스럽지 못하다고 느낄 경우 조기종결을 결심한다. • 다음 회기의 상담 약속을 지키지 않음으로써 자신의 생각을 전달한다. • 상담자는 내담자의 상담 취소에 대해 전 회기 상담의 내용을 면밀히 검토하여 원인을 규명한다. • 내담자가 상담을 받지 않는 것도 자유라는 것을 인식하고 지속적인 상담을 받을 수 있게 길을 마련해준다.
상담자에 의한 조기종결	• 상담이 바라는 대로 진행되지 않을 경우에 조기종결한다. • 일정시간이 경과해도 내담자의 호전이 나타나지 않을 경우에 조기종결한다. • 성공할 가능성이 있는 새로운 방법을 사용할 수 없는 경우라면 조기종결을 고려해야 할 책임이 있다.

2. 단기상담

① 단기상담의 의의
- 상담의 목표를 빠른 시간 내에 구체적으로 설정하고 그 목표를 달성하는 데 초점을 맞춘다.
- 단기상담의 기간은 주로 1회부터 25회기 미만을 일컫는다.
- 시간이 짧기 때문에 목표 설정에 제한성이 있다.
- 내담자가 현재 문제상황과 자기 자신에 대한 이해를 증진시켜 상담 후의 유사 문제에 대처할 수 있는 행동을 습득하는 데 목표를 둔다.
- 내담자의 문제에 대해 즉각적이고 신속한 개입이 이루어져야 한다.

② 단기상담에 적합한 내담자 및 이슈
- 비교적 건강성을 지닌 내담자
  인간관계 소통과 정신기능이 능률적인 내담자가 효과적이다.
- 경미한 문제를 지닌 내담자
  내담자 자신의 문제를 명확하게 인식하고 문제해결을 원하는 내담자가 적합하다.
- 조직체의 구성원
  군인이나 학생 등 각종 조직이나 기관의 구성원에게 적합하다.
- 상실 이슈
  내담자의 인생에 중요한 영향력을 미친 인물과 최근에 사별, 이별을 한 경우에 상실에 대처하고 생활에 적응하는 문제에 큰 도움이 된다.
- 급성적 상황
  내담자의 생활이나 지위의 변화에 정서적 어려움을 겪고 있을 때 적합하다.
- 발달과업
  결혼, 임신, 출산 및 은퇴, 노화, 죽음 등의 인간발달과업에 수반되는 심리적 갈등을 겪고 있는 내담자에게 단기상담이 도움이 된다.

③ 단기상담의 과정
- 단기상담은 첫 면접에서 상담관계를 형성하고 내담자의 기대와 동기를 확인하며, 내담자 정보를 종합하여 상담의 구조화를 실시한다.
- 단기상담 초기에는 내담자의 행동패턴을 확인하고, 내담자에 대한 견해를 수정한다.
- 단기상담 중기에는 우호적인 상담관계를 바탕으로 내담자의 문제를 보다 깊이 탐색한다.
- 상담의 종결단계에서는 내담자와 협의된 종결 계획을 세운다.
- 종결에 대한 점검으로 느낌과 생각, 상담을 통해 얻은 변화에 대하여 탐색한다.

핵심문제 05

상담 종결 여부를 결정할 때 고려해야 할 점으로 옳지 않은 것은?

① 내담자의 초기 문제와 증상이 감소 혹은 제거되었는지를 확인한다.
② 내담자의 상담 원인이 되었던 스트레스 유발 감정이 제거되었는지를 확인한다.
③ 내담자의 대처능력과 자기 자신 및 타인에 대한 이해능력이 향상되었는지 평가한다.
④ 내담자 스스로 자신이 획득하고자 원했던 영역에서 발전이 있음을 확신하는지를 확인한다.
⑤ 상담자나 내담자가 현재 진행되는 상담회기에 대해 별로 도움이 되지 않는다고 판단하는 경우에는 상담을 좀 더 진행한다.

고득점을 향한 해설

상담자나 내담자가 현재 진행되는 상담회기에 대해 별로 도움이 되지 않는다고 판단하는 경우 상담을 종결한다.

답 ⑤

06 | 정신분석 상담이론

1. 인간관
① 프로이트(Freud)는 인간을 생물학적 존재로 보고, 인간의 모든 행동, 사고, 감정은 무의식적인 성적 본능과 공격적 본능에 의해 결정된다고 하였다.
② 인간은 갈등의 존재로서, 본능이 추구하는 쾌락과 현실의 갈등, 자아와 외부세계와의 갈등, 적극성과 수동성의 갈등이 인간을 지배하므로 인간은 삶이 지속되는 한 갈등을 겪는다고 주장하였다.
③ 인간은 결정론적 존재로서, 생후 6년 동안의 경험에 의해 결정되며 이러한 성격구조는 성인이 되어서도 변하지 않고 축적된다고 보았다.
④ 인간의 현재 행동은 어떤 원인에 의해 미리 결정된 것이며 현재를 바꾸기 위해서는 과거의 축적물들을 변화시켜야 한다고 보았다.

2. 주요개념
① 본능이론
- 성적 본능(Libido, 삶의 본능) : 인간의 생존을 위한 식욕, 성욕과 같은 생물학적 욕구를 충족시키는 데 기여한다.
- 공격적 본능(Thanatos, 죽음의 본능) : 자신과 타인을 해치거나 죽이려는 무의식적·소망적 에너지이다.

② 의식구조

의식	개인이 각성하고 있는 순간의 기억, 감정, 공상, 경험 등을 아는 것이다. 현재를 자각하고 있는 생각으로, 특정 시점에서 인식하는 모든 것을 의미한다
전의식	특정한 순간 인식하지 못하나 조금만 노력을 하면 쉽게 떠올릴 수 있는, 인식의 표면 밑에 있는 내용을 의미한다.
무의식	개인이 자신의 힘이나 노력으로 의식에 떠올릴 수 없는 생각이나 감정을 포함한다. 자신이나 사회에 용납될 수 없는 욕구와 충동 등이 억압되어 내적 갈등을 경험하며 이로 인한 왜곡된 증상이 나타나기도 한다.

③ 성격구조

원초아	무의식의 정신 에너지로 쾌락 원리에 따르는 작동 체계이며 즉각적인 만족을 추구한다.
자아	부분적으로 의식되는 지각, 사고, 판단을 포함하며 현실원리에 따르는 작동 체계로 원초아와 초자아의 요구를 중재하는 성격의 집행자이다.
초자아	거세불안을 극복하는 과정에서 4~5세에 출현하며 부모의 상과 처벌로 발달하고 사회적 가치, 도덕적 원리에 따르는 작동 체계이다.

④ 성격발달
- 프로이트는 리비도의 갈등과 해결을 통한 평형을 기준으로 발달단계를 설정하고 있다.
- 프로이트는 청소년기 이후는 청소년 발달의 연속으로 보고 있다.
- 성격발달의 과정은 내담자를 이해하는 데 많은 도움이 된다.
- 성격발달 단계에 이루어야 할 중요한 과제를 알고 현재 내담자의 호소문제와 어떤 관련이 있는지 알 수 있다.

- 인간발달의 전체 맥락의 관점에서 현재의 갈등과 호소문제가 어떻게 영향을 주고 있는지 알 수 있다.
- 상담자는 내담자가 자신의 갈등에 대해 내리는 의식적, 무의식적 결정과 위기상황의 해결방식을 알 수 있다.

⑤ 불안
- 현실불안 : 실제 외부세계에서 받는 현실적인 불안이다.
- 신경증적 불안 : 자아가 본능적 충동을 통제하지 못함으로써 어떤 불상사가 일어날 것 같은 위협을 느껴서 불안에 사로잡히는 경우이다.
- 도덕적 불안 : 본질적으로 자기 양심에 대한 두려움이다.

[프로이트의 심리성적 발달단계(Psychosexual Development)]

발달단계	주된 발달 특징	성격 특징
구강기(0~1세) Oral Stage	깨물기, 빨기, 삼키는 행위 등을 통해 성욕을 충족시킴	수동적, 이타적, 논쟁적, 냉소적, 험담
항문기(1~3세) Anal Stage	배설물의 보유 및 배설을 통해 성욕 충족 및 사회적 통제를 습득	고집, 인색함, 복종적, 결백증, 지저분함, 잔인함, 파괴적, 난폭함, 적개심
남근기(3~6세) Phallic Stage	• 성기에 관심이 높아짐 • 이성 부모를 사랑하고 동성 부모를 동일시함 • 초자아 발생	• 남성 : 경솔, 야심, 과장적 • 여성 : 난잡, 경박, 유혹적
잠복기(6~12세) Latent Stage	• 성욕이 잠재됨 • 지적 관심 및 동성 친구와의 우정을 중시함	리비도가 잠재되어 성격유형이 발생하지 않음
성기기(12세 이후) Genital Stage	• 이성에 관심이 높아지고 이차 성징이 나타남 • 성행위를 추구함	의존적, 반사회적

⑥ 방어기제

억압(Repression)	의식하기 힘든 고통과 충격 등을 무의식 속으로 억눌러버리는 것이다.
부인(Denial)	고통스러운 현실을 인식하지 않는 것이다.
투사(Projection)	자신이 받아들이기 어려운 느낌, 생각, 충동 등을 타인의 탓으로 돌려 자신을 보호하는 방법이다.
동일시(Identification)	중요한 인물들의 태도와 행동을 자기 것으로 만들면서 닮으려는 것을 말한다.
퇴행(Regression)	심각한 스트레스 상황이나 곤경에 처했을 때 불안을 감소시키기 위해 이전의 발달단계로 후퇴하는 행동을 말한다.
합리화(Rationalization)	현실에 더 이상 실망을 느끼지 않으려고 그럴듯한 구실을 붙여 불쾌한 현실을 피해보려는 것이다.
승화(Sublimation)	사회적으로 용납할 수 없는 성적·공격적 충동과 갈등을 사회적으로 인정되는 형태와 방법을 통해 발산하는 것이다.
치환(Displacement)	자신의 감정을 대상으로 직접적으로 표현하지 못하고 전혀 다른 대상에게 자신의 감정을 발산하는 것을 말한다.
반동형성(Reaction Formation)	실제로 느끼는 분노, 화 등의 부정적 감정을 직접 표현하지 못하고 반대로 표현하는 것이다.

3. 상담과정

① 상담목표
- 무의식을 의식화함으로써 개인의 성격구조를 수정하는 것이다.
- 충동에 따르지 않고 현실에 맞게 행동하도록 자아를 강화시키는 것이다.

② 상담자의 역할
- 상담자는 내담자의 생각, 심상, 느낌 등을 왜곡, 억제, 검열, 판단하지 않고 자유롭게 표현하게 한다.
- 내담자의 말을 듣고 필요한 경우 해석해준다.
- 내담자의 저항이나 갈등이 드러나도록 자유연상을 통해 자유롭게 표현하도록 한다.
- 내담자의 성격구조와 역동관계를 이해하고 문제의 윤곽을 파악한다.

③ 상담과정
- 초기단계 : 상담자와 내담자가 신뢰관계를 형성하여 치료동맹 관계를 맺는 단계이다.
- 전이단계 : 상담자는 내담자의 전이욕구에 중립적 태도로 포용과 존중의 마음으로 이해한다.
- 통찰단계 : 내담자의 의존욕구와 사랑욕구의 좌절에 대한 감정을 이해하고 통찰하는 단계이다.
- 훈습단계 : 내담자가 통찰한 내용을 실제 생활로 옮겨가는 과정의 단계이다. 훈습단계를 통해 내담자의 행동변화가 어느 정도 안정되면 종결을 준비한다.

4. 상담기법

① 자유연상(Free Association)
- 마음속에서 떠오르는 것을 있는 그대로 이야기하는 것이다.
- 억압된 자료를 수집하고 해석해서 내담자의 통찰을 돕는다.
- 억압된 감정과 경험을 더 이상 억압하지 않고 자유로워지도록 하는 효과가 있다.

② 꿈의 분석(Dream Analysis)
- 잠잘 때에 방어기제가 약화되어 억압된 욕망과 갈등이 의식 표면으로 떠오른다.
- 내담자의 꿈을 분석하고 해석해서 내담자로 하여금 자신이 가진 심리적 갈등을 통찰하게 한다.

③ 전이(Transference)
- 내담자가 과거의 중요한 사람에게 느꼈던 감정을 현재의 상담자에게 느끼는 것을 의미한다.
- 억압됐던 감정, 신념, 소망 등을 통해 전이를 분석, 해석해서 내담자의 갈등과 문제의 의미를 통찰하도록 한다.

④ 저항(Resistance)
- 상담 진행을 방해하고 현재 상태를 유지하려는 의식적, 무의식적 생각, 태도, 감정, 행동을 의미한다.
- 내담자가 숨기고자 하는 것, 피하고자 하는 것, 불안해하는 것, 두려워하는 것에 대한 정보를 얻어 통찰하도록 돕는다.

⑤ 해석(Interpretation)
- 내담자의 연상이나 정신작용 가운데서 명확하지 않은 부분에 대해서 상담자가 추리하여 내담자에게 설명해주는 것이다.
- 내담자의 생각과 감정을 구체화하고, 탐색되어야 할 부분에 관심을 집중시키며, 핵심적인 주제를 가려내어 이해가 더 잘되도록 요약하기 위해 사용된다.

⑥ 훈습(Working Through)
- 내담자가 상담과정에서 느낀 통찰을 현실 생활에 실제로 적용해서 내담자에게 변화가 일어나는 것이다.
- 상담자는 내담자가 깨달음을 현실에 적용할 수 있도록 적극 지지하고, 적절한 강화를 주어 새로운 노력에 힘을 얻도록 한다.

⑦ 버텨주기
내담자가 막연하게 느끼지만 스스로 직면할 수 없는 불안과 두려움에 대해 적절한 이해와 따뜻한 배려를 전달함으로써 내담자에게 의지가 되어주는 기법이다.

⑧ 간직하기
내담자가 느끼는 불안과 두려움을 마음속에 간직하고 적절히 통제함으로써 위험하지 않도록 변화시키는 기법이다.

5. 정신분석이론의 공헌 및 한계

① 공 헌
- 인간은 개인이 인지하지 못한 충동에 의해 사고나 행동이 동기화된다는 것을 밝혔다.
- 체계적인 성격이론과 효과적인 심리치료의 기술을 개발했다.
- 유아기의 중요성을 강조하여 자녀 양육의 중요성에 대해 일깨워 관련 연구를 자극하였다.
- 신경증 치료과정에서 불안의 기능을 확인하고 해석, 저항, 전이의 중요성을 강조하였다.

② 한 계
- 모든 인간에게 근친상간의 쾌락적인 충동이 있다고 보았다.
- 인간의 현재 상태를 설명하기 위하여 유아기의 경험과 억압된 무의식의 내용을 중요시함으로써 인간을 결정론적이고 비합리적인 존재로 보고 인간의 자율성과 책임성, 합리성을 무시하였다.
- 인간의 모든 문제의 근원을 성(性)에 관련시켰으나 이론을 뒷받침해줄 연구자료는 불완전하다.

핵심문제 06

자신이 화가 났음에도 그것을 의식하지 못하고 오히려 상대방이 자기에게 화를 냈다고 생각하는 것은?

① 퇴 행
② 전 치
③ 투 사
④ 부 인
⑤ 회 피

고득점을 향한 해설
자신이 받아들이기 어려운 생각, 느낌, 충동 등을 다른 사람에게 전가하는 무의식적 방어기제는 투사이다.

답 ③

07 | 인간중심 상담이론

1. 인간관
① 인간은 선천적으로 타고난 성장가능성이 있으며, 이를 실현하는 과정에서 자신의 인생 목표와 행동 방향을 스스로 결정할 능력이 있다.
② 자기이해와 자기지시적 능력을 갖고 있으며, 건설적인 변화를 일으킬 수 있고, 효율적이고 생산적인 삶을 영위할 수 있다.
③ 자신의 결정에 따르는 책임을 수용하는 자유로운 존재로서 자기를 조절하고 통제하는 능력이 있다.

2. 주요개념
① 성격발달
- 인간은 유아기에는 자아가 분화되지 않다가 점차 자신과 세계를 분리하는 과정에서 자기개념이 생기고 자신에 대한 외부의 평가를 내면화하면서 자기개념이 발달된다.
- 자기개념의 발달은 긍정적 관심을 받고자 하는 욕구에서 일어난다.
- 성인은 아동에게 조건적인 관심을 보이는데 이를 조건적 가치 부여라고 한다.
- 조건적 가치 부여는 아동의 자아발달에 지대한 영향을 미친다. 자신의 욕구보다는 조건적 가치기준에 맞도록 행동하고 느낌으로써 긍정적 관심을 받으려고 하기 때문이다.
- 무조건적·긍정적 관심(조건 없이 있는 그대로 수용)을 주고받을 때 개인은 충분히 기능하는 사람으로 발달해간다.

② 성격구조
- 인간 성격의 핵심요소는 유기체(Organism), 현상학적 장(Phenomenal Field), 자기(Self)이다.
- 유기체는 인간의 신체, 정서, 지식을 말한다.
- 현상학적 장은 끊임없이 변화하는 경험의 세계로 특정 순간에 개인이 지각하고 경험하는 것을 의미한다.
- 자기는 성격의 구조에서 가장 중요한 요소로서 전체적인 현상학적 장 또는 지각적 장에서 분화된 부분으로, 나에 대한 일련의 의식과 가치를 말한다. 유기체의 행동에 일관성을 유지하는 부분이다.

③ 자기실현 경향성
- 인간은 타고나면서부터 자기실현을 위해 끊임없이 노력하는 성장지향적 성향을 보인다.
- 로저스는 인간은 성장과 퇴행 중 선택을 하며, 퇴행적 동기를 갖고 있지만 성장지향적 동기가 기본 행동 동기라고 보았다.

④ 충분히 기능하는 사람(Fully Functioning Person)
- 현재 자신의 자아를 완전히 지각하는 사람이다.
- 로저스는 충분히 기능하는 사람은 계속적으로 변화하는 사람으로, 과정 중에 있는 사람이라고 정의하였다.
- 경험의 개방성, 실존적인 삶, 자신의 유기체에 대한 신뢰, 자유로움, 창조성은 이들이 가진 특성이다.

3. 상담과정

① 상담목표
개인의 독립과 통합을 목표로 하기에 내담자의 자기개념과 유기체적 경험 간의 불일치를 제거하고 그가 느끼는 자아에 대한 위협과 그것을 방어하려는 방어기제를 해체함으로써 충분히 기능하는 사람이 되도록 돕는 것이다. 따라서 인간의 문제에 초점을 두는 것이 아니라 인간 자체에 초점을 두고 내담자들이 현재 직면하고 있는 문제들과 앞으로의 문제들을 극복할 수 있도록 그들의 성장 과정을 도와야 한다고 설명한다.

② 상담과정의 조건
- 두 삶은 접촉(만남)해야 한다.
- 내담자는 불일치 상태, 취약한 상태, 불안정한 상태에 있어야 한다.
- 상담자는 관계에 있어서 균형과 일치 상태에 있어야 한다.
- 상담자는 내담자에게 무조건적·긍정적 지각을 하여야 한다.
- 상담자는 내담자의 내적 준거에 대하여 공감적 이해를 경험하여야 한다.
- 내담자도 최소한의 긍정적 지각과 공감적 이해의 상태를 갖추어야 한다.

③ 상담자의 기술
- 진실성 : 상담자가 내담자와의 상담관계에서 경험하는 감정을 있는 그대로 솔직히 인정하고 표현하는 태도로서 상담자의 내적 경험과 외적 표현이 일치해야 한다.
- 무조건적·긍정적 존중과 수용 : 상담자는 내담자를 하나의 인격체로서 있는 그대로의 모습을 수용하여야 한다.
- 공감적 이해 : 상담자가 내담자의 감정에 빠져들지 않으면서 내담자의 감정을 자신의 감정인 것처럼 느끼는 것이다.

④ 상담과정
- 초기단계 : 상담자가 내담자를 있는 그대로 이해하고 수용할 때 내담자가 자신도 스스로 이해하고 수용하게 되면서 통찰이 증가하고 성격의 통합이 이루어진다.
- 중기단계 : 내담자가 자신을 보다 잘 이해하고 수용하면서 긍정적이고 건설적인 행동을 취하게 된다.
- 종결단계 : 내담자가 전에 부인하였던 감정을 수용하고 현실을 왜곡하지 않고 있는 그대로 받아들이며, 스스로 자신의 문제를 해결하며 성장해나간다.

4. 인간중심 상담의 공헌 및 한계

① 공헌
- 상담의 초점을 기법중심에서 상담관계중심으로 돌려놓았다.
- 상담을 모든 사람이 이해하고 활용할 수 있는 방향으로 발전하도록 기여하였다.
- 로저스의 영향으로 경청, 반영, 관계기술 등이 상담자 양성 과정의 훈련프로그램에 포함되었다.
- 상담 및 심리치료의 실제를 개선하기 위해 체계적인 연구방법을 도입하였다.

② 한계
- 지나치게 현상학에 근거하고 있다.
- 내담자의 감정표현을 강조하여 지적·인지적 요인을 무시하는 경향이 있다.
- 자기개념과 완전한 기능이란 용어의 의미가 너무 포괄적이어서 온전한 이해가 쉽지 않다.

핵심문제 07

로저스(Rogers)가 말하는 인간 성격의 핵심요소로 바르게 연결된 것은?

㉠ 지금-여기(Now & Here) ㉡ 현상학적 장 ㉢ 유기체 ㉣ 자 기 ㉤ 스트로크 ㉥ 자 아

① ㉡, ㉢, ㉣
② ㉡, ㉢, ㉥
③ ㉠, ㉣, ㉤
④ ㉡, ㉤, ㉥
⑤ ㉠, ㉡, ㉥

고득점을 향한 해설

인간 성격의 핵심요소는 유기체(Organism), 현상학적 장(Phenomenal Field), 자기(Self)이다. '지금-여기(Now & Here)'는 게슈탈트(Gestalt)의 심리치료로 현실에서 내담자가 무엇을 어떻게 보고 느끼는지, 무엇이 경험을 방해하는지 각성하도록 돕는다. 스트로크(Stroke)는 교류분석에서 피부접촉, 표정, 태도, 감정, 언어, 기타 여러 형태의 행동을 통해 상대방에 대한 반응을 알리는 인간 인식의 기본 단위이다. 자아(Ego)는 프로이트의 성격구조의 요소로 원초아의 본능과 외부 현실 세계를 중재, 통제하는 역할을 한다.

답 ①

08 | 행동주의 상담이론

1. 인간관
① 인간은 환경의 자극에 의해 반응하는 유기체다.
② 인간의 행동은 유전과 환경의 상호작용에 의해 형성된다.
③ 인간의 행동은 학습된 부정적 혹은 긍정적 습관으로 구성된다.
④ 인간의 행동은 생활 환경이 제공하는 강화의 형태와 그 빈도에 의해 결정된다.

2. 행동주의 접근의 4가지 요소
① 고전적 조건형성
- 중립적인 조건 자극과 반응을 유발시키는 무조건적 자극 간의 반복적인 짝짓기, 즉 연합에 의해 일어난다.
- 인간의 정서나 감정뿐만 아니라 공포증의 형성에 대해서 설명이 가능하다.
- 약물의존성, 미각혐오 학습 등 인간에게 있을 수 있는 다양한 현상도 고전적 조건형성으로 설명이 가능하다.
  예) 등교거부(무조건 반응) = 친구들의 괴롭힘(무조건 자극) + 학교에 대한 부정적 느낌(중립적 조건 자극)

② 조작적 조건형성
- 손다이크의 효과의 법칙(Law of Effect) : 만족스러운 결과를 가져오는 행동은 강해지고 불만족스러운 결과를 가져오는 행동은 약해지는 현상이다.

- 스키너(Skinner)는 정적강화(Positive Reinforcement), 부적강화(Negative Reinforcement), 소거(Extinction), 처벌(Punishment) 등의 개념을 설명했다.
- 고전적 조건형성에서의 인간이 수동적이라면, 조작적 조건형성에서의 인간은 능동적인 유기체다. 주요개념은 강화원리, 즉 어떤 행동이 유지되거나 없어지는 것은 그 행동의 결과에 의해 결정된다는 것이다.

③ 사회학습
- 반두라(Bandura)는 인간의 행동은 보상이나 처벌의 결과로만 형성되는 것이 아니라 관찰학습 또는 모방학습의 결과로도 형성됨을 강조하였다.
- 대리학습 : 보상 받는 행동은 학습되고, 벌 받는 행동은 학습되지 않는다.
- 관찰학습 : '주의집중 → 기억 → 운동재생 → 동기'의 네 가지 과정을 거쳐서 일어나며, 한 과정이라도 빠지면 성공적인 모방이 이루어지지 않는다.

④ 인지적 경향
- 고전적 조건형성과 조작적 조건형성에서 학습은 자극 간의 연합에 의하여 이루어진다고 보았다.
- 연합적 설명은 인간을 너무 수동적인 존재로 보고 있어 비판을 받고 있기도 하다.
- 최근의 행동주의 상담에서는 이전의 행동주의 상담과는 달리 학습에서 인지적 요소의 역할을 강조한다.

3. 상담목표

① 상담자와 내담자의 관계
행동주의 상담자들은 상담과정에서 상담자의 따뜻함, 공감성, 진실성, 수용성 등과 같은 관계변인을 상담과정에서 일어나는 내담자의 행동변화를 위한 필요조건으로 생각한다.

② 내담자의 경험
내담자는 상담목표의 선택과 결정에 적극적으로 참여해야 하고, 문제행동을 변화시키려는 동기를 가져야 한다.

③ 상담자의 역할
- 행동주의 상담자는 부적응적인 행동을 진단하고, 그 행동을 적응적인 행동으로 인도하는 상담 절차를 처방하는 교사, 무대감독, 전문가의 역할을 해야 한다.
- 행동주의 상담자는 내담자를 위한 역할모델이 되어야 한다(내담자가 상담자를 존경하여 태도, 가치, 신념, 행동 등을 따라하도록 만든다).

4. 상담과정

① 상담관계 형성
상담자는 가치판단 없이 온정적·공감적으로 내담자의 말을 수용하고 이해하려는 노력이 필요하며, 내담자에 대해 많은 관심을 가져야 한다.

② 문제행동 규명
상담자는 내담자가 스스로 자신의 문제를 확실히 알 수 있도록 도와주며, 문제행동을 구체적인 행동으로 나타낼 수 있도록 돕는다.

③ 내담자의 현재 상태 파악

상담자는 내담자에 의해 제시된 문제행동을 분석하고 내외적 정보와 자원을 탐색한다(상담동기, 발달과정, 대인관계, 사회문화적·물리적 환경 등).

④ 상담목표 설정

상담목표는 상담자와 내담자의 행동 표적이 된다.

⑤ 상담기술 적용

내담자가 바람직하다고 생각되는 행동을 하도록 돕는 기술과 내담자 스스로 통제할 수 있도록 돕는 기술이 필요하다.

⑥ 상담결과 평가

상담의 진행과 기술이 효과가 있었는지 알아본다.

⑦ 상담종결

최종 목표행동에 대한 최종 평가 후에 이루어진다.

5. 상담기법

① 이완훈련(Relaxation Training)
- 몸과 마음의 긴장, 스트레스의 해소와 안정적인 상태를 유지하기 위한 것으로 심신의 안정을 가져오고 평정심을 회복하도록 돕는다.
- 긴장이나 불안은 이완상태와 동시에 나타날 수 없다는 전제로 불안, 초조, 긴장 상태에서 경험하는 신체 반응에 반대되는 이완상태를 유지하게 한다.
- 상담방법 : 점진적 근육 이완훈련, 호흡법, 마음챙기기(Mindfulness), 명상, 심상을 활용한 상상훈련

② 체계적 둔감법(Systematic Desensitization)
- 조셉 울페(Joseph Wolpe)에 의해 개발된 행동수정 기법의 일종이다.
- 불안 유발 자극을 가장 적게 일으키는 자극에서부터 많이 일으키는 자극 순으로 나열하여 불안을 형성하는 조건형성을 깨뜨리는 것으로 약한 자극부터 강한 자극까지 단계적으로 수위를 조절하는 것이 특징이다.

> 상담순서
> - 첫번째 단계 : 긴장 이완단계로 근육 이완, 심호흡, 명상 등을 통해 이완상태로 들어간다.
> - 두번째 단계 : 불안 유발 자극을 약한 것부터 강한 것까지 위계 목록으로 작성한다.
> - 마지막 단계 : 작성 목록에서 가장 낮은 단계부터 높은 단계까지 불안을 유발하는 자극에 노출하면서 불안을 극복해 간다.

③ 토큰기법(Token Economy)
- 행동치료에서 조작적 조건형성 원리에 따라 원하는 목표 반응을 설정하고 그 행위를 했을 때 대가를 지불한다.
- 대가로 받은 토큰이나 점수는 어떤 강화물과도 교환 가능하며 과제의 복잡성에 따라 토큰 수에 차등을 둔다.
- 학습자가 기대에 맞는 행동을 했을 때 제공되며 일정 분량을 모으면 그에 해당하는 강화를 얻을 수 있다.

④ 모델링(Modeling)
- 반두라가 제시한 개념으로 수퍼바이저가 윤리적 문제 결정이나 상담기법을 익히고 적용하는지 시범을 통해 수련생에게 가르치는 것에서 제시한 개념이다.
- 내담자에게 바람직한 행동의 본보기를 제공하여 모방 및 관찰을 통해 특정 행동을 학습하도록 한다. 이때 중요한 방법은 유일한 답이 아니며, 예시에 불과하다.

⑤ 자기주장훈련(Assertiveness Training)
- 대인관계에서 자기의 긍정적 주장이나 부정적 주장을 원활하게 한다.
- 자신과 상대를 존중하면서 주장이나 자기표현을 하도록 훈련한다.

6. 행동주의의 공헌 및 한계

① 공 헌
- 문제에 대해 의논하거나 통찰을 얻는 대신 행동하는 것에 초점을 둔다.
- 상담기법을 체계적으로 적용하여 개개인에게 맞는 상담과정이나 기술을 적용한다.
- 실험연구와 상담결과에 대한 평가를 통하여 상담을 과학적으로 이끌었다.

② 한 계
- 내담자의 감정과 정서의 역할을 강조하지 않았다.
- 내담자의 문제해결에 지나치게 신경을 쓰므로 내담자의 문제에 대한 통찰이나 심오한 이해가 미흡할 수 있다.
- 행동주의 상담은 고차원적 기능과 창조성, 자율성이 무시될 수 있다.
- 상담자와 내담자의 관계를 경시하고 지나치게 기술을 강조하여 자기실현 측면에서 부족함이 드러날 수 있다.

핵심문제 08

행동주의 상담의 고전적 조건형성에 근거하지 않은 치료기법은?

① 체계적 둔감법　　　　② 이완훈련
③ 혐오치료　　　　　　④ 홍수법
⑤ 행동조성

고득점을 향한 해설

행동조성 혹은 조형의 치료기법은 조작적 조건형성의 강화원리에 기초하여 특정 행동을 형성해가는 치료기법이다.

답 ⑤

09 | 인지행동 상담이론

1. 인간관
① 인간은 합리적이고 올바른 사고를 할 수 있는 존재이지만 한편으로 비합리적이고 왜곡된 사고도 할 수 있다.
② 인간의 왜곡된 사고는 특히 어린 시절의 부모 양육태도에 의하여 획득된 비논리적인 학습에서 기인한다.
③ 인간은 왜곡된 사고·비합리적 신념이나 행동을 합리적인 것으로 변화시킬 힘이 있으며, 이를 통해 성숙한 사람이 될 수 있다.

2. 인지행동 상담이론
① 인지적 재구성에 초점을 둔 이론
  인지적 재구성이란 사람들이 생각하는 내용과 방식을 재구성하는 것으로 인지를 변화시키는 것을 뜻한다.
② 문제 상황에 대처하는 기술을 교육, 훈련시키는 것을 강조한 이론
  문제 상황에 적절한 대처행동을 가르쳐 심리적 부적응 문제를 해결하는 것이다.
③ 문제해결 접근
  심리적인 부적응을 해소하는 데 인지적 재구성과 대처기술 훈련을 복합적으로 사용한다.
④ 수용을 강조하는 접근
  문제라고 판단되는 정서나 인지를 바꾸기보다는 그것들과 싸우고 회피하는 행동을 변화시키는 것이다.

3. 엘리스(Ellis)의 합리적정서행동치료(REBT)
① 주요개념
  • 비합리적 신념
    사람들의 정서적 문제는 일상생활의 사건을 비합리적인 방식으로 지각하고 받아들이기 때문에 발생한다.

> **사람들이 가지고 있는 11가지 비합리적인 신념**
> • 나는 내가 만나는 모든 사람에게 사랑이나 인정을 받아야 한다.
> • 나는 완벽할 정도로 유능하고 합리적이며 가치 있고 성공한 사람으로 인식되어야 한다.
> • 어떤 사람들은 나쁘고 사악하고 악랄하기 때문에 비난과 벌을 받아야 한다.
> • 내가 원하는 대로 일이 되지 않는 것은 내 인생에서 큰 실패를 의미한다.
> • 불행은 내가 통제할 수 없는 상황에 의해 발생한다.
> • 위험하거나 두려운 일들이 내게 일어나 큰 해를 끼칠 것이 항상 걱정된다.
> • 어떤 난관이나 책임은 부딪혀 해결하려 하기보다 피하는 것이 더 쉽다.
> • 나는 다른 사람들에게 어느 정도는 의존해야 하며 나를 돌봐줄 수 있는 사람들이 주위에 있어야 한다.
> • 과거의 영향은 결코 사라지지 않고, 과거의 경험과 사건들은 현재 나의 행동을 결정한다.
> • 나는 다른 사람들의 문제나 고통을 나 자신의 일처럼 아파해야 한다.
> • 모든 문제에는 완벽한 해결책이 있으므로 그 해결책을 찾아야 한다. 그렇지 않으면 결국 큰 혼란이 생길 것이다.

- ABCDE 모형

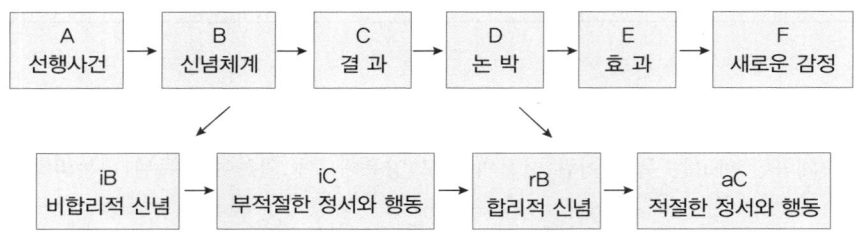

- A(Activating Event) : 일반적으로 어떤 감정의 동요나 행동에 영향을 끼치는 사건
- B(Belief System) : 어떤 사건이나 행위 등과 같은 환경적 자극에 대해서 각 개인이 가지게 되는 태도 또는 그의 신념체계나 사고방식
- C(Consequence) : 선행사건을 경험한 뒤 개인의 신념체계를 통해 사건을 해석하여 생기는 정서적, 행동적 결과
- D(Dispute) : 자신과 외부 현실에 대한 내담자의 왜곡된 사고와 신념을 논박
- E(Effect) : 비합리적인 신념을 논박하거나 직면한 결과
- F(Feeling) : 심한 불안이나 우울을 느끼지 않고 상황에 적절한 느낌을 갖게 됨

② 상담목표 및 과정
- 상담목표
  내담자의 심리적 문제를 유발하는 비합리적 신념을 변화시키는 데 있다.
- 상담과정
  - 비합리적 신념을 가지고 있다는 것을 내담자에게 구체적으로 보여준다.
  - 내담자가 비합리적으로 생각함으로써 자신의 정서장애를 스스로 지속시키고 있다는 것을 보여준다.
  - 내담자가 비합리적 사고를 인식하면 사고를 수정하고 비합리적 생각을 포기하도록 돕는다.
  - 내담자가 비합리적 신념의 희생자가 되지 않도록 합리적인 신념을 발전시키는 것을 돕는다.

③ 상담기술
- 인지적 기법
  - ABC 기법 : 비합리적 신념 포착하기
    ⓐ 부적응 감정과 행동(C)을 선택하고 구체화하여 사건(A)을 가능한 객관적으로 기술하고, 신념과 사고(B)를 탐색한다.
    ⓑ 비합리적 신념의 특징 : 사실과 다름, 강요나 명령 형태, 과도한 감정 유발, 목표 달성 방해
  - 비합리적 신념 논박하기 : 상담자는 내담자로 하여금 사건이나 상황이 아닌 자신이 가지고 있는 비합리적 신념 때문에 장애를 느낀다는 것을 깨닫게 하는 것으로, 소크라테스식 문답법의 5가지 질문 유형(논리적, 경험적, 실용적/기능적, 철학적, 대안적 논박)을 이용하는 방법이다.
  - 설명적 논박법 : REBT의 다양한 개념 소개로 합리적 신념과 비합리적 신념의 차이점을 설명하는 것으로 비유나 우화 같은 은유적인 방식을 사용한다.
  - 풍자적 방법 : 내담자의 신념을 과장하거나 우화나 희화화하는 방법이다.

- 대리적 모델링 : 유사 사건을 경험했지만 심각한 정서 문제없이 살아가거나 성장의 기회로 승화시킨 사람들을 모델로 예시를 들어 사용하는 기법이다.
- 인지적 과제 주기 : 내담자에게 자신의 문제 목록표를 만들고, 당위론적 신념을 밝히며 논박하게 하고 비합리적 신념을 줄여주기 위한 과제를 부여한다.
- 정서적 기법
  - 합리적 정서 상담 : 내담자 자신에게 일어날 수 있는 최악의 상황을 상상하게 하여 그 상황에 맞지 않는 부적절한 감정을 적절한 감정으로 변화시키는 방법이다.
  - 유머의 사용 : 내담자가 필요 이상으로 심각하게 받아들이는 것에 대하여 반박하고, 틀에 박힌 생활철학을 논박하도록 조언하는 데 유머를 사용한다.
- 행동적 기법
  내담자에게 어떤 행동을 하게 함으로써 그의 신념체계를 변화시키고, 증상에서 벗어나 보다 생산적인 행동을 할 수 있도록 돕는 기법이다.

4. 벡(Beck)의 인지행동상담

① 주요개념
- 인지도식(스키마)
  - 한 개인이 살아가는 과정에서 삶에 대한 이해의 틀을 형성한 것을 말한다.
  - 동일한 생활사건의 의미를 사람마다 다르게 해석하는 이유는 인지도식이 다르기 때문이다.
  - 역기능적 인지도식은 스트레스 상황에서 활성화되어 인지적 오류를 유발하는 것을 말한다.
- 자동적 사고
  어떤 환경적 사건에 대해 자기도 모르는 사이에 떠오르는 생각과 심상을 말한다.
- 인지적 오류

이분법적 사고	두 가지 범주로 상황을 본다.
긍정적인 면의 평가절하	자신의 능력을 객관적으로 평가하지 않고 지나치게 낮추어 본다.
과장/축소	자신이나 타인을 어떤 상황에서 판단할 때, 비이성적으로 부정적인 측면을 강조하고 긍정적인 면을 최소화한다.
과잉일반화	현재 상황의 한두 부분에 근거하여 극단적으로 부정적 결론을 내린다.
임의적 추론	어떤 결론을 지지하는 증거가 없거나 그 증거가 결론에 위배됨에도 불구하고 그와 같은 결론을 내린다.
선택적 추상화	다른 중요한 요소들은 무시한 채 사소한 부분에 초점을 맞추고, 부분에 근거하여 전체 경험을 이해한다.
개인화	자신과 관련시킬 근거가 없는 외부사건을 자신과 관련시키는 성향으로서, 자신이 원인이고 자신이 책임져야 할 것으로 받아들인다.
정서적 추론	자신의 정서적 경험이 마치 현실과 진실을 반영하는 것으로 간주하여, 자신, 세계 또는 미래에 대해 그릇되게 추리한다.
파국화/재앙화	어떤 사건에 대해 자신의 걱정을 지나치게 과장하여 항상 최악을 생각하여 두려움에 사로잡힌다.
잘못된 명명	어떤 하나의 행동이나 부분적 특성을 토대로 사람이나 사건에 대해 명명한다.

② 상담목표 및 과정
- 상담목표
  - 벡의 인지행동 상담의 목표는 자동적 사고를 변화시키고, 인지도식을 재구성하여 새로운 사고를 하도록 하는 것이다.
  - 인지행동상담은 처음에는 증상 완화를 다루지만 궁극적인 목표는 인지적인 오류를 제거하는 것이다.
- 상담과정
  - 내담자의 자동적 사고를 인식한다.
  - 자동적 사고가 내담자의 행동에 어떠한 영향을 미치는지 알게 한다.
  - 상담자는 내담자를 괴롭히는 자동적 사고를 합리적 사고로 변화시키도록 격려한다.
  - 내담자의 인지적 오류를 확인하여 역기능적 도식을 인식하도록 한다.
  - 내담자가 긍정적인 경험을 할 수 있도록 행동적인 과제를 부여하는 방법을 병행한다.

③ 상담기술
- 인지적 기술
  상담자는 내담자의 자동적 사고를 유도하고, 그 생각 뒤에 있는 논리를 분석하고, 역기능적인 가정을 확인하여 그 가정들의 타당성을 검토한다.
- 행동적 기술
  내담자의 기술훈련, 점진적 이완 활동 계획하기, 행동시연, 노출치료 등이 사용된다.

5. 인지행동 상담이론의 공헌 및 한계

① 공 헌
- ABCDE 모형이 상담모형을 간단명료하게 보여준다.
- 상담자의 개입 없이 스스로 상담을 이해할 수 있는 방법을 가르친다.
- 새로 획득한 통찰을 행동으로 옮기는 것을 강조한다.

② 한 계
- 상담자가 주도적으로 상담을 해나가기 때문에 내담자를 무시할 수 있다.
- 내담자의 비합리적 사고를 합리적 사고로 바꾸는 과정에서 내담자에게 심리적 상처를 줄 수 있다.

핵심문제 09

엘리스의 ABCDE 모형에 관한 설명으로 옳지 않은 것은?

① A – 선행사건
② B – 문제 상황에 대한 내담자의 비합리적 신념
③ C – 선행사건으로 인한 정서적 · 행동적 결과
④ D – 새로운 감정과 행동
⑤ E – 논박으로 나타나는 효과

고득점을 향한 해설

D : 비합리적 신념체계가 상황에 부합하는 것인지 논리성에 비춘 논박

답 ④

10 | 게슈탈트 상담이론

1. 인간관
① 인간을 현재중심적이며 전체적이고 자신의 자유로운 선택에 의해 잠재력을 각성할 수 있는 존재로 본다.
② 인간의 행동을 육체, 정신, 환경 등이 역동적으로 상호관련되어 나타나는 하나의 전체로 이해한다.

2. 주요개념
① 게슈탈트 : 개체가 자신의 유기체적 욕구나 감정을 하나의 의미 있는 행동 동기로 조직화하여 지각하는 것이다.
② 각성 : 기억되는 것보다는 지금 일어나고 있는 것을 가리키며, '지금-여기'의 현실에 무엇이 존재하느냐에 초점을 두는 능력이다.
③ 미해결 과제 : 인간의 분노, 격분, 증오, 고통, 불안, 슬픔, 죄의식, 포기 등과 같은 표현되지 못한 감정을 포함하는 개념이다.
④ 회피 : 미해결 과제에 직면하거나 미해결 상황과 관련된 불안한 정서에 직면하는 것을 스스로 막는 데 사용되는 수단 중 하나이다.
⑤ 전경과 배경 : 어느 한 순간에 관심의 초점이 되는 부분을 전경이라고 하고, 관심 밖에 있는 부분을 배경이라고 한다.
⑥ 알아차림-접촉주기 : 게슈탈트가 형성되고 해소되는 반복과정으로서, 알아차림과 접촉을 통해 전경과 배경을 교체한다.

3. 상담목표 및 과정
① 상담목표
- 내담자로 하여금 단지 경험을 말하는 것이 아니라 생생함과 즉시성을 갖고 그들의 경험과 접촉하도록 돕는 것이다.
- 자신의 삶을 헤쳐나가며 자신에게 책임감을 갖도록 돕는 것이다.
- 내담자가 자각을 통해 성장해나가고, 자신의 행동에 책임을 지며, 환경 지지에서 자기 지지로 옮겨 가도록 하는 것이다.

② 상담과정
- '지금-여기'에 대한 자각을 도와 내담자에게 자신의 자세를 경험하고 자세의 실존적 의미를 말로 표현하게 한다.
- 심리적 욕구 좌절에 대한 자각을 통해 내담자가 자신의 잠재력을 자각할 수 있도록 촉진한다.
- 내담자가 자신을 자각하고 상황에 대한 새로운 견해를 얻고, 선택, 학습, 조절할 수 있는 자아통합의 과정을 거친다.

4. 상담기법

① 욕구와 감정의 자각
   '지금-여기'에서의 욕구와 감정을 자각한다.

② 신체자각
   '지금-여기'에서의 억압된 감정의 에너지가 집중되는 신체감각에 대해 자각하게 한다.

③ 환경자각
   내담자의 감정과 욕구의 자각을 위해 주위 환경에서 체험되는 것, 즉, 자연경관, 사물의 모습, 맛, 냄새, 소리, 촉감 등을 자각하게 한다.

④ 언어자각
   내담자가 사용하는 언어에서 행동의 책임 소재가 불명확한 경우, 자신의 감정과 동기에 대해 책임을 지는 형식의 문장으로 바꾸어 말하게 함으로써 자신의 욕구나 감정에 대한 책임의식을 높여줄 수 있다.

⑤ 과장하기
   내담자가 어떤 상황에서 감정의 정도와 깊이가 미약하여 명확히 자각하지 못하고 있을 때는 내담자의 특정 행동이나 언어를 과장하여 표현하게 한다.

⑥ 빈 의자 기법
   현재 상담에 참여하지 않은 사람과 직접 대화를 나누는 형식을 취함으로써 그 사람과의 관계를 직접 탐색해볼 수 있고, 자기 자신의 억압된 부분 혹은 개발되지 않은 부분들과의 접촉이 가능하다.

⑦ 꿈을 통한 통합
   상담자가 내담자에게 꿈을 현실로 재현하도록 하여 꿈의 각 부분과 동일시해보도록 하는 기법이다.

⑧ 머물러 있기(느낌에 머무르기)
   내담자가 자신의 미해결 감정들을 회피하지 않고 직면하여 견뎌내도록 함으로써 이를 해소하도록 돕는 기법이다.

⑨ 반대로 하기(반전기법)
   내담자에게 평소 행동과 반대되는 행동을 해보도록 요구함으로써 내담자가 억압하고 통제해온 부분을 표출하도록 하는 기법이다.

⑩ 상전과 하인
   - 게슈탈트에서 대표적인 내적 분열은 상전과 하인의 대립이다.
   - 무의식적이고 내적인 대화를 의식적이고 외적인 대화로 만들 수 있으며 양자 간의 갈등을 줄일 수 있다.

⑪ 대화실험
   내담자에게 특정 장면을 연출하거나 공상 대화를 하도록 제안함으로써 내담자로 하여금 내적인 분할을 돕는 기법이다.

5. 게슈탈트 이론의 공헌과 한계

① 공 헌
- 개인에게 실존적 의미를 실제로 경험하게 한다.
- 과거를 현재와 관련되는 사건으로 가져와서 생생하게 처리한다.
- 내담자의 문제해결과 성장을 돕는다.
- 꿈의 실존적 메시지를 발견하도록 돕는다.

② 한 계
- 통합적인 이론체계가 아직 정립되지 않았다.
- 성격의 인지적 측면을 무시하고 있다.
- 상담자가 높은 수준의 인간적 성숙을 통해 자기를 통합하여 기법만 사용하는 상담자가 되는 것을 지양한다.

핵심문제 10

다음 중 보기의 내용과 연관된 상담이론으로 옳은 것은?

- 인간의 행동은 육체, 정신, 환경 등이 역동적으로 상호관련되어 나타나는 하나의 전체로 이해한다.
- 개체가 자신의 유기체적 욕구나 감정을 하나의 의미 있는 행동 동기로 조직화하여 지각하는 것이다.

① 교류분석 상담이론
② 게슈탈트 상담이론
③ 인간중심 상담이론
④ 현실치료 상담이론
⑤ 개인심리 상담이론

고득점을 향한 해설

형태주의 상담이론(게슈탈트 상담이론)
- 인간을 현재 중심적이며 전체적이고 자신의 자유로운 선택에 의해 잠재력을 각성할 수 있는 존재로 본다.
- 인간의 행동은 육체, 정신, 환경 등이 역동적으로 상호관련되어 나타나는 하나의 전체로 이해한다.
- 개체가 자신의 유기체적 욕구나 감정을 하나의 의미 있는 행동 동기로 조직화하여 지각하는 것이다.

답 ②

11 | 교류분석 상담이론

1. 인간관
① 인간은 긍정적 존재로서 사고, 감정, 행동을 조화롭게 통합할 수 있고, 자신의 목표와 행동을 선택할 능력이 있다.
② 인생초기에 부모의 명령대로 행동하는 것을 학습하고, 후에 선택할 수 있는 능력을 갖게 되는 자율적인 존재이다.
③ 인간은 인생초기에 잘못 형성된 조건들을 초월할 수 있는 변화의 가능성이 있다.

2. 주요개념
① 자아의 3형태
- 어버이 자아(P : Parent)

양육적 어버이 자아 (NP ; Nurturing Parent)	• 타인을 보살피고 관심을 가지며 보호적이다(과잉보호 가능성 있음). • 스스로를 칭찬하고 지지하고 위안하며 타인을 인정하고 칭찬한다.
비판/통제적 어버이 자아 (CP ; Critical Parent)	• 주장적이며 처벌적이고 완고한 방식으로 기능한다. • 스스로를 비난하고 나무라며 타인의 행위나 일에 대해서도 비난하고 처벌하려고 한다.

- 어른 자아(A : Adult)
  - 언어능력이 향상되는 생후 10개월경부터 어른 자아 상태의 요소들이 발달되면서 점진적으로 나타난다.
  - 합리적이고 객관적으로 현실을 파악하고자 한다.
- 어린이 자아(C : Child)
  프로이트의 원초아에 대응되며 5세경까지의 경험에 대한 감정적 반응이 내재화된 것이다.

순응적 어린이 자아 (AC ; Adapted Child)	부모나 주위 어른에게 주의를 끌기 위해 눈치 보는 행동을 취한다.
자유 어린이 자아 (FC ; Free Child)	• 타인을 의식하지 않고 자유롭게 기능한다. • 자기중심적이거나 쾌락을 추구하고, 감정을 자유로이 표출한다.
꼬마 교수 자아 (LP ; Little Professor)	어른 자아의 축소판으로, 창조적이고 탐구적이며 조정적인 기능을 한다.

② 의사교류패턴
교류패턴 분석은 P, A, C의 이해를 바탕으로 일어나는 말, 태도, 행동 등을 분석한다.
- 상보교류
  자신의 자아 상태와 상대방의 자아 상태가 서로 욕구를 충족시키는 평행의 상태이다.
- 교차교류
  - 의사소통의 방향이 평행이 아니고 어긋나는 상태이다.
  - 상대방이 원하는 욕구가 무시되거나 잘못 이해되어 나타나는 반응이다.

- 이면교류
    - 두 가지 수준의 교류가 동시에 일어나면서 오해가 많이 발생한다.
    - 말하는 내용(사회적 수준)과 다른 숨은 의도(심리적 수준)가 잠재된 복잡한 교류이다.

③ 스트로크(Stroke)
- 피부접촉, 표정, 태도, 감정, 언어, 기타 여러 형태의 행동을 통해 상대방에 대한 반응을 알리는 인간 인식의 기본 단위이다.
- 어릴 때 스트로크를 어떻게 주고받는가는 성격과 성품 형성에 영향을 미친다.
- 부정적 스트로크는 인간 성장을 후퇴시키므로 심리적인 안정과 자기존중감을 위해서는 긍정적이고 무조건적인 스트로크가 필요하다.

④ 각본분석
자신의 자아 상태에 대하여 통찰함으로써 자기 각본을 이해하고 거기서 벗어나도록 하는 것이다.

자기긍정, 타인긍정 (I'm OK, You're OK)	• 정서적 · 신체적 욕구가 애정적 · 수용적인 방식으로 충족된다. • 승리자 각본으로서, 패배자는 없고 승리자만 있다.
자기긍정, 타인부정 (I'm OK, You're not OK)	• 투사적 생활자세로서 자신의 실수를 타인에게 전가시킨다. • 부모에 대한 긍정성이 부정성으로 바뀌면서 반항심에 의해 형성된다. • 세상에 비난, 불신, 좌절, 분노로 반응한다.
자기부정, 타인긍정 (I'm not OK, You're OK)	• 자신이 무능하여 다른 사람의 도움 없이 살 수 없다는 좌절감을 경험하면서 형성된다. • 자신의 무력감과 우울감을 주된 정서로 갖고 있다. • 죄의식, 공포, 의기소침, 자살 충동 등에 빠질 수 있다.
자기부정, 타인부정 (I'm not OK, You're not OK)	• 성장하면서 스트로크가 심각하게 결핍되거나 극도로 부정적일 때 나타난다. • 긍정적 스트로크의 제공자 부재로 쉽게 포기하고 희망이 없으며 심각한 정신적 문제를 가지게 된다.

⑤ 심리적 게임
- 겉으로는 어른 자아 대 어른 자아의 교류처럼 보이나 이면에 다른 속셈이 숨어있는 교류이다.
- 한쪽 또는 양쪽 모두에게 불쾌한 라켓 감정을 일으키는 역기능적 의사소통이다.

3. 상담목표 및 과정

① 상담의 목표는 내담자의 자율성, 성취, 통합된 어른 자아의 확립과 현재의 행동 및 인생의 방향과 관련하여 새로운 결단을 내리도록 하는 것이다.
② 교류분석의 상담자는 교사, 훈련가 그리고 깊이 관여하는 정보 제공자이다.
③ 상담과정은 '동기화 → 자각 → 상담계약 → 자아상태 정리 → 재결정 → 재학습 → 종결'이다.
④ 상담기법 중 허용(Permission), 보호(Protection), 잠재력(Potency)은 상담분위기 설정과 관련 있으며 조작(Operation)보다는 전문적인 상담 행동을 규정한다.

4. 교류분석 이론의 공헌 및 한계

① 공 헌
- 계약적 접근법을 사용하였다.
- 자신의 약점을 변화시킬 수 있다는 희망을 제시하였다.
- 의사소통의 단절 문제를 해결하였다.
- 실제 생활 장면에서 활용이 쉽다.

② 한 계
- 사용하는 용어가 어렵다.
- 모든 것을 지적으로 경험하는 것이기 때문에 느끼고 체험하는 것이 어렵다.

핵심문제 11

교류분석 상담이론의 자아 구성요소 중 어른 자아의 축소판과 같은 속성을 나타내는 것은?

① LP
② NP
③ AC
④ FC
⑤ CP

고득점을 향한 해설

① 꼬마 교수 자아(LP ; Little Professor) : 어른 자아의 축소판으로, 창조적이고 탐구적이며 조정적인 기능을 한다.
② 양육적 어버이 자아(NP ; Nurturing Parent) : 스스로를 칭찬하고 지지하고 위안하며 타인을 인정하고 칭찬한다.
③ 순응적 어린이 자아(AC ; Adapted Child) : 부모나 주위 어른에게 주의를 끌기 위해 눈치 보는 행동을 취한다.
④ 자유 어린이 자아(FC ; Free Child) : 자기중심적이거나 쾌락을 추구하고, 감정을 자유로이 표출한다.
⑤ 비판/통제적 어버이 자아(CP ; Critical Parent) : 스스로를 비난하고 나무라며 타인의 행위나 일에 대해서도 비난하고 처벌하려고 한다.

답 ①

---

12 | 현실치료 상담이론

1. 인간관

① 인간을 기본적으로 자유롭고 자신의 목표를 스스로 선택하며, 행동에 책임을 질 수 있는 존재로 본다.
② 인간의 행동은 기본적 욕구인 사랑과 소속, 힘, 자유, 즐거움이라는 심리적 욕구와 생존이라는 생리적 욕구를 충족시키기 위한 것이다.
③ 선택이론은 인간의 동기와 행동에 대한 이론으로, 인간의 모든 행동을 다섯 가지 욕구를 충족하기 위한 선택으로 본다.

2. 주요개념

① 현실치료의 5가지 원리
- 인간은 욕구와 바람을 달성하도록 동기화되어 있다.
- 인간은 자신이 바라는 것과 환경으로부터 얻고 있다고 지각하는 것과의 불일치로 인해 각자에게 필요한 구체적인 행동을 수행하게 된다.
- 인간의 모든 행동은 행위, 사고, 느낌, 생물학적 행동으로 구성되며 목적이 있다.
- 행위, 사고, 느낌, 생물학적 행동은 서로 분리될 수 없고, 내부로부터 생성되며 선택에 의한 것이다.
- 인간은 지각체계를 통해서 세상을 본다.

② 인간의 기본 5욕구

우리의 뇌는 다섯 가지 기본 욕구를 충족시키기 위해 행동을 통제한다.

소속감의 욕구	• 사랑, 우정, 돌봄, 관심 등 • 인간이 사회적 동물로서 가정, 학교, 직장, 사회에 소속되어 다른 사람들과의 관계를 유지하면서 사랑을 주고받고자 하는 속성을 말한다.
힘의 욕구	• 성취감, 존중, 인정, 기술, 능력 등 • 인간은 각자 경쟁하고 성취하고 중요한 존재로 여겨지고 싶어하는 속성을 지닌다.
즐거움의 욕구	• 흥미, 기쁨, 학습, 웃음 등 • 인간은 많은 새로운 것을 배우고 놀이를 통해 즐기고자 하는 속성을 가지고 있다.
자유의 욕구	• 선택, 독립, 자율성 등 • 이동하고 선택하는 것을 마음대로 하고자 하며 내적으로 자유롭고 싶어하는 속성이다.
생존의 욕구	• 호흡, 소화, 땀 흘리는 것, 혈압조절 등 • 생물학적 존재로서 생존에 대한 욕구이다.

③ 인간의 행동체계
- 인간의 전 행동(Total Behavior)은 행위, 사고, 느낌, 생물학적 행동으로 구성된다.
- 행동선택을 자동차에 비유한다면 기본적 욕구는 엔진에 해당하고, 바람은 핸들, 행위와 사고는 앞바퀴가 되며 느낌과 생물학적 행동은 뒷바퀴가 된다.
- 행동체계를 구성하는 4가지 요소는 서로 유기적으로 관련되어 인간의 기본 욕구를 충족시키려고 한다.

3. 상담과정과 기법

① 상담과정 - 행동변화를 위한 상담
- 내담자와 상담관계 형성하기(R ; Relationship)
- 욕구 탐색하기(W ; Wants)
- 현재 행동에 초점 두기(D ; Doing)
- 내담자가 자신의 행동 평가하기(E ; Evaluation)
- 책임있게 행동하는 계획 세우기(P ; Planning)

② 상담기법

유머, 역설적 기법, 직면 등

4. 현실치료의 공헌과 한계

① 공헌
- 책임을 강조하여 문제행동의 원인이 내담자 자신에게 있음을 깨닫게 한다.
- 내담자 스스로 실행결과를 평가한다.
- 비교적 단기간에 효과를 볼 수 있다.
- 청소년들에게 많은 도움이 된다.

② 한계
- 무의식의 동기, 과거를 지나치게 무시한다.
- 책임을 강조한 나머지 부적격자에게 강요할 가능성이 있다.
- 표면적 문제를 중시하기 때문에 근본적 문제를 간과할 수 있다.
- 상담자의 영향력 행사가 우려된다.

핵심문제 12

다음 중 현실치료 상담이론에 대한 내용으로 옳지 않은 것은?

① 현재 행동선택에 대한 평가보다는 미래 발전가능성에 초점을 둔다.
② 인간을 행동에 책임을 질 수 있는 존재로 본다.
③ 인간의 행동은 심리적 욕구와 생리적 욕구를 충족시키기 위한 것이다.
④ 선택이론은 인간의 모든 행동을 다섯 가지 욕구를 충족하기 위한 선택으로 본다.
⑤ 인간은 욕구와 바람을 달성하도록 동기화되어 있다.

고득점을 향한 해설

현실치료 상담이론
- 과거나 미래보다 현재에 초점을 둔다.
- 글래서(Glasser)에 의해 고안된 것으로 인간을 기본적으로 자유롭고 자신의 목표를 스스로 선택하고, 행동에 책임을 질 수 있는 존재로 본다.
- 인간의 행동은 기본적 욕구인 사랑과 소속, 힘, 자유, 즐거움이라는 심리적 욕구와 생존이라는 생리적 욕구를 충족시키기 위한 것이다.
- 선택이론은 인간의 동기와 행동에 대한 이론으로 인간의 모든 행동이 다섯 가지 욕구를 충족하기 위한 선택이라고 본다.
- 인간의 뇌는 다섯 가지 기본 욕구 충족을 위해 행동을 통제한다.

답 ①

13 | 여성주의 상담이론

1. 인간관
① 성에 관한 알파편견(남녀를 불평등하게 분리하는 편견)과 베타편견(남녀차를 인정하지 않고 똑같이 취급하는 편견)을 가진 존재이다.
② 남아선호사상, 남녀분리교육, 외모지상주의, 성역할에 대한 압력, 육아부담, 일, 노화과정, 가정폭력 및 학대의 영향을 받는 존재이다.

2. 주요개념
① 모든 문제는 자신으로부터 비롯되었다는 전통적인 상담치료의 개인적인 관점을 거부하고 내담자의 문제를 사회문화적 측면에서 거시적으로 접근한다.
② 대표적인 학자
  - 길리건(Gilligan) : 콜버그의 도덕성발달이론이 주로 남성적 특성을 다룬다고 비판하며, 도덕성은 '배려와 책임의 윤리'이며 여성의 배려와 책임의 도덕성은 관계체계에 근거하고 있다고 주장하였다.
  - 밀러(Miller) : 여성들이 사회에서 종속적 집단을 형성하기 때문에 지배계층을 기쁘게 하기 위해 수동성·의존성·무능력 등의 특성을 형성해간다고 하였다.
③ 상담의 기본원리
  - 사람은 정치적이므로 내담자가 환경변화를 위한 사회적 행동에 참여하도록 돕는다.
  - 상담자와 내담자 관계를 평등한 관계로 유지한다.
  - 내담자와 계약을 맺고 상담목표를 합의한다.
  - 여성의 경험은 존중되어야 한다.
  - 심리적 스트레스를 질병이 아니라 공정하지 못한 체제의 표현으로 재개념화한다.
  - 여성주의 심리상담의 치료자는 억압을 통합적으로 분석하고, 재구성하기를 통해 문제의 원인을 사회적 차원으로 인식하게 한다.

3. 상담과정과 기법
① 상담과정 : 성역할 사회화 과정을 깨닫도록 돕는다.
② 상담기법
  - 성역할 분석 : 내담자가 경험하고 내면화한 성역할 메시지를 변화시킨다.
  - 힘의 분석 : 내담자가 사회의 다양한 힘(권력)에 대해 인식하고 대처할 수 있도록 돕는다.
  - 주장훈련 : 타인을 공격하지 않으면서 자신의 주장을 단호하게 할 수 있도록 돕는다.
  - 의식향상훈련기법 : 강의, 영화, 토의 등을 통해 부당했던 외적 근원을 보게 하여 사회변화에 참여할 수 있도록 돕는다.

핵심문제 13

여성주의치료의 상담기법에 관한 설명으로 옳지 않은 것은?

① '재구성'은 내담자 문제의 원인을 자신에 대한 비난에서 사회적 요인으로 이동하는 기법이다.
② '성역할 분석'은 내담자가 경험하고 내면화한 부정적 성역할 메시지를 변화시키기 위한 기법이다.
③ '의식향상훈련기법'은 내담자가 사회의 다양한 힘·권력에 대해 인식하고 대처할 수 있도록 돕는 기법이다.
④ '상담 탈신비화 전략'은 문제를 다룰 때 내담자에게 정보를 제공하며, 적절한 자기노출을 사용하는 기법이다.
⑤ '주장훈련'은 타인을 짓밟지 않으면서 자신의 주장을 단호하게 주장할 수 있도록 돕는 기법이다.

고득점을 향한 해설

③ '힘의 분석' 기법에 관한 설명이다. '의식향상훈련기법'은 강의, 영화, 토의 등을 통해 부당한 외적 근원을 보게 하여 사회변화에 참여할 수 있도록 돕는 기법이다.

답 ③

14 | 다문화 상담

1. 개 요

① 사회 내에서 다양한 집단의 문화 차이와 개인적 특성으로 인한 문화적 차이에 따른 상담적 접근이 중요하다.
② 다문화 상담에 대한 학문적인 연구와 준비가 필요하다.
③ 다문화 가정을 위한 상담 및 심리치료의 어려움으로 인하여 적극적인 대처가 필요하다.

2. 다문화 상담자의 자질

① 자신과 내담자의 문화적 특성에 대해 충분히 알아야 한다.
② 수용적 태도로 문화 차이를 인정하고 이해한다.
③ 내담자가 가진 세계관을 존중하고 공유하며, 절충적 상담을 실천한다.
④ 상담자가 가진 선입견을 배제하고, 융통성과 유연성 있게 대처한다.
⑤ 타문화에 대해 관심과 지식을 가져야 하며, 상담기술을 문화적으로 적용한다.
⑥ 문화 차이로 인한 문제와 개인적인 문제를 구분한다.

3. 효과적인 상담을 위한 전제조건

① 언어장벽을 보완한다.
② 효과적인 상담기법을 발견하고 활용한다.
③ 상담방법의 융통성을 추구한다.
④ 상담자는 적극적이고 지시적으로 접근한다.
⑤ 타문화 전문가와의 접촉을 유지하면서 전통적인 조력자와 협업하는 자세가 중요하다.

> **핵심문제 14**
>
> **다음 중 다문화 상담의 특징에 해당하는 것은?**
> ① 내담자의 문화적 맥락과 관점에서 문제를 이해하는 것이 중요하다.
> ② 상담의 초점이 가족이나 문화적 이슈보다 내담자 개인에게 더욱 집중된다.
> ③ 문화 차이로 인한 문제들과 개인적인 문제를 통합한다.
> ④ 상담자는 비지시적이고 기다리는 마음으로 내담자의 변화를 기다린다.
> ⑤ 언어소통 및 경제적 어려움에서 오는 문제에 대한 안타까움을 갖고 접근한다.
>
> **고득점을 향한 해설**
> ② 다문화 상담에서는 개인에게서 가족과 문화적 이슈로 초점이 이동한다.
> ③ 문화 차이로 인한 문제와 개인적인 문제를 구분하여 접근하는 것이 중요하다.
> ④ 다문화 상담의 전제조건은 상담사의 적극성과 단호함이며, 때로는 지시적 태도가 필요하다.
> ⑤ 상담자는 선입견과 감정을 배제하고 융통성과 유연성으로 상담에 대처한다.
>
> 답 ①

15 | 통합적 접근

1. 개요
① 내담자의 문제에 광범위하고 총체적인 기술, 능력, 개념 및 전략들을 제공해준다.
② 상담자는 자신의 성격에 따라서 여러 가지 특징을 지닌 내담자와의 상호작용 변화를 정확하게 알 수 있다.
③ 상담과 치료는 내담자를 돕기 위하여 다양한 심리상담이론을 결합하며 명백한 개념을 바탕으로 체계적, 통합적 접근을 지향한다.

2. 인간관
① 인간은 가능한 높은 통합 수준을 유지하려고 하므로, 통합 수준은 상호 간에 영향을 주고 인간이 발전함에 따라 변화한다고 본다.
② 최고도의 인간통합의 질서는 자아실현이나 만족스러운 통합에 있고, 가장 중요한 동기는 자아실현과 일치하는 개인의 발전으로 본다.
③ 내담자의 기본적 욕구는 시간이 경과함에 따라 가능한 높은 단계의 통합 수준을 성취하고 유지하는 데 있다고 가정하면서, 내담자가 바라보는 세계 안에서 현재의 심리적 상태를 취급한다.

3. 체계적 상담과정

① 제1단계 : 문제탐색 및 라포 형성
② 제2단계 : 두 가지 측면에서의 문제의 정의
③ 제3단계 : 대안의 확인
④ 제4단계 : 계획(확인된 대안들에 대한 비판적인 평가, 재연, 역할놀이, 제안 및 내담자가 계획한 실행단계에 대한 정서적 심상법 등 포함)
⑤ 제5단계 : 행동 및 책무(내담자에 의해 실현할 수 있는 행동단계)
⑥ 제6단계 : 평가와 피드백

4. 내담자의 조력을 통한 상담전략

① 관계형성전략 : 내담자와 긍정적인 관계를 형성하고 유지한다.
② 면접전략 : 상담자와 내담자의 역할과 책임을 규정하고 명료화하며, 내담자가 상담하러 온 이유를 확인하고 신뢰와 라포를 형성한다.
③ 자료수집전략 : 내담자와 상담자가 핵심적인 문제를 확인하고, 그 문제에 대한 환경적 · 사회적 영향을 검토한다.
④ 아이디어생성전략 : 특정한 관점에 구애받지 않고 내담자가 선택하는 것을 촉진시킨다.
⑤ 사례전략 : 수집한 자료를 토대로 선택된 광범위한 사례전략을 활용한다.
⑥ 통찰전략 : 내담자가 통찰을 얻도록 촉진시킨다.
⑦ 행동관리전략 : 내담자를 위한 조력상황에서 적당한 전략을 사용하여 내담자를 돕는다.
⑧ 평가 및 종결전략 : 상담자와 내담자가 기대했던 성과를 어느 정도 달성했는지 결정할 수 있도록 돕고, 상담과정에서 요구되는 조정(개선, 변화)을 제대로 실행한다.
⑨ 인간적 · 전문적 성장전략 : 상담자의 효율성 발휘 및 발달을 증진시킨다.
⑩ 연구전략 : 상담이론과 전략의 정확성, 효율성을 연구하여 더 좋은 상담을 개발한다.

핵심문제 15

심리상담이론 중 통합적 접근법은 다양한 이론적 기반과 기법으로 접근하는 것을 말한다. 이에 따르면 모든 이론은 치료를 위한 공통의 요소들을 기반으로 하고 있다. 공통요소에 포함되지 않는 것은 무엇인가?

① 치료적 관계를 발달시키는 것
② 치료에 대한 내담자의 기대를 증진시키는 것
③ 내담자와 상담자가 효과적인 접근방법을 함께 협의하거나 창조해가는 것
④ 내담자를 위해 하나의 개별적인 치료방법에만 집중하는 것
⑤ 상담과정에서 내담자가 통찰을 얻도록 촉진하는 것

고득점을 향한 해설

통합적 접근의 상담에서는 개별적인 하나의 이론보다 더 나은 효과를 거두기 위해 두 가지 이상의 치료기법을 활용하며, 통합적 접근에서 더욱 풍부한 결과를 얻을 수 있다고 가정한다.

답 ④

PART 02

이상심리학

Chapter 01	이상심리학
Chapter 02	성격심리학

교육이란 사람이 학교에서 배운 것을
잊어버린 후에 남은 것을 말한다.
— 알버트 아인슈타인 —

CHAPTER 01 | 이상심리학

핵심 KEY

- 이상심리와 정신장애
- 이상심리학의 주요 이론
- 신경발달장애
- 조현병 스펙트럼 및 기타 정신병적 장애
- 양극성 및 관련 장애
- 우울장애
- 불안장애
- 강박 및 관련 장애
- 외상 및 스트레스 관련 장애
- 해리장애
- 신체증상 및 관련 장애
- 급식 및 섭식장애
- 수면-각성장애
- 변태성욕장애
- 파괴적 충동조절 및 품행장애
- 물질관련 및 중독장애
- 성격장애
- 신경인지장애
- 배설장애
- 성기능부전
- 성별불쾌감

01 | 이상심리와 정신장애

1. 이상심리의 분류

① 인간은 각자의 개성을 통해 독특하고 다양한 형태로 행동하며 이는 이상행동과 정신장애로 다양한 이론적 입장을 갖는다.

② 이상심리학은 인간의 비정상적인 이상행동을 연구하는 학문분야로서 이상행동은 객관적인 관찰과 측정이 가능한 개인의 부적응적인 심리적 특성을 의미하며, 정신장애는 특정한 패턴으로 나타나는 이상행동의 집합체를 의미한다.

③ 현재 정신건강 분야에서는 정신의학적 진단 모형이 폭넓게 받아들여지고 있으며 진단의 분류는 정신의학적, 행동주의적, 정신역동적 관점으로 나누어볼 수 있다.

2. 신경증과 정신증의 구분

① 신경증(Neurosis)
- 흔히 노이로제라는 독일식 용어로 불리는 신경증은 현실 판단력에는 문제가 없지만, 생활적응에 있어 주관적 불편함을 나타내는 심리적 장애를 뜻한다.
- 신경증을 지닌 사람들은 자신에게 어떤 문제가 있다는 것을 자각(Insight)할 수 있기 때문에, 스스로 치료기관을 찾게 된다.
- 사회적 어려움을 보이기는 하지만 직업이나 학업을 지속할 수 있어 방문 치료가 가능하다.

② 정신증(Psychosis)
- 부적응의 정도가 매우 심각한 심리적 장애를 뜻하며, 환각이나 망상과 같은 현실 왜곡적 증상이 두드러진다.
- 정신증을 지닌 사람들은 대부분 자신이 비정상적이라는 자각이 없기 때문에, 스스로가 아닌 보호자나 주변 사람들에 의해 강제적으로 치료기관을 찾는 경우가 많다.

- 현실 판단력의 현저한 장애는 직업과 학업을 유지할 수 없게 만들며, 정신증의 가장 대표적인 장애로 조현병이 있다.

3. 이상행동 및 판별기준

① 적응 기능의 저하와 손상 : 개인의 적응을 저해하는 심리적 기능손상을 반영하는 인지적, 정서적, 행동적, 신체생리적 특성이 개인의 원활한 적응을 방해할 때 이상행동으로 간주한다.
② 주관적 불편감과 고통 : 개인이 주관적으로 경험하는 심리적 고통을 호소할 때(불안, 우울, 공포, 분노, 절망 등) 이상행동으로 간주한다. 이는 개인의 삶을 불행하게 만드는 대표적인 고통이다.
③ 문화적 규범의 일탈 : 다양한 사회적 상황에서 자신의 역할에 따라 취해야 할 행동규범이 존재하는데 여기서 어긋나거나 이탈된 행동을 할 경우 이상행동으로 규정될 수 있다.
④ 통계적 평균의 일탈 : 많은 사람들을 대상으로 측정해둔 평균으로부터 멀어질수록 나타나는 특성을 비정상으로 간주하는 것을 통계적 기준이라 하고, 이러한 기준이 적용될 때 평균으로부터 이탈되었다고 말한다.

4. 미국심리학회의 진단체계(DSM-5)

① DSM-5의 의의 및 특징
- 미국심리학회(American Psychiatric Association)에서 출간된 『정신장애의 진단 및 통계편람(Diagnostic and Statistical Manual of Mental Disorders, DSM)』은 정신보건 전문요원들 사이에서 널리 사용되는 공식적인 분류체계이다.
- DSM-5는 2013년에 출판하였으며 과거 DSM 버전이 가진 한계를 극복하기 위하여 연구논문을 통해 철저하게 과학적 고찰을 진행하였고, 다양한 범주의 임상가들로부터 정보를 수집하였다(APA, 2012).

② DSM-5의 주요 개정사항
- 개정판 숫자의 변경
  기존에는 DSM-Ⅳ와 같이 로마자로 표기하였으나, DSM-5에서는 숫자로 표기하였다.
- 다축체계의 폐지
  실제 임상현장에서는 다축진단체계가 유용하지 못하며, 진단의 객관성과 타당성이 부족하다는 비판에 의해 폐지되었다. 그러나 표기방식이 폐기되었을 뿐 일부는 진단 내에 포함시키거나 진단별 예로 전환하였다.
- 차원적 분류 및 평가의 도입
  - 차원적 평가방식을 도입하였다.
  - 차원적 분류는 이상행동과 정상행동을 부적응성의 정도로 보고, 이들 간의 질적인 차이를 인정하지 않는다.

핵심문제 01

정상행동과 이상행동을 판별하는 기준과 거리가 먼 것은?

① 적응의 기능손상 및 저하
② 현실 왜곡의 증상
③ 가족이 호소하는 불편감
④ 통계적 규준의 일탈
⑤ 개인의 주관적 고통

고득점을 향한 해설

이상행동 및 정신장애의 판별 기준은 부적응으로 인한 고통감, 환각이나 망상과 같은 정신장애 증상이 두드러지고 주관적으로 호소하는 불편감과 개인적 고통감, 문화적 규범의 일탈, 통계적 규준에서 벗어나 있는 기준으로 보고한다.

답 ③

02 | 이상심리학의 주요 이론

1. 정신장애의 원인에 대한 입장

① 심리적 원인론
- 정신장애를 개인이 환경과의 상호작용에서 만나게 되는 경험에 따라 갖게 되는 감정, 기억, 행동상의 심리적 문제로서의 비정상적인 체험이라는 관점에서 보는 것이다.
- 심리적 원인론에 기초한 치료법은 심리학적 수단을 통해서 정신장애를 유발하는 심리적 요인을 변화시키는 데 초점을 맞춘다.
- 무의식적 갈등으로 설명되는 정신분석적 이론과 환경 안에서의 잘못된 학습으로 설명하는 행동주의 이론, 개인이 갖는 체험을 잘못 인지하는 과정을 설명하는 인지적 이론 등이 있다.

② 신체적 원인론
- 정신장애가 유전, 뇌구조 및 기능의 이상, 내분비계통의 이상 등에 의해서 생긴다는 입장으로 원인에 대한 이해와 함께 치료하는 방법에도 차이를 갖게 된다.
- 주로 물리적 수단을 통해 정신장애를 치료하게 되며 약물치료와 전기충격치료 등이 있다.

2. 정신분석이론

① 의의 및 특징
- 프로이트(Freud)는 심리결정론에 기초하여 일상에서 우리가 나타내는 행동과 경험은 매우 사소하고 이해하기 어려운 일이라 하더라도 원인 없이 우연히 일어나는 것이 없다고 가정한다.
- 무의식(Unconsciousness)에 대한 가정으로 인간의 행동은 의식적 요인과 더불어 무의식적 요인에 의해 더 많은 영향을 받기 때문에 이상행동 역시 무의식적 과정이 정상행동이나 이상행동을 이해하고 설명하는 데 중요하다고 본다.
- 인간의 무의식적 동기 중에서 성적 욕구가 중요하며, 이는 도덕 기준에 위배되므로 억압을 통해 무의식에 큰 영향을 미치게 된다고 본다.
- 어린 시절의 경험이 성격의 기초를 형성하며, 이러한 내면적 표상이 성인이 되어서도 지대한 영향을 미치게 된다고 본다.
- 정신분석학의 구조는 원초아, 자아, 초자아를 통해 심리성적 발달단계가 완성된다고 본다.
- 원초아, 자아, 초자아 간의 역동적 균형이 흔들려 심리적 불안정감을 체험하게 되면 부적응 상태를 경험하며 정신장애적 증상을 나타낼 수 있다.
- 자아가 지각한 신경증적 불안을 감소시키기 위한 자아의 무의식적 노력을 '방어기제(Defense Mechanism)'라고 한다.
- 무의식화되어 있는 갈등과 좌절요인을 의식화하는 정신분석치료적 기법에는 자유연상, 꿈의 분석, 전이분석, 저항분석 등이 있으며 이를 통해 자신의 삶을 지배하고 있는 무의식적 동기를 탐색하게 되어 비합리적 동기에 지배되지 않도록 노력하는 훈습의 과정을 갖게 된다.
- 프로이트의 정신분석학을 기반으로 발전된 이론으로 자아심리학, 대상관계이론, 자기심리학 등이 있다.

② 이론에 대한 평가
- 인간 행동의 인과적 관계를 설명할 실험적 증거를 제시하지 못하였으며, 이를 위한 임상적 사례연구들은 수많은 변인들이 작용하고 있어 원리 검증의 한계를 갖는다.
- 성적 욕구의 갈등이 강조된 프로이트의 이론은 성에 대한 억압을 갖고 있는 신경증 환자들을 대상으로 하였다는 점에서 일반인들에게 보편화하기 어렵다.
- 성악설의 입장과 같이 인간은 선천적으로 공격적이며 성적인 욕구를 가지고 태어나기 때문에 다양한 갈등적 관계를 갖는다는 프로이트의 인간관에 반론을 제기하는 학자들은 성 욕구와 공격성의 욕구는 긍정도 부정도 아니라는 입장을 보인다.
- 초기 양육자와의 상호작용에 대한 동기가 무시되고 성적인 면을 강조하여 초기 발달의 중요성이 간과되었다.
- 프로이트는 자유연상과 작업동맹을 다루어 그 연구 성과는 이후 모든 심리치료 및 상담의 기본을 이루고 심리치료 기법의 원천이 되는 큰 공헌을 하였으며 정신병리뿐 아니라 현대사상 전반과 예술, 문학 등 현대정신사에도 큰 영향을 미쳤다.

3. 행동주의이론

① 의의 및 특징
- 1920년 왓슨(Watson)에 의해 제창된 행동주의는 1950년대 후반을 기점으로 심리장애치료에 소개되면서 이후 미국 심리학의 주류를 이루었다.
- 행동장애가 학습된 것이라는 원리를 바탕으로 이러한 학습원리는 정상행동과 이상행동 모두에 적용되며, 병변이나 약물 등으로 발생한 질병과는 다른 입장으로 이해된다.
- 고전적 조건형성 원리와 조작적 조건형성 원리를 적용하여 심리적 장애를 교정하므로, 겉으로 드러나는 증상이나 장애행동을 없애고 바람직한 적응적 행동을 습득한다.
- 부적응행동 또는 증상을 약화시키거나 제거하기 위해서 강화와 소거, 처벌, 체계적 둔감법 등을 사용한다.

② 이론에 대한 평가
- 인간을 동물과 같이 단순한 존재로서 동물 실험의 결과와 동일한 결론을 도출할 수 있는 것으로 보는 것에 대해 비판을 받는다.
- 인간 내면의 무의식적 심리체계를 무시하고 표면적으로 드러난 부적응행동에 대하여 수정하는 학습 원리는 다양한 증상의 신경, 정신장애를 호소하는 이들에게 적용의 한계가 있다.
- 인본주의적, 실존주의적 관점에서 인간의 자율성이 무시되는 행동주의는 확대 해석되었을 때 인간 행동이 외부조건에 의해 통제 및 조절이 가능하다고 볼 수 있어 위험하다.
- 이상행동에 대한 구체적인 자극과 반응을 정의하고 객관적으로 설명하여 과학적인 평가가 가능하도록 하였으며, 그간의 심리치료와 차별화하여 치료의 객관성을 드러나게 하였다는 점에서 의의를 갖는다.

4. 인본주의이론

① 의의 및 특징
- 제3의 심리학이라 불리는 인본주의는 심리장애를 자기실현의 좌절에서 온 것으로 보며, 인간을 성장지향적인 존재로 여긴다.
- 로저스(Rogers)의 인간중심과 매슬로우의 실존심리를 중심으로 신정신분석학파와 자아심리학파의 이론을 포함한다.
- 개인은 유기체로 자기실현 경향성을 가지며 자신이 지각한 환경에 따른 경험인 현상적 장에서 자기실현의 억제와 왜곡, 위협 등으로 인하여 정신장애가 나타난다고 보는 관점이다.
- 인간중심적 치료를 위해 치료자는 무조건적인 긍정과 존중, 공감적 이해, 진솔함과 성실함을 가져야 하며 내담자 스스로 자신에 대한 통찰을 할 수 있도록 한다.

② 이론에 대한 평가
- 행동주의의 지극히 과학적인 입장과 반대로 내담자의 주관적 입장과 세계관을 바탕으로 전개된 인본주의는 학문적 관점에서 한계를 갖는다.
- 이상행동을 인간의 부정적 측면에서 개념화하지 않고 성장과 자기실현에 목표를 두고 있으므로 내담자에 대한 지지와 이해를 통해 2차적 피해의 양산을 막는다.
- 치료자와 내담자 간의 공감적 이해와 무조건적 존중, 진실과 신뢰를 기반으로 하는 치료적 관계의 형성은 명료한 특성을 갖고 많은 심리치료자들에게 중요한 측면이 되었다.

5. 인지주의이론

① 의의 및 특징
- 인간은 사건 그 자체보다 그것에 부여된 의미에 의해 지배받게 된다는 명제는 현재 가장 설득력 있는 이론으로 받아들여지고 있다.
- 벡(Beck)이 우울증에 대해 연구하여 발전시킨 인지치료(Cognitive Thereapy)와 엘리스(Ellis)가 보다 적극적인 치료 방식으로 발전시킨 합리적정서행동치료가 있다.
- 인지이론은 개인의 심리적 문제가 환경적 요인과 개인적 요인에 영향을 미치며, 이러한 생각과 심상이 감정과 행동의 반응을 불러일으킨다고 본다. 따라서 인지적 오류에 따른 자동적 사고는 심리적 장애나 증상으로 외현화된다.
- 인지치료의 기본원리는 정신장애를 유발하는 부적응적 인지를 변화시키는 것이므로, 내담자로 하여금 부적응문제를 초래하는 왜곡된 인지를 찾아 지각시키고 적응적 인지로 대체시키는 것이다.

② 이론에 대한 평가
- 현재 상태의 인지적 기능과 신념을 중시하므로 적용대상 및 정신분석적 관점에서의 발달 초기의 문제에 대하여 한계를 갖는다.
- 인간의 행동을 인지만으로 단정지어 설명한다는 것은 인간을 지나치게 단순화시켜 피상적으로 이해하는 것이라는 비판을 받는다.
- 교육적 접근이 용이하며 치료 기간이 짧고 관련된 많은 연구에서 치료 효과가 검증되어 있어 현재 이상심리학자에 의해 가장 각광받고 있는 이론으로, 정신장애를 유발하는 심리 내적인 인지적 과정을 밝히는 데 공로가 있다.

6. 생물의학적 입장

① 의의 및 특징
- 이상행동 및 정신장애에 관하여 유전, 신경생화학적 요인, 뇌구조의 특성 등에 초점을 두고 연구하는 분야로서 치료를 위해 약물치료, 전기충격치료, 뇌 절제술 등의 물리적인 방법을 사용한다.
- 유전적 입장에서 심리장애는 뇌의 구조적 결함이나 신경생화학적 과정의 결손에 의해 나타나며 신체적 결함이나 이상은 유전적 근거를 갖는다.
- 신경생화학적 기능의 부조화에 의한 심리장애는 신경전달물질인 도파민(Dopamine), 세로토닌(Serotonin), 노어에피네프린(Norepinephrine) 등의 과다 혹은 결핍에 의해 발생되는 것으로 본다.
- 인간의 행동과 감정, 인지적 기능은 뇌의 기능과 관련이 있으며 뇌조직의 손상이나 병변이 심리장애와 상호연결되어 있다고 보는 관점이다.
- 이상심리의 여러 모델의 통합을 추구하면서 치료기법을 조합하는 심리치료사들이 많아지고 있다. 실제로 오늘날 임상심리학자의 22%, 상담심리학자의 34%, 사회복지사의 26%가 자신의 접근이 절충적 혹은 통합적 접근이라고 보고하고 있다.
- 단일치료보다는 병합치료가 임상적 문제에 더 효과적인 경우가 많다는 것은 연구 결과를 통해서도 확인되고 있다.

② 생물의학적 입장에 대한 평가
- 약물처치는 정신과 질환 중 다소 한정적인 대상의 행동조절에만 효과가 있어 보편화에 한계를 갖는다.
- 생화학적 이상이나 신경조직의 손상이 특정 심리장애로 나타난다 하더라도 그 이상성이 장애의 원인이라고 단정 지을 수 없다.
- 약물치료의 효과성은 인정하나 심리장애의 여러 특성이 심리적 상담 및 교육을 필요로 하는 다양한 상황에 대해 간과하는 입장은 바람직하지 않다.
- 약물치료의 근거를 제공하고 과학적 연구를 자극한다는 측면에서 유용하며 특정 증상에 효과적인 결과를 갖는다.

7. 통합적 입장

① 의의 및 특징
- 인간의 이상행동에 대한 원인을 통합적으로 설명하고자 시도한다.
- 취약성–스트레스 모델(Vulnerability–Stress Model)은 유전적 · 생리적 · 심리적으로 특정 장애에 걸리기 쉬운 개인적 특성과 스트레스 경험이 상호작용함으로써 이상행동이나 정신장애가 발생한다고 본다.
- 생물심리사회적 모델은 생물학적 · 심리적 · 사회적 요인의 상호작용에 의해 나타난다는 점을 강조하며, 다차원적인 상호작용적 접근을 강조한다.

[DSM-5 정신장애 분류]

범 주	하위 장애	범 주	하위 장애
신경발달 장애	• 지적장애 • 의사소통장애 • 자폐스펙트럼장애 • 주의력결핍 및 과잉행동장애 • 특정학습장애 • 운동장애	조현병 스펙트럼 및 기타 정신병적 장애	• 조현병(정신분열증) • 조현정동장애(분열정동장애) • 조현양상장애(정신분열형장애) • 단기 정신병적 장애 • 망상장애 • 조현형성격장애(분열형성격장애)
양극성 및 관련 장애	• 제Ⅰ형 양극성 장애 • 제Ⅱ형 양극성 장애 • 순환성장애(순환감정장애)	우울장애	• 주요 우울장애 • 지속성 우울장애(기분저하증) • 월경 전 불쾌감 장애 • 파괴적 기분조절부전장애(파괴적 기분조절곤란장애)
불안장애	• 특정공포증 • 광장공포증 • 사회공포증(사회불안장애) • 공황장애 • 분리불안장애 • 선택적 함구증(무언증) • 범불안장애	강박 및 관련 장애	• 강박장애 • 신체이형장애(신체변형장애) • 수집광(저장장애) • 발모광(털뽑기장애) • 피부뜯기장애(피부벗기기장애)

외상 및 스트레스 관련 장애	• 외상 후 스트레스장애 • 급성 스트레스장애 • 반응성 애착장애 • 탈억제성 사회적 유대감 장애(탈억제 사회관여 장애) • 적응장애		해리장애	• 해리성 정체성장애 • 해리성 기억상실 • 이인증/비현실감장애
신체증상 및 관련 장애	• 신체증상장애 • 질병불안장애 • 전환장애 • 인위성(허위성)장애		급식 및 섭식장애	• 이식증 • 되새김장애(반추장애) • 회피적·제한적 음식섭취장애 • 신경성 식욕부진증 • 신경성 폭식증 • 폭식장애
배설장애	• 유뇨증 • 유분증		수면-각성 장애	• 불면장애 • 과다수면장애 • 기면증(수면발작증) • 호흡관련 수면장애 • 일주기리듬 수면-각성 장애 • 사건수면(수면이상증)
성 관련 장애	성기능 부전	• 사정지연(지루증) • 발기장애 • 여성극치감장애 • 여성 성적 관심/흥분장애 • 성기-골반통증/삽입장애 • 남성 성욕감퇴장애 • 조기사정(조루증)	성격장애	A군 성격장애	• 편집성 성격장애 • 조현성(분열성) 성격장애 • 조현형(분열형) 성격장애
	변태 성욕 장애	• 관음장애 • 노출장애 • 마찰도착장애 • 성적 피학 장애 • 성적 가학 장애 • 소아성애장애(소아애호장애) • 물품음란장애(성애물장애) • 복장도착장애(의상전환장애)		B군 성격장애	• 반사회성 성격장애 • 연극성 성격장애 • 경계선 성격장애 • 자기애성 성격장애
	성별 불쾌감	• 아동의 성별불쾌감(성불편증) • 청소년 및 성인의 성별불쾌감		C군 성격장애	• 회피성 성격장애 • 의존성 성격장애 • 강박성 성격장애
파괴적 충동조절 및 품행장애	• 적대적 반항장애(반항성장애) • 품행장애 • 반사회성 성격장애 • 간헐적 폭발장애 • 병적 도벽(도벽증) • 병적 방화(방화증)		신경인지장애	• 섬망 • 주요 및 경도 신경인지장애

물질관련 및 중독장애	물질관련 장애	• 알코올 관련 장애 • 카페인 관련 장애 • 대마 관련 장애 • 환각제 관련 장애 • 흡입제 관련 장애 • 아편계 관련 장애 • 진정제, 수면제 또는 항불안제 관련 장애 • 자극제 관련 장애 • 담배 관련 장애	기타 정신장애	• 다른 의학적 상태에 기인한 달리 명시된 정신장애 • 다른 의학적 상태에 기인한 명시되지 않은 정신장애 • 달리 명시된 정신장애 • 명시되지 않은 정신장애
	비물질 관련장애	도박장애		
추가 연구가 필요한 진단적 상태	• 약화된 정신병 증후군 • 단기 경조증 동반 우울 삽화 • 지속성 복합 사별장애 • 카페인 사용장애 • 인터넷게임장애 • 태아기 알코올 노출과 연관된 신경행동장애 • 자살행동장애 • 비자살성 자해			

핵심문제 02

다음 보기는 이상심리학의 이론 중 어떤 것에 관한 설명인가?

- 이상행동을 환경에 의해 결정된다고 설명한 이론
- 이상행동은 주변 환경으로부터의 잘못된 학습에 기인한 것
- 이상행동을 교정함으로써 겉으로 드러나는 증상을 없애고 적응적 행동 습득 가능

① 행동주의이론
② 인지적 이론
③ 통합이론
④ 정신분석이론
⑤ 생물학적 이론

고득점을 향한 해설

행동주의이론은 인간의 행동을 환경과의 상호작용에 의한 학습의 과정으로 보며, 이상행동의 원인을 주변 환경으로부터의 잘못된 학습에 기인한 것으로 본다.

답 ①

03 | 신경발달장애

1. 개요
① 발달기에 시작되는 장애로 전형적으로 초기 발달단계인 학령전기에 발현되기 시작하여, 개인적·사회적·학업적 또는 직업적 기능에 손상을 야기하는 발달 결함이 특징적이다.
② 발달 결함의 범위는 학습 또는 집행 기능을 조절하는 것과 같이 매우 제한적인 손상부터 사회기술이나 지능처럼 전반적인 손상에 이르기까지 다양하다.
③ 신경발달장애는 동반질환이 흔하다.

2. 유형
① 지적장애
- 지적장애 : 발달시기에 시작되며, 추론, 문제해결, 계획, 추상적 사고, 판단, 학업, 경험으로부터의 학습과 같은 전반적 정신 기능에 결함이 나타난다.

경도	• 아동기에는 또래에 비해 학습이 느리고 뒤처지긴 하지만, 성장하면서 대략 6학년 정도의 학업기술을 습득하는 것이 가능하다. • 전형적으로 IQ 50~70 사이로 전체 지적장애 환자의 85%가 해당한다.
중등도	• 아동기에는 또래에 비해 전반적 영역에서 현저한 차이를 보인다. • 경도 지적장애보다 더 심한 수준으로 생애 초기 자기관리 및 집안일 참여를 학습하는 데도 도움이 필요하다. • IQ 범위 30~50으로 전체 지적장애 환자의 10%가 해당한다.
고도	• 단순한 명령이나 지시는 따를 수 있지만 의사소통 기술은 지체된 수준이다. 　예 한 단어, 짧은 구 • 옷 입기나 개인 위생 관리에도 도움이 필요하다. • IQ 범위는 20~30이며, 전체 지적장애 환자 중 5%가 해당한다.
최고도	• 말하기가 제한되어 있고, 사회적 상호작용은 미발달 수준에 머물러 있다. • 전적으로 타인의 도움에 의지하며 대개 심각한 신경학적 장애가 원인이다. • IQ 범위는 20점대 이하이며, 전체 지적장애 환자 중 1~2%가 해당한다.

- 전반적 발달지연 : 그 이름이 암시하듯 지적 기능의 여러 영역에서 기대되는 발달이정표에 도달하지 못했을 때 진단된다.

② 의사소통장애
- 의사소통장애에는 언어장애, 말소리장애, 사회적(실용적) 의사소통장애, 아동기 발병 유창성장애(말더듬)가 포함된다.
- 언어장애 : 아동기 초기에 시작되며, 해당 연령에게 기대되는 것보다 구어 및 언어 사용이 지연되어 있다. 또래에 비해 어휘가 부족하며 문장을 구성할 때 단어 사용에 손상을 보이고, 생각을 표현하기 위해 문장을 사용하는 능력이 저조하다.
- 말소리장애 : 말소리를 내는 데 문제를 보인다.
- 사회적(실용적) 의사소통 장애 : 사회적 상황에서 언어 사용하기, 문맥에 맞게 의사소통 조율하기, 의사소통 규칙 따르기, 의사소통 이면의 의미 이해하기에 어려움을 보인다.

- 아동기 발병 유창성장애(말더듬) : 말의 유창성에 문제가 있는 경우를 말한다. 말을 시작할 때 첫 음이나 첫음절을 반복하여 사용하거나 특정한 발음을 길게 하거나 말을 하는 도중에 부적절하게 머뭇거리거나 갑자기 큰 소리로 발음하는 등 다양한 형태로 나타난다.

③ 자폐스펙트럼장애
- 사회적 상호작용의 특징적인 결함과 과도한 반복적 행동, 제한적 흥미, 단조로움에 대한 고집이 동반될 때 진단된다.
- 대부분의 사람들이 사용하는 일반적인 신체적 신호(눈맞춤, 손짓, 미소, 고개끄덕임)를 거의 사용하지 못한다.
- 특정 동작이나 대상의 한 부분에 몰두한다. 자극(고통, 큰소리 등)에 대한 반응이 약하거나 반대로 너무 강할 수 있다. 일부는 감각경험에 비정상적으로 몰두하기도 한다.
- 특이한 말을 하거나 상동증적 행동(손뼉치기, 몸흔들기, 반향어)을 보이기도 한다.
- 사회적 의사소통과 제한된 반복적 행동의 심각도에 따라 경도, 중등도, 고도로 명시한다.

④ 주의력결핍 과잉행동장애(ADHD)
- ADHD의 구분 : 부주의형, 과잉행동-충동성형, 혼합형
- 진단기준
  - 부주의 : 다음 9가지 증상 중에서 6가지 이상이 6개월동안 부적응적이고 발달 수준에 맞지 않을 정도로 지속된다.

부주의	• 세밀하게 주의집중을 하지 못하거나 다른 활동에서 부주의하여 실수를 종종 한다. • 과제나 놀이에서 지속적인 주의집중이 자주 어렵다. • 다른 사람이 말을 할 때 경청하지 않는 것으로 보인다. • 지시에 따라 학업, 작업, 또는 자신이 해야 할 일을 자주 수행하지 못한다(반항적 행동이나 지시를 이해하지 못해서가 아님). • 종종 과업과 활동을 체계화하는데 어려움이 있다. • 지속적인 정신적 노력을 요구하는 과업(학업 또는 숙제 등)에 참여를 회피하고 싫어하며 저항한다. • 종종 활동이나 과제에 필요한 물건들(장난감, 학습과제, 연필, 책 또는 도구 등)을 잃어버린다. • 종종 외부 자극으로 쉽게 산만해진다. • 일상적인 일을 자주 잊어버린다.

  - 과잉행동과 충동 : 다음 증상 중 6가지 이상이 6개월동안 부적응적이고 발달 수준에 맞지 않을 정도로 지속된다.

과잉행동증상	• 가만히 있지 못하고 손발을 움직이는 등의 행동을 자주 보인다. • 앉아 있어야 하는 상황에서도 자주 자리를 떠난다. • 상황에 맞지 않게 지나치게 뛰어다니거나 기어오른다. • 자주 조용한 놀이나 여가 활동 참여에 어려움이 있다. • 쉬지않고 끊임없이 움직이거나 무엇인가에 쫓기는 것처럼 행동한다. • 자주 말을 너무 많이 한다.
충동성증상	• 질문이 끝나기도 전에 성급하게 대답한다. • 자주 차례를 기다리지 못한다. • 자주 다른 사람을 방해하거나 간섭한다.

- 몇 가지 증상이 12세 이전에 발현한다(DSM-IV는 7세).

- 증상으로 인한 장애가 2가지 또는 그 이상의 환경에서 존재한다(학교 또는 직장, 가정이나 대상들과의 관계).
- 이러한 증상이 사회적, 학업적/직업적 기능의 질을 방해하거나 감소시킨다는 명확한 증거가 있다.
- ADHD는 광범위성 발달장애, 조현병 또는 기타 정신병적 장애의 경과 중에만 발생하는 것이 아니며 다른 정신장애(기분장애, 불안장애, 물질중독 또는 금단, 해리성장애, 인격장애)에 의해 잘 설명되지 않는 경우에 ADHD로 진단한다.

⑤ 특정학습장애
- 핵심적 학업기술을 학습하는 데 있어서 지속적인 어려움을 경험한다.
- 보유한 학습기술에 대한 수행이 연령 평균보다 낮다.
- 대부분의 경우 학습 문제가 저학년 때 분명해진다.
- 유형에 따라 아래와 같이 구분한다.
  - 읽기 손상 동반 : 단어 읽기 정확도, 읽기 속도 또는 유창성, 독해력 손상을 동반하는 경우 명시할 것
  - 쓰기 손상 동반 : 철자 정확도, 문법과 구두점 정확도, 작문의 명료도와 구조화 손상을 동반하는 경우 명시할 것
  - 수학 손상 동반 : 수 감각, 단순 연산값의 암기, 계산의 정확도 또는 유창성, 수학적 추론의 정확도 손상을 동반하는 경우 명시할 것

⑥ 운동장애
- 발달성 협응장애
  학업이나 스포츠 기타 활동에서 해당 연령에서 기대되는 것보다 운동기술이 매우 서투르다.
- 상동증적 운동장애
  - 특정 행동을 아무런 목적 없이 반복적이고 충동적으로 지속하여 적응에 문제를 야기하는 운동장애이다.
  - 상동증, 기행증, 보속증, 강직증, 자동증, 거부증 등이 포함된다.
  - 틱은 비의도적이고 급작스러운 방식으로 나타나는 반면, 상동증적 운동장애는 손 흔들기, 몸을 좌우로 흔들기, 머리를 벽에 부딪치기, 손가락 깨물기, 피부 물어뜯기, 몸에 구멍 뚫기 같은 정형적인 행동이 다분히 의도성이 있고 율동적이며, 자해적인 측면이 있다.
  - 무의미하고 반복적인 움직임(머리 흔들기, 몸 흔들기, 물어뜯기, 손뼉 치기)에 대해 다른 신체적·정신적 원인을 찾을 수 없다.
- 틱장애
  - 틱은 반복적이고 빠르며 비율동적인 갑작스러운 운동이나 신체 움직임이다.
  - 투렛장애 : 1개 이상의 음성틱과 2개 이상의 운동틱을 보인다. 18세 이전에 발병한다. 틱 증상은 자주 악화와 완화를 반복하지만, 처음 틱이 나타난 시점으로부터 1년 이상 지속된다.
  - 지속성(만성)운동 또는 음성 틱장애 : 운동 틱 또는 음성 틱으로 양쪽 다는 아니다. 1년 이상 지속된다.
  - 잠정적 틱장애 : 1년 이하
  - 나이에 비해서 앉기, 기어다니기, 걷기, 뛰기 등 운동발달이 늦고, 동작이 서툴러서 물건을 자주 떨어뜨리고 깨뜨리며, 운동이나 글씨 쓰기를 잘 하지 못하는 경우이다.

> **핵심문제 03**
>
> 주의력결핍 과잉행동장애(ADHD)에 대한 설명으로 옳지 않은 것은?
>
> ① 유전성이 높다.
> ② 학령전기에는 과잉행동이, 초등학생 시기에는 부주의 증상이 더욱 두드러진다.
> ③ 페닐알라닌 수산화효소 부족으로 인해 발생한다.
> ④ 몇 가지의 부주의 또는 과잉행동-충동성 증상이 12세 이전에 나타나야 한다.
> ⑤ 사회적·학업적·직업적 기능에 임상적으로 심각한 장애가 초래된다.
>
> **고득점을 향한 해설**
>
> 페닐케톤뇨증이란 페닐알라닌을 타이로신으로 전환시키는 효소인 페닐알라닌 수산화효소의 활성이 선천적으로 저하되어 있기 때문에 혈액 및 조직 중에 페닐알라닌과 그 대사 산물이 축적되고, 요중에 다량의 페닐파이러빈산을 배설하는 질환으로 지능 장애와 담갈색 모발, 흰 피부색 등의 멜라닌색소결핍증이 나타난다. ③은 주의력결핍 과잉행동장애가 아닌 페닐케톤뇨증에 대한 설명이다.
>
> 답 ③

04 | 조현병 스펙트럼 및 기타 정신병적 장애

1. 개요

① DSM-5에서는 조현병 스펙트럼 및 기타 정신병적 장애 범주에 조현병, 조현양상장애, 조현정동장애, 단기 정신병적 장애, 망상장애, 조현형(성격)장애 등을 포함하고 있다.
② 핵심적 특징으로는 망상, 환각, 와해된 사고(언어), 극도로 와해된 또는 비정상적 운동행동(긴장증 포함), 음성증상이 있다.
- 망상 : 모순된 증거를 고려하고도 쉽게 변경되지 않는 고정된 믿음으로 다양한 주제가 포함된다(피해망상, 관계망상, 과대망상, 색정망상, 허무망상, 신체망상 등).
- 환각 : 외부 자극 없이 일어나는 유사 지각경험(환청, 환시, 환후, 환촉, 환미)으로 조현병 및 관련 장애에서는 환청이 가장 흔하다.
- 와해된 언어 : 언어가 심하게 손상되어 의사소통에 방해가 된다(빈번한 주제의 이탈, 탈선 혹은 이완연상, 지리멸렬).
- 극도로 와해된 또는 비정상적 운동행동(긴장증 포함) : 극도로 와해된 또는 비정상적 운동행동은 어린 아이 같은 우둔함부터 예측불가의 초조까지 다양한 방식으로 나타나며 일상생활의 활동수행에 어려움을 일으키는 목표지향적 행동의 형태로 표출되기도 한다. 긴장성 행동은 환경에 대한 반응성의 현저한 감소로 거부증, 함구증, 혼미, 긴장성 흥분, 상동적 운동 등이 있다.
- 음성증상 : 감퇴된 정서표현, 무의욕증, 무언증, 무쾌감증, 무사회증

③ 조현병의 원인
- 원인은 아직 충분히 알려져 있지 않다.
- 생물학적 요인 : 유전적 요인, 뇌의 구조적 이상, 뇌의 기능적 이상, 도파민 가설, 태내조건, 출생 시의 문제, 출생 직후의 문제가 원인이 될 수 있다는 주장이 있으나 직접적 원인이라기보다는 유전적 취약성으로 본다.
- 심리적 요인 : 자아경계 붕괴, 자폐적 단계로의 퇴행, 심리적인 혼란 등이 원인이 된다.
- 인지적 요인 : 사고장애는 주의 기능의 손상에 기인한다고 본다.
- 가족 및 사회환경적 요인 : 부모의 양육태도, 이중적 의미의 의사소통 등 환경적 요인이 제기된다.
- 취약성-스트레스 모델 : 유전적 요인과 출생 전후의 신체적-심리적 요인에 의해 결정되며 이러한 취약성을 지닌 사람에게 스트레스 사건이 발생하여 그 적응부담이 일정 수준을 넘게 되면 발병한다고 주장한다.

2. 유형

① 망상장애
- 1개월 이상의 지속기간을 가진 한 가지(혹은 그 이상) 망상이 존재한다. 망상을 가지고 있지만 다른 조현병 증상을 보이지 않는다.
- 최소한 1개월 동안 지속된 하나 혹은 그 이상의 망상이 존재한다. 진단기준에 적시된 5가지 증상 영역에 더하여, 여러 조현병 스펙트럼 및 기타 정신병적 장애를 확실히 구별하기 위해서는 인지와 우울 그리고 조증 증상 영역의 평가가 필수적이다.
- 다음 하위유형의 하나를 명시해야 한다(색정형, 과대형, 질투형, 피해형, 신체형, 혼합형, 명시되지 않은 유형).

② 단기 정신병적 장애
- 장애의 삽화는 최소 1일, 최대 1개월 지속되며, 결국에 병전기능 수준으로 완전히 회복된다.
- 필수적 특징은 다음의 양성 정신병적 증상, 즉 망상, 환각, 와해된 언어, 혹은 긴장중 같은 극도의 비정상적 정신운동 행동 중 최소 하나의 갑작스러운 발병이 포함된다.

③ 조현양상장애

상대적으로 급격한 발병과 회복을 특징으로 한다. 1개월에서 6개월 동안 정신병적 증상 중 적어도 2개 이상이 필수적이며, 2가지 증상 중 적어도 하나는 반드시 망상이나 환각, 와해된 언어여야 한다. 장애가 6개월을 넘어서 지속되면, 진단은 조현병으로 변경해야 한다.

④ 조현병

최소 6개월 동안 지속되고 최소 1개월의 활성기 증상을 포함한다. 5개의 정신병적 증상(망상, 환각, 와해된 언어, 긴장증이나 기타 현저하게 비정상적인 행동, 음성증상) 중 2개 이상이 필요하며, 이 두 가지 증상 중 적어도 하나는 반드시 망상, 환각, 와해된 언어여야 한다. 조현병의 정신병적 양상은 전형적으로 10대 말에서 30대 중반 사이에 출현한다.

⑤ 조현정동장애

적어도 1개월 동안 조현병의 기본적인 증상을 보이면서 동시에 뚜렷한 조증 혹은 우울 증상을 나타낸다. 병의 전체 기간 중에 절반 이상 동안 조증 삽화나 우울 삽화를 경험한다. 동일한 장애기간 중 적어도 2주 동안은 기분 삽화 없이 조현병의 진단기준을 충족해야 한다.

3. 증상

양성증상	음성증상
• 정상적 · 적응적 기능의 과잉 또는 왜곡을 나타냄 • 도파민 등 신경전달물질의 이상에 의한 것으로 추정함 • 스트레스 사건에 의해 급격히 발생함 • 약물치료에 의해 호전되며, 인지적 손상이 적음 • 망상, 환각, 환청, 와해된 언어나 행동 등	• 정상적 · 적응적 기능의 결여를 나타냄 • 유전적 소인이나 뇌세포 상실에 의한 것으로 추정함 • 스트레스 사건과의 특별한 연관성 없이 서서히 진행됨 • 약물치료로도 쉽게 호전되지 않으며, 인지적 손상이 큼 • 무감동(감정적 둔마, 감소된 정서표현), 무언어증, 무의욕증 등

핵심문제 04

조현병의 증상 중 의지 결여, 정서의 메마름, 언어 빈곤, 사회적 철회 등은 다음 중 무엇에 해당하는가?

① 양성증상 ② 음성증상
③ 혼란증상 ④ 만성증상
⑤ 우울 삽화

고득점을 향한 해설

음성증상
- 정서적 둔마 : 외부 자극에 대한 정서적 반응성이 둔화된 상태이다.
- 무의욕증 : 마치 아무런 욕망이 없는 듯 어떠한 목표지향적 행동도 하지 않고 사회적 활동에도 무관심한 상태이다.
- 무언어증 : 말이 없어지거나 짧고 간단하며 공허한 말만을 하는 등 언어 반응이 빈곤해지는 상태이다.
- 무쾌락증 : 긍정적인 자극으로부터 쾌락을 경험하는 능력이 감소되는 상태이다.
- 비사회성 : 사회적 철회, 다른 사람과의 사회적 상호작용에 대한 관심이 없는 상태이다.

답 ②

---

05 | 양극성 및 관련 장애

1. 개요

① DSM-5에서는 우울장애로부터 분리되었고, 조현병 스펙트럼 및 기타 정신병적 장애와 우울장애 사이로 배치되었다. 제Ⅰ형 양극성장애, 제Ⅱ형 양극성장애, 순환성장애가 포함되어 있다.

② 조증 삽화
- 비정상적으로 들뜨거나, 의기양양하거나 과민한 기분, 목표지향적 활동과 에너지의 증가가 적어도 1주일간 거의 매일, 하루 중 대부분 지속되는 분명한 기간이 있다.
- 기분장애 및 증가된 에너지와 활동을 보이는 기간 중 다음 증상 가운데 3가지(또는 그 이상)를 보이며 (기분이 단지 과민하기만 하다면 4가지) 평소 모습에 비해 변화가 뚜렷하고 심각한 정도를 나타낸다.
  - 자존감의 증가 및 과대감
  - 수면에 대한 욕구 감소
  - 평소보다 말이 많아지거나 끊기 어려울 정도로 계속 말을 함

- 사고의 비약 또는 사고가 질주하듯 빠른 속도로 꼬리를 무는 듯한 주관적인 경험
- 주관적으로 보고하거나 객관적으로 관찰되는 주의산만
- 목표지향적 활동의 증가 또는 정신운동 초조
- 고통스러운 결과를 초래할 가능성이 높은 활동에의 지나친 몰두

③ 조증과 경조증 삽화의 비교

구 분	조증 삽화	경조증 삽화
기 간	일주일 이상	4일 이상
기 분	비정상적이고 지속적으로 고양되고, 과민하고, 팽창된 기분	
활동/활력	지속적으로 증가된 활동	
평소의 행동과 다른 증상	웅대성, 수면욕 저하, 수다스러움 증가, 사고 비약 혹은 사고가 연달아 일어남, 주의산만(자신이나 타인의 보고), 초조함 혹은 목표지향적 활동 증가, 판단력 저하 중 3개 이상	
심각도	정신병적 양상, 입원, 직업적, 사회적, 개인적 기능손상을 초래	평소의 기능으로부터 명백히 변화하고, 타인이 이러한 변화를 알아차림. 정신병적 양상이 없고, 입원이 필요할 정도로 심각하지는 않음

2. 유형

① 제Ⅰ형 양극성장애
- 이전에는 조울병으로 불렸다.
- 남녀 간 비슷한 확률로 발병하며 일반 성인인구의 약 1%에서 발병한다.
- 양극성장애 유형 중 가장 심한 형태로서, 유전 같은 생물학적 요인이 강한 편이다.
- DSM-5 조증 삽화 진단기준에 적어도 1회 부합한다. 조증 삽화는 적어도 일주일 이상 지속되는데, 경조증 삽화나 주요우울 삽화에 선행하거나 뒤따른다.
- 저소득 국가보다 고소득 국가에서 더 흔하며(0.7%:1.4%), 별거, 이혼 또는 사별한 경우 제Ⅰ형 양극성장애의 비율이 더 높다고 알려져 있다.
- 양극성장애 환자의 평생 자살 위험도는 일반 인구의 약 15배에 이른다. 자살 시도와 과거력 및 전년도 우울증을 보였던 기간의 비율이 높은 자살시도 또는 자살완수 위험성과 연관되어 있다.
- 증상에 따라 경도, 중등도, 고도로 구분한다.

② 제Ⅱ형 양극성장애
- 조증 삽화보다 정도가 약한 경조증 삽화와 함께 부가증상들이 최소 4일간 지속되는 경우에 진단된다.
- 적어도 하나의 주요우울 삽화와 경조증 삽화를 경험하며, 조증 삽화를 경험한 적이 없다.
- 경조증과 우울증의 잦은 교체로 인한 예측 불가능성은 사회적·직업적 기능 또는 다른 중요한 기능 영역에서 임상적으로 유의미한 고통이나 손상을 초래한다.
- 불안증 동반, 혼재성 양상 동반, 급속 순환성 동반, 기분과 일치하는 또는 일치하지 않는 정신병적 양상이 동반, 긴장증 양상 동반, 계절성 양상 동반, 주산기 발병이 동반된다.

③ 순환성장애
- 반복적인 기분변동을 경험하지만, 그중 어떤 것도 주요우울 삽화나 조증 삽화로 불릴 만큼 심각하지 않다.
- 기간 : 2년 이상(아동과 청소년의 경우 1년 이상)

- 어떤 기분 삽화(조증, 경조증, 주요우울 삽화)에 대한 진단기준에 부합하지 않는 '좋아졌다 나빠졌다 하는 기분'을 수차례 경험한다. 증상이 대부분의 시간 동안 발생하지만 2달 정도는 평온한 기분이 지속될 수 있다.
- 순환성장애를 가진 사람은 제Ⅰ형 양극성장애나 제Ⅱ형 양극성장애로 발전될 확률이 매우 높다.
- 주요 발병 시기는 청소년기나 성인기 초기인데, 일반 인구에서 남녀 발병률은 비슷하다.
- 물질관련 장애 또는 수면장애를 동반할 수 있다.

핵심문제 05

양극성장애의 설명으로 옳은 것은?

① 남자가 여자보다 발병률이 더 높다.
② 제Ⅰ형 양극성장애는 양극성 유형 중 가장 심한 형태이다.
③ 양극성장애는 낮은 사회경제적 계층에서 더 많이 발견된다.
④ 양극성장애는 병전성격이 히스테리성 성격장애의 특징을 많이 보인다.
⑤ 양극성장애는 조증 삽화가 2주 이상 지속한다.

고득점을 향한 해설

① 남녀 비슷한 확률로 보고되고 있다.
③ 양극성장애는 사회경제적으로 높은 계층에서 더 많이 보고되고 있다.
④ 양극성장애는 병전성격이 유별나지 않다.
⑤ 양극성장애 중 제Ⅰ형 양극성장애는 조증 삽화가 뚜렷이(보통 일주일 정도 지속, 입원이 필요할 정도 강도면 기간과 상관없음) 존재하며 제Ⅱ형 양극성장애의 경우에는 경조증 삽화가 최소 4일 이상 지속한다. 두 유형 모두 주요우울 삽화가 2주 이상 지속할 경우 진단된다.

답 ②

06 | 우울장애

1. 개요

① 이 질환의 공통 양상은 슬프고 공허하거나 과민한 기분이 있고, 개인의 기능 수행 능력에 영향을 주는 신체적·인지적 변화가 동반된다는 것이다.
② 주요우울 삽화의 핵심특징
- 환자들은 매우 우울하다.
- 대부분 슬프고, 낙심하며, 우울하거나 이와 비슷한 감정을 느낀다.
- 피로감, 주의집중의 어려움, 무가치감이나 죄책감, 죽음에 대한 동경이나 자살 생각과 같은 다양한 증상이 있다.
- 수면, 식욕/체중, 정신운동성 활동 등의 3가지 증상의 영역들은 정상보다 증가하거나 감소한다.

- 아동이나 청소년들은 우울한 기분을 보이지 않고, 과민하거나 짜증스러운 기분만을 보이기도 한다.
- 기간 : 하루의 거의 대부분, 2주 이상

2. 유형

① 주요우울장애(Major Depressive Disorder)
- 우울장애를 대표하는 전형적인 질환이다.
- 우울한 기분이 하루 중 대부분, 거의 매일 존재해야 한다.
- 아동과 청소년의 경우 슬픈 기분보다는 과민한 기분일 수 있다.
- 전체 인구의 약 7%에서 보이며, 여성에게서 대략 2배 정도 더 많이 나타난다.
- 주요우울장애(Major Depressive Disorder) 진단기준
  - 다음 증상 가운데 5가지 이상이 2주 연속으로 지속된다.

    - 우울감을 주관적으로 보고하거나 객관적으로 관찰
    - 일상 활동에 대해 흥미나 즐거움 저하
    - 체중의 변화나 식욕의 변화
    - 불면이나 과다수면
    - 정신운동 초조나 지연(객관적으로 관찰 가능)
    - 피로나 활력의 상실
    - 무가치감, 부적절한 죄책감
    - 사고력이나 집중력의 감소, 우유부단함
    - 반복적인 죽음 생각, 구체적 계획 없이 반복되는 자살사고, 자살에 대한 구체적인 계획

- 사회적, 직업적 또는 다른 중요한 기능 영역에서 임상적으로 현저한 고통이나 손상을 초래한다.
- 삽화가 물질의 생리적 효과나 다른 의학적 상태로 인한 것이 아니다.
- 주요우울 삽화는 조현정동장애, 조현병, 조현양상장애, 망상장애, 달리 명시되거나 명시되지 않는 조현병 스펙트럼 및 기타 정신병적 장애로 더 잘 설명되지 않는다.
- 조증 삽화 혹은 경조증 삽화가 존재한 적이 없다.
  - ※ **주의점** : 사별, 재정적 파탄, 자연재해로 인한 상실, 심각한 질병이나 장애 등 중요한 상실에 대한 반응으로 첫 번째 진단 기준 증상이 나타난다면, 정상적 상실 반응일 수 있다. 정상적인 애도 반응과 주요 우울 삽화를 구분하기 위해서는 전문가와의 세심한 상담이 필요하다. 요약하면 애도는 공허감과 상실의 느낌이 우세, 주요 우울 삽화는 행복이나 재미를 느낄 수 없는 상태와 우울감 지속이 우세하다.

② 지속성 우울장애[Persistent Depressive Disorder, 기분저하장애(Dysthymia)]
- 적어도 2년 동안, 하루의 대부분 우울 기분이 있고, 우울 기분이 없는 날보다 있는 날이 더 많으며, 이는 주관적으로 보고되거나 객관적으로 관찰된다.
- 아동·청소년에게는 기분이 우울하기보다는 과민한 상태로 나타나기도 하며 1년 이상 지속된다.
- 지속성 우울장애는 대부분 생애 초기(아동기, 청소년기, 성인기 초기)에 서서히 발생하며 만성적인 경과를 보인다.

③ 월경 전 불쾌장애(Premenstrual Dysphoric Disorder)
- 월경 전 불쾌장애의 필수증상은 불안정한 기분, 과민성, 불쾌감, 불안증상이며, 이러한 증상들은 반복적으로 월경 주기 전에 시작되고 월경 시작 또는 직후에 사라진다.

- 가장 흔하게 보고되는 선행 질환은 주요우울 삽화다.
- 증상은 월경 시작경에 최고조에 이르며 증상이 월경 시작 후 며칠간 지속되는 것은 흔하지 않으나, 월경 시작 후 난포기에는 증상이 없어져야 한다.
- 유병률은 1.8~5.8%로 초경 이후에는 언제든 시작될 수 있다. 대부분 폐경에 다가갈수록 증상이 악화된다고 보고된다.

④ 파괴적 기분조절 곤란장애(Disruptive Mood Dysregulation Disorder)
- 고도의 재발성 분노발작이 언어적 또는 행동적으로 나타나며 상황이나 자극에 비해 그 강도나 지속시간이 극도로 비정상적이다.
- 분노발작이 발달 수준에 부합하지 않고 평균적으로 일주일에 3회 이상 발생한다.
- 적어도 1년 동안, 일주일에 몇 번씩 아동은 작은 자극에도 심각한 분노발작(소리를 지르거나 어떤 대상을 공격함)을 보이며 이는 나이와 발달단계에 적절하지 않다.
- 분노발작 사이에 아동은 대부분 화가 나있고, 짜증을 부리거나 슬퍼 보인다. 공격행동과 그 사이의 부정적 기분은 다양한 환경에서 보인다(집, 학교, 친구와 있을 때).
- 10세 이전에 시작되고, 진단은 6~17세에서만 내려질 수 있다.

⑤ 물질 또는 약물로 유발된 우울장애(Substance/Medication-Induced Depressive Disorder)
⑥ 기타 의학적 상태와 관련된 우울장애(Depressive Disorder due to Another Medical Condition)
⑦ 달리 분류되지 않는 우울장애(Other Specified Depressive Disorder)
⑧ 기타 우울장애(Unspecified Depressive Disorder)

핵심문제 06

DSM-5에서 주요우울장애의 주 증상에 포함되지 않는 것은?

① 정신운동성 초조나 지체
② 불면이나 과다수면
③ 죽음에 대한 반복적인 생각
④ 주기적인 활력의 증가와 감소
⑤ 흑백논리에 의한 인지적 오류

고득점을 향한 해설

주요우울장애
- 하루의 대부분, 거의 매일 지속되는 우울한 기분이 주관적 보고나 객관적 관찰을 통해 나타난다.
- 거의 모든 일상 활동에 대한 흥미나 즐거움이 하루의 대부분, 거의 매일같이 뚜렷하게 저하되어 있다.
- 체중조절을 하고 있지 않은 상태에서 현저한 체중감소나 체중증가가 나타난다. 또는 현저한 식욕감소나 증가가 거의 매일 나타난다.
- 거의 매일 불면이나 과다수면이 나타난다.
- 거의 매일 정신운동성 초조나 지체를 나타낸다. 즉 좌불안석이나 처져있는 느낌이 주관적 보고나 관찰을 통해 나타난다.
- 거의 매일 피로감이나 활력 상실을 나타낸다.
- 거의 매일 무가치감이나 과도하고 부적절한 죄책감을 느낀다.
- 거의 매일 사고력이나 집중력의 감소 또는 우유부단함이 주관적 호소나 관찰에서 나타난다.

답 ④

07 | 불안장애

1. 개요
① 불안장애 범주에는 극도의 공포, 불안 및 관련된 행동장애의 특징을 지닌 질환들이 포함된다.
② 공포란 실제로 있거나 혹은 지각된 즉각적인 위협에 대한 감정적 반응이지만, 불안이란 미래의 위험에 대한 예측에서 발생하는 현상이다.
③ 불안장애는 불안의 정도가 과도하거나 발달상의 적절한 시기를 넘어서 지속된다는 점에서 정상적인 공포나 불안과 다르다.
④ 오랜 기간 지속된다는 점과 두려워하거나 회피하는 상황에 대한 위험을 과대평가하는 경향이 있기 때문에 공포나 불안이 과도한지 여부에 대한 일차적 판단은 문화적, 상황적 요인이 고려되어야 한다.

2. 유형
① 분리불안장애
- 부모나 다른 애착 대상들로부터 떨어지는 것에 불안을 느낀다.
- 부모 또는 자신의 삶에서 중요한 누군가에게 무슨 일이 일어날 것 같다는 두려움을 느끼기 때문에 혼자 있지 않으려고 한다.
- 분리된다는 상상만으로도 불안, 악몽, 구토나 다른 신체적 증상을 유발할 수 있다.
- 등교, 출근, 외박을 거부한다.
- 기간 : 아동의 경우 4주 이상(성인의 경우 6개월 이상이지만 등교를 완전히 거부하는 것 같은 극단적인 증상을 보인다면 6개월 이하의 짧은 기간에서도 진단이 타당할 수 있다)

② 선택적 함구증
- 말을 할 수 있음에도 특정한 상황에서(예 학교와 같은 사회적 상황) 지속적으로 말을 하지 못하는 것이 특징인 질환이다.
- 전형적으로 취학 전 연령에 시작된다.
- 기간 : 1개월 이상
- 동반이환으로는 기타 불안장애(특히 분리불안장애와 사회불안장애)가 포함된다.

③ 특정공포증
- 특정한 대상이나 상황에 대하여 비합리적인 공포를 느낀다(예 동물, 혈액, 고공, 비행기, 밀폐된 장소, 질식, 아동의 경우 큰 소리나 캐릭터 등).
- 기간 : 6개월 이상
- 환자들은 보통 하나 이상의 특정공포증을 가지고 있다.
- 대개 아동기나 청소년기에 발병한다.
  - 특징은 공포와 불안이 특정한 상황이나 대상에만 국한된다는 것이다.
  - 이러한 상황이나 대상은 공포자극이라고 명명할 수 있으며 이러한 공포와 불안은 강렬하고 극심해야 한다.

- 공포자극을 기준으로 하위유형은 동물형, 자연환경형, 혈액–주사–부상형, 상황형, 기타형으로 명시하여야 한다.

④ 사회불안장애(사회공포증)
- 타인이 주시할 수 있는 상황에서 과도한 불안을 보인다.
- 연설이나 발표를 하는 일, 음식을 먹거나 음료를 마시는 일, 글을 쓰는 것, 또는 다른 사람과 단순히 이야기하는 것도 여기에 해당될 수 있다.
- 창피를 당하거나 사회적 거부를 당할 것 같은 비합리적인 두려움을 거의 항상 유발하기 때문에, 환자는 이러한 상황을 회피하려 하며, 그렇지 않으면 상당한 불안을 경험하게 된다.
- 기간 : 6개월 이상

⑤ 공황장애
- 예기치 못한 갑작스런 강렬한 불안, 즉 공황발작을 반복적으로 경험하는 장애를 말한다.
- 공황발작 증상은 갑자기 나타나며 10분 이내에 최고조에 달하여 극심한 공포를 야기하게 되는데, 대략 10~20분간 지속된다.
- 공황발작은 강렬한 공포감을 보이는 짧은 삽화로 다양한 신체증상과 기타 증상이 수반되며, 추가적인 발작에 대한 걱정을 보이고, 공황발작과 관련하여 정신적·행동적 변화가 나타난다.
- 기간 : 1개월 이상

⑥ 광장공포증
- 외출을 하거나, 군중 속에 있을 때, 집에 혼자 있을 때, 다리 위에 있을 때, 버스, 차, 기차 여행 등의 상황과 관련이 있다.
- 광장공포증은 공황발작이 일어난 결과로서 몇 주 만에 급격하게 진전될 수 있다.
- 발작이 재발할 수 있다는 두려움 때문에 외출을 피하거나 다른 활동에 참여하는 것을 꺼린다.
- 몇몇 환자들은 공황발작을 경험한 적이 한 번도 없는 상태에서도 광장공포증이 발병할 수 있다.
- 공황발작은 광장공포증의 발병에 대부분 선행한다.

⑦ 범불안장애
- 극심한 공황을 경험하지는 않지만, 대부분의 시간을 긴장하고 불안한 상태로 보내며, 다양한 주제들에 대하여 걱정을 한다.
- 다양한 주제들(건강, 가족문제, 돈, 학교, 직장)에 대한 생각을 통제하기 어렵고, 과도한 걱정으로 인해 신체적이고 정신적인 문제가 동반된다.
  예 근육긴장, 안절부절못함, 쉽게 피로해짐, 과민한 기분상태, 집중곤란, 수면문제
- 기간 : 6개월 동안 대부분

> **핵심문제 07**
>
> **범불안장애의 DSM-5 진단기준에 해당하지 않는 것은?**
>
> ① 걱정의 초점이 주로 과거 자신의 잘못에 맞추어짐
> ② 장애가 물질의 생리적 효과나 다른 의학적 상태로 인한 것이 아님
> ③ 걱정을 통제하기 어려움
> ④ 불안과 걱정이 당사자에게 심각한 고통을 유발함
> ⑤ 과도한 불안과 걱정의 기간이 6개월 이상 지속됨
>
> **고득점을 향한 해설**
>
> 범불안장애는 일상생활 속에서 겪게 되는 여러 가지 사건이나 활동에 대해서 지나치게 걱정함으로써 지속적인 불안과 긴장을 경험한다. 이런 상태가 오랫동안 지속되면 개인은 몹시 고통스러우며 현실 적응에도 어려움을 겪게 된다.
>
> 답 ①

08 | 강박 및 관련 장애

1. 개요

① 개인의 의지와 상관없이 반복적이고 지속적인 생각, 충동 또는 심상이 자꾸 의식에 떠올라 그것에 집착하며 그와 관련된 강박행동을 반복하게 된다.
② 강박장애를 지닌 사람들은 이러한 강박적 사고와 행동이 지나치고 부적절하다는 것을 인식하고 있지만, 통제할 수 없기 때문에 심한 심리적 고통을 겪을 뿐만 아니라, 이러한 생각과 행동에 많은 시간을 허비하고 현실적 적응에 어려움을 겪는다.
③ 강박장애를 지닌 사람은 사고와 행위를 동일한 것으로 오해석함으로써 불안이 상승하게 되는 것이다.
④ 강박장애 환자들은 순서나 규칙성에 사로잡혀있는 경우가 많고, 불필요한 물건들을 버리지 못하고 모아 놓는 경우가 흔하다.

2. 유형

① 강박장애
- 핵심증상은 강박사고와 강박행동이다.
- 강박사고
    - 반복적이고 지속적인 생각, 충동 또는 심상이 침투적이고 원치 않는 방식으로 경험되며, 대부분 현저한 불안이나 괴로움을 유발한다.
    - 이러한 생각, 충동, 또는 심상을 경험하는 사람은 이를 무시하거나 억압하려고 시도하며, 혹은 다른 생각이나 행동을 통해 이를 중화시키려고 강박행동으로 노력한다.

- 강박행동
  - 정서적 고통을 경감시키기 위해 규칙(혹은 강박사고에 대한 반응)을 따르는 반복적인(신체적 또는 정신적) 행동을 말한다.
  - 강박행동은 비합리적이지만, 정서적 고통을 경감시킬 만한 다른 현실적인 방법이 없다는 것을 의미한다.
  - 예를 들어 강박행동은 손 씻기나 정리정돈하기, 확인하기와 같은 반복적 행동과 기도하기, 숫자 세기, 속으로 단어 반복하기 등과 같은 정신적인 행위를 개인이 경험하는 강박사고에 대한 반응으로 엄격한 규칙에 따라 수행한다.

② 신체이형장애
- 신체적으로 정상임에도 불구하고 자신의 신체 일부가 추하거나 기형이라고 믿는다.
- 사소하고 눈에 보이지도 않는 신체적 결함에 대한 반응으로, 반복적으로 거울을 보면서 점검하거나 타인으로부터 안심시키는 말을 구하거나, 결함이 있다고 지각되는 부분을 가리고, 사회적 상황을 회피하고 심지어 몇몇은 두문불출하기도 한다.

③ 수집광
- 소지품의 실제 가치와는 상관없이 소지품을 버리거나 소지품과 분리되는 것을 지속적으로 어려워한다.
- 가치가 없어 보이는 소유물을 버리려고 시도할 때 고통을 경험한다.
- 물건이 쌓이고 쌓여서 생활공간이 사용할 수 없을 정도로 어지럽게 채워지게 된다.

④ 발모광(털뽑기장애)
- 발모광은 자신의 털을 뽑으려는 충동을 억제하지 못해 반복적으로 머리카락을 뽑는 질병으로 충동조절장애에 속한다.
- 자신의 머리카락, 수염, 눈썹이나 속눈썹을 반복적으로 뽑는다.
- 털을 뽑기 전의 긴장감과 털을 뽑고 난 후의 해방감과 안도감을 느낀다.
- 보통 아동기나 청소년기에 발병하나 그 이후에 생기는 경우도 있다.

⑤ 피부뜯기장애
- 피부뜯기장애는 심각하지만 잘 알려지지 않은 문제로서, DSM-5에서 처음 강박 관련 장애의 하위장애로 포함되었다.
- 피부뜯기장애는 물질의 생리적 영향 또는 다른 의학적 상태로 인한 것이 아니고, 다른 정신장애의 증상으로 잘 설명되지 않는다.
- 피부손상을 초래하는 반복적인 피부뜯기를 빈번하게 시도한다.
- 보통 청소년기에 시작되며 만성적인 경과를 보인다.
- 유병률은 약 2%이며 대다수가 여성인 경향이 있다.

핵심문제 08

강박 및 관련 장애에 관한 설명으로 옳은 것을 모두 고른 것은?

ㄱ. 강박장애를 가진 사람들 일부는 강박사고만 또는 강박행동만 경험한다.
ㄴ. 강박장애의 가장 흔한 주제 중 하나는 오염에 대한 것이다.
ㄷ. 강박 관련 장애로 수집광, 털뽑기장애, 피부뜯기장애, 신체이형장애가 있다.

① ㄱ, ㄴ
② ㄱ, ㄷ
③ ㄴ, ㄷ
④ ㄷ
⑤ ㄱ, ㄴ, ㄷ

고득점을 향한 해설

강박 및 관련 장애 하위 유형은 강박장애, 신체이형장애, 수집광, 발모광, 피부뜯기장애가 있으며 구체적인 강박행동 및 강박사고 유형은 개인마다 다른 양상으로 드러나지만 청소, 균형, 규칙, 금기시된 생각들과 관련된 강박행동이 가장 흔하다.

답 ⑤

09 | 외상 및 스트레스 관련 장애

1. 개 요

① 외상 및 스트레스 관련 장애는 진단적 기준으로 외상성 또는 스트레스성 사건에 대한 노출이 명백한 경우를 포함한다.
② 외상성 또는 스트레스성 사건에 노출된 경험이 많은 개인은 불안 또는 공포를 기본으로 한 증상보다 무쾌감과 불쾌감, 화와 공격성의 외현화 또는 해리 증상이 가장 두드러지는 임상적 특징을 나타낸다.
③ 충격적인 사건, 예를 들어 강간, 폭행, 교통사고, 자연재해, 가족이나 친구의 죽음 등을 경험한 후 불안상태가 지속적으로 나타나는 장애이다.
④ 공격적 성향, 충동조절장애, 우울장애, 약물 남용 등이 나타날 수 있고, 집중력 및 기억력 저하 등으로 인지기능 문제가 나타날 수도 있다. 진단 시 해리 증상의 여부를 명시해야 한다.

2. 유 형

① 외상 후 스트레스장애
- 심각한 외상적 사건에서 생존한 많은 사람들이 외상 후 스트레스장애(PTSD)를 보이게 된다.
- 직접적인 외상성 사건에는 전쟁, 위협적이거나 실제적인 신체적 폭력과 성폭력, 납치, 인질, 자연적이거나 인간이 일으킨 재앙, 심각한 차량사고뿐 아니라 신체적 폭행, 부상이 없더라도 부적절한 성적 경험 등도 포함된다.

- 외상 후 스트레스장애 증상
  - A. 개인은 다음의 두 가지 존재하는 외상적 상황에 노출되었다.
    - ⓐ 실제적인 죽음이나 생명을 위협하는 사건들 혹은 심한 부상, 자신과 다른 사람의 신체적 온전성에 대한 위협을 경험하거나 목격 혹은 직접 직면한 적이 있다.
    - ⓑ 개인의 반응은 강한 두려움, 무력감, 혹은 공포를 포함한다.
  - B. 외상적인 사건은 계속해서 다음의 하나(또는 그 이상)를 재경험하게 된다.
    - ⓐ 영상, 사고들 혹은 지각들을 포함하는 사건에 대해 반복되고 침습적인 고통스러운 회상
    - ⓑ 그 일에 대한 반복되는 고통스러운 꿈을 꿈
    - ⓒ 외상적인 사건이 실제 일어나고 있는 것처럼 행동하거나 느낌(그 경험이 되살아나는 기분, 착각, 환각, 그리고 해리적인 Flash Back 삽화 등, 이는 각성상태 또는 중독상태에서 생길 수 있음)
    - ⓓ 외상적인 사건의 일면과 유사하거나 상징하는 내부 혹은 외부적인 단서에 노출될 시 강한 심리적 고통
    - ⓔ 외상적인 사건의 일면과 유사하거나 상징하는 내부 혹은 외부적인 단서에 노출될 시 생리적 반응
  - C. 외상과 관련된 자극에 대한 지속적인 회피와 일반적인 반응의 둔화(외상 전에는 존재하지 않았음)가 다음 세 가지 혹은 그 이상으로 나타난다.
    - ⓐ 외상과 관련된 사고, 느낌, 혹은 대화를 피하려는 노력
    - ⓑ 외상에 대한 회상을 일으키는 활동들, 장소들 혹은 사람을 피하려는 노력
    - ⓒ 외상의 중요한 측면을 회상할 수 없음
    - ⓓ 중요한 활동에서 흥미 혹은 참여의 현저한 감소
    - ⓔ 다른 사람들에서 동떨어지거나 격리된 느낌
    - ⓕ 제한된 범위의 감정(예 사랑이란 느낌을 가질 수 없음)
    - ⓖ 단축된 미래에 대한 감각(예 직업, 결혼, 자녀 또는 정상적 수명에 대해 기대하지 않음)
  - D. 증가된 각성에 의한 지속적인 증상들이(외상 전에는 존재하지 않았음) 다음의 두 가지(혹은 그 이상)로 나타난다.
    - ⓐ 입면이나 수면유지의 곤란
    - ⓑ 흥분성 혹은 분노의 표출
    - ⓒ 집중장애
    - ⓓ 과도각성
    - ⓔ 과도한 놀람 반응
  - B, C, D 증상을 기준으로 최소 1개월 동안 일상생활에 심각한 지장을 초래하는 경우 진단된다.
  - 사건 이후 최소 6개월이 지난 후에 지연되어 표현되기도 한다.
  - 이 장애는 사회적, 직업적, 혹은 다른 중요한 기능 영역들에서 임상적으로 중요한 고통이나 장애를 일으킨다. 또한 호르몬의 변화로 인한 생리적, 임상적 현상이 다양하게 발생한다(두통이나 식욕부진, 소화불량, 피부병 등).

② 급성스트레스장애
- 한 가지 또는 그 이상의 외상성 사건에의 노출 후 시작되거나 악화된 침습, 부정적 기분, 해리, 회피, 각성 증상이 3일에서 1개월까지 지속된다.

- 스트레스장애가 1개월 뒤 외상 후 스트레스장애로 진행될 수 있지만, 외상에 노출된 지 1개월 이내에 회복되는 일시적인 스트레스 반응일 경우 외상 후 스트레스장애가 되지 않는다.

③ 반응성 애착장애
- 영아기 또는 아동기의 반응성 애착장애는 현저하게 장애를 보이고 발달적으로 부적절한 애착 행동의 양식이 특징적이며, 안락, 지지, 보호 그리고 돌봄을 위하여 애착 대상에 의지하는 것이 거의 없거나 최소화된다.
- 반응성 애착장애를 가진 아동은 보호자와 일상적인 상호작용을 하는 동안 긍정적인 감정표현이 약하거나 아예 없다.
- 아동의 발달연령은 최소 9개월 이상이 되어야 한다.

④ 탈억제성 사회적 유대감 장애
- 이 장애의 주요 특성은 상대적으로 낯선 사람에 대해 문화적으로 부적절하고 과도하게 친숙한 행동을 보이는 행동 양식이다.
- 낯선 성인에게 접근하거나 그들과 상호작용하는 데 주저하지 않는다.
- 지나치게 친밀한 언어적·신체적 행동을 나타낸다.
- 낯선 상황에서도 주변을 탐색하고 난 후 성인 양육자의 존재를 확인하지 않는다.
- 낯선 성인을 아무런 망설임 없이 따라나선다.

⑤ 적응장애
- 인식 가능한 스트레스 요인에 대한 반응으로 감정적 또는 행동적 증상이 스트레스 요인이 시작된 후 3개월 이내에 시작되고, 스트레스 인자가 사라지고 6개월 이내에 끝난다.
- 스트레스 요인은 단일의 사건(연인 관계의 종결)일 수도 있고 다양한 스트레스 요인(현저한 직업적 어려움과 결혼생활 문제)이 있을 수도 있다. 어떤 요인은 특정한 발달적 사건에 동반할 수 있다(등교, 부모 되기, 직업적 목표를 이루는 것의 실패, 은퇴).
- 진단 시 다음 중 하나를 명시해야 한다 : 우울감 동반, 불안 동반, 불안 및 우울감 함께 동반, 품행장애 동반, 정서 및 품행장애 함께 동반, 명시되지 않은 경우

핵심문제 09

대형 화재에서 살아남은 여성이 불이 나는 장면에서 극심한 불안 증상을 느낄 때 의심할 수 있는 장애는?

① 외상 후 스트레스장애
② 적응장애
③ 조현병
④ 범불안장애
⑤ 사회공포증

고득점을 향한 해설

외상 후 스트레스장애는 충격적인 사건, 예를 들어 강간, 폭행, 교통사고, 자연재해, 가족이나 친구의 죽음 등을 경험한 후 불안 상태가 지속적으로 나타나는 장애이다. 충격적 경험 후 과각성 상태가 지속되고 고통스러운 기억에서 벗어나지 못하며 그로 인해 자극을 회피하는 증상, 사건에 대한 인지와 감정의 부정적 변화가 현저한 상태가 포함된다.

답 ①

10 | 해리장애

1. 개요
① 해리는 의식의 통합적 기능이 통일성을 상실한 나머지 연속적인 자아로부터 의식이 단절되는 현상을 뜻한다. 감당하기 어려운 충격적 경험으로부터 자신을 보호하기 위한 기능을 한다는 측면에서 적응적인 것으로 간주되지만, 그것이 지나치거나 부적응적인 양상으로 나타나는 경우 해리장애로 진단된다.
② 일반적으로 강한 심리적 충격이나 외상을 경험한 후, 개인의 의식, 기억, 자기정체감의 정상적 통합이 붕괴된다.
③ 해리 현상은 일상생활에서 누구나 겪을 수 있는 정상적인 경험에서부터 심한 부적응을 초래하는 병리적 현상에 이르기까지 광범위하고 연속적인 심리적 현상으로 볼 수 있다.

2. 유형
① 해리성 정체성장애
  - 둘 또는 그 이상의 별개의 성격상태 또는 빙의 경험을 말한다.
  - 갑자기 자신의 말과 행동에 대해 이인화된 관찰자가 된 것 같은 느낌을 받거나 이를 멈출 수 있는 힘이 없다고 느낄 수 있다. 목소리(아이의 목소리, 영적 존재의 목소리)의 지각을 보고하기도 한다.
  - 반복적인 기억상실의 삽화가 있다.
  - 전형적으로 아동기와 성인기에 다양한 유형의 대인관계적 학대를 경험한 것으로 보고된다.
② 해리성 기억상실
  - 일반적인 건망증 수준을 넘어서, 중요한 개인적(대개 고통스럽거나 외상적인) 정보를 회상하지 못한다.
  - 국한된 기간 동안 일어났던 사건을 회상하지 못하는 국소적 기억상실이 가장 흔하다.
  - 선택적 기억상실은 사건 전체의 회상은 불가능하지만 일부분의 회상은 가능하다.
  - 전반적 기억상실은 자신의 생활사에 대한 기억을 전부 잃는 것으로, 드물다.
  - 해리성 둔주가 함께 나타나는 유형과 그렇지 않은 유형이 있다.
    해리성 둔주 : 정체성 또는 다른 중요한 자전적 정보에 대한 기억상실과 연관된 외관상으로는 목적성이 있는 여행 또는 어리둥절한 방랑
③ 이인증/비현실감 장애
  - 이인증, 비현실감 또는 2가지 모두에 대한 지속적이고 반복적인 경험이 있다.
  - 이인증 : 자신으로부터 단절되거나 분리되는 듯한 느낌으로 비현실감, 분리감 또는 자신의 사고, 느낌, 감각, 신체나 행동에 관하여 외부의 관찰자가 되는 경험을 한다.
  - 비현실감 : 비현실적이거나 자신의 주변 환경과 분리된 것 같은 경험을 한다.
  - 이인증이나 비현실감을 경험하는 중에 현실검증력은 본래대로 유지된다.

핵심문제 10

DSM-5에서 해리성 정체성장애의 진단 특징이 아닌 것은?

① 반복적인 해리성 기억상실
② 문화적 혹은 종교적 관습의 정상적인 부분이 아님
③ 자기 감각의 행위 주체의 갑작스러운 변화
④ 알코올 중독 상태에서 일시적 기억상실
⑤ 일상의 사건이나 중요한 정보의 회상에서 반복적인 공백

고득점을 향한 해설

정상적으로 통합되었어야 하는 성격, 기억, 의식, 정체감과 주변에 대한 지각이 붕괴되어 나타나는 장애로 한 사람 속에 여러 개의 인격체(정체성)가 존재한다. 각각 다른 이름과 경험을 갖고 있으며 인격들이 번갈아가며 지배권을 가지고 서로 갈등한다.

답 ④

11 | 신체증상 및 관련 장애

1. 개요

① 신체증상 및 관련 장애는 명확한 고통 및 손상과 관련된 신체증상들이 두드러지게 나타나는 유사성을 갖고 있다.
② 신체증상장애와 현저한 신체증상들이 동반된 다른 장애들은 DSM-5에서 새로운 범주가 되어 신체증상 및 관련 장애라고 불린다.
③ 의학적 상태에 영향을 미치는 심리적 요인, 인위성장애, 달리 명시된 신체증상 및 관련 장애, 그리고 명시되지 않은 신체증상 및 관련 장애의 진단들을 포함한다.
④ 이 진단 분류에서 주요 진단인 신체증상장애는 신체증상들에 대한 의학적인 증거들이 없다는 것보다는 양성 증상들과 증후들을 기반으로 진단하도록 한다.

2. 유형

① 신체증상장애
- 고통스럽거나 일상에 중대한 지장을 일으키는 하나 이상의 신체증상을 호소한다.
- 신체증상 또는 건강염려와 관련된 과도한 생각, 느낌 또는 행동이 다음 중 하나 이상으로 표현되어 나타난다.
    - 증상의 심각성에 대한 편중되고 지속적인 생각
    - 건강이나 증상에 대한 지속적으로 높은 단계의 불안
    - 이러한 증상들 또는 건강염려에 대해서 과도한 시간과 에너지 소비

- 어떠한 하나의 신체증상이 지속적으로 나타나지 않더라도 증상이 있는 상태가 지속된다(전형적으로 6개월 이상).
- 증상들이 심각한 신체적 질병을 의미하는 것이 아니라고 의사가 안심시켜주는 것에 대한 효과는 그리 오래가지 못하고, 이에 대해 의사가 자신의 증상을 충분히 심각하게 다루지 않는다고 느끼기도 한다.
- 아동에게 가장 흔한 증상은 반복되는 복통, 두통, 피로 그리고 오심이다.

② 질병불안장애
- 심각한 질병에 걸려있거나 걸리는 것에 대해 몰두한다.
- 신체증상들이 나타나지 않거나, 신체증상이 있더라도 단지 경미한 정도다.
- 아프다는 생각에 대한 몰두는 건강과 질병에 대한 상당한 불안을 동반한다.
- 질병에 대한 집착은 적어도 6개월 이상 지속되지만, 그 기간 동안 두려움을 느끼는 구체적인 질병은 변화할 수 있다.
- 사회생활이나 직장생활에 지장이 있고, 신체질환이 없다는 확진을 받아도 이를 믿으려 하지 않고, 여러 병원이나 의사를 찾아다니면서(Doctor Shopping ; 의료쇼핑) 적절한 치료를 받지 못했다고 전전긍긍하게 된다. 반대로 의학적 진료를 회피하는 유형도 있다.

③ 전환장애(기능성 신경학적 증상장애)
- 전환은 개인의 무의식적·심리적 갈등이 신체증상으로 나타나는 경향을 말한다.
- 심리적 요인과 연관된 명확히 설명하기 어려운 증상이나 결함이 수의적 운동기능(대뇌의 의지에 따른 운동기능) 또는 감각기능에 영향을 미친다.
- 임상소견이 증상과 확인된 신경학적 혹은 의학적 상태의 불일치에 대한 증거를 제공한다.
- 증상이나 결함이 사회적, 직업적, 또는 다른 중요한 기능 영역에서 임상적으로 현저한 고통이나 손상을 초래하거나 의학적 평가를 필요로 한다.
- 전환장애에서 흔히 나타나는 증상 유형은 다음과 같다.
    - 쇠약감이나 마비
    - 이상 운동(예 떨림, 근육건강이상, 간대성 근경련, 보행장애)
    - 삼키기 증상
    - 언어 증상(예 발성곤란, 불분명한 언어)
    - 발 작
    - 무감각증이나 감각 손실
    - 특정 감각증상(예 시각, 후각, 청력장애)
    - 혼합증상
- 급성삽화 : 증상이 6개월 이하로 존재할 때
- 지속성 : 증상이 6개월이나 그 이상 지속될 때

④ 인위성장애
- 자신이나 타인의 의학적 혹은 심리학적인 징후와 증상을 허위로 꾸며내는 것이다.
- 다른 사람에게 자기 자신이 아프고, 장애가 있거나 부상당한 것처럼 표현한다.
- 명백한 외적 보상이 없는 상태에서도 일어나는 기만적 행위이다.

- 허위로 신경학적 증상의 삽화(발작, 어지러움, 기절)를 보고할 수도 있고, 비정상으로 보이기 위해 검사 결과를 조작하고, 질병을 암시하기 위해 의학 기록을 위조하고, 신체적으로 스스로에게 부상을 입히거나 자신이나 다른 사람에게 질병을 유도하기도 한다.

> **핵심문제 11**
>
> **신체증상 및 관련 장애에 관한 설명으로 옳지 않은 것은?**
> ① 신체증상장애, 질병불안장애, 전환장애, 인위성장애 등을 포함한다.
> ② 질병불안장애는 심각한 병에 걸렸다는 집착이 6개월 이상 지속된다.
> ③ 전환장애는 심리적 요인과 연관된 명확히 설명하기 어려운 증상이나 결함이 수의적 운동기능 또는 감각기능에 영향을 미친다.
> ④ 인위성장애는 현실적 이득이나 목적, 명백한 외적 보상이 존재한다.
> ⑤ 신체증상 및 관련 장애는 명확한 고통 및 손상과 관련된 신체증상들이 두드러지게 나타나는 유사성을 갖고 있다.
>
> **고득점을 향한 해설**
> 꾀병은 개인적 이익(돈, 휴가)을 위해 고의적으로 증상을 보고한다는 점에서 인위성장애와 구별된다. 인위성장애는 명백한 외적 보상이 존재하지 않는다.
>
> 답 ④

12 | 급식 및 섭식장애

1. 개요

① 급식 및 섭식장애는 장기간 지속되는 섭식의 장애 혹은 섭식과 관련된 행동들로 인해 음식 소비와 섭취에 변화가 생기고, 신체적 건강과 정신사회적 기능에 심각한 손상을 가져온다.
② 장애별 진단에 따른 기준은 상호배타적인 특징을 갖고 있으며, 단일 삽화에 대해서 하나의 진단명만을 적용할 수 있다.

2. 유형

① 신경성 식욕부진증
- 음식 섭취를 제한하여 연령과 신장에 비하여 체중을 최소한의 정상 수준이나 그 이상으로 유지하기를 거부한다.
- 심각히 낮은 체중임에도 불구하고 체중 증가와 비만에 대한 극심한 두려움이 있다.
- 체중과 체형을 보는 방식이 왜곡되고, 체중과 체형이 자기평가에 지나친 영향을 미치며, 현재의 낮은 체중의 심각함을 부정한다.

- 대부분의 폭식·제거형 신경성 식욕부진증 환자는 폭식과 더불어 스스로 구토를 유도하거나 하제, 이뇨제, 관장제를 오용하는 제거 행동이 함께 나타난다. 폭식·제거형의 일부는 폭식은 하지 않지만, 소량의 음식을 섭취한 후 규칙적으로 제거 행동을 한다.

② 신경성 폭식증
- 반복되는 폭식 삽화가 있고, 폭식 삽화는 다음 2가지로 특징지어진다.
  - 일정 시간 동안(약 2시간 이내) 대부분의 사람이 유사한 상황에서 동일한 시간 동안 먹는 것보다 분명하게 많은 양의 음식을 먹음
  - 먹는 것에 대한 조절능력의 상실감을 느낌(예 먹는 것을 멈출 수 없거나 무엇을 얼마나 많이 먹어야 할 것인지를 조절할 수 없는 느낌)
- 체중이 증가하는 것을 막기 위한 반복적이고 부적절한 보상행동(예 스스로 유도한 구토, 이뇨제, 관장약, 다른 치료약물의 남용, 금식)이 나타난다.
- 폭식과 부적절한 보상행동이 둘 다, 평균적으로 적어도 3개월 동안 일주일에 1회 이상 나타난다.
- 체형과 체중이 자기평가에 과도하게 영향을 미친다.

③ 폭식장애
- 폭식 삽화는 다음 중 3가지(또는 그 이상)와 연관된다.
  - 평소보다 많은 양을 급하게 먹음
  - 불편하게 배가 부를 때까지 먹음
  - 신체적으로 배고프지 않은데도 많은 양의 음식을 먹음
  - 얼마나 많이 먹는지에 대한 부끄러운 느낌 때문에 혼자서 먹음
  - 폭식 후 스스로에 대한 역겨운 느낌, 우울감 또는 큰 죄책감을 느낌
- 폭식으로 인해 현저한 고통이 있다고 여겨진다.
- 평균적으로 최소 3개월 동안 일주일에 1회 이상 발생한다.
- 폭식은 신경성 폭식증에서 관찰되는 것과 같은 부적절한 보상행동과 연관되어 있지 않으며 신경성 폭식증 혹은 신경성 식욕부진증의 기간 동안에만 발생하지 않는다.

④ 이식증
- 영양분도 없고 음식도 아닌 하나 이상의 물질(예 종이, 비누, 머리카락, 흙, 페인트 등)을 먹는 행동이 최소 1개월 이상 지속된다.
- 아동의 경우 정상발달을 보이는 아동에게서 발병하지만, 성인의 경우 지적장애나 기타 정신질환이 있는 경우에 발병하는 경향이 있다.
- 방임, 감독의 부재, 발달지연은 이식증의 위험을 증가시킨다.
- 유병률은 불분명하다. 지적장애 환자 중에서는 그 상태의 심각도에 따라 이식증의 유병률이 증가한다.
- 발병은 아동기, 청소년기, 성인기에서 가능하지만, 아동기의 발병이 가장 흔히 보고된다.

⑤ 되새김장애
- 음식물을 토해내거나 되씹는 행동을 1개월 이상 반복한다.
- 반복되는 역류는 위장상태나 기타 의학적 상태(예 식도역류)로 인한 것이 아니다.
- 되새김장애의 발병은 영유아기, 아동기, 청소년기, 성인기에 있을 수 있다.
- 반복적인 역류에 의해 이차적으로 나타나는 영양실조는 성장지연을 초래하고, 발달과 학습능력에 부정적인 영향을 미친다.
- 유병률은 정확하지 않지만, 지적장애 같은 특정 집단에서는 일반적으로 더 높게 보고된다.

⑥ 회피적·제한적 음식섭취장애
- 심각한 체중저하와 영양결핍이 나타나도록 음식 섭취에 관심이 없거나 회피하고, 먹더라도 매우 제한적으로만 먹는 경우를 말한다.
- 다음 중 한 가지 이상의 증상을 나타낸다.
  - 심각한 체중감소
  - 심각한 영양결핍
  - 위장관 급식 혹은 경구영양보충제에 의존
  - 심리사회적 기능에 현저한 방해
- 어린아이에게 흔하며, 신경성 식욕부진증이나 신경성 폭식증처럼 마른 체형에 대한 집착이 보이지 않는다.

핵심문제 12

섭식장애에 관한 설명으로 옳지 않은 것은?

① 신체기능의 저하를 가져와 죽음에까지 이를 수 있다.
② 마른 외형을 선호하는 사회문화적 분위기와 관련된다.
③ 대개 20대 중반에 처음 발병된다.
④ 외모가 중시되는 직업군에서 발병률이 높다.
⑤ 시간이 지남에 따라 폭식과 보상행동이 점점 증가한다.

고득점을 향한 해설

섭식장애의 대표적인 두 가지 질환으로는 신경성 식욕부진증과 신경성 폭식증이 있다. 신경성 식욕부진증의 평균 발병 연령은 17세이며, 신경성 폭식증의 경우 일반적으로 후기 청소년기 또는 초기 성인기에 시작된다.

답 ③

13 | 수면-각성장애

1. 개요
① 수면-각성장애에는 불면장애, 과다수면장애, 기면증, 호흡관련 수면장애, 일주기리듬 수면-각성장애, NREM수면-각성장애, 악몽장애, REM수면-행동장애, 하지불안증후군 등이 포함된다.
② 전형적으로 수면의 질과 시간대와 양에 대한 불만족감을 호소한다. 그로 인해 낮 시간의 고통과 손상의 발생이 모든 수면-각성장애의 핵심양상이다.

2. 유형
① 불면장애
- 수면의 양과 질에 대한 고통을 주로 호소한다.
- 잠이 드는 것에 대한 어려움, 졸고있는 상태로 있기, 혹은 다시 잠들지 못하고 매우 일찍 일어나기 등의 증상이 나타난다.
- 때때로 환자들은 자고 나면 개운하지 않다고 호소한다. 다음 날 피곤하고 기분이 별로 좋지 않거나 집중력이 저하되거나 그 외 다른 손상된 기능을 보이게 된다.
- 기간 : 3개월 이상의 기간 동안 일주일에 3일 밤 이상

② 과다수면장애
- 적정시간 이상 수면 이후에도 낮 시간에 심하게 졸리다고 호소하며, 반복적으로 매일 낮잠을 자거나 쉽게 잠이 들게 되고, 온전히 잠에서 깨어있는 것이 어렵거나, 혹은 긴 시간(밤에 9시간 이상) 잠을 자지만, 숙면을 취하는 데 어려움이 있다(잠을 자도 개운하지 않다).
- 기간 : 3개월 이상의 기간 동안 일주일에 3회 이상

③ 기면증
- 억누를 수 없는 수면 욕구, 깜박 잠이 드는 것, 낮잠이 하루에 반복적으로 나타난다.
- 상황에 맞지 않게 자동차 운전 중, 회의하던 중, 대화 도중, 식사 중, 부적절한 상황에서도 잠을 자게 되는데, 짧게는 5분에서부터 길게는 1시간까지 잠을 잔다.
- 대표적인 증상은 4가지(수면발작, 탈력발작, 환각, 수면마비)를 포함한다.
- 기간 : 3개월 동안 적어도 일주일에 3회 이상

④ 호흡관련 수면장애
- 폐쇄성 수면 무호흡·저호흡 : 가장 흔한 호흡관련 수면장애로 수면 도중 상기도폐쇄(무호흡과 저호흡) 삽화가 특징이다. 호흡관련(야간) 증상 및 각성시간 증상이 모두 흔하게 나타난다. 폐쇄성 수면 무호흡·저호흡의 주요 증상은 코골이와 주간 졸림이다.
- 중추성 수면 무호흡증 : 수면 중 호흡 노력의 변동성에 의해 발생하는 무호흡증 또는 저호흡증의 반복적인 삽화가 특징이며 호흡사건이 주기적으로 또는 간헐적으로 발생하는 환기조절의 장애다. 졸림, 불면, 수면 시간당 5회 이상의 중추성 무호흡과 연관된 호흡곤란으로 인한 각성이 특징이다.
- 수면관련 환기저하 : 이 장애는 독립적으로 또는 더 흔히는 의학적·신경학적 장애, 치료약물 사용 또는 물질사용장애와 동반이환되어 발생할 수 있다. 종종 과도한 주간 졸림, 수면 중 빈번한 각성과 깨어남, 아침 두통과 불면 증상들을 호소한다.

⑤ 일주기리듬 수면-각성장애

수면-각성패턴과 환경적 요구 간의 되풀이되는 불일치는 불면증 혹은 과다수면증을 야기한다.

뒤처진 수면위상형	수면 개시 및 각성 시간이 지연되어 있는 양상으로, 기대되는 시간이나 통상적으로 받아들여지는 이른 시간에 잠들고 깨어날 수 없다.
앞당겨진 수면위상형	기대되는 시간이나 통상적으로 받아들여지는 늦은 시간까지 깨어있거나 잠들어 있을 수 없으며 일찍 자고 일찍 일어나는 양상이다.
불규칙한 수면-각성형	일시적으로 와해된 수면-각성 양상으로, 잠들어 있고 깨어있는 기간이 24시간에 걸쳐 다양하다.
비24시간 수면-각성형	수면-각성 주기의 양상이 24시간 환경에 일치하지 않고, 일관된 일일 이동(대개 더 늦은 시간으로)이 있다.
교대근무형	교대근무와 연관되는 주요 수면 시간 동안의 불면 또는 보통 각성 시간 동안의 과도한 졸림(우발성 수면 포함)이 있다.

⑥ 사건수면

- 수면 그 자체의 구조는 정상적이라고 하지만, 수면을 취하는 동안 비정상적인 어떤 것이 발생하는 장애들이 여기에 해당된다.
- NREM수면-각성장애(비급속안구운동수면-각성장애) : 반복적으로 불안전한 각성인데 이는 대개 주요 수면 삽화 초기에 시작되어 1~10분 지속되며 사건 동안 대부분은 눈을 뜨고 있다(수면보행증, 수면 관련 섭식 동반, 수면 관련 성적 행동 동반, 야경증).

수면 중 보행형	• 수면 중에 잠자리에서 일어나서 걸어 다니는 일이 반복되는 경우를 말한다. • 다양한 행동을 포함하는데 대부분 규칙적이고 복잡하지 않다. • 사춘기 이전에 발병률이 높고, 그 이후에는 중추신경계의 성숙과 관련되어 있다.
수면 중 경악형	• 수면 중 심장이 빨리 뛰고 호흡이 가빠지며, 진땀을 흘리는 등 자율신경계의 흥분과 더불어 강렬한 공포를 느껴 자주 잠에서 깨는 경우를 말한다. • 비명을 지르거나 울면서 갑자기 침대에서 일어나 앉으며, 매우 놀란 표정과 심한 자율신경계 불안증상이 나타난다.

- 악몽장애 : 생생하게 자세한 부분까지 기억이 나는 끔찍한 꿈 때문에 반복적으로, 순식간에 완전히 잠에서 깬다. 주로 수면이나 낮잠을 자는 동안에 생존, 안전, 자존감의 위협과 같은 여러 가지 무서운 꿈을 꾸어 잠에서 깨어나는 일이 반복되는 경우를 말한다.
- 하지불안증후군 : 다리 또는 팔을 움직이고 싶은 충동이 특징인 감각운동성, 신경학적 수면장애이며 흔히 전형적으로 근질거림, 스멀거림, 따끔거림, 타는 듯하거나 가려움으로 표현되는 불쾌감을 동반한다. 증상은 저녁이나 밤에 악화되며 일부는 저녁이나 밤에만 발생한다.
- REM수면-행동장애(급속안구운동수면-행동장애)
  - REM수면 중에 복잡하고 활기찬 움직임이 나타난다. 이러한 행동들은 종종 행동이 많은 꿈 내용, 공격을 받는 폭력적인 꿈, 또는 위협적인 상황으로부터 탈출을 시도하는 운동반응으로 나타난다.
  - 유병률에 대해서는 알려진 것이 거의 없지만, 50대 이상의 남성에게서 많이 나타나고, 심리사회적 스트레스로 인해 유발된다고 한다.

핵심문제 13

수면-각성장애의 유형에 대한 설명으로 옳지 않은 것은?

① 불면장애는 잠을 자고 싶어도 잠을 이루지 못하는 날들이 지속되는 증상이 있다.
② REM수면-행동장애는 억누를 수 없는 수면 욕구, 깜박 잠이 드는 것, 또는 낮잠이 하루에 반복적으로 나타난다.
③ 일주기리듬 수면-각성장애는 수면-각성패턴과 환경적 요구 간의 되풀이되는 불일치가 불면증 혹은 과다수면증을 야기한다.
④ 하지불안증후군은 수면 중에 다리의 불쾌한 감각 때문에 다리를 움직이고 싶은 충동을 느끼는 경우이다.
⑤ 수면-각성장애는 수면의 질과 시간대와 양에 대한 불만족감을 호소하고, 그로 인한 낮 시간의 고통과 손상의 발생이 핵심양상이다.

고득점을 향한 해설

기면증은 억누를 수 없는 수면 욕구, 깜박 잠이 드는 것, 또는 낮잠이 하루에 반복적으로 나타나는 장애이다. REM수면-행동장애 환자들은 소리 지르기와 말하기, 자신이나 함께 잠을 자는 사람에게 손상을 입힐 수 있는 신체적 행동이 동반되는 각성 삽화를 반복적으로 보인다.

답 ②

14 | 변태성욕장애

1. 개요

① 변태성욕은 비정상적인 또는 부자연스러운 애정을 의미한다.
② 변태성욕장애의 첫 번째 그룹은 비정상적인 행위의 선호를 기초로 하며, 이는 왜곡된 성적 교제행위를 보이는 성적교제장애, 통증과 고통을 수반하는 고통성애장애로 나뉜다.
③ 변태성욕장애의 두 번째 그룹은 비정상적인 대상에 대한 성적인 기호를 기초로 한다.

2. 유형

① 관음장애
- 경계하고 있지 않은 사람이 탈의하거나 성행위를 하고 있는 것을 관찰하는 것에서 흥분을 얻으며, 이 환자들은 이러한 욕구를 반복적으로 행동화하거나 이런 욕구로 인해 고통 또는 손상을 경험한다.
- 기간 : 6개월 이상

② 노출장애
- 경계하고 있지 않은 낯선 이에게 자신의 성기를 노출함으로써 흥분을 얻으며 이러한 욕구를 반복적으로 행동화한다. 또는 이런 생각으로 인한 고통 또는 장애가 있다.
- 기간 : 6개월 이상

③ 마찰도착장애
- 동의하지 않은 사람에게 문지르거나 그 느낌으로 흥분을 얻는 사람들로, 이런 욕구를 반복적으로 행동화한다. 또는 이러한 생각으로 인한 고통 또는 장애가 있다.
- 기간 : 6개월 이상

④ 성적 피학장애
- 매질을 당하거나, 구속당하거나, 또는 굴욕감을 느끼는 데서 성적인 흥분을 얻는다. 그리고 이런 생각으로 인한 고통 또는 장애가 있다.
- 기간 : 6개월 이상

⑤ 성적 가학장애
- 다른 사람이 고통을 겪는 것에서 흥분을 얻으며, 동의하지 않은 사람에게 이런 욕구를 행동화한다. 또는 이런 생각으로 인한 고통 또는 장애가 있다.
- 기간 : 6개월 이상

⑥ 소아성애장애
- 사춘기 이전의 아동에게서 성적인 흥분을 얻고, 이런 욕구를 행동화한다. 또는 이런 생각으로 인한 고통 또는 대인관계에서의 대인관계에서의 손상이 있다.
- 기간 : 6개월 이상

⑦ 물품음란장애
- 무생물의 물체나 성기가 아닌 다른 신체 부분에서 흥분을 얻고, 이런 생각으로 인한 고통 또는 장애가 있다.
- 기간 : 6개월 이상

⑧ 복장도착장애
- 반대 성의 옷을 입는 것(생각 또는 행동)에서 흥분을 얻으며, 이것이 환자의 고통과 손상을 반복적으로 야기한다.
- 기간 : 6개월 이상

핵심문제 14

성적 가학장애에 관한 설명으로 옳지 않은 것은?
① 타인의 신체 또는 심리적 고통을 통해 성적 흥분을 느낀다.
② 대부분 성인 초기에 나타난다.
③ 성 가학적 행동의 패턴은 보통 장기적으로 나타난다.
④ 시간이 지나도 행동의 심각도에 변화가 없다.
⑤ 성적 피학장애를 가진 상대에게 가학적 행동을 보인다.

고득점을 향한 해설

성적 가학장애는 성적 피학장애를 가진 상대에게 가학적 행동을 보이는 것이 아닌, 동의하지 않은 사람에게 욕구를 행동화하는 경우이다.

답 ⑤

15 | 파괴적 충동조절 및 품행장애

1. 개요
① 정서 및 행동에 대한 자기조절 문제가 있다.
② 다른 사람의 권리를 침해하는 것(예 공격성, 재산 파괴), 사회적 규준, 권위자나 성인과 현저한 갈등을 유발하는 행동을 보인다.
③ 정서 및 행동에 대한 자기조절 문제의 기저 원인은 각 장애마다 매우 다르며, 진단 범주 내에서도 개인에 따라 다양하다.

2. 유형
① 적대적 반항장애(반항성장애)
- 분노 또는 과민한 기분, 논쟁적 또는 반항적 행동, 보복적 특성을 보인다.
- 화를 자주 내고 과민하며, 이는 짜증과 일촉즉발의 분노로 치닫는 경향이 있다.
- 권위적인 대상의 지시에 복종하지 않거나 논쟁하며, 규칙을 따르거나 협조하기를 거부할 수 있다. 때로는 자신의 악행에 대해 다른 사람들을 원망한다.
- 기간 : 6개월 이상

② 간헐적 폭발장애
- 충동적인 공격적 행동 폭발이 급성으로 발병한다.
- 빈번하고, 반복적이며, 자동적으로 공격 폭발을 보이거나 다른 사람이나 재산 혹은 동물에게 해를 입히는 신체적인 공격행동 폭발을 보인다.
- 이런 폭발은 비계획적이고, 목적이 없으며, 촉발자극에 대한 극단적인 반응이다.
- 기간 : 3개월 동안 해가 없는 공격을 일주일에 2회 정도 보이거나, 해를 입히는 공격을 지난 1년 이내 3번 보인다.
- 생활연령은 적어도 6세 이상이다.

③ 품행장애
- 다른 사람의 기본적 권리를 침해하고 연령에 적절한 사회적 규범 및 규칙을 위반하는 지속적이고 반복적인 행동양상
- 사람과 동물에 대한 공격성
- 재산 파괴
- 사기 또는 절도
- 심각한 규칙 위반
- 기간 : 1년 안에 증상을 보이거나, 한 가지 이상의 증상을 최근 6개월 동안 보인다.
- 아동기 발병형 : 10세 이전에 최소 하나의 품행문제가 시작된다.
- 청소년기 발병형 : 10세 이전까지는 어떠한 품행문제도 보이지 않는다.
- 명시되지 않은 발병 : 첫 증상을 10세 이전에 보였는지, 10세 이후에 보였는지에 대한 정보가 없어서 확실히 결정하기 어렵다.

④ 병적 방화
- 고의로 방화를 하지만, 금전적 이득, 보복 등 다른 이득에 대한 동기가 포함되어 있지 않다.
- 불 자체 및 불과 관련된 부가물(소방차, 흥분의 여파)에 대해 일반적으로 관심을 갖고 있다.
- 병적 방화 환자들은 방화하기 전에 긴장과 흥분을 느끼고, 방화 후에 해방감과 기쁨을 경험한다.
- 필수 증상은 고의가 있는 수차례의 방화 삽화가 존재하는 것이다.
- 이 장애가 있는 사람은 방화 전에 긴장감이나 정서적인 흥분을 경험한다.
- 불에 대한, 불과 연관되는 상황에 대한 매혹 · 흥미 · 호기심 · 매력을 느낀다.

⑤ 병적 도벽
- 반복적으로 자신에게 실제로 필요하지 않은 물건을 훔치고 싶은 충동에 따라 행동한다.
- 실제 물건을 훔치기 전까지 긴장이 서서히 증가하며, 절도한 이후 해방감을 느낀다.
- 경제적 필요 때문에 훔치는 것이 아니라, 남의 물건을 훔치고 싶은 충동을 참지 못해 반복적으로 도둑질을 하는 경우를 말한다.
- 이들은 훔치는 물건보다는 훔치는 행위가 중요하며, 그러한 행위를 하면서 느끼는 긴장감 · 만족감에 대한 유혹을 통제하지 못한다. 절도욕구에 대해서 불편해하고 발각되는 것에 대한 두려움을 지니지만, 절도행위 후의 만족감이 더 크기 때문에 절도행위를 반복한다.

핵심문제 15

아동 및 청소년기 장애로서 타인의 기본 권리나 연령에 적합한 사회규범과 규율을 위반하는 행동양상이 반복적이고 지속적으로 나타나는 것은?

① 반항성장애
② 간헐적 폭발장애
③ 품행장애
④ 반사회성 성격장애
⑤ 주의력결핍 과잉행동장애

고득점을 향한 해설

품행장애는 사회적 규범을 위반하는 폭력, 방화, 도둑질, 거짓말, 가출과 같은 행동을 보이며 무책임하고 타인에게 고통을 주는 행위를 반복적으로 나타내는 경우를 말한다.

답 ③

16 | 물질관련 및 중독장애

1. 개요
① 물질관련장애의 주요 원인은 알코올, 카페인, 대마, 환각제, 흡입제, 아편계, 진정제, 수면제, 항불안제, 자극제, 담배, 기타 물질로 나눠진다.
② 기본적인 물질 관련 범주
- 물질사용장애 : 임상적으로 중대한 고통이나 기능의 손상을 유발하고, 어떤 행동적 특징을 초래할 정도로 빈번하게 물질을 사용한다.
- 물질중독 : 급성적인 임상 상태는 최근의 과도한 물질 사용으로부터 야기된 것이다. 이 진단은 단 한 번의 물질을 사용한 사람에게도 적용이 가능한 유일한 물질관련 진단이다.
- 물질금단 : 빈번하게 물질을 사용했던 사람이 물질을 중단하거나 물질 사용의 양을 현저하게 줄일 때 특정한 증상의 집합이 나타날 수 있다.

2. 유형
① 물질관련장애
- 물질사용장애
  - 중요한 물질 관련 문제들이 있음에도 불구하고 지속적으로 물질을 사용하고 있음을 나타내는 인지적, 행동적, 생리적 증상군이다.
  - 반복적인 물질 사용은 예측 가능한 습관적인 패턴을 형성한다.
  - 물질 사용이 고통, 손상을 야기한다.

물질의존	특정한 물질을 반복적으로 사용하게 되면 점점 더 많은 양을 복용해야만 전과 같은 효과를 얻게 되는 내성이 생겨나고, 그 물질을 끊으면 매우 고통스러운 상태가 나타나는 금단증상을 경험하게 되는 경우를 말한다.
물질남용	물질의 과도한 섭취로 인해 학업, 직업, 가정에서 자신의 역할을 수행하지 못하고 폭력적인 행동을 하거나 법적 문제를 반복적으로 야기하게 되는 경우를 뜻한다.

- 알코올 관련 장애

알코올 사용장애	금단, 내성, 절망감이 포함된 행동과 신체증상들의 집합체
알코올 중독	알코올을 섭취한 직후에 탈억제 상태가 된다(공격적 언쟁, 급격한 기분변화, 주의력 및 판단력 등 개인적 기능의 손상).
알코올 금단	• 장기간 과도하게 알코올을 사용한 후에 알코올을 갑작스럽게 중단하거나 음주량을 현저하게 줄인 지 4~12시간 정도 후 금단증상이 나타나는 것이 특징이다. • 떨림, 발한, 오심, 빠른 심장박동, 높은 혈압, 초조, 두통, 불면, 위약감, 일시적인 환각·착각, 경련 등을 보인다.

- 카페인 관련 장애 : 카페인 중독, 카페인 금단
- 대마 관련 장애 : 대마 사용장애, 대마 중독, 대마 금단

- 환각제 관련 장애 : 펜시클리딘 사용장애, 기타 환각제 사용장애, 펜시클리딘 중독, 기타 환각제 중독, 환각제 지속성 지각장애
- 흡연제 관련 장애 : 흡입제 사용장애, 흡입제 중독
- 아편계 관련 장애 : 아편계 사용장애, 아편계 중독, 아편계 금단
- 진정제, 수면제 또는 항불안제 관련 장애 : 진정제, 수면제 또는 항불안제 사용장애, 진정제, 수면제 또는 항불안제 중독, 진정제, 수면제 또는 항불안제 금단
- 자극 관련 장애 : 자극제 사용장애, 자극제 중독, 자극제 금단
- 담배 관련 장애 : 담배 사용장애, 담배 금단
- 기타(또는 미상의) 물질관련장애 : 기타(또는 미상의) 물질사용장애, 기타(또는 미상의) 물질중독, 기타(또는 미상의) 물질금단

② 비물질관련장애
- 도박장애
  - 개인, 가족, 직업적 장애를 일으키는 지속적이고 반복적인 부적응적 도박행동
  - 도박을 하고 싶은 충동으로 반복적인 도박을 하게 되는 정신장애로서, 여성보다 남성의 유병률이 더 높다.
  - 무기력, 죄책감, 불안, 우울감을 느낄 때 도박에 집착하는 경향이 있고, 도박을 줄이거나 중단하려고 할 때 안절부절못하고 짜증을 내기도 한다.
  - 돈을 딸 수 있다는 낙관주의에 빠져 있을 수 있다.
  - 흔히 도박문제 이외의 재정적 문제와 법적 문제도 함께 갖고 있다.
  - 손실을 만회하려고 더 많은 돈을 걸며, 통제하려는 반복된 무익한 노력은 과민성과 안절부절못함을 유발한다.
  - 기간 : 1년 이상

핵심문제 16

물질사용장애에 관한 설명으로 옳지 않은 것은?

① 내성이 나타난다.
② 물질사용이 보상을 줄 것이라는 기대감 때문에 사용이 증가한다.
③ 물질사용을 중단하거나 조절하려고 해도 뜻대로 되지 않는다.
④ 물질사용으로 인한 직업기능의 손상여부는 진단 시 고려하지 않는다.
⑤ 스트레스를 받는 사회경제적 조건하에서 발생비율이 더 높다.

고득점을 향한 해설

물질사용장애의 진단기준에는 물질 사용에서의 조절능력 손상, 사회적 손상, 위험한 물질 사용의 지속, 내성과 금단증상 여부가 포함된다. 이 중, 사회적 손상은 물질 사용으로 인해 직장, 학교 혹은 집에서 해야 할 중요한 역할 수행에 실패하는지에 따라 평가되며, 지속적이거나 반복적으로 사회적 혹은 대인관계 문제가 있는지, 중요한 사회적, 직업적, 혹은 여가 활동을 포기하거나 줄이는지 등이 장애의 정도를 확인하는 기준에 해당된다.

답 ④

17 | 성격장애

사회적·문화적 기대에 어긋난 부적응행동이 장기간 지속되며 문화적 규준에 대한 기대에서 벗어나는 것을 말한다. 성격장애는 우울증이나 불안장애와 더불어 동시에 진단이 내려지는 것이 보통이며, 동반되는 성격장애의 처치 성과는 좋지 않다. 아동기부터 점진적으로 형성되어 임상적 증후군과 다른 양상을 띠며 18세 이후의 청소년 후기나 초기 성인기에 진단된다.

장애		증상
A군 성격장애 (기이한, 왜곡)	편집성	타인을 믿지 않고 의심함
	분열성	사회적 관계 단절 및 제한된 정서적 표현
	분열형	가까운 관계성의 수용 부족, 인식적 왜곡과 별난 행동
B군 성격장애 (극적, 변덕스러움)	반사회성	타인의 인권에 대한 침해와 무시
	경계선	대인관계, 자기 이미지, 정서의 불안정성은 물론 눈에 띄는 충동성
	연극성	과도한 정서성, 관심 사항 찾기
	자기애성	과장, 감탄(찬양)에 대한 필요, 공감 부족
C군 성격장애 (불안, 두려움)	회피성	사회적 금지, 부적절한 느낌, 부정적 평가에 대한 과민반응
	의존성	보살핌에 대한 과도한 필요, 복종적 행동, 이별에 대한 공포
	강박성	규율, 완벽성, 통제에 열중

1. 편집성 성격장애(Paranoid Personality Disorder, PPD)

① 타인에 대한 의심과 불신이 가족, 동료, 이웃사촌과의 관계에 영향을 미쳐 그들이 자신을 부당하게 취급하고 이용할 것이라고 생각하여 끊임없이 의심하고 관련 증거를 탐색한다.
② 타인을 순수한 마음으로 받아들이지 못하며, 자신이 불리해질 수 있다는 두려움에 타인과의 대인장면에서 조심스럽고 치밀하며 비밀이 많다.
③ 그들은 종종 적대적 태도를 보이며 모욕을 당했다고 생각하고 화를 내기도 하며 불신으로 인하여 모든 일을 자신이 혼자 비밀스럽게 처리하려는 마음을 갖고 타인을 조정하거나 지배하려고 하는 태도를 보인다.
④ 자신에게 향한 모욕이나 경멸에 예민하므로 사소한 말다툼이나 충돌에 공격성을 띠고 적개감이 큰 사고를 부르기도 한다.

2. 분열성(조현성) 성격장애(Schizoid Personality Disorder, SPD)

① 타인과의 사교적 교류를 원치도 즐기지도 않기 때문에 사회적 관계로부터 고립되어 대인관계를 기피하는 태도를 보이며, 자신의 감정을 표현하지 않는다.
② 타인의 칭찬이나 비난에 무관심하므로 자신의 감정을 강하게 호소하거나 드러내는 일이 없다.
③ 타인과 관계를 형성하는 능력, 적절한 반응을 통해 소통하는 능력에 장애가 있어 적응에 어려움을 보인다.
④ 이 장애를 가진 사람이 스스로 전문가에게 도움을 요청하는 경우는 매우 드물게 나타나며, 아동의 경우 여아에 비해 남아에게서 더 높은 유병률을 갖는 것으로 보고된다.

3. 분열형(조현형) 성격장애(Schizotypal Personality Disorder, STPD)

① 사회적으로 고립된 형태를 갖는다는 점에서 분열성(조현성) 성격장애와 마찬가지인 형태를 갖지만 몇 가지 보다 구별되는 특징적 증상을 갖는다.
② 보다 괴짜적인 이 성격장애의 증상들은 조현병을 규정짓는 증상이 보다 경미하게 나타나는 형태로 과거에는 '단순형 정신분열증(Simple Schizophrenia)'으로 불리었다.
③ 대인관계로부터의 철수, 인지적·지각적 왜곡, 사고와 행동의 혼란의 3가지 요소를 갖는다.
④ 사회적 고립, 텔레파시와 같은 마술적 사고, 관계망상, 피해의식, 착각, 이인증 등을 특징으로 보고한다.
⑤ 정서표현은 무감동하고 둔화되어 있다.

4. 반사회성 성격장애(Antisocial Personality Disorder, ASPD)

① 반사회성 성격장애를 가진 사람들은 타인의 권리를 존중하지 않는 양상이 전반적으로 퍼져있으므로 사회규범에 적응하지 못한다.
② 15세 이전에 품행장애의 증거인 무단결석, 가출, 빈번한 거짓말, 절도, 방화, 고의적 기물파괴 등의 전력을 가지고 있으며, 반사회성 성격장애를 갖게 되면 직장의 일을 꾸준히 할 수 없으며 법을 어기고 관계를 맺지 못한다.
③ 자극과민성이 높아 신체적인 공격행동을 하기도 하며, 충동적인 태도는 무책임한 행동을 하게 하며 진심이나 진실성이 없고, 자신의 잘못에 대해 전혀 죄책감을 느끼지 못한다.
④ 지속적으로 비이성적, 충동적, 폭력적인 행위를 하며 죄의식 없이 타인에게 피해를 입히거나 타인을 해치는 등의 범죄를 저지르기도 한다.
⑤ 자신의 이익을 위해 타인을 교묘하게 이용한다.

5. 경계선 성격장애(Borderline Personality Disorder, BPD)

① 경계선 성격장애는 대인관계와 기분상의 충동성과 불안정성을 갖고 있어 타인에 대해 급작스런 감정의 변화와 태도를 가지므로 자기상 또는 자아상(Self-image), 정동에 있어 불안정하다.
② 경계선은 신경증적 상태와 정신병적 상태의 경계를 의미하는 것으로, 경계선 성격장애를 가진 사람들은 자기에 대한 명확하고 일관성 있는 감각을 발전시키지 못하기 때문에 매우 불안하고 위태로운 상태로 보인다.
③ 경계선 성격장애를 가진 사람들은 버림받을 것에 대해 두려워하며, 타인이 자신에게 귀 기울여주기를 바라며 만성적인 우울감과 공허감을 갖는다.
④ 심한 스트레스로 자극이 될 경우 일시적인 정신증적 증상과 함께 해리 증상을 나타낼 수 있으나 증상이 오래 지속되지는 않는다.
⑤ 경계선 성격장애자들은 예측할 수 없는 자신의 감정변화에 따라 충동성을 가지며, 자해 가능성이 있는 도박, 무절제한 소비, 난잡한 성행위나 물질남용의 행동을 보이기도 한다.

6. 연극성 성격장애(Histrionic Personality Disorder, HPD)

① 연극성 성격장애를 가진 사람들은 겉모습이 연극적이고 항상 자신에게 관심을 끌려고 하는 행동을 한다.
② 실제 내면의 정서 수준과 관계없이 관심을 끌기 위해 의상, 화장, 머리 색깔 등의 외모를 통해 과도한 표현을 하기도 한다.
③ 자기중심적인 경향을 띄며 신체적 매력을 드러내는 것에 매우 예민하기 때문에 부적절하게 성적으로 자극적이거나 유혹적인 행동을 할 가능성이 있다.
④ 타인에게 쉽게 영향을 받기 때문에 주목받지 못하면 심하게 불편해하는 경향이 있으며 자신이 한 이야기에 대하여 보다 섬세하게 설명하거나 객관적으로 다루는 것에 대해 제한된 사고를 갖고 표현해내지 못한다.
⑤ 우울증, 경계선 성격장애, 신체적 문제와 함께 공존하여 발병될 확률이 높다.

7. 자기애성 성격장애(Narcissistic Personality Disorder, NPD)

① 자기애성 성격장애를 가진 사람들은 자신의 능력을 과장되게 느껴 왜곡된 자기상 또는 자아상을 갖는다.
② 자기중심적이며 끊임없이 주목받고 과도한 찬사를 받고 싶어하나 타인에 대한 공감능력이 부족하므로 시기심과 오만, 비판과 비난을 하여 대인관계가 좋지 않다.
③ 자신을 특별한 사람으로 여겨 오만하고 거만한 태도를 보이거나 자신이 원하는 이상을 해내지 못하는 타인, 배우자에게 화를 내거나 배척할 수 있다.
④ 자기애성 성격은 보통 사춘기에 나타나며 필연성을 갖지는 않는다.
⑤ 여성보다는 남성에게 많이 나타나며 권위적이며 권력을 남용하는 형태로 드러나기도 한다.
⑥ 자신에게로 향한 비판에 극도로 예민하여 원하는 처우를 받지 못했을 때에는 격분할 수 있다.

8. 회피성 성격장애(Avoidant Personality Disorder, APD)

① 회피성 성격장애를 가진 사람들은 비난, 거절, 반대를 몹시 두려워하기 때문에 부정적 피드백을 피하기 위해 직장이나 대인관계를 피하려는 태도를 보인다.
② 자신이 처한 환경에서 당황이나 불편함을 겪게 될 것이 두려워 심하게 위축되는 성향을 갖는다.
③ 회피성 성격장애를 갖는 사람들은 스스로를 무능하다고 여기며 다른 사람들에 비해 자신이 열등하다고 믿기 때문에 새로운 것을 시도하거나 자신이 해낸 것에 대해 회의적인 태도를 갖는다.
④ 사회공포증과 증상에 있어서 유사하나, 회피는 보다 어린 시절부터 일찍 시작되며 명백한 유발인자가 없고 일정한 경과를 보인다는 점에서 차이가 있다.

9. 의존성 성격장애(Dependent Personality Disorder, DPD)

① 의존성 성격장애를 가진 사람들은 보살핌을 받고 싶은 욕구가 강해 혼자 있으면 불안해하며 지나치게 자신감이 부족하다.
② 이들은 자신을 지나치게 약한 존재로 보고 자신의 능력과 자질을 과소평가하므로 중요한 결정을 내리거나 책임성을 요하는 일에 대해 타인에게 책임을 지운다.

③ 스스로를 약하게 보이도록 하여 상대방에게서 보호를 유도하는 경향이 있으며 이에 따른 지나친 의존 행위는 대인관계를 건강히 지속하기 어렵게 한다.
④ 의존 상대와의 친밀한 만남의 관계가 끝날 즈음에는 극심한 불안과 좌절을 느끼지만 곧 다른 의존 상대를 찾아 유사한 관계를 형성한다.
⑤ 어린 시절 만성 신체질환이나 분리불안장애가 소인이 되기도 하며 보통 여성에게 많이 진단되는 경향이 있으나 유병률에 있어서는 남성과 유사하다고 보고된다.

10. 강박성 성격장애(Obsessive-Compulsive Personality Disorder, OCPD)

① 강박성 성격장애를 가진 사람들은 세세한 규칙이나 스케줄 등에 대해 너무 주의를 기울여 정작 원하는 계획을 완성시키지 못하는 경우가 있다.
② 이들은 자기통제와 완벽성에 집착을 보이며 형식과 절차, 규칙에 지나치게 몰두하며 사소한 것에도 과도하게 신경을 쓴다.
③ 쾌락보다는 일을 추구하며 실수하지 않도록 의사결정을 하고 부적절한 일에 신경을 쓰지 않기 위해 시간을 분배하는 데 상당한 어려움을 겪는다.
④ 강박성 성격장애는 강박장애(Obsessive-Compulsive Disorder, OCD)와 이름은 비슷하나, 강박장애의 핵심요소인 강박사고와 강박행동이 포함되지 않으며 실상 강박장애가 있는 사람 중 소수만이 강박성 성격장애의 진단기준에 부합된다.

핵심문제 17

편집성 성격장애의 특징적인 증상이 아닌 것은 무엇인가?

① 적대적 태도
② 과대망상
③ 의 심
④ 정서의 불안정
⑤ 타인에 대한 무관심

고득점을 향한 해설

타인에 대한 무관심은 조현성 성격장애의 특징으로 사회적 관계로부터 고립되려는 태도를 보인다.

답 ⑤

18 | 신경인지장애

1. 개 요
① 인지장애(주요, 경도, 섬망)는 정신적인 처리과정에 이상이 생긴 것으로 일시적 혹은 영구적인 뇌의 기능장애와 관련이 있다.
② 신경인지 영역으로 복합적 주의, 집행기능, 학습과 기억, 언어, 지각-운동, 사회인지 기능이 포함된다.
③ 핵심증상은 인지장애로 의식, 기억, 언어, 판단 등의 인지적 기능에 심각한 결손이 나타나는 경우를 말한다.
④ 노년기에 많이 나타나는 질환이지만 외상적인 뇌손상, 신경세포의 경색현상, 물질 또는 약물에 의해서도 유발되기 때문에 모든 연령층에서 나타날 수 있다.

2. 유 형
① 섬 망
- 주의장애는 주의를 기울이고 집중, 유지, 전환하는 능력의 감소로 나타난다.
- 주의가 산만하여 질문을 반복해야 하거나, 주의를 적절하게 전환하지 못하고 이전 질문에 대한 대답을 반복하기도 한다.
- 기억, 지남력, 지각, 시공간 기술, 언어 중에서 최소한 한 가지 결손이 있다.
- 단시간에 걸쳐 발생하고(대개 몇 시간이나 며칠), 하루 중에도 심각도가 변동된다.
- 그 외 기억력 감퇴, 언어능력의 저하, 현실판단능력, 시공간능력 결함이 발생한다.
- 의식이 혼미해지고 현실감각이 급격히 혼란되어 시간과 장소에 대한 인식에 장애가 발생한다.
- 주위를 알아보지 못하고 헛소리를 하거나 손발을 떠는 증상이 급격하게 나타난다.
- 원인을 제거하면 증상이 갑자기 사라지는 경우가 많으며 안전을 위해 구조화된 환경을 만들어주어야 한다.

② 주요 및 경도 신경인지장애
- 시간경과는 상대적으로 느리다. 섬망은 몇 시간에서 며칠에 걸쳐 발생하나, 신경인지장애는 몇 주에서 몇 달에 걸쳐서 발생한다.
- 주요 신경인지장애와 경도 신경인지장애로 구분된다.
- 병인에 따라 알츠하이머병, 전두측두엽 변성, 루이소체병, 혈관질환, 외상성 뇌손상, 물질/치료약물 사용, HIV 감염, 프라이온병, 파킨슨병, 헌팅턴병, 다른 의학적 상태, 다중병인, 명시되지 않은 경우로 명시해야 한다.
- 하나 또는 그 이상의 인지영역(복합적 주의, 집행기능, 학습과 기억, 언어, 지각-운동 또는 사회인지)에서 인지 저하가 이전의 수행 수준에 비해 현저하다.

③ 알츠하이머병으로 인한 주요 또는 경도 신경인지장애
- 주요 또는 경도 신경인지장애의 기준을 충족한다.
- 인지 행동 증상들이 서서히 시작하고 점진적으로 진행된다.
- 전형적인 증상은 기억상실이다(기억과 학습에서의 손상).
- 시공간적, 논리결핍적 실어증 변형이 나타난다.

> **핵심문제 18**
>
> 주요 신경인지장애와 경도 신경인지장애의 감별진단 기준으로 옳지 않은 것은?
>
> ① 기억과 학습 감퇴 정도   ② 성격의 변화 정도
> ③ 언어능력의 감퇴 정도   ④ 독립적 생활의 장애 정도
> ⑤ 복합적 주의 집행
>
> **고득점을 향한 해설**
>
> 경도 신경인지장애는 주요 신경인지장애에 비해 증상의 심각도가 경미한 경우를 의미하는 것으로, 인지적 영역 중 하나 이상의 영역에서 약간의 저하가 나타나는 상태를 뜻한다. 감별진단 기준으로 인지기능 저하(복합적 주의·집행기능, 학습과 기억, 언어, 지각 – 운동 또는 사회인지)의 현저함 정도, 일상 활동에서의 독립성 방해 정도를 감별한다.
>
> 답 ②

19 | 배설장애

1. 개요

① 대소변을 가릴 충분한 나이가 되었음에도 불구하고 이를 가리지 못하고 옷이나 적절치 못한 장소에 배설을 하는 경우를 말하고, 유뇨증과 유분증으로 구분한다.
② 대부분 유뇨증과 유분증은 별개로 발생하지만, 심하게 방치되거나 정서적으로 박탈당한 아동에게서 함께 나타난다.
③ 유뇨증이나 유분증은 일차성(배설장애 증상이 아동의 발달과정에서 나타나는 증상이다) 혹은 이차성(초기 배변 훈련은 성공적이다)으로 진단을 내릴 수 있다.

2. 유형

① 유뇨증
- 알려진 원인 없이, 옷이나 잠자리에 반복적으로 소변을 본다.
- 5세 혹은 그 이상의 연령에서 3개월 이상의 기간 동안 일주일에 2회 이상
- 야간형 단독, 주간형 단독, 주야간형 복합 유형으로 나뉜다.

② 유분증
- 반복적으로 부적절한 장소(옷, 바닥 등)에 변을 본다.
- 4세 혹은 그 이상의 연령에서 3개월 이상의 기간 동안 한 달에 1회 이상
- 변비 및 범람 변실금을 동반하는 경우와 그렇지 않은 경우로 나눈다.

핵심문제 19

유뇨증과 유분증의 증상과 관련된 장애유형은?

① 배설장애
② 신체화장애
③ 분리불안장애
④ 적응장애
⑤ 신경인지장애

고득점을 향한 해설

배설장애
- 유뇨증 : 5세 이상의 아동이 신체적인 이상이 없음에도 옷이나 침구에 반복적으로 소변을 보는 경우
- 유분증 : 4세 이상의 아동이 대변을 적절치 않은 곳에 반복적으로 배설하는 경우

답 ①

20 | 성기능부전

1. 개 요

① 대개 초기 성인기에 시작되지만, 일부는 생애 후기가 되어서야 나타날 수 있다.
② 일부는 평생형이거나 후천형일 수 있다.
   - 평생형(일차성) : 기능부전이 성기능이 활발히 시작되는 시점부터 존재하는 경우
   - 후천형 : 특정한 기능부전 없이 성관계가 가능했던 얼마간의 시기가 있었던 경우
③ 환자는 6개월 이상의 기간 동안 대부분(분명한 경우도 있고 혼란스러운 경우도 있음)의 성행위 시 증상이 나타나야 하는데, 75% 이상을 의미하는 것으로 정의된다.
④ 진단기준은 유의미한 고통을 유발해야만 한다고 명시된다.

2. 유 형

① 남성 성욕감퇴장애
   - 성적인 자극이나 추구하는 동기가 거의 없고, 성적인 표현을 하지 못하는 것에 대해서도 좌절감을 느끼는 정도가 약하다.
   - 성행위를 주도하지 못하고 단지 상대방에 의해서 성행위가 요구될 때 마지못해 응하여 이것은 배우자 혹은 이성 관계에서 불편과 어려움을 야기한다.

② 발기장애

성행위 욕구가 있음에도 적절한 발기가 되지 않아 성교에 어려움을 겪는 경우를 말하며 남성에게 있어서 가장 빈도가 높은 성기능장애이다. 이것은 배우자 혹은 이성 관계에서 불편과 어려움을 야기한다. 발기장애를 지닌 남성들은 대부분의 문화권에서 굴욕감과 좌절감을 경험하며 자기가치감을 상실하게 되고 삶의 의욕을 잃어 우울증에 빠지기도 한다.

③ 조기사정(조루증)

남성의 성기를 여성의 질에 삽입 후 약 1분 이내에 그리고 사정을 원하기 전에 일찍 사정하게 되거나 여성이 절정감에 도달하기 전에 사정하는 현상이 대부분의 성행위에 반복된다.

④ 사정지연(지루증)

성관계 시 사정에 어려움을 겪으며 성적 절정감을 느끼지 못하는 경우를 말하며 남성 절정감장애로 불리기도 한다. 이러한 장애를 지닌 남성은 사정을 못하기 때문에 흔히 불임의 문제가 뒤따르게 된다.

⑤ 여성 성적 관심/흥분장애

성행위에 관심도 없고 환상도 없으며, 성적으로 흥분하는 데 어려움을 가지고 있다. 이는 배우자 혹은 이성 관계에서 문제나 어려움을 일으킨다.

⑥ 성기-골반통증/삽입장애

성교 시에 지속적으로 생식기에 통증을 느끼는 경우를 말하며, 성교하는 동안 자주 경험되지만 성교 전이나 후에도 느껴질 수 있다. 성교의 고통을 느끼게 되면 성행위를 회피하고 때로는 성욕구장애나 성적 흥분장애와 같은 다른 성기능장애로 발전될 수 있다.

⑦ 여성 극치감장애

절정에 도달할 수 없거나 절정에 도달하는 데 매우 긴 시간이 걸리며, 이는 배우자와의 문제나 어려움을 일으킨다.

⑧ 물질/약물치료로 유발된 성기능부전

알코올이나 기타 물질(중독 및 금단)로 인해 이러한 증상이 유발될 수 있다.

3. 성기능장애의 하위유형과 핵심증상

	하위장애	핵심증상
남성 성기능 장애	남성 성욕감퇴장애	성적 욕구가 없거나 현저하게 저하됨
	발기장애	성행위를 하기 어려울 만큼 음경이 발기되지 않음
	조기사정(조루증)	여성이 절정감에 도달하기 전에 미리 사정을 하게 됨
	사정지연(지루증)	사정의 어려움으로 인해 성적 절정감을 느끼지 못함
여성 성기능 장애	여성 성적 관심/흥분장애	성적 욕구가 현저하게 저하되어 있거나 성적인 자극에도 신체적 흥분이 유발되지 않음
	여성 극치감장애	성행위 시에 절정감을 거의 느끼지 못함
	성기-골반통증/삽입 장애	성교 시에 생식기나 골반에 지속적인 통증을 경험함

핵심문제 20

DSM-5에 따른 성기능장애에 해당되지 않는 것은?

① 성정체감장애
② 남성 발기부전장애
③ 조루증
④ 남성 성욕감퇴장애
⑤ 지루증

고득점을 향한 해설

DSM-5의 성기능장애 또는 성기능부전장애는 원활한 성교행위를 방해하는 다양한 기능장애로 남성에게는 성욕감퇴장애, 발기장애가 있으며 여성에게는 여성 성적 관심 및 흥분장애, 여성 극치감장애, 성기-골반통증장애가 있다.

답 ①

21 | 성별불쾌감

1. 개 요

① 태어나면서 정해진 출생 성별과 경험하고 표현하는 성별 사이에 뚜렷한 불일치를 보인다.
② 이성의 옷을 입는 행위, 다른 성처럼 행동하는 것으로 나타난다.
③ 기간 : 나이와 상관없이 6개월 이상
④ 직업적/학업적, 사회적, 혹은 개인적 손상으로 인한 고통 혹은 장애이다.

2. 유 형

① 청소년과 성인에서의 성별불쾌감
- 타고난 성별과 환자들이 자기감으로서 경험하는 성별 사이에는 현저한 불일치가 있다.
- 남성이 1% 정도, 1/3 정도가 여성이다.
- 이른 아동기에 시작하고(학령전기) 만성적으로 나타난다.
- 원인이 확실히 알려져 있지는 않지만 유전적 요인에서 취약성이 있음을 지지하는 증거들이 있다.

② 아동에서의 성별불쾌감
- 성인기와 유사하지만 연령에 적합한 방식으로 나타난다.
- 반대 성이 되는 것을 강력히 소망하고 타고난 자신의 성별을 거부하는 한편 다른 성별의 옷, 장난감, 게임, 놀이친구, 상상역할을 선호한다.
- 일반집단 중에서 1~2%의 남아 그리고 더 적은 비율의 여아들이 다른 성별이 되기를 소망한다.
- 3~4세 정도의 아동들이 타고난 성별에 불만을 가질 수 있다.

핵심문제 21

DSM-5에서의 성별불쾌감에 대한 설명으로 옳지 않은 것은?

① 성인의 경우 반대 성을 지닌 사람으로 행동하며 사회에서 그렇게 받아들여지기를 강렬하게 소망한다.
② 태어나면서 정해진 출생 성별과 경험하고 표현하는 성별 사이에 뚜렷한 불일치를 보인다.
③ 아동에서부터 성인에 이르기까지 다양한 연령대에서 나타날 수 있다.
④ 동성애자들이 주로 보이는 장애이다.
⑤ 자신의 해부학적 성별에 대한 강한 혐오감을 나타낸다.

고득점을 향한 해설

성별불쾌감은 출생 시 정해진 자신의 신체적인 성별에 대한 불쾌감을 뜻한다. 증상이 연령에 따라 다르기에 아동, 청소년과 성인의 기준에 따라 적용을 달리한다. 전형적인 성역할에 대한 단순한 비순응적인 행동과는 구분되어야 하며, 자신에게 주어진 성별보다는 다른 성별이 되고 싶은 강한 욕구와 성별 변이 행동과 흥미 정도, 만연도의 정도에 따라 달리한다. 성인의 경우, 이성이 되고 싶거나, 이성으로 대우받고자 하는 강한 갈망을 느끼며, 자신의 타고난 성별과 경험된·표현되는 성별의 현저한 불일치로 인해 자신의 일차 또는 이차 성징을 제거하고자 하는 강한 갈망을 느낀다. 동성애는 동성의 상대에게 감정적·사회적·성적인 이끌림을 느끼는 것을 말하며, 동성애자는 이러한 감정을 받아들여 스스로 정체화한 사람을 뜻한다.

답 ④

CHAPTER 02 성격심리학

핵심 KEY

[일반론]
성격의 이해
성격의 평가 및 연구

[정신역동적 관점]
프로이트의 정신분석이론
아들러의 개인심리학
융의 분석심리학
호나이의 신경증적 성격이론
설리반의 대인관계이론

머레이의 욕구 및 동기이론
프롬의 성격유형
에릭슨의 심리사회적 이론

[성향적 관점]
올포트의 특질이론
카텔의 특질이론
생물학적 유형론과
성격의 5요인 모델

[인본주의적 관점]
매슬로우의 자아실현 접근
로저스의 인간중심 접근
실존주의적 접근

[행동 & 사회적 학습 관점]
스키너의 조작적 조건형성
로터의 사회적 학습이론
반두라의 사회적 인지이론

[인지적 관점]
켈리의 개인 구성개념 이론
엘리스의 인지적 성격이론
벡의 인지적 성격이론
성격이론의 추세와 전망

01 성격의 이해

1. 성격의 정의

① 성격(Personality)의 어원은 탈 혹은 가면의 뜻을 함축한 라틴어 '페르소나(Persona)'를 내포한 말로 겉으로 사람들에게 보여지는 개인의 모습 및 특성을 나타낸다.
- 올포트(Allport) : 성격은 개인의 특유한 행동과 사고를 결정하는 심리·신체적 체계인 개인 내의 역동적 조직이다.
- 미셸(Mischel) : 성격은 보통 개인이 접하는 생활 상황에 대해 적응의 특성을 기술하는 사고와 감정을 포함하는 구별된 행동패턴을 의미한다.
- 포거스와 슐만(Forgus & Shulman)이 제안한 몇 가지 가정
    - 모든 행동은 적응적이다.
    - 성격은 학습된 행동패턴이다.
    - 문화는 성격패턴에 영향을 준다.
    - 각각의 성격은 그것 자체의 고유하고 독특한 조직을 가진다.
    - 성격은 반응의 선택을 결정한다.
    - 패턴을 이해하면 행동을 예측할 수 있다.
    - 기본적인 성격패턴의 이해는 어떤 행동의 구체적 기능을 이해하게 해준다.

② 성격은 인간의 사고, 감정, 행위를 포함한 일련의 행동과 관련하여 이해될 수 있다.

③ 성격은 인간 적응의 측면을 반영한다. 즉 삶의 적응 과정이며 사람들은 자신이 처한 상황에서 생존하기 위해 자신의 성격을 발달시키고 형성한다고 볼 수 있다.
④ 성격은 사람들이 보편적으로 공유하는 공통성을 내포한다. 사람들을 어떤 성격의 유형으로 분류하는 것은 서로가 공유하는 행동적 특성을 바탕으로 이루어지며, 내향성 혹은 외향성을 분류하는 것은 사람들이 보편적으로 갖는 성향을 의미한다.
⑤ 성격연구는 사람들의 공통성뿐 아니라 인간 개개인이 갖는 독특한 측면 혹은 개성에 대한 탐구에 관심을 둔다.

2. 성격이론의 주요 문제

① 성격에 대한 관점
- 정신역동적 관점
  - 프로이트의 정신분석적 접근 및 신정신분석적 접근에 속한다.
  - 정신 에너지, 인간 행동이 결정되는 상황적 맥락, 정신과 환경의 상호작용에 따라 성격이 역동적으로 작용한다고 보는 입장이다.
- 성향적 관점
  - 올포트, 카텔 등의 특질이론과 아이젠크의 생물학적 입장과 5요인 모델을 포함한다.
  - 인간의 성격을 나타내는 비교적 안정적인 특질이 있다.
  - 문화에 따라 공통적인 특질 및 사람들을 구별해주는 독특한 특질이 있다고 가정한다.
- 행동 및 사회학습 관점
  - 스키너의 신행동주의, 반두라 및 로터의 사회학습이론을 포함한다.
  - 관찰할 수 있는 행동 및 행동변화에 초점을 둔 행동주의의 가정에 근거한다.
  - 반두라와 로터는 학습에서 인지의 중요성을 강조한다.
- 인본주의적 관점
  - 매슬로우의 자아실현이론, 로저스의 인간중심접근, 실존주의적 이론을 포함한다.
  - 철학적 입장으로 현상학과 실존주의를 바탕으로 인간의 가치와 자유의지를 강조한다.
- 인지적 관점
  - 켈리의 개인 구성개념 이론과 엘리스와 벡의 성격에 대한 인지적 접근을 포함한다.
  - 인지의 중요성을 강조하여 개개인이 갖는 인지에 따라 정서 및 행동이 영향을 받는다는 입장이다.

② 인간에 대한 관점
- 사람들은 누구나 자신의 삶의 경험을 바탕으로 인간성에 대한 가정을 한다.
- 이러한 가정은 자신의 행동방식과 대인관계방식에 영향을 준다.
- 성격심리학자들은 성격이론을 조망하고 평가하기 위해 나름대로 인간성에 대한 여러 가지 준거를 제시한다.
- 매디(Maddi)의 입장에 따른 성격이론의 포괄적 제안은 다음과 같다.

구분	내용
갈등 모델	• 인간은 필연적으로 서로 반대되는 두 가지 큰 힘 간에 마찰하는 존재이다. • 심리사회적 입장 : 개인 내부의 힘과 외부의 힘인 사회적 힘 간의 갈등을 가정하는 입장이다(프로이트, 머레이, 에릭슨을 포함한 자아심리학자들). • 정신 내적 입장 : 개인 내부에 있는 상반되는 두 가지 다른 측면 간의 갈등을 가정하는 입장이다(융, 랭크, 펄스 등).
충족 모델	• 인간은 내부에 한 가지 큰 힘을 가지고 있으며 이러한 힘을 표현하고 노력하는 존재이다. • 실현화 입장 : 개인 내부의 큰 힘인 잠재력을 삶의 과정을 통해 끊임없이 실현시키려 한다(로저스, 매슬로우, 맥크레이와 코스타 등). • 완성 입장 : 개인 내부의 큰 힘이 완성의 이상을 추구하도록 한다(아들러, 올포트, 프롬, 실존주의 상담자들, 엘리스 등).
일관성 모델	• 인간이 환경과 상호작용하면서 외부 세계로부터 받은 피드백의 형식적 영향을 강조한다. • 인지부조화 입장 : 일관성과 비일관성이 필연적으로 사고과정에 수반된다(켈리, 엡스타인, 맥클랜드 등). • 활성화 입장 : 습관적, 신체적 긴장 정도와 실제적으로 존재하는 긴장 정도 간의 일관성을 강조한다(피스크, 매디 등).

③ 인간과 상황의 관계
- 미셸(Mischel)은 사람변인과 상황변인의 역할을 구분하였으며 '상황 속에 있는 사람(Person in the Situation)'의 개념을 제시하였다.
- 미셸은 사람변인에 대해 다음과 같이 설명하였다.
    - 구성능력 : 개인의 인지적, 행동적 능력과 관련된다. 적절한 조건하에서 다양한 행동을 생성할 지적, 사회적, 신체적 능력을 말한다.
    - 부호화능력 : 사건 혹은 실체를 지각하고 조직화하고 이해하는 방법 및 상황을 범주화하는 방법과 관련된다.
    - 기대 : 특별한 조건하에서 무슨 일이 일어날 것인가에 대한 개인의 구체적 기대를 의미한다.
    - 목표와 주관적 가치 : 기대와 유사하지만 서로 다른 목표, 주관적 가치를 가진 사람들은 동일한 결과가 서로 다른 의미를 주기 때문에 서로 다른 행동을 보일 수 있다.
    - 자기조절 체계 및 계획 : 사람들이 자신의 행동을 조절하기 위해 채택하는 서로 다른 규칙과 규준을 의미한다.

④ 성격이론의 평가 기준
어떤 성격이론이 얼마나 훌륭한지의 여부는 그 이론이 인간 성격에 대해 얼마나 잘 설명해주고 예언해줄 수 있는가에 달려있다.
- 포괄성 : 성격에 대해 단편적 지식을 제공하기보다 광범위한 자료를 바탕으로 종합적으로 설명할 수 있어야 한다.
- 검증성 : 적절한 이론은 명확하게 기술되고 측정될 수 있는 개념을 가져야 한다(조작적 정의 필요).
- 경제성 : 적절한 이론은 가능한 한 단순하고 경제적이어야 한다(자료 및 현상에 대해 경제적이고 일관적인 개념이나 가정을 가져야 한다).
- 경험적 타당성 : 적절한 이론은 지지해주는 자료를 통해 경험적으로 타당하다는 것을 보여줄 수 있어야 한다(가설 검증을 통해 결정).

- 탐구성 : 절대적 이론보다는 도전을 받을 수 있고 새로운 아이디어와 연구를 촉발할 수 있는 것이어야 한다.
- 적용성 : 적절한 성격이론은 인간의 삶에 실제적으로 적용될 수 있어야 한다.

핵심문제 01

성격에 대한 정의로 옳지 않은 것은?

① 인간의 사고, 감정, 행위를 포함한 일련의 행동과 관련하여 이해할 수 있다.
② 사람들이 보편적으로 공유하는 공통성을 내포한다.
③ 인간 개개인이 갖는 독특한 측면 혹은 개성에 대한 탐구에 관심을 둔다.
④ 어떤 일을 경험하거나 생각할 때 일어나는 여러 가지 감정이다.
⑤ 성격은 인간 적응의 측면을 반영한다.

고득점을 향한 해설

④ 정서에 대한 설명이다.

답 ④

---

02 | 성격의 평가 및 연구

1. 성격 평가

① 평가도구의 준거
- 표준화 : 평가도구가 갖추고 있는 규준에 대한 것으로 검사를 시행하기 위해 갖는 절차 혹은 조건의 일관성 혹은 동일성을 갖추고 있는 것을 말한다.
- 객관성 : 평가하는 사람의 주관적인 편견을 피하는 것이다. 평가자 혹은 채점자 간의 신뢰도가 높을 때 객관성이 높다고 할 수 있다.
- 신뢰도 : 평가도구가 시간의 경과에도 불구하고 반응의 일관성을 보이는 것이다.
- 타당도 : 평가도구가 측정하고자 하는 것을 충실히 측정하고 있는가에 관한 것이다.

② 평가방법
- 심리검사법 : 심리검사는 사람들의 행동(사고, 감정, 행위)을 표본추출을 통해 얻어진 결과를 표준화시켜 비교하는 체계적 과정이다.

자기보고검사	수검자들이 다양한 상황에서 자신의 사고, 감정, 행동에 대해 묻는 질문에 대해 보고하는 것으로 일반적으로 구조화된 지필검사로 수행된다(MMPI, MBTI, CPI 등).
투사검사	수검자에게 애매한 자극을 주어 반응하게 하는 것으로 성격의 관찰할 수 없는 측면을 탐색하려는 것이 목적이다(로샤검사, TAT 등).

- 면담법 : 면담을 통해 행동관찰, 개인의 독특한 특성, 현실상황에 대한 반응 등의 정보를 얻는다.
- 행동평가법 : 개인이 주어진 환경에 상호작용하는 방식에서 명백히 관찰할 수 있는 행동에 관심을 두고 개인의 행동을 평가한다[ABC 평가 : A(선행조건), B(행동), C(행동의 결과)].

2. 성격연구방법

① 자료의 범주
- L-data(Life Record data)
  생활기록 자료는 개인의 전기와 생활기록으로부터 얻어질 수 있는 정보이다.
- O-data(Observer data)
  관찰자 자료는 부모, 친구 또는 선생님과 같이 수검자를 알 수 있는 관찰자에 의해서 제공된 정보이다.
- T-data(Test data)
  검사자료는 실험이나 표준화된 검사로부터 얻어진 정보이다.
- S-data(Self-report data)
  자기보고 자료는 수검자 자신이 제공하는 정보이다.

② 사례연구
  임상작업에 의해 이루어진 사례연구와 심층적 연구로서 성격검사, 질문지, 실험을 통해서 체계적인 가설을 형성한다.

③ 상관연구
  변인들 간에 존재하는 관계를 조사하여 변인이 가진 특성을 다룬다. 성격검사와 질문지는 개인에 대한 심층적인 연구가 불가능하거나 바람직하지 않은 경우, 실험연구를 수행하기 불가능한 경우에 사용한다.

④ 실험연구
  관심 있는 변인을 통제하여 다른 변인에 미치는 영향을 밝혀 변인들 간의 인과관계를 확립하기 위한 연구이다.

핵심문제 02

성격평가도구의 준거와 설명이 옳게 연결된 것은?

① 타당도 - 평가도구가 측정하고자 하는 것을 충실히 측정하고 있는가에 관한 것이다.
② 신뢰도 - 평가하는 사람의 주관적인 편견을 피하는 것이다.
③ 객관성 - 평가도구가 시간의 경과에도 불구하고 반응의 일관성을 보이는 것이다.
④ 표준화 - 평가도구는 측정자에 따라 주관적으로 동일하지 않게 해석한다.
⑤ 신뢰도 - 평가도구가 측정하고자 하는 것을 구체적으로 측정하고 있는가에 관한 것이다.

고득점을 향한 해설

객관성이란 평가하는 사람의 주관적인 편견을 피하는 것이고, 반응의 일관성을 보이는 것은 신뢰도에 대한 설명이다. 표준화는 검사를 시행하기 위해 갖는 절차 혹은 조건의 일관성이나 동일성을 갖추고 있는 것을 말한다.

답 ①

03 | 프로이트의 정신분석이론

1. 프로이트(Freud)의 생애
① 1856년 모라비아(현재 체코슬로바키아의 일부)의 프레이베르그(Freiberg)에서 태어났다.
② 1860년 비엔나로 이주하여 삶의 대부분을 지냈다.
③ 어머니의 사랑과 격려를 받고 자랐으며, 17세 때 김나지움 의과대학을 졸업한 후 비엔나대학에 입학하여 생물학, 생리학과 교육 등에 대한 다양한 관심을 갖게 되었다.
④ 1884년 브로이어(Breuer)와 정신분석에 관심을 갖게 되었고, 히스테리적 신경증을 위한 담화치료(Talking Cure)와 최면을 연구하여 환자들의 문제가 성적 근거를 갖는다는 아이디어를 얻었다.
⑤ 1895년 브로이어와 '신경증에 관한 연구(Studies on Hysteria)'를 발표하였다.
⑥ 1900년 '꿈의 해석(The Interpretation of Dreams)'에서 자기분석 방법의 '꿈 분석'을 발표하였다.
⑦ 아들러, 융, 랭크가 자신의 이론과 스타일을 발전시키면서 초기 정신분석 집단에 기여하였으나 갈등과 반목으로 붕괴되었다.
⑧ 프로이트는 정신분석을 통해 저항은 자신의 고통에 직면하지 않으려는 보호 형태이고, 억압은 의식적 자각에서 고통을 제거하는 방식이라는 것을 확인하였다.
⑨ 환자와 치료자의 전이를 다루는 것이 신경증 치료의 필수라고 믿었다.

2. 주요개념
① 자각의 수준
정신분석의 핵심은 사람들이 억압하여 무의식에 숨겨버린 내용을 이해하는 것이다.

의식	• 개인이 현재 자각하고 있는 생각을 포함한다. • 의식의 내용에 새로운 생각이 들어오고, 오래된 생각은 물러나면서 계속적으로 변한다.
전의식	의식과 무의식의 중간에 있는 자각으로 용이하게 의식으로 가져올 수 있는 정신의 부분이다.
무의식	• 프로이트가 가장 중요하게 생각했던 자각의 수준이다. • 정신분석의 초점이 되는 부분이다. • 무의식의 본능에 의해 지배되며 모든 행동의 배후에서 작동하는 주요한 추진력으로 우리의 행동을 방향 짓는 소망과 욕망이 자리잡고 있는 곳이다.

② 본능이론
• 성격의 주요한 추진력을 추동(Drive) 혹은 충동(Impulse)으로 보는 본능이론이다.
• 본능은 성격의 기본적 요소이며, 행동을 추진하고 방향 짓는 동기이다.
• 삶의 본능(Life Instincts)과 죽음의 본능(Death Instincts)으로 나누었다.

삶의 본능	• 생존을 위한 식욕, 성욕 등과 같은 생물학적인 욕구를 충족시키고 성장과 발달 지향적이다. • 삶의 본능에 의한 정신에너지를 리비도(Libido)라고 하였다. • 리비도가 어떤 한 가지 대상이나 사람에 집중되는 것을 '리비도의 집중'이라고 하였다. • '성(Sex)'은 남녀 간의 성욕보다는 인간에게 쾌락을 주는 모든 행동이나 생각을 포함한다.
죽음의 본능	• 사람이 죽는 것에 대한 무의식적 소망을 가지고 있다고 보았다. • 주요한 구성요소는 공격성이다. • 공격성으로 표출되어 자신이 아닌 타인이나 대상을 죽이고자 하는 소망으로 파괴하고 정복하고 죽이도록 하는 추동이다.

③ 성격의 구조이론
- 원초아(생물학적 구성요소)
  - 원초아는 성격의 가장 원시적인 부분으로 모든 본능의 저장소이다.
  - 본능적 추동에 의해 충동적으로 작동하며 자아와 초자아에 쾌락을 위한 압력을 가한다.
  - 직접적인 신체적 욕구만족과 관련하여 작동하는 쾌락원리(Pleasure Principle)를 기본으로 하고 있다.
  - 현실이나 도덕성에 대한 고려 없이 쾌락을 추구한다.
- 자아(심리적 구성요소)
  - 실제적인 면에서 인간이 접하고 있는 현실을 인지하고 조정하면서 현실원리(Reality Principle)에 따라 작동한다.
  - 초자아의 도덕적인 측면을 고려한 합리적이고 규범적인 행동을 위하여 원초아의 욕구를 조정하고 지연하는 역할을 한다.
- 초자아(사회적 구성요소)
  - 도덕적인 양심, 자아이상에 의해 작동한다.
  - 도덕원리에 의해 작동한다.

④ 불안 : 명확한 대상 없이 느끼는 두려움을 말한다.
- 현실 불안
  자아가 현실을 지각하여 두려움을 느끼는 불안으로 실제적 위험에서 우리를 보호하는 데 기여한다.
- 신경증 불안
  현실을 고려하여 작동하는 자아와 본능에 의해 작동하는 원초아 간의 갈등에서 오는 불안이다. 원초아에 의해 충동적으로 표출된 행동이 처벌되지 않을까 하는 무의식적 두려움이다.
- 도덕 불안
  원초아와 초자아 간의 갈등에서 오는 불안으로 자신의 양심에 대한 불안이다. 도덕적 원칙에 벗어나 본능적 충동을 표현하게 되면 초자아는 수치와 죄의식을 느끼게 한다.

⑤ 방어기제
- 모든 인간은 불안을 원치 않으며 불안으로부터 벗어나기 위해 자기를 보호하는 방법으로 방어기제(Defense Mechanism)를 사용한다.

- 방어기제는 현실을 부정·왜곡하고 무의식적으로 작동되는 특성이 있다.

종 류	내 용	예
억압 (Repression)	자아가 위협적인 내용을 의식 밖으로 밀어내거나 혹은 그러한 자료를 의식하지 않으려는 적극적 노력이다.	자신을 학대하는 부모에 대한 뿌리 깊은 적대감을 알아차리지 못하는 것
부정 (Denial)	현실에서 일어났던 위협적이거나 외상적인 사건을 받아들이지 않고 거절하는 것이다.	부모가 사랑하는 자녀의 죽음을 계속해서 믿지 않으려는 것
반동형성 (Reaction Formation)	개인의 내면에서 수용할 수 없는 충동을 정반대로 적극적으로 표현하려는 것이다.	위협적인 성적 충동에 사로잡혀 있던 사람이 정반대로 포르노그라피를 맹렬하게 비판하는 것
투사 (Projection)	자신이 가진 좋지 않은 충동의 책임을 다른 사람에게 돌리는 것이다.	내가 그를 미워하는 것이 아니라, 그가 나를 미워한다고 표현하는 것
퇴행 (Regression)	위협적인 현실에 직면하여 불안을 덜 느꼈거나 책임감이 적었던 이전의 발달단계의 행동을 하는 것이다.	아이가 학교에 가야 한다는 위협에 직면하여 잠자리에 오줌을 싸는 행동
전위 (Displacement)	어떤 대상에게 원초아의 충동을 표현하기가 부적절하면, 충동의 대상을 대체하는 것이다.	아빠에게 꾸중을 들은 아이가 적대감을 아빠에게 표현하지 못하고 동생을 때리거나 개를 발로 차는 것
승화 (Sublimation)	전위의 한 형태로서 수용될 수 없는 충동이 사회적으로 받아들여질 수 있는 충동으로 대체되는 것이다.	타인에 대한 공격성이 권투선수가 되어 훌륭한 시합을 하는 것으로 대체되는 것
합리화 (Rationalization)	자신의 행동이 받아들여질 수 있게끔 그럴듯한 핑계를 사용하여 재해석하는 것이다.	이솝우화에서 포도를 딸 수 없었던 여우가 포도가 실 것이라고 결론 내렸던 것

3. 성격발달

정신에너지인 리비도가 신체 부위의 어디에 집중되었느냐에 따라 구분되었다.

① 구강기(Oral Stage)
- 출생~1세
- 리비도가 입에 집중되어 있어 **빨고, 삼키고, 깨무는** 행위에서 긴장 감소, 쾌락을 경험한다.
- 어머니의 젖을 빨면서 전적인 의존상태에서 세상에 대한 지각을 배운다.
- 구강 수용적 행동(Oral Receptive Behavior) : 구강욕구가 지나치게 만족되면 성인기에 세상에 지나친 낙관론을 보이거나, 의존적 성격을 띠게 되는 경향성이 있다.
- 구강 공격적 행동(Oral Aggressive Behavior) : 지나친 비판, 적의, 공격성을 보이는 경향성이 있다.

② 항문기(Anal Stage)
- 1~3세
- 리비도가 항문에 집중되는 시기로서 본능적 충동인 배설과 외부적 현실인 배변훈련과 관련되어 있다.
- 항문 공격 성격(Anal Aggressive Personality) : 부모의 배변훈련에 거절하는 행동을 하는 것으로서 좌절감을 감소시키기 위해 배변 행동을 통해 만족감을 얻는 경우이다.

- 항문 보유 성격(Anal Retentive Personality) : 변을 보유하면서 만족을 느끼고 부모를 조작하는 아이로서 고집이 세고 구두쇠의 특성을 갖게 된다.

③ 성기기(Phallic Stage)
- 3~6세
- 리비도의 초점이 성기에 있는 시기로서 이성 부모에 대한 근친상간 욕망, 환상을 갖게 된다(성적 유혹이론 → 성적 환상이론).
- 남아는 어머니를 사랑하는 오이디푸스 콤플렉스가 나타난다. 아버지를 어머니에 대한 경쟁자이자 위협적인 대상으로 여긴다.
- 남아는 아버지와 자신을 동일시하여 오이디푸스 콤플렉스를 극복하고 초자아를 형성하게 된다.
- 여아는 아버지에 대한 이성적 사랑으로 엘렉트라 콤플렉스를 경험하게 된다.
- 여아는 어머니와 자신을 동일시하여 엘렉트라 콤플렉스를 극복하고 초자아를 형성하게 된다.

④ 잠복기(Latency Period, 잠재기)
- 6세~사춘기
- 성적 본능을 휴면하고 학교활동, 취미, 운동, 우정관계를 통해 성적 충동을 승화한다.

⑤ 생식기(Genital Stage)
- 사춘기 이후
- 급격한 신체적 성장과 호르몬의 변화가 있다.
- 리비도가 성기에 집중되면서 이성에 대한 관심과 성행위를 추구한다.
- 자신의 정체감을 인식하고 인간관계를 통해 만족을 추구한다.

[심리성적 발달단계와 특징]

단계	연령	특징
구강기	0~1세	• 리비도가 입에 집중되어 있으며, 주로 빠는 행동을 통해 쾌락을 얻음 • 원초아가 지배적임
항문기	1~3세	배변훈련(외부현실)이 배변으로 인해 얻어지는 만족을 방해함
성기기	3~6세	근친상간에 관한 환상, 오이디푸스 콤플렉스, 불안, 초자아가 발달됨
잠복기	6세~사춘기	성적 본능의 승화 단계
생식기	청소년기~성인기	성역할 정체감과 성인으로서의 사회적 관계가 발달됨

4. 성격 평가기법

① 자유연상(Free Association)
- 환자가 떠오르는 기억이나 생각을 치료자에게 보고하는 기법이다.
- 사소하고 비논리적이고 중요하지 않은 것이라도 생각나는 대로 치료자에게 보고함으로써 치료자는 환자의 문제가 인생초기 경험에 의한 것임을 발견한다.

② 꿈 분석(Dream Analysis)
- 무의식을 밝히기 위해 사용하는 주요한 기법이다.
- 꿈의 내용을 꿈에서의 실제 사건과 숨겨진 상징적 의미로 구분하였다.
- 성적 충동과 관련하여 숨겨진 상징적 의미를 찾으려 하였다.

5. 성격이론의 적용

① 인간 이해 및 심리치료 방법으로 적용되어 심리적 문제해결에 사용되어 왔다.
② 환자가 무의식적 자료를 회상하여 재해석하도록 하여 생활이 보다 만족스럽게 되도록 조력하였다.
③ '시작단계 → 전이발달단계 → 훈습 → 전이해결'을 통해 환자의 문제를 해결한다.
④ 전이의 유도는 내담자가 자신을 억압한 내용을 이해하도록 돕는 과정이다.
⑤ 저항은 변화의 두려움, 무의식적 소망과 욕구의 충족 유지, 무의식적 갈등에 직면하는 것을 피한다.
⑥ 무의식에 숨겨둔 자료를 내담자 스스로 이해하고 저항을 해결하는 것이 필요하다.

핵심문제 03

다음은 성격심리 이론가 중 누구에 대한 설명인가?

- 심리결정론에 기초하며, 무의식을 가정하고 성적 욕구(리비도)를 강조한다.
- 어린 시절의 경험을 강조한다.

① 에릭슨(Erikson) ② 프로이트(Freud)
③ 로저스(Rogers) ④ 융(Jung)
⑤ 벡(Beck)

고득점을 향한 해설

프로이트(Freud)는 수련과정에서 환자들의 부분마비, 진전, 청각상실 등의 신체적인 증상이 정서적 혼란과 관련되어 있음을 파악하고, 무의식의 세계를 분석하고자 했다. 심리적 동기인 성적 충동과 공격적 충동이 개인의 심리적 기능에 미치는 영향에 몰두했다. 또한 인간을 갈등의 존재로 보고 삶이 지속되는 동안 원초아, 자아, 초자아가 갈등을 겪는다고 주장했다.

답 ②

04 | 아들러의 개인심리학

1. 아들러(Adler)의 생애
① 1870년 비엔나에서 6형제 중 2번째로 태어났다.
② 구루병, 폐렴과 손수레에 치여 죽을 뻔한 경험으로 얻은 신체적 열등감을 어머니의 사랑으로 극복하고 있었으나 동생들의 출생으로 더 이상의 보호는 없었다.
③ 수학성적이 낮아 열등감을 느꼈으나 극복하여 수학성적이 높은 학생이 되었다.
④ 1895년 비엔나의과대학을 졸업하고 일반의가 되었다.
⑤ 1902년 꿈 분석 이론에 대한 논박으로 프로이트와 관계를 맺기 시작했다.
⑥ 1912년 '자유정신분석학회'를 '개인심리학회'로 명칭을 변경하였다.
⑦ 1912년 『신경증 체제』라는 책에서 열등감 개념을 정신건강에 도입하기 시작했다.
⑧ 출생순위, 꿈 등을 내담자의 생활양식을 이해하는 데 도움을 주는 개념으로 정리하였다.
⑨ 강연가로 왕성한 활동을 하다가 1937년 강연 중 심장마비로 사망하였다.

2. 주요개념
① 생활양식
- 생을 영위하는 근거가 되는 기본적 전제와 가정을 의미한다.
- '나는 ~이다. 세상은 ~다. 그러므로 ~다.'의 삼단논법으로 생활양식에 따라 생각하고, 느끼고, 행동한다고 보았다.
- 열등감과 보상의 개념을 이해하는 것이 필요하다.
- 신체적 허약함(열등감) → 체력 발달(보상)
- 개인의 생활양식은 독특한 열등감을 극복하기 위한 노력을 나타낸다.
- 4~5세에 형성되어 계속 유지되며, 이후의 행동양식의 기본이 된다.
- 개별적인 문제보다는 세 가지 인생과제인 직업, 사회, 사랑과 상호 관련되어 있으며, 해결방법도 생활양식에 달려 있다는 것을 강조하였다.
- 이차원적 모형으로 사회적 관심과 활동수준으로 구분된다.
- 사회적 관심은 개인에 대한 공감을 말하며, 개인의 이익보다는 사회발전을 위해 협력하는 것을 뜻한다. 심리적 성숙의 주요 기준이며 이기적인 것과 상반된다.
- 활동수준은 인생문제를 다루는 데 있어서, 개인이 보여주는 에너지의 양을 말한다. 주로 어렸을 때 형성되며 무기력에서 왕성하게 활동하는 사람까지 다양하다.
- 사회적 관심과 활동수준을 근거로 하여 지배형, 기생형, 회피형, 사회적 유용형으로 구분된다. 앞의 3가지 유형은 바람직하지 않은 유형이며, 사회적 유용형은 바람직한 유형으로 사회적 관심과 활동수준이 높다.

구분	내용
지배형	• 부모가 지배, 통제하는 독재형이다. • 가부장적 가족문화, 유교문화로 인해 아버지 중심으로 힘을 휘두르는 경우가 많다.
기생형	• 부모가 자녀를 지나치게 과잉보호하여 의존성이 나타나는 태도이다. • 모든 것을 타인으로부터 의존하기를 기대한다. • 자녀가 원한다면 무엇이든 들어줄 때 자녀가 기생형이 된다. • 자녀가 스스로 시련을 통해 배우고, 어떠한 일을 할 수 있도록 조력하는 것이 필요하다.
회피형	• 매사에 소극적이고 부정적인 태도를 가진다. • 자신감 부족으로 적극적으로 직면하는 것을 피한다. • 보다 나은 삶을 위해 과감하게 도전하는 자세가 필요하다. • 도전하지 않고 불평하기 때문에 사회적 관심이 떨어져 고립되게 된다. • 부모로서 매사에 적극적으로 참여하는 태도를 자녀에게 보여줄 필요도 있다.
사회적 유용형	• 높은 사회적 관심과 활동성을 가지고 있기 때문에 긍정적인 태도를 가진 성숙한 사람으로 자란다. • 심리적으로 건강한 사람의 표본이 된다.

② 인생과제
- 일과 여가, 우정, 사랑을 건강과 안녕의 핵심으로 생각한다.
- 그 다음으로 여성과 우주, 신과 관련된 개인의 영적 자아를 다루어 자기지향과제를 개인의 성공으로 다루고 있다.

구분	내용
생활세력	개인의 안녕에 영향을 주는 사회지도적 측면 예 가정, 종교, 교육, 지역사회, 매체, 정부, 경제/산업 등
지구촌 차원 사건	일상생활과 삶의 질에 영향을 미치는 사건 예 전쟁, 기아, 질병, 가난, 환경 오염, 인구 폭발, 인권의 침해, 경제 착취, 실업 등

> **다섯 가지 인생과제**
> - 인생과제 1 : 영성
> - 인생과제 2 : 자기지향(가치감, 통제감, 현실적 신념, 정서적 자각 및 대처, 문제해결 및 창의성, 유머감, 영양, 운동, 자기 보살핌, 스트레스 관리, 성 정체감, 문화 정체감 등)
> - 인생과제 3 : 일과 여가
> - 인생과제 4 : 우정
> - 인생과제 5 : 사랑

③ 허구적 최종목적론
- 허구 또는 이상(理想)이 현실을 보다 더 효과적으로 움직인다는 바이힝거(Vaihinger)의 영향을 받은 개념이다.
- 아들러는 인간의 행동이 과거 경험보다는 미래에 대한 기대에 의해서 더 좌우된다고 믿었다.
- 인간의 궁극적 목적은 허구로서 인간은 최종 목적에 무엇을 수용할 것인가, 어떻게 행동할 것인가, 어떻게 해석할 것인가를 위한 창조적 힘을 갖는다.

④ 열등감

자기완성을 위해 자신이 느끼는 열등감을 극복해야 함을 강조하였다.

구분	내용
기관열등감	• 부모에게 물려받은 신체에 대한 열등감이다. • 외모는 어떠한가? 건강한가?
과잉보호	• 부모의 자녀교육과 관련된 것으로 자녀를 독립적으로 또는 의존적으로 키우느냐에 따른다. • 학교나 사회에서 문제를 일으켰을 때 스스로 문제를 해결하는 것이 옳으나, 부모는 자녀가 스스로 해결하기 전에 나서는 경우가 많으므로 자녀는 어려운 고비에 부딪혔을 때 해결능력이 없다는 열등감을 갖게 된다.
양육태만	• 부모가 자녀에 대하여 최소한의 도리를 하지 않는 것으로 사랑과 관심이 매우 중요한 요소이다. • 양육태만된 아동은 자신을 필요 없는 존재로 느끼고 있기 때문에 열등감을 극복하기보다는 회피하게 된다.

⑤ 우월성 추구
- 아들러의 우월성 개념은 자기완성, 자아실현의 의미가 있다.
- 자기신장, 성장, 능력을 위한 모든 노력의 근원이 열등감이라고 말했다.
- 부족한 것은 보충하고, 낮은 것은 높이고, 미완성의 것은 완성하며, 무능한 것은 유능한 것으로 만드는 경향성이 있다.

⑥ 가족구도/출생순위

출생순위와 가족 내 위치에 대한 해석은 어른이 되었을 때 세상과 상호작용하는 방식에 큰 영향을 미친다.
- 첫째아이
  - 집안에서 매우 독특한 위치이다.
  - 첫째로서 부모의 모든 사랑과 관심을 받는다.
  - 둘째가 태어나면 '폐위된 왕'이 된다.
  - 둘째의 출생으로 인해 열등감이 심화된다.
  - 둘째 출생에 대한 미흡한 준비로 첫째는 신경증, 알코올 중독, 범죄, 성적 일탈자가 될 가능성이 있다.
  - 리더가 되길 원한다.
  - 사회적 유용이 부족할 경우 지배형이 될 가능성이 크다.
- 둘째아이(중간아이)
  - 경쟁의 아이콘이다.
  - 뚜렷한 협력의 태도를 보인다.
  - 혁명가가 될 수도 있다.
- 막내아이
  - 과잉보호될 가능성이 크다.
  - 과도하게 의존적이다.

- 외동아이
    - 경쟁의 대상이 없다.
    - 자신의 중요성에 대해 과장된 견해를 갖고 있다.
    - 소심하고 의존적이다.

3. 성격 평가기법

① 초기회상
- 내담자가 회상하는 실제적인 사건에 대한 기억이다.
- 어린 시절에 경험한 수많은 사건들의 기억들이 생활양식의 모태로서 기능한다.
- 기본적인 인생관을 강화하거나 반영한다.

② 꿈 분석
꿈의 상징은 고정된 의미보다는 현재의 변화와 발달을 평가하는 데 사용된다.

③ 출생순위 분석
- 부모-자녀 간의 상호작용의 역동성과 형제간의 역동성에 집중하였다.
- 부모의 가치관, 부모 간의 관계 등을 통해 내담자 자신에 대한 지각의 중요성을 강조하였다.

④ 기본적 오류
- 과잉일반화
- 안전추구를 위한 그릇되었거나 불가능한 목표
- 인생과 인생의 요구들에 대한 잘못된 지각
- 개인가치의 최소화 또는 부인
- 그릇된 가치

⑤ 자 질
- 가족구도, 초기회상, 꿈, 기본적 오류를 발견하도록 이끈다.
- 자질은 정직, 학문적, 직업적인 기술, 대인관계 기술, 가족에 대한 배려 등의 특성을 포함한다.

4. 성격이론의 적용

드라이커스(Dreikurs)는 상담의 목표를 생활양식 및 생활양식 내에서의 행동의 변화로 보았다.

> **드라이커스(Dreikurs)가 제안한 상담과정**
> - 좋은 상담관계 형성(공감적 관계 형성)
> - 평가 및 분석 : 내담자의 역동성을 탐색하여 신념과 감정, 동기와 목표를 이해한다.
> - 해석 : 내담자의 진술을 통해 이루어지면 자기이해와 통찰을 촉진한다.
> - 재정향 : 내담자가 새로운 방향을 갖도록 조력하여 목표를 성취할 신념과 행동의 변화를 만들도록 한다.

핵심문제 04

다음 설명은 아들러의 성격 평가기법 중 무엇에 해당하는가?

> 부모-자녀 간 상호작용의 역동성과 형제간의 역동성에 집중하였다.

① 출생순위 분석
② 초기회상
③ 꿈 분석
④ 기본적 오류
⑤ 자 질

고득점을 향한 해설

초기회상은 내담자가 회상하는 실제적인 사건에 대한 기억이고, 꿈 분석은 꿈의 상징을 통해 현재의 변화와 발달을 평가하는 기법이다. 기본적 오류는 인생과 인생의 요구들에 대한 잘못된 지각을 의미한다.

답 ①

05 | 융의 분석심리학

1. 융(Jung)의 생애

① 1875년 스위스의 케스빌에서 태어났다.
② 1900년 바젤대학에서 의학학위를 받고 취리히대학의 정신병 진료소에 임명되어 블로일러(Bleuler) 밑에서 일했다.
③ 1911년 프로이트와 강연을 하면서 국제정신분석학회장이 되었다.
④ 1914년 정신분석, 리비도, 무의식의 해석이 프로이트와 달라서 『무의식의 심리학』을 발간한 후 프로이트와 결별하였다.
⑤ 프로이트는 리비도를 성적 에너지로, 융은 생활에너지로 간주하였다.
⑥ 성격은 생활 속에서 후천적으로 변할 수도 있으며 미래의 목표와 열망에 의해 형성되었다고 주장했는데, 이는 프로이트의 결정론적 견해와는 차이가 있다.

2. 주요개념

① 정신의 구조
   - 의 식
     - 직접 알고 있는 정신의 부분이다.
     - 자아(Ego)에 의해 지배된다.
     - 태도는 의식의 주인인 자아가 갖는 정신적 에너지의 방향이다(외향성/내향성).

- 의식의 기능은 주관적 세계와 외부 세계를 지각하고 이해하는 서로 다른 방식을 의미한다(사고, 감정, 감각, 직관).
- 합리적 차원(사고-감정), 비합리적 차원(감각-직관)
- MBTI 성격유형 검사의 기초 이론이 된다.
- 개인무의식
  - 의식에 인접해 있으며, 쉽게 의식화될 수 있는 망각된 경험이나 감각경험으로 구성된다.
  - 억압으로 인해 의식이 미약하여 의식에 도달할 수 없거나 의식에 머물 수 없는 경험을 포함한다.
- 집단무의식
  - 융이 제안한 독창적인 개념으로 분석심리학의 가장 핵심적인 개념이다.
  - 개인적 경험이나 역사와 문화를 통해 공유해온 모든 정신적 자료가 집단무의식에 저장되어 유전되었다고 생각한다.
  - 인류역사를 통해 물려받는 유산으로 우리의 행동양식에 영향을 주는 원형(Archetypes)으로 구성되어 있다.

② 정신에너지의 원리
- 전체적 성격을 정신이라고 불렀다.
- 리비도를 '인생과정 에너지'로 보았다.

구 분	내 용
대립원리	• 신체에너지(Physical Energy) 내에 반대되는 힘이 대립 혹은 양극성으로 존재하여 갈등을 야기하며 이러한 갈등이 정신에너지(Psychic Energy)를 생성하는 데 필요하다. • 갈등이 없으면 에너지도 없고 인생도 없다. • 양극성의 갈등이 커질수록 에너지는 더 많이 생성된다.
등가원리	• 어떤 조건을 생성하는 데 사용된 에너지는 상실되지 않고 성격의 다른 부분으로 전환되어 성격 내에서 에너지의 재분배가 이루어진다. • 깨어있는 동안에 의식활동을 위해 사용하는 정신에너지는 잠자는 동안에는 꿈으로 전환된다. • 에너지가 변환된 새로운 영역이 동등한 정신가치를 가져야 한다.
균형원리	• 두 가지 욕망이 정신가치에서 크게 다르다면, 에너지는 보다 강한 욕망에서 약한 욕망으로 흐를 것이다. • 이상적으로, 성격은 모든 측면에서 정신에너지의 동등한 분배가 이루어지지만 이상적 상태로 성취되지 않는다. • 완전한 균형이 이루어지면 성격은 정신에너지를 갖지 못할 것이다. 대립원리가 정신에너지를 생성하기 위해 갈등을 요구하기 때문이다.

③ 원 형

집단무의식의 구성요소로서 꿈, 신화, 동화, 예술 등에서 나타나는 상징을 통해서 표현된다.

- 페르소나
  - 개인이 사회적 요구들에 대한 반응으로서 밖으로 내놓는 공식적인 얼굴이다.
  - 다른 사람과의 관계에서 좋은 인상을 주거나 자신을 은폐시킨다.
  - 겉으로 드러난 페르소나와 내면의 자기가 불일치하면 이중적인 성격이 나타나게 되며, 사회적응에 곤란을 겪게 된다.

- 아니마와 아니무스
  - 남성의 내부에 있는 여성성을 아니마(Anima), 여성 내부에 있는 남성성을 아니무스(Animus)라고 한다.
  - 남성의 속성은 이성(Logos), 여성의 속성은 사랑(Eros)이다.
  - 인간은 양성성을 갖고 태어났기 때문에 남자는 내부에 잠재해있는 여성성(사랑)을 이해하고 개발하고, 여성은 남성성(이성)을 이해하고 개발할 필요성이 있다.
- 그림자
  - 인간의 어둡거나 사악한 측면을 나타내는 원형이다.
  - 의식에서 억압되어 어두운 무의식에 있는 자료로서 인간의 원초적인 동물적 욕망에 기여하는 원형이다.
  - 인간의 양면성, 즉 밝고 긍정적인 면과 어둡고 부정적인 면을 반영한다.
  - 빛이 없으면 그림자도 없다.
  - 치료자는 내담자의 부정적 측면을 조절할 수 있도록 돕는다.
- 자기
  - 자기(Self)는 모든 의식과 무의식의 주인이다.
  - 전체로서 인간 성격의 조화와 통합을 위해 노력하는 원형이다.
  - 다른 정신 체계가 충분히 발달할 때까지 나타나지 않는다.
  - 융의 이론에 의하면 자기는 인생의 가장 결정적인 변화의 시기인 중년기에 나타나서 자신에 대한 정확한 지각과 미래의 계획 및 목표를 수반하게 된다.

3. 성격발달

① 성격발달은 자기를 실현하는 과정이다.

② 인생전반기

자기의 방향이 외부를 향하며 분화된 자아를 통해 현실 속에서 자기를 찾으려고 노력한다(활동적, 환경과 상호작용).

③ 인생후반기

자기의 방향이 내부를 향하며 자아는 다시 자기에 통합한다.

④ 분화와 통합을 통해 자기가 발달하는 과정을 개성화(Individuation)라고 하였다.

4. 성격 평가기법

① 단어연상검사
- 어떤 자극단어에 의해 마음에 떠오르는 단어로 반응하는 투사기법이다.
- 자극단어에 반응하는 시간 및 생리적 반응을 측정한다.

② 증상분석
- 환자가 증상에 대하여 자유연상하도록 하였다.
- 환자의 증상은 원인에 대한 분석자의 해석을 통해 감소하거나 사라지게 된다.
- 외상 후 스트레스장애에 도움이 된다고 본다.

③ 사례사
- 심리적 발달을 추적하는 데 사용된다.
- 환자로 하여금 과거경험에 대해 회상하도록 하여 조사함으로써 현재의 신경증을 설명할 수 있는 발달 패턴을 확인하여 생애사 재구성을 하도록 한다.

④ 꿈 분석
- 꿈이 무의식적 소망 이상의 의미가 있다고 본다.
- 꿈이 미래를 예견한다고 보고 다가올 경험과 사건을 준비하도록 도와준다.
- 동시성은 두 사건이 동시에 혹은 근접한 시간에 독립적으로 일어나지만 서로 밀접하게 관련되는 현상이다.
- 꿈은 적응을 위한 노력이며 성격의 결함을 교정하려는 시도이다.
- 꿈이 보여주려는 의미를 밝히기 위해 확충법을 사용하였다.
- 확충법은 상징으로 시작하여 상징들의 이해를 확장하고 주제가 탐색될 때까지 같은 상징들을 계속해서 재평가하고 재해석하는 치료기법이다.

⑤ MBTI
- 개인이 외부로부터 정보를 수집하고(인식기능), 자신이 수집한 정보에 근거해서 행동을 결정(판단기능) 내리는 데 있어서 선호하는 방법이 근본적으로 다르다는 것이다.
- 인식과정은 감각과 직관으로 사물, 사람, 사건, 생각들을 지각하는 차이점을 설명한다.
- 판단과정은 사고와 감정으로 인식한 바에 의거하여 결론을 내리는 방법들 간의 차이점을 설명한다.
- 어떤 태도를 취하는가에 따라 외향성과 내향성으로 구분한다.
- 브릭스(Briggs)와 그녀의 딸 브릭스 마이어스(Myers)가 융의 분석심리학 모델을 바탕으로 1944년에 개발한 자기보고형 성격유형검사이다.

5. 성격이론의 적용

① 고백단계
- 치료의 필수적인 단계, 자신의 제한점을 타인들과 나누는 단계이다.
- 카타르시스 과정을 통해 치료자에 대한 신뢰가 형성된다.

② 명료화단계
설명단계로서 문제의 기원에 대해 알게 된다.

③ 교육단계
사회적 환경에 적응하기 위해 자신의 성격에 대한 통찰을 한다.

④ 변형단계
내담자와 치료자 간의 역동적인 상호작용을 통해 단순히 사회에 대한 적응을 넘어서 자기실현에로의 변화가 도모된다.

> **핵심문제 05**
>
> 인간의 무의식을 프로이트보다 한층 더 심층적으로 연구한 사람이며, 프로이트가 주장한 심리성적 발달과 결정론에 반대하여 인간 정신에 대한 분석을 주관적 체험과 현상학을 바탕으로 체계화한 성격이론가는?
>
> ① 융(Jung)
> ② 아들러(Adler)
> ③ 파블로프(Pavlov)
> ④ 로저스(Rogers)
> ⑤ 반두라(Bandura)
>
> **고득점을 향한 해설**
>
> 아들러(Adler)는 개인심리학, 파블로프(Pavlov)는 고전적 조건형성을 상담에 적용하여 개인이 행동을 유지, 강화, 변화하는 데 활용하였다. 로저스(Rogers)는 인간이 지니고 있는 신뢰성과 자기실현적 속성이 발휘되도록 촉진해야 한다고 주장하였다. 반두라(Bandura)는 학습에 인지가 중요한 역할을 한다는 것을 드러냈으며 인간의 자기효능감의 중요성을 시사하였다.
>
> 답 ①

06 호나이의 신경증적 성격이론

1. 호나이의 생애

① 1885년 아버지의 두 번째 부인의 둘째 아이로 태어났다. 권위적인 아버지와 자유로운 어머니 사이에서 남성세계에 반항하는 여성으로 자라났다.
② 1906년 프라이부르크대학 의대에 입학하여 오스카 호나이(Oskar Horney)와 1909년에 결혼하였다.
③ 1915년 베를린대학에서 의학박사학위를 받았다.
④ 1932년 미국으로 이주하여 자신의 방식에 근거하여 정신분석을 실시하면서 프로이트의 리비도 이론과 정신분석을 강하게 비판하였다.
⑤ 1937년 『우리 시대의 신경증적 성격(The Neurotic Personality of Our Times)』에서 성격형성에는 사회 및 환경 조건이 중요하다는 것을 강조하였고, 불안이란 문화와 양육의 문제로 잠재적이고 적대적인 고립과 무기력한 존재에서 비롯된다고 보았다.
⑥ 1952년 남성지배적이고 가부장적 정신분석에 대해 투쟁하며 자신의 입장을 발전시켰다.

2. 주요개념

① 기본적 불안
- 적대적 세계에서 자신도 모르게 증가하는, 모든 측면에 파고드는 고독과 무력감으로 정의했다.
- 지배, 고립, 과보호, 적의, 무관심, 일관되지 않은 행동, 무시, 부모불화, 돌봄과 지도의 결여, 격려와 애정의 결여 등을 부정적 조건으로 본다.

- 아동이 느끼는 기본적 불안에서 자신을 보호하려는 자아보호기제는 애정과 사랑 확보, 복종, 힘 성취, 철회로 설명한다.

구 분	내 용
애정과 사랑 확보	• 아이들은 애정과 사랑을 확보하기 위해 타인이 원하는 것은 무엇이든 하려고 노력한다. • 타인에게 잘 보이기 위해 아부하고 노력한다. • 애정을 얻기 위해 타인을 위협하는 방법을 사용한다.
복 종	• 아이들은 위협적인 사회 환경에서 그에게 영향을 미치는 누군가의 소망에 순응하는 자아보호의 수단으로 복종을 사용한다. • 복종의 기제는 비판하거나 공격하지 않고 욕망, 감정을 억압한다. • 학대의 가해자로부터 자신을 방어하지 않고 희생해야 한다고 생각한다.
힘 성취	• 성공, 우월성 확보를 통해 자신의 무력감을 보상하여 안전을 성취한다. • 아동이 힘의 성취를 위해 학업에 열중하는 이유는 자신을 해칠 수 없다는 믿음 때문이다.
철 회	• 자신의 욕구 만족을 위해 타인을 의지하지 않고 독립적이려고 시도한다. • 신체적 · 심리적으로 타인과 관계를 맺지 않으려고 한다. • 기본적 불안에 대해 마지막으로 사용하는 방법이다.

② **신경증 욕구** : 개인이 안전을 얻기 위해 사용하는 방어적 태도로 비합리적으로 사용된다.
- 애정과 인정 욕구
  - 일반적으로 사람들은 애정과 인정 욕구를 가지고 있지만 신경증적인 사람은 상대에 대한 고려 없이 무분별한 강한 욕구를 보인다.
  - 타인의 비판에 민감하여 건전한 관계형성이 어렵다.
  - 자신의 소망을 억제하고 타인의 요구를 거절하지 못한다.
  - 지나친 애정과 인정 욕구에 매여 인간관계를 주체적이고 성숙된 관계로 발전시키지 못한다.
- 지배적 파트너 욕구
  타인에게 매우 의존적이며 자비, 사랑, 우정이 없으면 고독감과 부적절한 감정을 느낀다.
- 힘 욕구
  자신의 불안, 약함, 열등감을 보호하기 위해 힘을 추구하여 무력감을 보호하려 한다.
- 착취 욕구
  - 타인의 아이디어, 직업, 파트너를 착취하여 불안전감을 해소하려 한다.
  - 자신이 이용당할 것이라는 두려움 속에서 생활한다.
- 특권에 대한 욕구
  타인에게 존경과 인정을 받고자 하는 욕구에 몰입하여 특권의 부여를 평가한다.
- 존경에 대한 욕구
  자기혐오와 경멸로 이상화된 자아를 창조하여 자신이 성인이나 천재로 여겨지길 바란다.
- 자아충족 욕구
  - 지속적으로 타인으로부터 자신을 고립시킨다.
  - 타인과 거리를 두어 우월의 환상을 유지한다.

- 완전 욕구
  - 부모의 과도한 기준 설정을 자녀가 충족시키지 못할 때 비난과 비판을 하게 된다.
  - 아동은 부모의 비난과 비판을 허용하지 않도록 노력하는 일생을 보내게 된다.
  - 자신의 단점에 매우 민감한 반응을 보인다.
- 생의 편협한 제한 욕구
  - 실패, 창피함 등이 두려워 모험과 도전을 하지 않는다.
  - 자발성과 개방성이 요구되는 상황에서도 자신을 억압한다.

③ 신경증 경향성
- 순응형 성격
  - 타인을 향해 움직이기(Movement toward Other People)
  - 보호받고자 애정과 인정에 대한 강하고 지속적인 욕구를 지닌다.
  - 자신의 목표 달성을 위해 친구나 특히 배우자를 조종하는 경향이 있다.
  - 억압된 깊은 곳에는 반항심과 복수심을 갖고 있으면서 겉으로는 사려 깊고, 이해심 많고 반응적이며 타인의 욕구에 민감한 듯 보인다.
- 공격형 성격
  - 타인에 적대적이며 반하는 행동을 한다(거칠고 지배적).
  - 타인과의 관계를 이익을 얻는 것으로 평가하고 논쟁과 비판을 자주 하며, 양보하지 않고, 무언가 끊임없이 요구한다.
- 고립형 성격
  - 타인과 멀어지는 행동을 하면서 정서적인 거리를 유지하려고 한다.
  - 사생활이 중요하며 가능한 한 혼자 있으려고 한다.
  - 자신에 대한 영향력의 행사나 강요, 규제 등에 민감하다.
  - 공격형의 우월감과 다른 독특함, 초연함 등을 보인다.

[신경증 욕구와 신경증 경향성]

욕구	경향성
• 애정과 인정 욕구 • 지배적 파트너 욕구	타인을 향해 움직이기(순응형 성격)
• 힘의 욕구 • 착취 욕구 • 특권 욕구 • 존경 욕구 • 성취 혹은 야망 욕구	타인에 반해 움직이기(공격형 성격)
• 자아충족 욕구 • 완전 욕구 • 생의 편협한 제한 욕구	타인으로부터 멀어지기(고립형 성격)

④ 자아의 구분
- 주관적 현실자아(Real Self)
  - 부모에 대한 무력감과 적대감 사이에서 심각한 갈등에 직면한다.
  - 자신을 사랑받지 못하는 무가치한 존재로 여긴다.
  - 현실자아는 아동의 무력감을 부모가 강화하여 손상된 자아상(Damaged Self-image)으로, 현실자아를 가능한 자아(Possible Self)로 발전시켜 자아실현할 수 있게 하는 것이 목표이다.
- 객관적 실제자아(Actual Self)
  - 타인에 의해 관찰된 객관적 총합을 실제자아라고 하였다.
  - 자신이 지각한 내용과는 상관없이 있는 그대로의 신체적, 정신적 일체를 의미한다.
- 이상적 자아(Idealized Self)
  - 자신이 되어야만 하는 자아(Self what we should be)를 말한다.
  - 자아실현을 위해 이상적 자아를 형성하는 것은 인간의 보편적 특징이다.
  - 건강한 사람은 이상적 자아와 현실적 자아가 대체로 일치하지만, 그렇지 못한 경우는 둘 사이의 거리가 멀거나 분리되어 있다.

⑤ 여성심리학
- 프로이트의 리비도 이론과 상반되는 임상적 관찰에서부터 비롯되었다.
- 프로이트는 남근선망이 여성을 발달시켰다고 했다. 한편 호나이는 여성이 출산하고 양육하는 능력을 질투하는 것을 자궁선망(Womb Envy)이라고 하였다.
- 남녀 모두 창조적이고 생산적이고자 하는 충동이 있다고 보았다.
- 여성은 임신, 출산을 통해 내부적으로 욕구를 충족시키고, 남성은 외부로부터 성취를 통해 욕구를 충족시킨다.
- 남성은 임신과 출산의 능력을 보상하기 위해 창의적인 분야에서 성공하고자 노력한다.
- 호나이는 가부장적 사회에서는 여성의 개성이 억압되었기에 여성의 열등감은 습득된 것이라고 주장한다.
- 남성중심의 이론들에 반하여 여성의 정체성을 여성의 입장에서 정립하고자 노력하였다.

3. 성격발달

아동은 안전욕구에 의해 지배되며, 이를 해치는 부모에 대해 적개심을 갖게 된다. 아동은 아래 네 가지 원인으로 인해 부모에 대한 적개심을 억압하게 된다.

① 무기력
  아동의 무기력감은 부모에게 의존적인 상태에서 과도하게 보호받게 되면 더욱 커지게 된다.
② 두려움
  부모로부터 처벌, 신체적 학대, 여러 유형의 위협을 받아 부모를 두려워한다.
③ 사 랑
  - 부모에 대한 적대감을 억압하기 위한 또 다른 목적이 된다.
  - 부모의 애정 또는 말과 행동에 진정성을 느끼지 못할 경우 적대감을 더욱 억압한다.

④ 죄의식

부모에 대한 분노, 악한 마음을 품거나 표현하는 것이 무가치하고 죄를 짓는 일이라고 생각하여 적대감을 더욱 억압한다.

4. 성격 평가기법

① 자유연상
- 내담자의 태도는 상담자에게 보이는 관찰가능한 정서적 반응이라고 보았다.
- 유아의 성격을 탐색하기보다는 현재의 태도, 방어기제, 갈등 등으로 먼저 평가하고, 아동기적 경험을 탐색하였다.

② 꿈 분석
- 꿈 분석을 통해 개인의 진정한 자아(True Self)를 발견할 수 있다고 믿었다.
- 꿈은 개인이 처해있는 갈등의 맥락에서 설명할 수 있다.
- 꿈은 내담자가 가장 안전한 감정을 느끼는 방식이다.

③ 자아분석 : 체계적인 자아분석을 통해 자기이해를 보다 진지하게 한다.

5. 성격이론의 적용

① 신경증 환자들은 자신의 현실 자아와 타인으로부터 고립되어 있다.
② 환자들은 자신의 단점이 타인에게 드러나는 것을 두려워한다.
③ 치료를 통해 타인과의 관계를 경험하도록 한다.
④ 내면에서 작용하고 있는 장애물을 자각하는 데 도움이 되도록 정서적 경험을 하게 한다.
⑤ 무의식적 환상들을 포기할 수 있는 동기를 부여한다.
⑥ 현실자아를 지각하고 자아분석을 통해 정체성을 발견하도록 한다.
⑦ 내담자의 변화에 긍정적 영향을 주며 다른 경험에 대해 충족감을 주어 자아실현의 동기를 유발한다.
⑧ 가족, 사회 국가, 세계에 자신을 확장시켜 이타적인 참여를 통해 소속감이 비롯될 수 있다는 내면의 확신도 갖게 한다.

핵심문제 06

자신의 방식에 근거하여 정신분석을 실시하면서 프로이트의 리비도 이론과 정신분석을 강하게 비판하고 『우리 시대의 신경증적 성격』에서 성격 형성에 사회 및 환경 조건의 중요성을 강조한 성격이론가는?

① 반두라(Bandura)
② 융(Jung)
③ 호나이(Horney)
④ 아들러(Adler)
⑤ 에릭슨(Erikson)

고득점을 향한 해설

호나이는 프로이트의 남성지배적이고 가부장적인 정신분석을 강하게 비판하였으며, 아동기의 양육 조건과 문화적 환경에 따라 성격이 다르게 발달한다고 보았다.

답 ③

07 | 설리반의 대인관계이론

1. 설리반(Sullivan)의 생애
① 1892년 2월, 뉴욕주 노르위츠에서 농부의 아들로 태어났다. 그의 아버지는 정서적으로 고립되고 말이 없었으며 어머니는 우울증을 겪고 있었다.
② 1900년, 13살의 베링거와 깊은 우정을 나누었으며(청소년기에 끝남) 1908년, 코넬대학 입학 후 모든 과목에서 낙제하고 일년 후에 그만두었다.
③ 1911년, 시카고대학 의과대학 입학 후 제1차 세계대전 중에 군에 복역하였다.
④ 1922년, 성엘리자베스병원에 근무하며 정신의학자 화이트의 영향을 받았다.
⑤ 사회심리학자, 인류학자의 영향을 받았으며 1927년, 비공식적으로 조현병 환자인 제임스를 양자로 들였다.
⑥ 한 번도 결혼하지 않고 독신으로 지냈으며 1939년, 조지타운대학 의대의 정신과 교수 및 주임으로 있었다.
⑦ 그는 이 경력을 제외하고는 어느 대학·직책에도 머무르지 않았다.
⑧ 1949년, 정신건강세계연방회의 집행자 모임에 참석하며 호텔에 머물면서 뇌출혈로 갑작스럽게 사망하였다.

2. 주요개념
① 성격의 본질
  - 성격이란 인간의 삶을 특징지어 되풀이되는 대인관계 상황의 비교적 지속적인 패턴이다.
  - 긴장의 2가지 원천
    - 생리적 욕구 : 생존에 필요한 욕구(욕구 → 활동 → 만족 → 해소의 순환)이다.
    - 사회적 불안전 : 문화적 및 대인관계적 원인에서 비롯된다.
  - 유아기에 나타나는 2가지 추가적인 욕구에는 힘 동기, 신체적 친밀감이 있으며, 이러한 욕구는 안전 욕구에서 파생되거나 통합된 부분이다.
② 불안
  - 모든 종류의 정서적 고통과 관련되어 있다.
  - 경고 신호와 같으며, 항상 대인관계에서부터 비롯된다.
  - 불안을 유발하는 원인들은 자기가치감과 유능감을 위협하여 자아존중감을 손상시킨다.
③ 자아체계
  - 정서적 안전감을 얻기 위해 사용하는 안전작동기제이다.
  - 대인관계에서 습관적으로 사용하는 자신만의 독특한 전략이다.
  - 자아체계와 진정한 자아와의 간격이 커질수록, 정신분열적인 상황이 발생할 수 있다.
④ 성격의 양상
  - 역동성
    - 대인관계와 정서적 기능을 특징짓는 에너지 변형의 패턴이다.
    - 역동성의 에너지 원천은 개인의 신체적 욕구에 있다.
    - 역동성은 다른 사람과의 경험에서 비롯되며, 개인의 경험이 다양하고 많을수록 역동의 수도 더 많아진다.

- 인간상 형성
  - 개인이 자신 혹은 다른 사람에 대해 어떤 이미지를 형성하는 것이다.
  - 반드시 정확한 표상은 아니며 불안으로부터 자신을 보호하려는 것과 관련되어 있다.
  - 일관된 지각을 형성함으로써, 일관된 방식으로 반응한다.
  - 자아상의 형성에 대해 유아는 '좋은 나, 나쁜 나, 나 아닌 나'를 형성한다고 하였다.
- 경험양식
  개인이 다른 사람과 관계하는 인지 혹은 사고의 수준으로 세 가지 경험양식을 갖는다.

원형적 경험	조잡한 감각 단계의 사고
병렬적 경험	사물끼리의 연관성을 잘 맺지 못하는 단계의 사고
통합적 경험	현실적인 평가 단계의 사고

⑤ 성격의 방어 : 불안에 대한 성격을 방어하는 세 가지 방식이 있다.
  - 해리 : 자기역동성과 부합하지 않는 행동, 태도, 욕망을 의식적 자각으로부터 배제시키는 것이다.
  - 병렬적 왜곡 : 타인에 대한 개인의 반응이 자신이 경험해왔던 나쁜 관계에 의해 편향되거나 왜곡되는 것을 의미한다.
  - 승화 : 자신에게 혼란을 주고 위협적인 것을 사회적으로 수용될 수 있는 긍정적인 방향으로 변화시키는 것이다.

3. 성격발달

[설리반의 성격발달 7단계]

기 간	연 령	자아체계	경험양식	관련 대인관계 경험
유아기	0~18개월	거의 발달되지 않음	주로 원형적	• 수유 : 모유 혹은 우유, 젖을 먹는 스트레스 • 선, 악 양면을 지닌 엄마에 대한 두려움 • 엄마와는 별개로 자신을 만족시키는 대로 가끔 성공함 • 부모의 돌봄에 완전히 의존적임
아동기	18개월~6세	성역할 인지	• 주로 병렬적 • 통합적 양식 발달 시작	• 인간상 형성 • 극화 : 성인역할 놀이 • 악의가 드러남 : 세상은 내 뜻대로 되는 것이 아님 • 고립이 시작됨 • 의존적
소년기	6~9세	• 욕구 통합 • 내적 통제	• 주로 통합적 • 상징에 매료 시작	• 사회화 : 협동과 경쟁 • 통제하는 법을 배움 • 삶에 대한 지향 • 의존적
청소년 전기	9~12세	다소 안정적	통합적	• 동성의 또래에 대한 강한 욕구 • 순수한 인간관계 시작 • 평등한 기회에 대한 욕구 • 독립심이 나타나지만 혼란감을 느낌

청소년 중기	12~17세	• 혼란스러움 • 여전히 안정적	통합적 (성적인 것에 끌림)	• 강한 성욕 • 이중 사회성 욕구 : 이성에 대한 성욕과 또래에 대한 친근감 • 매우 독립적임
청소년 후기	18~23세	통합되고 안정됨	완전히 통합적	• 불안에 대한 강한 안전 욕구 • 연장된 시기 • 집단의 일원이 됨 • 완전히 독립적임
성인기	24세 이후	완전히 안정됨	통합적이며 완전히 상징적	• 사회화가 완전히 이루어짐 • 부모의 통제로부터 완전히 독립함

4. 성격 평가기법

① 면 담
- 개시 단계 : 상담자와 환자가 서로를 소개하는 단계이다.
- 정찰 단계 : 환자의 생활 사례사를 개발하면서 보다 구체적으로 질문하는 단계이다.
- 정밀탐색 단계 : 세운 가설 중에 어떤 가설이 가장 타당하고 유용한가를 결정하는 단계이다.
- 종결 단계 : 수집한 자료를 요약하고 해석하며 환자가 이행할 행동 처방을 설정하는 단계이다.

② 꿈 분석
꿈에 숨겨진 의미가 없음을 말하며 상징의 사용을 피하였다.

5. 성격이론의 적용

① 현재 혹은 최근의 대인관계를 탐색한다.
② 과거의 대인관계를 탐색한다.
③ 대인관계에서의 위기 경험에 초점을 맞춘다.
④ 장래의 대인관계에 대해 논의한다.
⑤ 내담자-상담자 관계를 탐색한다.

핵심문제 07

설리반의 대인관계이론에서 불안에 대한 설명으로 옳지 않은 것은?

① 모든 종류의 정서적 고통과 관련되어 있다.
② 경고 신호와 같다.
③ 정서적 안전감을 얻기 위해 사용하는 안전작동기제이다.
④ 항상 대인관계에서부터 비롯된다.
⑤ 불안감을 유발하는 원인들은 자아존중감을 손상시킨다.

고득점을 향한 해설

③ 자아체계에 대한 설명이다.

자아체계
- 정서적 안전감을 얻기 위해 사용하는 안전작동기제이다.
- 대인관계에서 습관적으로 사용하는 자신만의 독특한 전략이다.
- 자아체계와 진정한 자아와의 간격이 커질수록, 정신분열적인 상황이 발생할 수 있다.

답 ③

08 | 머레이의 욕구 및 동기이론

1. 머레이(Murray)의 생애

① 1893년 뉴욕시의 부유한 집안에서 태어났으나, 1902년 사시 교정 수술 실패로 평생 시각 결함을 갖고 살았다.
② 1915년 하버드대학에서 역사학을 전공하였으며, 1919년 콜롬비아대학에서 생물학 석사학위와 의학 박사학위를 수여하였다.
③ 1927년 영국 케임브리지대학에서 생화학으로 박사학위를 취득하였다.
④ 영국에 머무는 동안 영어로 번역된 융의 『심리유형』을 접하였으며(머레이의 관심을 심리학으로 변화시키는 데 큰 영향) 미국에 돌아오자마자, 하버드심리클리닉에서 조수로 일하게 되었다.
⑤ 1928년 보스턴 정신분석학회를 만드는 데 기여하였으며, 1933년 미국정신분석학회의 회원이 되었다.
⑥ 1938년 『성격 탐색』 발간과 함께 주제통각검사(TAT)를 발달시켰다.

2. 주요개념

① 성격의 원리
- 뇌에 근거를 둔다.
- 유기체의 욕구로 유도된 긴장 감소와 관련된다.
- 시간에 따른 종단적 본질이다.

- 변화하고 발달한다.
- 유사성뿐만 아니라 개인의 독특성을 내포한다.

② 성격의 구분
- 원초아
  - '모든 타고난 충동적인 성향의 저장소'로, 행동의 힘과 방향을 제시해주며, 동기의 개념과 관련 있다.
  - 사회에서 용인되고 바람직한 충동을 포함하므로 공감, 모방, 동일시하는 경향성, 쾌락적인 사랑만이 아닌 다양한 형태의 사랑을 추구하는 경향성을 갖는다.
- 초자아
  - '문화의 가치와 규범의 내재화'로 보며 프로이트와 달리 초자아가 5세 이전에 결정되지 않고, 전 생애에 걸쳐 발달된다고 본다.
  - 초자아가 발달하는 동안 '자아이상(Ego-ideal)'도 발달한다. 자아이상은 자신의 최상의 모습으로 야망과 포부의 총합, 개인이 추구하는 장기적 목표와 연관되어 있다.
  - 사회적으로 용인될 수 없는 충동을 차단하고, 용인되는 욕구는 언제, 어디서, 어떻게 표현되고 만족되어야 하는가를 결정하는 기능을 가진다.
- 자 아
  '성격의 합리적 지배자'이며 '모든 행동의 의식적 조직자'로서 사회가 개인에게 기대하는 것과 자신이 원하는 것을 조화롭게 유지하도록 성격의 두 측면인 원초아와 초자아를 통합할 수 있다.

③ **성격체계** : 머레이는 개인적 욕구(Needs)와 환경적 영향의 압력(Press)이 결합하고, 융화되고, 상호작용하여 주제(Theme)를 형성한다고 보았다. 머레이의 욕구는 총 20가지로 정리된다.

욕 구	내 용
비 하	외부적인 힘에 수동적으로 복종하는 것
성 취	어떤 어려운 일을 해내는 것
소 속	우정과 유대관계를 형성하는 것
공 격	힘으로 상대편을 이기려고 하는 것
자 율	강압과 간섭에 저항하는 것
반작용	재도전을 통해 실패를 극복하거나 보상하는 것
방 어	공격, 비난, 질책으로부터 자신을 방어하는 것
존 경	자기보다 월등한 사람을 존경하거나 지지하는 것
지 배	자신의 환경을 통제하는 것
과 시	자신에 대한 좋은 인상을 남기려는 것
위해회피	고통, 신체적 상해, 질병, 죽음을 피하려는 것
열등회피	수치심을 피하는 것
양 육	무기력한 타인을 돕고 보호하는 것
질 서	일이나 사물 등을 정돈하는 것
유 희	편안함과 즐거움을 추구하며 일탈과 흥밋거리를 찾는 것
거 절	자신보다 열등한 사람을 배제시키고 무시하고 냉대하는 것

감각	감각적인 느낌을 추구하고 즐기는 것
성욕	성욕을 자극하는 관계를 추구하고 형성하고 유지하는 것
의존	도움, 보호 그리고 동정심을 구하는 것
이해	보편적인 문제들을 제기하거나 답을 구하려는 것

- 욕구의 유형
  - 일차적 및 이차적 욕구
  - 반응적 및 발생적 욕구
- 욕구의 특성
  - 욕구의 우세성
  - 욕구의 융합·보조
- 압력의 유형
  - α압력 : 환경의 객관적 혹은 실제적 측면
  - β압력 : 주관적인 해석 및 지각
- 주제 : 욕구와 압력이 결합하고, 융화되고, 상호작용하여 주제를 형성

3. 성격발달

① 콤플렉스와 발달단계

- 각 단계는 사회의 요구에 의해 필연적으로 종결되는 즐거움의 종류로 특징지어진다.
- 5가지 즐거운 활동이 외부세력에 의해 종료, 좌절, 제약되어 성격형성에 영향을 미친다.
- 모든 사람은 5가지 콤플렉스를 모두 경험한다.

발달단계	콤플렉스
자궁 안에서와 같이 안전한 상태	폐소 콤플렉스
영양을 얻기 위해 젖을 빠는 감각적 즐거움	구강 콤플렉스
배변하는 즐거움	항문 콤플렉스
배뇨하는 즐거움	요도 콤플렉스
생식기에서 오는 즐거움	거세 콤플렉스

② 성격발달 5단계

- 폐소 단계
  - 단순 폐소 콤플렉스 : 다른 사람들에게 의존하려 하고, 수동적이며, 과거의 친숙하고 안전한 행동을 지향한다.
  - 폐소 콤플렉스가 수용될 수 없는 형태 : 불안전과 무기력의 감정에 집중되어 열린 공간, 높은 곳, 익사, 지진, 화재, 새로움과 변화에 관련된 상황을 두려워한다.
  - 폐소 콤플렉스의 반대 형태 : 자궁과 같이 제한된 조건으로부터 도피하려는 욕구에 근거하며 새로움, 변화, 개방된 공간, 여행, 상쾌한 공기, 움직임 등을 선호한다.

- 구강 단계
  - 구강 의존 콤플렉스 : 지지와 보호를 원하는 욕구, 구강활동, 수동적인 경향성의 조합, 빨기, 입맞춤, 먹기, 마시기 행동을 보이며, 동정심, 보호, 사랑에 대한 갈망을 포함한다.
  - 구강 공격 콤플렉스 : 구강을 통한 공격적 행동, 물어뜯기, 침뱉기, 소리치는 행동을 보이며, 비웃기와 같은 언어적 공격행동을 포함한다.
  - 구강 거부 콤플렉스 : 토하기, 음식을 가려 먹기, 적게 먹기, 입맞춤에서 오는 구강감염을 두려워하기, 다른 이에게 의존하는 것을 꺼리는 행동을 보인다.
- 항문 단계
  - 항문 거부 콤플렉스 : 배변, 항문에 관한 유머, 진흙, 반죽 등 배설물과 비슷한 물질 등에 지나친 관심을 보이며, 지저분하고 무계획적일 수 있다.
  - 항문 보유 콤플렉스 : 물건을 모으고, 아끼고, 축적하며, 청결, 단정, 질서 등의 특성을 지닌다.
- 요도 단계 : 지나친 야망, 왜곡된 자부심, 과시욕, 야뇨증, 성적 갈망, 이기주의와 관련된다.
- 성기 또는 거세 단계 : 성기가 잘릴지도 모른다는 환상에서 야기된 불안과 관련된다.

4. 성격 평가기법

① 주제통각검사(TAT)
모건(Morgan)과 함께 개발한 욕구 측정과 관련하여 가장 잘 알려진 평가기법으로 그림에 대한 반응을 통해 수검자가 타인과의 관계에서 드러내는 태도 및 자신의 욕구를 충족시키기 위해 환경을 어떻게 사용하며 자신을 적응시키는지를 추론한다.

② 에드워드 개인선호도 검사(EPPS)
에드워드(Edward)가 1959년에 개발한 비투사적 검사로서 머레이의 20가지 욕구 가운데 15개의 욕구를 측정할 수 있다.

③ 성격탐색검사(PRF)
잭슨(Jackson)이 1964년 개발한 것으로서 정상인의 성격특성을 측정하기 위한 검사이다.

5. 성격이론의 적용

① 실험적이면서 경험적인 면을 모두 포괄하는 욕구에 대한 머레이의 분류법은 그 어떤 성격 유형 분류법보다 유용하다고 알려진다. 특히 힘, 성취 그리고 친밀감에 대한 욕구에 관한 여러 연구들은 모두 머레이의 욕구 이론에 기초한 것이다.

② 머레이의 성격이론을 바탕으로 개발된 투사검사인 TAT는 성격 평가기법 발달에 지대한 영향을 미쳐 왔으며 현재에도 성격 탐색을 진단하는 도구로 사용되고 있다.

핵심문제 08

머레이(Murray)의 욕구 및 동기이론에서 설명하는 성격의 원리에 해당하지 않는 것은?

① 뇌에 근거를 둔다.
② 성격은 변화하고 발달한다.
③ 유사성뿐만 아니라 개인의 독특성을 내포한다.
④ 성격은 인생초기에 결정된다.
⑤ 유기체의 욕구로 유도된 긴장 감소와 관련된다.

고득점을 향한 해설
④ 정신분석이론에 대한 설명이다.

답 ④

09 | 프롬의 성격유형

1. 프롬(Fromm)의 생애

① 1900년, 독일의 독실한 정통 유대교의 가정에서 태어나 유대교의 전통사상이 주입되었다.
② 독일에서 푸대접받은 소수집단의 구성원으로서의 정서적 영향 때문에 무신론적 신비론자가 되었다.
③ 부모가 보이는 이상행동에 영향을 받으며 불행한 아동기를 보냈다.
④ 1912년 홀아버지를 돌보며 헌신적으로 살던 여자가 아버지의 사망 후에 곧바로 자살한 사건을 접하면서 아버지에게 강한 애착을 가지게 되는 이유에 대한 생각으로 진통을 겪었다.
⑤ 1914년 제1차 세계대전에서 사람들의 비이성적 행동을 보면서 '왜 관대하고 이성적인 사람들이 갑작스럽게 미친 행동을 하는가?'라는 생각을 하게 된다.
⑥ 인간의 비합리성의 원인을 이해하고자 하는 강한 욕구를 갖게 되면서 하이델베르크대학에서 심리학·철학 등을 공부하였다.
⑦ 인간의 이상행동 원인을 탐구하여 1922년 철학박사 학위 수여를 받았다.
⑧ 뮌헨·베를린에서 정통적인 프로이트식 정신분석 훈련을 받았다.
⑨ 1930년대 프로이트에 대한 비판적인 논문을 작성하기 시작하였다.
⑩ 1934년 나치의 위협을 피하기 위해 미국으로 이주하였으며, 많은 대학에서 강의를 하면서 호나이 및 설리반과 교류한다.
⑪ 1941년 『자유로부터의 도피』에서 성격의 사회적 영향력을 강조하였으며, 1980년 스위스에서 숨을 거두었다.

2. 주요개념

① 도피기제
- 권위주의 : 개인은 타인이 자신을 지배하도록 허용하거나 타인의 행동을 지배하려고 하며 이는 가학적 혹은 피학적 추구로 나타난다.
- 파괴성 : 인간이 타인이나 외부 세계를 제거하여 자유의 문제를 해결하려고 하는 것이다.
- 자동적 동조 : 사람들은 자신의 본연의 모습을 포기하고 사회, 문화에 의해 지배되며 선호된 성격유형을 채택한다.

② 기본적 욕구

욕구	특징
관계성	다른 사람과 관계를 형성하고, 타인의 안녕에 관심을 갖고자 하는 욕구
초월	상상력과 사고력을 이용하여 창의적인 활동을 하려고 하는 욕구
소속감	가족, 집단 혹은 지역사회와의 유대관계를 배양하고자 하는 욕구
정체감	자신만의 독특한 자질과 능력을 개발하고자 하는 욕구
지향 틀	자신의 경험을 조직화하고 자신이 헌신할 의미 있는 대상이나 목표를 찾기 위해 일관된 견해를 발달시키고자 하는 욕구
흥분과 자극	활동 수준과 민감성의 최고 수준에서 뇌가 잘 기능할 수 있도록 자극적인 외부 환경을 얻고자 하는 욕구

③ 성격유형
- 비생산 성격유형 : 수용지향, 착취지향, 저장지향, 시장지향
- 생산 성격유형 : 생산지향
- 삶지향 대 죽음지향
- 실존지향 대 소유지향

3. 성격이론의 적용—활성화(Activating)

치료를 촉진시키기 위한 보다 적극적인 치료자의 개입을 설명하며, 같은 인간으로서 공통되게 경험하는 바를 다르게 인식할 수 있고, 공감을 통해 내면 감정이 타인과 공유될 수 있다는 자각을 하게 된다고 보았다.

핵심문제 09

프롬이 설명하는 기본적 욕구 중 정체감에 대한 설명으로 옳은 것은?

① 다른 사람과 관계를 형성하고 타인의 안녕에 관심을 갖고자 하는 욕구
② 상상력과 사고력을 이용하여 창의적인 활동을 하려는 욕구
③ 자신만의 독특한 자질과 능력을 개발하고자 하는 욕구
④ 가족, 집단 혹은 지역사회와의 유대관계를 배양하고자 하는 욕구
⑤ 자극적인 외부 환경을 얻고자 하는 욕구

고득점을 향한 해설

① 관계성, ② 초월, ④ 소속감, ⑤ 흥분과 자극에 해당한다.

답 ③

10 | 에릭슨의 심리사회적 이론

1. 에릭슨(Erikson)의 생애
① 1902년 독일 프랑크푸르트에서 태어났다.
② 어머니는 덴마크인 남편과 이혼하고 유태인과 재혼하였는데, 에릭슨의 친구들은 그를 유태인이라고 하였으나 유태인 집단에서는 이방인 취급하였다.
③ 제1차 세계대전으로 인해 정체감 간에 갈등을 겪었으며 예술적 능력이 뛰어나 예술가가 되고자 하였다.
④ 여행 중 비엔나에서 안나 프로이트를 만나게 되면서 1927년 정신분석 훈련을 받고 안나에게서 자기분석을 받았다.
⑤ 1933년 비엔나정신분석연구소의 회원이 되었으며 나치의 위협을 피해 미국 보스턴에 정착하여 생산적인 활동을 수행하였다.
⑥ 하버드대학에서 심리학 박사과정을 시작하였으나 만족하지 못하고 몇 달 후에 그만두었다.
⑦ 1939년 37세까지 홈부르거란 이름을 사용하다가 에릭슨으로 개명하였으며, 많은 대학에 초빙되어 학생들을 가르치고 연구를 하였다.
⑧ 1950년 첫 저서 『아동기와 사회』를 출판하고, 1960년 다시 하버드로 돌아와 '인생주기'라는 과목을 가르쳤다.
⑨ 1970년 하버드대학을 은퇴하였고, 1994년 5월 12일 사망하였다.

2. 주요개념
① 자아심리학
  아동의 자아가 형성되는 역사적 환경을 강조하며 자아의 발달은 사회적 제도와 가치 체계의 특성에 따라 상호적으로 관련된다고 보았다. 에릭슨의 자아 발달에 대한 이론은 개인의 전 생애를 포괄하는 것이며 다양한 발달단계에서 출현하는 자아의 특성(덕목)에 초점을 두었다.
② 점성설의 원리
  • 에릭슨의 인간발달단계 모델은 점성적 모델(Epigenetic model)로서, 이는 Epi(의존해서)와 Genetic(유전)을 합성한 말로 발달이 유전에 의존한다는 것을 말한다.
  • 발달은 유전에 의존하며 전 생애에 대한 발달단계를 제시한 최초의 심리학적 이론이다.
③ 위 기
  해당 단계의 개인에게 부과된 생리적 성숙과 사회적 요구로부터 발생된 인생의 전환점이다.

3. 성격발달

① 성격발달의 특성과 원리
- 성숙은 점성적 원리에 따라 일어난다.
- 심리사회적 발달의 각 단계에는 위기가 있다.
- 자아는 적절하거나 부적절한 적응 방법을 통합해야 한다.
- 발달의 각 단계는 개인에게 덕목을 발달시킬 기회를 제공한다.

② 심리사회적 발달단계

연령	적응 대 부적응 방식	덕목
0~1세	신뢰감 대 불신감	희망
1~3세	자율성 대 의심 및 수치심	의지
3~5세	주도성 대 죄책감	목적
사춘기	근면성 대 열등감	유능성
청소년기	자아정체감 대 역할혼돈	충실성
성인초기	친밀감 대 고립감	사랑
중년기	생산성 대 침체감	배려
노년기	자아통합 대 절망감	지혜

4. 성격 평가기법

① 심리역사적 분석

역사가와 정신분석가의 태도의 단점들을 보완하여 자아 발달에 대한 유명 인사들의 삶에 적용시키기 위한 분석법으로 개인의 전기적 연구에 관한 것이다.

② 자아정체감 검사

자아정체감 발달 정도를 측정하기 위한 검사로 에릭슨의 이론에 바탕을 둔 몇 가지 도구들이 후에 개발되었으며 가장 대표적인 것이 자아정체감 척도이다.

5. 성격이론의 적용

부적절한 대인관계를 갖게 되는 신경증 환자와 정신증 환자에게 부족한 통제감과 정체감을 강화시키는 것이 치료적이라고 믿었던 에릭슨은 내담자 치료를 위해 정체감을 강화시켜 자신을 드러낼 때 생기는 실망이나 상처 혹은 타인의 거부에 잘 대처하도록 하였다.

> **핵심문제 10**
>
> 에릭슨의 심리사회적 단계에서 중년기에 겪는 위기는?
>
> ① 신뢰감 대 불신감
> ② 근면성 대 열등감
> ③ 생산성 대 침체감
> ④ 친밀감 대 고립감
> ⑤ 자아통합 대 절망감
>
> **고득점을 향한 해설**
>
> 에릭슨(Erikson)의 심리사회적 단계에서의 위기
> - 유아기(0~18개월) : 신뢰감 대 불신감
> - 초기아동기(18개월~3세) : 자율성 대 의심 및 수치심
> - 학령전기 또는 유희기(3~5세) : 주도성 대 죄책감
> - 학령기(5~12세) : 근면성 대 열등감
> - 청소년기(12~20세) : 자아정체감 대 역할혼돈
> - 성인초기 또는 청년기(20~24세) : 친밀감 대 고립감
> - 성인기 또는 중년기(24~65세) : 생산성 대 침체감
> - 노년기(65세 이후) : 자아통합 대 절망감
>
> 답 ③

11 올포트의 특질이론

1. 올포트(Allport)의 생애

① 1897년 미국 인디애나주 몬테주마에서 사형제 중 막내로 태어났다.
② 어렸을 때부터 수줍음이 많고 공부에만 열중하였으며 하버드에서 심리학을 전공하고 있던 형의 권유로 하버드에 입학하였다.
③ 1919년 프로이트(Freud)와의 만남을 가졌으며 1922년, 하버드대학에서 박사학위를 취득하였다. 이후 1937년, 『성격 : 심리적 해석』 출간을 시작으로 1939년, 미국심리학회장에 선출되면서 1954년, 『편견의 본질』, 1961년, 『성격패턴과 성장』을 출간하였다.
④ 1967년 매사추세츠주 케임브리지에서 사망하였다.

2. 주요개념

① 성격의 정의 : 개인의 특유한 행동과 사고를 결정하는 심리신체적 체계인 개인 내의 역동적 조직이다.
- 계속적으로 변화하고 성장하는 조직이다.
- 정신과 신체의 결합에 따른 상호작용이다.
- 성격의 모든 측면은 구체적 행동과 생각을 활성화하거나 방향을 결정한다.
- 개인의 성격은 독특하다.

② 성격의 원리
- 동기 원리
  - 동기의 현재성에 대한 인식
  - 다양한 유형에 속하는 동기들에 대한 고려
  - 인지과정의 역동적 힘에 대한 고려
  - 동기의 구체적인 독특성에 대한 고려
- 학습 원리
  - 인간은 학습에 의해 자아를 형성한다.
  - 기계론적 결정론은 학습의 자극-반응, 조건형성, 강화 이론을 의미한다.
  - 인간 성격은 인생의 여러 역할들을 어떻게, 언제, 왜 수행하는가에 대한 학습을 통해 형성된다.
- 현재성 원리
  - 인간은 과거가 아닌 현재에 살고 생각하며, 동기는 항상 현재에 존재한다.
- 독특성 원리
  - 올포트(Allport)의 성격이론 체계에서 초석이 되는 원리이다.
  - 성격은 보편적인 것이 아니며 한 개인에게만 국한되는 특정한 것이다.
  - 행동주의 심리학자들이 동물을 대상으로 연구한 것에 대해 비판한다.
  - 특질이라는 개념을 인간의 성격을 기술하는 목적으로만 사용한다.
- 자아 원리
  - 프로이트의 자아에 대한 개념과는 달리, 올포트는 자아 내부에 막강한 긍정적 힘을 지닌 역동적 과정이 존재한다고 보았다.
  - 고유자아라는 개념을 제안하여 이를 개인이 갖는 성격의 총체적인 측면들의 합이라 하였다.
- 연속성-비연속성 원리
  - 삶의 여러 측면이 연속선상에 있지 않으므로 행동의 정도보다 종류가 문제라고 하였다.
  - 프로이트가 성인의 모든 동기를 유아기의 생물학적 동기와 연관시킨 것을 비판하며 인간은 유아기의 생물학적 동기들로부터 성장한다고 보았다.
- 특질 원리
  사람을 비교하고자 할 때 유일하게 사용할 수 있는 접근방식이라고 말하며 경향성 혹은 추세라는 개념을 개인적 성향으로 발전시켰다.

③ 특 질
- 특질이란 다양한 종류의 자극에 같거나 유사한 방식으로 반응할 경향 혹은 사전성향이다.
- 개인 안에 실제로 존재한다.
- 행동을 결정하거나 행동의 원인이 된다.
- 경험적으로 증명될 수 있다.
- 서로 관련되고 중복될 수 있다.
- 상황에 따라 변화한다.

특질의 유형	• 주특질 : 지배적 감정, 감정의 지배자로서 강렬하게 개인의 행동을 지배하는 것이다. • 중심특질 : 개인의 행동을 기술하는 5~10가지 정도의 두드러진 특질이다. • 이차적 특질 : 개인에게 가장 적게 영향을 주는 개인특질이다.
특질 · 습관 · 태도의 차이	• 습관 : 행동을 결정하는 데 특질보다 좁고 제한된 영향력을 미친다. • 태도 : 태도는 항상 구체적인 참조 대상이 있으나 특질은 단일 대상 혹은 집단에 지향되지 않으며, 태도는 어떤 것에 대해 긍정적 혹은 부정적이나 특질은 긍정적 혹은 부정적 평가를 수반하지 않는다.

④ 기능자율성

올포트는 개인의 현재 상황의 영향을 강조하면서 개인의 행동을 이해하는 데 과거보다 현재를 강조하며 기능자율성의 두 가지 수준을 제안하였다.

- 지속적 기능자율성
  기초적 수준으로 낮은 수준의 습관적 행동이며 외적 보상 없이도 계속되거나 지속된다.
- 고유자아 기능자율성
  - 지속적 기능자율성보다 중요하며 성인 동기의 이해에 필수적이다.
  - 고유자아는 올포트가 만든 자아 혹은 자기를 나타내는 말이다.
  - 고유자아의 조직화 과정은 에너지 수준 조직화, 숙달과 능력, 고유자아 패턴화의 세 가지 원리에 의해 지배된다.

3. 성격 발달

① 고유자아의 발달단계
- 1단계 : 신체적 자아
  자신의 존재를 인식하고 신체와 환경에 대한 대상을 구별한다.
- 2단계 : 자아정체감
  정체감의 연속성을 느끼는 시기이다.
- 3단계 : 자아존중감
  자기의 성취에 자랑스러워하며 자존감을 느낀다.
- 4단계 : 자아확장
  주변에 있는 대상과 사람들이 자신의 세계에 속한 일부라는 것을 깨닫는다.
- 5단계 : 자아상
  자신에 대한 실제적이고 이상화된 이미지를 발달시킨다.

- 6단계 : 합리적 적응체로서 자아

  일상적인 문제의 해결에 이성과 논리를 적용한다.
- 7단계 : 고유자아 추구

  인생의 장기목표 및 계획을 형성하기 시작한다.

② 성숙한 성인의 성격

성격발달은 성숙(Becoming)의 과정으로 상당한 시간이 걸린다고 보았다.
- 자기 외의 사람 및 활동에 자아감을 확장한다.
- 친밀감, 애정, 인내를 보이면서 타인과 관계한다.
- 자기수용을 보이고 정서적 안정감을 갖는다.
- 현실적 지각을 갖고 개인적 기술을 개발하며 자기 일에 매진한다.
- 자기에 대한 이해와 통찰로 유머 감각 및 자기객관화를 보인다.
- 미래의 목표를 중심으로 성격을 통합하게 된다.

4. 성격 평가기법

① 체질적·생리적인 진단
② 사회·문화적 환경, 구성원 의식, 역할
③ 개인적 자료와 사례연구
④ 자기평가
⑤ 행동표본
⑥ 등급평가
⑦ 검사와 척도
⑧ 투사기법
⑨ 심층분석
⑩ 표현적 행동
⑪ 개요 절차

5. 성격이론의 적용

① 심리치료사가 아닌 올포트는 치료기법을 제안하지는 않았지만 기능자율성, 고유자아 등의 개념은 임상가들에게 유용하게 적용되었다.
② 이는 심리측정학과 법칙정립적 연구를 강조하는 학문으로서의 심리학과 성격을 이해하는 데 사례연구를 강조하는 임상심리학을 연결하는 다리 역할을 하였다.

핵심문제 11

올포트가 특질이론에서 설명하는 성격의 정의에 해당하지 않는 것은?

① 성격은 계속적으로 변화하고 성장하는 조직이다.
② 정신과 신체의 결합에 따른 상호작용이다.
③ 성격의 모든 측면은 구체적 행동과 생각을 활성화하거나 방향을 결정한다.
④ 성숙은 점성적 원리에 따라 일어난다.
⑤ 성격은 보편적인 것이 아니며 한 개인에게만 국한되는 특정한 것이다.

고득점을 향한 해설

④ 에릭슨(Erikson)의 심리사회적 이론에 대한 설명이다. 에릭슨은 심리사회적 발달 각 단계에는 위기가 있으며, 개인에게 덕목을 발달시킬 기회를 제공한다고 주장하였다.

답 ④

12 | 카텔의 특질이론

1. 카텔(Cattell)의 생애

① 1905년 영국 스태퍼드셔 출생으로 행복한 아동기를 보냈다.
② 1914년 제1차 세계대전의 트라우마로 인생의 덧없음을 자각하였으며, 1921년 런던대학에 입학(물리학·화학 공부)하여 런던에 있는 동안 사회적 문제에 대한 관심이 증폭되었다.
③ 1924년 심리학 공부를 결심하여 런던대학 대학원 과정 시작, 통계학자 스피어만의 영향을 받았다.
④ 1929년 박사학위를 받았지만 직업을 찾지 못하며 과로, 영양결핍을 겪었으며, 차가운 아파트 다락에서 생활하며 만성 소화장애를 갖게 되었다. 이후 첫 번째 부인과 이혼을 하였다.
⑤ 1937년 박사학위 취득 8년 만에 심리학자로 고용되어 1939년 클라크대학 교수가 되었으며, 1941년 하버드대학 교수가 되었다.
⑥ 1945년 일리노이대학 연구교수로 정착하였으며, 두 번째 부인은 수학자로 그의 연구에 대한 관심을 공유하였다.
⑦ 1998년 사망하였다.

2. 주요개념

① 성격의 정의
   - 성격은 개인이 어떤 환경에 주어졌을 때 그가 무엇을 할 것인가를 말해주는 것이다.
   - 개인의 행동은 주어진 상황과 그의 성격에 의해 결정되는 함수관계이다.

$$R = f(P, S)$$

R : 반응 P : 성격 S : 상황

② 특질의 종류

특질은 개인이 갖는 상당히 지속적인 반응경향성이며 카텔의 성격구조의 기본 단위를 형성한다.
- 공통특질 대 독특한 특질
  - 공통특질 : 모든 사람이 어느 정도 소유한 특질
  - 독특한 특질 : 인간의 개인차를 반영한 것으로 개인 혹은 소수의 사람들이 갖는 특질
- 능력특질 대 기질특질 대 역동적 특질
  - 능력특질 : 개인이 얼마나 효과적으로 어떤 목표를 수행할 것인가를 결정
  - 기질특질 : 개인의 행동에 대한 일반적 스타일과 정서적 상태
  - 역동적 특질 : 행동의 추진력인 개인의 동기, 흥미, 야망
- 표면특질 대 원천특질
  - 표면특질 : 다수의 원천특질 혹은 행동요소로 구성된 성격특성
  - 원천특질 : 안정적이며 영속적인 단일 성격요인으로 체질특질과 환경조형특질로 구분

③ 역동적 특질 및 격자
- 에르그
  - 타고난 심리신체적 성향으로 원천특질로서 체질특질에 해당된다.
  - 분노, 보호, 호소, 안전, 호기심, 자기표현, 혐오, 자기복종, 군거성, 성(Sex), 배고픔의 11가지 에르그가 존재한다.
- 감정 : 삶의 중요한 측면에 맞춰진 학습된 태도의 패턴으로 원천특질로서 환경조형특질이다.
- 태도
  - 어떤 사건, 대상 혹은 사람에 대한 관심, 정서, 행동으로 정서, 행동, 견해를 수반한다.
  - 역동적 표면특질로서 숨어있는 동기의 구체적 표현 혹은 조합이다.
- 역동적 격자
  - 에르그, 감정, 태도가 도식으로 표현된 것을 역동적 격자라고 한다.
  - 에르그, 감정, 태도는 보조를 통해 서로 관련되며, 보조는 성격 내 어떤 요소가 다른 요소에 보조적이라는 것을 의미한다.

3. 성격 발달

단계		기간	발달내용
1	유아기	1~6세	대변훈련, 자아, 초자아, 사회적 태도의 형성
2	아동기	6~14세	부모로부터 독립 경향성, 또래와의 동일시
3	청소년기	14~23세	독립성, 성(Sex), 자기표현에 대한 갈등
4	성인기	23~50세	안정이며 정서적 안정성의 증가
5	성인후기	50~65세	자신의 가치 점검 및 새로운 자기 찾기
6	노년기	65세 이후	여러 종류의 상실에 대한 적응

4. 성격 평가기법

① 생활기록법

L-data기법은 교실이나 사무실과 같은 현실생활 상황에서 피험자가 보이는 구체적 행동에 대해 관찰자가 평가하는 것이다.

② 질문지법

Q-data기법은 질문지에 의존하여 피험자로 하여금 자신을 평가하도록 요청하는 것이다.

③ 검사법

T-data기법은 피험자가 행동의 어떤 측면이 평가되고 있는지 알지 못하면서 반응하는 검사법이다. 로샤검사, 주제통각검사, 단어연상검사를 말한다.

④ 16PF검사

카텔이 성격을 평가하기 위해 개발한 검사 중에서 가장 잘 알려진 검사로 요인분석에 의해 도출된 16가지 성격요인을 의미한다.

5. 성격이론의 적용

다른 이론가들이 대부분 자신들이 제안한 성격에 대한 개념들을 조직적으로 정확하게 정의하지 못한 데 반해, 카텔의 특질이론은 광범위한 자료를 사용하여 통계적 방법인 요인분석을 바탕으로 형성되어 엄격한 과학적 연구방법의 대표적 사례가 되었다.

핵심문제 12

카텔의 성격발달 단계 중 부모로부터 독립 경향성을 가지고 있고 또래와의 동일시가 일어나는 단계는?

① 유아기　　　　　　　　　　② 아동기
③ 성인기　　　　　　　　　　④ 성인후기
⑤ 노년기

고득점을 향한 해설

아동기는 6~14세 사이의 기간으로, 부모로부터의 독립 경향과 또래와의 동일시가 일어난다.

답 ②

13 | 생물학적 유형론과 성격의 5요인 모델

1. 아이젠크(Eysenck)의 생물학적 유형론

① 아이젠크의 생애
- 1916년 독일 베를린 태생으로, 1934년 히틀러 집권 이후 영국으로 이주하였다.
- 런던대학에서 물리학 대신 심리학을 수강하고 이후 40여 년 동안 심리학 분야에서 타고난 학자로 활동하였다.
- 75권이 넘는 저서와 700편이 넘는 논문을 발표하고 EPI, MMQ, TMPI 등 성격평가 도구를 개발하였으며 1997년에 사망하였다.

② 역사적 배경
- 성향의 관점에서 인간의 성격을 기술하려고 했던 최초의 시도는 히포크라테스와 갈렌으로 정리될 수 있다.
- 히포크라테스, 갈렌 그리고 칸트는 인간의 성격을 유형으로 설명하는 것에 비해 현대 성격이론가들은 특질로 설명한다는 점에서 차이를 갖는다.
- 유형은 개인의 특성을 구별되고 분리된 범주로 분류하는 것이며, 특질은 개인이 연속된 차원에서 정도의 차이를 보인다고 이해하는 것이다.
- 히포크라테스의 체액론과 아이젠크의 내향성/외향성 차원, 정서적 안정성/신경증 차원을 비교해 볼 수 있다.
- 분트는 변화성과 정서성에서의 정도의 차이로 구분하였다.
- 융은 기본적 태도로서 외향성과 내향성의 개념을 보편화시켰으며 정상 성격유형과 연결시켰다.
- 크래츠머는 신체유형에 따라 인간의 성격을 설명하였으며 셀던은 신체형과 기질에 근거하여 특질이라는 용어를 사용하면서 현대성격이론인 특질이론에 중요한 토대가 되었다.

③ 성격의 정의
성격은 환경에 대한 개인의 독특한 적응에 영향을 끼치는 인격, 기질, 지성 그리고 신체 요소들이 다소 안정되고 영속적으로 조직화된 것이다.

④ 성격 모델
- 다양한 성격특질 간의 관계에 대해 가설을 세운다.
- 요인분석을 실시한다.
- 생물학적 이론을 구성한다.
- 검증 가능한 이론으로부터 가설을 도출한다.
- 실험연구를 실시한다.
- 실험 후 수정되어야 할 부분은 수정한다.

⑤ 성격의 위계모델
- 맨 아래에 특정 반응이 자리 잡고 있다.
- 다음 단계에 습관적 반응이 자리 잡고 있다.
- 다음 단계에 보편적 특질로서 습관적 반응들과 관련된 특질군이 있다.
- 위계의 맨 위는 외향성이나 내향성 등의 특질군으로 보편적 차원 혹은 기본적 유형을 나타낸다.

⑥ 성격의 3가지 유형
- 첫 번째 유형은 외향성과 내향성이다.
- 두 번째 유형은 안정성과 신경증이다.
- 세 번째 유형은 충동 통제와 정신증이다.

2. 성격의 5요인 모델

① 외향성, 우호성, 성실성, 정서적 안정성 대 정신증, 문화 등의 차원을 포함한다.
② 5요인과 각각의 하위요인
- 외향성 : 사교성, 활동 수준, 주장성, 흥분 추구, 긍정적 정서, 따뜻함
- 우호성 : 솔직성, 신뢰성, 이타성, 겸손, 마음이 여림, 순응성
- 성실성 : 자제심, 의무감, 유능감, 질서, 신중함, 성취 노력
- 신경증 : 불안, 자의식적임, 우울, 상처를 잘 받음, 충동성, 공격성
- 개방성 : 공상, 미를 추구함, 감정, 아이디어, 행위, 가치

3. 성격이론의 적용

증상의 종류나 심리적인 장애가 신경계 기능의 원리와 기초적 성격특질과 관계가 있다는 가정에서 발전되었다. 아이젠크는 정신분석이론에 대해 과학적 이론이 아니라고 주장하면서 신경증과 정신증이 독립된 여러 차원으로 구성된 것이라고 반박하였다. 또한 이상행동에 대하여 부적응적 반응을 학습하여 얻어진 것으로 보며 신경증을 치료하는 것은 학습된 반응을 탈학습 혹은 소거시키는 것이라고 보았다.

핵심문제 13

75권이 넘는 저서와 700편이 넘는 논문을 발표하고 EPI, MMQ, TMPI 등 성격평가 도구를 개발한 학자는 누구인가?

① 아들러(Adler)   ② 로저스(Rogers)
③ 올포트(Allport)   ④ 아이젠크(Eysenck)
⑤ 카텔(Cattell)

고득점을 향한 해설
아이젠크(Eysenck)는 EPI, MMQ, TMPI 등 성격평가 도구를 개발하였으며, 인격연구에 실험적 방법을 적용하였다.

답 ④

14 | 매슬로우의 자아실현 접근

1. 매슬로우(Maslow)의 생애
① 1908년 뉴욕 브루클린 빈민가에서 태어났다.
② 러시아에서 이주한 교육받지 못한 유태인 부모의 일곱 자녀 중 첫째로 부모가 열심히 일해서 빈민가를 벗어나 중류층에 합세하였으나 이웃의 눈초리를 받으며 외로움 속에 성장하였다.
③ 도서관에서 혼자 많은 시간을 보냈으며 아버지를 좋아했지만 두려워했고 어머니를 미워하였다.
④ 부모의 뜻에 따라 뉴욕시립대학에서 법학을 전공하였으나 흥미를 느끼지 못하고 일년 만에 자퇴한 후, 집을 떠나 코넬대학으로 갔으나 다시 위스콘신대학으로 이동하여 심리학을 전공하게 되었다.
⑤ 1928년 위스콘신에서 베르사와 결혼한 후, 1930년대 초기 할로우와 함께 일하면서 실험심리학으로 훈련을 받았다.
⑥ 1934년 위스콘신대학에서 박사학위를 수여받은 후 1951년까지 브루클린에 머물렀다.
⑦ 1951년부터 1969년까지 브랜다이스대학에서 학생들을 가르쳤으며 1967년, 미국심리학회장으로 선출되었다.
⑧ 1970년 심장마비로 사망하였다.

2. 주요개념
① 욕구의 위계

상위 ↓ 하위	자아실현 욕구
	존중 욕구
	소속감과 사랑 욕구
	안전 욕구
	생리적 욕구

② 욕구의 특성
- 하위에 있는 욕구가 더 강하고 우선적이다.
- 상위의 욕구는 인생의 나중에 나타난다.
- 상위 욕구의 만족은 지연될 수 있다.
- 하위 욕구는 생존에, 상위 욕구는 성장에 기여한다.
- 상위 욕구 만족은 생산적이고 유용하다.
- 상위 욕구 만족은 더 좋은 외적 환경을 요구한다.
- 위로 올라갈수록 각 욕구의 만족 비율이 낮아진다.

③ 결핍 및 성장심리학
- 결핍동기와 성장동기
  - 결핍동기 : 유기체 내에 있는 부족한 어떤 것을 충족시키려는 욕구이다.
  - 성장동기 : 유기체가 현재 상태에서 즐거움과 만족을 느끼면서 목표를 추구하는 것이다.

- 결핍인지와 성장인지
  - 결핍인지 : 욕구가 강할 때 자주 나타난다.
  - 성장인지 : 환경에 대한 보다 정확하고 효율적인 자각이다.
- 결핍가치와 성장가치
  - 결핍가치 : 구체적인 목표 대상에 지향된 가치이다.
  - 성장가치 : 태어날 때부터 갖고 태어나는 가치이다.
- 결핍사랑과 성장사랑
  - 결핍사랑 : 타인이 자신의 욕구를 충족시켜주기 때문에 타인을 사랑하는 것이다.
  - 성장사랑 : 타인의 성장을 위한 사랑이다.

④ 자아실현자의 특성
- 현실의 효율적 지각
- 자신, 타인, 자연의 수용
- 자발성, 단순성, 자연성
- 자신 외의 문제에 초점
- 초연함 및 사적 자유 욕구
- 인식의 신선함
- 신비 혹은 절정 경험
- 사회적 관심
- 깊은 대인관계
- 민주적 성격구조
- 창의성
- 문화화에 대한 저항

3. 성격 평가기법

① 사례연구
매슬로우는 자아실현자를 확인하기 위해 역사적 인물들에 관한 자서전적 연구를 실시하였으며 3,000명의 대학생을 자아실현자와 비자아실현자로 나누어 자아실현자로서의 특성을 소유하고 있는지의 여부를 결정하기 위한 사례연구를 실시하였다.

② POI(Personal Orientation Inventory)
개인지향검사인 POI는 자아실현의 특성에 대한 신뢰성 있고 타당한 측정도구이다.

4. 성격이론의 적용

인본주의 심리학의 선구자로서 대중적인 인기를 끌었던 매슬로우의 이론은 인간이 건강, 창의성, 통찰 그리고 자아충만과 같은 상위의 수준을 향하고자 하는 내적 경향성을 지니며 신경증이 자아실현에 대한 내적 경향성이 봉쇄됨으로써 나타난다고 보았다. 또한 일의 효율성과 개인 성장은 서로 밀접하게 연관되어 있어 실제로 자아실현의 과정은 개인의 효율성과 창의성, 생산성을 키운다고 설명한다.

핵심문제 14

매슬로우의 욕구의 특성에 대한 설명으로 옳지 않은 것은?

① 상위의 욕구는 인생의 나중에 나타난다.
② 하위에 있는 욕구가 더 강하고 우선적이다.
③ 상위의 욕구는 성장에 기여한다.
④ 위로 올라갈수록 각 욕구의 만족 비율이 높아진다.
⑤ 상위 욕구 만족은 생산적이고 유용하다.

고득점을 향한 해설

매슬로우(Maslow)의 욕구위계설에서는 위로 올라갈수록 각 욕구의 만족 비율이 낮아진다.

답 ④

15 | 로저스의 인간중심 접근

1. 로저스(Rogers)의 생애

① 1902년 미국 일리노이주 오크 파크에서 6명 중 네 번째로 태어났으며 그의 부모는 근본주의 기독교적 견해를 가진 사람으로 도덕적 행동, 정서표현의 억제, 열심히 일하는 것의 미덕을 강조하였다.
② 수줍음이 있었지만 매우 총명한 소년으로 자랐으며, 1915년 생물학과 농업에 대한 지역 전문가로 평판이 났다.
③ 1917년 위궤양을 앓았으며, 1919년 농업을 공부하기 위해 위스콘신대학에 입학하였으나 농업과 심리학에 재미를 느끼지 못해서 종교 공부를 시작하였다.
④ 1924년 부인 헬렌과 함께 위스콘신대학을 졸업하고 목사로서의 진로를 준비하기 위해 뉴욕 유니온신학교에 입학하였으나 자신의 종교적 믿음에 대한 의문을 갖게 되었다.
⑤ 콜롬비아대학에서 심리학 강의를 들으면서 새로운 관점을 갖게 되어 심리학을 공부하기 위해 콜롬비아 대학원 과정을 등록하여, 1931년 심리학 박사학위를 수여받았다.
⑥ 뉴욕주 로체스터에 있는 아동생활지도 클리닉에서 일하였으며, 1940년 오하이오주립대학의 심리학 교수가 되었다. 이후 1945년부터 1957년까지 시카고대학에서 학생들을 가르쳤다.
⑦ 1956년 미국심리학회 우수과학자 공로상을 수상하였으며, 1957년 위스콘신대학으로 돌아와서 1963년까지 머물렀다.
⑧ 1963년 캘리포니아의 라 졸라로 옮겨 인간연구센터를 설립한 후 생의 마지막 15년을 사회갈등의 문제 및 세계 평화를 위해 공헌하였다.
⑨ 80대의 나이로 남아프리카 등에서 워크숍과 의사소통 집단을 이끌다 1987년 2월 사망하였다.

2. 주요개념

① 유기체
- 개인은 모든 경험의 소재이다.
- 경험의 전체가 현상적 장을 구성한다.
- 개인이 행동하는 방식은 현상적 장에 의존한다.

② 자아
- 자아는 개인 내부에 있는 작은 사람이 아니다. 즉 개인은 행동을 통제하는 어떤 자아를 가지고 있는 것이 아니라 현상적 장의 일부로서 조직화된 일련의 지각인 자아를 갖는다.
- 자아로서 알려진 경험과 지각의 패턴은 일반적으로 자각이 가능하다. 즉 자아는 일차적으로 의식적이다.
- 자아와 관련된 구조적 개념은 이상적 자아이며 이는 가장 소유하고픈 자아개념으로 잠재적으로 자아와 관련되고 개인이 높은 가치를 부여하는 지각과 의미를 포함한다.

③ 실현화 경향성
- 유기체는 기본적 경향성과 동기를 갖는데, 그것은 자아를 실현하고, 유지하며, 향상시키는 것이다.
- 자아실현 경향성은 모든 생리적 및 심리적 욕구를 포함하는 유기체의 실현화 경향성의 부분이다.

④ 가치의 조건화
- 성격형성을 이해하는 가장 중요한 개념으로서 "경험은 나에게 최고의 권위이다"라며 각자의 경험을 통해 가치를 형성하는 것의 중요성을 말하였다.
- 욕구가 가치 조건화의 형태로 채워지면 실제적인 자아와 이상적인 자아의 차이로 인해 불안이 야기된다.

⑤ 충분히 기능하는 사람
- 경험에 대한 개방성(An Openness to Experience)
  가치의 조건에 아무런 제재를 하지 않기에 생활이 주는 다양한 경험을 잘 받아들일 뿐만 아니라 지각과 표현에도 그러한 경험들을 융통성 있게 활용한다. 경험에 개방적이기에 자신의 내면에서 무엇이 일어나고 있는지 체험할 수 있고 자신의 내면의 소리를 들을 수 있다.
- 자신의 유기체에 대한 신뢰(A Trust in One's Own Organism)
  충분히 기능하는 사람은 순간적이고 직관적으로 행동할 수 있다. 그런 행동에 자발성과 자유가 있으나 무례하지 않으며 유기체 전체로 하여금 상황의 모든 측면을 고려할 수 있게 한다.
- 실존적인 삶(Existential Living)
  충분히 기능하는 사람은 모든 경험을 이전에 경험하지 않았던 것처럼 신선하고 새롭게 느낀다. 그 결과 각 경험을 할 때마다 다르게 느끼며 자아구조가 새로운 경험에 대해 언제나 개방적이기 때문에 융통성이 있고 경직성은 낮다.

- 자유의식(A Sense of Freedom)

    충분히 기능하는 사람은 삶을 즐기며, 미래는 일시적인 생각이나 환경들에 의해 결정되는 것이 아니라 자신에게 달려 있다고 믿는다. 그러기에 인생에서 많은 선택을 하며 자신이 원하는 것을 할 수 있다고 믿는다. 즉, 자유의식 속에는 개인의 미래는 자기가 결정할 수 있으며 자신의 삶에 책임을 진다는 의식이 담겨있다.

- 창조성(Creativity)

    충분히 기능하는 사람들은 그들이 존재하는 영역에서 창의적인 삶으로 스스로 드러낸다. 그들은 사회적·문화적 제약에 단순히 수동적으로 반응하지 않으며 다른 사람들로부터 인정받는 것에 연연하지 않는다.

3. 성격발달

① 로저스의 발달적 관심의 핵심은 아이가 자아실현을 위한 조화의 상태에서 자유롭게 성장했느냐 그렇지 않았느냐에 따라 방어적이 되거나 부조화의 상태에서 기능하게 된다는 것이다.

② 자아의 건강한 발달은 부모가 아이의 특정 행동을 용납하지 않았을 때 경험되며 아이가 그 자체를 수용할 때 이루어진다고 보았다. 이는 대부분의 아동정신의학자와 심리학자들에 의해 강조되었다.

4. 성격 평가기법 – Q분류기법

"나는 순종적인 사람이다", "나는 호감을 주는 사람이다", "나는 충동적인 사람이다"가 인쇄된 진술문으로 '개인에 의해 지각된 자기'를 연구하는 방법이다.

5. 성격이론의 적용 – 상담자가 갖추어야 할 세 가지 태도

① 일치성(진실성)

    진정한 상담자는 겉치레 없이 있는 그대로의 자신이 되려고 해야 한다. 내담자가 진실되다고 느낄 수 있도록, 상담자는 인간으로서 자신을 정확히 인지하고 개방적이고 솔직한 모습을 드러내야 한다.

② 무조건적·긍정적 존중

    상담자는 내담자를 한 인간으로서 어떤 상황에서 어떻게 행동하든 있는 그대로 조건 없이 수용하고 인정해주어야 한다. 이러한 상담자의 태도는 내담자가 자신의 존재와 삶을 긍정적이고 가치 있는 것으로 인식하며 성장하게 한다.

③ 공감적 이해

    상담자가 마치 내담자인 것처럼 내담자의 내적 참조 틀에 의해 파악한 내담자의 주관적 가치나 감정을 되돌려 주는 것을 의미한다. 즉, 타인의 입장에 서게 되는 것 또는 타인의 눈으로 사물을 바라보는 것을 말한다.

핵심문제 15

로저스(Rogers)의 인간중심이론에 대한 설명으로 옳지 않은 것은?

① 개인은 모든 경험의 소재이다.
② 유기체의 경험을 중시한다.
③ 개인이 행동하는 방식은 현상학적 장에 의존한다.
④ 인간의 무의식적인 생각을 중요하게 여긴다.
⑤ 경험의 전체가 현상학적 장을 구성한다.

고득점을 향한 해설

④ 정신분석이론에 관한 설명이다.
인간중심이론의 주요개념
- 유기체
- 자아
- 실현화 경향성
- 가치의 조건화
- 충분히 기능하는 사람

답 ④

16 | 실존주의적 접근

1. 실존주의적 접근의 대표적 학자와 개념

① 실존주의 인간관
- 인간은 제한된 존재로서 세상에 던져진 존재이다.
- 인간은 존재론적 불안에 직면하면서 성장한다.
- 자기 인생을 살고자 하는 진실성과 용기가 필요하다.

② 실존주의 대표학자
- 키에르케고르
  "인간의 주관성은 인간의 진리이다"라는 논제로 인간 실존에 관해 결론을 내린 키에르케고르는 자유를 가능성이라고 정의하고, 이 가능성을 인간이 가지고 있는 정신적인 면이라고 지칭하였다. 키에르케고르에게 실존의 의미는 객관화될 수 없고 대상화될 수 없는 내면성과 주체성을 지니고 있는 존재이다.
- 니 체
  "신은 죽었다"라는 명제로 기독교적 가치를 부정한 니체는 초인을 새로운 인간상으로 제시하며 인간은 고정적이지 않고 어디론가 생성되어 나아가는 존재로 파악하였다.

- 하이데거
  저서인 『존재와 시간』에서 현상학적인 관점에서의 인간 이해를 시도하며 본래적 자기를 상실한 현존재인 일상인을 통해 실존을 설명하였다.
- 메 이
  미국에서 가장 알려진 실존주의적 상담자인 메이는 '되어가는'이라는 말의 의미를 강조하며 인간이 자기 자신이 되기 위해 스스로를 자각하고 책임져야 하는 특별한 존재임을 말하였다.
- 얄 롬
  현재 미국에서 실존주의적 심리치료를 수행하고 보급하는 학자로 대인관계적 고립, 개인 내적 고립, 실존적 고립이라는 세 가지 고립 중 실존적 고립을 가장 근본적 형태로 보았으며, 궁극적 관심사는 삶의 무의미성으로 보았다.

2. 주요개념

① 실존과 실존주의
  - 실존 : 인간 존재의 특유한 존재방식으로 현실, 사실, 진실의 존재에 대한 새로운 표현이다.
  - 실존주의 : 인간은 무에서 시작된 자유로운 존재로 세상에 던져진 개인을 계속적으로 재창조한다.

② 실존주의적 인간관
  - 인간은 각 개인의 본성을 자신이 창조하며 결정할 수 있다.
  - 주체와 객체는 상호연관을 갖는 참 만남 속에서 자각이 가능하다.
  - 인간은 의미 있는 전체로서 생성·변천되는 상태에 놓여있다.
  - 인간은 언젠가는 죽을 수밖에 없는 존재라는 사실을 알고 있다.
  - 비존재로의 위협은 불안·적개심·공격성의 조건이 된다.
  - 각 개인은 독자적이며 일회적이고 중요하다.
  - 인간은 즉각적인 상태에서 자신을 초월할 능력을 가지고 있다.

③ 실존의 방식
  - 주변세계 : 환경 혹은 생물학적 세계를 의미한다.
  - 공존세계 : 인간관계 영역에 관심을 두는 것을 의미한다.
  - 고유세계 : 개인이 자기 자신과 맺는 관계를 의미한다.
  - 영적세계 : 개인이 갖는 영적 혹은 종교적 가치와의 관계를 의미한다.

④ 궁극적 관심사
  - 자유와 책임 : 인간은 선택의 자유를 가진 자아결정적 존재로서, 삶의 방향을 지시하고, 각 개인에게 계속적으로 부여되는 과업을 성취해나가는 책임을 져야 한다.
  - 삶의 의미성 : 삶의 중요성과 목적을 향해 노력하는 것이 인간의 독특한 특성이며 우리는 삶의 의미와 개인 정체감을 갖는다.
  - 죽음과 비존재 : 실존철학의 가장 핵심 문제가 죽음이며 인간은 자기 스스로 죽는 것을 지각할 뿐만 아니라 이를 통해 실존의 유지가 불가능해진다.
  - 진실성 : 가치 있는 실존을 위해 진실된 자세로 최선을 다해 살아가는 것이다.

3. 프랭클(Frankl)의 의미치료

① 주요개념
- 의지의 자유 : 인간의 자유를 의미하는 의지의 자유는 조건으로부터의 자유가 아니라 직면할 수 있는 어떤 조건에 대해 취할 수 있는 자유를 의미한다. 자기분리능력을 가지고 있는 인간은 상황뿐 아니라 자기 자신으로부터 분리할 수 있다고 보았다.
- 의미에 대한 의지 : 인간에게 기본적인 동기로 인간의 의미탐구가 삶의 일차적 힘이라고 정의한다. 이는 자신의 의미에 대한 의지를 만족시킴으로써 성취된다고 보았으며 개인의 자기실현은 개인이 추구하는 의미가 충족되는 정도에 따라 결정된다.
- 삶의 의미 : 삶의 의미탐구가 의미치료의 본질이므로 사람은 의미를 찾으려는 욕구, 즉 의미에 대한 의지를 가지고 있다고 본다.

② 의미치료의 적용
- 인간은 본질적으로 자기 자신을 뛰어넘어 타인과 세계에서 의미를 찾을 수 있는 존재이다.
- 의미의 원천에는 일, 사랑, 고통, 과거, 그리고 삶과 고통의 궁극적 의미를 나타내는 최상의 의미가 있다.
- 역설적 의도 : 내담자의 불안을 직면시켜 공포증의 악순환에서 이탈하게 하는 것으로 내담자는 역설적 의도를 통해 자신이 두려워하는 것을 알고 배우게 된다.
- 탈숙고 : '지나친 의도'처럼 '지나친 숙고'로 인한 기대불안의 악순환에서 벗어나는 것을 의미한다.

핵심문제 16

다음 괄호 안에 들어갈 실존주의 대표학자로 옳은 것은?

"신은 죽었다"라는 명제로 기독교적 가치를 부정한 (   )은/는 초인을 새로운 인간상으로 제시하며 인간을 고정적이지 않고 어디론가 생성되어 나아가는 존재로 파악하였다.

① 니체
② 하이데거
③ 메이
④ 얄롬
⑤ 키에르케고르

고득점을 향한 해설

하이데거는 현상학적인 관점에서 인간 이해를 시도하였고, 메이는 인간이 자신이 되기 위해 스스로 자각하고 책임져야 하는 특별한 존재라고 말하였다. 얄롬은 세 가지 고립에 대해 이야기하였고 이 중 실존적 고립을 가장 근본적 형태로 여겼다. 키에르케고르는 실존을 객관화될 수 없고 대상화될 수 없는 내면성과 주체성을 지니고 있는 존재로 보았다.

답 ①

17 | 스키너의 조작적 조건형성

1. 스키너(Skinner)의 생애
① 1904년 펜실베니아주 서스퀴하나의 부유한 가정에서 출생하였으며 그의 부모는 자식들에게 적절한 행동 규칙을 주입시켰다.
② 영어를 공부하기 위해 해밀턴대학에 입학한 후 작가가 되기 위해 졸업 후 2년 동안 작문하였으나 작가로서의 소질이 없음을 발견하고 꿈을 포기하였다.
③ 1928년 심리학 공부를 위해 하버드대학원에 입학하여, 1931년 심리학 박사학위를 수여받고 1936년까지 하버드대학에 머무르며 연구하였다.
④ 그 후 미네소타대학과 인디애나대학에 재직하였으며, 1947년 하버드대학으로 돌아와서 교직생활을 마감하였다.
⑤ 1930년대 『유기체의 행동』을 출간하며 죽기 바로 직전까지 글을 쓰고 강연을 계속하였으나 1940년대 작가로서 실패한 정체감으로 중년의 위기를 경험하였다.
⑥ 1948년 『월든 투』를 통해 자기치료를 하였으며, 1990년 사망하였다.

2. 주요개념
① 성격 없는 성격이론
   스키너의 행동적 접근은 이전에 정리되어 온 다른 성격이론의 가정과 달리 인간이 갖는 어떠한 경향성도 무시하고 오직 상황에서 비롯되는 행동과 그것의 결과를 강조함으로써 실제로 성격이론을 구성하는 것을 거부하는 입장이라고 볼 수 있다. 스키너는 프로이트가 강조한 내적 정신이 과학을 50년 퇴보시켰다고 지적하며 성격 없는 성격이론으로써 인간 행동을 규명하는 데 막대한 영향을 끼쳤다.
② 조작적 조건형성
   행동의 결과에 의해 특별한 행동을 조성하고 유지시키는 과정을 말한다.
   - 반응행동 : 어떤 자극에 의해 야기되거나 유발되는 반응이다.
   - 조작행동 : 유기체의 자유롭고 자발적인 반응이다.
   - 수반성 : A가 일어나면 B가 야기될 것이라는 것을 진술하는 규칙이다.
   - 강화 : 반응의 결과가 뒤따르는 반응이나 행동의 빈도를 증가시키는 것이다.
   - 처벌 : 반응의 결과가 뒤따르는 반응이나 행동의 빈도를 감소시키는 것이다.
   - 강화와 처벌의 차이

과정/결과	강화(반응 혹은 행동의 증가)	처벌(반응 혹은 행동의 감소)
정적 (제공)	정적 강화 • 음 식 • 고기 덩어리 • 칭 찬 • 상 • 안아주기	정적 처벌 • 전기쇼크 • 신체적 고통 • 야단치기
부적 (제거)	부적 강화 • 고통스러운 결과를 줄 수 있는 것을 없애줌	부적 처벌 • 기쁨이나 만족을 주는 것을 제거함

③ 강화계획
- 계속강화 : 발생한 모든 반응에 강화물을 제공하는 경우로 실제적인 생활상황에서 발견되는 경험이 아니다.
- 고정간격계획 : 일정한 시간 간격마다 강화물이 주어지는 경우로 피험자의 반응 수는 관계가 없다.
- 변동간격계획 : 일정한 시간 간격 없이 강화물이 주어지는 경우로 피험자의 반응과 관계없이 변동적인 시간에 따라 제공된다.
- 고정비율계획 : 일정한 반응 비율에 따라 강화물이 주어지는 경우로 시간보다 피험자의 반응 수에 근거한다.
- 변동비율계획 : 변동적인 반응 비율에 따라 강화물이 불규칙적으로 주어지나 평균적으로 일정한 횟수의 반응 뒤에 강화가 주어진다.

④ **변별과 자극일반화**
- 변별 : 제시된 둘 이상의 자극에 대하여 서로 다른 반응을 보이는 것이다.
- 자극일반화 : 어떤 자극에서 강화된 행동이 유사한 다른 자극에서 일어나는 것이다.

⑤ 소 거
- 형성된 조작행동이 줄어들거나 나타나지 않는 것을 말한다.
- 일정한 기간이 지난 후에 소거된 행동이 다시 나타나는 것을 자발적 회복이라 한다.

⑥ 조 성
- 목표행동에 접근하는 반응들을 강화함으로써 새로운 행동을 가르치는 것이다.
- 계기적 근사법을 통해 복잡한 행동 또는 기술을 조성할 수 있다. 원하는 행동의 최종 형태를 닮은 행동들을 점진적으로 강화함으로써 달성된다.

3. 성격이론의 적용

① 행동평가
- ABC분석 : 자극(Antecedent Events), 행동(Behavior), 결과(Consequences)를 분석하는 것으로, 행동평가라고도 한다.
- 목표행동이나 목표반응이라고 불리는 특정 행동을 확인한다.
- 목표행동을 도출하거나 강화하는 특정 환경 요인을 확인한다.
- 행동을 바꾸기 위해 조작될 수 있는 특정 환경 요인을 확인한다.

② 토큰경제
- 규칙적 행동을 형성하기 위해 사용되는 조작적 조건형성의 원리이다.
- 토큰경제의 기법은 학교장면이나 산업장면, 병원장면에서 정확한 피드백과 정적 강화를 제공함으로써 효과적으로 행동을 증진시키기 위해 포괄적으로 적용된다.

핵심문제 17

다른 성격이론의 가정과 달리 인간이 갖는 어떠한 경향성도 무시하고 오직 상황에서 비롯되는 행동과 그것의 결과를 강조하는 성격이론은 무엇인가?

① 행동적 접근
② 정신분석이론
③ 인간중심이론
④ 개인심리학
⑤ 자아실현 접근

고득점을 향한 해설

프로이트(Freud)의 정신분석이론은 인간의 무의식적 측면을 강조하였고, 로저스(Rogers)의 인간중심이론은 인간의 자기실현 경향성을 강조하였다. 아들러(Adler)의 개인심리학은 집단무의식을 강조하였고, 매슬로우(Maslow)의 자아실현 접근은 5가지의 욕구위계를 강조하였다.

답 ①

18 | 로터의 사회적 학습이론

1. 로터(Rotter)의 생애

① 1916년 뉴욕 브루클린에서 삼형제 중 막내로 태어났으며, 1929년 대공황이 일어나기 전까지 큰 어려움 없이 살았다.
② 대공황 이후의 급작스런 변화는 로터의 삶에 큰 영향을 끼쳤으며 로터는 아들러와 프로이트의 업적에 감명을 받아 진로를 계획하였다.
③ 경제적 문제 때문에 브루클린대학에서 화학을 전공하게 되었으나 교수들의 권유로 심리학을 공부하기 위해 아이오와대학원에 입학하여 게슈탈트 심리학자로 유명한 레빈과 함께 공부하였다.
④ 1938년 석사학위를 받은 후 매사추세츠주 우스터주립병원에서 임상심리학 인턴십을 받고 제2차 세계대전 중에 군대에서 심리학자로 봉사하였다.
⑤ 오하이오주립대학에서 교수직을 얻었고 이후 1963년 코네티컷대학으로 이동하여 임상심리학 훈련프로그램 디렉터로 활동하다 1987년 은퇴하였다.

2. 주요개념

① 기대-강화가치 모델
- 성격이 학습되며 구체적 목적으로 동기화된다는 기본 가정에 근거한다.
- 기대-강화가치 모델의 공식

> 행동잠재력(BP) = f(기대(E), 강화가치(RV))

- 행동잠재력 : 모든 행동 중에서 특별한 행동 혹은 반응을 할 가능성을 말한다.
- 기대 : 어떤 방식으로 행동하면 강화가 일어날 것이라는 가능성의 평가이며 기대의 정도는 크게 과거 경험과 일반화에 의해 결정된다.
- 강화가치 : 어떤 강화를 다른 강화물보다 선호하는 정도를 말한다.
- 심리적 상황 : 개인이 반응하는 심리적 맥락으로 성향영향과 상황영향을 가정한다.

② 심리적 욕구
인간의 모든 행동은 방향성을 가지고 있다고 믿은 로터는 인간의 주요한 동기가 모든 상황에서 정적 강화를 최대화하고 부적 처벌은 최소화하는 것이라고 주장했다. 그가 제안했던 6가지 범주의 욕구는 다음과 같다.
- 인정·지위욕구 : 평가를 받고 싶은 욕구
- 보호·의존욕구 : 자신의 욕구만족을 위해 타인에게 의존하는 욕구
- 지배욕구 : 가족 구성원이나 친구를 포함한 다른 사람들의 행동을 이끌고 통제하려는 욕구
- 독립욕구 : 자신이 결정하고 자기 자신에게 의존하고자 하는 욕구
- 사랑과 애정욕구 : 타인에게 수용되고 사랑받고자 하는 욕구
- 신체적 안락욕구 : 안전 달성과 관련 있는 신체적 만족에 대한 욕구

③ 통제소재
- 자신의 행동이 결과에 얼마나 영향을 미치는지에 관한 믿음이다.
- 내적 통제소재는 결과가 그들의 행동과 관련되며 결과를 직접 조율할 수 있다고 믿는 것이다.
- 외적 통제소재는 자신의 행동이 결과에 미치는 영향이 약하기 때문에 결과를 바꾸기 위해 자신이 할 수 있는 행동이 거의 없다고 생각하는 것이다.

3. 성격 평가기법 – 통제소재척도(I-E Scale ; Internal versus External Locus of Control Scale)
성격변인이 되는 통제소재를 측정하기 위해 만든 자기보고식 검사로서 수검자는 각 문항마다 자기 자신을 잘 설명하는 항목을 선택하여 기입한다.

4. 성격이론의 적용
부적응을 보이는 인간이 낮은 성공기대 수준과 높은 수준의 욕구가치를 갖는 것으로 여겨 욕구가치와 성공 기대 수준과의 간격을 줄임으로써 부적응을 보이는 사람들을 돕고자 하였으며, 매우 적극적이며 지시적인 치료사가 행동 결과를 분석하기 위해 여러 상황을 변별해보도록 하였다.

핵심문제 18

부적응을 보이는 인간이 낮은 성공기대 수준과 높은 수준의 욕구가치를 갖는 것으로 여겨 욕구가치와 성공기대 수준과의 간격을 줄임으로써 부적응을 보이는 사람을 돕고자 하는 성격이론은 무엇인가?

① 자아실현 접근
② 사회적 학습이론
③ 행동주의이론
④ 특질이론
⑤ 생물학적 유형론

고득점을 향한 해설

로터(Rotter)의 사회적 학습이론에 관한 설명이다. 로터는 심리적 욕구를 6가지 범주로 구분하였으며, 통제의 소재를 어디에 두느냐에 따라 내적 통제소재와 외적 통제소재로 나눌 수 있다고 보았다. 이를 바탕으로 로터는 인간의 욕구가치와 성공기대 수준의 간격을 줄임으로써 부적응행동을 줄일 수 있다고 설명하였다.

답 ②

19 | 반두라의 사회적 인지이론

1. 반두라(Bandura)의 생애

① 1925년 캐나다 알버타의 작은 농촌지역에서 태어났으며 초등학교부터 고등학교까지 지역의 유일한 작은 학교에 다녔다.
② 1949년 브리티쉬콜럼비아대학에서 학사학위를 수여받고, 1952년 아이오와대학에서 박사학위를 수여받았다.
③ 학습이론가 스펜스의 영향을 받았으며 캔사스주 휘치타에 있는 생활지도센터에서 1년 동안 인턴으로 지냈다.
④ 1953년부터 스탠포드대학에 재직 중이며, 1974년 미국심리학회장으로 선출되었다.

2. 주요개념

① 상호결정론
- 인지 및 다른 사람요인, 행동요인, 환경요인이 서로의 결정요인으로 상호작용한다고 여겼으며, '세 요인 상호결정론'을 가정하였다.
- 반두라의 상호결정론 모델
  B : 행동(Behavior), P : 사람(Person), E : 환경(Environment)의 상호작용

② 사회적 인지학습모델

단 계	내 용	설 명
1	자극(S1)	피험자의 과거사와 경험에서 비롯한 기대된 강화를 품고 있다.
2	주 의	피험자는 자신에게 관련된 것들에 선택적으로 주의를 기울인다.
3	자극(S2)	피험자가 모델을 관찰하는 본보기 자극이다.
4	인지적 과정	인지적 과정에서 상징적 부호화, 인지적 재구조화, 인지적 연습이 포함된다.
5	반 응	인지적 과정에 따른 반응이다.
6	자 극	반응에 따라 비롯되는 강화 자극이다.

③ 관찰학습
- 모델이 하는 행동을 따라함으로써 학습되는 것이다.
- 모델링에 영향을 주는 요인 : 모델의 특성, 관찰자의 특성, 행동과 관련된 보상결과

④ 관찰학습의 과정
- 주의집중과정
  - 관찰학습을 위해 모델이 어떤 행동을 하는지 주의 깊게 살펴보는 것이다(구별성, 정서적 가치, 복잡성, 유행성, 기능적 가치).
  - 관찰자의 특징에 따라 차이가 있다(감각능력, 각성 수준, 지각기능, 과거의 강화).
- 기억보존과정
  정보를 저장했다가 나중에 활용할 수 있도록 기호화하는 것을 포함하는 과정이다(심상적 기호, 어문적 기호, 상징적 부호화, 인지적 조직, 상징적 실연, 동작 실연).
- 재생(재현)과정
  관찰에서 학습한 것을 행동으로 재생하는 데 필요한 반응을 하는 능력이다(신체적 능력, 세부적 반응의 가용성, 재현에 대한 자기관찰, 정확한 피드백).
- 동기유발과정
  - 이전에 학습한 반응의 어느 측면을 행위로 번역할 것인지를 결정하는 과정이다.
  - 어떻게 행동하면 강화가 올 것인가의 기대가 생기면 학습한 것을 활용하려는 동기가 생긴다(외부강화, 대리강화, 자기강화).

⑤ 자기효능감
- 개인이 특별한 상황에서 보이는 자신의 행동능력에 대한 믿음을 말한다. 자아존중감과 혼동되기 쉽지만 자기가치에 대한 판단을 포함하지 않는다는 점에서 다르다고 할 수 있다.
- 자기효능감의 네 가지 주요한 원천 : 성취경험, 대리경험, 언어적 설득, 정서적 각성

3. 성격이론의 적용

① 기능장애적 학습의 결과가 부적응적 행동으로 나타난다고 주장하며 부모의 비정상적인 행동의 모델 형성이 정신병리학적 발달에 있어 유의미한 인과요인임을 제안하였다.
② 이상행동을 하는 사람들이 대체로 자기효능감의 수준이 낮음을 발견하고 사회적 인지이론을 이용한 치료 목적은 자기효능감을 높여 행동수행에 대한 자신감을 유발시키고 강화시키는 것이라고 보았다.

핵심문제 19

다음 괄호 안에 들어갈 말로 옳지 않은 것을 모두 고르면?

> 반두라(Bandura)의 세 요인 상호결정론 모델은 (   ), (   ), (   )의 상호작용이다.

① 행 동
② 사 람
③ 환 경
④ 가 치
⑤ 자 극

고득점을 향한 해설

반두라(Bandura)는 인지 및 다른 사람요인, 행동, 환경영향이 서로의 결정요인으로 상호작용한다고 여겼다.

답 ④, ⑤

20 | 켈리의 개인 구성개념 이론

1. 켈리(Kelly)의 생애

① 1905년 캔사스주 휘치타 근처의 농촌지역에서 외아들로 태어났으며, 근본주의 기독교 신자인 부모로부터 많은 애정을 받으며 자랐다.
② 1926년 미주리주 파크대학에서 물리학·수학 학사학위를 수여받았으며 교육사회학으로 캔사스대학에서 석사학위를 수여받았다.
③ 1929년 교육학 공부를 위해 에딘버그대학으로 가서 1931년 아이오와대학에서 심리학 박사학위를 취득한 후 10년을 캔사스 포트헤이스주립대학에서 보냈다.
④ 제2차 세계대전 동안 해군에서 심리학자로 복무하며 메릴랜드대학에서 1년을 보냈다.
⑤ 오하이오주립대학으로 옮겨 자신의 성격이론을 체계화하고 연구를 수행하였으며, 1965년 브랜디스대학으로 옮겨 학과장 직무를 수행하며 그곳에서 매슬로우를 만났고 1967년 사망하였다.

2. 주요개념

① 과학자로서의 인간 : 모든 인간은 과학자다.
 - 가설을 발달시키고 설정한 가설의 타당성을 평가하였다.
 - 행동의 결과를 예언하고 통제하려고 시도하였다.
 - 훌륭한 결과 도출에 대한 자신의 예견체계를 구성하려고 노력하였다.
② 개인 구성개념
 - 사건을 해석하고 예언하는 데 사용하는 인지적 구조라고 정의한다.
 - 개인이 세계 속에 있는 사건을 보는 방식, 즉 인생의 사건을 해석하거나 설명하기 위해 고안된 지적 가설이다.

- 우리는 항상 어떤 상황에 적응하기 위해 대안적인 구성개념을 가져야 하며 인간이 갖는 이러한 적응성을 '구성개념적 대안주의'라고 불렀다.

③ 기본가정 및 추론
- 기본가정
  개인의 과정은 그가 사건을 예견하는 방식에 의해 심리적으로 통로화된다.
- 인간의 행동을 설명하는 11가지 추론
  구성개념, 개별성, 조직화, 이분법, 선택, 범위, 경험, 조절, 분열, 공통성, 사회성추론

3. 성격발달

① 가장 핵심적인 모형을 '신중 – 선점 – 통제'의 순환이라고 명명한다.
② 발달과정을 새로운 경험의 측면에서 구성과 재구성으로 이루어진 개인과 환경 간의 창의적이며 역동적인 상호교류로 본다.
③ 한 사람의 환경에 대한 이해를 극대화시켜, 궁극적으로 그의 환경을 통제하는 능력을 높이는 것이 발달의 목표이며, 정확하고 타당한 구성체계와 유연한 세계관을 지닌 사람을 건강한 사람으로 보았다.

4. 성격평가기법

개인이 세계를 어떻게 해석하는가를 이해하기 위해 '역할구성개념 목록검사'를 개발하였으며, 이 검사는 한 개인이 인생에서 유의미한 사람들 간의 유사점과 차이점을 비교함으로써 구성개념을 나타낼 수 있다고 보았다.

5. 성격이론의 적용

고정역할치료로써 내담자의 탐구정신을 촉진시키고 창조적인 과정을 통해 개인 구성개념을 형성하도록 하는 것이며, 내담자에게 새로운 성격 스케치를 제시해 주고 시연하도록 한다. 또한 내담자를 위해 작성된 성격 스케치는 새로운 성격을 발달시킨다고 보았다.

핵심문제 20

고정역할치료로써 내담자의 탐구정신을 촉진시키고 창조적인 과정을 통해 개인 구성개념을 형성하도록 하는 것으로, 내담자에게 새로운 성격 스케치를 제시해 주고 시연하도록 하는 성격이론은 무엇인가?

① 켈리 – 개인 구성개념 이론
② 반두라 – 사회적 인지이론
③ 프로이트 – 정신분석이론
④ 로저스 – 인간중심이론
⑤ 로터 – 사회적 학습이론

고득점을 향한 해설

켈리는 개인이 사건을 해석하고 예언하는 인지적 구조인 '개인 구성개념'을 제시하였다. 켈리는 상황에 적응하기 위해서는 대안적인 구성개념을 가져야 한다고 주장하였으며, 성격 스케치를 통해 새로운 성격을 발달시킬 수 있다고 보았다.

답 ①

21 | 엘리스의 인지적 성격이론

1. 엘리스(Ellis)의 생애
① 1913년 9월 27일, 피츠버그에서 태어났으며 '브롱크스의 거리'에서 자랐다.
② 부모의 양육태만과 더불어 신장염을 앓았으며 수줍음을 많이 타고 내향적인 아이였다.
③ 백만장자가 되기 위해 뉴욕의 상업고등학교로 진학하였으나 졸업할 즈음에 대공황이 일어나 꿈이 좌절되었다.
④ 친구들이 자신들의 문제를 엘리스와 상의하기 시작하면서 스스로 사람들을 도와주는 것을 재미있어 한다는 것을 깨달으며 콜롬비아대학을 가서 석사, 박사학위를 수여 받았다.
⑤ 정신분석가로부터 비공식적인 훈련을 받다가 보다 효율적인 방식을 찾고자 하여 1953년 정신분석을 포기하게 되었다.
⑥ 1955년 인지치료를 소개하였다가 후에 인지-정서치료로 접근법을 수정하였으며 이후 1991년 합리적정서행동치료로 이름을 바꾸었다.
⑦ 평생 동안 당뇨병, 청각이상, 시각이상 등을 경험하였다.

2. 주요개념
① 성격의 3가지 측면
- 성격의 생리적 측면
  인간에게 사용되지 않은 거대한 성장 자원이 존재하며 이는 사회적 운명과 개인적 운명을 변화시킬 수 있다고 생각하였으며 동시에 사람들이 비합리적으로 생각하고 스스로에게 해를 끼치려는 예외적으로 강력한 선천적 경향성을 지니고 있다고 보았다.
- 성격의 사회적 측면
  인간이 사회집단 내에서 양육되며, 인생의 대부분을 타인에게 인상을 남기려 하고, 타인의 기대에 맞춰 살면서 타인의 수행을 능가하려고 노력한다고 하였다. 또한 타인의 승인을 받고자 하는 욕망이 커지게 되어 타인에 대한 인정과 승인에 대한 욕구가 절대적이며 긴박한 욕구가 됨으로써 불안과 우울을 갖게 된다고 하였다.
- 성격의 심리학적 측면
  슬픔, 유감, 성가심, 좌절감과는 구별되는 정서적 혼란이 비합리적인 신념에서 유발된다고 보며 바람직하지 못한 감정을 차단하는 보다 논리적인 관점은 개인으로 하여금 불안을 생성하는 신념체계에 초점을 맞추도록 하는 것이라고 하였다.

② 비합리적 사고
- 의미 있는 사람들로부터 인정받고 사랑받는 것이 필연적이다.
- 모든 측면에서 능력이 있고, 적절하며 성취적이어야 가치가 있다.
- 나쁘고 사악한 사람은 가혹하게 비난받고 처벌받아야 한다.
- 자기가 원하는 대로 되지 않는 것은 파국적이다.
- 불행은 외부에서 기인하고 슬픔과 장애는 통제할 수 없다.
- 두려운 일이 있으면 계속 걱정해야 한다.

③ 당위주의
- 비합리적 신념이 우리를 파멸로 몰아넣는 근본적인 문제이며 주어진 상황을 긍정적으로 생각하느냐 부정적으로 생각하느냐에 따라 엄청나게 다른 정서적, 행동적 결과를 낳는다고 하였다.
- 자신에 대한 당위성
  자신에 대해 당위성을 강조하는 것이다.
- 타인에 대한 당위성
  자신과 밀접하게 관련된 부모나 자식, 부인, 남편, 애인, 친구와 동료 등에게 당위적인 행동을 기대하는 것이다.
- 조건에 대한 당위성
  주어진 조건에 대해 당위성을 기대하는 것이다.

④ ABC 이론
- 정서적·행동적 결과에 영향을 미치는 원인으로 사건보다는 신념체계의 중요성을 강조한 치료이론
- A : 활성화된 사건(Activating Events)
- B : 신념체계(Belief System)
- C : 정서적, 행동적 결과(Consequences)

3. 성격이론의 적용

엘리스는 합리적정서행동치료가 인본주의적 심리치료라 주장하며 인간이 합리적 삶을 이끌기 위한 기본적 원리는 자신의 어떤 수행에 의해서 자신을 평가하는 것이 아니라 자신의 실존적 존재를 있는 그대로 수용하는 것이라고 가정한다. 따라서 자신과 타인을 인간으로서 무조건으로 수용하는 것이라는 주장이다.

> ※ 합리적정서행동치료(REBT ; Rational Emotive Behavior Therapy)의 6가지 원리
> - 인지는 인간정서의 가장 중요한 핵심적 요소이다.
> - 역기능적 사고는 정서장애의 중요한 결정요인이다.
> - REBT의 기본 개념은 우리가 사고하는 것을 느끼는 것이기 때문에 REBT는 사고의 분석부터 시작한다.
> - 비합리적 사고와 정신병리를 유도하는 원인적 요인들은 유전적이고, 환경적 영향을 포함하는 다중요소로 되어 있다.
> - 다른 상담이론과 마찬가지로, 행동에 대한 과거의 영향보다 현재에 초점을 둔다.
> - 비록 쉽지는 않지만, 신념은 변화한다고 믿는다.

핵심문제 21

합리적정서행동치료가 인본주의적 심리치료라 주장하며 인간의 합리적 삶을 이끌기 위한 기본적 원리는 자신의 어떤 수행에 의해서 자신을 평가하는 것이 아니라 자신의 실존적 존재를 있는 그대로 수용하는 것이라고 가정한 성격이론가는 누구인가?

① 올포트(Allport)
② 켈리(Kelly)
③ 엘리스(Ellis)
④ 로저스(Rogers)
⑤ 반두라(Bandura)

고득점을 향한 해설

합리적정서행동치료(REBT)를 고안한 엘리스에 관한 설명이다. 엘리스는 문제 사건보다는 그 사건의 원인이 된 비합리적 신념체계에 주목해야 한다고 보았으며, 신념체계를 변화시킴으로써 역기능적 행동을 고칠 수 있다고 보았다.

답 ③

22 | 벡의 인지적 성격이론

1. 벡(Beck)의 생애

① 1921년 7월 18일, 로드아일랜드주의 프로비던스에서 출생하였으며 러시아계 유태인으로 미국 이민자의 막내아들로 태어났다.
② 어머니는 외동딸의 사망으로 인해 우울증을 경험하였으며 벡은 어렸을 때 팔이 부러져 감염이 된 것을 계기로 평생 고생하게 되었다. 이때 유급까지 하게 되어 부정적 신념을 경험하게 되었다.
③ 1943년 브라운대학을 우등으로 졸업하고 1946년 예일대의 의과대학에서 의학 박사학위를 수여받았다.
④ 1954년 펜실베이니아대학의 정신과 교수가 되면서 필라델피아정신분석학회로부터 정신분석 훈련을 받았다.
⑤ 대부분의 여생을 펜실베이니아대학에서 보냈으며 대학 내에 인지치료연구소를 설립하였다.
⑥ 우울·불안·자살 행동에 관한 광범위한 연구로 다수의 공로상을 수상하였으며 350여 편의 논문과 12권의 책을 집필함과 동시에 수많은 평가 도구들을 개발하였다.

2. 주요개념

① 4가지 인지수준

자동적 사고	마음속에 계속적으로 진행되는 인지의 흐름이다.
중재적 신념	사람들의 자동적 사고를 형성하는 극단적이며 절대적인 규칙과 태도를 반영한다.
핵심 신념	많은 자동적 인지에 바탕이 되는 자신에 대한 중심적 생각이다.
스키마	핵심 신념을 수반하는 '정신 내의 인지구조'이다.

② 자동적 사고
- 구체적이고 분리된 이미지이다.
- 축약되어 언어, 이미지 또는 둘 다의 형태로 나타난다.
- 아무리 비합리적이라 할지라도 거의 믿어진다.
- 자발적인 것으로 경험된다.
- 당위성을 가진 말로 표현된다.
- 일을 극단적으로 보는 경향성을 내포한다.
- 개인에 따라 독특하게 나타난다.
- 중단하기가 쉽지 않다.
- 학습된다.

③ 역기능적 신념
- 인지도식(스키마)은 과거의 경험을 추상화한 기억체계로 생활 속에서 경험하는 다양한 사건들에 관한 정보를 선택하고, 그 사건들의 의미를 해석함으로써 미래의 결과를 예상하도록 하는 인지구조를 말한다.
- 각 개인이 갖는 인지도식은 서로 다르므로 동일한 생활사건에 대해 서로 다른 의미로 해석할 수 있다.
- 벡은 우울증 환자들을 관찰하면서 그들이 생활사건들의 의미를 부정적으로 해석하는 것을 확인했는데, 그는 이를 가리켜 그들이 가진 역기능적 인지도식에서 비롯된 것이라 말했다.
- 우울증 환자들이 이러한 부정적 사고를 갖게 되는 이유는 그들이 당위적이고 완고한 신념을 갖고 있기 때문이고 이러한 비현실적인 신념은 필연적으로 좌절과 실패를 초래하기에 이를 역기능적 신념이라 불렀다.

④ 인지적 왜곡
- 임의적 추론 : 이것은 어떤 결론을 지지하는 증거가 없거나, 그 증거가 결론에 위배됨에도 불구하고 결론에 도달하는 것이다.
- 선택적 추상 : 사건이나 상황의 주된 내용은 무시하고 특정한 일부 정보에만 주의를 기울여 전체의 의미를 해석하는 것이다.
- 과잉일반화 : 단일 사건에 극단적인 신념을 가지고 유사하지 않은 사건들에 부적절하게 적용하는 것이다.
- 극대화 혹은 극소화 : 개인이 불완전을 최대화하거나 좋은 점을 최소화할 때 생기는 인지적 왜곡이다.
- 개인화 : 외적 사건들과 자기를 관련시킬 근거가 없음에도 자신과 관련짓는 경향을 말한다.
- 이분법적 사고 : 완전한 실패 아니면 대단한 성공과 같이 극단적으로 흑과 백으로 구분하려는 경향이다.
- 정서적 추론 : 정서적 감정이 왜곡으로 보여지지 않고, 현실과 진실의 반영으로 여겨지는 것이다.
- 긍정 격하 : 자신의 긍정적인 경험을 지나치게 격하시켜 평가하는 것이다.
- 파국화 : 개인이 걱정하는 한 사건을 지나치게 과장하여 두려워하는 것이다.
- 명명과 잘못된 명명 : 자신에 대한 부정적 견해는 어떤 잘못에 근거한 자기명명에 의해 창조되며 잘못된 명명은 과잉일반화의 극단적인 형태이다.
- 벡은 우울증 환자들이 생활사건의 의미를 부정적인 것으로 받아들이면서 다양한 유형의 논리적 오류를 범하는 것을 확인하였다. 이와 같이 개인이 생활사건의 의미를 해석하는 정보처리 과정에서 범하는 체계적인 과오를 '인지적 왜곡(Cognitive Distortion)' 또는 '인지적 오류(Cognitive Error)'라고 한다.

⑤ 인지타당성 평가 : 인지타당성을 평가하는 5단계 과정
- A : Alive(나의 사고는 나를 생기 있게 하는가?)
- F : Feel(나는 이러한 사고의 결과로 기분이 더 나아졌는가?)
- R : Reality(나의 사고는 현실적인가?)
- O : Others(나의 사고는 다른 사람과의 관계에 도움이 되는가?)
- G : Goals(나의 사고는 나의 목표를 성취하는 데 도움이 되는가?)

핵심문제 22

벡의 인지적 성격이론에서 자동적 사고에 대한 설명으로 옳지 않은 것은?

① 자발적인 것으로 경험된다.
② 당위성을 가진 말로 표현된다.
③ 개인에 따라 독특하게 나타난다.
④ 자신의 의지에 따라 중단할 수 있다.
⑤ 아무리 비합리적이라 할지라도 믿어진다.

고득점을 향한 해설

자동적 사고는 자신의 의지에 따라 중단하기가 쉽지 않다.

답 ④

---

23 | 성격이론의 추세와 전망

1. 성격이론의 일반적 추세와 전망

① 안녕추구

　인간은 안녕의 추구를 보편된 목적으로 가지며, 자신의 삶에 의미를 부여하며 목표와 가치를 가지는 존재라고 본다.

② 독특성

　개인의 독특한 성격을 파악하여 인간의 개인차에 대해 연구함으로써 보다 독특하고 복잡한 인간을 이해할 수 있으며 이는 광범위한 장면에서 개인을 이해하는 데 사용된다.

③ 보편성

　다양한 성격이론들은 인간의 성격 특성을 파악하기 위해 보편적 특성을 찾으려고 노력해왔으며 최근에는 성향적 관점의 성격이론가들이 특질의 보편성을 이해하고 조직하기 위해 노력하는 추세이다.

④ 생물학적 요인

생명과학의 발달로 인해 성격에 미치는 생물학적 요인의 영향에 관심이 증가되고 있으며 진화이론가들의 연구를 통해 상호작용적 기질모델이 제안되고 있다.

⑤ 인지의 강조

인지혁명으로 인해 인간 행동을 결정하는 요인으로 인지의 중요성이 강조된 이후 다양한 이론에서 그에 대한 중요성이 대두되고 있다.

⑥ 가정적 요인

많은 이론가들의 중점 논제는 다르지만 인간 성격형성에 있어 초기 부모와의 관계 및 부모의 역할이 중요하다고 본다.

⑦ 사회적 요인

사회적 동물이라는 명제는 인간으로 하여금 사회가 요구하는 성격을 만들어가도록 하고 있으며 사회적 구조가 변화함에 따라 사람들이 추구하는 성격양상도 달라지고 있다.

⑧ 문화적 요인

인간 성격형성 및 인간에 대한 이해에 중요한 요인으로 문화상대주의의 학문적 추세와 관련하여 이해될 수 있다.

2. 정신역동적 관점의 추세와 전망

① 20세기 가장 영향력 있는 과학자와 사상가들 중 프로이트는 빠지지 않았다. 다양한 성격과 심리치료의 새로운 접근방식이 탄생했지만 아직도 많은 치료자들이 자신의 입장을 정신분석으로 표방하고 있다.

② 현재 상담 및 심리치료 영역에서 활발하게 적용되고 있는 접근방식인 대상관계이론과 개인심리학, 그리고 분석심리학도 계속해서 인간 정신의 신비성을 밝히면서 대중적인 이론으로 유지되고 있다.

3. 성향적 관점의 추세와 전망

① 인간 성격에 대해 가장 긴 역사를 갖는 입장이 성향적 관점이라 볼 수 있다. 현대적 추세에 부합하여 문화의 같고 다름에 따라 사람이 갖는 성격으로 공통특질의 유사성과 차이에 대한 연구가 활발히 이루어지고 있으며 최근에는 보편적 성격인 초특질에 관하여 집중되고 있다.

② 성격에 미치는 생물학적 영향에 대한 관심도 고조되고 있어 인간 염색체에 대한 유전적 요인에 대해 연구 중이며, 이는 아이젠크의 생물학적 유형론과 같은 성격이론이 계속 관심의 초점이 됨을 시사한다.

4. 인본주의적 관점의 추세와 전망

① 심리학의 제3세력인 인본주의 심리학은 제1, 2차 세계대전을 거치며 현상학과 실존주의에 영향을 받아 그러한 입장을 이론적 틀에 융해시켰다.

② 21세기 심리학에 있어 인간의 주관적 가치인 행복, 성공, 지혜 등이 중시되고 있는 것은 긍정심리학과 더불어 인본주의적 관점이 부합된 성격이론의 중요성을 알려주고 있으며 이런 점에서 인간의 자아실현을 강조하는 매슬로우의 성격이론이나 상담, 심리치료에서 인간의 실현화 경향성 및 내담자의 경험을 강조하는 로저스의 인간중심치료도 지속적인 성장의 추세를 가질 것이라 여겨진다.

5. 행동 및 사회적 학습 관점의 추세와 전망

① 과학으로서 심리학을 강조한 행동주의자들이 철학적 시대사조로서 인간 행동에 미치는 상황적 중요성을 강조하였다.
② 모방을 강조한 달라드와 밀러의 사회적 학습이론은 관찰학습을 강조한 반두라의 사회적 인지이론에 영향을 주어 학습에 인지가 주요한 역할을 한다는 것을 드러냈으며 인간의 자기효능감의 중요성을 시사하였다.
③ 행동 및 사회적 학습에 대한 심리학적 발전을 통해 현재 인지의 중요성을 강조하는 추세가 지배적이라 할 수 있다.

6. 인지적 관점의 추세와 전망

① 현대심리학의 제4세력이라 할 수 있는 입장이 인지심리학이다. 제2세력인 행동주의의 막강한 영향력으로 초창기 주목받지 못했으나 1950년대부터 서서히 중요성이 대두되었다. 인간을 이해하고 연구하는 심리학에서 인지를 강조하는 추세는 정보처리 관련 추세와 상담 및 심리치료 영역에서 인지를 강조하는 추세의 두 가지 흐름으로 나타나고 있다.
② 비합리적 신념, 자동적 사고, 왜곡된 인지 등이 개인의 부적응에 중요한 역할을 한다고 밝혀낸 엘리스와 벡은 부적절한 인지로부터 비롯된 내담자의 부적절한 정서 및 행동을 인지의 수정을 통해 변화시킬 수 있다고 보았다. 이는 앞으로 인간을 이해하고 성장시키기 위한 성격심리학의 중요한 주제가 될 것이라 여겨진다.

핵심문제 23

현대적 추세에 부합하여 문화의 같고 다름에 따라 사람이 갖는 성격으로 공통 특질의 유사성과 차이에 대한 연구가 활발히 이루어지고 있으며 최근에는 보편적 성격인 초특질에 관하여 집중되고 있는 성격의 관점은 무엇인가?

① 인본주의적 관점
② 행동 및 사회적 학습 관점
③ 성향적 관점
④ 인지적 관점
⑤ 정신분석적 관점

고득점을 향한 해설

성향적 관점에 대한 설명이다. 이 관점은 개인의 성격을 이해하는 데 있어 외부적 상황보다는 개인의 성향을 중요하게 여기는 관점이라고 할 수 있다. 현대적 추세에 따라 특수한 문화적 요인이 성격에 미치는 영향이나, 보편적인 초특질에 대해서도 관심이 증가하고 있다.

답 ③

PART 03

심리평가 및 연구방법론

Chapter 01	심리검사
Chapter 02	연구방법론

교육이란 사람이 학교에서 배운 것을
잊어버린 후에 남은 것을 말한다.

− 알버트 아인슈타인 −

CHAPTER 01 | 심리검사

핵심 KEY

심리검사의 이해
심리검사의 유형과 실시
심리검사의 해석과 영역
지능에 대한 이해
웩슬러 지능검사

MMPI에 대한 이해
MMPI의 실시 및 채점
MBTI 성격유형검사
로샤검사에 대한 이해
심리평가

주제통각검사(TAT)
BGT 검사
HTP 검사
홀랜드유형 직업적성검사(CAT)
신경심리검사

01 | 심리검사와 심리평가의 이해

1. 심리검사의 개념

① 인간의 다양한 특성을 측정하기 위한 객관적이고 체계적인 과정이다.
② 지능, 성격, 적성, 흥미 등 인간의 지적 능력이나 심리적 특성을 파악하기 위해 양적 또는 질적으로 측정 및 평가를 수행하는 일련의 절차이다.
③ 심리적 현상에서 개인 내 및 개인 간 차를 비교함으로써, 개인의 전체적, 인격적, 행동적 측면을 이해하기 위한 심리학적 측정과정이다.
④ 제한된 규준을 통해 개인의 행동을 예측하기 위한 기술적 과정으로서, 개인의 소수 표본 행동을 측정하여 그 결과를 토대로 개인의 전체 행동을 예견할 수 있다.

2. 심리검사의 목적

① 개인 내, 개인 간 비교를 통해 개인의 행동이나 성격을 이해하고 이를 바탕으로 하여 개인의 문제해결에 도움을 주고자 한다.
② 내담자의 임상적 진단을 명료화, 세분화하고 문제의 증상 및 심각성 정도를 구체화한다.
③ 내담자의 자아강도 및 인지기능을 측정한다.
④ 내담자를 치료적 관계로 유도하며, 자아강도 및 문제영역에 관한 인식을 돕는다.
⑤ 내담자의 치료에 따른 반응을 검토하며 치료효과를 평가한다.
⑥ 문제해결을 위한 적절한 치료계획 및 치료전략을 제시한다.

3. 심리검사의 특징
① 개인에 관한 임상가의 주관적인 판단에서 비롯되는 오류를 최소화할 수 있다.
② 수검자의 행동에 대한 양적 측정을 통해 개인 내 및 개인 간 비교를 가능하게 한다.
③ 개인의 심리나 행동에 대한 부분적 또는 전체적 평가를 가능하게 한다.

4. 심리평가의 개념
① 심리검사를 통해서 얻어진 정보를 중심으로 하여, 면담, 행동관찰, 개인력 등의 자료와 전문지식 등을 활용하여 평가를 내리는 전문적인 과정이다.
② 인간에 대한 심리학적 지식, 정신병리에 대한 지식, 임상적 경험 등을 통해 이루어지는 지식과 이론의 종합적 통합과정이다.
③ 심리검사 결과에 다양한 정보를 종합해서 문제해결에 도움을 제공하는 문제해결과정이다.
④ 상담이 시작되기 전에 개입의 방식과 개입의 시기와 강도, 개입영역 등에 대해 전문적 지식으로 내담자의 사고, 정서, 인지 등 다양한 정보를 취합하고 종합하여 최종적인 해석과 제언을 하는 전문과정이다.

5. 심리평가의 내용
① 임상적 면담
- 면담은 구조화된 면담과 비구조화된 면담이 있고, 목적에 따라 평가면담, 해석면담, 치료면담 등 다양한 면담이 있다.
- 심리평가를 위한 면담은 피검자의 방문사유, 태도, 개인생활에 대한 정보, 대인관계 양상, 개인력 등 다양한 정보를 얻을 수 있는 상담과정이다.
- 면담을 통해 얻은 정보는 내담자가 의도적 또는 비의도적으로 왜곡 또는 과장, 축소, 생략했을 가능성이 있으므로 심리검사 결과와 함께 살펴보는 것이 중요하다.

② 행동평가
- 검사자가 직접적으로 피검자를 관찰하는 직접적인 평가과정이다.
- 어떠한 행동과 관련된 선행사건, 사건에 대한 반응, 결과 등을 분석하는 것을 의미한다.
- 면담 및 심리검사 진행 시 보이는 피검자의 표정, 몸짓, 언어표현, 질문이나 과제반응에 대한 관찰을 통해서 피검자의 행동특성을 이해하고 예측하는 과정이다.

③ 심리검사 결과
- 검사한 결과자료를 바탕으로 내담자의 현재 상태를 확인할 뿐 아니라 개인 간의 상호비교에 근거하여 상대적 위치를 알 수 있다.
- 한 개인의 행동을 예측하고 검사를 통해 나타나는 행동에서 나타나는 결함이나 결점뿐 아니라 그 원인을 찾을 수 있다.

④ 심리학적 지식
인간의 생물학적, 심리적 및 성격적 특성에 대한 이해와 인간발달에 관한 전반적인 지식 등을 바탕으로 내담자의 현 상태에 대해 이해할 수 있다.

6. 심리검사의 발달과정

① 1879~1896년
- 분트(Wundt)는 독일 라이프치히에 심리학연구 실험실을 개설하였고, 이로써 심리학은 철학과 생리학으로부터 독립해서 하나의 학문으로 발전하게 되었다.
- 양적 측정의 전통을 확립하면서 심리측정학(Psychometrics)의 발달에 중요한 토대를 마련하였으며 모든 인간에서 공통적으로 나타나는 일반원리를 발견하였다.
- 심리학은 모든 인간에게서 공통적으로 나타나는 일반원리를 발견하는 데 목적이 있다고 말하면서 개인차에 의한 반응의 차이가 나타날 수 있다는 사실을 수용하지 못하고 피험자 간의 반응차를 단지 측정오차, 관찰자의 태만, 실험조건의 통제 실패 등으로 간주하였다.
- 1883년 갈튼(Galton)은 개인차 연구에 관심을 가졌으며 『인간의 능력과 그 발달에 관한 탐구』를 저술하였다.
- 개인차 연구의 선구자로 평가받고 있는 갈튼은 개인차는 지적 능력의 차이에서 비롯된다고 보고 지적 능력은 유전에 의해서 결정된다고 생각하였다.
- 1890년 카텔(Cattell)은 정신검사(Mental Tests)라는 용어를 처음으로 제안하였으며 갈튼과 같이 인간의 개인차 연구에 관심을 가졌다.
- 개인차에 대해서 고려하지 않고 모든 인간에게 공통적인 원리를 찾아내는 것이 심리학의 주요 목적이라고 보는 견해에 대해서는 반대하였다.
- 개인차가 중요한 연구대상임을 주장하면서 '반응 시간에 있어서의 개인차'라는 학위논문을 발표하였다.
- 1892년 미국심리학회(APA)가 창설되었다.
- 1896년 위트머(Witmer)는 미국 펜실베니아대학에 세계최초의 심리진료소를 개설하였고, 1904년에는 최초로 임상심리학 강좌를 개설하였다.

② 1903~1940년
- 비네(Binet)는 자신의 딸들을 대상으로 기억, 상상, 의지 등에 대해 연구한 '지능의 실험적 연구'를 발표하였다.
- 1905년 비네는 시몽(Simon)과 함께 초등학교 입학 시 정신박약아를 식별하기 위한 검사법, 즉 비네-시몽검사(Binet-Simon Test)를 개발하였고, 이 검사는 최초의 지능검사로 인정받고 있다.
- 카텔(Cattell)의 검사가 너무 단순하고 감각과제에만 한정되어 있다는 점을 비판하면서 보다 복잡한 내용의 검사법이 필요하다는 입장에서 연구하였다.
- 비네는 실험실에서만 연구되어 온 심리학을 처음으로 현장에서 적용한 학자로, 이후 터만(Terman)은 비네(Binet)의 뒤를 이어, 비네-시몽검사를 개정하여 1916년 스탠포드-비네검사를 발표하였다.
- 1917년 미국의 제1차 세계대전 중 신병들을 신속하고 효율적으로 배치하기 위해, 스탠포드대학의 오티스(Otis)는 집단용 지능검사인 알파지능검사(Army Alpha)와 베타지능검사(Army Beta)를 개발하였다.
- 베타지능검사(Army Beta)는 문맹자나 영어를 모르는 외국인을 위한 비언어적인 검사이다.
- 1921년 뮌스터링엔(Münsterlingen) 병원 정신과에서 수련 중 잉크 반점 카드를 이용하는 놀이에서 정상인이 보이는 반응과 정신과 환자들이 보이는 반응에 차이가 있다는 사실에 흥미를 가지고 1917년에서 1918년 사이에 본격적인 연구에 착수, 1921년 10개의 카드로 구성된 로샤검사 도구를 출판하였다.

- 로샤검사의 출현은 임상심리학의 발달에 큰 기여를 하였다.
- 로샤(Rorschach)의 동료들은 그의 연구를 이어갔고 1974년 이후 엑스너(Exner)는 여러 학자들의 로샤채점체계를 종합하여 로샤종합체계를 발표, 현재 가장 널리 사용되고 있다.
- 1935년 머레이(Murray)와 모건(Morgan)이 주제통각검사(TAT ; Thematic Apperception Test)를 개발하였다.
- 1939년 웩슬러-벨뷰(Wechsler-Bellevue) 성인용 지능척도를 개발하였다.
- 여러 번의 개정을 통해 현재 웩슬러(Wechsler) 지능검사를 사용, 이는 가장 널리 사용되는 개인용 지능검사이다.
- 우리나라에서도 1963년 전용신 등이 이를 표준화하여 '한국판 웩슬러 지능검사(WAIS)'라는 이름으로 사용, 이를 1992년 K-WAIS라는 이름으로 재표준화하였다.

③ 1940년 이후
- 연구자 및 임상가들이 면담의 중요성을 개념화하고 평가하기 시작하였고, 1930년대 후반부터 정신분석학적 수련배경을 가진 유럽의 많은 심리학자와 정신의학자가 미국으로 이동하면서 성격의 부적응적인 측면과 성격특성에 대한 심리측정의 요구가 증가하게 되었다.
- 제2차 세계대전 기간에 임상심리검사를 이용해 부적응자를 효과적으로 감별하게 되면서 적절한 인사배치에 심리검사가 요구되었다.
- 제2차 세계대전 종식 후에는 많은 퇴역군인들이 정신장애로 고통받고 있었으므로 이들의 치료와 재활, 예방활동에 더 많은 예산이 배당되었다.
- 임상심리사들이 효과적인 평가기법들을 갖추게 되고 정신장애 연구방법의 발전과 함께 정신건강 분야에 확고한 전문성을 드러내기 시작했다.

핵심문제 01

심리평가를 위해 수행되는 면담에 관한 설명으로 옳은 것은?

① 면담은 구조화할 수 없다는 단점이 있다.
② 면담은 평가를 하기 위한 목적으로 치료적인 효과도 있다.
③ 면담에서는 신뢰도와 타당도를 크게 고려하지 않아도 된다는 장점이 있다.
④ 면담자가 피면담자에 대한 전반적인 인상을 형성한 후 그것에 준하여 다른 관련 특성을 추론해야 한다.
⑤ 면담은 구조화된 면접지만 사용해야 한다.

고득점을 향한 해설

내담자가 면담을 통해 자기 문제를 살펴봄에 따라 스스로에 대한 새로운 시각이나 이해를 배울 수 있다는 점에서 면담은 치료적 효과가 있다. 면담의 형식적 분류로는 구조적 면담, 비구조화된 면담, 반구조화된 면담이 있으며 상황이나 내담자의 유형에 따라 선택 사용이 가능하다.

답 ②

02 | 심리검사의 유형과 실시

1. 객관적 검사와 투사적 검사
측정되는 내용과 검사제작 방법에 따라 객관적 검사와 투사적 검사로 구별된다.
① 객관적 검사
- 과제가 구조화되어 있고, 채점과정이 표준화되어 있으며 해석의 규준이 제시되어 있는 검사이다.
- 평가하고자 하는 특성을 측정하기에 가장 적합한 문항으로 구성되어 있으며 일정한 형식에 따라 반응하도록 되어있다.
- 개인마다 공통적으로 지니고 있는 특성을 기준으로 개인들의 상대적인 위치를 비교, 평가하려는 것이다.
- 종류 : 지능검사(K-WISC-Ⅳ, K-WAIS-Ⅲ, K-WPPSI 등), 성격검사(MMPI, MBTI 등), 기질 및 성격 검사(TCI), 흥미검사(직업흥미검사, 학습흥미검사, 적성검사 등) 등
- 장점 : 검사실시와 해석이 간편하고, 검사의 신뢰도 및 타당도가 검증되어 있을 뿐만 아니라 검사자변인이나 검사의 상황변인에 따른 영향을 적게 받으므로 개인 간 비교가 객관적으로 제시될 수 있다.
- 한계점 : 피검자들이 사회적으로 바람직한 내용에 따라 반응할 수 있고, 개인의 응답하는 방식에 있어 일정한 흐름을 따르는 반응경향성을 보일 수 있으며, 문항내용의 제한성이 크므로 개인의 독특한 특성을 파악하는 데 제한을 받을 수 있다.

② 투사적 검사
- 비구조적인 검사 과제를 통해 개인의 독특성을 최대한 이끌어내려는 데 목적이 있다.
- 개인의 다양한 반응을 도출하기 위해 가능한 한 간단한 지시 방법을 사용하며 검사자극 또한 불분명하고 모호한 특징을 지니고 있다.
- 종류 : 로샤검사, TAT, CAT, DAP, HTP, BGT, SCT 등
- 장점 : 검사자극이 모호하고 피검자가 가능한 자유롭게 반응하도록 허용되므로 독특하고 다양한 반응이 도출될 수 있고 피검자가 자신의 의도에 맞게 방어적으로 반응하는 것이 어렵다.
- 한계점 : 전반적으로 신뢰도와 타당도가 객관적으로 검증되기 어렵고 반응에 대한 상황적 요인, 즉 검사자에 대한 피검자의 선입견 등을 무시하기 어렵다.

2. 심리검사 실시시기
① 초기 단계
- 피검자와 관련된 자료를 미리 파악하게 해줌으로써 시간을 효율적으로 사용할 수 있도록 해준다.
- 면접만으로 드러나기 어려운 내적인 욕구, 충동, 방어들의 위계적인 배열을 파악할 수 있게 해준다.
- 결과를 통해 피검자가 치료받기에 적절한지, 어떤 종류의 치료가 적합한지, 어떤 유형의 치료자가 가장 효과적일지를 결정하는 데 도움을 제공해준다.

② 치료의 중기·후기 단계
- 치료 과정에서 특정한 문제가 생겨 자문이 필요할 때 실시한다.
- 검사결과를 토대로 피검자의 현재 상태와 지금까지의 치료 효과에 대해서 평가하고 그동안의 관찰 자료를 통합하여 통찰적 이해를 얻을 수 있다.

③ 심리검사가 가장 유용한 상황
    여러 상황에서 얻은 자료들이 불일치할 때, 임상 관찰만으로는 적절한 판단이 어려울 때, 증상이 매우 복잡하여 피검자에 대해서 전제적인 통찰이 되지 않을 때 유용하다.

3. 심리검사 실시과정

① 제1단계 : 심리검사의 선택
  - 검사자는 검사 실시의 상황 및 검사 사용 목적을 고려하여 검사시행 여부를 결정한다.
  - 검사 내용상 검사 목적에 가장 잘 부합하는 심리검사를 선택하며 최근 규준을 사용한다.
  - 검사의 타당성, 신뢰성, 객관성, 경제성, 실용성 등을 고려하여 검사방법을 선택한다.

② 제2단계 : 검사 실시방법에 대한 이해
    검사시행에 있어 검사 개발 당시 작성 규준의 진행 과정과 동일한 조건하에서 검사가 실시, 채점, 해석되어야 타당성과 신뢰성이 높은 결과를 얻을 수 있다.

③ 제3단계 : 검사에 대한 동기화
    수검자의 심리검사에 대한 거부감을 해소하고 수검자가 적극적으로 심리검사에 참여할 수 있도록 해당 심리검사의 목적, 특징, 절차, 효과 등에 대해 충분히 설명하고 이를 통해 수검자의 심리검사에 대한 두려움이나 거부감을 해소시키기 위해 노력한다.

④ 제4단계 : 검사 실시
  - 검사자는 최적의 환경에서 검사가 실시되도록 한다.
  - 검사요강에 제시된 정보를 숙지하고 정확한 지시문에 따라 검사를 수행한다.

⑤ 제5단계 : 검사 채점 및 해석
  - 컴퓨터를 이용한 채점의 경우 수검자가 혹시 응답지 작성 과정에서 일어날 수 있는 오류가 있는지 혹은 시스템상의 오류로 인해 채점 결과가 잘못 나온 것은 아닌지 검토한다.
  - 단답형 문항과 자유형 문항이 혼용되어 있는 검사의 경우 검사자는 검사요강에 제시된 기준을 충실히 이행하여 객관성을 유지하도록 노력한다.
  - 집단이 대상인 경우 몇 개의 응답지를 예비 채점하여 채점방식에 익숙해지도록 하며, 채점함으로써 나타날 수 있는 문제들을 사전에 점검하는 것이 바람직하다.

핵심문제 02

심리검사에서 객관적 성격검사의 장점은?

① 방어의 곤란 ② 객관성의 증대
③ 더 풍부한 심리적 자료 제공 ④ 반응의 다양성
⑤ 솔직한 자기노출

고득점을 향한 해설
투사적 검사는 검사자나 상황변인이 검사에 영향을 주어 객관성이 떨어지는 반면, 객관적 검사는 그 영향을 덜 받고 신뢰도나 타당도 수준이 비교적 높다.

답 ②

03 | 심리검사의 해석과 영역

1. 심리검사의 해석

① 검사점수
- 객관적 검사나 자기보고식 검사를 통해서 얻게 된다.
- 각 검사가 측정하고자 하는 영역에서 피검자가 어느 위치에 있는지에 대한 구체적이며 상대적인 정보를 준다.
- 검사 점수에만 근거한 기계적 해석은 피해야 한다.
- 검사 상황에서 나타나는 피검자의 언어 스타일이나 특이한 행동, 즉 특정 문항에서 말이 막히는 것, 얼굴이 붉어지는 것, 불안해하는 것 등을 관찰함으로써 해석적 정보를 얻는 것이 중요하다.
- 원점수는 피검자에 의해 직접 얻은 최초의 점수로서 기준점이 없으므로 상대적인 비교가 어렵다.
- 백분위점수는 검사에 의해 얻어진 자료를 크기순으로 늘어놓은 후 100등분한 값으로서 각 점수들 간의 서열을 확인할 수 있다.
- 표준점수는 점수가 평균으로부터 떨어진 정도를 표준편차 단위로 재어 분포상 어느 위치에 해당하는가를 나타내며 각각의 점수들 간의 상대적 평가가 가능한 점수이다.

② 반응내용과 주제
- 피검자가 '실제로 한 반응이 무엇이냐'는 해석에 있어 중요하다.
- 개인 고유의 특성에 대해서 해석적 정보를 얻을 수 있다.
- 반응내용과 주제에 대해서만 초점을 두는 불완전한 형태의 해석은 전체적인 역동은 고려치 않는 것이다.

③ 검사반응에 대한 태도

검사 상황에서 보이는 피검자의 태도와 감정은 중요한 해석의 자료가 된다. 즉 검사 중에 피검자가 하는 사담, 덧붙이는 말, 몸짓, 자세 등이 해석의 중요한 단서를 제공하는 경우가 많다.

④ 검사자와 피검자 간의 관계

검사자의 개인적 특성이 피검자의 반응을 이끌어내는 데 많은 영향을 주므로 검사자가 피검자와 좋은 관계를 맺는 것이 중요하다.

2. 심리검사의 영역

① 인지검사
- 언어능력, 추상적 사고능력, 문제해결능력 등 인간의 전반적인 지적 기능을 평가할 뿐만 아니라 인지적 취약성이나 장애 등에 대해서도 평가한다.
- 종류 : 웩슬러 지능검사, 카우프만 지능검사, 적성검사, 성취도검사 등

② 성격검사
- 불안, 우울, 충동성, 공격성 등 현재 정서 상태 및 내담자의 문제에 영향을 미치는 정서적 측면, 내담자의 자아강도, 정서조절, 충동통제력에 대해 평가한다.
- 종류 : MMPI, MBTI, 16PF, TCI 등

③ 진단 및 감별검사
- 검사 결과 및 검사 수행 시 나타난 정서적·행동적 양상에 대해 평가한다.
- 생활사적 정보 등을 포함한 종합적 평가를 한다.
- 성격장애, 기분장애, 정신지체 등 정신의학적 진단의 분류를 할 수 있다.

3. 심리검사 결과 해석 시 유의사항

① 전문적인 자질과 경험을 갖춘 사람이 해석을 하여야 한다.
② 다른 검사나 관련 자료를 함께 고려하여 결론을 내려야 한다.
③ 검사 결과가 악용되어서는 안 된다.
④ 자기충족예언을 하여서는 안 된다.
⑤ 내담자에게 명령을 내리거나 낙인을 찍어서는 안 된다.
⑥ 규준에 따라 해석하여야 한다.

4. 심리검사 결과 해석 상담 시 주의해야 할 사항

① 내담자가 검사 결과를 이해하고 자신이 직면하고 있는 다양한 상황의 의사결정에 도움을 얻기 위해 이용할 수 있는 능력이 있음을 확인시켜주며, 정보를 직접 이용하는 것이 중요하다는 사실을 강조한다.
② 해석 과정이 시작되기 전에 내담자에게 자신이 받은 검사에 대해 어떻게 느끼는지 물어보도록 한다.
③ 논의될 검사가 어떤 것인가를 내담자에게 상기시키면서 검사 결과에 대해 논의하도록 한다.
④ 전문적인 용어를 삼가고 이해하기 쉬운 용어로 검사의 목적을 설명한다.
⑤ 검사 결과에 대한 언어적인 해석과 함께 도식적인 내용 제시를 병행한다.
⑥ 내담자의 검사 결과에 대해 지나치게 규정 짓는 것을 지양한다.
⑦ 해석 후 전체 결과를 요약하되 내담자 스스로 직접 요약해보도록 한다.

핵심문제 03

심리검사 결과 해석에서 주의해야 할 사항이 아닌 것은?

① 심리검사 결과만을 중심으로 정확하게 해석해야 한다.
② 검사 규준에 따라 해석해야 한다.
③ 자기충족 예언을 해서는 안된다.
④ 전문적 자질을 갖춘 사람이 해석해야 한다.
⑤ 검사 수행 시 나타난 정서 및 행동 양식을 평가한다.

고득점을 향한 해설

심리검사의 결과 해석은 다른 검사나 관찰된 행동 양식이나 태도 등을 포함한 다른 검사나 관련 자료를 함께 고려해야 한다.

답 ①

04 지능에 대한 이해

1. 지능에 대한 학자들의 정의

웩슬러	지능은 개인이 합목적적으로 행동하고 합리적으로 사고하며, 환경을 효율적으로 다룰 수 있는 총체적인 능력이다.
비네	지능은 일정한 방향을 설정하고 이를 유지하는 경향성, 자신이 소망하는 바를 성취하기 위해 순응하는 능력, 자신이 도달한 목표를 아는 능력이다.
터만	지능은 추상적 사고를 하는 능력, 즉 다양한 문제들을 해결하기 위해 추상적 상징을 사용하는 능력이다.
스피어만	지능은 사물의 관련성을 추출할 수 있도록 하는 정신작용이다.
서스톤	지능은 추상적 개념과 구체적 사실을 연관시킬 수 있는 능력이다.
피아제	지능은 단일 형식의 조직이 아닌 환경에의 적응 과정을 통해 동화와 조절이 균형을 이루는 형태를 말한다.
스턴	지능은 사고를 작동시켜 새로운 요구에 의식적으로 적응하는 일반적 능력이다.
핀트너	지능은 새로운 환경에 자신을 적응시키는 능력이다.
게이츠	지능은 학습해가는 능력 또는 다양하고 광범위한 사실들을 파악하는 복합화된 능력이다.
디어본	지능은 학습된 능력, 즉 경험에 의해 습득되는 능력이다.
프리만	지능은 지능검사에 의해 측정된 것이다.
게이지와 버라이너	지능은 구체적인 것보다 추상적인 것을 다루는 능력, 익숙한 사건이 아닌 새로운 사건을 처리하는 능력, 언어 및 상징 등 추상적인 것을 학습하는 능력이다.

2. 지능의 일반적 정의

① 지능은 학습능력이다.
- 지능은 교육받을 수 있는 능력 또는 유익한 것을 학습할 수 있는 능력이다.
- 지능이 높은 사람은 학습할 수 있는 능력이 높은 반면, 지능이 낮은 사람은 학습할 수 있는 능력이 낮다.
- 주요 학자 : 게이츠(Gates), 디어본(Dearbone) 등

② 지능은 추상적 사고능력이다.
- 지능은 상징을 통해 문제를 해결할 수 있는 능력이다.
- 지능이 높은 사람은 사전 지식을 구체적 사실과 연관시킬 수 있다.
- 이 개념은 지능을 고등기능정신에 한정하고 있으므로 유아의 지적 행동을 설명할 수 없는 한계가 있다.
- 주요 학자 : 터만(Terman), 서스톤(Thurstone) 등

③ 지능은 적응력이다.
- 지능은 전체 환경에 대한 적응력이자, 생활상의 새로운 문제와 상황에 대처하는 정신적 능력이다.
- 지능이 높은 사람은 새로운 환경 변화에 비교적 잘 적응하는 반면, 지능이 낮은 사람은 잘 적응하지 못하는 양상을 보인다.
- 주요 학자 : 핀트너(Pintner), 스턴버그(Sternberg) 등

④ 지능은 종합적·전체적 능력이다.
- 지능은 어떠한 목적을 향해 합리적으로 행동하고 체계적으로 사고하며, 환경을 효과적으로 다루는 유기체의 종합적인 능력이다.
- 지능이 높은 사람은 학습능력, 적응능력, 추상적 사고능력 등을 통해 성공적인 생활을 영위할 수 있다.
- 주요 학자 : 웩슬러(Wechsler) 등

3. 주요 학자들의 지능에 대한 정의
① 스피어만(Spearman)의 2요인설
- 지능검사가 활발히 연구되던 20세기 초는 지능구조에 대한 스피어만의 생각이 주류를 이루는 시기였다.
- 스피어만은 지능의 본질을 규명하기 위해 요인분석을 사용하였다. 요인분석은 여러 변인들 간의 상관을 분석하여 밀접하게 관련된 변인군을 찾아내는 방법으로 숨겨진 요인을 찾아내는 데 사용된다.
- 스피어만은 다양한 정신능력영역을 측정하고 있는 많은 심리검사들 간의 상관을 요인분석하였다.
- 요인분석 결과 모든 인지능력검사들은 하나의 핵심요인을 공유하고 있다고 보고 이를 g요인(General Factor ; 일반요인)이라고 하였다. 또한 수리추리력, 언어이해력 등의 인지능력검사만이 공유하는 s요인(Specific Factor ; 특수요인)이 존재함을 보았다.
- 스피어만의 영향으로 한동안 지능검사는 g요인을 측정하는 데 주력하였다.

② 서스톤(Thurstone)의 다요인설(7가지 기본 정신능력)
- 지능구조에 관한 스피어만의 생각과 다른 견해가 1940년대부터 미국에서 나오기 시작하였다.
- 서스톤은 지능이 서로 독립적인 다양한 능력들로 구성되어 있다고 주장하였다.
- 스피어만과 다른 형태의 요인분석을 실시하였고, 그 결과 언어이해력, 단어유창성, 수, 공간시각, 기억, 추론, 지각속도 등 7가지 요인을 발견하였다.

③ 길포드(Guilford)의 지적구조모형-입체모형설(복합요인설)
- 지능이 다수요인으로 구성된다는 견해에 동의하면서도 서스톤이 제안한 7요인으로는 지능구조를 설명하기 부족하다고 생각하였다.
- 길포드는 지능을 구성하는 요인들이 3가지 주요차원을 기준으로 묶인다고 생각하였다.
- 3가지 주요차원은 내용, 조작, 결과이다.
- 내용차원은 수검자에게 제시되는 검사재료나 정보의 성격을 의미, 5개의 내용 유목으로 구성되었다.
- 조작차원은 검사에 의해 요구되는 6개의 지적 조작들을 포함한다.
- 산출차원은 정답을 도출해내기 위해 뇌가 산출해야 하는 지적 구조의 유형으로, 6개의 산출유형으로 구성되었다.
- 이러한 3가지 차원의 상호작용으로 180개 조작적 지적 능력들이 지능을 구성한다고 주장하였다.

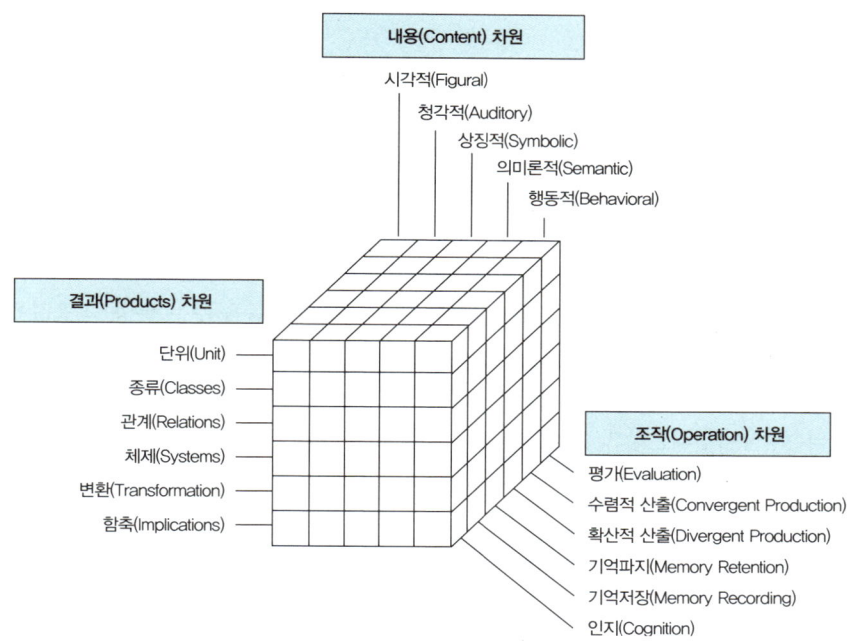

출처 : 길포드의 지능구조모형에 의한 정보활용능력 검사도구 개발 및 타당성 연구(이병기, 2013)

④ 카텔(Cattell)의 지능에 대한 범주적 구분-유동성 지능과 결정성 지능
  • 유동성 지능 또는 유동적 지능은 유전적·선천적으로 주어지는 능력으로서 경험이나 학습의 영향을 거의 받지 않으며, 뇌와 중추신경계의 성숙에 비례하여 발달하다가 청년기 이후부터 퇴보현상이 나타나기 시작한다. 속도, 기계적 암기, 지각능력, 일반적 추론능력 등과 같이 새로운 상황에서의 문제해결능력으로 잘 나타난다.
  • 결정성 지능 또는 결정적 지능은 환경이나 학습경험, 문화적 영향에 의해 발달되는 지능으로, 유동성 지능을 토대로 후천적인 발달이 이루어진다. 언어이해능력, 문제해결능력, 상식, 논리적, 추리력 등과 같이 나이를 먹으면서도 계속 발달할 수 있는 능력으로 잘 나타난다.

⑤ 가드너(Gardner)의 다중지능이론
  • 문제해결능력과 함께 특정 사회문화적 상황에서의 산물이 중요함을 강조하였다.
  • 언어지능, 논리-수학지능, 공간지능, 신체-운동지능, 음악지능, 대인관계지능, 개인 내적 지능 등 독립된 지능으로 구분하였다.

⑥ 스턴버그(Sternberg)의 삼원지능이론
  • 지능을 개인의 내부세계와 외부세계에서 비롯되는 경험의 측면에서 성분적 지능, 경험적 지능, 상황적 지능으로 구분하였다.
  • 성분적 지능은 분석적 능력, 정보처리능력을 말한다.
  • 경험적 지능은 직관력과 통찰력을 포함하는 창의적 능력을 말한다.
  • 상황적 지능은 환경과의 조화를 이루는 실용적 능력으로 실제적 능력을 말한다.

4. 지능검사

① 지능검사의 정의
임상장면에서 지능검사의 시행은 인지적, 신경심리학적 평가영역에서 유용한 정보를 제공해 주고, 개인의 행동을 직접 관찰하게 해줌으로써 피검자의 인격특성과 적응적, 부적응적 행동양상을 이해하는 데 도움을 준다. 이러한 지능검사는 전문적인 정보를 다각적으로 제공해주는 유용한 평가도구이다.

② 지능검사의 목적
- 개인의 지적인 능력수준을 평가하고자 한다(개인의 지능 정도, 지적 수준 평가).
- 개인의 인지적, 지적 기능의 특성을 파악하고자 한다(적응에 도움을 주는 특성, 적응장애를 일으킬 수 있는 특성 파악).
- 검사결과를 기초로 하여 임상적 진단을 명료화하고자 한다(인격적, 정서적 특징이 나타남).
- 기질적 뇌손상 유무, 뇌손상으로 인한 인지적 손상을 평가하고자 한다.
- 치료계획을 세우는 과정에서 지능평가를 통하여 합리적인 치료목표를 설정하고자 한다.

③ 지능검사의 발달
- 비네 지능검사
  - 1905년 비네와 시몽(Binet & Simon)은 정상아동과 정신지체아동 감별 목적으로 지능검사를 개발하였다.
  - "지능이란 기본적인 능력으로서 판단과 이해, 추리능력이 지적 활동의 기본이 된다"고 정의하였다.
  - 비네는 단순한 감각변별능력(여러 가지 그림을 놓고 다른 것을 골라내는 과제)과 심신운동능력(손으로 과제를 얼마나 빨리 조작하는가의 여부를 보는 과제)을 측정하는 기존의 갈튼의 지능검사는 복잡한 정신기능을 측정하는 데 적합하지 않다고 보았다.
- 웩슬러 개인용 지능검사
  - 비네 지능검사는 아동용 검사로 제작되었기 때문에 성인의 지능을 측정하는 데 부적합하였다. 또한 언어적인 면에 치중하였기에 비언어적인 면에 대한 평가가 이루어지지 않았다는 한계를 보였다.
  - 1939년 웩슬러는 성인을 대상으로 하는 검사인 웩슬러-벨뷰 지능검사 I형(Wechsler-Bellevue Intelligence Scale Form ; W-B I)을 개발하였다.
- 한국형 웩슬러 지능검사
  K-WAIS-Ⅳ(성인용), K-WISC-V(아동용), K-WPPSI-Ⅳ(유아용)
- K-WAIS-Ⅳ(성인용)
  1953년 이진숙과 고순덕이 WB-Ⅱ를 번안하여 사용한 이래로 WAIS 체계가 한국판 웩슬러 지능검사(KWIS ; 전용신 외, 1963) 및 한국판 웩슬러 성인용 지능검사(K-WAIS ; 한국임상심리학회, 1992)로 개정되었으며 현재는 K-WAIS-Ⅳ(황순덕 외, 2012)가 사용되고 있다.
- K-WISC-V(아동용)
  1974년 이창우, 서봉연이 WISC를 K-WISC로 번안하여 사용한 이래로 KEDI-WISC(한국교육개발원, 1987), K-WISC-Ⅲ(곽금주 외, 2001), 및 K-WISC-Ⅳ(곽금주, 2011)로 개정되었으며 현재는 K-WISC-V(곽금주 외, 2019)가 사용되고 있다.
- K-WPPSI-Ⅳ(유아용)
  1996년 박혜원와 곽금주, 박광배가 K-WPPSI-R을 K-WPPSI로 표준화했으며 현재 K-WPPSI-Ⅳ(박혜원 외, 2016)가 사용되고 있다.

핵심문제 04

다음 중 지능이론과 학자가 옳게 짝지어진 것을 모두 고르면?

① 길포드는 지능을 일반요인(G)과 특수요인(S)으로 구분하였다.
② 카텔은 지능을 결정성 지능과 유동성 지능으로 구분하였다.
③ 스피어만은 지능에 대한 3차원적 구조모델을 통해 내용, 조작, 결과 세 가지의 조합으로 지능이 이루어진다고 보았다.
④ 서스톤은 지능을 7가지 요인으로 설명했으며, 이를 인간의 기본정신능력이라고 하였다.
⑤ 손다이크는 지능을 객관적 지능, 실제적 지능, 주관적 지능으로 구분하였다.

고득점을 향한 해설

① 지능을 일반요인(G)과 특수요인(S)으로 구분한 학자는 스피어만(Spearman)이다.
③ 지능에 대한 3차원적 구조모델을 제안하였으며 내용, 조작, 결과의 모든 가능한 조합으로 지능을 설명한 학자는 길포드(Guilford)이다.
⑤ 손다이크(Thorndike)는 지능을 추상적 지능, 구체(실제)적 지능, 사회적 지능으로 구성되어 있다고 보았다.

답 ②, ④

05 | 웩슬러 지능검사

1. 웩슬러 지능검사의 의의

① 웩슬러는 지능을 "개인이 목적에 맞게 활동하고 합리적으로 사고하며 자신을 둘러싼 환경을 효과적으로 처리해나가는 종합적, 총체적인 노력"이라고 정의하였다.
② 그는 이전에 제안되었던 지능에 관한 여러 가지 정의들을 종합적으로 받아들이면서 지능에 지적 요소뿐 아니라 성격적 요소, 정서, 사회성, 운동능력, 감각 등을 포함시켜 폭넓게 개념화하였다.
③ 웩슬러 지능검사의 목적
  - 개인의 전반적인 지적 능력을 평가하고자 한다.
  - 지능검사의 소검사 프로파일을 통해 개인의 인지적 특징, 인지적 강점 및 약점을 파악하고자 한다.
  - 지능검사의 결과에 기초해 임상적 진단을 명료화하고자 한다.
  - 지능검사의 결과에 기초해 두뇌손상 여부 및 두뇌손상으로 인한 인지적 손상을 평가하고자 한다.
  - 지능검사의 결과에 기초해 치료 계획 및 합리적인 목표를 수립하고자 한다.

2. 웩슬러 지능검사의 전제

① 지능검사는 목적적이고 효율적으로 행동할 수 있는 개인의 잠재력을 평가하기 위한 표준화된 과제들로 구성된 정신기능 측정검사이다.
② 지능은 다요인적이고 중다결정적이며 특정한 능력이 아닌 전체적인 능력이다.
③ 지능은 전체 성격의 일부 요소로서 인지적 요인뿐만 아니라 비인지적 요인들(불안, 지구력, 목표자각, 기타 정의적 성향 등)의 영향을 받는다. 이에 지능검사는 비인지적인 요인도 평가하게 된다.

3. 웩슬러 검사의 지능지수 : 편차지능지수

① 기존의 생활연령과 정신연령을 비교한 비율인 지능지수는 개인의 생활연령의 증가와 직선적 관계를 이루면서 지적 능력이 계속적으로 증가한다는 가정을 전제로 하고 있다.
② 실제로는 15세 정도 또는 검사종류에 따라 20세 정도가 되면 생활연령의 증가에 따른 지적 능력의 발달이 더 이상 이루어지지 않는다.
③ 이것을 개선하여 개인의 지적 수준을 그 연령집단 평균치에서 이탈된 상대적 위치로 지능을 정확히 표현할 수 있는 편차지능지수 개념을 도입하였다.
④ 편차지능지수는 개인 내 각 소검사의 점수들을 비교할 수 있고, 지능수준을 표준편차 단위에 따라 정의함으로써 보다 명백하게 정의할 수 있는 특징이 있다.

4. 성인용 지능검사

① K-WAIS-Ⅲ(Korean Wechsler Adult Intelligence Scale Ⅲ)
- 성인용 지능검사로 만 16세에서 64세 대상으로 실시
- 언어성 검사 6개, 동작성 검사 5개 총 11개의 소검사로 구성
- 언어성 검사 6개 항목(기본지식, 숫자외우기, 어휘, 산수, 이해, 공통성)과 동작성검사 5개 항목(빠진곳찾기, 차례맞추기, 토막짜기, 모양맞추기, 바꿔쓰기)
- 언어성 IQ와 동작성 IQ를 통해 전체 IQ를 산출
- 언어성 검사와 동작성 검사 항목을 교차진행하게 되는데, 이는 피검자가 흥미를 잃지 않고 관심을 지속하게 해주기 위함

② K-WAIS-Ⅲ의 구성

언어성 검사	기본지식	개인이 소유하고 있는 일반적인 지식의 정도를 측정하는 것으로서 이를 통해 병전지능 추정이 가능하며, 피검자의 교육적 기회나 환경의 영향 등을 알 수 있다.
	숫자외우기	청각적 자극에 대한 주의력과 단기기억력을 측정할 수 있으며 유동성 지능 및 학습장애와 관련이 있다.
	어휘문제	언어적 지식정도와 일반개념의 범위 등을 측정할 수 있으며 가장 안정적인 검사로서 전체 IQ와도 높은 상관을 보인다.
	산수문제	주의력 및 주의집중력, 청각적 기억, 숫자를 다루는 능력, 시간적 압박하에서의 작업능력 등과 관련이 있다.
	이해문제	일상생활에서의 사회적 상황과 관련된 여러 가지 문항들에 대해 답하는 과제들로 구성되어 있어 현실문제에 대한 이해력이나 판단력 등과 관련이 있다.
	공통성문제	언어적 이해력 및 언어적 개념화, 논리적이고 추상적인 사고능력 등을 측정하는 것으로서 일반지능을 가장 잘 나타내주는 검사에 해당한다.
동작성 검사	빠진곳찾기	특정부분이 빠진 그림카드를 제시하여 피검자가 찾아내도록 하는 과제로서 시각적 기민성, 본질과 비본질을 구분하는 능력, 시간적 압박하에서의 작업능력 등을 측정한다.
	차례맞추기	사회적 장면을 이해하고 파악하는 능력을 파악하는 검사로서 사회적 지능 및 추리력, 대인관계의 예민성 등을 볼 수 있다.
	토막짜기	시각-운동 협응능력과 지각적 조직화, 공간적 표상능력 등을 파악할 수 있는 과제로서 병전지능 추정에도 사용된다.
	모양맞추기	시각-운동 협응능력과 공간적 표상능력, 부분을 전체로 통합하는 능력 등을 측정하는 과제이다.
	바꿔쓰기	시각-운동 기민성, 익숙하지 않은 과제의 학습능력, 정확성, 주의지속력 등을 측정하는 과제이다.

③ K-WAIS-Ⅳ(Korean Wechsler Adult Intelligence Scale Ⅳ)
- 2008년 WAIS-Ⅳ를 한국판으로 번안한 지능검사
- 만 16세부터 69세 11개월까지의 청소년과 성인 대상으로 실시
- 지능지수의 범위를 IQ 40~160으로 확장
- 시범문항과 연습문항의 도입
- 4개 요인구조(언어이해, 지각추론, 작업기억, 처리속도)
  - 언어이해 : 공통성, 어휘, 상식, 이해(보충검사)
  - 지각추론 : 토막짜기, 행렬추론, 퍼즐, 무게비교(보충검사), 빠진곳찾기(보충검사)
  - 작업기억 : 숫자, 산수, 순서화(보충검사)
  - 처리속도 : 동형찾기, 기호쓰기, 지우기(보충검사)

④ K-WAIS-Ⅳ의 구성

언어이해지표 (Verbal Comprehension Index)	• 수검자의 언어능력을 반영 • 단어의 의미를 이해하고 언어적 정보를 개념화하는 능력, 사용되는 언어적 자료와 관련된 지식의 정도, 언어적 표현력 및 유창성 등 * 지각추론지표보다 유의하게 높은 경우(WAIS-4의 경우 9점 이상, WISC-4의 경우 11점 이상) → 교육수준이 높을 가능성, 지적인 활동에 대해 폭넓은 흥미를 보이거나 지적 성취 동기가 높을 가능성 있음. 또한 유동지능에 비해 과잉학습이 이루어졌을 가능성과 우울증에 수반하여 정신-운동속도가 저하되었을 가능성, 실용적인 과제를 해결하는 능력이나 시각-운동 협응능력이 취약할 가능성을 고려해 볼 수 있음
지각추론지표 (Perceptual Reasoning Index)	시공간 정보를 평가하는 능력, 시공간 자극에 정확히 반응하는 능력, 비언어적 자료를 통합할 수 있는 능력, 비언어적이면서도 유동적인 추리능력, 개인이 속한 환경과의 비언어적 접촉의 정도 및 질, 세부요소에 집중하는 능력, 구체적인 상황에서 수행하는 능력 등 * 언어이해지표보다 유의하게 높은 경우(WAIS-4의 경우 9점 이상, WISC-4의 경우 11점 이상) → 지각적 조작능력이 상대적으로 높을 가능성, 행동화 가능성, 학업성취가 낮을 가능성, 사회경제적 지위가 낮을 가능성, 축적된 지식에 근거한 문제해결보다는 즉각적인 문제해결을 선호할 가능성
작업기억지표 (Working Memory Index)	짧은 시간 동안 정보를 유지함과 동시에 조작하는 능력. 본 소검사에서는 작업기억 중 시각적 요소보다는 언어적, 청각적 요소를 더 많이 포함하고 있으므로 집중력, 기억력, 연속적 처리능력도 포함됨. 아울러 어떤 과제에 주의를 기울임과 동시에 다른 정신적 활동을 수행하는 능력, 인지적 융통성 등 실행기능도 나타남. 이 외에 수를 다루는 능력, 정서상태, 수행동기 등도 이들 과제 수행에 영향을 미침 → 이 지표에서 낮은 점수를 보일 때는, 주의집중력이나 주의지속능력, 필요한 정보들을 정신적 표상으로 유지하는 작업기억력, 연속적 처리능력 등이 저조함을 시사함. 이 외에 불안, 우울, 조증이나 경조증 등과 같이 정서상태가 이 지표의 수행을 저조하게 만들 가능성
처리속도지표 (Processing Speed Index)	비언어적 문제를 해결할 때 요구되는 정신적 속도 및 운동속도, 계획능력, 조직화능력 및 적절한 전략을 개발하는 능력, 시지각적 변별능력, 운동속도, 정신-운동 협응능력, 필기기술 등이 부차적으로 관여함 → 이 지표에서 높은 점수를 보일 때는, 빠른 속도로 반응하고 일을 처리하며 문제를 해결해감. 단순한 시각자극들을 빠른 속도로 처리하며 성취나 인정욕구가 강한 사람들이 긍정 피드백을 기대하며 양호한 처리결과를 보일 수 있음

5. 아동용 지능검사

① K-WISC-Ⅲ(Korean Wechsler Intelligence Scale for Children Ⅲ)
- 만 6세에서 16세 11개월까지 대상으로 실시
- 언어성 검사 6개 항목(상식, 공통성, 산수, 어휘, 이해, 숫자-보충소검사)과 동작성 검사 7개 항목(빠진곳찾기, 기호쓰기, 차례맞추기, 토막짜기, 모양맞추기, 동형찾기-보충소검사, 미로찾기-보충소검사)으로 구성
- 언어성 지능 : 아동기에서부터 축적된 경험과 지식, 조직화된 능력을 측정하며 학습된 지능인 결정성 지능에 해당
- 동작성 지능 : 일반적으로 선천적인 것으로 즉각적인 문제해결능력과 대처능력을 측정하며 타고난 지능, 잠재성을 나타내는 유동성 지능에 해당

② K-WISC-Ⅲ의 구성

언어성 검사	상식	일상적인 사물과 사건, 장소, 사람 등에 대한 지식수준을 알아보는 것으로 교육에 의한 영향 등을 알아볼 수 있다.
	공통성	언어적 개념형성능력과 추상적, 논리적 사고력 등을 측정한다.
	산수	사고력, 수리력, 학습능력, 주의집중력 등을 측정한다.
	어휘	언어적 개념형성능력, 학습능력, 기억력 등을 측정하는 것으로서 피검자의 독서량 및 학교학습 등에 영향을 받는다.
	이해	일상생활에서의 문제해결능력이나 도덕적, 윤리적 판단력 등을 측정한다.
	숫자(보충검사)	청각적 단기기억능력과 주의력 등을 측정한다.
동작성 검사	빠진곳찾기	본질과 비본질을 구분하는 능력과 지각적 예민성 등을 측정한다.
	기호쓰기	A형(6~7세), B유형(8~16세)으로 구성되어 있으며 시각-운동 협응능력, 시각적 단기기억능력, 주의집중력, 민첩성 등을 측정한다.
	차례맞추기	사회적 상황에 대한 이해력 및 판단력, 시각조직능력 등을 측정한다.
	토막짜기	시각-운동 협응능력과 지각구성능력, 공간지각능력 등을 측정한다.
	모양맞추기	시각-운동 협응능력과 시지각적 구성능력, 부분을 전체로 통합하는 능력 등을 측정하는 과제이다.
	동형찾기 (보충검사)	A유형(6~7세), B형(8~16세)으로 구성되어 있으며 시각-운동 협응능력, 단기기억능력, 민첩성 등을 측정한다.
	미로찾기 (보충검사)	시각-운동 협응능력, 지각구성능력 등을 측정한다.

③ K-WISC-Ⅳ(Korean Wechsler Intelligence Scale for Children Ⅳ)
- 만 6세부터 16세 11개월까지의 아동의 인지적 능력 평가
- 4개 요인구조(언어이해, 지각추론, 작업기억, 처리속도)
- K-WISC-Ⅲ와 동일한 10개 소검사에 5개의 소검사 추가(공통그림찾기, 순차처리, 행렬추리, 선택, 단어추리)
- 인지능력이 평균 이하로 추정되거나 재평가해야 하는 아동, 장애아 또는 듣는 데 어려움이 있는 아동의 평가 가능
- 3개의 소검사(토막짜기, 숫자, 선택)에서 7개의 처리점수를 제공하며 이는 아동의 능력에 대한 보다 자세한 정보를 제공

④ K-WISC-Ⅳ의 구성

언어이해지표(VCI)	• 5개 소검사: 공통성, 어휘, 이해, 상식(보충검사), 단어추리(보충검사) • 언어적 개념형성, 언어적 추론 및 이해, 획득된 지식, 언어적 자극에의 주의력 등에 대한 측정치에 해당한다.
지각추론지표(PRI)	• 4개 소검사 : 토막짜기, 공통그림찾기, 행렬추리, 빠진곳찾기(보충검사) • 유동적 추론, 공간처리, 세부에 대한 주의력, 시각-운동 통합에 대한 측정치에 해당한다.
작업기억지표(WMI)	• 3개 소검사 : 숫자, 순차연결, 산수(보충검사) • 작업기억은 학습의 핵심적인 요소이므로, 작업기억에서의 차이를 통해 수검자의 주의력, 학습용량, 유동적 추론 등에 대한 개인차의 분산을 설명한다. • 입력된 정보의 일시적인 저장, 계산 및 변환처리 과정, 계산 및 변환의 산물(출력)이 발생하는 작업기억에 대한 정신적 용량을 측정한다.
처리속도지표(PSI)	• 3개 소검사 : 기호쓰기, 동형찾기, 선택(보충검사) • 수검자가 단순하거나 일상적인 정보를 오류 없이 신속하게 처리할 수 있는지를 나타낸다.
전체검사IQ(FSIQ)	보충소검사를 제외한 주요 소검사 10개 점수의 합계로서, 보통 일반요인 또는 전반적인 인지적 기능에 대한 대표치로 간주된다.

⑤ K-WISC-V(Korean Wechsler Intelligence Scale for Children V)
- 기존의 K-WISC-Ⅳ의 개정판으로 전반적인 지적 능력은 물론, 특정 인지영역의 지적 기능을 나타내는 소검사 및 지표검사를 제공
- 이전판과 달리 지능이론은 물론이고 인지발달, 신경발달, 인지신경과학, 학습과정에 대한 최근 인지이론연구에 기초
- 전체 16개의 소검사로 이루어져 있으며 유동추론능력에 대한 측정을 강화하기 위한 3개의 소검사(무게비교, 퍼즐, 그림기억)가 추가
- 구성의 변화로 전체지능과 5가지 기본지표(언어이해, 시공간, 유동추론, 작업기억, 처리속도)로 구성되며 이 외 추가지표 5가지(양적추론, 청각작업기억, 비언어, 일반능력, 인지효율)의 점수를 제공한다는 점이 특징

⑥ K-WISC-V의 구성

언어이해(VCI)	• 4개 소검사 : 공통성, 어휘, 상식(보충검사), 이해(보충검사) • 언어적 추론, 이해, 개념화, 단어지식 등을 이용하는 언어능력을 측정한다.
시공간(VSI)	• 2개 소검사 : 토막짜기, 퍼즐 • 시공간 조직화능력, 전체-부분 관계성의 통합 및 종합능력, 시각적 세부사항에 대한 주의력, 시각-운동 협응 등을 측정한다.
유동추론(FRI)	• 4개 소검사 : 행렬추리, 무게비교, 공통그림찾기(보충검사), 산수(보충검사) • 귀납적 추론과 양적 추론능력, 전반적인 시각지능, 동시처리, 개념적 사고, 추상적 사고능력 등을 측정한다.
작업기억(WMI)	• 3개 소검사 : 숫자, 그림기억, 순차연결(보충검사) • 주의력, 집중력, 작업기억(제시되는 정보를 효율적으로 처리하기 위해 아주 짧은 시간 동안 머릿속에 정보를 유지하는 능력)을 측정한다.
처리속도(PSI)	• 3개 소검사 : 기호쓰기, 동형찾기, 선택(보충검사) • 간단한 시각적 정보를 빠르고 정확하게 탐색하고 변별하는 능력, 정신속도와 소근육 처리속도를 측정한다.

⑦ K-WPPSI-Ⅳ(Korean Wechsler Preschool Primary Scale of Intelligence Ⅳ)
- 만 2세 6개월~7세 7개월까지 실시
- 유아의 인지능력을 임상적으로 평가할 수 있도록 개발된 개인지능검사
- 전반적인 지능(IQ)과 특정 인지영역의 지적 기능을 나타내는 15가지(2:6 ~ 3:11세는 7가지) 소검사, 5가지(2:6 ~ 3:11세는 3가지) 기본지표 및 4가지(2:6 ~ 3:11세는 3가지) 추가지표를 제공
- 연습효과를 최소화하기 위해 새로운 문항 개발, 타당도와 신뢰도 등 심리측정적 특성 개선
- 유아의 인지영역별 강점과 약점을 상세히 평가할 뿐 아니라 영재, 정신지체 등의 전반적인 인지기능의 평가가 가능

⑧ K-WPPSI의 구성

모양맞추기	여러 조각을 나열하여 제시하고, 제한된 시간 안에 이 조각들을 올바른 모양으로 맞추는 검사로 단순한 모양부터 복잡한 모양까지 총 6개의 문항
상 식	일상의 사건이나 물건에 대한 지식을 알아보기 위한 것으로 언어능력이 떨어지는 유아를 위해 여러 개의 그림 중에서 검사자가 묻는 하나의 사물을 아동이 지적하는 그림문항부터 시작. 그림문항과 구두문항의 총 27문항
도 형	아동이 제시된 그림을 보면서 4개의 도형 중에서 제시그림과 똑같은 도형을 지적하고, 그림을 보고 따라 그리는 것의 두 가지 과제로 이루어진 시각적 문항으로 총 16문항
이 해	행동의 원인과 사건의 결과에 대한 생각을 구두로 표현하는 것으로 총 15문항
토막짜기	제시된 모양과 같은 모양을 제한된 시간 안에 두 가지 색깔로 된 토막들로 재구성. 난이도에 따라 총 14문항
산 수	기본적 수 개념에 대한 이해를 알아보기 위해 그림문항부터 단순한 셈하기 과제 등으로 구성
미 로	제한된 시간 안에 점점 더 어려워지는 미로의 통로를 찾는 지필검사 총 11문항
어 휘	구체적 실물에 대한 의미부터 추상적인 의미까지 총 25개의 낱말의 의미
빠진곳찾기	일상적 물건 그림에서 빠진 부분을 찾아내는 28문항
공통성	그림들 중에서 제시된 그림들과 같은 특징을 가진 것을 손가락으로 지적하는 방식. 구두로 제시되는 주문장에서 가리키는 개념과 유사한 단어를 사용하여 문장을 완성. 제시하는 두 단어의 공통점을 구두로 설명
동물짝짓기 (보충검사)	동물 그림 밑에 있는 구멍에 그 동물에 맞는 색깔의 원통 막대를 끼우는 것으로 5분 안에 20개의 막대를 올바른 곳에 얼마나 빨리 꽂는지 채점
문장(보충검사)	큰 소리로 기록용지에 있는 문장을 읽어주면 이를 그대로 따라하는 12문항

⑨ K-WPPSI-Ⅳ의 구성

토막짜기	제한시간 내에 제시된 모형 또는 토막그림을 보고, 한 가지나 두 가지 색으로 된 토막을 사용하여 똑같은 모양을 만든다.
상 식	그림문항의 경우, 일반 상식에 관한 질문에 가장 적절한 보기를 선택한다. 언어문항의 경우, 일반 상식에 관한 광범위한 주제를 다루는 질문에 답한다.
행렬추리	완성되지 않은 행렬을 보고 행렬을 완성시키기 위해 적절한 보기를 선택한다.
동형찾기	제한시간 내에 제시된 벌레그림과 같은 벌레그림을 보기 중에서 찾아 표시한다.
그림기억	일정 시간 동안 1개 이상의 그림이 있는 자극페이지를 보고 난 후, 반응페이지의 보기 중에서 해당 그림을 찾아낸다.

공통성	그림문항의 경우, 제시된 2개의 사물과 같은 범주의 사물을 보기 중에서 선택한다. 언어문항의 경우, 공통된 사물이나 개념을 나타내는 2개의 단어를 듣고 공통점을 말한다.
공통그림찾기	2줄 또는 3줄의 그림을 보고, 각 줄에서 공통된 특성을 지닌 그림을 하나씩 선택한다.
선택하기	제한시간 내에 비정렬 또는 정렬된 그림을 훑어보고 목표그림을 찾아 표시한다.
위치찾기	일정 시간 동안 울타리 안에 있는 1개 이상의 동물카드를 보고 난 후, 각 카드를 보았던 위치에 동물카드를 배치한다.
모양맞추기	제한시간 내에 사물의 표상을 만들기 위해 조각을 맞춘다.
어 휘	그림문항의 경우, 검사책자에 있는 그림의 이름을 말한다. 언어문항의 경우, 검사자가 읽어준 단어의 정의를 말한다.
동물짝짓기	제한시간 내에 동물과 모양의 대응표를 보고, 동물그림에 해당하는 모양에 표시한다.
이 해	그림문항에서 일반적인 원칙이나 사회적 상황을 가장 잘 나타내는 보기를 선택한다. 언어문항에서 일반적인 원칙과 사회적 상황에 대한 이해를 기초로 질문에 답한다.
수용어휘	검사자가 읽어주는 단어를 가장 잘 표현하는 보기를 선택한다.
그림명명	그림으로 제시된 사물의 이름을 말한다.

6. 지능검사의 실시

① 검사 실시

검사를 실시하는 방법은 각 소검사마다 다르다. 이에 실시요강을 참고하여 각 소검사마다 제시하고 있는 표준화된 절차에 따라 검사를 실시하는 것이 중요하다.

② 검사 실시 및 유의점

표준화된 지능검사를 정확히 실시하고 채점하기 위해서는 검사요강에 제시된 지침을 정확하게 숙지하고 준수해야 한다. 각 소검사마다 실시방법이 다르기 때문에 체계적이고 철저한 훈련 및 지도감독이 필수적이다.

- 검사도구 : 전문가 지침서, 자극책자, 스톱워치, 기록용지, 필기도구
- 검사환경 : 조용하고 쾌적한 환경에서 수검자가 방해받지 않도록 방음이 잘되고, 수검자의 주의를 분산시키는 자극이 없도록 정리된 곳이어야 한다.
- 검사 실시와 라포 형성 및 유지 : 수검자가 검사에 흥미를 갖고 침착하고 차분하게 수행하여 자신의 능력을 최대한 발휘할 수 있는 분위기를 유지하여야 한다. 이를 위해 수검자와 라포 형성이 중요하다.
  - 검사를 위해 충분한 설명이 필요하다.
  - 반드시 지침서에 규정된 방식대로 실시해야 한다.
- 시간제한이 없는 검사에서는 피검자가 응답할 수 있을 때까지 충분한 시간여유를 주어야 한다.
- 시간제한이 있는 경우에는 원칙적으로 시간제한을 지켜서 실시하지만, 과제를 성공적으로 해결할 수 있는지를 검토하기 위해서는 제한시간이 지나더라도 어느 정도 시간을 주고 결과를 지켜보는 것이 필요하다. 물론 시간이 지난 후 해결한 과제는 점수를 주지 않는다.
- 피검자의 반응을 기록할 때는 피검자가 한 말을 그대로 기록한다.
- 모호하거나 이상하게 응답된 문항은 다시 질문한다.
- 개인용 지능검사라는 특성을 살려 피검자의 행동특성을 잘 관찰한다.

③ 웩슬러 지능의 진단적 분류

IQ	수준	이론적 정규분포(%)
130 이상	최우수	2.5
120~129	우 수	7.2
110~119	평균 상	16.6
90~109	평 균	49.5
80~89	평균 하	15.6
70~79	경계선	6.5
69 이하	장 애	2.1

④ 지적장애(지적 발달장애)

구 분	지능수준	분 포
경도 지적장애 (Mild Intellectual Disability)	IQ 50~55에서 70 미만	지적장애자의 약 85%
중도 지적장애 (Moderate Intellectual Disability)	IQ 35~40에서 50~55까지	지적장애자의 약 10%
고도 지적장애 (Severe Intellectual Disability)	IQ 20~25에서 35~40까지	지적장애자의 약 3~4%

7. 웩슬러 지능검사의 해석

① 웩슬러 지능검사 해석의 일반적인 원칙
- 검사과정에서 보여진 피검자의 행동특징, 반응내용은 인지적 평가뿐만 아니라 성격적인 면에 대한 평가에 있어서도 중요한 자료가 된다.
- 현재의 지능검사는 개인의 '능력' 자체를 측정한다기보다는 개인이 '현재까지 학습해온 것'을 측정한다고 볼 수 있다.
- 지능검사를 통해 피검자의 행동특징들에 대해 많은 것을 알 수 있지만 이를 일반화시키는 것에 대해서는 유의해야 한다.
- 검사결과는 피검자별로 해석되어야 한다.

② 웩슬러 지능검사의 양적 분석
- 현재지능과 병전지능
  - 현재지능은 언어성 지능, 동작성 지능, 전체지능, 지능수준, 백분위, 오차범위를 밝히는 방식으로 기술된다.
  - 병전지능수준을 파악함으로써 피검자의 현재지능수준이 원래 가지고 있던 지능수준과 차이가 있는지를 비교하여 피검자의 지능이 퇴화되었는지, 만성적인 병리인지, 급성으로 발병한 것인지 등을 추정할 수 있다.

- 언어성 지능과 동작성 지능의 차이

  언어성 지능과 동작성 지능의 비정상적인 차이는 대략 20점 이상인 경우에 해당되고, 15점 이상 차이가 있으면 유의하게 해석한다.

동작성검사 IQ가 높은 경우	언어성검사 IQ가 높은 경우	소검사 점수분산 분석
• 정상피험자의 경우 저학력인 경우 • 뇌의 우반구가 발달하고 좌반구가 손상된 경우 • 축적된 경험을 통한 문제해결능력이 저조하고 언어능력, 읽기능력이 저조하며 학업수행에 어려움을 경험할 수 있다. • 자폐증, 학습장애, 반사회적 행동, 지적장애 등	• 정상피험자의 경우 고학력인 경우 • 뇌의 좌반구가 발달하고, 우반구가 손상된 경우 • 청각적–언어적 정보처리능력이 상대적으로 발달하였고 시각–운동 협응능력이 상대적으로 저조하며, 즉각적인 문제해결능력이 낮고 실용적인 과제를 다루는 데 어려움이 있다. • 우울증, 조현병, 강박장애 등	소검사 점수 차이는 연령교정 평가치를 가지고 계산

③ 웩슬러 지능검사의 질적 분석
- 쉬운 문항에서는 실패하면서 어려운 문항에서는 성공하는 경우
- 드물거나 기괴한 내용의 답을 하는 경우
- 지나치게 구체화된 반응을 보이는 경우
- 정서가 섞인 응답을 하는 경우
- '공통성' 문제에서 계속해서 차이점을 말하거나 '공통점이 없다'는 식으로 문제를 부정하는 경우
- '산수' 문제에서 하나의 숫자를 대는 것이 아니라 '서너 개', '6에서 7개'라는 식으로 근접한 대답을 하는 경우
- '차례맞추기'에서 카드의 순서는 올바르게 맞추었지만, 내용을 제대로 설명하지 못하는 경우
- '숫자외우기'에서 '바로 따라 외우기'보다 '거꾸로 따라 외우기'를 더 잘하는 경우
- '바꿔쓰기'에서 자주 건너뛰는 경우
- '빠진곳찾기'에서 그림에서 보이지 않는 부분을 자주 언급하는 경우

④ 통합적인 해석적 가설 설정
- 유의미하게 강점 또는 약점이 되는 소검사를 검토한다.
- 3점 이상 높은 평가치를 보이는 소검사는 피검자의 강점으로, 3점 이하 낮은 평가치를 보이는 소검사는 피검자의 약점으로 작용하는 것으로 볼 수 있다.
- 두 가지 또는 그 이상의 소검사들이 공유하는 기능이 있는가를 검토하여 중심이 되는 가설을 설정한다.

8. K-WISC-Ⅳ 프로파일의 세부적인 분석 절차

① 제1단계 : 전체검사 지능지수(FSIQ)의 보고 및 기술
② 제2단계 : 언어이해지표(VCI)의 보고 및 기술
③ 제3단계 : 지각추론지표(PRI)의 보고 및 기술
④ 제4단계 : 작업기억지표(WMI)의 보고 및 기술
⑤ 제5단계 : 처리속도지표(PSI)의 보고 및 기술
⑥ 제6단계 : 지표–수준의 차이 비교 평가

⑦ 제7단계 : 강점과 약점의 평가
⑧ 제8단계 : 소검사–수준의 차이 비교 평가
⑨ 제9단계 : 소검사들 내의 점수 패턴 평가
⑩ 제10단계 : 처리분석

핵심문제 05

K-WISC-IV를 통해 일반능력을 알아볼 수 있는 소검사끼리 옳게 묶인 것은?

① 공통그림찾기, 단어추리, 순차연결
② 공통그림찾기, 숫자, 동형찾기
③ 공통성, 토막짜기, 이해
④ 행렬추리, 기호쓰기, 숫자
⑤ 기호쓰기, 어휘, 이해

고득점을 향한 해설

K-WISC-IV의 측정지표

일반능력지수(GAI)	언어이해	공통성, 어휘, 이해
	지각추론	토막짜기, 공통그림찾기, 행렬추리
인지효능지수(CPI)	작업기억	숫자, 순차연결
	처리속도	기호쓰기, 동형찾기

답 ③

---

06 | MMPI에 대한 이해

1. MMPI의 개발

① 개 요
- 미네소타 다면적 인성검사(MMPI)는 세계에서 가장 널리 쓰이는 객관적 성격검사이다.
- MMPI는 Minnesota Multiphasic Personality Inventory의 약자이며 다면적 인성검사이다.
- 1943년 미네소타 대학병원의 해서웨이(Hathaway)와 매킨리(Mckinley)에 의하여 개발되었다.
- 구조화된 객관적 성격검사로 정신과적 진단분류측정을 목적으로 개발되었으나 현재는 정상인들의 성격평가도구로도 활용하고 있다.
- MMPI/MMPI-2에 대한 10,000개 이상의 논문, 책이 출판되었으며 700개 이상의 관련 척도들이 연구되었다.

- 566문항(16개 반복문항)으로 응답방식은 '그렇다' 또는 '아니다' 중 하나를 선택하여 반응하는 강제 선택형이다.
- 4개의 타당도 척도와 10개의 임상척도로 구성되어 있으며 수검태도를 탐지하는 타당도 척도를 가진 최초의 검사이다.

② 임상척도의 개발
- 경험적 문항선정(Empirical Keying) 방법으로 만들어졌다.
- 교과서와 기존의 질문지 등에서 선정한 1,000여 개의 문항을 임상집단과 정상집단에서 사용한 후 각 임상척도의 최종문항을 선정하여 최종 504개 문항을 선정하였다.
- Mf척도와 Si척도는 정신장애를 측정하는 척도는 아니었지만 임상적으로 중요한 체계였다.
- 본래 Mf척도는 동성애 남성과 이성애 남성을 변별하기 위한 것이었으나, 두 집단을 적절히 변별하는 문항이 부족하므로 정상집단 남성과 여성이 서로 다르게 반응하는 문항으로 구성되어 있고, Si척도는 미네소타 T-S-E(벤튼, 1949)의 내향성-외향성척도에서의 문항별 반응빈도를 대조하여 사회적 내향성척도의 문항을 선정하였다.

③ 타당도 척도의 개발
- 타당도는 검사가 측정하려고 목적하는 것을 실제로 측정하는 정도로서, 피검자가 검사문항들을 왜곡해서 응답하지 않았는지 알아보는 것을 의미한다.
- 수검자의 이상반응태도를 탐지하려는 목적으로 개발되었다.

④ 척도점수를 T점수로 표시
- 점수는 평균 50, 표준편차 10으로서 표준화집단의 규준과 비교하여 그 피검자 점수의 상대적 위치를 알 수 있고, 개인 내 각 척도들 간의 상대적인 중요성을 비교할 수 있다.
- T점수 60점 이상인 경우 의미 있는 상승으로 해석한다.
- 70점은 평균보다 2표준편차가 높은 점수로 상위 2%에 해당한다.
- 60점은 평균보다 1표준편차가 높은 점수로 상위 16%에 해당한다.

2. MMPI-2의 개발

① MMPI 개정의 필요성
- 원판 표준화집단의 적절성에 심각한 우려가 있다.
- 문항 내용의 문제점 : 부적절한 문항이 있고 시대의 변화를 반영할 필요가 있다.
  - 성차별적인 단어, 특정 종교에 편향적이다.
  - 성격측정과 관련 없는 문항(대장 및 방광 기능에 대한 문항들)이 있다.
  - 구식 표현, 더 이상 일반적으로 사용하지 않는 내용(오락, 문학 등)이 있다.
  - 문법이나 어법이 틀린 문항이 있다.
  - 너무 길고 이해하기 어려운 문장이 있다.
  - 이중부정문, 관용적인 표현이 정규교육을 받지 못한 사람들에게 제한적이다.
- 측정 영역의 확대 필요성
  - 기존 550문항으로 평가하기 어려운 주요 특성이 나타나, 이를 측정하기 위한 문항 추가가 필요하다.
    예 자살, 약물중독, 부부문제 등

- 새로운 규준의 필요성
  - 규준집단이 미네소타주 거주 35세 정도의 기혼자, 백인, 정규교육을 받은 사람을 중심으로 하고 있어, 대표성이 있는 표집이 아니라는 문제가 지속적으로 제기되었다.

② MMPI-2의 개발 과정
- 1982년 재표준화위원회 발족, 1989년 발표
- 아래의 두 가지 목표가 동시에 달성되어야 한다.
  - MMPI-2와 원형 MMPI의 연속성을 유지
  - 새로운 척도와 보강된 정보의 제공
- MMPI의 반복문항 16개를 삭제하였다.
- MMPI의 550문항 중 82문항을 수정하고, 새로운 문항 154개를 추가하였다.
- 약물남용, 자살, A유형 행동패턴, 부부불화, 직업에 대한 태도 등을 추가하였다.
- 미국 1980년의 인구조사를 기준으로 대표적인 표본을 표집하였다(최종 2600명, 7개 사이트).
- 여러 부분을 통하여 최종 567문항의 MMPI-2를 확정하고, 1989년에 출판하였다.
- 표준척도에 필요한 문항을 모두 포함하였다(370번 문항이 끝).
- 중요한 보충척도에 필요한 문항을 포함하였다.
- 새롭게 개발된 중요 척도에 필요한 문항을 포함하였다.

③ MMPI-2 개선점
- 검사문항의 개선 및 대표성과 동시대적인 규준을 확보하였다.
- 타당도 척도의 보강 : VRIN, TRIN, Fb, Fp(1995), S(1995)
- 재구성 임상척도(Reconstructed Clinical Scale)의 개발(2003)
- 새로운 내용척도, 내용소척도
- 새로운 보충척도 : MDS, AAP, APS, GM & GF(1992)
- 성격병리 5요인(PSY-5) 척도의 개발(1995)

④ 한국판 다면적 인성검사
- 1965년 이정균, 정범모, 진위교 : 코리안테스팅센터
- 1988년 한국임상심리학회(1985년 인구조사 기준) : 한국가이던스검사 실시
- 2005년 한국판 MMPI-2/MMPI-A 출판 : (주)마음사랑

핵심문제 06

MMPI와 같은 성격검사를 실시, 해석할 때 고려할 점으로 옳지 않은 것은?

① 검사의 지시는 가능하면 간결할수록 좋다.
② 보호자나 주변 인물을 통한 보다 객관적인 정보를 획득해야 한다.
③ 검사를 채점한 후에 다시 수검자와 추가 면접을 실시해야 한다.
④ 검사를 실시하기 전에 관계형성이 중요하다.
⑤ 실시 전에 검사의 목적, 용도, 검사에 대한 질문에 솔직하게 설명해주어야 한다.

고득점을 향한 해설

검사자는 검사를 실시하기 전에 검사와 그와 관련된 질문에 대해 솔직하고 성실하게 설명해줌으로써 수검자의 협조를 얻도록 노력하고 검사 도중에는 한두 번 정도 검사진행을 확인하며 수검자에게 방해가 되지 않도록 한다.

답 ①

07 | MMPI의 실시 및 채점

1. 검사 실시 및 채점

① 검사 실시
- 검사자의 자격조건
    - 심리측정적 자격조건 : 최소한 심리검사에 대한 대학원 수준의 강의를 수강
    - 성격/정신병리에 대한 지식 : 최소한 대학원 수준의 정신병리에 대한 지식 요구
    - 타 분야 전문가들과의 효과적인 의사소통능력
- 피검자 고려사항
    - 초등학교 졸업 이상의 이해수준
    - 정신상태 : 심하게 혼란스러워하거나 동요되어 있는 경우는 제외
    - 시력저하, 중독/금단 상태, 기질성 혼미, 심한 환각으로 인한 혼란 상태, 주요우울장애로 인한 극심한 정신운동적 지체, 조증으로 인한 극단적인 산만

② 검사 환경 및 주의사항
- MMPI-2 : 19세 이상 / MMPI-A : 13~18세
- 실시 환경 및 시간
    - 가급적 조용하고 밝고 쾌적한 곳
    - 충분히 큰 책상 또는 받침대, 연필을 사용
    - 개인 혹은 집단으로 실시
    - 소요시간 : 대부분 60~90분
    - 검사자의 관장 아래 지정된 곳에서 실시

- 독해력이 낮은 경우 : 필요하면 문항을 불러주거나 설명해주면서 반응을 기록해주는 식으로 실시할 수도 있음(가족 등이 아닌 사람)
- 실시방법 : 수기답안용, 화면실시용, 단체실시용
- 환자의 임상적 상태에 따라 몇 회로 나누어 실시 가능
- 설 명
  - 서두르지 말고 안정된 상황에서 차분히 설명한다.
  - 검사의 목적, 결과의 용도, 누가 이 결과를 보는가, 결과의 비밀보장 등에 대하여 친절하게 설명하고 답변, 최대한 환자의 협조를 얻도록 한다.
  - 검사자는 말뿐만 아니라 진지하고 신중한 언행과 태도를 보여야 한다.
  - 적절한 수행을 방해할 것 같은 요인을 미리 파악하고 이를 교정해준다.
- 환자들이 흔히 하는 질문
  - 처음 3개 문항 정도를 함께 실시하며 설명하고 질문을 받는다.
  - "그렇기도 하고 아닌 것 같기도 하고 모르겠다." → 조금이라도 가까운 쪽으로 답한다.
  - "현재 상태를 기준으로 답하는가 이전의 상태를 기준으로 하는가?" → 현재 기준으로 답한다.
  - "나에게 해당되지 않는 질문은 어떻게 하는가?" → 사실 자체보다 어떻게 생각하는지가 중요하다.
  - 설명을 요구하는 경우 가능한 간단하게, 말을 바꾸어 설명해주는 정도는 허용한다. 보통 "본인이 이해하는 대로 답하시면 됩니다"라고 말하는 것만으로 충분하다.
- 불성실한 응답태도의 예방
  - 너무 잦은 질문이나 검사에 대한 비판 → 철저한 비밀보장에 대한 설명, 개별 문항에 대한 답보다 여러 문항에 대한 답들의 묶음이 더 중요하다는 점을 설명하고, 검사의 취지에 대해서 재설명한다.
  - 가능하면 중간에 점검하고 질문에 답해주는 것이 필요하다.
- 수거 시 주의점
  - 수검 시간과 어려웠던 점을 물어보고, 칭찬 또는 위로한다.
  - 답안지를 살펴서 특이한 점이 있는지 점검한다.
  - 응답하지 않은 문항에 대하여 그 이유를 탐색하고 다시 응답하도록 권유한다.

③ 채 점

컴퓨터를 이용한 채점 프로그램을 사용한다.

2. MMPI-2의 타당도 척도 Ⅰ

① 타당도 척도의 이해
- MMPI-2가 최대한 정확하고 유용한 정보를 제공하기 위해서는 검사를 받는 사람이 검사 제작자가 의도했던 것과 같은 태도로 검사에 임해야 한다.
- 수검자가 검사문항을 주의 깊게 읽고 그 내용을 잘 파악한 후에, 솔직하게 대답을 해야만 신뢰성 있고 타당한 해석이 가능하다.
- 만약 그렇지 못하다면 프로파일은 무효로 처리되어 해석이 불가능하거나 혹은 그 사람이 취한 검사태도의 맥락에서 시험적으로 해석해야 한다.

- 타당도 척도는 수검태도의 탐지를 목적으로 만들어졌으나, 연구와 경험이 축적되면서 검사 외적 행동(성격이나 정신병리)에 대한 정보를 제공한다는 점이 분명해졌다.
- 무응답/중복응답 문항 : 무응답 척도
  - 무응답 또는 양쪽 모두 답한 문항 수
    ⓐ 문항을 읽고 이해하는 능력의 부족
    ⓑ 부주의 또는 혼란
    ⓒ 검사 및 검사자에 대한 비협조적인 태도
    ⓓ 바람직하지 않은 사실을 인정하기도 거짓 답을 하기도 싫은 경우
    ⓔ 어느 쪽을 선택할지 망설이는 경우
    ⓕ 답을 할 만한 경험이나 정보가 없는 경우
  - 자주 빠뜨리는 문항 : 사사롭거나 비밀스러운 감정과 관련
  - 무응답 척도는 다른 척도의 점수를 낮춘다.
  - 30개 이상 무응답 : 상승척도가 변화되고 평균점수 3점 저하, 타당한 해석이 어렵다.
  - 11개 이상 30개 미만 무응답 : 교정해서 사용할 수는 있지만 매우 조심스럽게 접근해야 한다.
  - 10개 이하 무응답 : 그런대로 사용이 가능, 하지만 무응답이 특정 척도에 몰려있는 경우 주의해야 한다.
- 비일관적 반응 : VRIN(무선반응 비일관성 척도), TRIN(고정반응 비일관성 척도)

무선반응 비일관성 척도 (VRIN ; Variable Response Inconsistency)	• 문항 응답을 하면서 무선적으로 반응하는 경향을 탐지 • 내용이 유사하거나 또는 상반되는 문항으로 짝지어진 67개 문항반응 쌍으로 구성 • 각 문항쌍에서 불일치하는 비일관적인 반응이 나타날 경우 척도점수가 1점 상승 • 문항에 완전히 무선적으로 반응했을 때 VRIN 척도의 T점수는 남성 96점, 여성 98점 • 점수 80 이상 : 피검자가 무선적인 방식으로 응답했다는 경고로 받아들일 수 있고, 프로파일 전체 해석 불가능 • MMPI-2의 다른 타당도 척도와 함께 고려되어 유용하게 사용 • VRIN, 비전형(F) 척도 점수가 함께 높은 경우 : 무선반응 가능성으로 프로파일 해석 불가능 • 비전형(F) 척도는 높으나, VRIN 점수는 높지 않은 경우 : 무작위 응답 때문에 나타난 것이라고 결론짓기는 어려우며, 실제 정신병적 문제가 있는 것인지 혹은 나쁘게 보이려고 노력하는 것인지를 판단해야 함
고정반응 비일관성 척도 (TRIN ; True Response Inconsistency)	• 모든 문항에 '예' 혹은 '아니요'로 응답하는 경향 • 서로 내용이 상반된 20개 문항쌍으로 구성 • 피검자가 특정 문항쌍에 대하여 모두 '예'라고 응답하거나 혹은 모두 '아니요'라고 응답한다면, 이는 문항의 내용에 비추어 불일치하는 비일관적인 반응을 한 것을 의미 • TRIN 척도의 T점수는 항상 50점 이상이 되도록 환산됨 • 원점수가 평균으로부터 1표준편차 높은 경우 : '예'라고 응답하는 경향을 시사하며, T점수는 60T • 원점수가 평균으로부터 1표준편차 낮은 경우 : '아니요'라고 응답하는 경향을 시사하며, T점수는 60F • 'T' 또는 'F'라는 표시는 해당 MMPI-2 프로토콜에서 나타난 고정반응편향의 방향성을 의미 • TRIN 척도의 T점수가 80점 이상(80T 혹은 80F)인 경우, 피검자가 '예' 혹은 '아니요' 방향으로 응답하는 경향이 지나치게 강함을 시사하며, 해당 프로파일의 타당성에 의문을 제기할 수 있음 • TRIN 척도 역시 MMPI-2 타당성 척도들과 함께 고려되어 유용하게 사용 가능

- 방어성을 나타내는 지표인 L, K, S척도의 점수가 높고, TRIN 척도의 점수가 '아니요(F)' 방향으로 높은 경우 방어성을 나타내기보다는 무조건 '아니요'라고 응답하는 경향을 반영할 가능성이 큼
- 방어성 지표가 높으면서, TRIN 척도 점수는 평균 수준인 경우 : 방어성 지표는 실제 피검자의 방어성을 반영

3. MMPI-2의 타당도 척도 II

(1) 비전형 반응 : F, F(B), F(P)

① MMPI-2에는 비전형적 반응을 측정하기 위한 세 가지 지표가 마련되어 있다.
② 이는 해석자가 검사 문항들에 대한 특이한 반응패턴이 있음을 알고, 그 원인을 추정할 수 있게 하기 위한 것들이다.
③ 피검자가 비전형 반응을 하게 되는 3가지 이유
- 무작위반응 또는 고정반응
- 심각한 정신병적 문제
- 자신을 부정적으로 나타내기 위한 고의적인 시도(Faking Bad)

  비전형 척도들과 비일관성 척도들의 점수들을 비교함으로써 해석자는 가장 중요한 비전형 척도인 F척도 점수의 의미를 더욱 명료하게 파악할 수 있다.

④ F : 비전형 척도(Infrequency)
- F척도는 원판 MMPI의 규준집단에서 매우 낮은 빈도(10% 이하)로 응답되는 60개의 문항으로 이루어져 있다.
- 어떤 사람의 생각이나 경험이 일반 대중들과 다른 정도를 측정한다.
  예) 사람들과 같이 있을 때 아주 이상한 얘기를 듣게 된다(그렇다).
  　　내 혼이 가끔 몸을 떠난다(그렇다).
  　　법률은 반드시 지켜야 한다(아니다).
- 점수가 높아지는 이유
  - 무분별하게 모두 '그렇다' 혹은 '아니다'로 반응한 경우
  - 심각한 심리문제를 겪고 있는 사람들인 경우
  - 심각한 문제를 겪고 있지 않지만 자신을 실제보다 부적응적인 모습으로 보이려는 경우
- 어떤 이유로 F척도가 상승했는지 보기 위해 VRIN, TRIN을 개발했다.
- 이 척도의 점수가 높다는 것은 피검자가 MMPI-2의 문항들에 대하여 흔히는 그렇게 응답하지는 않는 방향으로 반응하는 경향이 강하다는 것을 알려준다.
- F척도의 점수가 상승한 경우, VRIN, TRIN 척도와 함께 살펴보아야 한다.

⑤ F(B) : 비전형-후반부 척도(Back F)
- F(B)척도는 검사 후반부에서의 비전형 반응을 탐지하는 것으로 피검자의 수검태도 변화를 알아내는 데에 도움이 된다.
- MMPI-2에서는 단축형 검사 실시를 가능하게 하기 위해서 원판 MMPI 표준척도의 모든 문항을 검사의 전반부 370문항 이내에 위치시켰다.

⑥ F(P) : 비전형-정신병리 척도(Infrequency-Psychopathology)
- 실제 병리를 가진 것과 거짓 반응하는 것을 감별하려는 의도이다.
- F척도가 상승되었으나 VRIN, TRIN 척도를 검토한 결과 무선반응이나 고정반응이 F척도 상승의 원인이 아니었을 경우, F(P)척도를 사용하게 된다.
- F(P)척도 점수는 F척도의 상승이 실제 정신병적 문제로 인한 것인지 아니면 의도적으로 자신을 부정적으로 보이려는 태도로 인한 것인지를 판별하는 데에 도움이 된다.

⑦ FBS : 증상타당도(Symptom Validity)
- 개인적 상해소송 맥락에서의 꾀병을 탐지하기 위해 리스-할리(Lees-Haley) 등에 의해 합리적인 방식으로 선정되었다.
- FBS는 신체관련 척도, 특히 척도1, HEA, RC1, Hy4 동반상승의 경향성이 있다.

(2) 방어적 반응 : L, K, S

① L : 부인척도(Lie)
- 피검자가 방어적으로 검사에 응했을 가능성을 보는 것이다. 자신을 양심적이고 사회적으로 바람직하며 모범적인 사람으로 보이려는 솔직하지 못한 태도를 파악한다.

  예 언제나 참말만 한다(그렇다).
  　　가끔 화를 낸다(아니다).
  　　때때로 기분이 좋지 않을 때는 짜증이 난다(아니다).

- T점수 80점 이상이면 프로파일은 무효가능성이 있다.

② K : 교정척도(Correction)
- K척도의 점수는 수검자의 지능, 교육수준, 사회경제적 위치 등과 연관이 있으며, 특히 지능 및 교육수준이 높을수록 K척도의 점수는 높게 나온다.
- 측정 결과가 45T 이하로 낮은 경우 비교적 자신의 결점을 인정하고 솔직한 태도로 허용적이다.
- 검사문항에 방어적으로 응답하는 정도를 측정하는 것으로서 현저한 장애를 가지고 있으면서도 정상적인 프로파일을 보이는 사람들을 식별하기 위한 것으로 L척도에 비해 세련된 방어를 나타낸다.

  예 가끔 뭔가를 때려 부수고 싶을 때가 있다(아니다).
  　　나도 모르게 걱정하고 있을 때가 많다(아니다).

- K척도가 상승한 수검자는 심리적 문제를 나타내지 않는 방향으로 반응했을 가능성이 크므로, 임상척도에서 주목할 만한 상승이 없다고 하더라도 심리적 문제가 없는 것으로 결론을 내릴 수는 없다.

③ S : 과장된 자기제시 척도(Superlative Self-Presentation, S Scale)
- S척도와 K척도는 높은 상관을 보이고 두 척도 모두 방어성을 측정하는 지표로 K척도 문항들은 검사의 앞부분에, S척도 문항들은 검사 전반에 걸쳐 있다.
- S척도는 인사선발, 보호감찰, 양육권 평가 등 비임상집단에서 도덕적 결함을 부인하고 자신을 과장된 방식으로 표현하는 것을 평가하기 위해 개발되었다.
- 측정 결과가 70T 이상인 경우 수검자의 긍정왜곡의 가능성이나, 주로 '아니다'로 응답하는 경향을 시사한다.

4. MMPI-2의 임상척도

① 척도 1 : 건강염려증(Hypochondriasis, Hs) – 기본특성 : 신중성

사소한 신체적 증세 또는 감각을 심각하게 해석하여 스스로 심각한 병에 걸려 있다고 확신하거나 두려워하고, 여기에 몰두해있는 상태이다.

- 문항내용 및 특성
  - 모호하고 신체 전반에 걸친 기능이상과 이에 대한 집착
  - 실제적으로 신체적인 질병을 가진 경우에도 60~70점
  - 질병이 있어도 80점 이상이면 건강염려증
  - 노인의 경우 다소 높을 수 있음
- 척도해석
  - 신체적 증상 및 기능이상에 대한 과도한 관심과 집착
  - 양심적이고 신중
  - 80점 이상 : 극적이고 기이한 신체적 관심, 3번이 동시에 높으면 전환증상의 가능성, 8번이 동시에 높으면 신체적 망상의 가능성
  - 60~80점 : 막연하고 비특정적인 신체적 호소, 만성통증, 두통, 소화기계통 증상, 허약감, 무기력감, 피로감, 불면증, 스트레스에 대한 반응으로 신체증상이 보임
  - 신체형장애, 통증장애, 불안장애, 우울장애 등의 진단이 많음
  - 신체증상을 이용하여 다른 사람을 조종, 지배하려 함
  - 항불안제나 항우울제가 많이 처방됨
  - 이기적, 자기도취적, 요구와 불평이 많음, 냉소적·비판적이고 스스로 불행하다고 느낌
  - 요구사항이 많고 의존적이면서 동시에 불평이 많고 부정적이며 비판적
  - 자기중심적이고 외부세계에 대하여 비판적·냉소적이며 적개심을 간접적으로 표현
  - 일의 효율성이 낮으나, 반사회적인 방식으로 행동화할 가능성은 적음
  - 의료쇼핑, 신체적 고통에 대한 심리적 원인 부인, 통찰 부족
  - 자신의 증상에 대해 전문가 수준 이상의 지식을 가지고 있고 신체증상을 모사하는 용어가 화려함
  - 자신이 아프다는 걸 충분히 알아줄 때까지 이야기함
  - 완전히 무능력하기보다는 기능의 효율성이 떨어짐
  - 치료자가 충분히 관심과 지지를 주지 않는다고 느끼거나 증상에 대한 심리적 해석을 시도하면 치료를 중단할 수 있음
  - 낮은 점수 : 건강에 대한 자부심이 있으며, 건강염려증 환자 가족이거나, 병을 나약함과 동일시하는 경향이 있음

② 척도 2 : 우울증(Depression, D) – 기본특성 : 평가
- 문항내용 및 특성
  - 검사 당시 그 사람이 느끼는 비관 및 슬픔의 정도를 나타내는 기분의 상태
  - 우울감, 의기소침, 자긍심 저하, 흥미범위 축소
  - 주의집중 곤란, 심리적 기능에 대한 불신

- 불면, 소화기 이상 등 신체적 기능이상
- 사회적 관계의 회피, 분노나 격한 감정반응의 부인
- 척도해석
  - 현재 정서 상태에 민감하고 단독 상승이 드물기 때문에 다른 프로파일 형태 고려
  - 현실적이고 객관적이고 사려 깊은 성향, 가벼운 불안
  - 높은 점수 : 불행감과 우울한 기분을 느끼며 일상생활에 대한 흥미나 즐거움의 상실
  - 불안하고 위축, 자신의 미래에 대하여 비관적
  - 무능감과 자기비하, 활력이 없고 우유부단
  - 사회적 관계 회피, 지나치게 자신을 억제하고 양보
  - 분노나 격한 감정 반응의 부인
  - 혼자 있기를 좋아하며 간단한 결정도 힘들어함
  - 척도 2의 상승은 피검자의 심리적 상태를 나타내지만 그것의 원인은 다른 문제
  - 4번 점수가 상승했다면 자신에게 가해진 상황적 구속에 대한 반응일 가능성이 큼
  - 60점 이상이 되면 우연히 높아지지는 않음
  - 낮은 점수 : 자신감, 활동적, 낙관적, 경쟁적, 자기과시

③ 척도 3 : 히스테리(Hysteria, Hy) – 기본특성 : 표현
히스테리는 정신병 또는 이상성격의 유형으로 사용될 때, 자기중심적이며 항상 남의 이목을 집중시키는 것을 바라고, 오기가 있으며 감정의 기복이 심한 성격을 가리킨다.
- 문항내용 및 특성
  - 사회적 불안의 부인, 외향성
  - 자신이 타인에게 비판적이지 않다고 여기며 공격성 부인
  - 신체증상이나 정신적 기능이 저하
  - 1/3이 척도 1 문항과 중복, 이에 동반상승하는 경향이 있음
  - 척도 1이 높으면 피검자는 잡다하고 모호한 신체적 증상을 보이고 그들의 증상에서 심리적 요인의 역할을 쉽게 확인할 수 있는 경우가 많음(신체증상이 많음, 찌근찌근 오래 가는 증상)
  - 척도 3이 더 높으면 신경증적인 면이 잘 드러나고 실제로 스트레스에 당면한 경우 외에는 정상으로 보임(성격적인 요소가 많음, 갑작스럽고 요란한 증상)
- 척도해석
  - 심리적 고통을 회피하는 방법으로 부인(Denial)을 사용하는 정도를 측정
  - 표현, 감정 풍부, 낙천적, 정이 많음, 인간관계는 깊이가 부족하고 피상적
  - 높은 점수 : 부인과 피암시성이 강함
  - 두통, 흉통, 무기력감, 급성 불안, 발작 등이 많으며 스트레스와의 시간적 관계가 분명
  - 신체적 증상을 나타냄으로써 스트레스에 대처하거나 책임 회피
  - 타인의 욕구나 감정에 둔감하며, 다른 사람들을 이용하는 데에만 관심이 있음
  - 타인에 대한 신임이나 낙천성 강조
  - 미성숙하고 감정변화가 많으며 자기중심적

- 타인의 주의와 애정에 민감하고 이것이 채워지지 않으면 쉽게 기분이 상함. 하지만 이를 직접적으로 표현하지는 않음
- 대인관계에서 외향적, 우호적, 정열적이지만 실제로는 피상적이기 쉬우며, 특히 척도 0번이 30 정도로 낮은 경우 더욱 그러함
- 상냥하고 사교적, 잘 토라지고 잘 풀림
- 낮은 점수 : 비모험적, 정서적으로 둔하며 냉정, 현실적이고 논리적, 단조롭고 사회적 고립
- 방어기제 : 부인과 억압, 대체로 방어적이고 통제적, 신체화 증상

> ※ 신경증 척도(1, 2, 3)
> • 특징
>   - 신체적 고통감이 주된 증상으로 주로 소화기 계통 장애와 피로감, 신체적 허약을 호소
>   - 만성적인 건강염려증을 나타낸 과거력
>   - 우울, 불안, 흥미의 상실, 무감동(혹은 냉담)을 경험
>   - 수동-의존적이고 짜증을 잘 내며 삶에 있어 적극성 결여
>   - 가능한 진단 : 신체형장애, 불안장애, 우울장애
> • 신경증 세 척도 형태
>   - 전환형(V) : 전환증상, 신체화 방어, 방어적이고 히스테리적 성격
>   - 하강양상(\) : 신체기능에 대한 과도한 걱정, 과민반응, 중년 남자
>   - 샷갓형(∧) : 만성적인 신경증, 과도하게 통제, 우울증이나 히스테리
>   - 상승양상(/) : 자궁적출 프로파일, 우울증과 신체화 증상, 불안감, 식욕부진, 소화기장애

④ 척도 4 : 반사회성(Psychopathic Deviate, Pd) – 기본특성 : 주장성
반사회성은 사회의 전통, 도덕, 규율, 조직 등에 대한 적의, 공격을 나타내는 것, 사회의 질서에 대한 반항적 행동으로 표현되며 청소년의 비행 등이 이에 해당된다.

• 문항내용
가정불화, 권위불화, 소외(자기소외, 사회적 소외), 사회적 안정성
• 척도해석
  - 충동성, 자기중심적, 과시적 또는 허세적
  - 첫인상은 정력적이고 외향적이어서 좋을 수 있으나 오래 사귀면 무책임성, 신뢰성 결여 등을 알게 됨
  - 공격성의 정도를 나타내며 가족이나 권위적 대상에 대한 불만, 일탈행동, 성문제, 자신 및 사회와의 괴리, 일상생활에서의 권태 등을 나타냄
  - 주관적인 불안이나 우울감을 호소하는 경우가 적음. 혹시 있더라도 이는 자신에게 가해진 속박에 대한 불만의 표현이지 자신의 행동에 대한 진지한 걱정이나 죄책감을 나타내는 것은 아님
  - 심리치료에 예후가 좋지 않음. 특히 2번 점수가 낮으면 더욱 그러함
  - 나이가 들면 점수가 다소 낮아지고 65세 이상의 경우는 반사회적 행동이라기보다는 사회적 소외, 무감동, 쾌락의 상실, 깊은 관계형성의 결여로 나타남
  - 주장적, 독립적, 정력적
  - 높은 점수 : 충동적인 행동, 반항성, 권위적 대상과의 갈등
  - 좌절인내력이 낮고 분노를 통제하기 어려우며 쉽게 공격성 표출
  - 신뢰성이 결여되어 있고 무책임, 피상적이고 착취적인 대인관계

- 화가 나있고 싸우고 있는 사람
- 낮은 점수 : 관습적이고 순응적, 수동적, 독창성 부족, 인내심 강함, 의존적
- 충동성은 반드시 행동이 외부적으로 표현되는 것을 의미하지는 않음
- 척도 8, 척도 9가 같이 상승하면 비행률이 높고 반대로 척도 1, 2, 7이 상승하면 비행률이 낮음
- 방어기제 : 외현화, 합리화, 행동화, 주지화

⑤ 척도 5 : 남성성-여성성(Masculinity-Femininity, Mf) - 기본특성 : 역할유연성
  • 문항내용 및 특성
    - 최초에는 척도 5가 남성 동성애자를 구별해줄 것으로 생각했지만 그렇지 않음이 밝혀짐
    - 척도면의 의미가 가장 부적절한 것이 이 척도임
    - 성역할 유연성
    - 소수의 성적인 내용이 있지만 주로 직업 및 취미에 대한 관심, 심미적·종교적 취향, 능동성과 수동성, 대인감수성과 관련된 내용
    - 조미료 같은 역할로 다른 척도에 영향을 미침
  • 척도해석
    정신병리에 따른 변화가 적으며, 전체적인 분위기를 좌우함

남자	• 척도 5가 높은 경우 　- 참을성이 많고 통찰력이 높으며 60점 이상인 경우 미술, 음악, 문학과 같은 심미론에 흥미가 있으며 성역할에 대한 유연성 있음 　- 행동특성은 공공연하고 직접적이기보다는 은밀하고 간접적으로 사물을 처리하는 성향 　- 취미가 광범위하고 호기심이 많고, 관계형성에 관심이 많으며 수동적·의존적 　- T점수 70 이상일 경우 성적 자아정체에 갈등이 있고 남성역할에 대한 부적절감 • 척도 5가 낮은 경우 : 전통적인 남성적 특성 과시, 신체적인 힘이나 정력 강조, 공격적 충동성, 융통성과 독창성 부족
여자	• 척도 5가 높은 경우 : 전통적인 여성적 역할에 거부감, 성취지향적, 주장적, 공격적, 능동적, 계산적 • 척도 5가 낮은 경우 : 전통적인 여성적 역할에 동일시하며 의존적, 복종적이고 수동적이며 유순, 자기비하

⑥ 척도 6 : 편집증(Paranoia, Pa) - 기본특성 : 호기심
　편집증이란 사람들과 환경을 불신하고 의심할 뿐만 아니라 타인들이 자신을 박해하거나 악의를 가지고 음모를 꾸미고 있다는 비현실적인 생각에 기초한 두려움과 불안에 시달리는 경향으로 나타난다. 편집증을 가진 사람들은 자신들의 생각과 행동에 책임을 지지 않고 타인들이나 외부 요인에 그 책임을 전가하고 비난한다.
  • 문항내용
    피해의식, 예민성, 순진성
  • 척도해석
    - 대인관계 예민성, 피해의식, 경직된 사고, 관계망상 편집증의 임상적 특징을 평가
    - 대인관계 민감성
    - 사소한 거부도 기억함
    - 높은 점수 : 의심과 불신, 적개심이 많고 대인관계가 적대적
    - 자기정당성으로 자신이 한 행동에 대해 타인이 정당한 대우를 하지 않는다고 생각

- 타인에게 부당한 대우나 괴롭힘을 당한다는 피해의식으로 경계심이 많음
- 품고 있는 원한이나 적개심으로 화를 내거나 분개하며 공공연하게 표출
- 사고장애, 피해망상, 과대망상, 관계사고, 정신병적 행동
- 정신분열증 편집형으로 진단될 수 있음
- 낮은 점수 : 고집이 세고 회피적, 지나치게 조심스러움, 사회적 흥미나 융통성 부족
- 방어기제 : 투사, 외현화
- 라포 형성이 되는 순간 치료가 시작됨

> ※ 스칼렛 오하라 V형(Scarlett O'Hara V)
> - 여자에게 잘 나타나는 형태로, 척도 4, 6이 65점 이상이고 척도 5는 35점 이하인 형태
> - 여자인 경우 수동공격형
> - 적대적이고 화가 나있으나 이 같은 감정을 직접적으로 표현하지 못하는 사람들
> - 3이 동시에 높을 경우 사교적으로 보이지만 피상적이고 다른 사람을 조종하려고 하며 자신의 감정을 더욱 억압하는 경향
> - 남자의 경우 4가 높고 5가 낮을 경우 : 강한 공격성

⑦ 척도 7 : 강박증(Psychasthenia, Pt) (신경쇠약) - 기본특성 : 조직화

강박장애는 불안장애의 일종으로, 반복적이고 원하지 않는 강박적 사고(Obsession)와 강박적 행동(Compulsion)을 특징으로 하는 정신질환으로, 잦은 손 씻기, 숫자 세기, 확인하기, 청소하기 등과 같은 행동을 반복적으로 함으로써 강박적 사고를 막거나 그 생각을 머리에서 지우려고 하는 경우가 흔하다. 그러나 이런 행동은 일시적인 편안함을 제공할 뿐 결과적으로 불안을 증가시킨다.

- 문항내용
  카테고리화되지 못했으며, 불안 등의 요소로 구성되어 있음
- 척도해석
  - 불안지수를 나타냄
  - 성실, 신뢰, 조직화능력
  - 높은 점수 : 만성적인 불안, 긴장, 초조, 주의집중에의 어려움
  - 사소한 일에 대한 걱정이나 두려움이 많고 과민함
  - 자신감이 부족하고 자의식이 강하며, 완벽주의적이고 높은 행동기준을 요구
  - 대인관계에 서툴고 타인의 반응에 민감하며 수줍어함
  - 불안에 대한 방어로 강박적인 생각, 강박적이고 의식적인 행동을 함
  - 척도 2가 함께 상승하면 우울감과 우유부단한 행동이 두드러짐
  - 척도 8이 함께 상승하면 혼란과 사고장애가 나타날 수 있음
  - 자기비판적, 자기비하적, 죄책감, 자기성찰, 완벽추구 경향성
  - 낮은 점수 : 편안함, 자신감, 성공지향적, 안정감, 효율적 일처리, 타인의 감정에 둔감
  - 방어기제 : 주지화, 합리화, 취소의식

⑧ 척도 8 : 정신분열증(Schizophrenia, Sc) - 기본특성 : 상상력

정신분열증은 망상, 환청, 와해된 언어, 정서적 둔감 등의 증상과 더불어 사회적 기능에 장애를 일으키는 질환이다.

- 문항내용
  - 사회적 소외 : 타인과의 공감능력이 결여되어 있고 의미 있는 관계형성을 기피함
  - 정서적 소외 : 자기 자신이 낯설고 무엇을 느끼는지 모르며 무감동하고 냉담함
  - 의욕상실, 비논리적, 비현실적인 생각, 충동억제 불가, 기태적 감각경험
- 척도해석
  - 정신병적 사고
  - 근원적 결여감, 소외감, 고립감, 자기불안, 열등감
  - 신경질적, 창의적, 상상력, 전의식사고나 감정 수용
  - 높은 점수 : 비현실적 사고
  - 의사소통 곤란, 현실과 공상을 구별하는 데 어려움을 느낌
  - 정서적 무감동과 냉담, 정신운동성 지체, 대인관계 회피, 사회적 고립·철수
  - 현실을 회피하며 받아들일 수 없는 충동들을 공상이나 환상을 통해 대리만족
  - 자아정체위기를 맞고 있는 사람 – 청소년 등
  - 낮은 점수 : 순종적, 규칙 준수, 현실적, 창의력 부족, 사고의 유연성이나 융통성 떨어짐, 경직, 감정적 관계 형성이 어려움
  - 척도 0번과 함께 상승하면 심한 고립감 형성

⑨ 척도 9 : 경조증(Hypomania, Ma) – 기본특성 : 열정
조증보다 정도가 약한 형태의 정신질환이다. 경조증 상태에 있는 개인은 말이 평소보다 크고 빠르며, 농담이나 말장난, 엉뚱한 말을 많이 하는 경향, 사고의 비약, 주의산만, 활동의 증가 등이 특징이다.

- 문항내용
  - 과잉활동적이고 불안정함
  - 자신만만하고 예민성을 부인
  - 자기에 대한 과대평가(일시적)
- 척도해석
  - 정신적 에너지를 나타냄
  - 경쟁적이고 말이 많고 자기도취적, 화를 잘 내고 기분이 불안정
  - 주기적인 우울기간
  - 우호적, 사교적, 정력적, 겸손
  - 높은 점수 : 과잉활동성, 정서적 흥분성, 사고의 비약
  - 비현실적이고 근거 없는 낙관성
  - 자기 자신에 대한 가치나 중요성에 대한 과대평가
  - 욕구좌절에 대한 인내력이 낮고 화를 잘 내며 정서적으로 불안정
  - 충동통제 어려움, 초조감, 적개심, 공격적 충동의 폭발
  - 피상적인 대인관계
  - 낮은 점수 : 에너지수준이나 활동성이 낮음, 자신감 부족, 피로감, 무력감, 감정 억제
  - 방어기제 : 부인, 행동화
  - 다른 척도가 시사하는 행동이나 문제를 활성화하는 역할

- 척도 4와 함께 상승할 때 행동화
- 활력이 있으면서 척도 9가 낮은 경우 : 감정을 억압하는 경우로 볼 수 있음

⑩ 척도 0 : 내향성(Social Introversion, Si) - 기본특성 : 자율성

사회적 불편감, 대인관계를 원하지 않거나 그 속에서 재미나 흥미를 못 느낀다.

- 문항내용

  예민하고 수줍어하며 당황함, 자기비하, 타인의 정직성이나 성실성 불신

- 척도해석
  - 대인관계 형성능력은 있으나 혼자 있는 것을 더 좋아함, 자율성과 독립성을 적절히 지님
  - 높은 점수 : 사회적 상황에서 불안해하고 불편해하며 특히 이성 앞에서 더욱 불편해함
  - 생각이 많고 문제해결방식이 조심스러움
  - 자기억제가 심하고 감정표현을 못함
  - 관계형성에 냉담하고 자기비하적
  - 혼자 또는 몇 명의 사람과 있는 것을 더 편안해함
  - 낮은 점수 : 외향적이고 사교적, 활발, 유쾌, 말이 많음, 과시적, 충동억제 부족, 괜찮은 사람으로 보이는 데 대한 과도한 의존성, 진실성과 친밀성 결여, 남 앞에 나서기 좋아하고 과시적이며 적극적이고 정력적이며 경쟁적인 상황을 찾음
  - 방어기제 : 회피, 철수
  - 극단적으로 낮고 척도 3, 4가 상승할수록 피상적이고 기회주의적
  - 나이가 들면 상승하고 청소년들은 대개 낮은 점수
  - 60~70점인 경우 기능적인 문제는 없지만 혼자서 힘들 수 있음
  - 70점 이상인 경우 기능적인 어려움을 경험

5. MMPI-2의 재구성 임상척도

① 재구성 임상척도(Reconstructed Clinical, RC Scale)
  - 임상척도들이 경험적으로 제작되어 같은 임상척도에 포함된 문항들의 내용이 상당히 이질적이며 임상척도들 간의 상관이 높고 서로 독립적이지 않다는 문제점이 있었다.
  - 타당성의 문제(Convergent Validity) : 척도 상승의 의미를 명확히 하기에 어렵다.
  - 연구에 따르면 임상척도들 간의 주요 변량원인 '불안, 전반적 부적응, 정서적 고통' 등의 공통요인인 의기소침 요인을 23문항 추출한다.
  - 요인분석을 통해 의기소침 요인과 핵심요인을 추출한다.
  - 3문항(Hs)에서 32문항(Si)이 제외되었다.

② 재구성 임상척도 내용

척도명		높은 점수
RCd (dem)	의기소침 (Demoralization)	• 전반적인 정서적 불편감이 크다. • 낙심하고 의기소침해 있다. • 자존감이 낮으며 자신과 미래에 대해 비관적이다. • 현재의 상황을 극복할 능력이 없다고 느낀다.

RC1 (som)	신체증상 호소 (Somatic Complaints)	• 신체적 불편감을 호소한다. • 피로, 허약함, 만성적인 통증을 호소할 수 있다. • 건강에 대한 걱정이 많다.
RC2 (lpe)	낮은 긍정정서 (Low Positive Emotions)	• 사회적 상황에서 철수되어 있고 즐거움을 못 느낀다. • 결정을 내리고 일을 마무리하는 데 어려움을 느낀다. • 우울증을 경험할 위험성이 높다.
RC3 (cyn)	냉소적 태도 (Cynicism)	• 다른 사람들의 진실성을 믿지 않는다. • 다른 사람의 동기를 의심한다.
RC4 (asb)	반사회적 태도 (Antisocial Behavior)	• 다양한 반사회적 행동에 관여할 수 있다. • 공격적으로 행동하는 경향이 있다.
RC6 (per)	피해의식 (Idea of Persecution)	• 다른 사람들로부터 학대받고 괴롭힘을 당한다고 느낀다. • 신뢰있는 관계 형성에 어려움을 보일 수 있다.
RC7 (dne)	역기능적 부정정서 (Dysfunctioal Negative Emotions)	• 쉽게 불안을 경험하고 불안장애로 발전될 위험이 높다. • 걱정이 많으며 비판에 민감한 경향이 있다. • 실수나 실패에 집착하고 죄책감을 경험할 수 있다.
RC8 (abx)	기태적 경험 (Aberrant Experiences)	• 환각, 망상 등의 정신증적 증상을 보고할 수 있다. • 정신분열형 성격 특징을 보일 수 있다.
RC9 (hpm)	경조증적 상태 (Hypomanic Activation)	과장된 자기상, 흥분감, 감각추구 경향, 충동통제의 어려움 등 다양한 경조증 증상들을 보고할 수 있다.

6. MMPI-2의 성격병리 5요인 척도

① 성격병리 5요인 척도(Personality Psychopathology Five, PSY-5)
- 정상적인 기능과 임상적인 문제 모두와 관련이 있는 기본적인 성격특성 차원을 도출하여 이를 척도화한 것이다.
- 성격 5요인 이론 등 성격심리학의 일반 성격이론을 참고하여 성격병리를 반영하는 기본적인 성격차원을 찾아내고 이를 최적으로 측정하는 MMPI 문항을 모아 척도를 구성하였다.

② 성격병리 5요인 척도 내용

척도명		높은 점수
AGGR	공격성 (Aggressiveness)	• 목표 달성을 위해 공격적인 방법을 쓸 수 있다. • 대인관계에서 지배적이고 주도적이다. • 외향적이다.
PSYC	정신증 (Psychoticism)	• 비현실감을 느낄 수 있다. • 이상하고 기묘한 경험을 보고할 수 있다. • 사고가 기이하고 혼란되어 있을 수 있다. • 관계망상을 가지고 있을 수 있다.
DISC	통제결여 (Disconstraint)	• 위험추구 행동을 하며 충동적이다. • 관습적이지 않은 경향이 있다. • 자기통제력이 강하고 규칙을 잘 따른다(T≤40).

NEGE	부정적 정서성/신경증 (Negative Emotionality / Neuroticism)	• 부정적 정서를 경험할 가능성이 높다. • 걱정, 자기비판, 죄책감 등을 많이 경험할 수 있다. • 불안하고 우울하고 슬픈 기분 상태를 경험한다.
INTR	내향성/낮은 긍정적 정서성 (Introversion / Low Positive Emotionality)	• 기쁨이나 즐거움을 잘 경험하지 못한다. • 내향적이고 친구가 적은 경향이 있다. • 사교적이고 에너지가 넘치고 외향적이다(T≤40).

7. MMPI-2의 기타 척도

① 임상소척도(Subscales)
- 소척도의 개발
  - 해리스와 링고스(1955, 1968)가 개발하였다.
  - 10개 임상척도 중 2, 3, 4, 6, 8, 9번 척도 6개의 소척도로 구성되어 있다. 1번은 단일 차원이며, 7번은 척도의 동질성 문제로, 5, 0번 척도는 기본 척도로 고려하지 않았기 때문에 제외되었다.
  - 기본 임상척도 문항내용들을 살펴보고, 내용상 비슷해 보이거나 단일 태도나 특성을 반영하는 것으로 판단되는 것을 묶어 논리적으로 구성하였다.
  - 연구자의 임상적 판단에 기초하여 소척도 이름을 붙였으며, 호스테틀러(1989) 외 여러 명이 Si 척도의 소척도를 개발하였다.
- 소척도의 해석
  임상척도가 T≥65일 때 해석가능하고, 해리스-링고스 소척도는 T = 65~70으로 약간 높은 점수 해석에 유용하다.
- 소척도의 내용

2번 척도	주관적 우울감, 정신운동 지체, 신체적 기능장애, 둔감성, 깊은 근심
3번 척도	사회적 불안의 부인, 애정욕구, 권태-무기력, 신체증상 호소, 공격성의 억제
4번 척도	가정불화, 권위불화, 사회적 침착성, 사회적 소외, 내적 소외
6번 척도	피해의식, 예민성, 순진성
8번 척도	사회적 소외, 정서적 소외, 자아통합 결여-인지적, 자아통합 결여-동기적, 자아통합 결여-억제부전, 기태적 감각경험
9번 척도	비도덕성, 심신운동 항진, 냉정함, 자아팽창
0번 척도	수줍음/자의식, 사회적 회피, 내적/외적 소외

- 버처, 그레이엄, 윌리엄스, 벤-포라스(1990)가 567문항을 요인분석해서 15개 내용척도를 개발하였다.
- 논리적으로 제작되어, 의도를 가지고 조작할 수 있으므로 수검태도를 고려해야 한다.
- 내용소척도(Content Component Scale)
  - 벤-포라스와 셔우드(1993)가 15개 중 12개 내용척도의 내용소척도를 만들었다.
  - 내용소척도는 모척도인 내용척도의 T점수가 60 이상일 때에만 해석되어야 한다.
  - 내용소척도 중 하나가 같은 내용척도에 속한 것과 적어도 10점 이상 차이가 날 때 해석가능하다.

> ※ 내용척도 및 내용소척도의 해석
> - 내용소척도 점수가 65점 이상일 때, 모척도인 내용척도가 T≥60일 때만 해석이 가능하다.
> - 수검태도를 고려 : 수검태도와 관련하여 왜곡될 가능성이 있다. 방어적 태도가 강할 경우 낮은 점수를 얻고, 자신의 문제를 과장하는 사람들은 점수가 상승한다.
> - 내용척도 점수를 수검자와 검사자 간의 직접적인 의사소통으로 봐야 한다.
> - 높은 점수에 반영되는 특징은 수검자가 검사자에게 알리고 싶어하는 것들일 수 있다.

② 보충척도(The Supplementary Scales)
- 특 징
  - 타당도 척도, 임상척도의 해석을 보충하기 위해 개발된 척도이다.
  - T≥65를 높은 점수로 고려하여 해석하고 점수가 높을수록 제시된 해석 정보가 더 잘 들어맞는다.
  - 보충척도는 기본 타당도 및 임상척도를 대신하기 위한 목적이 아닌 부가적인 목적으로 사용되어야 하며, 567문항으로 된 MMPI-2를 실시할 때에만 점수를 낼 수 있다.
- 내 용
  - 불안(A, Anxiety)
  - 억압(R, Repression)
  - 자아강도(ES, Ego Strength Scale)
    심리적 적응지표, 방어성과 관련되어 일상생활의 어려움, 스트레스에 잘 대처하며, 정서적으로 균형이 잡혀있는 것 같은 특징을 보인다.
  - 지배성(Do, Dominance)
    일대일 관계에서의 강자, 자신감과 관련되어 있으며, 높은 점수는 대면 상황에서 강하고, 쉽게 겁먹지 않고, 안전감, 안정감 및 자신감이 있고, 일상에서의 문제 또는 스트레스에 대처할 수 있는 능력이 있다고 확신하는 특징을 보인다.
  - 사회적 책임감(Re, Social Responsibility)
    사회적, 문화적 가치를 잘 받아들이고 이들 가치에 부응하는 방식으로 행동, 정직 및 정의에 높은 가치를 두며, 확신에 차있고 안정적인 특징을 보인다.
  - 대학생활 부적응(MT, College Maladjustment)
  - 외상 후 스트레스장애(PTSD, Post-Traumatic Stress Disorder)
  - 결혼생활 부적응(MDS, Marital Distress)
  - 적대감(Ho, Hostility)
  - 적대감-과잉통제(O-H, Overcontrolled-Hostility)
  - MacAndrew의 알코올 중독 척도(MAC-R)
  - 중독인정(AAS, Addiction Admission Scale)
  - 중독가능성(APS, Addiction Potential Scale)
  - 남성적 성역할(GM, Masculine Gender Role)
  - 여성적 성역할(GF, Feminine Gender Role)

③ 내용척도
- 불안(ANX, Anxiety)
- 공포(FRS, Fears)
- 강박성(OBS, Obsessiveness)
- 우울(DEP, Depression)
- 건강염려(HEA, Health Concerns)
- 기태적 정신상태(BIZ, Bizarre Mentation)
- 분노(ANG, Anger)
- 냉소적 태도(CYN, Cynicism)
- 반사회적 특성(ASP, Antisocial Practices)
- A유형 행동(TPA, Type A)
- 낮은 자존감(LSE, Low Self-Esteem)
- 사회적 불편감(SOD, Social Discsomfort)
- 가정 문제(FAM, Family Problems)
- 직업적 곤란(WRK, Work Interference)
- 부정적 치료 지표(TRT, Negative Treatment Indicators)

④ 결정적 문항(Critical Items)
- 그 내용이 심각한 정신병리 지표로 판단되는 것들로서 급성불안 상태, 우울한 자살생각, 위협적인 공격, 알코올 중독으로 인한 상황적인 스트레스, 정신착란, 피해망상적인 생각들 등이 포함되어 있다.
- 결정적 문항반응을 과잉해석해서는 안 된다. 즉 결정적 문항에 '그렇다'로 반응한 경우 그 문항이 측정하고 있는 영역에 대해 더 질문해보아야 함을 시사하는 것이다.

8. MMPI-2의 해석

① 코드타입의 정의
- 임상척도 중 가장 높은 2개(2code-type) 또는 3개(3code-type)의 척도를 말하는 것이며, 척도 5, 0은 코드타입 고려에서 제외된다.
- 해석은 코드타입 내 척도들의 T점수가 65 이상일 때만 가능하며 코드타입 해석을 위해서는 코드타입에 포함된 척도 중 가장 낮은 점수와 코드타입에 포함되지 않은 척도 중 가장 높은 점수의 차이가 5점 이상이어야 한다.
- 코드타입 적용이 어려운 경우에는 개별 임상척도들의 점수에 기반을 두어 해석한다.

② 코드타입 유형
- 2 코드 유형

2-4	• 척도 2의 상승 원인이 내부에 기인하는지 외부에 기인하는지 확인이 필요하며 외부적 원인(행동의 제약, 속박 = 4)에 의해 우울한 경우 현재의 곤경을 면하면 사라진다. • 반사회적이지 않은데 우울하고 불행한 사람으로서 만성적으로 우울하고 불행하다고 느끼며 적개심과 울분으로 가득하다. • 미성숙, 의존적, 자기중심적, 자기연민, 타인원망 등의 특징을 보일 수 있다. • 가능한 진단은 알코올 중독, 반사회성 성격장애 등

2-7	• 우울, 불안, 긴장, 걱정 많고 예민, 주의집중 곤란, 신경과민, 죄책감, 자기평가 절하, 내향성, 비생산적인 반추 등의 특징을 보이며 부적절감, 확신 결여, 작업능률 떨어짐, 자기 잘못에 초점을 둔다. • 내면의 고통으로부터 변화하려는 동기가 강하고 내성(자기탐구 경향)으로 심리치료가 바람직하다. • 가능한 진단은 신경증 우울, 불안장애 등
2-9	• T점수 70 이상인 경우 기질적인 뇌손상을 입은 사람일 가능성이 있고 조증 상태에 있는 양극성장애 환자일 수 있다. • 자신에 대한 무가치감이나 내면의 우울감을 방어하기 위하여 과대감, 과잉활동, 고양된 정서와 같은 경조증적 양상이 나타난다.
3-4/4-3	• 3-4 : 분노를 간접적으로 발산하며 여러 가지 신체적인 증상을 호소하고 외견상 조용하고 순종적이나 공격행동을 하는 사람들과 친분을 통해 대리만족을 느낀다. • 4-3 : 자신의 감정을 과잉억제하거나 주기적으로 분노감과 적개심을 폭발적으로 나타내고 타인으로부터 인정, 주의를 받으려는 욕구가 강한 특징을 보인다.
4-6	까다롭고 타인을 원망하며 화를 잘 내고 논쟁을 자주 벌이며 자신을 향한 타인의 주의나 관심에 대한 욕구가 많고 반응에 예민하다.
4-9	• 공격적이고 충동적인 행동의 외현화된 표출로서 알코올, 폭행, 부부문제, 성적 문제, 다양한 일탈행동 등을 보일 가능성이 높다. • 쾌락을 추구하고 욕구좌절에 대한 인내력이 낮으며 정서적으로 불안정하며 피상적이고 착취적인 대인관계를 형성한다.
6-8	편집증적 경향과 사고장애, 주의집중 곤란, 판단력장애, 망상과 환각 등의 특징을 보이며 의심과 적개심이 많으며 친밀한 대인관계를 회피한다.

• 3 코드 유형

2-4-7	• 만성적이고 뿌리 깊은 우울증과 불안초조성 우울이 특징이며 분노감정을 적절하게 표현하지 못하고 이에 대한 죄책감이 있다. • 스트레스 내구력, 충동통제력이 낮고 정서적으로 불안정하며 부적절감과 낮은 자존감, 열등감을 지닌다.
2-7-8	• 만성적이고 다양한 신경증 증상을 보이며 우울증상, 신경과민성 및 강박적 사고, 과도한 의심과 걱정 및 우유부단함을 보일 수 있다. • 주의집중 및 사고 곤란, 사고장애 가능성, 자살사고 및 자살기도를 할 수 있으며 친밀한 대인관계에 어려움이 있다.
4-6-8	• 대인관계에서 적대적이고 화를 잘 내며 의심이 많고 자기도취적, 자기중심적 태도로 타인의 주의나 애정, 동정을 이끌어내려 한다. • 합리화, 논쟁적, 권위적 대상에 대한 분노감이 있어 치료나 면접에 어려움이 있다.
4-6-9	분노나 공격성이 폭발할 수 있으며 파괴적이고 살인행동에 대해 각별히 주의해야 한다.
6-7-8	• 척도6과 척도8이 척도7보다 유의하게 상승되어 있을 때 '정신증 V형'으로 볼 수 있다. • 심각한 정신병리를 암시하며 피해망상, 과대망상, 환각 등의 특징과 감정적 둔화, 부적절한 정서, 타인에 대한 의심이나 분노감이 많고 사회적으로 철수되어 있다.

핵심문제 07

MMPI 검사문항에서 일반적으로 응답하는 방식에서 벗어나는 경향성을 측정하는 척도는?

① VRIN 척도
② F척도
③ L척도
④ K척도
⑤ S척도

고득점을 향한 해설

① 수검자가 응답을 하면서 비일관적, 무선적으로 반응하는 경향을 탐지한다.
③ 수검자가 자신을 양심적이고 바람직하게 보이기 위한 다소 고의적이고 부정직한 태도를 측정한다.
④ 정신적인 장애를 지니면서도 정상적인 프로파일을 보이는 사람들을 식별하기 위한 척도이다.
⑤ 도덕적 결함을 부인하고 자신을 과장된 방식으로 표현하는 것을 평가하는 척도이다.

답 ②

08 | MBTI 성격유형검사

1. MBTI의 개념

① MBTI(Myers-Briggs Type Indicator)는 마이어스와 브릭스가 제작한 성격유형검사로 객관적 검사이다.
② 융(Jung)의 심리유형이론을 근거로 하여 오랜 세월 연구개발한 성격유형 선호지표로서 자신과 타인의 성격역동을 이해하는 데 유용하게 쓰이는 검사 도구이다.
③ 각 개인의 선호경향을 알아내서 성격을 설명하는 도구이다.
④ 선호경향은 개인이 더 지속적이고 일관성 있게 활용하는 것, 선택적으로 더 자주 많이 쓰는 것 또는 더 좋아하는 것, 상대적으로 더 편하고 쉬운 것, 또는 더 쉽게 끌리는 것을 말한다.
⑤ MBTI는 4가지 기준에 따라 8가지 선호 경향이 제시되고 8가지 선호 경향의 조합에 따라 16가지 성격유형 중 하나가 자신의 성격유형이 된다.

2. MBTI의 특징

① MMPI와 달리 MBTI는 인간의 건강한 심리에 기초를 두어 만들어진 심리검사 도구로서 인간의 성격의 일관성 및 상이성에 근거한다.
② MBTI는 수검자로 하여금 자신의 성격유형을 파악하도록 하여 자신을 깊이 이해하여 진로나 직업을 선택하는 데 도움을 제공한다.

③ 수검자가 비교적 쉽게 응답할 수 있는 자기보고 형식으로 문항의 선택을 통해 선호경향성을 추출하여 결과의 경향성들이 행동에 어떠한 영향을 미치는지 파악한다.
④ 결과를 통해 수검자가 자신뿐만 아니라 타인에 대한 이해를 심화하게 되므로 대인관계 향상에 긍정적인 영향을 준다.

3. MBTI의 네 가지 선호지표들

① 에너지의 방향

외향형(Extraversion) : 폭넓은 대인관계를 유지하며 사교적이고 활동적이다.	내향형(Introversion) : 깊이 있는 대인관계를 유지하고, 조용하고 신중하며 이해한 다음에 경험한다.
• 자기 외부에 주의집중 • 폭넓은 대인관계를 유지 • 외부활동에 적극성 • 활동해야 활력을 얻음 • 정열적 · 활동적 • 말로 표현 • 경험한 다음에 이해 • 쉽게 알려짐 • 여러 사람이 모인 것이 즐거움	• 자기 내부에 주의집중 • 깊이 있는 대인관계를 유지 • 내부활동에 집중력을 보임 • 혼자 있어야 힘이 남 • 조용하고 신중함 • 글로 표현 • 이해한 다음에 경험 • 서서히 알려짐 • 1:1 대화 선호

② 인식방법

감각형(Sensing) : 오감에 의존, 실제의 경험을 중시, 지금 현재에 초점을 맞추고 세부적인 정보를 잘 본다.	직관형(Intuition) : 육감 내지 영감에 의존, 미래지향적, 가능성과 의미 추구, 전체를 잘 본다.
• 오감에 의존 • '지금 – 여기'에 주목 • 실제경험 중시 • 사실적이고 구체적 • 실태파악에 능함 • 일관성과 일상성 중시 – 관례를 잘 따름 • 사실적 묘사 • 가꾸고 추수하기 • 일처리 : 꼼꼼하고 철저함	• 통찰, 육감에 의존 • 미래 가능성에 주목 • 풍부한 아이디어 – 상상력, 독창성 • 그 이면의 세계를 내다보며 가능성과 비전을 추구 • 변화와 다양성 추구 – 반복 싫어함 • 비유적 · 상징적 묘사 • 새로운 것을 시도 – 씨뿌리기 • 일처리 : 신속비약, 새롭게 시도함

③ 판단방법

사고형(Thinking) : 진실과 사실을 기준으로 논리적, 분석적, 객관적으로 판단한다.	감정형(Feeling) : 사람관계와 주관적인 기준을 기준으로 상황과 정상을 참작하여 판단한다.
• 진실과 사실을 판단의 근거로 삼음 • 원리와 원칙에 입각한 판단 • 인과론에 근거한 객관적 판단 • 논리적이고 분석적 • 지적인 논평을 즐김 • 옳다/그르다 • 인간관계도 한발 물러서서 • 감정도 사고로 정리함 • 일, 결과를 중요시	• 사람관계를 중요시하여 판단함 • 의미와 영향을 우선하여 판단(상황논리) • 상황에 따라 유동적인 주관적 판단 • 우호적인 협조와 공감에 능함 • 좋다/나쁘다 • 인간관계의 주관성(나 = 너) • 감정을 숨기지 못함 • 과정, 사람을 중요시

④ 선호하는 생활양식

판단형(Judging) : 분명한 목적과 방향을 가지고 기한을 엄수하고 철저히 사전 계획하고 체계적이다.	인식형(Perceiving) : 목적과 방향은 변화가능하고 상황에 따라 일정이 달라질 수 있으며 자율적이고 융통성 있다.
• 결정을 내리는 것을 선호함 • 분명한 목표의식과 방향 설정 • 기한을 엄수 • 사전계획, 체계적 • 정리정돈과 계획 • 통제와 조정 • 뚜렷한 기준 – 선입견이 강함	• 보다 많은 정보 수집을 좋아함 • 목적과 방향은 항상 변화가능 • 상황에 맞추는 개방성 • 임기응변에 능함 • 유유자적 – 물 흐르는 대로 • 재량에 따라 처리되는 포용성

핵심문제 08

MBTI의 하위 척도가 아닌 것은?

① 감각 – 직관
② 내향 – 외향
③ 판단 – 인식
④ 개방 – 폐쇄
⑤ 사고 – 감정

고득점을 향한 해설

MBTI 검사는 융(Jung)의 심리학적 유형론에 기초하며 4가지의 분리된 선호 경향의 조합을 통해 총 16개의 성격 유형으로 구분된다.
• 외향(E) – 내향(I) : 에너지의 방향이 외부인지 내부인지를 나타내는 지표이다.
• 감각(S) – 직관(N) : 사물이나 상황을 인식하는 과정에서 정보를 수집하는 기능에 관련된 지표이다.
• 사고(T) – 감정(F) : 수집된 정보를 바탕으로 결정하거나 판단하는 기능에 관련된 지표이다.
• 판단(J) – 인식(P) : 선호하는 생활양식을 나타내는 지표이다.

답 ④

09 | 로샤검사에 대한 이해

1. 로샤검사의 제작 배경
① 로샤검사는 1921년 스위스 정신과의사인 로샤(Rorschach)에 의해 개발된 투사적 성격검사이다.
② 1922년 로샤의 갑작스런 사망으로 로샤검사의 연구가 정지되었다가, 1929년 벡(Beck)에 의해 체계적 연구가 다시 시작되었다. 이후의 많은 연구를 통해 로샤검사는 다섯 가지 체계로 발전하였고 이후, 1974년 엑스너(Exner)가 로샤종합체계를 정립하였다.
③ 개인의 성격을 다차원적으로 접근하며 사람의 대인관계와 사고, 감정, 현실지각 능력, 적응능력을 알 수 있다.

2. 로샤검사의 특징
① 검사자는 카드에서 보이는 그림이 마치 무엇으로 보이는지 보이는 대로 반응하도록 지시하고, 수검자의 반응분석을 통해 성격특성과 감정상태, 지각적 특징 등을 유추하게 된다.
② 맞는 반응이나 틀린 반응이 없고 개인의 반응을 통해 성격의 무의식적인 측면을 추론하고 평가하는 것이 가능하다.
③ 반응영역(수검자의 반응이 카드의 어느 영역에서 이루어졌는가), 반응결정인(잉크반점의 어떤 특징이 그러한 반응을 하도록 결정했는가), 반응내용(반응의 주 내용은 무엇인가), 평범성-독창성(일반적인 반응인가, 흔하지 않은 독특한 반응인가), 조직 활동(특정반응이 반점의 여러 가지 지각적 특징을 얼마나 논리적으로 의미 있게 조직하였는가)을 근거로 해석하게 된다.

3. 검사의 장단점
① 장 점
- 투사적 성격검사로서 개인의 독특한 심리적 특성을 이해하는 데 유용하게 이용된다.
- 자극의 내용이 불분명하기 때문에 피검자가 방어적으로 반응하는 것이 어렵다.
- 피검자의 전의식적이거나 무의식적인 심리적 특성이 반영될 수 있다.

② 단 점
- 신뢰도나 타당도 검증이 매우 빈약하고 그 결과도 매우 부정적이다.
- 여러 상황적 요인에 의해 강하게 영향을 받는다.

4. 10개 카드의 일반적 의미
① 카드 Ⅰ
- 무채색으로 박쥐 또는 나비가 평범반응이다.
- 처음으로 제시되는 카드이므로 수검자의 새로운 상황에 대한 대처방식을 살펴볼 수 있다.
- 다른 카드보다 평범반응이 쉽게 유도되나, 검정과 회색의 무채색으로 인해 우울감이나 불쾌감의 반응을 보일 수 있다.

② 카드 Ⅱ
- 무채색에 부분 적색으로 동물이 평범반응이다.
- 수검자는 적색을 피로 보기도 하며, 이를 통해 분노나 적개심, 심리적 고통의 반응을 보일 수 있다.

③ 카드 Ⅲ
- 무채색에 부분 적색으로 인간의 형상이 평범반응이다.
- 카드 Ⅱ와 달리 반점의 형태가 명확히 분리되어 있으며, 이는 마치 두 사람이 마주하고 있는 것처럼 보일 수 있다.

④ 카드 Ⅳ
- 무채색으로 인간 또는 거인이 평범반응이다.
- '아버지 카드'라고 불리며, 크고 강하며, 권위적이고 위협적인 것을 연상시킨다.

⑤ 카드 Ⅴ
- 무채색으로 박쥐 또는 나비가 평범반응이다.
- 수검자는 앞선 카드에서 느꼈던 불편감을 회복할 기회를 얻을 수 있다.
- '휴식카드'로 불리며 비교적 쉬운 과제에도 불구하고 수검자가 이 카드에서 어려워하는 경우, 카드 Ⅳ에서 경험한 불안의 감정이 지속된 것으로 볼 수 있다.

⑥ 카드 Ⅵ
무채색으로 양탄자 또는 동물가죽이 평범반응이다.

⑦ 카드 Ⅶ
- 무채색으로 인간의 얼굴 또는 동물의 머리가 평범반응이다.
- 하단 가운데 부분이 여성의 성기를 연상시키므로 '어머니 카드'라고 불리며, 여성적인 것과 연관된 특성들을 포함한다.
- 수검자가 이 카드에서 어려워하는 경우, 여성에 대한 부정적인 감정이나 여성과의 해결되지 못한 불안 등을 경험하고 있는 것으로 볼 수 있다.

⑧ 카드 Ⅷ
- 전체가 유채색으로 움직이는 동물이 평범반응이다.
- 대부분의 수검자는 앞선 카드들에 비해 보다 쉽게 평범반응을 나타내며, 안도감을 드러내기도 한다.
- 화려한 색상이 조각으로 나뉘어 흩어져 있으므로 이를 위협적인 것으로 느낄 수도 있으며, 수검자가 반응의 어려움을 보이는 경우 복잡한 상황에서의 감정적 자극을 회피하고자 하는 것으로 볼 수 있다.

⑨ 카드 Ⅸ
- 전체가 유채색으로 인간 또는 인간과 흡사한 형상이 평범반응이다.
- 가장 모호한 카드로 구조, 색상이 화합, 그림자 영역으로 인해 모호하고 산만하게 보이므로, 어떤 수검자들은 전체를 사용하여 하나의 반응을 나타내는 데 어려움을 느낀다.

⑩ 카드 Ⅹ
- 전체가 유채색으로 게 또는 거미가 평범반응이다.
- 가장 빈번하게 거부되는 카드로서, 수검자가 이 카드에서 어려워하는 경우, 복잡한 상황을 좋아하지 않는 것으로 볼 수 있다.

5. 로샤검사의 실시방법

① 검사의 구성
- 대칭적인 잉크반점이 인쇄된 10장의 카드로 구성되어 있고 카드에 새겨진 순서와 위치에 따라 제시된다.
- 카드 Ⅰ, Ⅳ, Ⅴ, Ⅵ, Ⅶ은 무채색으로 되어 있으며, 카드 Ⅱ, Ⅲ은 검정과 붉은 색채가 혼합되어 있고, 카드 Ⅷ, Ⅸ, Ⅹ은 여러 가지 색채가 혼합되어 있다.

② 검사의 실시방법 및 유의점
- 검사절차와 실시방법

  좌석은 검사자와 수검자가 얼굴을 정면으로 맞대는 방향을 피하고 검사자가 수검자의 옆자리에 앉는 것을 권장한다. 이는 검사자가 수검자에게 영향을 줄 수 있는 단서를 줄일 수 있고 질문 시에 수검자가 말하는 검사자극을 훨씬 더 정확히 볼 수 있기 때문이다.

- 검사의 소개
  - "이제 우리가 시작할 검사는 잉크반점으로 만든 검사입니다. 당신은 이 검사에 대해 이야기를 듣거나 이전에 검사를 해본 적이 있습니까?"
  - 만약 검사에 대해 이야기 들은 적이 없다고 응답한다면 다음과 같이 짤막하게 설명한다. "이제 몇 장의 잉크카드를 차례로 당신에게 보여주겠습니다. 이 잉크카드가 당신에게 무엇처럼 보이는지를 나에게 이야기해 주시기를 바랍니다"
  - 만약 피검자가 이미 검사를 시행해본 경험이 있다고 하면 언제, 어디서, 어떤 이유로 검사를 시행했는지, 피검자는 그 당시의 반응을 기억하고 있는지를 질문한다.

- 지시내용
  - 첫 카드를 피검자의 손에 쥐어주면서 "이것은 무엇처럼 보이나요?"라고 질문한다.
  - "이 카드를 돌려 볼 수 있나요?" 혹은 "전체를 봐야 합니까?"라는 질문에 "그건 마음대로 할 수 있습니다."라고 한다.
  - 첫 카드에 대한 반응이 하나로 그칠 때는 "좀 더 자세히 보면 다른 것도 찾을 수 있을 거예요."라고 격려하는 보충 설명을 하여 충분히 보게 하고, 본 것에 대해서는 모두 말하는 검사라는 점을 확인시켜줄 필요가 있다.

- 반응단계

  검사자는 언어를 축어록으로 기록한다.

- 검사의 전체 반응 수와 카드당 반응 수
  - 로샤 전체 반응 수가 14개 이하인 자료는 타당치 않은 것으로 간주한다.
  - 반응을 너무 많이 하는 경우에는 반응을 제한한다. 카드 Ⅰ에서 5개 이상의 반응을 하고도 계속하려 한다면 "자 이제 다음 카드로 넘어갑시다."라고 하며 카드를 회수한다. 그러나 5개보다 반응을 적게 하면 그때부터는 반응을 그대로 받아들인다.

- 질문단계
  - 10개 카드를 모두 실시한 후 질문을 한다. 로샤검사에서 질문을 하는 목적은 피검자의 반응을 정확히 채점하기 위한 것이다.

- "자, 이제 모두 끝났어요. 이제 봤던 카드를 하나씩 다시 보여드리려고 해요. 카드마다 당신이 본 대로 나도 그렇게 볼 수 있도록 설명해 주시겠어요? 당신이 말한 것을 다시 읽어줄 테니 당신이 어디에서 그렇게 보았는지, 어떤 점에서 그렇게 보았는지 말해주세요."라고 요청한다.

- 적절한 질문
  - 질문 단계에서 검사자는 주요한 3가지 요소에 초점을 둔다.
  - 반응영역(어디에서 그렇게 보았나), 반응결정인(어떤 점을 보고 그렇게 보았나), 반응내용(무엇을 보았나)이다.
  - 이해되지 않을 때는 "당신이 어디를 그렇게 보았는지 잘 모르겠네요(반응영역).", "그것처럼 보이게 하는 게 무엇인지 모르겠네요(반응결정인)." 등의 질문을 해야 한다. 피검자가 "그냥 그렇게 보여요."라고 애매하게 대답할 때 피검자가 회피하려는 것을 허용해서는 안 된다. 이때는 "그냥이라고 하셨는데 어떤 것을 말하시는지 설명해 주시겠어요? 아까 보신 대로 말하시면 됩니다."라고 할 수 있다.
  - 반응 단계에서 피검자가 말한 핵심단어(예 무서운 짐승)에 대한 설명이 부족할 때는 어떤 점에서 무섭게 느꼈는지를 질문한다.

- 부적절한 질문
  - 해서는 안 될 질문은 직접적인 유도 질문이나 채점하는 데 직접적으로 관계가 없으나 검사자가 궁금한 사항에 관한 질문들이다.
  - "그 사람이 뭔가를 하고 있나요?(직접적인 질문)", "어느 쪽이 위인가요?(유도적인 질문)", "그 동물은 왜 싸웠을까요?(반응을 상세히 묘사하도록 유도하는 질문)" 등은 부적절한 질문이다.

- 직접질문과 한계검증
  - 피검자가 평범반응을 보이지 않는 경우가 있다. 이럴 경우 피검자가 독창적인 반응을 하느라고 평범반응을 보이지 않은 것인지, 심한 혼란으로 인하여 평범반응을 하지 못한 것인지 구분하는 것이 필요하다. 이런 경우 카드 Ⅹ까지 질문단계를 모두 완료한 다음에 직접 질문하고자 하는 카드로 돌아가 직접적인 방식으로 질문한다.
  - 평범반응이 매우 빈약한 조현병 환자의 경우 그 환자가 실제로 심한 지각장애가 있어서 평범반응을 응답하지 못했는지 아니면 독특한 반응을 선호해서 응답하지 않았는지를 구분하는 것이 도움이 된다. "가끔 사람들은 이 카드에서 ㅇㅇㅇ을 봅니다. 당신은 이 카드에서 그러한 반응과 비슷한 것을 보았나요?"라고 질문할 수 있다. 이러한 질문이 치료계획을 설정하는 데 중요한 단서를 제공할 수 있으나 이후의 로샤 재검사과정에 직접적으로 영향을 미칠 수 있으므로 꼭 필요한 경우에 신중하게 질문해야 한다.

- 검사 실시는 자유연상 단계와 질문 단계인 두 개의 주요 부분으로 구성된다.

자유연상 단계	피검자가 10장의 카드를 보고 말한 내용을 모두 기록한다. 검사자는 피검자의 모든 반응을 그대로 기록한다. 피검자의 반응을 암시하거나 유도해서는 안 된다.
질문 단계	• 자유연상 단계가 끝나면 반응을 정확히 분류하기 위해서 질문을 한다. • 자유연상 단계에서는 피검자가 반응한 내용을 질문한다. 주의해야 할 점은 가능성 있는 모든 결정요인에 대한 유도적인 질문이나 지시적인 질문은 피하고 비지시적인 방법으로 질문한다.

6. 로샤검사의 해석

① 검사결과의 처리
- 반응채점은 로샤검사에 대한 반응을 로샤부호로 바꾸는 과정이다.
- 로샤반응을 부호로 바꾼 다음 각 부호의 빈도, 백분율, 비율, 특수점수를 산출하여 체계적으로 요약하고 해석을 시도한다.

② 검사결과의 해석
- 반응영역(위치)
  - 전체반응(W ; Whole Response) : 잉크반점의 전체가 응답에 사용된 경우
  - 부분반응(D ; Common Detail Response) : 흔히 반응되는 잉크반점이 사용되었을 때 D로 채점
  - 드문 부분반응(Dd ; Unusual Detail Response) : 전체반응이나 부분반응으로 분류되지 않는 반응은 드문 부분반응
  - 공백반응(S ; Space Response) : 카드의 흰 공백부분에 대해 반응이 일어나는 경우
- 반응영역(위치)의 발달질
  - 통합반응(+ ; Synthesized Response) : 두 개 이상의 사물들이 분리되어 있지만 서로 의미 있는 관계 속에 있는 경우로, 사물들 중 최소한 하나의 사물은 원래 일정한 형태를 지니고 있는 경우
  - 보통반응(O ; Ordinary Response) : 단일한 사물을 가리키는데 일정한 형태를 지니고 있거나 형태를 지닌 경우
  - 모호-통합반응(v/+ ; Vague-Synthesized Response) : 두 개 이상의 사물들이 분리되어 있으나 의미 있는 관계 속에 있고, 관련된 사물들 가운데 어떤 것도 형태가 있는 사물이 아닌 경우
  - 모호반응(v ; Vague Response) : 한 사물이 응답되는데 그 사물이 특정한 형태를 지니고 있지 않으며, 사물 묘사가 특정한 형태를 드러내고 있지 않은 경우
- 결정요인
  - 형태결정인(Form Determinant) : 형태에 대한 반응으로 '이 바깥 부분은 날개 같고 안쪽 부분은 몸통 같다' 등의 언급을 한 경우
  - 움직임결정인(Movement Determinant) : '서 있는 여자', '미끄러지고 있는 나비' 등
  - 색채결정인(Color Determinant) : '피', '오렌지 색깔의 숲속의 불길', '빨간색 나비' 등
  - 무채색 결정인(Achromatic Determinants) : 검정색, 회색, 흰색을 사용하였을 때 채점되는 경우로, '석탄 같다. 색깔이 까맣기 때문이다' 등
- 형태질
  - "반응이 잉크반점의 특징에 얼마나 부합하는가?"
  - 검사자는 수검자가 사용한 반점 영역의 형태가 지각한 대상의 형태와 어느 정도 일치하는지를 평가한다.
  - 우수-정교한(+ ; Superior-Overlaborated), 보통의(O ; Ordinary), 드문(U ; Unusual), 왜곡된(- ; Minus)으로 기호화된다.

- 반응내용 및 평범반응
  - "반응은 어떤 내용의 범주에 포함되는가?", "일반적으로 나타나는 반응인가?"
  - 검사자는 수검자의 반응이 동시에 하나 이상의 대상을 포함하는 경우 반응에 포함된 내용들을 모두 기호로 표시한다.
  - 수검자들에게서 흔히 나타나는 반응을 평범반응이라고 하며, 이는 'P'로 기호화하여 반응내용 기호 뒤에 기록한다.
- 쌍반응 및 반사반응
  - "사물에 대해 대칭적으로 지각하고 있는가?"
  - 검사자는 수검자가 반점에 대해 대칭을 근거로 하여 반응하고 있는지를 평가한다.
  - 쌍반응 기호인 '(2)'는 다른 결정인과 형태질 기호의 오른쪽에 표시한다.
  - 반사반응은 대상이 대칭성이라는 측면에서 쌍반응과 동일하나 해당 대칭이 반사된 것 또는 거울상이라는 점에서 하나의 대상이 반사된 것으로 보는 쌍반응과 다르다.
- 조직화 활동
  - "자극을 어느 정도 조직화하여 응답하고 있는가?"
  - 검사자는 수검자의 자극영역을 조직화하는 인지적 활동을 4개의 Z점수로써 나타낸다.
  - 이 경우 반드시 형태가 사용되어야 하며, 반점들 간의 의미 있는 관계가 형성되어야 유효한 것으로 인정된다.
- 특수내용
  - 특이한 언어반응(DV) : 이탈적 언어표현, 부적절한 반응합성, 부적절한 논리로서 '망원경 아래서 볼 수 있는 박테리아들', '처녀시험을 준비하는 여자' 등
  - 반응반복과 통합실패(PSV) : 카드 Ⅱ에서 '두 사람이 싸우고 있다', 카드 Ⅵ에서 '전에 싸웠던 사람들이 또 싸우고 있군요' 등
  - 추상적 내용(AB) : '이것은 우울을 생각나게 한다', '이것은 끔찍한 냄새와 연관이 있다'
  - 공격적 내용(AG) : '두 동물이 싸우고 있다', '화가 나있는 남자 얼굴'
  - 협조적 동작(COP) : '두 사람이 함께 무언가를 들려고 한다', '두 사람이 서로 비밀을 나누면서 기대어 있다', '두 사람이 춤을 추고 있다'
  - 병적인 내용(MOR) : '깨어진 유리', '부러진 날개'

③ 해석관련 내용
- 전체 반응 수가 평균 범위에 있을 때 3개 이상의 Dd 반응은 신중하게 검토되어야 한다.
- 카드 내 반복반응은 인지적 변화가 쉽게 일어나지 않는 정보처리과정 혹은 의사결정에서의 융통성의 결여를 암시한다. 또한 기질적 손상, 지적 결함, 일종의 심리적 무능력과 연관되기도 한다. 반복반응이 1개 나타나는 경우 인지적 경직성이 일시적일 가능성을 검토, 2개 나타나면 인지활동을 나타내는 다른 지표가 검토되어야 하고, 2개 이상인 경우 피검자의 인지활동에 대한 철저한 검토가 요구된다. 카드 간 반복은 드문 반응으로 심한 정신증적 상태로 인한 사고집착 여부가 검토되어야 한다.

- 정상 성인의 평범반응은 5~8개이며 이를 벗어날 때 관습적인 지각과 관련하여 의미가 있다. 4개 이하일 경우 경제적이거나 관습적인 방식으로 지각하지 못함을 나타내는데, 이는 심각한 정신병리의 표현이거나 피검자의 독특한 인격특징으로 인한 인지적 특성의 표현이다. 8개 이상이면 경제적으로 반응하려는 시도를 반영한다고 본다.
- 이탈적 언어표현은 인지적 실수나 표현장애와 연관되는데 잘못된 언어사용이나 독특한 언어적 표현과 같은 인지적 장애가 검토되어야 한다. 정상 성인의 경우 2~3개는 문제되지 않는다.
- 공백반응은 MMPI의 Pa척도 점수와 상관이 있다는 연구가 있다. 또한 분노조절의 어려움, 심리적 불만족감과 관련이 있다고 보고되고 있다. 공백반응이 1~2개 정도면 주어진 과제로부터 거리를 유지하고 독립적인 상태를 유지할 수 있는 긍정적인 경향성으로 보았다. 공백반응이 카드 Ⅰ, Ⅱ와 같이 앞 카드에서만 나온다면, 이는 검사상황과 관련된 저항의 표시일 수 있으며, 카드 3번 이후에 공백반응이 3개 이상으로 나오면 이는 성격차원의 저항과 관계가 있으며, 특히 자율성에 대한 위협이 있을 때 일어나는 분노반응과 연관된다.
- 병적인 내용은 부정적 자아이미지와 연관이 있다고 보고된다. 이는 자아이미지가 부정적이거나 손상된 경우, 그리고 자아나 환경에 대한 태도가 매우 비관적인 경우 높게 반응되는 것으로 나타났다.

핵심문제 09

로샤검사의 각 카드별 평범반응의 연결이 옳지 않은 것은?

① 카드 Ⅰ – 가면
② 카드 Ⅳ – 거인
③ 카드 Ⅴ – 나비
④ 카드 Ⅵ – 동물의 가죽
⑤ 카드 Ⅲ – 인간

고득점을 향한 해설

평범반응(P)
피검자들에게 자주 나타나는 반응을 '평범반응'이라 부르고 P로 기호화한다. 이 경우 평범반응과 내용 및 위치가 매우 유사하지만 정확하게 일치하지 않는 경우 평범반응으로 채점되지 않는다. 카드 I은 박쥐, 나비로 반응하였을 시 평범반응으로 간주한다(카드의 전체 영역을 보고 박쥐, 나비라고 반응함).

답 ①

10 | 주제통각검사(TAT)

1. 주제통각검사의 의의
① 1935년 머레이(Murray)와 모건(Morgan)에 의해 소개된 투사적 검사이고, 이후 1949년 벨락(Bellak)이 아동(3~10세)에게 적용할 수 있는 CAT를 제작하였다.
② 로샤검사와 더불어 전 세계적으로 널리 사용되고 있는 대표적인 투사검사이다.
③ 머레이는 기존의 심리학이 인간본성에 대한 실제적인 내용을 알려주지 못한다고 주장하며, 상상(통각)을 통해 인간 내면의 내용들을 탐구하는 검사방식을 고안하였다.

2. 주제통각검사의 특징
① 통각의 방식을 통한 검사과정은 개인의 성격과 환경과의 상호관계에 대해 알려준다.
② 통각(Apperception)은 투사(Projection)와 유사하나 보다 포괄적인 의미를 가진 것으로서 지각에 대한 의미 있는 해석이 가능하다.
③ 개인의 과거경험, 상상, 욕구, 갈등 등이 투사되면서 성격특징이나 발달적 배경, 환경과의 상호관계 방식에 대한 정보를 제공한다.

3. TAT 반응의 기본 전제
① 비구성적인 장면을 완성하면서 피검자는 자신의 성격을 드러낸다.
② 피검자는 이야기 속의 어떤 인물과 자신을 동일시한다.
③ 피검자의 충동이 때로는 이야기 속에 상징적으로 나타난다.
④ 이야기 속에서 반복되는 주제는 피검자의 성격을 반영한다.
⑤ 이야기 속에 개인적 내용만 반영되는 것이 아니라 개인이 소속된 집단, 사회적, 문화적 요인과 관련된 내용이 반영된다.
⑥ TAT 반응내용으로부터 개인의 성격에 대한 판단을 내리는 데 정당한 근거가 있다.

4. 실시 방법
① 검사도구
  - TAT 도판은 흰색과 검은색으로 그려진 31개 카드가 있고, 이 가운데 1개의 백지카드가 포함되어 있다.
  - 각 카드 뒷면에는 카드를 선정할 때 고려할 남자와 여자, 소년과 소녀의 성별, 연령 구별이 제시되어 있다.
② 검사실시
  - 성, 연령을 고려하여 선정된 20개 카드를 2회에 걸쳐서 실시한다. 즉 1회에 10개, 2회에 10개 카드를 실시한다.
  - 1회 시행시간은 대략 1시간이 소요된다.
  - 표준절차에서는 지시 내용을 검사자가 읽어주도록 한다.

③ 검사자의 질문과 면담
- 검사자는 지시내용을 편안한 방식으로 전달해야 하며, 이야기에 과거, 현재, 미래가 포함되어야 한다는 점을 분명하게 알려주어야 한다.
- 검사자는 중립적이어야 하며, 피검자의 반응에 대해 검사자의 개인적인 감정반응을 말해서는 안 된다.
- 검사자는 중간 질문이나 종결 질문을 통해 가치 있는 정보를 얻을 수 있다.
- 검사 시행 후 그림에서 반응된 피검자의 이야기가 그의 순수한 생각인지, 아니면 다른 잡지나 소설, 혹은 친지의 경험에서 나온 것인지, 이야기의 원천에 대해 질문해보는 것이 도움이 된다. 그리고 나서 피검자의 이야기의 주요 줄거리를 상기시켜주고 그 주제에 대해 자유롭게 이야기하도록 한다. 이러한 경우 TAT 반응이 피검자로 하여금 자유로운 연상을 유도하고 의미 있는 경험을 의식화시키는 기회를 제공해주고 나아가서는 통찰력을 제공해주게 된다.
- 반응 기록방식은 검사자가 피검자의 말 그대로를 기록하는 방식이 가장 일반적이다. 다른 방식으로 피검자가 직접 기록하게 하는 방식, 기록보조자의 도움 방식, 녹음방식이 있다.

5. 해석 방법

① 표준화법

TAT 해석을 수량화하려는 입장이며, 평면적이고 통계적으로 검사기록에서 뽑아낸 TAT 반응상의 특징을 항목별로 분류하여, 유사 또는 이질의 피검자군에서 작성된 표준화 자료와 비교하여 분석한다.

② 주인공 중심의 해석법

이야기에 나오는 주요 인물, 주인공을 중심으로 분석하는 방법으로 주인공 중심법, 욕구-압력분석법, 이야기 속의 인물분석법이 있으며, 가장 중요한 의의를 갖는 연구방법이다.

③ 직관적 방법

정신분석이론에 기초한 가장 비조직적인 분석방법으로서 해석자의 통찰적인 감정이입능력에 따른다.

④ 대인관계법

인물들의 대인관계 사태분석법, 이야기 중 인물 간 및 인물들에 대한 피검자의 역할에 비추어 공격, 친화 및 도피감정을 중심으로 분석하는 방법, 이야기에 나오는 여러 인물의 사회적 지각 및 인물들의 상호관계를 중심으로 분석하는 방식이 있다.

⑤ 지각법

피검자 이야기 내용의 형식을 분석하는 것으로 도판의 시각자극의 왜곡, 언어의 이색적 사용, 사고나 논리의 특성, 또는 이야기 자체의 기묘한 왜곡 등을 포착하는 방법이다.

| 핵심문제 | 10 |

주제통각검사(TAT)의 실시에 관한 설명으로 옳은 것은?

① 모든 수검자에게 24장의 카드를 전부 실시한다.
② 수검자가 성별을 묻는 경우, 검사요강을 참고하여 성별을 알려준다.
③ 수검자의 반응이 지나치게 피상적이라도 자연스런 반응을 위해 검사자가 개입해서는 안 되며, 다음 반응으로 넘어가야 한다.
④ 카드를 보여주고, 될 수 있는 대로 연극적인 장면을 만들어 보라고 지시한다.
⑤ 수검자의 자유연상을 방해하지 않기 위해 반응에 대해 질문을 하지 않는다.

고득점을 향한 해설

① 주제통각검사는 30장의 흑백그림카드와 1장의 백지카드 등 총 31장으로 구성되어 있고 한 사람의 수검자에게 20장을 적용할 수 있다.
② 수검자가 카드의 분명하지 않은 세부에 대해 질문하는 경우, 검사자는 수검자에게 보이는 대로 상상하여 이야기를 만들어보도록 요구하는 것이 바람직하다.
③ 수검자가 지나치게 피상적이고 기술적으로 반응하는 경우, 검사자는 수검자의 연상의 흐름을 방해하지 않는 선에서 중간질문을 하도록 한다.
⑤ 수검자의 응답상 불완전한 부분에 대해 중간질문을 할 수 있으며 종결질문을 통해 수검자로 하여금 자유로운 연상과정에서의 의미 있는 경험을 의식화할 수 있도록 돕는다.

답 ④

11 | BGT 검사

1. BGT 심리검사의 개발

① BGT란 Bender Gestalt Test의 약자이며 벤더(Bender)가 1938년 정신병리의 여러 유형과 지각과의 관계를 알아보기 위해 개발한 검사이다.
② 벤더는 1931년 뉴욕의 여러 공원에서 아동들이 거리에 그림을 그리는 것을 관찰한 것들을 토대로 시각-운동적 성숙과 기질적 손상을 측정하기 위해 검사를 개발하였다.
③ 1940년대 중반 헛(Hutt)은 벤더가 사용했던 BGT 도형의 선의 질, 각 및 도형의 크기 등에 있어서의 불규칙성을 제거시켜 보다 모사하기 쉬운 BGT 카드를 새로 개발하고 자신의 방법을 사용하여 검사를 실시하였고, 이를 The Hutt Adaptation of the Bender-Gestalt Test(HABGT)라고 명명하였다.
④ 9개의 간단한 기하학적 도형으로 구성되어 있으며 1946년부터 검사카드를 사용하기 시작했다.

2. BGT 심리검사의 특징

① BGT 검사는 투사적 검사로서 행동상의 미성숙(Inadequacy-Immaturity)을 검사하는 방법 중 하나인 비언어적 검사로서 문화적 영향을 덜 받는 검사이다.

② 지각-운동발달과 능력, 뇌손상과 기질적 기능장애, 조현병, 우울증, 정신신경증, 정신지체, 발달적 성숙도, 인성기능과 역동, 정서적 문제, 불안상태, 학교학습의 준비도, 다양한 학습문제 및 학습장애 등을 진단하는 데 유용하다(Keogh, 1968).

③ 도형들을 피검자에게 한 장씩 차례로 보여주고(시각), 그것을 종이 위에 그리도록 한 다음(운동), 그 결과에 대하여 형태심리학의 이론을 기초로 개인의 심리적 과정을 분석하고 해석하는 데 그 목적이 있다.

④ 채점방법은 파스칼-수텔(Pascal-Suttell)의 객관적 채점법, 헛(Hutt)의 정신병리 척도와 접근-기피 척도, 코피츠(Koppitz)의 발달적 채점법과 정서지표, 랙스(Lacks)의 뇌기능장애 감별진단법, 페르티코네(Perticone)의 질적 해석 등 다양하며, 검사실시 방법은 약간의 차이가 있지만 대부분 유사하다.

⑤ 기질적 장애를 판별하기 위한 것으로서 뇌손상, 지적장애 등 성격문제를 판단하는 데 적용할 수 있고 교통사고 후 뇌손상을 확인하기 위해서 사용하기도 한다. 또한 시각, 지각, 운동의 성숙 수준, 정서적 상태, 갈등영역, 행동통제 등 다양한 측면을 알 수 있다.

3. BGT 심리검사 대상

① 언어적 방어가 아주 강하거나 몸에 배서 속마음을 털어놓지 않고 의사소통이 표면적인 사람, 억압, 긴장성 조현병 등으로 대인관계에 퇴행이 심한 사람, 만성적 불안 등으로 인하여 언어표현이 자유롭지 못한 사람들에게 유용하다.

② 뇌손상 여부가 의심스러운 사람들에게 사용 가능하다.

③ 정신지체를 좀 더 정확히 진단하는 데 도움이 된다.

④ 문화, 언어적 배경을 뛰어넘을 수 있는 검사이다.

⑤ 피검자의 수검공포와 상담자와의 관계형성을 위한 완충검사(Buffer Test)로 유용할 뿐만 아니라, 전체평가에서 언어행동이 지나치게 강조되지 않도록 평가절차를 원만하게 해주는 보충적인 방안으로 이용될 수 있으며, 상담자-내담자 간에 최소한의 상호작용이 요구될 때 BGT가 유용하게 사용될 수 있다.

4. BGT의 실시방법

① BGT 실시에 필요한 준비물

BGT 도형(15.6×10.4), 모사할 용지(21.59×27.94), 지우개가 달린 연필 2자루, 도형 모사에 지장을 주지 않을 매끄러운 책상과 의자가 필요하다.

② 유의사항 및 절차
- 도형을 내담자에게 보이지 않게 차례로 엎어두고 도형 A부터 도형 8까지 차례로 제시한다.
- 자극도형은 내담자의 왼쪽에 놓아둔다.
- 모사 용지는 여러 장 준비하여 요구하면 더 사용할 수 있게 한다.
- 모사 용지는 긴 쪽이 내담자와 수직이 되게 한다.
- 지우개를 반드시 준비하였다가 지워서 다시 그릴 수 있게 한다.
- 자극도형이나 용지를 회전시킬 때 1차 제지, 그래도 회전하면 그냥 두고 이를 기록해둔다.

- 질문에 대해서는 "좋을 대로 하십시오." 정도로만 답한다.
- 수검태도, 수검행동을 잘 관찰하여 해석에 참고하도록 한다.
- 자나 기타 보조도구를 사용하지 못하며 도형 모사는 손으로 한다.

③ 여러 가지 실시방법

모사	수검자는 지시에 따라 주어진 그림을 보고 따라 그린다.
회상	• 모사한 그림을 회상해서 다시 그려보도록 한다. • 수검자의 기질적 손상 유무를 변별하는 데 활용할 수 있다.
재모사	도형이 일탈된 경우 뇌기능장애인지 확인하기 위해 수정을 요청할 수 있다.
변용묘사 (정교화)	• 검사자는 수검자가 모사한 그림을 회수한 후 새로운 종이를 준다. • 수검자는 검사자 지시에 따라 모사한 그림을 자신이 원하는 대로 고쳐서 그린다.
연상	• 검사자는 수검자가 원래 그린 도형과 변형해서 그린 도형에 대해 이야기해보도록 한다. • 수검자의 이야기 속에서 성격적 특성과 역동에 관한 정보를 입수할 수 있다.
순간노출	• 5초 정도 짧게 카드를 보여준 후 수검자에게 해당 그림을 기억해 그리도록 한다. • 뇌기능장애가 의심되는 경우 감별을 위한 보충자료로 활용할 수 있다.

5. BGT 검사 실시 유의사항

① 검사 카드는 수검자에게 검사 전 노출되지 않도록 엎어놓으며, 검사 실시와 함께 도형 A부터 도형 8까지 차례대로 제시한다.
② 모사검사 실시 중에는 용지를 여러 장 준비하며 수검자가 추가적으로 용지를 요구할 경우, 더 사용할 수 있도록 한다.
③ 검사도구는 훼손 여부를 사전에 점검하고, 필기도구는 펜을 사용하지 않고 연필과 지우개를 사용하며 선의 굵기와 필압 등은 미리 확인하도록 한다.

핵심문제 11

BGT의 장점에 관한 설명으로 옳지 않은 것은?

① 수검자의 뇌기능장애 판별에 유용하다.
② 자신을 과장되게 표현하려는 수검자에게 유용하다.
③ 적절하게 말할 수 있는 능력이 없거나 능력이 있음에도 얘기를 하기 싫어하는 수검자에게 유용하다.
④ 수검자가 말로 의사소통을 할 능력이 충분히 있더라도 언어적 행동으로 성격의 강점과 약점에 관한 정보를 얻기 힘들 때 유용하다.
⑤ 검사에서 긴장완화 및 라포 형성에 유용하게 사용된다.

고득점을 향한 해설

- BGT는 뇌손상의 신경심리적인 목적과 투사적 목적 모두를 위해 사용되고 있으며, 뇌의 기질적인 손상 유무 이외에도 정신지체, 성격적 특성을 파악하는 데도 유용하다.
- 언어적 표현능력에 문제가 있거나, 문맹이거나, 정신지체 및 뇌손상이 있는 환자의 경우에도 사용이 가능하다는 장점이 있으며, 검사에 대한 긴장완화 및 라포 형성에 도움이 되는 완충 검사로도 활용 가능하다.

답 ②

12 | HTP 검사

1. 집-나무-사람 검사(HTP : House-Tree-Person)
① 인간을 이해하는 수단으로서 그림을 사용한 것은 19세기 말부터이다.
② 정신분석가인 벅(Buck)은 1948년 프로이트의 정신분석학을 바탕으로 HTP를 발달시켰으며, 벅과 해머(Hammer)는 1969년 HTP를 발달적이며 투사적인 측면에서 더욱 발달시켰다.
③ 해머는 HTP를 임상적으로 확대 적용하였으며, 코피츠는 투사적 채점체계를 제시하였다.
④ 번스(Burns)와 카우프만(Kaufman)은 기존의 HTP를 변형하여 동작성 HTP를 고안하였다.

2. HTP검사의 해석
① 전체적 평가
  그림의 전체적 인상, 조화, 구조, 이상한 곳은 없는가를 살펴본다.
② 형식적 분석
  그림의 순서, 위치, 크기, 필압, 선의 농담, 음영, 생략, 지우기 등을 살펴본다.
③ 검사를 수행하는 동안 수검자가 보인 행동 즉, 수행시간과 수검태도를 통해 가설을 세우는 데 정보로 삼는다.
④ 사후질문을 통한 그림 내용과 주제, 설명을 포함하여 해석한다.

3. 형식적 분석 내용
① 검사 시의 태도와 소요시간
② 순 서
  - 대개 집 그림은 지붕-벽-문-창문 순, 인물화는 얼굴-눈-코-입-목-몸-팔-다리라는 일반적인 순서를 따른다.
  - 인물의 얼굴을 맨 나중에 그리는 사람은 대인관계 문제를 보이거나 타인과의 정서적 접촉을 즐거워하지 않는 사람임을 나타낸다.
③ 크기(보통은 2/3 정도를 차지)
  - 지나치게 작은 그림 : 환경에 부적응적이며, 작은 존재라는 느낌, 열등감, 무능력감, 억제적, 소심하며 수줍음, 불안정감, 낮은 자아감 등
  - 지나치게 큰 그림 : 공격적 성향, 사치스러우며 과장된 경향, 부적절한 보상적 방어감정, 과잉행동적, 정서적 조증 상태, 환경으로부터의 압력에 대해 자기를 확장하려는 경향, 화를 잘 내는 성향 등
④ 위 치
  - 중앙에 위치 : 정상적이고 안정된 사람으로 해석
  - 정중앙 : 완고함과 불안을 나타내기도 함
  - 오른쪽에 치우침 : 미래 강조, 남성적 특성, 남성에 대한 지나친 동일시, 지적 만족
  - 왼쪽에 치우침 : 자의식, 내향적인 성향, 과거로 퇴행, 공상적인 경향, 여성적 경향성
  - 위쪽에 위치 : 높은 수준의 열망으로 어려운 목표를 향해 열심히 노력함, 부적합한 낙천주의, 공상 중에 만족을 구함, 자신의 존재가 불확실한 느낌을 받음

- 아래쪽에 위치 : 불안정감, 위화감, 우울한 기분, 자신은 현실적인 것을 지향하고 있다고 생각, 패배감, 불안감, 그림이 작고 선이 약한 경우는 우울경향성

⑤ 필 압
- 강한 필압 : 극도의 긴장감, 뇌염이나 간질 상태, 독단적, 힘이 있는, 공격적
- 약한 필압 : 부적절한 적응 상태, 주춤거리고 우유부단하고 멍청함, 불안 상태

⑥ 음 영
- 음영의 의미 : 불안 또는 우울, 갈등 수준
- 진하게 칠한 음영 : 불안 및 강박에 의한 우울감, 미숙한 정신상태로의 퇴행
- 연하게 칠한 음영 : 대인관계에서의 과민성

⑦ 그림 지우기
- 빈번한 지우기 : 내적 갈등, 불만족, 자신에 대한 불만
- 반복적 지우기에도 그림이 개선되지 않음 : 기능점검 필요, 특별한 불안 또는 갈등

⑧ 종이 돌리기
- 이리저리 돌리기 : 반항성, 내적 부적절감
- 계속 같은 방향으로 돌리기 : 하나의 반응에 얽매인 보속성

⑨ 투시화
정서적, 기질적 원인으로 인해 성격의 통합을 상실, 현실검증의 장애로 자기와 외계와의 관계를 바르게 다룰 수가 없어 양자가 구별되지 않는 상태, 병적인 징조, 조현병

⑩ 지면선
지면의 선은 피검자가 불안감을 안고 있으며, 무엇인가 필요한 틀을 그림으로써 안정감을 얻으려고 하는 것을 의미

⑪ 투사적 상징
- 집 : 자기-지각, 가족 내 관계에 관한 지각, 가족 상호 간 역동에 대한 이해
- 나무 : 개인적 삶의 내용 및 무의식적 감정, 정신적 성숙도, 환경에 관한 적응수준
- 사람 : 신체의식과 자아감, 이상적인 자아, 중요한 타인

핵심문제 12

다음 중 집-나무-사람 그림검사(HTP)에 대한 설명으로 옳지 않은 것은?

① 수검자의 그림은 모호하고 구조화되지 않은 것이므로 해석이 어렵다.
② HTP는 사실상 모든 연령의 수검자에게 실시가 가능하다.
③ 집은 신체상(Body Image) 및 자기상(Self Image)을 반영한다.
④ HTP를 통해 개인의 무의식이나 방어기제를 탐색하는 것이 가능하다.
⑤ 프로이트의 정신분석학을 바탕으로 발달된 검사이다.

고득점을 향한 해설
집은 자기-지각(Self-Awareness), 가정생활의 질, 자신의 가족 내 관계에 대한 지각을 반영한다.

답 ③

13 | 홀랜드유형 직업적성검사(CAT)

1. CAT의 의의 및 특징

① 홀랜드(Holland)는 개인-환경 적합성 모형을 통해 직업심리학적 특성과 직업 환경의 심리적 특성을 결부시킴으로써, 개인의 행동이 그들의 성격에 부합하는 직업 환경 특성들 간의 상호작용에 의해 결정된다고 보았다.
② 개인의 성격은 그들의 직업적 선택을 통해 표현되며, 개인의 직업적 만족이나 안정, 성취, 적응 또한 그들의 성격과 직업 환경 간의 적절한 연결에 달려있다고 본다.
③ CAT는 직무의 다양한 특성들을 탐색하고, 개인이 해당 직무를 수행할 수 있는 능력이 있는지 판단함으로써 개인의 진로적성을 파악할 수 있도록 한다.
④ 직무의 실제 특성을 6가지 유형으로 분류하여 개인이 어느 유형에 속하는지, 개인이 선호하는 유형의 특징적 양상은 어떠한지, 그에 적합한 직업은 무엇인지 제시한다.

2. CAT 직업분류체계의 기본가정

① 대부분의 사람 또는 문화는 '현실형(Realistic Type), 탐구형(Investigative Type), 예술형(Artistic Type), 사회형(Social Type), 진취형(Enterprising Type), 관습형(Conventional Type)'의 6가지 유형 또는 유형들의 조합에 의해 분류될 수 있다.
② 직업 환경도 6가지 유형 또는 유형들의 조합으로 분류될 수 있다.
③ 사람들은 자신의 능력과 기술을 발휘할 수 있는 환경, 자신의 태도와 가치를 표현할 수 있는 환경을 찾고자 한다.
④ 사람들의 행동은 자신의 직업 환경 및 특성, 자신의 성격 및 흥미 특성의 상호작용에 의해 결정된다.

3. CAT의 6가지 직업성격 유형

① 현실형(R ; Realistic Type)
  - 확실하고 현재적·실질적인 것, 현장에서 수행하는 활동, 손이나 도구를 활용하는 활동을 선호한다.
  - 추상적인 개념을 통해 자신의 생각을 표현하는 일이나 친밀한 대인관계를 요하는 일은 선호하지 않는다.
  - 기술직, 토목직, 자동차 엔지니어, 비행기 조종사, 농부, 전기기계기사 등
② 탐구형(I ; Investigative Type)
  - 추상적인 문제나 애매한 상황에 대한 분석적이고 논리적인 탐구활동을 선호한다.
  - 새로운 지식이나 이론을 추구하는 학문적 활동을 선호한다.
  - 대인관계에 관심을 가지지 않으며, 공동작업을 선호하지 않는다.
  - 화학자, 생물학자, 물리학자, 의료기술자, 인류학자, 지질학자, 디자인 기술자 등
③ 예술형(A ; Artistic Type)
  - 어떤 것의 시비보다는 상상적이고 창조적인 것을 지향하는 문학, 미술, 연극 등의 문화 관련 활동분야를 선호한다.
  - 구조화된 상황이나 정서적으로 억압적인 상황을 선호하지 않는다.
  - 문학가, 작곡가, 미술가, 무용가, 무대감독, 디자이너, 인테리어 장식가 등

④ 사회형(S ; Social Type)
  - 인간의 문제와 성장, 인간관계를 지향하고 사람과 직접 일하기를 좋아한다.
  - 논리적·분석적인 활동이나 인간의 가치가 배제된 경쟁적인 활동을 선호하지 않는다.
  - 사회사업가, 교사, 상담사, 간호사, 임상치료사, 언어재활사, 목회자 등
⑤ 진취형(E ; Enterprising Type)
  - 정치적·경제적 도전에 대한 극복을 지향하며, 지위와 권한을 통해 다른 사람의 행동을 이끌고 통제하는 활동을 선호한다.
  - 추상적이고 애매한 상황에서 관찰적이고 상징적인 활동을 선호하지 않는다.
  - 기업실무사, 영업사원, 보험설계사, 정치가, 변호사, 판매원, 연출가 등
⑥ 관습형(C ; Conventional Type)
  - 구조화된 상황에서 구체적인 정보를 토대로 정확하고 세밀한 작업을 요하는 일을 선호한다.
  - 비구조화된 상황, 창의성을 요하는 활동을 선호하지 않는다.
  - 사무직 근로자, 경리사원, 컴퓨터 프로그래머, 사서, 은행원, 회계사, 법무사, 세무사 등

4. CAT 직업분류체계의 주요개념

① 일관성
  개인의 흥미 하위유형들 간의 내적 일관성을 말하는 것으로 특정 유형의 쌍이 다른 유형의 쌍보다 더 많은 공통점을 갖고 있다.
② 일치성
  개인의 흥미유형과 소속되고자 하는 환경이 일치되는 경우이다. 개인이 자신의 성격유형과 동일하거나 유사한 환경에서 일하는 경우이다.
③ 차별성
  개인의 흥미유형과 작업 환경이 유사한 반면, 다른 흥미유형이나 작업 환경과는 차별적이다.
④ 정체성
  성격적 측면에서 정체성은 개인의 목표, 흥미, 재능에 관한 것이고, 환경적 측면의 정체성은 조직의 투명성 및 안정성, 목표, 일, 보상의 통합성을 의미한다.
⑤ 계측성(타산성)
  유형들 내 또는 유형들 간의 관계는 육각형 모델에 의해 정리되며, 육각형 모델에서의 유형들 간의 거리는 그 이론적인 관계에 반비례한다.

> **핵심문제 13**
>
> 홀랜드 직업적성검사 CAT의 6가지 직업성격 유형의 설명이 옳지 않은 것은?
>
> ① R – 현실형
> ② A – 탐구형
> ③ S – 사회형
> ④ E – 진취형
> ⑤ C – 관습형
>
> **고득점을 향한 해설**
> A형은 예술형으로 상상적이고 창조적인 것을 지향하며 예술적 활동분야를 선호하는 유형이다.
>
> 답 ②

14 | 신경심리검사

1. 검사의 목적

① 신경심리검사는 선천적 또는 후천적 뇌손상 및 뇌기능장애를 진단하는 검사도구를 말한다.
② 환자의 행동변화를 야기하는 뇌손상과 그로 인한 신체적 · 인지적 기능상의 변화 등을 감별하기 위한 것이다.
③ 가벼운 초기 뇌손상이나 초기 치매진단에 유용하며 두개골 골절이 없는 폐쇄두부손상 등 자기공명영상(MRI)이나 양전자단층촬영(PET)과 같은 뇌영상장비로 탐지하기 어려운 미세한 장애를 탐지하는 데 유용하다.
④ 신경심리평가는 뇌손상 및 뇌기능장애에 심리검사와 함께 신경심리상태에 대한 환자의 행동장애를 평가하고 인지기능의 손상여부에 따른 치료계획을 세우기 위한 검사이다.
⑤ 이 외에도 환자상태의 예측, 환자관리 및 치료계획 수립, 재활 및 치료평가, 연구 등의 목적으로 사용될 수 있다.

2. 평가영역 및 주요 신경심리검사

① 지능 : 지적 능력의 저하는 뇌손상의 결과로 인한 일반적인 현상으로서, 특히 지능검사는 가장 많이 사용되는 도구이다.
  예 웩슬러 지능검사
② 기억 및 학습능력 : 유전적인 요인에서부터 신경학적 손상, 대사기능의 이상과 더불어 정서 · 심리적 문제도 야기되므로 평가 시에 기억이나 암기력의 곤란의 근본적인 원인을 명확히 파악하는 것이 중요하다.

③ 언어기능 : 신경학적 병변과 관련된 언어기능상의 이상은 실어증(Abasia) 혹은 언어기능장애(Dysphasias)이다. 실어증은 수용기술과 표현기술, 즉 읽고 이해하기, 듣고 이해하기 등의 수용언어와 함께, 단어와 의미의 정확한 사용, 문장의 정확한 사용, 목적지향적 언어의 정확한 사용 등 표현언어로 나누어 측정한다.
  예 라이탄 실어증 선별검사, 보스톤 진단용 실어증검사, 보스톤 이름대기검사

④ 주의력과 정신적 처리속도 : 주의력은 지남력과 주의전환, 각성 또는 지속적 주의, 선택적 또는 초점주의 등으로 구분된다. 주의력은 신경학적 손상 외 정신과적 질병이나 검사 상황에서의 불안 및 긴장에 의해서도 저하될 수 있으므로 이에 대한 변별이 필요하다.
  예 선로잇기 검사, 기호 숫자 양식 검사, 숫자외우기 검사

⑤ 시각구성능력 : 자극의 재구성을 위한 자극 간의 공간적 관계를 지각하는 능력과 각 부분을 전체로 조직화하는 능력, 실제적인 운동능력 등이 필요하다. 시공간 지각능력의 손상은 구성장애 또는 구성실행증(Construnctional Apraxia)을 초래한다. 특히 두정엽의 병변과 밀접한 관련이 있는 것으로 알려져 있다.
  예 벤더-게슈탈트 검사, 레이-오스테리스 복합도형 검사, 벤톤 시각기억 검사

⑥ 집행기능(실행기능) : 이는 개념형성 및 추론을 통해 문제를 해결하고 계획하며 상황에 적합한 판단과 부합하는 행동을 실행하는 고차적인 기능이다. 집행기능의 손상은 기초적 인지기능이 보존되었다 하더라도 사회적으로 적응행동을 대처하는 데 어려움을 초래하고, 특히 전두엽 및 전두엽-피질하부 순환경로상의 병변과 밀접한 관련이 있는 것으로 알려져 있다.
  예 위스콘신 카드분류 검사, 스트룹 검사, 하노이탑 검사 등

3. 주요 신경심리검사 및 배터리

① 루리아-네브라스카 신경심리배터리(Luria-Nebraska Neuropsychological Battery, LNNB)
   - 양적-질적 접근법을 결합한 것으로서, 개별, 집단 간 실험연구로도 사용된다.
   - 총 269문항으로 이루어져 있으며, 운동(Motor), 리듬(Rhythm), 촉각(Tactile), 시각(Visual), 언어수용(Receptive Speech), 언어표현(Expressive Speech), 쓰기(Writing), 읽기(Reading), 산수(Arithmetic), 기억(Memory), 지적 과정(Intelligence) 의 11개 척도로 구성되어 있다.
   - 뇌손상의 유무, 뇌기능장애로 인한 운동기능과 감각기능의 결함, 지적기능장애를 비롯하여 기억력과 학습능력, 주의집중력 등을 포괄적으로 평가한다.
   - 검사실시에서 결과해석까지 2~3시간이 소요되며, 검사자가 융통성을 발휘할 수 있다.
   - 검사자의 주관적 판단과 임상적 직관이 매우 크며, 뇌손상 여부 확인에 유용하지만 뇌손상의 유형이나 손상된 부위 및 결과에 대해서는 신뢰성의 여지가 많다.

② 할스테드-라이탄 신경심리배터리(Halstead-Reitan Neuropsychological Battery, HRNB)
   - 뇌손상의 유무는 물론 그 부위를 미리 알지 않고도 대뇌기능과 함께 그 손상정도를 의미 있게 측정할 수 있도록 서로 다른 검사들의 배터리로 구성되어 있다.
   - 지능, 언어지각, 촉각인지, 손가락운동, 감각기능 등을 평가하기 위해 할스테드 범주검사, 언어청각검사, 시쇼어 리듬검사, 촉각수행검사, 선로잇기 검사, 라이탄-인디아나 실어증검사, 편측우세검사, 수지력검사 등 다양한 항목들을 포함하고 있다.

- 뇌손상 환자군과 대조군의 비교로 여러 번의 타당도검사가 실시되어 타당도가 검증되었고 이는 뇌손상이 있는 영역과 뇌손상의 유형, 진행과정 등을 유의미하게 평가할 수 있음을 나타낸다.

③ 서울신경심리검사(Seoul Neuropsychological Screening Battery, SNSB)
- 주의집중능력, 언어관련 기능, 시공간 기능, 기억력, 전두엽 집행기능 등을 평가하는 다양한 하위검사들로 구성되어 있다.
- 단시간에 치매를 선별하기 위한 도구로서 한국판 간이 정신상태검사(K-MMSE), 수검자의 인지기능에 영향을 미칠 수 있는 정서적 상태를 평가하는 노인용 우울검사(GDS), 신체적 상태를 평가하는 바텔 일상생활활동(B-ADL), 수검자와 보호자의 보고를 토대로 치매의 심각도를 평가하는 임상치매척도(CDR) 등이 포함되어 있다.
- 검사 실시에 대략 2시간 정도가 소요되며, 55~80세 노년층에 대한 규준을 제공한다.

④ 한국판 치매평가검사(Korean—Dementia Rating Scale—2, K—DRS—2)
- 치매 환자의 진단 및 경과 측정을 위해 개발된 치매평가검사(DRS-2)를 국내실정에 적합하도록 재표준화한 것이다.
- 주의, 관리기능, 구성, 개념화, 기억 등 측정 검사들로 구성되어 있다.
- 검사 실시에 대략 30분~1시간 정도가 소요되며, 4개의 연령 수준과 4개의 학력 수준으로 세분화된 규준을 제공한다.

⑤ 한국판 세라드 치매 진단검사(Korean Version of Consortium to Establish a Registry for Alzheimer's Disease, CERAD-K)
- CERAD는 알츠하이머병 환자의 진단 및 평가, 연구에 표준화된 평가도구 및 진단방법을 사용하므로 연구자 간 협력기반을 구축하고자 개발된 것이다.
- 기억력, 지남력, 언어능력, 시공간 능력을 측정하는 검사들로 이루어져 있다.
- 검사는 대략 30분 정도로 비교적 짧은 시간이 소요되고 치매와 관련된 인지기능을 포함하여 측정하는 장점이 있다.

⑥ 배터리검사와 개별검사의 비교

구 분	특 징
배터리검사	· 배터리(Battery)는 여러 종류의 검사를 하나의 세트로 묶어 사용하는 방식으로서, 검사세트를 모두 실시하는 방법이다. · 평가되는 기능에 관하여 총체적인 자료를 제공해준다. · 자동화된 해석체계가 존재하므로 검사자의 채용을 촉진한다. · 환자의 병전 기능수준에 대한 평가와 함께 현재 기능수준에 대한 파악이 가능하다. · 임상적 평가 목적과 연구 목적이 함께 충족될 수 있다. · 자료가 광범위하거나 불충분하게 제공될 수 있으며, 시간과 비용이 많이 소요된다. · 최신의 신경심리학적 연구결과들을 반영하기 어렵다.
개별검사	· 환자에 따라 적절한 검사를 특정적으로 선정하여 실시하는 방법에 해당한다. · 다른 불필요한 검사들을 제외하며, 필요한 검사에 대하여 보다 집중적인 실행이 가능하다. · 자동화된 해석체계가 존재하지 않으므로 고도의 전문성을 가진 신경심리전문가가 필요하다. · 환자의 검사 행동 및 결과의 종합을 통해 풍부한 정보를 제공한다. · 신경심리전문가를 훈련시키거나 모집하는 데 어려움이 있다.

핵심문제 14

신경심리검사의 목적에 해당하지 않는 것은?

① 환자의 관리
② 환자의 상태를 예측
③ 치 료
④ 재활과 치료평가
⑤ 환자를 위한 치료계획 수립

고득점을 향한 해설

치료는 신경심리검사의 목적에 해당되지 않는다.

답 ③

CHAPTER 02 연구방법론

｜핵심 KEY ｜

연구의 기초
연구방법 및 연구설계
통계적 검증 및 측정과 표준화

자료수집방법
가설과 집단 간 차이의 검증
신뢰도 및 타당도

01 | 연구의 기초

1. 과학적 연구의 본질

① 정 의
- 과학은 현상에 존재하는 실제 관찰의 결과를 통하여 정립된 현상 간의 상호 연결된 일련의 개념체제 및 설명체제(코난트, 1951)이다.
- 연구는 증거가 없는 상식을 체계적, 구체적, 논리적 방법으로 증거를 확인하여 이론을 정립해주는 작업이다.

② 과학적, 비과학적 문제영역의 구분
- 과학적 문제영역 : 실제 경험적 자료로 대답할 수 있는 영역
- 비과학적 문제영역 : 대답할 수 없는 질문, 즉 초자연적 현상이나 의문

2. 연구의 목적

① 연구는 인간의 지식을 넓히기 위해 아직 풀리지 않은 문제를 해결하는 과정, 즉 이미 축적되어 있는 자료나 새롭게 관찰한 사실에서 규칙을 발견하거나 의미 있는 관계를 찾는 노력이다.
② 사회와 자연에 존재하는 사실 및 현상들을 고도의 압축된 이론으로 묘사, 설명, 예언, 통제하는 데 있다.
③ 학교에서 폭력을 가하는 학생들의 특성을 연구를 통해 밝혀낼 수 있다면 폭력을 행할 가능성이 있는 학생들을 미리 판별하여 지도할 수 있다.

- 기술(Description)
  무엇 : 사건이나 현상에 대해 관찰한 사실들을 있는 그대로 기록하는 것이다.
- 설명(Explanation)
  왜 : 특정한 사건의 인과분석이나 사실의 근거를 밝히는 것으로, 이를 통해 더 많은 현상이나 사건을 설명할 수 있는 일반적인 법칙과 이론을 형성한다.
- 예측(Prediction)
  발견된 법칙으로 미래를 예측한다.
- 통제(Control)
  현상의 원인 또는 조건을 조작하여 그 현상을 일어나게 혹은 일어나지 않게 하는 것(적성검사를 통해 자신에게 맞는 교육과 훈련을 받을 경우 인격을 효과적으로 사용할 수 있음)이다.

3. 연구의 일반적인 절차

① 연구주제를 선택한다.
② 연구문제를 만든다.
③ 연구문제와 관련된 문헌을 참고한다.
④ 참고문헌에 기초하여 여러 개의 연구가설을 만든다.
⑤ 소수의 연구대상으로 사전연구를 실시한다.
⑥ 사전연구를 통하여 문제점을 수정, 보완한다.
⑦ 연구를 실시한다.
⑧ 연구보고서를 작성한다.
⑨ 연구보고서를 제출한다.

4. 문헌고찰의 목적과 필요성

① 연구주제를 선정하고, 선정한 주제를 명료화하기 위해 문헌을 고찰한다.
② 연구주제를 설정하고 난 후, 연구방향 설정 및 연구문제의 구체화, 방법론적 측면의 시사점을 얻는 등 실제 논문을 작성하기 위한 목적으로 문헌을 고찰한다.
③ 좋은 연구문제와 연구가설을 형성하기 위해 필요하다.
④ 가설 검증을 위한 연구설계의 과정에서 연구자가 세운 연구문제에 대한 근거 및 이론적 배경이 될 수 있는 선행 연구들을 제시할 수 있다.
⑤ 선행 연구 탐색 및 중복 연구의 유무 확인, 연구주제와 관련된 최근까지의 연구동향을 볼 수 있고, 나의 연구의 방법론적 측면에서의 시사점을 얻을 수 있다.
⑥ 문헌고찰 시 연구자는 개방적이고 유연한 자세가 필요하다.

5. 연구문제

① 연구문제 선정방법
- 연구자의 학문적 성숙을 통해 축적되고 내면화된 지식이 연구문제로 선정되는 것이 효과적이다.
- 초기단계에서는 광범위한 주제가 도움이 된다.
- 연구문제를 선정하기 위해 활용할 수 있는 가장 바람직한 자원은 문헌이다.

② 연구문제의 영역
- 지식의 결함 : 정보의 결여
- 상반된 연구결과 : 동일한 문제에 대해 연구결과들이 다를 경우
- 사실에 대한 설명 : 어떠한 사실에 대해 왜 그러한지 의문을 가질 경우

③ 연구문제의 선정 절차
- 관심 주제를 결정한다.
- 관련 이론과 선행 연구를 고찰한다.
- 연구 가능한 연구문제를 도출한다.
- 연구문제를 선정한다.

핵심문제 01

과학에 대한 설명으로 옳지 않은 것은?

① 과학은 문제해결과 관련이 있다.
② 과학에서 연구대상을 선정할 때에는 가치적인 개입이 필요하다.
③ 과학적 명제는 항상 진리이다.
④ 과학활동에는 윤리적 판단을 해야 하는 상황들이 생길 수 있다.
⑤ 과학적 연구는 증거가 없는 상식을 체계적, 논리적 방법으로 증거를 확인하여 이론을 정립하는 작업이다.

고득점을 향한 해설

과학적 명제는 항상 진리라고 할 수 없으며, 오류가 존재할 수 있다.

답 ③

02 | 연구방법 및 연구설계

1. 인식론적 접근방법에 따른 연구방법

① 양적 연구
- 객관적 실재를 형성하는 인간의 특성과 본질이 존재한다고 가정한다.
- 변수들 간의 인과관계나 상관관계에 대한 분석을 통해 일반적 원리와 법칙을 발견하는 데 연구의 목적이 있다.
- 대표성을 갖는 많은 수의 표본을 필요로 하며 확률적 표집방법을 주로 사용한다.

② 질적 연구
- 객관적 실재라고 일반화시킬 수 있는 인간의 속성과 본성은 없다고 가정한다.
- 특정 현상에 대한 해석이나 의미의 차이를 이해하는 데 연구의 목적이 있다.
- 적은 수의 표본을 심층적으로 연구하며 비확률적 표집방법을 주로 사용한다.

구 분	양적 연구	질적 연구
실재의 본질	• 객관적 실재를 형성하는 인간의 특성과 본질이 존재한다고 가정 • 복잡한 패러다임에 관계된 변인들에 대한 연구가 가능	• 객관적 실재라고 일반화시킬 수 있는 인간의 속성과 본성은 없다고 가정 • 단편적인 연구가 아닌, 총체적 연구의 필요성을 주장
가치의 개입	• 가치중립적 연구 • 설문지, 구조화된 면접, 관찰을 통하여 측정하며, 통계를 이용한 양적 분석을 함	• 가치개입적 연구 • 심층면접, 참여관찰, 문서연구를 통하여 해석적·서술적 분석을 함
인과관계	결과에 시간적으로 선행되거나 동시에 일어나는 원인이 실재	원인과 결과의 구분이 불가능
연구목적	• 일반적 원리와 법칙 발견 • 인과관계 혹은 상관관계 파악 • 현상들 간의 관련성을 탐색	• 특정 현상에 대한 이해 • 특정 현상에 대한 해석이나 의미의 차이 이해
연구대상	• 대표성을 갖는 많은 수의 표본 • 확률적 표집방법 주로 사용(비확률적 표집방법도 사용할 수 있음)	• 적은 수의 표본 • 비확률적 표집방법 주로 사용

2. 변 수

① 변수(Variable)의 개념
- 연구의 대상이 되는 요인으로 연구자가 관심을 가지는 성별, 학년, 학업성취도, 동기, 정서 등을 변수라고 할 수 있다.
- 두 변수 간에 인과관계가 있을 때 독립변수와 종속변수로 구분할 수 있으며, 속성에 따라 질적 변수와 양적 변수로 구분할 수 있다.

② 양적 변수(Quantitative Variable)와 질적 변수(Qualitative Variable)
- 양적 변수는 양적으로 나타낼 수 있는 변수이다. 학업성취도 점수, 지능지수, 동기 점수, 몸무게 등과 같이 양의 크기로 나타낼 수 있는 변수가 양적 변수의 대표적인 예이다.
- 질적 변수는 분류를 위해 정의된 변수이다. 성별, 학년, 결혼여부, 인종 등과 같이 분류를 위한 목적으로 사용되는 변수가 질적 변수의 대표적인 예이다.

③ 독립변수(Independent Variable)와 종속변수(Dependent Variable)
- 독립변수는 다른 변수에 영향을 주는 원인에 해당하는 변수를 의미한다.
- 종속변수는 다른 변수에 영향을 받는 결과에 해당하는 변수를 의미한다.
- 일반적으로 논문을 작성할 때 자신이 관심이 있는 독립변수와 종속변수가 무엇인지 결정하고 이를 논문 제목, 연구문제, 가설 등에 기술하게 된다.

3. 연구설계의 기본 개념

① **연구설계** : 연구문제의 해결방안과 가설을 검증할 수 있는 계획 및 절차를 의미한다.
② **실험설계** : 연구자가 변인을 의도적으로 조작함으로써 행동의 변화를 관찰하는 연구를 의미한다.
③ **비실험설계** : 통제되지 않은 자연적 상황에서 설문지나 면담으로 현상을 파악하는 연구를 의미한다.

4. 진실험설계(True-Experimental Design)

실험집단과 통제집단을 가지고 있으며, 피험자들을 각 집단에 무선적으로 배치한다.

① 사전-사후검사 통제집단 설계(Pretest-Posttest Control Group Design)
　사전검사와 사후검사 실시, 실험처치를 가하는 실험집단과 그렇지 않은 통제집단을 설정한다.

② 사후검사 통제집단 설계(Posttest-Only Control Group Design)
- 사전검사는 없고 사후검사만 실시한다.
- 사전검사가 없기 때문에 실험처치의 효과 크기를 알 수 없다는 단점이 있다.
- 사전검사가 불필요한 경우, 사전검사 시행이 어려운 경우, 검사 실시 비용이 많이 드는 경우, 적당한 사전검사를 찾지 못한 경우, 사전검사와 실험처치의 상호작용이 예상되는 경우 등에 사용된다.

③ 솔로몬 4집단 설계(Solomon Four-group Design)
- 사전검사의 영향과 실험처치에 의한 영향이 상호작용하여 실험의 외적 타당도를 낮추고 실험결과의 일반화를 저해하는 것을 막음으로써 사전-사후검사 통제집단 설계의 결함을 보완하는 실험설계법이다.
- 사전검사를 하지 않은 2집단을 첨부하여 전후검사 통제집단 설계와 사후검사 통제집단 설계를 통합한 설계이다.
- 장점 : 다른 실험설계에서 불가능한 각종 매개변수의 영향을 완벽하게 분리할 수 있다.
- 단점 : 설계가 복잡, 집단의 수가 많음으로 인한 어려움, 시간과 비용의 어려움이 있다.

④ 요인설계
- 일원적 요인설계(Factorial Design With One Variable)
　하나의 독립변인이 둘 이상의 수준을 가질 때, 이에 따른 종속변인에 대한 효과를 알아보는 실험설계이다.

- 이원적 요인설계(Factorial Design With Two Variables)
  두 개의 독립변인이 그 종속변인에 미치는 영향을 동시에 연구할 때 사용되는 실험설계이다.
- 다원적 요인설계(Factorial Design With Multiple Variables)
  3개 또는 그 이상의 독립변인들이 하나의 종속변인에 미치는 주효과와 상호작용효과를 알아보는 실험설계 방법이다.

⑤ 준실험설계(Quasi-Experiment Design)
  실제 교육현장에서 이루어지는 연구절차로, 피험자들을 무선적으로 배치하는 것이 곤란하여 처치변수 외 변인에 대한 엄격한 통제가 불가능한 경우, 연구자가 실험통제를 완전하게 이루지 못한 상황하에서 자료를 수집하여 실험적 분석과 해석을 하게 되는 것이다.

- 단일집단 사후검사 설계(One-Group Posttest Design)
  - 한 집단의 피험자에게 실험처치를 가한 후 그 행동을 관찰하는 것으로 일회적 사례연구에 해당한다.
  - 연구결과가 처치변인에 의한 것인지 알 수 없으므로 과학적 가치가 없다.
- 단일집단 사전-사후 검사 설계(One-Group Pretest-Posttest Design)
  - 한 집단을 선발해서 사전-사후 검사를 실시하여 그 차이를 보고 실험처치의 효과를 검토하는 설계이다.
  - 사전-사후 결과가 유의하더라도 다른 요인에 의한 것일 수 있기에 처치효과라고 말하기에는 어려움이 있다.
- 이질집단 사후검사 설계(Posttest-Only Nonequivalent Design)
  - 한 집단의 피험자들에게 실험처치를 경험시킨 후 실험처치를 경험하지 않은 집단과 종속변인의 측정치를 비교하는 방법이다.
  - 두 집단의 동질성의 문제가 있으므로 효과가 실험처치 때문인지를 알 수 없다.
- 계열적 설계(Time-Series Design)
  - 어느 한 개인이나 집단에 대해 종속변인을 주기적으로 측정하고, 이러한 측정의 시간계열 중간에 실험적 처치를 도입하는 방법이다.
  - 통제집단을 구할 수 없는 경우, 심리치료나 행동수정 등의 분야에서 적용되고 있다.
  - 특정한 치료방법을 적용하고 정기적으로 대상의 반응을 관찰함으로써 그 처치가 있기 전과 후의 변화를 분석하는 방법이다.

핵심문제 02

다음 중 질적 연구에 대한 내용으로 옳지 않은 것은?

① 연역법에 기초하여 연구 결과의 일반화가 용이하다.
② 언어, 몸짓, 행동 등 상황과 환경적 요인을 연구한다.
③ 연구자의 개인적인 준거 틀을 사용하여 비교적 주관적인 연구를 수행한다.
④ 탐색적 연구에 효과적이며, 사회과학에서 많이 사용한다.
⑤ 특정 현상에 대한 해석이나 의미의 차이를 이해하는 데 연구의 목적이 있다.

고득점을 향한 해설
① 양적 연구에 해당한다.

답 ①

03 | 통계적 검증 및 측정과 표준화

1. 통계적 검증의 의의
자료가 가설을 지지하는지 반박하는지를 결정하기 위한 것으로, 통계적 검증은 연구자의 주관적 판단에 따른 가설의 지지가 아닌 객관적 자료에 근거한 과학적 판단에 따른 가설의 지지를 이끌어 이론의 타당성을 마련할 수 있는 중요한 수단이다.

2. 기술통계
① 개 념
- 현상을 있는 그대로 기술하는 것이다.
- 수집한 자료를 요약, 조직, 단순화하여 표본변수들에 대한 기본정보와 변수 간의 다양한 관계들에 대한 분석을 목적으로 하는 통계방법이다.
- 빈도분포, 백분율, 평균, 표준편차 등
- 집단의 특성에 관한 통계 2가지 : 집중경향치, 변산도

② 주요용어

집중경향치 (Central Tendency)	• 집단의 특성이 어떠한지를 보여주는 수치로서 여러 집단 간에 비교를 가능하게 해준다. • 정적 분포 : 평균치 > 중앙치 > 최빈치 • 부적 분포 : 평균치 < 중앙치 < 최빈치 • 지능이 부적 분포라면 우수한 아이들이 모인 것이고, 정적 분포라면 열등한 아이들이 모인 것이라고 볼 수 있다.
최빈치 (Mode)	• 가장 최대의 빈도를 갖는 점수나 유목(Category)을 의미한다. • 표집이 어느 한쪽으로 편파되었는지의 여부를 볼 수 있다. • 책상, 의자, 기성복을 만들 때 사용한다.
중앙치 (Median)	• 변수값을 가장 작은 것에서 큰 것으로 크기순으로 배열했을 때 50번째 백분위점수. 중간값, 즉 가운데 있는 값이다. • 한 집단의 지능의 중앙치가 110이라면 그 집단의 특성을 알 수 있다.
평균치	• 점수의 총계를 사례수로 나눈 것이다. • 극단적인 점수의 영향을 받고 평균값은 실제 자료에는 없을 수 있다. • 평균이 중앙값이나 최빈치보다 전집평균의 좋은 추정치이므로 널리 사용된다.
변산도(산포도)	집단을 표집했을 때, 이 집단이 얼마나 동질적인지 이질적인지를 보는 것이다.

3. 추리통계(Inferential Statistics)
① 개 념
표본에서 얻은 통계치로부터 모집단의 모수치를 추리하는 기법이다.

② 주요용어
- Z점수
  - 분포 내에서 위치를 명확하게 지정해주는 단일 값으로 평균 0, 표준편차가 1이며, ±3 안에 모든 점수를 가지고 있다.
  - '표준화'는 해당 값에서 모집단의 평균을 뺀 값을 모집단의 분산으로 나누는 것이다.

- 원점수 자체만으로는 분포 내의 위치에 관해 많은 정보를 제공하지 못하므로 Z점수를 내서 분포 내의 정확한 위치를 알 수 있다.
- Z점수에서 +, −는 그 점수가 평균 이상인지 이하인지를 알려준다.

> ※ Z점수의 중요성
> - 확률 : 확률을 구하기 위해 출발점으로 Z점수를 이용한다. 즉, 개개인의 점수가 0 근처에 분포해있을 확률이 3 근처에 분포해있을 확률보다 높다.
> - 처치효과의 평가 : 실험집단의 Z점수가 1점 상승했다는 의미는 34% 정도의 향상을 보였다는 의미를 준다.
> - 측정관계성 : 키 큰 아이가 지능이 높은지 알고 싶을 때, 키 큰 아이들의 Z점수가 +, 중간키는 0에 가깝고, 작은 아이들은 −를 보일 때, 지능도 이와 같은 Z점수를 기술한다.

- 표준점수
  - 한 분포 내에서 그것의 위치에 대한 정보를 제공해주는 변형된 점수이다.
  - Z점수는 표준점수의 한 예로, 원점수의 절대적 크기와는 달리 Z점수는 분포 내의 상대적 위치를 기술하는 것이다.
  - T점수는 평균을 50, 표준편차를 10으로 고친 것이다.

4. 측정과 표준화

① 도구제작
- 연구문제에 적합한 변인을 측정하는 도구를 만드는 것
- 측정하기 어려운 개념들을 하나의 문항 또는 지표로 구성하여 측정할 수 있도록 설문지를 제작하는 것
- 측정하기 어려운 개념을 측정하게 해줌
- 여러 개의 지표를 하나의 점수로 표시함으로써 자료의 복잡성을 감소시킴

② 측정과 측정치의 종류
- 측정은 규칙에 의거해서 대상이나 사건에 수를 할당하는 과정
- 척도란 관찰대상을 측정하기 위한 일련의 기호 또는 숫자로 나타내는 도구
- 명목척도(명명척도)
  - 측정결과를 각기 다른 유목으로 분류, 즉 결과에 이름을 붙여주는 것
  - 성별, 직업, 인종, 결혼여부, 직업 등
- 서열척도
  - 크기나 중요성에 따라 관찰결과들의 순위를 매김
  - 어떤 것이 더 큰지에 관한 정보일 뿐 그 정확한 차이를 나타내지는 않음
  - 사회계층, 선호도, 변화에 대한 평가, 상담사 자격등급 등

- 등간척도
  - 관찰자가 지닌 속성의 차이를 균일한 간격을 두고 분할하여 측정하는 척도
  - 얼마나 큰지에 관한 정보 제공
  - 지능, 온도, 시험점수 등
- 비율척도
  - 절대영점을 가지고 있으므로 크기의 비율을 반영
  - 길이, 시간, 질량 등

③ 검사도구의 제작과정

문항제작원리에 따라 문항제작 → 문항의 검토 → 예비검사 실시 및 통계적 검증과정 → 본검사 실시 및 통계적 검증과정

④ 검사의 표준화
- 표준화 검사의 의미
  - 누가 사용하더라도 검사의 실시와 채점, 결과해석이 동일하도록 절차와 방법을 일정하게 만들어놓은 검사
  - 규준지향검사(Norm-Referenced Test)로서 검사 목적에 맞는 검사문항과 표집을 엄격히 하고, 검사실시와 채점방식을 일정하게 하고, 검사결과 해석을 표준화하며, 규준에 따라 검사점수를 해석하거나 비교하는 것
- 규준
  - 규준집단으로부터 얻은 검사점수의 분포
  - 백분위점수 : 한 개인이 표준화 집단에서 차지하는 상대적 위치
  - 표준점수 : T점수는 원점수를 평균 50, 표준편차 10으로 변환한 점수

핵심문제 03

표본추출에 관한 설명 중 옳지 않은 것은?

① 표본은 모집단에서 추출한다.
② 표본은 확률표본추출로만 추출하여야 한다.
③ 표본은 정규분포를 보이는 집단에서 추출하는 것이 좋다.
④ 표본은 일차적으로 기술적 통계분석의 대상이 된다.
⑤ 표본추출법은 필연적으로 오차를 수반한다.

고득점을 향한 해설

전체를 가장 잘 대표하고 있는 부분을 뽑는 작업을 표본추출이라 하며, 확률표본추출과 비확률표본추출로 구분된다.

답 ②

04 | 자료수집 방법

1. 관찰법

① 자연적 관찰법
일상적 상황에서 자연스럽게 일어난 행동을 관찰 의도 없이 관찰하는 것이다.

② 전기적 관찰법
개인의 정의적 특성을 장기간에 걸쳐 관찰하는 종단적 방법이다.

③ 행동요약법
아동의 행동을 신체적, 정서적, 사회적 영역으로 오랫동안 조직적으로 관찰한 후 전체적인 개인상을 재구성하는 방법이다.

④ 시간표본법
일정한 시간을 선정하여 관찰하는 것이다.

⑤ 사건표본법
관찰하고자 하는 행동이 잘 나타날 수 있는 장면을 선택하여 관찰하는 것이다.

⑥ 참여관찰법
연구자가 연구집단에 직접 참여하여 자료를 수집하는 방법이다.

⑦ 실험적 관찰법
관찰하고자 하는 장면이나 조건을 인위적으로 조작하여 관찰하는 방법이다.

2. 면접법

① 면접자와 피면접자가 질문과 응답이라는 수단으로 그 결과를 자료수집에 이용하는 방법이다.

② 표준화 면접
질문의 내용과 순서가 준비되어 있고 계획에 따라 면접이 진행된다.

③ 비표준화 면접
- 면접 상황에 따라 질문순서와 내용이 변경될 수 있으며, 융통성, 높은 응답회수율, 표본의 폭이 넓음, 자연스러운 반응을 포착, 불완전한 응답을 보완할 수 있다.
- 실시가 불편하고, 시간, 비용의 문제, 면접자가 결과에 영향을 미침, 표준화된 자료수집의 어려움, 면접이 피면접자에게 피로, 긴장을 줌으로써 내용이 부실할 수 있다.

④ 반표준화 면접
- 일정한 수의 중요한 질문은 표준화하고 그 외의 질문은 비표준화하는 방법이다.
- 면접자가 면접지침에 따라 응답자에게 상황에 적합한 변형 질문을 제시할 수 있다.

3. 질문지법

① 어떤 문제나 사물에 관한 필요사항을 알아보기 위해 만든 일련의 문항들을 체계적으로 조직하여 작성한 글이다.

② 개방형 질문지, 양자택일형, 선다형, 순위형, 평정척도형 등이 있다.

③ 절차와 방법
- 질문지의 목적과 내용, 범위를 가지고 어떤 대상에게 실시할 것인지를 결정
- 안내문 작성
- 질문형식 결정
- 질문지 체제 결정
- 사전연구
- 질문지 분석과 수정

④ 장 점

단번에 많은 정보 획득, 비용절감, 제작 간편, 연구가가 응답자에게 미치는 영향을 줄임, 응답자의 익명성 보장으로 솔직한 의견을 들을 수 있다는 것이다.

⑤ 단 점

폐쇄형 질문의 경우 융통성이 부족, 문장이해력과 표현력이 부족한 응답자에게는 제한적임, 응답내용의 진위확인 어려움, 응답자의 동기수준을 알 수 없다는 것이다.

4. 사회성 측정법

① 한 집단의 구성원들 간의 상호작용을 알아보는 방법이다.
② 새로운 집단을 조직하거나 기존의 집단을 재구성할 때 정보를 얻을 수 있다.
③ 사회적 상호작용에서 도움이 필요한 아동을 찾고 원인을 진단할 수 있다.
④ 절차와 방법
- 집단의 범위를 정함
- 어떤 기준으로 선택, 제외할지를 제시
- 부정적 기준은 지양

⑤ 장 점

각 구성원의 사회적 적응력에 대한 정보와 상호작용을 제시, 사용이 쉬움, 경제적, 집단의 현재 구조를 진단할 뿐만 아니라 집단 재구성의 기초자료로도 활용이 가능하다.

⑥ 단 점

한 번의 측정결과로 구성원들 간의 관계를 고정적으로 인식할 가능성, 부정적 대인관계를 노출시키는 기회 제공, 신뢰도와 타당도의 문제 등이 있다.

5. Q 분류법

① 응답자에게 많은 진술문, 그림, 어구 등을 주고 제시된 자료에 대해 응답자가 그들의 생각과 일치하는 정도에 따라 순위를 매기게 하는 방법이다.
② 절차와 방법
- 진술문 수집
- 수집된 진술문 중 표집
- 분류 실시
- 분류의 결과를 유목 배열하고 평균을 분석함으로써 일반적인 정보와 내적인 정보를 얻음

- 변량분석 실시 – 연구의 적합성을 봄
- 상관분석 실시 – 응답자들 간의 상호관계를 봄
- 요인분석 실시 – 검사의 타당도를 봄
- 요인배열과 해석

③ 장 점

이론검증에 유용, 개인의 변화를 연구할 수 있다.

④ 단 점

대단위 표본 사용불가, 무선표집 및 신뢰도의 문제, 비경제성, 문항 간의 독립성을 가정할 수 없다.

핵심문제 / 04

다음 중 준참여관찰에 해당하는 것은?

① 관찰자가 관찰대상 집단 내부로 침투하여 구성원의 하나가 되어 그들과 함께 생활하거나 활동하면서 관찰하는 것이다.
② 관찰대상 집단에 부분적으로 참여하는 방법이다.
③ 관찰자가 관찰대상 집단의 구성원으로서 역할을 수행하지 않은 채 제삼자의 입장에서 관찰하는 방법이다.
④ 사전의 기획절차에 따라 타당성과 신뢰성확보를 위해 관찰조건을 표준화하고 보조기구를 사용하는 관찰로 비참여관찰에 사용한다.
⑤ 관찰하고자 하는 장면이나 조건을 인위적으로 조작하여 관찰하는 방법이다.

고득점을 향한 해설

① 참여관찰, ③ 비참여관찰, ④ 통제관찰, ⑤ 실험적 관찰에 해당한다.

답 ②

05 | 가설과 집단 간 차이의 검증

1. 통계적 가설검증 – 유의도 수준
① 조사자가 표본조사의 결과에 근거하여 가설을 입증할 때 어느 정도의 오류를 범할 수 있는데, 그러한 오류를 받아들일 수 있는 최대치를 말한다.
② 가설검증의 기각 또는 수용의 여부를 판단하는 기준이다.
③ 0.05 수준에서 의미가 있다 : 영가설을 잘못 기각하는 오류가 발생할 가능성이 5% 미만이다.

2. 가설검증의 오류
① 영가설 : '아무런 차이가 없다', '동일하다', '전혀 효과가 없다' 등 기존 이론에 의한 가설이다.
② 대립가설 : '차이 있다', '다르다', '효과 있다' 등 영가설에 반대되는 가설이다.
③ 가설검증에서 영가설을 채택하든 기각하든 어느 하나를 결정할 때 2가지 오류 중 하나를 범할 가능성이 있다.
④ 가설검증의 오류를 줄이기 위해 옳은 가설을 기각할 오류, 즉 1 · 2종 오류를 최소화해야 한다.

3. 통계검증력
① 표본의 정보로 모수치에 대한 대답의 진위를 판단하는 과정이다.
② 목적은 특별한 처치효과가 있었는지의 여부를 확인하는 것이다.
③ 1종 오류를 범할 최대한의 허용치인 유의수준(α)을 대개 5%, 1%로 정한다.
④ 2종 오류는 정말 처치효과가 있었는데 가설검증을 통해 그것을 발견하지 못한 것이다.

1종 오류	• 영가설이 옳음에도 이를 기각하는 경우 • 즉, 실제로 아무런 처치효과가 없음에도 영가설을 기각한 경우 • 잘못된 표본인 경우와 표본에서 극단점수를 추출한 경우 • 보통 α(알파)로 표기하고 유의수준이라고 한다.
2종 오류	• 영가설이 거짓임에도 이를 채택하는 경우 • 즉, 사실상 처치가 영향을 미쳤음에도 효과가 없었다고 결론을 내린 경우 • 이는 처치효과가 작은 경우와 표본에서 극단점수를 추출한 경우 발생한다. • 보통 β(베타)로 표기한다.
영가설 기각 대 대립가설 입증	영가설을 입증하는 것이 대립가설을 입증하는 것보다 쉽다. 따라서 영가설을 기각함으로써 대립가설을 증명하게 된다.

4. 추 정
표본의 특성을 나타내는 수치인 통계량을 통해 모집단의 특성인 모수치를 추측하는 통계적 분석방법이다.

5. 두 집단 간의 차이를 비교하기 위한 t검증

① 단일표본 t검증

단일 집단에서 추출된 점수가 통계적으로 0인지 아니면 0이 아닌 값을 갖는 것인지 유의미성을 검증할 때 사용한다(0이면 영가설, 아니면 대립가설).

예 중학생의 창의성 증진을 위해 창의적 사고 향상 프로그램을 개발하고 프로그램 실시 후 학생들의 창의성 점수가 특정 수치 이상에 도달했는지 아닌지를 검증하는 검증방법

② 독립2표본 t검증

2개 집단 간의 통계치를 비교하는 경우, 즉 실험집단과 통제집단의 평균치를 비교하여 처치효과가 있는지를 통계적으로 분석하는 방법이다.

예 남녀초등학생의 도덕성 차이에 대한 연구

③ 비독립2표본 t검증

사전검사와 사후검사 간의 차이를 검증하는 반복측정방법이다.

예 비만환자들의 다이어트 프로그램의 효과 측정을 위한 사전·사후 체중 차이 검증

6. 분산분석(F검증)

① t검증은 3집단 이상의 경우 1종 오류에 빠질 확률이 커진다는 제한점이 있다.
② 분산분석(ANOVA)은 두 집단 또는 세 집단 이상의 집단 간 평균차이가 통계적으로 유의한가를 검증하는 분석방법이다.
③ 유의점

대립가설이 3개 이상의 하위집단 중에서 두 집단만 평균차이가 존재하더라도 영가설이 기각되기에 분산분석 실시 후 영가설이 기각되는 경우, 어느 집단 간에 유의미한 평균차이가 존재하는지를 분석하는 사후검증이 필요하다.

일원분산분석	• 독립변수가 하나인 세 집단 이상의 평균차를 비교 • A집단에게는 수행평가 기준에 대해 학부모, 학생에게 모두 알려주고, B집단은 학생만, C집단은 아무에게도 알리지 않았을 때, 수행평가결과를 평균비교해 보는 것
이원분산분석 (다변량분산분석)	• 2개 이상의 독립변수를 이용한 집단 간 평균비교를 위한 분석 방법 • 2개 이상의 독립변수들의 하나의 종속변수에 대한 평균차이가 통계적으로 유의한가를 검증하는 통계기법 • 강의법, 토의법, 멀티미디어법의 3가지 방법과 교사의 피드백 유무에 따른 학업성취도의 차이를 분석할 때 사용되는 방법으로 학업성취도의 효과가 교수법의 효과인지, 교사의 피드백 효과인지 더불어 교수법과 피드백의 상호작용에 의한 것인지를 분석하는 방법

7. χ^2검증

① 예측빈도(기대빈도, Expected Frequency)와 측정빈도(관측빈도, Observed Frequency) 간의 차이가 우연에 의한 것인지 아니면 체계적인 방향성을 보이는 것인지에 대한 분석이다.
② 기대빈도는 전체 집단의 합에 의해 주어진 빈도, 관측빈도는 측정된 빈도이다.
③ χ^2검증은 적합도 검증(Goodness-of-Fit Test)이라고 부르는데, 이는 관측빈도와 기대빈도 간에 적합도가 있는지를 묻기 때문이다.
④ 유의사항
- 무선표집
- 관찰의 독립성
- 기대빈도가 5 미만인 경우는 셀이 존재하지 않음

⑤ 초등, 중등, 고등학생 300명의 학업성취 결과에 대한 기존방식과 새로운 방식의 보상방법에 대해 응답자의 선호도가 어떻게 다른지를 조사할 때 사용하는 분석이다.

8. 상관분석

① 두 변인 사이의 관계를 측정하고 기술하는 데 사용하는 통계방법이다.
② 정적 상관, 부적 상관(온도와 맥주판매의 관계, 온도와 커피판매의 관계)

핵심문제 05

다음 설명 중 옳은 것은?

① 1종 오류는 귀무가설이 참일 때 귀무가설을 기각하는 과오이다.
② 1종 오류는 대립가설이 참일 때 귀무가설을 기각하는 과오이다.
③ 2종 오류는 귀무가설이 참일 때 귀무가설을 채택하는 과오이다.
④ 2종 오류는 대립가설이 거짓일 때 귀무가설을 기각하는 과오이다.
⑤ 1종 오류를 범할 최대한의 허용치인 유의수준(α)을 대개 10%, 5%로 정한다.

고득점을 향한 해설

- 1종 오류 : 귀무가설이 참인데도 그 가설을 기각하는 과오
- 2종 오류 : 귀무가설이 거짓인데도 그 가설을 채택하는 과오

답 ①

06 | 신뢰도 및 타당도

1. 신뢰도의 개념
동일한 대상에 대하여 같거나 유사한 측정도구를 사용하여 반복측정할 경우 동일하거나 비슷한 결과를 얻을 수 있는 정도를 말한다.

2. 신뢰도의 측정 방법
① 검사-재검사 신뢰도(Test-Retest Reliability)
- 같은 집단에서 시간 간격을 두고 2번 실시해서 얻은 점수로 측정하는 방법이다.
- 안정성계수(Coefficient of Stability)라고도 한다.
- 적용이 간편하고 측정도구를 직접 비교할 수 있다.
- 반면 두 검사 사이의 외생변수와 학습효과, 기억력 등으로 인해 한계가 있다.

② 동형검사 신뢰도(Equivalent-Form Reliability)
- 내용과 난이도는 같으나 문항의 형태가 다른 2개의 동형검사를 제작, 같은 피험자에게 실시하여 두 점수의 상관을 산출하여 신뢰도 계수를 보는 것이다.
- 복수양식법, 평행양식법, 동형성계수라고도 한다.
- 서로 상이한 A형, B형을 만들어 적당한 간격을 두고 한 집단에 실시, 그 결과의 상관계수를 내는 것이다.

③ 반분신뢰도(Split-half Reliability)
- 하나의 검사를 2개 부분으로 나누어 따로 채점하여 반분된 검사 간의 상관관계를 보는 것이다.
- 기우법(홀-짝), 전후법(전반부-후반부), 단순무작위법 등이 있다.
- 항목을 구분하는 방식에 따라서 신뢰도계수의 추정치가 달라진다는 단점이 있다.

④ 내적 합치도
- 한 문항, 한 문항을 각각 한 개의 검사로 생각하여 각 문항 간의 상관도를 내서 그 상관도를 종합하는 방법이다.
- 크론바흐 알파(Cronbach α)가 대표적이다.
- 신뢰도가 낮은 경우 신뢰도를 저해하는 항목을 찾을 수 있다.
- 계수는 '0~1'의 값을 가지며, 값이 클수록 신뢰도가 높다.
- 알파값은 0.6 이상이 되어야 만족할 만한 수준이 되며, 0.8~0.9 정도를 신뢰도가 높은 것으로 본다.

⑤ 조사자 간 신뢰도
그림검사에서 채점자 간의 동의 정도에 의해 신뢰도를 산출하는 것으로, 상호관찰자 기법이라고도 한다.

3. 타당도의 개념
측정하고자 하는 개념이나 속성을 측정도구가 얼마나 실제에 가깝게 측정하고 있는가를 보는 것이다.

4. 타당도의 종류

① 내용타당도
- 측정도구의 문항들이 측정하고자 하는 내용을 얼마나 잘 포함하고 있느냐를 논리적으로 검토해보는 것이다.
- 측정도구가 조사하고자 하는 대상의 속성을 어느 정도 잘 포함하면 논리적으로 타당하다고 본다.
- 논리적 사고에 입각한 논리적 분석과정으로 판단하는 주관적인 타당도이다.
- 연구자 직관이나 전문가의 의견을 통해 파악하는 방식이다.

② 기준타당도
- 특정한 측정도구의 측정값을 이미 전문가들에 의해 타당도가 경험적으로 입증된 기준이 되는 측정도구의 측정값과 비교하여 나타난 관련성의 정도를 의미한다.
- 검사 A와 B를 바꾸어 사용할 수 있느냐 할 때 '그렇다'면 공인타당도가 있다는 것이다.
- 이미 있는 검사와 새로 만든 검사와의 상관을 알아볼 때 공인타당도 검증을 사용한다.
- 내용타당도에 비해 객관적인 반면 기본적으로 비교기준을 이용하기 때문에 비교기준이 있는가를 알아야 하고, 그 비교기준이 타당한 것인가에 대한 검토 등을 위해 추가적인 비용이 소요된다.

③ 구인타당도
- 측정도구가 측정하고자 하는 구인의 속성과 목적에 얼마나 적합한가를 이론적 근거에 비추어 경험적으로 검증하는 방법이다.
- 조작적으로 정의되지 않고 과학적으로 이론이 아직 정립되지 않은 새로운 개념, 혹은 구인을 측정하는 검사에 과학적 이론과 타당성을 부여하는 과정이다.

④ 교차타당도
- 동일한 모집단에서 표집된 두 독립적인 표본에서 예언변인과 기준변인과의 관계가 얼마나 일관성이 있느냐를 의미한다.
- 교차타당도란 결국 한 타당도 결과의 신뢰도를 검증하는 것이 되며, 이러한 과정을 통하여 우연적인 연산적 오차의 크기를 추정하여 타당도 자료에 필요한 수정을 한다.

5. 신뢰도와 타당도의 관계

① 신뢰도가 검사점수의 안정성에 관한 것이라면, 타당도는 외적 준거와 관련된 것이다.
② 타당도 검증에서는 알맞고 믿을 만한 준거를 설정하는 것이다.
③ 신뢰도가 높다고 하여 반드시 타당도가 높은 것은 아니다.
④ 타당도가 낮다고 하여 반드시 신뢰도가 낮은 것은 아니다.
⑤ 타당도가 없어도 신뢰도를 가질 수 있다.
⑥ 타당도가 있으면 반드시 신뢰도도 있다.
⑦ 타당도는 신뢰도의 충분조건이고, 신뢰도는 타당도의 필요조건이다.
⑧ 타당도와 신뢰도는 비대칭적 관계이다.

핵심문제 06

다음 중 동일한 검사를 두 번 실시하여 두 검사 점수의 결과의 일치성을 통해 신뢰도를 측정하는 방법은?

① 동형검사 신뢰도
② 검사-재검사 신뢰도
③ 반분신뢰도
④ 내적 합치도
⑤ 조사자 간 신뢰도

고득점을 향한 해설

검사-재검사 신뢰도는 동일검사를 동일대상에게 시간차를 두고 실시하여 그 점수의 일치도를 통해 신뢰도를 파악하는 신뢰도 검증 방법이다.

답 ②

PART 04

집단상담 및 가족상담

Chapter 01	집단상담
Chapter 02	가족치료

교육이란 사람이 학교에서 배운 것을
잊어버린 후에 남은 것을 말한다.
― 알버트 아인슈타인 ―

CHAPTER 01 집단상담

핵심 KEY

집단상담의 개념 집단상담의 유형 집단상담의 과정 집단상담의 이론
집단역동과 응집력 집단지도자 집단상담의 기법 집단상담의 윤리 및 평가

01 집단상담

1. 집단상담의 정의

한두 사람의 상담자가 여러 명의 참여자를 대상으로 집단을 구성하고 수용적인 분위기에서 그 참여자들의 역동적 상호작용을 활용하여 문제를 해결하거나 성장, 발달을 촉진시켜 나가는 과정이라고 말할 수 있다. 이러한 집단상담의 개념을 보다 구체적으로 설명하면 다음과 같다.

① 집단상담의 대상은 비교적 정상 범위의 적응 수준에 속하는 사람들이다.

집단상담은 정신병, 신경증, 혹은 성격장애를 지닌 사람들을 대상으로 하지 않는다. 또한 극히 심한 개인적인 문제를 가진 내담자도 집단의 구성원으로는 부적절하다. 비교적 정상적인 범위에 속하는 사람들을 대상으로 하고, 집단의 응집력을 파괴할 위험성이 있는 극단적인 개인 행동은 억제한다.

② 집단상담의 초점은 생활상의 적응이나 개인의 성장에 둔다.

집단상담은 비정상적인 성격을 고치거나 병든 마음을 고치기 위하여 진행되는 과정이 아니다. 집단상담에서 다루는 문제는 개인의 정상적인 발달 과업의 문제들이거나 생활 속에서 바람직한 자기이해와 대인관계를 갖도록 도와주는 과정이다.

③ 집단상담을 이끌어가는 상담자는 전문적인 능력을 갖춘 사람이어야 한다.

전문적인 능력이란 개인상담에 대한 성공적인 경험이 있고, 인간의 성격과 집단역동에 관한 광범위한 이해가 있으며, 타인과의 관계에서 정확한 의사소통 및 감정소통의 기술을 갖춘 것을 의미한다. 이를 위해 계속적으로 선배 집단상담자의 지도와 수련을 받는 것이 좋다.

④ 집단상담의 분위기는 상호신뢰적이고 수용적이어야 한다.

집단상담의 장은 자신을 노출할 수 있는 안전한 곳이어야 한다. 있는 그대로의 자신이 받아들여지고 있다는 느낌이 있을 때 자기를 노출할 수 있고 자기를 발견하며 의미 있는 성장과 행동변화가 이루어진다. 따라서 집단원 상호 간의 신뢰와 무조건적인 수용은 효과적인 집단상담의 필수조건이다.

⑤ 집단상담은 역동적인 상호교류를 통해 변화를 가져온다.

집단상담 내에서 이루어지는 상호교류는 일방적이거나 정적이지 않고 상호역동적인 것이다. 구성원들이 서로의 자극을 통해 끊임없이 영향을 주고 받는 움직임과 흐름이 있기 때문이다. 이와 같은 의미 있는 상호관계를 통해 개인은 탐색되고 명료화되고 수정되면서 변화가 일어나게 된다.

2. 집단상담의 목적

집단상담 경험을 통해 얻고자 하는 궁극적인 목적은 자기성장이라고 할 수 있다. 자기의 문제, 감정 및 태도에 대한 통찰력을 개발하고 보다 바람직한 자기관리와 대인관계적 태도를 터득하는 것이며 자기성장을 이루는 과정은 자기를 이해하고(자기이해), 수용하면서(자기수용), 개방하고(자기개방), 나아가 자신이 나타내고자 하는 바를 주장하는(자기주장) 가운데 이루어진다.

① 자기이해(Self-Understanding)

자신의 긍정적인 면과 부정적인 면 모두를 사실 그대로 이해하는 것이다. 자신에 대한 이해는 다른 사람에 대한 이해를 촉진시킨다. 자신을 이해할 수 있는 범위에서 다른 사람을 이해할 수 있기 때문이다.

② 자기수용(Self-Acceptance)

이해한 그대로의 자신을 인정하고 받아들이는 것이다. 자신의 부족한 부분을 새롭게 알게 되었을 때 비교의 기준에서 바라보는 것이 아니라 각자의 독특한 특징인 것을 수용한다. 이러한 자기수용은 나아가 상대방을 수용하고 모든 타인이나 자연현상까지도 수용하게 한다.

③ 자기개방(Self-Disclosure)

이해하고 수용한 자신을 그대로 드러내 보이는 것이다. 자기개방은 타인의 개방을 촉진시켜 상호이해의 폭을 넓히고 좋은 인간관계를 형성해 자기 성장을 돕는 역할을 한다. 또한 자신을 방어하는 데 필요한 에너지를 자기 성장에 돌릴 수 있어 자기 성장을 촉진시킨다.

④ 자기주장(Self-Assertiveness)

상대방에게 피해를 주지 않으면서 자신이 나타내고자 하는 바를 나타내는 행동이다. 자기개방은 자신의 느낌이나 생각 또는 사실을 나타내는 것을 강조하는 데 비해 자기주장은 자신의 권리와 의견 등에 대해 보다 적극적으로 상대에게 알리는 것이다.

3. 집단상담의 장점

① 시간 및 비용의 절감

집단상담은 상담자가 한정된 시간에 더 많은 내담자들을 상담할 수 있어서 효율적이다. 특히 학교나 산업체, 재활센터, 교정시설과 같은 기관에서 소수의 상담자가 다수의 내담자들에게 상담 서비스를 제공하는 것을 가능하게 한다. 상담자뿐 아니라 내담자의 입장에서도 개인상담보다 더 다양한 정보를 얻을 수 있고 많은 사람들과 접촉경험을 가질 수 있으므로 효과적이다.

② 편안함과 친밀감

내담자들은 일대일의 상담관계보다 집단에서 훨씬 편안함을 느낀다. 개인상담에서는 상담자를 높은 위치에 놓기 때문에 불편할 수 있지만 집단에서는 동료집단이 있기 때문에 편안하게 자신을 노출할 수 있다. 또한 드러나는 문제가 나만의 것이 아니라는 것을 확인하면서 더 안심하고 자신을 표현할 수 있고 그로 인해 친밀감을 느낀다.

③ 소속감과 동료의식

동료들 간에 서로의 관심사나 감정들을 터놓고 이야기하기 때문에 쉽게 소속감과 동료의식이 생긴다. 자신의 문제가 자기만의 것이 아니고 구성원들 모두 비슷한 문제를 가지고 있다는 것을 알게 되면서 심리적 고통에서 해방감을 맛보기도 한다. 또 소속감과 동료의식이 생기면서 외로움, 고립감, 무기력감과 같은 정서적인 문제가 자연스럽게 해소되는 효과를 얻을 수 있다.

④ 풍부한 학습 경험

집단상담은 다양한 성격의 소유자들과 접할 수 있는 기회를 제공한다. 그래서 개인상담에서는 경험할 수 없는 풍부한 학습 경험을 하게 된다. 연령과 흥미, 성장배경, 사회경제적 지위 등이 다른 개인들로부터 다양한 정보를 얻을 수 있고, 서로의 사고, 행동, 생활양식 등을 탐색하면서 상호교류할 수 있는 능력이 개발된다.

⑤ 지도력의 경험

집단상담에서는 상담자의 지시나 조언 없이도 참여자들이 서로의 상담자가 될 수 있다. 집단원들은 상호 간에 경청하고, 수용하고, 지지하고, 직면시키고, 해석해주기도 하면서 자연스럽게 상담자의 역할을 하기 때문이다. 이런 과정을 통해 지도력을 경험하고 향상시키게 된다.

⑥ 관찰 및 경청 능력 개발

적극적으로 참여할 수도 있지만 뒤로 물러나 관찰할 수도 있다. 다른 사람들의 이야기나 행동을 경청하고 관찰하면서 함께 생각하고 느끼며 집단활동에 참여할 수도 있다.

⑦ 문제해결 행동의 실천

집단상담은 실제 생활에 가까운 사회 장면을 제공한다. 건강한 가족과 같은 분위기를 만들어 새로운 행동과 사회적 기술을 실습해볼 수 있다. 비난이나 처벌에 대한 두려움 없이 지지하고 격려하는 분위기 속에서 참여자들은 문제해결을 위한 새로운 행동을 시험하게 되고, 집단 구성원으로부터 여러 각도의 평가와 조언을 듣게 된다. 집단원들은 이 과정에서 습득한 적응능력과 기술을 자신의 실생활에 적용하면서 더 생산적인 삶을 살 수 있다.

⑧ 개인상담으로의 연결

개인상담의 필요성이 있음에도 상담에 대한 인식이 부족하거나 저항이 있는 내담자의 경우 집단상담이 연결 고리가 될 수 있다. 개인상담의 필요성을 느끼게 될 때 긍정적인 집단 경험에 용기를 얻어 상담을 요청할 가능성이 높아지는 것이다. 또 집단상담을 통해 새롭게 자신의 문제를 인식하고 개인상담을 요청할 수도 있다.

4. 집단의 치료적 효과 – 얄롬(Yalom)

① 희망의 고취 : 집단은 집단원들에게 문제가 개선될 수 있다는 희망을 심어준다.
② 보편성 : 다른 사람들도 자기와 비슷한 갈등, 생활경험, 문제를 가지고 있다는 것을 알고 위로를 얻는다.
③ 정보전달 : 동료 참여자에게서 직·간접적인 제안, 지도, 충고 등을 얻어 자신의 문제에 대해 명확하게 이해할 수 있다.
④ 이타심 : 자신도 누군가에게 도움을 줄 수 있고 타인에게 중요할 수 있다는 발견은 자존감을 높여준다.
⑤ 1차 가족집단의 교정적 재현 : 집단원이 부모형제의 역할을 수행하여, 가족집단 내 상호작용의 재현을 통해 해결하지 못한 갈등상황에 대해 탐색 및 도전한다.
⑥ 사회기술의 개발 : 피드백 또는 특정 사회기술에 대한 학습을 통해 대인관계에 필요한 사회기술을 개발한다.

⑦ 모방행동 : 집단상담자와 집단원은 새로운 행동을 배우는 데 모델이 된다.
⑧ 대인관계학습 : 집단은 대인관계 형성의 새로운 방식을 시험해볼 수 있는 장이 된다.
⑨ 집단응집력 : 집단 내에서 자신이 인정받고, 수용된다는 소속감은 그 자체로 집단원의 긍정적인 변화에 영향을 미친다.
⑩ 정화(Catharsis) : 집단 내의 비교적 안전한 분위기 속에서 집단원은 억압되어 온 감정을 새롭게 발산한다.
⑪ 실존적 요인들 : 집단원과 경험 공유를 통해 인생에 대한 궁극적인 책임은 스스로에게 있는 것을 배운다.

5. 집단상담과 개인상담의 비교

① 집단상담이 필요한 경우
- 여러 사람들을 보다 잘 이해하고, 다른 사람이 자신을 어떻게 보는가를 알아야 할 것으로 판단되는 내담자, 특히 자신과 성격, 생활배경 등이 다른 사람들에 대해 배려와 존경심을 습득해야 할 것으로 판단되는 내담자
- 다른 사람과의 대화를 포함한 사회적 기술의 습득이 필요한 내담자
- 다른 사람과의 유대감, 소속감 및 협동심의 향상이 필요한 내담자
- 자신의 관심사나 문제에 대해 다른 사람의 반응 및 조언이 필요한 내담자
- 동료나 타인의 이해와 지지가 도움이 되리라고 판단되는 내담자
- 자신의 문제에 관한 검토, 분석을 기피하거나 유보하기를 원하고, 자기노출에 대해 필요 이상의 위협을 느끼는 내담자

② 개인상담이 필요한 경우
- 문제가 위급하고, 원인과 해결방법이 복잡하다고 판단되는 내담자
- 자기 자신과 관련 인물들의 신상을 보호할 필요가 있는 내담자
- 심리검사 결과를 해석해주는 면담이 필요한 내담자
- 집단에서 공개적으로 발언하는 것에 대해 심한 불안 공포가 있는 내담자
- 상담집단의 동료들로부터 수용될 수 없을 정도로 대인관계가 좋지 못한 내담자
- 자기 자신에 대한 탐색, 통찰력이 극히 제한되어 있는 내담자
- 상담자나 다른 사람들로부터의 주목과 인정을 강박적으로 요구할 것으로 판단되는 내담자
- 폭행이나 비정상적인 성적 행동을 취할 가능성이 있는 내담자

③ 집단상담과 개인상담의 공통점
- 내담자의 자기이해를 촉진한다.
- 생활상의 문제해결을 돕는다.
- 내담자들의 자기공개, 자기수용이 중요하다.
- 이해적이고 허용적인 상담분위기의 조성과 유지가 필요하다.
- 상담자의 기법면에서 내담자가 이야기한 것을 비판하지 않고 의미를 요약하며, 더 분명하게 해주는 기법을 사용한다.
- 사적인 정보와 비밀을 보호한다.

④ 집단상담과 개인상담의 차이점
- 집단상담은 남을 대하는 바람직한 태도나 행동 반응을 즉각적으로 시도해보고 확인할 수 있으며 타인과의 친밀감에 관한 경험을 제공할 수 있다.
- 집단상담에서는 참가자들이 다른 참가자들로부터 도움을 받을 수 있을 뿐 아니라 참가자 자신이 다른 사람을 도와주는 경험을 할 수 있다.
- 집단상담의 상담자는 내담자의 발언이 다른 내담자와 상담집단 전체에 어떤 영향을 주고있는가를 유의하여 관찰해야 한다.

⑤ 집단상담이 부적합한 경우 - 말러(Mahler)
- 내담자가 위기에 처했을 경우
- 내담자 보호를 위해 비밀이 철저히 보장되어야 하는 경우
- 자아개념과 관련된 검사를 해석할 경우
- 내담자가 비정상적으로 말하는 것에 두려움을 가지고 있는 경우
- 내담자의 대인관계 기술이 극도로 효율적이지 못한 경우
- 내담자의 인식, 자신의 감정, 동기, 행동에 대한 인식이 매우 부족할 경우
- 일탈적인 성적 행동의 가능성을 가지고 있는 경우
- 주의집중에 대한 내담자의 요구가 집단에서 다루어지기 어려운 경우

6. 집단상담, 집단지도, 집단치료의 비교
① 집단상담과 집단지도
- 집단지도의 정의
  - 바람직하고 건전한 학습 및 생활태도를 촉진하기 위해 정보와 자료를 제공하는 예방적인 접근방법이다.
  - 필요한 정보를 주고 새로운 문제 사태에 대한 방향을 안내하는 데 역점을 둔다.
  - 학교나 연수원에서 실시되는 교육적 경험이다.
  - 학습방법, 진로 방향에 관한 결정과 실천을 위한 자료 등을 제공한다.
  - 지도의 내용과 책임이 주로 교사나 지도자에게 있다.
- 집단상담과 집단지도의 비교

구 분	집단상담	집단지도
진행방법	상담자와 참여자가 함께 진행	교사나 강사의 책임 아래 진행
목 적	참여자 개인에게 초점을 맞추고 개개인의 실제적 행동의 변화가 목적	개인의 행동변화를 구체적으로 다루지는 않고 변화에 대한 정보 제공이 목적
지도자의 역할	안내자, 민주적인 촉진자	교육자로서 집단의 구조, 활동방향 및 진행내용 등에 있어서 권위적인 책임
다루는 내용	참여자들의 개인적인 태도나 정서적 반응	학습방법, 수험요령, 진로결정 방법, 여가선용, 인간관리, 인간관계와 의사소통 등 교육적이고 직업적인 지식
목 표	참여자들의 생활상의 문제를 개인 나름대로 탐색하고 해결하도록 도와주는 것	특수한 정보를 얻고, 특정한 방법을 학습한다는 참여자들의 공통적 목표

② 집단상담과 집단치료
- 집단치료의 정의
  - 정서적 장애나 심리적 갈등이 있는 내담자들이 정상적인 생활을 할 수 있도록 전문적으로 도와주는 것이다.
  - 무의식적 동기에 관심을 기울여 정서적 장애를 치료하는 것이 목적이다.
  - 장기간의 치료를 요하며 주로 의학적 환경과 관련된다.
  - 물질 오남용(알코올을 포함)을 일삼는 사람, 심각한 정신장애 진단을 받은 사람, 비행청소년, 자살우려가 있는 사람 등이 대상에 포함된다.
- 집단상담과 집단치료의 비교

구 분	집단상담	집단치료
대 상	비교적 정상적인 내담자 집단	임상적으로 비정상적인 내담자(환자) 집단
목 적	현재의 문제와 관련되는 요인들을 검토하고 앞으로의 성장 발달을 위한 태도변화를 강조	내담자가 겪고 있는 문제의 배경이 되는 억압된 심리적 자료(무의식적 동기)를 주로 탐색하고 해석
강조점	참여자의 현재와 미래에 관심을 둠	과거(즉, 부적응행동의 원인)에 더 강조점을 둠
접근방법	예방적·성장촉진적인 접근방법	교정적 접근방법
다루는 내용	자아개념이나 사회적 관계, 정상인의 발달에 관련된 문제를 주로 다룸	신경증이나 성격장애, 심한 심리적 갈등을 가진 사람들의 증세와 갈등을 해소

7. 집단상담의 계획
① 집단의 장소와 분위기
- 집단상담실은 심리적인 안정감을 주고 아늑하여 집단 과정에 몰입하는 데 방해를 주지 않을 정도로 정돈되어 있는 곳이어야 한다.
- 위치, 크기 및 분위기는 집단원의 수, 연령, 그리고 주된 활동 프로그램에 따라 다를 수 있다.
- 비언어적인 의사소통이 특히 중요하기 때문에 익숙해지면 원탁을 치우고 모든 집단원이 서로 전체적으로 바라볼 수 있도록 하면 좋다.
- 녹음기나 녹화장치를 이용하여 피드백을 주고받을 수 있고 연구의 자료로 쓸 수도 있는데, 이때는 사전에 분명히 알리고 동의를 받아야 한다.

② 집단의 크기
- 집단의 적절한 크기의 기준은 대체로 그 구성원의 성숙도, 집단상담자의 경험, 집단의 유형, 탐색할 문제나 관심의 범위, 그리고 타인에 대해 알고자 하는 집단원의 요구 등의 요인에 따라 다를 수 있다.
- 집단의 크기는 모든 집단원이 원만한 상호작용을 할 수 있을 정도로 커야 하고, 동시에 모든 집단원이 정서적으로 집단활동에 관여하여 집단감정을 느낄 수 있을 정도로 작아야 한다.
- 일반적으로 나이가 어릴수록 적은 수의 집단, 성인이 될수록 다소 많은 수의 집단으로 구성하는 것이 바람직하다.
- 7~8명 정도를 이상적인 수로 보고, 두 사람이 집단을 지도할 때는 15명 정도도 무방하다고 본다.

③ 집단의 구성
- 집단의 구성원이 동질적이어야 하는가, 이질적이어야 하는가의 여부는 집단의 목적과 목표에 의해 결정된다. 특정한 욕구가 있는 경우에는 그 대상에 속하는 사람(동질성)으로만 집단을 구성하는 것이 더 적절하다.
- 동질집단에서는 출석률이 좋고, 쉽게 공감이 이루어지며, 상호 간에 즉각적인 지지가 가능하며, 응집력이 좋아 집단소속감이 쉽게 이루어진다. 그러나 새로운 자극을 접할 기회가 적기 때문에 행동변화의 가능성은 낮다.
- 이질집단에서는 다양한 대인 간의 상호작용이 가능하므로 의미 있는 자극을 주고받을 수 있으며 서로의 차이점을 발견하고 이해하며, 현실검증의 기회도 더 풍부하다. 그러나 자기노출과 유대관계를 형성하는 데 오래 걸리고 집단 초기의 방어와 저항의 태도로 탈락자가 발생할 확률이 높다.
- 아동의 경우 동질집단을 구성하는 것이 좋고, 청소년은 남녀 혼합으로 집단을 구성, 성인의 경우는 경험을 교환할 수 있도록 연령이 다른 집단을 구성하는 것도 효과적이다.

④ 기간
- 모임의 기간은 집단의 목적과 성숙도, 그리고 외적 조건에 따라 조정될 수 있다. 모임의 시간은 30분에서 120분까지 정할 수 있으나, 보통 90분에서 120분 정도가 적당하다.
- 모임의 기간은 집단원들이 제각기 참여의 기회를 가질 수 있어 정서적으로 자신을 투입할 수 있으며, 원만한 집단활동이 전개될 수 있을 정도의 시간적 여유를 가지는 것이 좋다.
- 집단상담을 시작할 때 미리 그 기간을 분명히 하고 종결의 시일도 정해두어야 한다. 중고등학교 이상의 집단에서는 보통 한 학기에 15주간을 집단상담의 기간으로 정할 수 있다.

8. 집단상담의 한계

① 대상과 치료의 한계
- 개인상담에서는 모든 사람이 도움을 받을 수 있지만 집단상담에서는 구성원이 되기에 곤란한 내담자들이 있다. 성격적인 문제가 있거나 공개하기 어려운 사적인 문제를 가지고 오는 경우 이들은 참여에도 제한이 있지만 치료에도 제한이 있다.
- 집단상담에서는 한 참여자의 개인적인 문제를 깊이 다루기보다는 전체 상담집단의 공통적인 문제를 다루기 때문에 특정 참여자의 개인적인 문제는 자칫 등한시되기 쉽다. 그러므로 상담자의 개인적인 관심이나 보살핌이 필요하거나 더 집중적인 치료적 접근이 요구되는 사람에게는 적합하지 않다.

② 집단의 압력
- 참여자들은 때로 심리적으로 준비가 되기 전에 자신의 속마음을 털어놓아야 한다는 집단의 압력을 받기 쉽다.
- 집단 구성원들과 판이하게 다른 특성이나 배경을 가진 집단원은 다른 사람들의 가치관에 동조해야 할 것 같은 압력을 받을 수 있다.

③ 비밀 보장의 어려움
- 집단상담 과정에서 비밀 보장을 약속하지만 구성원이 많기 때문에 비밀 보장에 어려움이 있다.
- 비밀 보장이 철저히 이루어지지 않는 경우 그로 인한 사회적, 법적 문제를 야기할 수 있다.
- 집단상담자는 집단의 초기에 그러한 한계를 설정해줌으로써 집단원들이 자기개방을 할 때 적정한 한계를 설정하도록 도와야 한다.

④ 지도자의 전문성
집단상담이 활성화되면서 적절한 훈련이나 경험 없이 집단상담을 인도하는 지도자가 되는 경우가 많다. 이는 자신과 타인에게 해를 끼치는 부적절한 지도성의 문제를 야기할 수 있다.

⑤ 변화에 따른 부작용
집단상담에 참여하기 전에는 현실에 적응해서 살았으나 집단상담을 경험한 후에 오히려 혼란을 경험하는 경우가 있는데, 이는 집단상담을 통해 생활양식 및 가치관의 변화를 가져와 일시적으로 안정감을 상실할 수 있기 때문이다.

핵심문제 01

집단상담을 준비할 때 고려해야 할 사항으로 옳지 않은 것은?

① 집단의 크기는 일반적으로 5~15명 정도가 적합하다.
② 상담의 목적에 따라 구성원이 동질적 혹은 이질적 집단으로 결정된다.
③ 모임 기간은 집단의 목적이나 성숙도 조건에 따라 조정될 수 있다.
④ 집단의 비밀성 등을 위해 중간의 신규성원은 받아들이지 않는 것이 좋다.
⑤ 모임의 장소는 너무 크지 않고 외부로부터 방해받지 않아야 한다.

고득점을 향한 해설
집단의 개방정도, 즉 신규성원을 받아들일 것인지, 받아들이지 않고 기존의 집단원으로만 할지는 집단 목표와 환경에 따라 달라질 수 있다.

답 ④

---

02 | 집단역동과 응집력

1. 집단역동

① 집단역동의 정의
- 하나의 공통장면 또는 환경 내에서 일어나는 복합적이고 상호작용적인 힘들을 말한다.
- 집단원들이 목적을 달성하기 위해 노력할 때 일어나는 상호작용적 힘이다.
- 집단역동은 집단의 발달에 긍정적으로 작용할 수도 있지만 해를 끼칠 수도 있다.

② 집단역동에 영향을 미치는 요소들
- 집단의 배경
  - 새로운 집단인지, 이미 계속해서 모이고 있던 집단인지에 따라 시간과 노력을 쓰는 곳이 다르므로 집단의 역동은 달라진다.
  - 어떤 종류의 사람들로 집단이 구성되었는지, 집단에 대한 사전 경험을 가진 사람이 얼마나 되는지, 혹은 집단원들이 어떤 기대나 요구를 가지고 왔는지 등의 배경적 요소들이 그 집단의 역동에 영향을 미친다.
- 집단의 참여형태
  - 상담자가 집단원들에게 일방적으로 이야기하는 경우, 상담자가 이야기하면 집단원들이 그것에 대해 반응하는 경우, 모든 집단원들이 서로 이야기를 주고받는 경우, 한 개인이 전체 집단을 상대로 이야기를 주고받는 경우 등 집단의 참여형태에 따라 집단역동은 달라진다.
  - 대체로 집단원들의 참여가 광범위하게 이루어진 집단일수록 집단에 대한 흥미와 관여가 더욱 깊어지게 된다.
- 의사소통의 형태
  의사소통은 집단활동의 궁극적 목표달성을 위한 기본 수단이며, 의사소통의 양상이나 내용은 그 집단의 역동에 결정적인 영향을 미친다.
- 집단의 응집성과 분위기
  - 집단이 어느 정도로 하나의 공동체로서 함께 활동하고 있는가를 측정하는 응집성에 따라 집단의 역동은 달라진다. 낮은 응집력은 집단활동의 주된 흐름을 벗어나 파벌이나 하위집단을 형성하고, 높은 응집력은 책임감과 상호의존적인 분위기에서 효과적인 집단활동을 가능하게 한다.
  - 집단은 따뜻한 분위기, 친절한 분위기, 허용적인 분위기가 있는 반면 적대적인 분위기, 긴장된 분위기, 형식적인 분위기 등이 있을 수 있다. 이러한 집단의 분위기는 집단 목표의 성취에 중요한 요인이 된다.
- 집단규범
  공동목표를 성취하기 위해 집단에서 용납될 수 있는 행동이 무엇인가에 관한 원리 혹은 표준이 있는데 이러한 규준들은 보통 암시적으로 통용되는 경우가 많기 때문에 처음에는 혼란스러울 수 있다. 규준을 성립하고 준수하는 과정이 집단의 역동관계에 영향을 미친다.
- 집단원들의 사회적 관계유형
  집단원들은 집단 내에서 더 좋아하는 사람과 싫어하는 사람을 쉽게 확인하는 경향이 있다. 이러한 우정과 반감의 미묘한 관계성, 즉 집단원들 간의 사회적 관계의 유형이 집단활동과 역동관계의 형성에 중요한 영향을 미친다.
- 지도성의 경쟁
  지정된 지도자가 그의 지위를 확립하지 못하거나 지도성을 골고루 나누어 가질 수 있는 여지를 보였을 때 집단의 역동적 특징의 하나로 지도성의 경쟁현상이 나타난다. 이러한 경쟁은 생산적인 결과를 가져와 바람직할 수도 있지만 중요한 과업을 이루는 데 방해가 될 수도 있다.
- 숨겨진 안건 : 비공개된 중요한 의도나 안건은 이를 표면화시켜 취급해야 한다.

- 제안의 묵살
    - 집단구성원들은 적절한 제안을 할 수 있는 능력이 요구된다.
    - 제안이 여러 번 묵살되는 경우 묵살당한 본인이 집단 앞에 자기 제안을 표현하도록 조력해야 한다.
- 신뢰수준 : 집단상담 성패의 관건이 되는 요소이므로 보다 높은 신뢰수준을 위해 노력해야 한다.

2. 집단응집력

① 집단응집력의 정의
- 집단원들이 하나의 통합된 전체로 묶여 있는 유대관계의 정도를 말한다.
- 집단에 대한 매력, 집단원에 의해 나타나는 동기 수준 혹은 사기, 집단활동에 대한 관심도 등으로 측정되며 집단에 남고자 하는 구성원의 동기의 정도를 나타낸다.
- 응집력이 높은 집단은 구성원들이 모임에 빠지려 하지 않으며 보다 적극적으로 활동에 참여한다. 만약 외부로부터 공격을 받게 되면 방어하기 위해 그 집단은 하나로 뭉쳐진다.
- 응집력이 높지 않은 집단의 구성원들은 집단활동에 큰 관심이 없다. 또 집단활동의 주된 흐름을 벗어나서 은밀한 특정 집단원 간의 대화나 파벌을 형성한다.
- 집단응집력은 집단 내 활동과 집단의 유지에 영향을 미치는데, 집단이 존재하려면 최소한의 응집력이 요구된다.
- 상호작용, 사회적 영향, 만족도 등은 집단의 응집력에 크게 영향을 미치는 요인이다.

② 집단응집력과 상호작용
- 집단의 응집력은 언어를 통한 상호작용의 양에 비례한다. 즉 응집력이 높은 집단에서는 의사소통의 양이 많고 응집력이 낮은 집단에서는 의사소통의 양이 상대적으로 적다.
- 집단의 응집력은 상호작용의 질과도 비례한다. 응집력이 높은 집단에서는 문제를 해결하는 데 있어 '우리'라는 말을 '나'라는 말보다 더 많이 사용한다.
- 의사소통의 형태도 집단의 응집력에 기여한다. 응집력이 높은 집단에서는 합의에 도달하는 데 매우 적극적이고, 집단의 통합을 증진시키는 방향으로 의사소통이 진행된다. 반면 응집력이 낮은 집단에서는 구성원들이 독립적으로 행동하고 상대방의 의견을 고려하지 않는다.

③ 집단응집력과 사회적 영향
집단응집력과 사회적 영향은 밀접하게 연관되어 있다. 응집력이 높은 집단에서는 낮은 집단에 비해 다른 사람에게 긍정적으로 반응하며 상대방의 의견에 나의 의견을 맞추려는 경향이 강해진다.

결국 집단의 응집성은 집단원 간의 사회적 영향을 증진시키고, 그 결과로 집단 표준에 대해 동조하는 반응을 보인다. 집단의 기능을 촉진시키는 방향으로 행동하는 것이다.

④ 집단응집력과 만족도
응집력이 높은 집단의 구성원들은 응집력이 낮은 집단의 구성원들보다 집단에 대한 만족도가 크다. 응집력은 집단 과정과 밀접한 관계를 맺고 있는데, 집단응집력이 높을 경우 상호작용과 의사소통이 원활하고 서로에게 긍정적인 영향을 주고 있기 때문에 구성원들의 만족도도 높다.

핵심문제 02

집단응집력에 대한 설명으로 옳지 않은 것은?

① 응집력이 높은 집단은 집단의 기능을 촉진시킨다.
② 응집력이 높은 집단은 집단에 대한 만족도가 크다.
③ 응집력이 낮은 집단은 상대방의 의견에 나의 의견을 맞추려는 경향이 강해진다.
④ 응집력이 낮은 집단은 특정 집단원 간의 대화나 파벌을 형성한다.
⑤ 응집력이 높은 집단은 집단 표준에 대해 동조하는 반응을 보인다.

고득점을 향한 해설

응집력이 높은 집단에서는 다른 사람에게 긍정적으로 반응하며 상대방의 의견에 나의 의견을 맞추려는 경향이 강해진다.

 ③

03 | 집단상담의 유형

1. 개방집단과 폐쇄집단

① 개방집단
- 집단 진행 도중 일부 집단원이 나가면 새로운 집단원이 들어오고 집단은 계속 진행된다.
- 집단원들이 좀 더 다양한 사람들과 교류할 수 있는 기회가 늘어나고 새로운 성원의 아이디어나 자원을 활용할 수 있다는 장점이 있다. 또 새로운 성원의 참여로 집단의 분위기를 새롭게 조성할 수 있다.
- 응집력이 약해지고 집단정체성에 문제가 발생할 수 있으며 의사소통이나 수용, 지지 등이 부족해 갈등을 일으킬 수 있다. 새로운 성원의 참여가 집단 과업의 과정에 방해요소가 될 수도 있다는 단점이 있다.

② 폐쇄집단
- 시간제한이 있고 집단 회기도 미리 정해져 있어서 집단이 끝날 때까지 새로운 구성원은 받아들이지 않는다.
- 같은 성원의 참여로 결속력이 강하며 안정적으로 집단의 과업을 이루어갈 수 있다는 장점이 있다.
- 새로운 정보의 유입이 없어 효율성이 떨어지고 소수의 의견이 집단 논리에 의해 무시될 수 있으며, 집단원이 결석하거나 탈락하면 집단이 작아져 집단에 부정적인 영향을 미칠 수도 있다는 단점이 있다.

③ 개방집단의 보완적 적용
- 불안정성이라는 개방집단의 약점을 보완하려면 새로운 구성원을 한꺼번에 많이 합류시키기보다 한 번에 한 명씩 받아들이는 것이 좋다.
- 집단 규칙에 대해 배울 수 있도록 지도자가 오리엔테이션을 한다. 기존 집단원들에게 기본 규칙을 가르치도록 요청해도 좋다.

- 한 회기 내에 다룰 수 없는 어떤 집단원의 고통스러운 문제에 대한 탐색을 촉진하지 않는 것이 좋다. 또 주어진 회기 내에 어떤 식으로든 해결점에 이를 수 있도록 집단원 간의 상호작용을 이끈다.
- 새로운 집단원이 참여하면, 이들에게 적어도 6회기까지 참여하도록 동의를 구한다.

2. 구조화집단과 비구조화집단

① 구조화집단
- 상담자가 집단의 목표와 과정 등을 정해놓고 집단을 주도적으로 이끌어가는 형태이다.
- 합의된 공동목표를 달성하는 데 시간과 경비를 절약할 수 있다.
- 수줍음을 많이 타거나 적극적이지 못해 의사소통 과정에 참여하기 어려운 사람은 구조화된 집단에서 변화의 기회를 얻기 쉽다.
- 지나치게 엄격한 조직은 집단원의 자발성과 창의성의 발달을 막는 결과를 초래할 수 있다.
- 행동주의적 집단에서 주로 사용한다.
- 스트레스대응 훈련, 가치명료화 훈련, 잠재력개발 훈련, 대인관계 훈련 등 소집단 훈련프로그램들이 구조화집단이라고 할 수 있다.

② 비구조화집단
- 집단의 목표, 과제, 활동방법 등에 대해 미리 정해놓지 않고 내담자의 욕구에 맞춰 스스로 정해나가는 형태이다.
- 내담자의 자발성이 요구되며 집단의 심리적 관계가 중요한 작업 대상이 된다.
- 집단원들 간의 관계를 분석하여 개인 내 또는 개인 간 갈등을 이해하고 해결하고자 하는 것이 비구조적 집단의 주요 방법과 목표이다.
- 지나치게 비조직적인 집단에서는 집단원들이 우왕좌왕하기 때문에 시간과 정열을 낭비할 우려가 많다.
- 정도가 넘는 불만이나 욕구좌절은 생산적인 집단활동과 개인의 성장에 저해 요인이 될 수 있다.
- T-집단은 대표적인 비구조화집단이다. T-집단의 집단상담자는 처음 시작할 때부터 자신은 아무것도 하지 않은 채 집단원 중에서 지도성을 발휘할 사람이 나오고, 집단 스스로 집단을 이끌어나가도록 기다린다.

3. 협동상담

① 협동상담의 방법
- 집단원의 수가 10명이 넘을 경우 혼자보다는 두 집단상담자가 협력해서 함께 상담할 때 더 효과적일 수 있다.
- 둘 혹은 그 이상의 집단상담자가 동등하게 주 지도자로서 역할을 분담할 수도 있고, 한 지도자가 주 지도자로서의 역할을 하고 다른 지도자는 보조 지도자로서의 역할을 담당할 수도 있다.
- 두 상담자가 마주보고 앉아 각각 자기 시야에 들어오는 반 정도 이상의 집단원들의 거동을 파악할 수 있도록 한다.
- 필요한 경우 두 상담자가 시범을 보임으로써 집단원들의 이해를 도울 수 있다.

② 협동상담의 장점
- 한 지도자가 집단을 이끄는 동안 다른 지도자는 정서적 문제에 집중하는 등 집단 전체를 관찰할 수 있다.
- 지도자들의 관점을 상호교환함으로써 질적인 향상을 가져올 수 있다.
- 공동지도자가 참석해 있으므로 역전이를 줄일 수 있다.
- 초보 지도자의 훈련으로 효과적인 방법이 될 수 있다.

③ 협동상담의 단점
- 집단상담자들 사이에 협동이 이루어지지 않고 의견 충돌이 있을 경우 집단의 유지·발전에 부정적인 영향을 끼친다.
- 지도자들이 경쟁관계(권력 다툼)에 있을 때, 갈등을 초래하고 치료적 역할모델로 기능할 수가 없게 된다.
- 한 지도자가 집단원들과 결탁하여 다른 지도자에 대항하는 경우 집단이 양극화될 수 있다.

4. 아동 집단상담

① 성장중심 집단상담
- 목 적
  - 성장중심 집단상담은 아동들이 일상생활에서 부딪히는 문제들에 좀 더 효과적으로 대처할 수 있는 능력을 극대화시키는 데 초점을 둔다.
  - 아동은 우정, 자기관리 등과 같은 발달적 과제와 관련지어 자신의 생각, 태도, 느낌 및 행동을 검토한다.
  - 아동들이 앞으로 일어날 수 있는 개인의 발달적 위기를 잘 처리할 수 있도록 돕는다.
  - 아동들은 자기와 연령이나 환경이 유사한 다른 아동들과 생각, 감정, 행동을 논의하고 비교하면서 자기확신, 소속감, 수용, 보호, 지지, 격려 등의 느낌을 발전시킨다.
- 집단원의 선정
  - 자원하는 아동들로 집단을 구성하는 것이 효과적이다.
  - 같은 연령이나 같은 학년의 아동들을 한 집단에 포함시키는 것이 바람직하다. 집단에 한 살 또는 한 학년 이상 차이가 나는 아동들을 함께 섞는 것은 좋지 않다.
  - 예비 면접을 통해 의사소통에 방해가 되고 집단이 제 기능을 발휘할 수 없게 하는 성격이나 배경을 지닌 아동은 제외시키는 것이 좋다. 성장중심 집단에서 대부분의 아동들에게 따돌림을 받는 아동은 그 집단에서 희생양이 될 가능성이 있다.
- 집단의 크기
  성장중심 집단은 최소한 4명으로 이루어져야 한다. 아동의 나이가 어릴수록 집단이 작아야 한다. 5~8세 아동 집단은 4~6명이 이상적이고, 나이가 좀 더 들고 성숙한 아동 집단은 6~8명 정도가 효과적이다.
- 모임의 길이와 빈도
  모임의 빈도는 일주일에 한 번 내지 두 번이 바람직하며 일반적으로 어린 아동들인 경우는 한 번의 집단모임 시간을 짧게 하면서 자주 만나는 것이 좋다. 가령 6세 아동 4명으로 구성된 아동집단은 일주일에 두 번, 30분씩 만나는 것이 적절하고, 12세 아동 8명으로 구성된 아동집단은 일주일에 한 번, 1시간씩 만나는 것이 효과적이다.

- 집단의 지속기간

  성장중심 집단의 목표인 아동수준에서의 자기인식과 자기이해, 태도변화를 가져오기 위해서는 10~15회 정도가 바람직하다. 특정한 목표를 위해 만들어질 때는 목적에 맞게 횟수를 정할 수 있다.

② 문제중심 집단상담
- 목 적
  - 아동의 성장에 방해가 될 수 있는 현재 혹은 과거의 개인적 갈등을 치료하는 것에 초점을 두고 있다.
  - 학업의 실패, 비만, 부모의 이혼, 비행의 문제를 경험하고 있는 아동들에게 적합하다.
  - 아동 개개인의 계속적인 발달을 저해하는 개인적 위기에 대처하도록 도와준다.
  - 성장중심 집단보다 더 고도로 구조화되고, 조직화되며, 통제되는 집단이고, 상담자는 집단 내에서 좀 더 일관성 있는 행동을 취해야 한다.
  - 아동의 행동 결과에 대해 막연히 짐작하지 않도록 처음부터 계획적으로 아동에게 설명해야 한다.
- 집단원의 선정
  - 문제중심 집단의 아동은 대개 교사나 부모 등 타인에 의해 의뢰된다.
  - 집단원들이 서로 관계를 맺고 신뢰하게 되는 단계인 집단의 형성기에서 더 오랜 시간을 보내게 된다.
  - 불안과 저항이 심하기 때문에 탐색기와 활동기에 많은 시간이 소요된다.
  - 상담자는 면접을 통해 집단의 균형을 맞출 수 있는 아동으로 집단을 구성해야 한다. 공격적이고 폭력적이어서 다른 아동들에게 위협이 될 만한 아동은 개인상담을 받은 후에 참여시켜야 한다.
  - 아동들의 성격과 문제행동이 가능한 한 동질적이 되도록 한다.
- 집단의 크기
  - 문제중심 집단은 성장중심 집단보다 적은 인원으로 구성된다. 최소 3명에서 최대 6명을 넘지 않아야 효과적이다.
  - 어리거나 심각한 문제를 경험하고 있는 아동들은 3~5명 정도의 적은 숫자로 집단을 구성하는 것이 좋고, 나이가 많거나 좀 더 성숙한 아동들과 자신의 문제를 부분적이나마 직접 해결할 수 있는 아동들은 4~8명 정도의 보다 큰 규모의 집단을 구성하는 것이 좋다.
  - 문제중심 집단은 항상 폐쇄되어 있어야 한다. 일단 집단을 시작하면 새로운 구성원을 받지 않아야 한다.
- 모임의 길이와 빈도
  - 문제중심 집단은 성장중심 집단보다 모임의 길이가 길고 빈도도 많다.
  - 문제중심 집단은 일주일에 최소한 두 번에서 많게는 거의 매일 모이는 것이 좋다.
  - 아동의 나이가 어릴수록 모임 시간을 짧게 해서 자주 만나는 것이 좋다.
  - 집단상담자는 창의력과 융통성을 가지고, 집단의 목표를 이용 가능한 시간 내에 성취하도록 한다.
- 집단의 지속기간

  문제중심 집단은 집단의 목적과 목표가 성취될 때까지 지속한다. 아동행동의 변화를 관찰하기 위해서는 15번 이상의 집단모임이 필요하다.

> **핵심문제 03**
>
> 비구조화집단의 특징으로 옳지 않은 것은?
>
> ① 집단의 목표나 활동방법에 대해 미리 정해놓지 않는다.
> ② 집단의 심리적 관계가 중요한 작업대상이 된다.
> ③ T-집단은 대표적인 비구조화적인 집단이다.
> ④ 스트레스대응 훈련, 잠재력개발 훈련, 대인관계 훈련 등을 주로 한다.
> ⑤ 집단원들 간의 관계를 분석하여 개인 내, 개인 간 갈등을 해결하는 것이 주요목표이다.
>
> **고득점을 향한 해설**
>
> 구조화집단은 상담자가 집단의 목표와 과정 등을 정해놓고 집단을 주도적으로 이끌어가는 형태이고 비구조화집단은 미리 정해놓지 않고 내담자의 욕구에 맞춰 스스로 정해나가는 형태이다. 스트레스대응 훈련, 잠재력개발 훈련, 대인관계 훈련은 구조화집단의 훈련 프로그램이다.
>
> 답 ④

04 | 집단지도자

1. 집단지도자의 자질

① 자신에 대한 각성
- 자신의 강점과 약점을 수용하면서 스스로 완벽하지 않은 존재라는 사실을 인정함으로써 집단 과정을 촉진한다.
- 자기 자신의 사고와 감정, 동기와 목표, 가치관과 정체성 등에 대해 객관적으로 인지하고 있어야 한다.

② 인내와 끈기
- 집단활동 중 자신이나 집단원의 긴장과 불편을 인내해야 한다.
- 집단활동 중 다양한 변수에도 계획을 융통성 있고 끈기 있게 지속해나가야 한다.

③ 개방적인 태도
- 구성원들의 태도, 철학, 관점의 다양성을 충분히 수용하고, 다른 사람의 견해가 자신과 다를 수 있음을 받아들인다.
- 집단원과 부적절한 논쟁을 삼가며, 집단원들에게 가능한 한 많은 자유와 기회를 부여한다.

④ 집단역동에 대한 지식
- 집단의 과정, 집단 내의 상호작용에 대한 지식을 가지고 있어야 한다.
- 집단 과정에서 집단원들이 담당하는 역할을 이해해야 한다.

⑤ 창의성
- 집단원 상호 간의 풍부한 상호작용을 창출해낼 수 있어야 한다.
- 구성원의 잠재적 능력을 확신하고 장려한다.
- 집단상담의 과정에서 창의적이면서 주도적인 태도를 취해야 한다.

⑥ 시간관리 능력
집단의 효과적인 운영을 위해 시간을 효율적으로 활용할 수 있어야 한다.

2. 집단지도자의 역할

① 집단활동의 시작을 돕는다.
서먹함을 느끼는 집단원들이 상호작용을 시작하도록 이끌어주어야 한다. 솔선하여 자신의 느낌을 털어놓아 집단원들이 긴장, 불안, 수줍음 등에 대해 이야기할 수 있는 길을 터놓을 수 있다.

② 집단의 방향을 제시하고 집단 규준의 발달을 돕는다.
집단지도자는 집단 초기에 집단상담의 일반적인 목적과 목표에 대해 소개하고, 집단원들이 그 집단에서 느끼고 행동해야 할 표준들을 제시한다. 그리고 집단지도자가 솔선해서 그렇게 행동한다. 규준은 목표 달성을 돕고 집단의 유지 발전을 돕는다.

③ 집단의 분위기 조성을 돕는다.
효과적인 집단상담을 위해 심리적으로 안정감을 가질 수 있는 장면을 조성해주어야 한다. 허용적인 분위기에서 집단원은 자신을 노출하고 탐색할 수 있으며 새로운 방법으로 행동할 수 있다.

④ 행동의 모범을 보인다.
집단지도자가 스스로 진솔하고 적절한 자기노출을 하면 집단원들도 이를 본보기로 하여 자기를 노출할 수 있게 될 것이다.

⑤ 의사소통 및 상호작용을 촉진시킨다.
집단원 간에 의사소통을 방해하는 장애물을 찾아내도록 돕고, 때로는 의문을 제기하거나 문제를 명료화하는 등 원활한 상호작용이 되도록 돕는다. 집단원의 비언어적 메시지를 파악하고 말의 참뜻을 파악해내는 것도 중요하다.

⑥ 집단원을 보호한다.
누군가 자신의 문제를 깊이 파헤치는 일을 꺼린다면 집단지도자는 거절을 받아들여야 한다. 또한 한 사람이 다른 집단원들에게 압박이나 공격을 당하는 경우가 있다면 즉시 개입하여 그 집단원을 보호해야 한다.

⑦ 집단활동의 종결을 돕는다.
집단은 정해진 시간에 시작하고 정해진 시간에 마쳐야 한다. 종결시에는 학습한 것을 삶에 적용하고 이에 대한 노력을 계속해야 한다는 것과 추가적인 심리 상담이나 집단 모임에 대한 안내 등을 포함시키도록 한다.

3. 집단지도자의 문제행동

① 지나친 개입

집단원 개개인이 말할 때마다 일일이 반응을 보이기보다는 다른 집단원들이 반응을 보일 때까지 잠시 기다려주는 것이 좋다.

② 방어적 태도

집단원들이 집단지도자에 대해 부정적인 평가를 하거나 비판적인 태도를 보일 때 방어적인 태도를 취하면 집단원들도 방어적으로 변할 수 있고 서로 적대감으로 연결될 수 있다.

③ 폐쇄적 태도

집단지도자가 집단 과정에서 자신의 사적인 내용을 노출하지 않으려고 하면 집단원들의 자기개방에 장애물 역할을 할 수 있다.

④ 과도한 자기개방

집단지도자가 자신의 세세한 부분까지 털어놓으면서 자신의 문제를 해결하고자 하면 지도자와 집단원의 경계가 모호해져 집단의 상호작용을 방해할 수 있다. 집단지도자는 자신의 문제를 공개하기보다 집단원들 사이에 자기개방의 빈도와 깊이에서 큰 차이가 나지 않도록 균형 유지를 위한 조정자 역할을 해야 한다.

4. 지도력의 유형

① 지도력의 정의

지도력이란 조직 또는 집단의 공통 목표를 달성하기 위하여 집단의 구성원들이 목표지향적인 행동을 할 수 있도록 집단의 상호작용을 돕는 지도자의 영향력 있는 행동이다.

② 지도력의 유형

민주형	• 인본중심적 또는 비지시적 집단지도력이라고 한다. • 지도자 자신의 지식과 경험보다 집단원들의 자기이해와 문제해결능력을 인정하고 촉진자의 역할을 담당한다. • 명료화 반영, 재진술, 피드백 과정에 대한 평가 등과 같은 상담기법 도구들을 사용한다. • 집단원과 협력하여 집단의 목표와 방향, 절차를 설정하는 작업에 참여한다. • 장점 : 강한 동기 유발, 생산성의 증가, 애정과 협동정신 발전, 상호신뢰, 만족감 • 한계 : 과업성취를 위해 상당히 긴 시간이 소요됨
독단형	• 정신분석적 모형과 관련 있다. • 지도자는 집단원들이 자기주도적이지 못하기 때문에 변화를 독자적으로 발전시킬 수 없다고 믿는다. • 자신의 지식과 경험을 토대로 집단의 방향을 설정하고 집단 과정을 주도한다. • 집단의 역동과 집단 개개인의 행동을 해석하여 집단원의 행동에 대한 이해의 폭을 확대시킨다. • 장점 : 단기간 내에 많은 양의 과업을 성취 • 한계 : 적대적, 경쟁적, 공격적인 분위기 형성. 특히 책임전가, 불화, 의존성, 창의성의 결여 등의 행동경향이 나타남
방임형	• 집단의 방향이 전적으로 집단원들에게 달려있으며 집단 과정과 결과에 대한 책임도 그들에게 있다고 본다. • 집단상담 전문가의 경험이 부족해 방임으로 흘러가기도 하는데 이런 집단을 통해 얻을 수 있는 것은 거의 없다. • 장점 : 공격적 행동이 민주형 집단보다는 많고 독재형 보다는 적음 • 한계 : 두 집단에 비해 과업의 양과 질이 떨어짐. 탁상공론 경향

③ 샤피로(Shapiro)의 집단지도력 분류
- 개인 내적 지향(Interpersonally Oriented) 집단지도자는 참가자들을 개인상담 형태처럼 일대일 방식으로 대하는 것을 선호한다. 이들은 집단의 역동이나 상호작용보다는 개인의 과거, 통찰의 발달, 내적 갈등에 흥미를 가진다.
- 대인관계적 지향(Intra-personally Oriented) 집단지도자는 참가자 간의 상호작용과 집단 내의 관계에 주안점을 둔다. 개인의 무의식 과정이나 내적 갈등에는 관심이 적다.

④ 효과적인 집단지도 형태 선정 요인

집단상담자와 관계되는 요인	• 집단상담자의 가치관 • 집단상담자에 대한 집단원의 신뢰도 • 집단상담자의 지도 성향 • 모호성에 대한 인내심
집단원들과 관계되는 요인	• 집단원들에게 참여의 자발성이 있는지의 여부 • 집단원들이 의사결정의 책임을 감당할 준비가 되어 있는지의 여부 • 집단원들에게 문제해결에 필요한 지식과 경험이 있는지의 여부에 따라 지시적, 비지시적 형태를 결정
상황에 관계되는 요인	• 집단의 크기 • 시간적 압력 • 모임의 빈도 • 책임의 한계

5. 리더십 이론

① 특성이론(자질론, 성향이론)
- 지도자에게는 지도자가 될 수 있는 고유한 자질이나 특성이 있다는 이론이다.
- 훌륭한 지도자는 타고나는 것이라고 보고 신체적, 성격적, 능력적 특성을 연구하여 지도자의 결정 요인을 규명하려고 하였다.
- 지도자가 지녀야 할 공통적인 특성은 관리능력, 성취욕구, 지능, 결단력, 자신감이다.

② 행동이론
- 특성이론의 한계로 "지도자는 어떤 행동을 하며 어떻게 행동하는가?"라는 것으로 관심이 옮겨졌고, 적합한 지도자의 행동 유형을 규명하고자 했다.
- 오하이오주립대학의 리더십 이론에서는 집단의 조화성, 친밀성, 절차의 명확성 등이 역동적인 지도성에 영향을 미치며 과업과 인화라는 두 차원이 지도자의 행동특성이 된다고 했다.
- 리커트(Likert)의 리더십 이론에서는 효과적인 지도자는 집단원의 자존감을 높여주고 그들과 상호협력적인 관계를 맺으며, 집단원의 입장을 고려한 의사결정을 하며, 과업 수행의 목표를 구체적으로 설정한다고 했다.
- 블레이크와 머튼(Blake & Mouton)의 관리망 모형이론에서는 생산과 인간을 잘 조화시키는 능력을 가진 지도자가 가장 이상적인 지도자라고 했다.

③ 상황이론
- 지도자의 행동은 상황에 따라 달라질 수 있다는 가정에 기초하고 있다. 즉 상황이 지도자의 행동을 결정하는 요인이 된다고 보고, 상황이 달라지면 다른 지도력이 요청될 수도 있다고 보는 입장이다.
- 외적인 환경적 힘에 지나친 의미를 부여하고 개인이나 그 개인이 무엇을 하느냐에 대해서는 관심을 두지 않았다는 면에서 비판을 받고 있다.

④ 지위이론
- 지도력이란 사람에게 있지 않고 그가 차지하는 지위에 달려 있다. 그래서 누구든지 특정한 자리를 차지하기만 하면 자동적으로 지도자가 된다고 보는 견해이다.
- 홀로만(Holloman)은 지도자란 지도력의 여부와 관계없이 지위를 차지해서 타인에게 영향을 미칠 수 있는 지위에 있는 사람이고, 지도력이란 위치에 상관없이 그 집단에 영향을 미치는 사람의 행동과 관련된 용어라고 말했다.
- 그러나 이 이론은 누가 누구에게 어떻게 영향을 미치고 있는가를 충분히 설명할 수 없는 등 한계점이 드러나 완전한 이론으로 받아들여지지 않는다.

⑤ 기능이론
- 지도력을 집단의 목적 및 목표 달성과 관련지어 이해하려는 입장으로 누구든지 집단의 목적과 목표를 명료히 하고, 그 목적과 목표의 달성에 기여하는 행동을 하면 그것이 지도력의 기능을 이행하는 것이 된다고 보는 것이다.
- 정해진 지도자만이 지도력을 발휘하는 것이 아니라 모든 집단원들이 경우에 따라 그 기능을 담당한다고 보는 입장이다.
- 기능이론에서의 지도자의 역할은 집단원들이 여러 가지 지도력의 기능을 수행하도록 돕는 것이다.

핵심문제 04

집단지도자가 준수해야 할 원칙으로 옳은 것은?

① 집단지도자는 집단원의 한 사람으로서 최대한 솔직하게 자신을 개방함으로써 구성원들에게 모범을 보여야 한다.
② 자신의 문제를 깊이 파헤치는 것에 불편을 느끼는 구성원이 있을 때는 설득하여 문제를 다루도록 한다.
③ 집단원의 비언어적 메시지를 파악하고 말의 참뜻을 파악하려고 노력한다.
④ 의문을 제기하거나 문제를 명료화하는 행위는 지나친 개입이므로 자제한다.
⑤ 집단원들이 집단지도자에 대해 비판적인 태도를 보일 때 어느 정도는 스스로를 방어해야 한다.

고득점을 향한 해설
① 집단지도자의 적절한 자기노출은 집단원의 자기노출을 도울 수 있지만 지나치면 상호작용을 방해할 수 있다.
② 자신의 문제를 파헤치는 것을 꺼리는 구성원에게는 거절의 권리를 인정해야 한다.
④ 의문을 제기하거나 문제를 명료화하는 것은 집단지도자의 역할이다.
⑤ 집단지도자가 방어적인 태도를 취하면 집단원들도 방어적으로 변하고 서로 적대감을 가질 수 있다.

답 ③

05 | 집단상담의 과정

1. 도 입

① 도입단계의 특징
- 집단상담자는 첫 번째 모임이 시작되기 전에 사전 면담을 통하여 개별적인 구성원의 특성을 미리 파악해두는 것이 좋다.
- 집단상담의 목적과 성격에 관한 오리엔테이션을 통해 참여자가 집단 경험을 자신의 성장을 위해 최대한 활용할 수 있도록 돕는다.

② 도입단계의 과업
- 참여자 소개와 예기불안의 취급
  - 새로운 집단을 만날 때 예기불안이 있음을 언급하고 집단원의 소개를 돕는다.
  - 활동의 주 목적이 예기불안의 감소와 신뢰 있는 분위기를 조성하는 데 있음에 유의한다.

  > ※ 집단상담을 시작할 때 주의할 3가지
  > - 지나치게 형식적이고 틀에 얽매여 시작하면 지도자가 집단을 압도한다는 인상을 주게 되어 시작부터 지루함을 느낄 수 있다.
  > - 일정한 형식 없이 산만하게 집단상담을 시작하면 집단에 대한 부정적인 인상을 주게 되어 신뢰감 형성에 걸림돌이 된다.
  > - 집단원들에게 집단 참여를 무리하게 강요하면 집단원들이 압박감을 느끼게 되어 집단의 역동과 성과에 부정적인 영향을 미치게 된다.

- 집단의 구조화
  - 집단을 구조화하는 것은 집단 과정을 촉진시키기 위한 틀 또는 뼈대를 세우는 작업이다.
  - 직접적인 교육의 성격을 띠며, 집단의 목적과 상담자의 역할, 기본 규칙 및 과정에 관해 소개하는 활동을 말한다.
  - 가급적 간결하게 말함으로써 집단원들이 지루함을 느끼지 않게 해야 한다.

  > ※ 집단 규칙의 예
  > - 집단 참여 시간 엄수
  > - 집단활동과 토론에 적극적 참여
  > - 집단원들의 사적인 정보에 대한 비밀보장
  > - 다른 집단원들을 비난, 공격하거나 궁지에 빠뜨리는 행위 금지
  > - 음주 상태에서 집단 참여 금지

- 행동 목표의 설정
  분명한 목표를 지녔을 때, 집단원들은 무슨 이유로 집단에 참여하고 있는지, 무엇을 어떻게 할 것인지를 명확히 알 수 있고 어느 정도의 성과와 행동변화를 가져왔는지 평가할 수 있다. 목표 설정 방법은 다음과 같다.
  - 집단상담의 정해진 시간에 달성할 수 있는 목표를 설정할 수 있도록 한다.
  - 자신뿐 아니라 다른 집단원에 의해서도 달성여부가 판별될 수 있을 만큼 가시적이고 구체적이며 조작적인 행동목표를 잡을 수 있도록 돕는다.

- "어떤 구체적인 행동을 언제까지, 어떤 상황에서, 어느 정도로 할 수 있도록 하겠다"라는 형식으로 진술하는 것이 좋다.

> ※ **과정적 목표와 개인적 목표**
> - 과정적 목표
>   집단 과정의 발달을 돕는 데 도움을 주는 목표에 해당한다. 즉, 어떻게 행동하면 집단이 활성화되고 신뢰관계가 형성될지에 대해 논의하고 행동의 목표를 정한다.
> - 개인적 목표
>   개인적 목표 설정은 그 개인이 도움을 받고자 하는 특정 문제나 집단상담에 응하는 주된 이유를 탐색함으로써 시작한다. 광범위하고 막연한 목표를 내놓았을 때 실현 가능하게 구체화하도록 도와야 한다.

2. 준 비

① 준비단계의 특징
- 준비단계의 기본적인 과업은 안정되고 신뢰감 있는 집단분위기를 조성하는 것이다.
- 다음에 이어질 작업 단계를 준비하기 위한 과도기적 단계에 해당한다.
- 집단상담자는 집단원들에게 바라는 행동을 솔선수범하고 온정적·긍정적·수용적 태도로 집단활동에 임해야 한다.

② 준비단계의 과업

의존성	• 초기 단계에서 집단원들은 집단상담자가 집단을 주도하고, 지시하고, 충고하고, 평가해주기를 기대한다. • 집단상담자는 의존성을 나타내는 집단원의 질문에 직접 응답하는 대신 반응의 방향성을 집단원들에게로 돌리면서 집단의 참여를 촉진한다. • 집단상담자는 집단에게 지도성의 책임을 나누어 가지도록 학습시킨다.
저 항	• 지도성의 책임을 집단원에게 이양하고, 상호작용의 초점이 개인적인 이야기로 옮겨지면 집단원들은 부담감과 불안을 경험하며 집단참여에 조심스러워지는 등 저항적 반응을 나타낸다. • 이러한 저항반응은 일종의 자기보호를 위한 노력이고, 자신을 방어하는 무의식적 시도이기도 하다. • 저항을 효과적으로 처리하기 위해서는 집단이 그것을 집단 과정의 필수적인 요소로 인정하고 솔직히 내놓고 함께 다루어가도록 격려해야 한다.
갈 등	• 저항이 어느 정도 처리되고 집단원들이 집단에 참여해 상호작용을 시작하면 집단상담자나 다른 집단원들을 향한 부정적 감정이 표출되기 시작한다. • 집단원 상호 간 또는 집단상담자와의 힘겨루기를 함으로써 경쟁적·갈등적 모습을 보이는 것이다. • 집단상담자에게 가졌던 비현실적인 기대에 대한 실망에서 비롯되나 이것은 집단원들의 자율성을 위한 기회이므로 갈등을 잘 관리하여 신뢰성을 강화하는 계기로 삼는다. • 집단원들의 적대감과 갈등의 느낌을 직접적으로 보다 분명하게 표현하도록 돕는다.
응집성	• 저항과 갈등을 생산적으로 처리하면 집단은 점차로 응집성을 발달시킨다. • 갈등과 경쟁이 감소되고 수용과 참여가 증가되면서 응집성은 한층 고조된다. • 효과적인 집단상담을 위해 응집성이 필수적이기는 하지만 때로 집단의 발달에 장애가 될 수도 있다. • 응집성을 즐기며 다음 단계로 나아가기 싫어할 수 있기 때문이다. 응집성을 높인 다음 행동의 변화를 위해 나아가야 한다.

3. 작업

① 작업단계의 특징
- 본격적으로 참여자들의 행동변화를 촉진하는 단계이다.
- 이 단계에서는 집단원 상호 간의 신뢰를 바탕으로, 집단 밖에서는 말하기 어려운 사적인 문제까지도 집단에서 노출하기 시작한다.
- 집단상담자는 참여자들이 각자의 문제를 노출하고 탐색하며 이해하고 수용하는 과정을 통해 바람직하지 못한 행동패턴을 버리고 보다 생산적인 대안행동을 학습하도록 돕는다.

② 작업단계의 과업
- 자기노출과 감정의 정화
  - 집단원들은 신뢰관계를 발달시켰기 때문에 사적으로 의미 있는 문제를 노출하기 시작한다. 이때 집단상담자는 공감과 자기노출 기법을 활용하여 집단원들이 여러 가지 감정적 응어리를 토로하도록 하고, 동시에 충분히 이해받고 수용받는 경험을 하도록 돕는다.
  - 부정적 감정의 응어리를 정화하는 것은 그 자체가 치료적이며 집단원들의 공감과 수용을 받음으로써 자유로운 감정을 느끼게 한다.
  - 집단원들은 타인의 경험에 공감하며 자신의 유사 경험을 노출하게 되고, 이를 통해 동료의식을 느끼게 된다.
- 비효과적 행동패턴의 인식
  - 감정의 정화 작업이 끝나면 문제 상황에 빠져 헤어나지 못하게 하는 자신의 비효과적 행동패턴을 탐색, 이해, 수용하도록 돕는 작업을 한다.
  - 시선을 자기 쪽으로 돌려 스스로의 행동을 탐색하는 작업이다.
  - 자기노출과 함께 맞닥뜨림, 집단원들의 피드백을 통해 자신의 비효과적 행동패턴을 인정하고 수용하게 된다.
- 바람직한 대안행동
  - 자신의 비효과적 행동패턴을 깨닫고 인정한 집단원은 바람직한 대안행동을 탐색하고 선택하며 학습하는 작업에 들어간다.
  - 집단상담자는 집단이 합심하여 문제에서 헤어날 대안행동을 찾도록 하고, 바람직한 대안행동이 선정되었으면 집단의 지지 아래 그것을 실습하도록 집단원을 돕는다.
  - 변화 가능성에 대한 희망과 대안행동을 학습하겠다는 확고한 의지가 변화의 요건이 된다.
  - 역할놀이가 대안행동을 실습하는 데 효과적인 방법으로 사용된다.
  - 집단 밖으로의 학습은 집단원이 새로 익힌 대안행동을 실제 생활에서 실험하는 과정을 통하여 성취된다.

4. 종 결

① 종결단계의 특징
- 종결단계에서 집단상담자는 집단원들이 학습 결과를 잘 정리하고, 이를 실천하겠다는 의지와 희망을 갖고 떠나도록 돕는다.
- 집단상담에 대한 긍정적 시각을 가지고 떠나도록 돕는다.

② 종결단계의 과업
- 종결단계의 최초의 과업은 집단의 발달과정을 잘 정리하는 일이다. 자신에게 특별히 의미가 있었거나 도움이 되었던 경험을 상호 간에 나누어 가지도록 돕는다.
- 집단상담의 주된 목적인 자기성장 또는 행동변화가 잘 이루어졌는지 평가해본다.
- 집단원들이 이별의 감정을 표출하며 아쉬움을 공유하도록 시간을 주어야 한다.
- 그동안의 집단 과정과 목표달성에서 미해결 과제 또는 미진한 사항이 없는지를 확인하여 미해결 과제를 적절히 다루도록 한다.
- 지금까지 관찰해온 집단원의 행동변화를 최종적·종합적으로 피드백한다. 긍정적인 변화에 대하여 피드백하도록 하여 좋은 느낌, 자신감, 희망을 지니고 집단을 떠나도록 한다.
- 종결 후의 추수상담에 대해 언급하고 최종적인 마무리와 작별인사를 한다.

5. 집단상담자의 과정중심적 역할

① 집단 과정에 대한 상담자의 인식
- 상담자는 집단 과정에 대한 해석이나 설명을 하기 전에 집단상담의 과정에 대한 스스로의 인식을 정리하고 있어야 한다.
- 참여자들이 말하는 내용뿐 아니라 그들이 집단 과정의 특정 시점에서 정말 말하고자 하는 의미가 무엇인지를 파악한다.
- 집단원들의 비언어적 행동에 관한 관찰자료를 활용하고, 의사소통에서 생략된 부분이나 대상을 주목하며 상담자에 대한 집단원들의 느낌에 주목하여 집단 과정에 대한 상담자의 인식을 촉진시킬 수 있어야 한다.

② 집단 긴장의 처리
- 모든 집단에는 다양한 이유로 긴장이 존재한다. 상호지지적인 느낌과 경쟁적인 느낌 간의 괴리, 남을 도우려는 태도와 자기를 드러내고 싶은 욕망 간의 갈등, 집단의 흐름 속에 몰입하려는 바람과 자신의 개성이 상실될지 모른다는 두려움 간의 갈등 등이 있다.
- 드러나지 않는다 해도 상담자는 긴장 상태를 외면해서는 안 된다. 긴장 상태에 대한 인식이 집단 과정의 성격을 파악하는 데 도움이 되기 때문이다.
- 문제 집단원을 다룰 때 문제행동을 확대해석하지 말고 그러한 행동을 하는 심리적 갈등을 이해하여 공감해주고 타인들의 반응을 통해 자기가 어떤 위치에 있는지를 스스로 알아차리도록 해야 한다.

③ 집단 과정에서 오는 역동적 긴장의 처리
- 집단원이 집단 과정을 통해 성취해야 할 1차적인 과제는 문제해결, 행동변화의 노력 등인데 집단 과정에서 유대감, 자기인정과 같은 2차적인 만족을 부수적으로 얻게 된다.
- 2차적 만족의 추구가 집단원들의 1차적 목표 추구를 지연시키기도 한다.
- 집단원들로 하여금 자신들이 수행해야 할 1차적 과제, 즉 집단상담에 참여하는 기본적인 이유를 일깨워주는 것이 집단 과정에서의 가장 중요한 역할이다.

④ 과정중심적 태도의 촉진
- 집단상담자의 해석에 의한 인식이 아닌 집단원 스스로의 노력에 의해 자신의 위치를 인식하도록 돕는다.
- 집단원들이 '지금-여기'의 상황에 초점을 두어 느끼고 생각하도록 하고 과거의 이야기보다 현재의 의사교류 과정들을 검토하도록 자극한다.
- 상담자의 이러한 자극에 의해 집단원은 집단에서의 대인관계를 검토하고, 자기탐색 또는 자기인식을 강화하게 된다.
- 상담자 자신의 과정중심적 태도와 반응을 시범하면서 집단원들에게 과정중심적 태도를 가르칠 수 있다.

⑤ 과정 명료화에 대한 집단원들의 수용을 돕는 방법
- 적절한 해석방법을 취할 것 : 해당 집단원이 수용할 수 있는 시점에서, 집단원이 소화할 수 있는 수준, 분량, 내용 등을 감안해서 논평이나 해석을 한다.
- 집단원의 행동 또는 감정을 범주화하거나 한정시키지 말 것 : 행동 또는 감정을 한정시킬 때 집단원들은 자신을 방어하게 된다.
- 집단원에게 총체적인 비난을 하지 말 것 : 성격을 포괄적이고 비판적으로 언급하는 것보다 개인의 행동 특성 부분에 대해 구체적으로 언급하는 것이 좋다.

핵심문제 05

다음 중 집단상담의 도입단계에서 주의할 사항으로 옳지 않은 것은?

① 집단원들의 예기불안을 노출하는 것이 도움이 된다.
② 도입단계에서 집단을 구조화하는 것은 분위기를 경직되게 할 수 있으므로 피한다.
③ 비교적 간결하게 말하여 집단원들이 지루함을 느끼지 않게 해야 한다.
④ 일정한 형식 없이 산만하게 시작하면 집단에 대한 부정적인 인상을 줄 수 있다.
⑤ 집단원들에게 집단참여를 무리하게 강요하면 집단원들이 압박감을 느끼게 되어 부정적인 영향을 미칠 수 있다.

고득점을 향한 해설

집단의 구조화는 집단의 목적과 상담자의 역할, 기본 규칙 및 과정에 대해 설명함으로써 집단 과정을 촉진시키는 뼈대를 세우는 과정으로 도입단계에서 해야 할 과업 중의 하나이다.

답 ②

06 | 집단상담의 기법

1. 본질적인 3가지 기법

① 감정의 확인, 명료화 및 반영
- 집단상담자는 인간의 감정 상태에 대한 이해와 반응을 소홀히 하지 않아야 한다. 집단상담의 과정에서 감정 상태를 확인하고 그것에 초점을 둔 발언을 한다.
- 감정이 담긴 주제에 대해 말하기를 꺼리고 있다는 것을 간파했다면, 그러한 감정 상태를 확인하고 명료화하는 개입을 한다.
  - 예 "지금 이 모임에서는 모두가 다루기 힘든 일이나 생각을 말하기 꺼려하고 있는 것 같습니다."

② 행동의 확인, 명료화 및 반영
집단상담자는 한 개인이 어느 순간에 보인 특정 행동의 의미를 탐색하여 반응해야 한다. 집단원들의 모든 행위와 반응에 의미가 있음을 이해하고 이를 확인, 명료화하여 적절한 반응을 하는 것이 집단상담자의 역할이다.
- 예 "지금 여러분이 보이고 있는 행동은 각자가 말한 사람을 평가하고 충고하는 것처럼 보입니다."

③ 인지적 자료의 확인, 명료화 및 반영
- 인지적 자료란 논리적이고 분석적인 언급과 동기, 의미, 이해, 의견 등에 관한 설명들이다.
- 생각과 언어소통을 분명히 그리고 합리적으로 하도록 격려하고 시범을 보이는 것이 도움이 된다.
  - 예 "지난 모임에서도 다소 그랬지만 오늘은 특히 다른 사람의 행동이나 감정을 서로 해석하고 설명하는 분위기가 되고 있습니다. 우리 모두가 전문가가 된 것 같아요."

2. 상담자료 초점에 대한 질문과 탐색

① 집단원들의 행동자료에서 적절한 상담자료 초점을 추출해내는 것은 집단상담자의 중요한 기술이다.
② 적절한 상담자료 및 초점자료에는 집단원들의 현실적 생활과제에 대한 개인적 생각과 구체적인 행동양식들이 포함된다.
③ 상담자는 집단원들의 자기탐색, 평가, 방향모색의 과정이 보다 구체화되고 생산적으로 되도록 적절한 질문을 던져야 한다.
   - 예 "아무도 당신을 이해하지 않는다고 했는데, 한 가지 구체적인 예를 말해주시겠어요?"

3. 관심 기울이기

① 집단상담자는 집단원들에게 관심을 기울이면서 집단원이 전달하고자 하는 메시지를 제대로 듣고 이해할 수 있어야 한다.
② 관심 기울이기는 집단원의 메시지를 정확히 이해하기 위해서 필요하기도 하지만, 그들을 존중한다는 것을 보여주는 방법이기도 하다.

4. 공감적 반응하기

① 공감적 반응은 집단원의 입장에서 그의 느낌 또는 내적 경험을 이해하고 이를 직접 말로 전달하는 것이다.
② 공감적 반응은 집단원으로 하여금 수용적이고 신뢰성 있는 느낌을 갖게 하고 자기가 이해받고 있다는 안도감과 편안함을 주며, 이로 인해 자기를 방어하지 않고 깊은 자기탐색과 자기노출을 할 수 있는 용기를 갖게 한다.
③ **효과적인 공감 요령**: 집단원의 생각과 느낌을 감지하기 위해 자신을 그 위치에 놓고 생각하기, 집단원의 생각과 느낌을 가장 잘 나타낼 수 있는 단어 찾아내기, 집단원을 이해하고 있다는 사실을 구체적인 단어로 직접 말하기

5. 연결하기

① 한 집단원의 말과 행동을 다른 집단원의 관심과 연결시키고 관련짓는 기술이다.
② 집단원이 제기하는 여러 가지 문제관련 정보나 자료들을 서로 관련시키는 기술이기도 하다.
③ 연결하기를 위해서는 집단상담자의 통찰력과 앞서 제시된 자료를 기억해내야 하므로 관심 기울이기와 경청의 기술이 활용되어야 할 것이다.
④ 집단원은 연결하기를 통해 자기 문제를 다른 각도에서 보거나 미처 의식하지 못했던 문제의 진정한 원인이나 해결책을 찾는 데 도움을 얻을 수 있다.

6. 행동을 제한하기

① 집단상담자는 집단원이 바람직하지 못한 행동을 할 때 행동을 제한해야 한다.
② 행동을 제한하는 것은 집단원을 비난하거나 공격하는 것이 아니라 비생산적이고 집단 발전에 도움이 되지 않는 행동을 제한하는 것이다.
③ 행동을 제한하는 경우
- 지나치게 질문만 계속할 때
- 제3자의 험담을 할 때
- 집단 외부의 이야기를 길게 늘어놓을 때
- 다른 집단원의 사적인 비밀을 캐내려고 할 때

7. 전이, 역전이 처리

① 전 이
- 과거의 경험에서 어떤 이유로든 억압받았던 느낌을 현재의 비슷한 대상에게 표현하려는 현상이다.
- 집단에서의 전이 현상은 집단상담자에게만 국한되어 일어나는 것이 아니라, 집단원 상호 간에도 일어난다.
- 전이 현상이 일어났을 때 상담자는 그로 하여금 현재의 행동이나 반응이 과연 타당한 것인지, 아니면 과거 경험 특히 과거의 특정 인물에 대한 경험과 느낌의 산물은 아닌지 알 수 있도록 도와주어야 한다.

② 역전이
- 집단원들에 대한 상담자의 의식적·무의식적·정서적 반응이다.
- 역전이가 일어나면 상담자는 집단원을 제대로 이해할 수 없으며 객관적으로 대할 수도 없게 되므로 주의해야 한다.
- 역전이가 일어날 때 집단상담자는 자기노출을 통해 이 사실을 집단에 털어놓는 것이 바람직하다.

8. 직면시키기

① 직면은 집단원의 말이나 행동이 일치하지 않거나 모순점이 있을 때 그것을 지적해주는 기술이다.
② 집단원 개인의 변화와 성장을 돕기 위해 상담자는 문제에 대한 집단원의 사고, 감정, 행동 반응의 모순 및 비일관성 등을 확인하여 지적해주어야 한다.
③ 집단상담자는 상담의 과정에서 집단원의 불일치나 모순을 지적해줌으로써 자기이해를 도울 뿐 아니라 문제의 원인을 찾도록 할 수 있다.
④ 그러나 직면은 자칫 집단원에 대한 공격으로 비춰질 수도 있기 때문에 조심해야 한다.

9. 중요한 자료의 요약

① 여러 내담자들이 함께 참여하는 집단상담에서는 각자의 생각과 말한 내용들이 잘못 이해되고 의미가 불분명한 채로 넘어가기 쉽기 때문에, 적절한 요약은 상담과정의 궤도를 바로잡는 데 꼭 필요하다.
② 특히 한 내담자의 관심 영역에서 다른 내담자의 문제로 옮겨갈 때와 모임의 마지막 순서에 반드시 활용되어야 할 중요한 기법이다.
   예 "지금까지 이야기된 것을 요약해보면 …라고 말할 수 있겠지요. 대부분 동료들이 그냥 대학에 남아있기를 설득하는 셈이 되었고, 아마도 압력을 느껴서인지 ○○씨는 좀 초조해 보입니다."

10. 참여적 행동을 유도

① 상담자는 여러 가지 계획을 마음속에 준비하고 있다가 어느 순간에 집단원의 참여적 행동을 유도하고 집단에 초점자료를 새로 도입하는 주도적 행동을 해야 한다.
② 모임의 초반에 집단원들의 화제가 초점이 없이 흘러가기 쉬운데, 이때 상담자의 주도적 행동이 필요하다. 먼저 지금까지 행동변화의 노력들이 어떻게 이루어지고 있는지에 대한 점검과 이에 대한 다른 내담자들의 반응, 각자의 관심사에 대한 발언 등을 요청하는 것이 포함된다.
   예 "오늘이 여섯 번째의 모임이네요. 지난 주 설정했던 행동목표가 어떻게 실천되고 있는지 들어보고, 다른 사람들이 하고 싶은 이야기를 듣기로 합시다."
③ 한 내담자의 주제가 종결된 후 다른 새 주제로 들어갈 때도 상담자의 주도적 행동이 필요하다.

11. 격려와 지지

① 상담자의 격려, 지지, 강화 등은 적절하게 시기를 맞추어 주어져야 한다.
② 지지와 격려는 발전적 노력을 북돋아주기 위한 것이지 자기패배적인 자세나 불편한 심정을 단순히 강화해주는 것이 되어서는 안 된다.

③ 격려는 상담과정에서 저항 및 방어적 태도가 나타날 때 필요하다. 자신의 옛 습관을 인정하고 변화하려는 노력을 보일 때 지지와 격려가 없다면 결코 변화를 가져오지 못할 것이다.
> 예 "오늘 당신은 용기를 내어 아버지에 대한 이야기를 하였습니다. 우리는 당신이 그 이야기를 하는 데 얼마나 힘들었을지 이해합니다."

12. 침묵에 대한 처리
① 침묵도 인간 행동의 한 형태이며 침묵 중에 많은 느낌과 생각이 진행될 수 있다.
② 집단상담자는 집단원들이 침묵에 대해 압박과 불안을 느끼더라도 자신은 말을 해야 한다는 압박감을 느끼지 않는다.
③ 결코 침묵을 깨뜨리는 입장이 되지 않고 집단원들 쪽에서 침묵을 깨고 발언하도록 한다.
④ 침묵이 진행되는 동안 이를 집단원들에 대한 자료수집의 시간으로 활용한다.
⑤ 너무 오랫동안 계속되는 침묵 또는 번번히 지속되는 침묵이라면 상담자가 해석적 발언을 통해 개입할 수 있다.

13. 비언어적 행동에 대한 인식
① 집단에서는 여러 사람들로부터 여러 가지 행동이 나타나기 때문에 비언어적 행동단서들의 의미가 중요하다. 집단상담자는 내담자들의 앉는 자세, 손짓, 몸짓, 시선, 미소 등의 비언어적 행동자료들을 관찰하고 유의하는 노력을 해야 한다.
② 인식한 자료를 적절히 설명해주어 집단원이 자기를 보다 정확히 인식하고 또 상담 목적에 부합된 노력을 하도록 하는 데 도움을 줄 수 있다.
> 예 "아까 ○○씨가 말할 때 말을 하진 않았지만 얼굴 표정이 조금 달라지는 것 같던데, 혹시 그 이야기와 관련해서 마음이 불편한 점이 있었는지요."

14. 행동목표의 설정 도와주기
① 집단상담에서의 목표 설정은 집단 과정 내에서 이루어진다. 집단에 참여하기 전에 가졌던 목표와 참여목적을 집단원들의 지지, 평가적 반응 등을 참작하여 구체화하고 수정하여 목표 설정이 이루어지는 것이다.
② 또한 참여자는 집단원들의 지지와 수용 안에서 목표행동을 시도하는데, 집단원들에게 공개되었기 때문에 더욱 책임감을 가지게 된다.

※ **효과적인 목표 설정 방법**
- 목표는 집단원들 간의 상호협조로 이루어져야 한다.
- 목표를 정할 때는 구체적으로 달성을 위한 현실적인 순서, 기준 등을 분명히 밝히도록 한다.
- 문제시되는 행동을 단순히 중단하는 것이 아닌 바람직한 행동이 목표가 되어야 한다.
- 시도는 했으나 달성하지 못하는 경험을 하지 않도록 성취가 가능한 것이어야 한다.
- 목표행동을 다른 사람이 관찰하여 목표가 달성되었는지를 측정할 수 있어야 한다.

핵심문제 06

집단상담에서 효과적인 목표 설정으로 옳지 않은 것은?

① 목표의 설정은 참여하는 집단원들 간의 상호협조로 이루어져야 한다.
② 목표는 성취 가능한 것이어야 한다.
③ 목표행동은 타인이 관찰하여 달성 여부를 측정할 수 있어야 한다.
④ 목표의 달성을 위해 현실적인 순서, 기준 등을 구체적으로 밝혀야 한다.
⑤ 집단원들 간에 결정된 목표는 절대 변경해서는 안 된다.

고득점을 향한 해설
목표설정은 평가적 반응을 참작하고 구체화하며 수정하여 이루어가는 것이다.

답 ⑤

07 집단상담의 이론

1. 정신분석적 모형

① 주요개념
- 인간 심리에 대한 구조적 가정 및 여러 가지 형태의 부적응행동에 대한 역동적 이해 등을 이론적 배경으로 한다.
- 인생의 초기 경험을 중요시하며, 무의식 혹은 심층에 숨어있는 문제의 원인을 분석하고 그것을 의식의 세계로 노출시켜 자아의 기능을 변화시키는 데 관심을 둔다.
- 집단 과정을 통해 과거의 일을 재경험하도록 하고 무의식적 갈등을 의식화하여 그 갈등을 해소할 수 있는 경험을 통해 구성원 개개인의 건전한 자아발달을 촉진시키는 것이 근본목적이다.

② 집단상담자의 역할

코리(Corey)	• 전이와 저항에 주의를 기울인다. • 적절한 때에 내담자들에 대해 해석해주고, 언어화를 통해 통찰을 하도록 돕는다. • 어린 시절의 경험을 재생할 수 있도록 돕는다.
울프(Wolf)	• 전이행동을 지각하고 처리한다. • 집단 내에서 일어나는 갈등을 원만히 해결해야 한다. • 독단적인 태도를 취하지 않고 문제의 심층에 깔린 역할을 이해하고 해석한다.
슬라브슨(Slavson)	• 집단이 피상적인 대화의 수렁에 빠졌을 때 지도적 기능을 수행한다. • 집단이 억압, 저항, 정서적 피로, 흥미 상실 등으로 무감각 상태에 빠졌을 때 활기를 되찾게 하기 위해 자극적 기능을 수행한다. • 집단의 의사소통이나 상호작용이 한 영역에 고착되었을 때 이를 확장시키는 확충적 기능을 수행한다. • 집단원의 마음속에 숨은 무의식을 의식화시키기 위해 해석적 기능을 수행한다.

③ 집단상담의 기술

자유연상	• 돌림차례법 : 차례로 돌아가면서 한 사람씩을 택하여 모든 집단원들이 그 사람을 볼 때 마음에 연상되는 것을 이야기한다. • 자유집단연상 : 집단토의 내용의 전후 관련성 또는 논리성 등에 상관없이 어떠한 사상이나 감정이라도 자유롭게 표현하고 토의한다.
해 석	• 저항에 대한 해석 : 집단 내에서의 계속적인 질문, 합리적 근거에 대한 도전, 활동 참여의 거부, 지각, 침묵 등의 저항행동에 대해 해석한다. • 전이에 대한 해석 : 집단에서는 모든 가족에 대한 전이가 가능하고 또 해석도 여러 사람의 견해가 동원될 수 있으므로 통찰을 얻는 데 도움이 된다.
꿈의 분석	내담자의 꿈속에 내재된 억압된 감정과 무의식적인 욕구를 꿈의 내용을 분석함으로써 통찰하도록 하는 것이다.
훈 습	내담자의 심리적 문제에 대한 통찰을 현실 생활에 실제로 적용하도록 함으로써 내담자의 변화를 유도한다.
버텨주기	내담자가 막연하게 느끼지만 스스로는 직면할 수 없는 불안, 두려움에 대한 상담자의 이해를 적절한 순간에 적합한 방법으로 전해주면서, 내담자에게 의지가 되어주고 따뜻한 배려로써 마음을 녹여주는 것이다.
간직하기	내담자가 불안과 두려움을 느끼는 충동과 체험에 대해 상담자가 즉각적으로 반응하는 대신 이를 마음속에 간직하여 적절히 통제함으로써 위험하지 않도록 변화시키는 것이다.

2. T-집단과 실험실적 접근 모형

① 주요개념
- 실험실 교육 프로그램의 방법을 활용하고 있기 때문에 실험실적 접근이라 하고, 소집단을 통한 훈련이 이 프로그램의 중심이기에 T-집단(훈련집단)이라고 한다.
- 비조직적인 작은 집단에서 집단원 모두가 직접 참여하여 스스로의 목표를 설정하며 직접적인 경험을 통해 인간관계의 기술과 집단 과정에 대해서 학습한다.

② T-집단학습의 본질적인 요소
- 모호성 혹은 사회적 공백상태
  T-집단은 분명한 조직, 합의된 절차, 특수한 의제, 미리 정한 기대 등이 없이 시작한다. 의도적으로 사회적 공백 상태 혹은 모호한 장면을 만듦으로써 거기에서 일어나는 집단원의 다양한 행동반응을 학습 자료로 활용하려는 것이다.
- 새로운 행동의 실험
  T-집단에서는 지금까지 해오던 행동이 쓸모없기 때문에 옛 행동을 버리고 새로운 행동을 실험하도록 장려하고 기회를 제공해준다.
- 허용적 분위기와 심리적 안정감
  집단원들이 새로운 행동을 실험할 수 있도록 허용적인 분위기를 조성할 것, 집단원의 행동에 대한 선악의 판단이 없을 것이 요구된다.
- '지금-여기(Now & Here)' 중심의 활동
  과거의 이야기나 '지금-여기'에 있지 않은 제3자의 이야기를 하지 않고 '지금-여기'의 감정과 행동에 초점을 두고 있다.

- 자기투입과 참여

  학습하는 방법을 학습하고, 집단원들의 실제 상호작용이 집단원 자신들에 의해 관찰되고 분석되기 위해서는 집단원들의 자기투입과 직접 참여가 필수 조건이 된다.
- 피드백 주고받기

  피드백은 상대방의 행동이 나에게 어떤 반응을 일으키는가에 대해 그 상대에게 직접 이야기해주는 것이다.
- 집단 규준의 발달

  T-집단의 규범은 집단상담자에 의해 미리 정해진 것이 아니라 그 집단 내에서 집단원들에 의해 서서히 발전되고 채택된다.

③ 집단상담자의 역할
- 학습에 적합한 장면의 구성

  T-집단의 주목적이 집단원들로 하여금 학습하는 방법을 학습하게 돕는 것이므로, 집단상담자는 그와 같은 학습이 일어날 수 있도록 허용적인 분위기와 심리적 안정을 도모할 수 있는 분위기를 조성하는 것이 중요하다.
- 행동의 모범 보이기

  집단원들이 모방할 수 있도록 개방성, 타인의 감정에 대한 관심 등 바람직한 집단원으로서 해야 할 행동의 모범을 보인다.
- 집단 규준의 발전 유지

  집단 스스로가 효과적인 집단 운영에 필요한 규준을 발전시키지만 집단상담자가 솔선해서 규준의 발전과 유지를 도울 수 있다.
- 의사소통의 통로 열어주기

  의사소통 체제를 발달시키는 장애 요인을 극복하도록 돕고, 의문을 제기하고, 문제를 명료히 하고, 모든 집단원의 적극적 참여를 권장함으로써 의사소통의 통로를 여는 데 도움을 줄 수 있다.
- 조력자, 집단원, 전문가로서 집단에 참여하기

  T-집단의 집단상담자는 특수한 상황에서의 특수한 집단의 요구에 따라 조력자, 집단원, 그리고 전문가의 세 가지 역할을 융통성 있게 잘 수행할 수 있어야 한다.

3. 참 만남(Encounter) 집단 모형

① 주요개념
- 참 만남 집단은 고도의 친교적 집단 경험을 통하여 태도, 가치관 및 생활양식의 변화 등을 포함하는 개인적인 변화를 목표로 한다.
- 참 만남 집단은 깊이 있는 상호작용이 가능한 6~20명으로 구성된 소집단활동이 주가 된다.
- '지금-여기'의 원리를 강조하면서 개방성과 정직성, 인간의 자아인식, 책임성, 신체와 감정에 대한 인식에 관심의 기초를 둔다.

② 집단상담자의 역할

로저스(Rogers) 모형	• 로저스 모형은 집단 내에 촉진적인 분위기만 조성되면 집단은 사전에 꾸며진 진행 계획이 없어도 집단 자체의 가능성과 구성원들의 가능성을 개발시킬 수 있다고 전제한다. • 이 모형의 집단상담자의 역할은 촉진자로서 그러한 집단활동의 방향설정 과정을 돕는 것이다.
스톨러(Stoller) 모형	• 스톨러 모형은 '마라톤 참 만남 집단'이라고도 한다. • 집단 훈련의 시간적 집중성을 강조한다. 24시간 내지 48시간 동안 집중적으로 활동하는 집단 과정이다. 시간적 집중성 외에 로저스 모형과 큰 차이점은 별로 없다. • 집단상담자가 행동의 모범이나 설명을 통해 가장 효과적인 집단활동을 돕는 것이 가장 중요한 역할이다.
슈츠(Schutz) 모형	• '개방적 참 만남 집단(Open Encounter Group)'에 해당한다. • 이 모형에서는 인간이 사회적·신체적인 긴장감으로부터 해방될 때, 실제적이고 보다 풍부한 감각으로 자신과 다른 사람들을 경험할 수 있다고 본다. • 지적인 이해보다 '행함(Doing)'과 '경험(Experiencing)'을 강조하고, 신체를 통해서 표현되는 핵심적인 정서적 문제들을 파악하려고 애쓴다. • 언어적인 방법들 및 심리극, 도형, 신체운동연습, 명상 등의 방법들이 이용된다.

4. 형태주의적 접근 모형(게슈탈트 집단상담)

① 주요개념
- 펄스(Perls)에 의해 개발되고 보급되었다.
- 지금(Now) – 경험(Experience) – 각성(Awareness) – 현실(Reality)에만 초점을 모은다.
- '어떻게'와 '무엇을'을 '왜'보다 더 중요시한다.
- 집단원 스스로 순간순간의 경험을 알아차리도록 도움으로써 그들의 행동과 감정에 대한 통찰 및 각성을 얻도록 한다.
- 상담과정에서 집단원 간의 상호작용보다는 한 번에 한 집단원의 문제를 집중적으로 다룬다.
- 상담자와 일대일 상호작용을 하는 뜨거운 자리, 집단원이 차례로 돌아가며 한 사람에 대해 말하기, 빈 자리, 신체적 단서에 강조점을 두고 질문하는 신체언어 등이 기법으로 사용된다.

② 집단상담자의 역할
- 이 모형에서는 집단상담자가 그 집단의 중심이 된다. 모든 활동과 상호작용 과정을 집단상담자가 계획하고 결정하고 인도한다.
- 집단상담자는 집단 전체보다 한 집단원을 상대로 활동하기 때문에 실제적으로 집단 장면에서 이루어지는 개인상담·치료라고 불린다.
- 모험의 맞닥뜨림의 중요성을 강조하고 정서적 경험을 중시하기 때문에 집단상담자는 먼저 솔선수범하는 사람이 되어야 한다.

5. 합리적정서행동치료(REBT)

① 주요개념
- 집단원들이 비합리적 사고에서 탈피하여 보다 합리적, 경험적, 논리적인 사고에 입각하여 행동할 수 있게 하는 목적달성을 위해 모든 활동이 이루어진다.
- 인지적이고 활동적이고 지시적인 교육방법을 주로 사용하고 있다.
- 논박, 강의, 행동수정, 독서치료, 시청각적 자료, 활동중심의 과제 등 여러 가지 방법들이 사용되고, 역할놀이, 자기주장 훈련, 감정둔화, 유머, 조작적 조건화, 암시, 지지 등 여러 가지 기술들을 활용한다.

② 집단상담자의 역할
- 집단원의 바람직하지 못한 행동의 근거가 되는 기본적이고 비합리적인 생각들을 포착해낸 다음, 논박을 통해 그것들이 근거가 희박한 비합리적인 생각들이라는 것을 밝혀준다. 그리고는 합리적으로 생각하는 방법을 가르쳐 준다.
- 기법은 능동적이고, 지시적이고, 설득적이며, 철학적인 방법을 사용한다.

6. 교류분석적 모형

① 주요개념
- 이 모형은 주로 대인관계 및 의사소통의 문제가 되고 있는 장면에서 적용된다.
- 집단원들의 생활을 지배하고 있는 불건전한 생활자세(자기긍정-타인부정, 자기부정-타인긍정, 자기부정-타인부정)를 건전한 자세(자기긍정-타인긍정)로 변화시키는 것이 주요 목표이다.
- 상담의 목적은 자율성 성취에 있다.
  자율성이란 개인의 과거 경험들이 개인 성격발달에 미친 영향에는 상관없이 내담자가 현재 자신의 행동과 생활양식을 보다 적절하게 선택·결정할 수 있는 특성을 말한다.
- 인간은 부모자아(양육적 기능과 통제적, 비판적 기능)와 어린이자아(순응적 혹은 자유적 어린이자아) 그리고 어른자아(세 자아를 통합하고 적용)를 가지고 있는데 의사소통, 인간관계의 상황에서 어느 한 자아가 선택적으로 개인 행동의 동력으로 작용한다. 집단상담에서는 자아의 세 가지 기능들이 자유롭게 기능하고 작용할 수 있도록 돕는다.

② 집단상담자의 역할
- 집단상담자는 집단원 간 의사소통의 언어적, 비언어적 메시지의 내용을 잘 간파해야 한다.
- 집단상담자의 중요한 역할행동은 분위기 조성을 위해 필요한 보호, 허용, 유효성과 특수기술과 직결되는 조작이다.
- 집단원들이 자기 자신과 주위와의 관계성에 대한 지적 및 정서적 양 측면의 통찰을 얻게 하는 목적이기 때문에 교사로서의 집단상담자는 주요개념들을 설명하고, 집단원들이 자신의 생활계획과 인간관계 수립의 전략들을 재검토할 수 있게 돕는 역할을 한다.

7. 현실치료적 접근 모형

① 주요개념
- 인간은 궁극적으로 자기결정적이며 특정한 욕구를 가졌고, 이 욕구의 충족을 위해 환경을 통제할 수 있다고 가정한다.
- 모든 문제는 현재에 있기 때문에 과거에 대해서는 별로 관심을 갖지 않는다.
- 현상론적 관점을 강조한다. 욕구는 사람마다 시간과 장소에 따라 다르게 나타나기 때문에 객관적인 사실보다는 개인의 주관에 더 중점을 둔다.
- 실존주의적 관점을 강조한다. 인간은 선택하고 책임지는 가운데 자신을 창조해간다고 본다.

② 집단상담자의 역할
- 집단상담자는 집단원 모두가 집단에 참여하고 현실을 맞닥뜨리도록 돕는다.
- 집단원들이 현명한 선택을 통해 자신의 삶을 효과적으로 통제할 수 있다는 점을 알도록 한다.
- 기술적 질문을 통해 집단원의 욕구를 파악하고 언어충격과 유머를 적절히 사용한다.
- 상담은 자신의 상황, 행동, 감정에 대한 책임이 전적으로 자신에게 있다는 가정하에, 다른 사람이나 환경을 탓하지 말고, 자신이 통제할 수 있는 일에 에너지를 쏟도록 하는 것에 중점을 둔다.

> ※ WDEP 기법
> 제1단계(Want, 바람) → 제2단계(Doing, 행동) → 제3단계(Evaluation, 자기행동평가) → 제4단계(Planning, 계획)

8. 행동주의적 접근 모형

① 주요개념
- 내담자의 행동을 변화시키려는 목적으로 고안되었다.
- 학습과정을 통하여 습득된 부적응행동을 제거하고 보다 적절한 새로운 행동을 학습하도록 도움을 주는 것이다.
- 모방에 의한 사회적 학습 또는 관찰학습 이론이 집단상담에 효과적으로 사용될 수 있다.
- 집단상담에서 주로 사용되는 강화는 칭찬, 인정, 높은 평점 등과 관련된 이차적 강화이다.

② 집단상담자의 역할
- 이 모형의 집단상담자는 다른 집단 모형에서보다 상당히 활동적이고 능동적인 역할을 한다.
- 일반적으로 집단역학보다는 집단원 개개인에게 직접 관여한다.
- 집단원이 스스로 선택한 목표를 향하여 나아가도록 암시를 주고, 진보가 나타날 때는 즉시 강화를 한다.

핵심문제 07

T-집단상담자의 역할에 대한 설명으로 옳지 않은 것은?

① 학습이 일어날 수 있도록 허용적이고 안정적인 분위기를 도모해야 한다.
② 지적인 측면보다 느낌에 더 관심을 두어야 한다.
③ 집단원들이 모방할 수 있도록 개방성, 타인의 감정에 대한 관심의 모범을 보여야 한다.
④ 의사소통의 장애 요인을 극복하도록 의문을 제기하고, 문제를 명료히 한다.
⑤ 특수한 상황에서 집단의 요구에 따른 조력자, 전문가, 집단원 3가지 역할을 융통성 있게 수행한다.

고득점을 향한 해설

T-집단은 훈련집단으로 정서나 느낌을 우선시하기보다 학습과 경험을 위해 집단원이 적극적으로 참여하는 것이 필요하다.

답 ②

08 | 집단상담의 윤리 및 평가

1. 집단상담의 윤리지침

① 상담자의 한계 인식 : 상담자는 훈련을 통해 능력이 되는 분야 내에서 상담하는 것이 중요하다.
② 내담자 요구에 초점 : 상담자는 내담자에게 시간, 상담료에 관해 안내해야 하며, 녹취, 녹화 등에 관하여 사전에 내담자의 동의를 구함으로써 윤리적 책임을 가져야 한다.
③ 문화의 역할 이해 : 상담자는 내담자의 문화적 차이를 자각하는 것뿐만 아니라 편견과 차별을 제거하기 위해 노력해야 한다.
④ 상담자의 가치관 자각 : 내담자와의 상호작용에서 내담자의 가치관과 신념이 영향을 미칠 수 있음을 자각해야 한다.
⑤ 이중관계 금지 : 상담자는 친구 혹은 가족 구성원에게 상담을 제공하지 않으며, 내담자와 성적 관계를 가지지 않는다.
⑥ 현명한 방식으로 행동 : 상황에 따른 윤리적 태도를 가진다.
⑦ 상담자 자신 돌보기 : 상담자는 일과 운동, 건강한 식습관 등을 통합함으로써 남을 돌볼 수 있도록 삶의 조화를 이룬다.
⑧ 윤리적 딜레마 처리 : 상담자는 내담자의 절도, 자살 등과 같은 행위를 염려하여 상담을 진행하는 동안 비밀유지의 의무를 깨뜨리는 것이 필요할 수 있다.

2. 집단상담의 평가

① 집단상담 평가의 정의

면접, 검사, 관찰 등의 과학적인 방법으로 객관적인 정보를 수집하고, 이를 토대로 현재 상태나 변화에 대한 이해, 그리고 질적 가치를 판정하고 설명하는 행위

② 집단상담 평가의 의의
- 집단활동을 통해 목표 달성 및 변화의 진전이 어느 정도 이루어졌는가에 대해 알아보는 과정으로 집단상담 평가는 목적지향적 활동이다.
- 평가에 있어 중요한 요소로서 정직성과 솔직성이 있으며, 평가의 내용에는 집단의 분위기, 응집성, 의사소통 형태, 인간관계 형태 등을 포함한다.
- 일반적으로 집단상담 평가의 주체는 집단상담자이며, 평가 대상은 집단원이다.

③ 집단평가의 기회

집단상담 후 모임이 끝날 무렵, 집단 기간의 중간과 마지막, 추후 평가가 가능하다.

④ 집단평가의 방법

공개토의 방식, 단어 연상법, 관찰자의 기록을 이용, 녹취나 녹화를 이용, 측정도구를 이용하는 방법 등이 있다. 집단상담 후 모임이 끝날 무렵, 집단 기간의 중간과 마지막, 추후 평가가 가능하다.

핵심문제 08

집단상담의 윤리지침에 대한 설명으로 옳지 않은 것은?

① 내담자와의 상호작용에서 내담자의 가치관과 신념이 영향을 미칠 수 있음을 자각해야 한다.
② 상담자는 일과 운동, 건강한 식습관 등을 통합함으로써 남을 돌볼 수 있도록 삶의 조화를 이룬다.
③ 상담자는 내담자에게 시간, 상담료에 관해 안내해야 하며, 녹취, 녹화 등에 관하여 사전에 내담자의 동의를 구함으로써 윤리적 책임을 가져야 한다.
④ 상담자는 친구 혹은 가족 구성원에게 상담을 제공하지 않으며, 내담자와 성적 관계를 가지지 않는다.
⑤ 상담자는 능력이 되는 분야가 아니더라도 적극적으로 상담하는 것이 중요하다.

고득점을 향한 해설

상담자는 훈련을 통해 능력이 되는 분야 내에서 상담하는 것이 중요하다.

답 ⑤

CHAPTER 02 | 가족치료

핵심 KEY

[가족치료 일반]
가족치료의 역사
가족치료의 이해
가족치료의 주요문제
가족치료의 실제

[가족치료 이론]
보웬의 다세대 가족치료
경험적 가족치료
구조적 가족치료
전략적 가족치료

밀란모델 가족치료
해결중심 단기치료
정신분석 가족치료
행동주의 가족치료
의사소통 가족치료

01 | 가족치료의 역사

1. 가족치료의 기원 및 발달 과정

① 가족치료의 기원

미국에서 가족치료운동이 시작된 배경은 제2차 세계대전(1939~1945년)의 여파로 흩어졌던 가족들이 전쟁 후 재결합하고, 가족 내 역할과 관계 등이 변화하면서 부부간의 갈등과 불화, 이혼, 청소년의 비행, 노인문제 등이 증가하게 되었고, 가족기능의 약화에 따른 문제가 사회문제로 대두된 것이다.

- 가족의 영향력에 대한 인식 증가
  개인을 강조하는 기존의 관점에서 개인을 둘러싼 맥락을 강조하는 관점으로 전환하게 되었다.
- 전체와 부분을 통합적으로 접근하는 체계이론 패러다임 도입
  - 체계는 하나의 통일된 전체를 구성하는 상호관련된 부분들의 집합체(Complex)이다.
  - 체계의 한 부분이 변하면 다른 부분들도 그에 의해 변화하며, 그 변화는 다시 처음의 변화에 영향을 준다.
  - 가족은 인간문제의 근원과 배경이 되며, 체계로서의 구조(Structure)와 과정(Process)을 가지고 있다.
  - 증상을 기존의 인과관계(A → B → C → D)로 이해하는 것에서 벗어나 순환적 인과관계(A → B → C → A)로 이해하고자 하였다.
- 조현병 환자 가족에 관한 연구

| 이중구속이론
(Double Binding
Theory) | • 계층과 계층 구성원들의 논리가 뒤엉킨 병리적 대화의 형태를 의미한다.
• 조현병은 이중구속이라는 대화형태의 산물이다.
• 이중구속은 가족 구성원으로 하여금 긍정할 수도 없고 부정할 수도 없게 만드는 동시에 그러한 상황에 대해 언급조차 하지 못하도록 만든다. |

부부균열과 부부불균형 이론	• 부부균열은 부부가 거의 모든 중요한 영역에서 서로 의견을 달리할 뿐만 아니라 다툼을 일으키는 관계를 말한다. • 부부불균형은 배우자 한쪽은 다른 쪽에 극단적으로 의존적이고 자학적 경향을 가지고 있으며, 다른 쪽 배우자는 아버지같이 강하고 보호하는 기능을 강하게 가진 사람처럼 보이는 관계를 말한다. • 정반대되는 관점을 갖고 있음으로써 가족 구성원들은 현실에 대해서 분열된 상태로 지각한다.
부부간의 가짜친밀성 이론과 고무 울타리	• 표면적으로는 서로 갈등이 없지만 내면적으로는 갈등이 있어서 가족 구성원들의 행동이 역기능적으로 이루어진다. • 이중구조로 인해서 가족 구성원들은 비현실성을 갖게 된다. • 가족과 외부 세계 간의 경계가 느슨한 것처럼 보이지만 실제로는 굉장히 폐쇄적이고 방어적이어서, 가족 역할로부터 벗어나려는 시도를 인정하지 않는다.
보웬의 분화이론	분화는 개인이 가족이라는 감정체제로부터 자신을 구분할 수 있는 정도를 나타내는 개념으로, 분화를 하지 못할수록 만성 증상을 갖게 되고 분화 수준이 매우 낮은 경우에는 정신분열증을 갖게 된다.

- 부부상담과 아동지도운동
  - 가족치료의 선구자들이었던 부부상담 및 아동지도상담 분야는 심리적 장애가 개인의 심인적 갈등으로부터는 물론이고 개인들 간의 갈등으로부터 유래된다는 개념에 토대를 두었다. 이를 위한 효과적인 개입은 치료자가 부부관계 및 부모-아동관계를 동시적으로 돕는 데 있었다.
  - 아동의 문제를 이해하는 데 있어서 진짜 문제는 아동 자신에게 있는 것이 아니라 가족이라는 체제 속에 있음을 알게 하는 관점을 제공하였다. 특히 어머니와 아동의 관계 속에서 많은 문제가 발생된다는 생각을 임상적으로 하게 되었다.
- 소집단운동과 집단치료
  집단을 전체로 보고 치료활동을 하는 집단치료의 관점이 가족의 역할을 이해하는 데 중요한 기여를 하였다.

② 가족치료의 발달 과정
- 가족치료의 파종기(1940년대)
  - 새로운 세계관과 인식론이 대두되었다.
  - 베이트슨 : 사이버네틱스의 원리와 개념을 행동과학 용어로 환원하기 시작하였다.
- 가족치료의 태동기(1950년대)
  - 조현병 환자 가족연구의 일부로서 가족에 관심을 가지기 시작하면서 가족치료의 싹이 트기 시작한다.
  - 보웬, 헤일리, 잭슨, 애커먼
- 가족치료의 확대기(1960년대)
  - 가족치료가 하나의 독립된 전문분야로 자리 잡기 시작하였고, 몇 가지 대표적인 가족치료 이론과 모델이 발표되기 시작하였다.
  - 잭슨, 헤일리, 사티어 : 의사소통 가족치료, 전략적 가족치료, 단기전략적 치료
  - 미누친 : 구조적 가족치료
- 가족치료의 정착 및 혁신기(1970년대)
  - 체계이론에 입각한 가족상담 및 치료가 혁신적인 변화를 초래하였다.
  - 구조적 가족치료, 전략적 가족치료, 다세대 가족치료, 밀란모델
  - 단기전략적 가족상담 발달, 해결중심적 단기치료 개발
  - 가족치료 문헌 출판, 전문학술지 창간, 학회의 활성화

- 가족치료의 성장과 전문화기(1980년대)
  - 지금까지 독자적으로 발달한 각 학파의 개념이나 이론, 기법을 통합하려는 움직임이 일어나며 절충적이면서 다양한 시도가 모색되었다.
  - 드 쉐이저와 김인수 부부의 해결중심모델
  - 예방적 심리교육모델이 등장하였다.
- 가족치료의 통합기(1990년대 이후)
  - 여러 학파의 구분이나 이론 간의 경계가 무너지고 다양한 접근이 시도되는 점진적이면서도 극적인 변화를 맞게 되었다.
  - 가족치료의 전성기를 지나면서, 인식론과 구성주의에 입각하여 치료이론가들에 대한 비판이 가해졌다.
  - 특정모델에서 제시하는 주요개념에 따라 정상성, 역기능성을 평가하고 치료목표를 설정하는 것이 의미를 잃어갔다. 그 대신 개인이 자신의 가족이나 관계를 어떻게 경험하는지, 자신의 경험의 세계에 어떤 의미를 부여하며 자신의 경험의 세계를 어떻게 구성하는지를 파악하는 것이 문제해결과정에서 더 중요하게 되었다.
  - 치료자는 내담자보다 더 많이 알고 있는 유능한 전문가적인 입장이 아니라 내담자의 경험세계를 재창조하는 과정에서 협력해야 할 동반자의 입장이 강조되었다.

③ 가족치료 발달에 영향을 준 이론
- 구조기능론
  - 구조주의 : 가족의 구조에 따라 가족관계가 달라지고 가족구조를 바꾸면 가족문제도 개선될 수 있다.
  - 기능주의 : 가족 구성원들이 가족 집단의 기능을 위해 필요한 행동을 한다.
- 상징적 상호작용론
  가족 구성원이 주관적 입장에서 주변 환경과의 상호작용을 통하여 가치와 의미를 파악하며 지위와 역할을 획득하게 된다고 보고, 가족 구성원 간의 언어적·비언어적 행동과 의사소통, 정서적 관계를 미시적으로 연결하여 설명한다.
- 가족발달이론
  시간의 흐름에 따른 가족의 변화과정에 관심을 갖고, 가족생활주기 단계별로 내적으로는 구성원들의 여러 요구와 외적으로는 사회적 기대 및 주변 환경의 요구를 효과적으로 충족할수록 가족 구성원들도 다양한 과업을 성공적으로 달성하고 발달할 것이라고 가정한다.
- 가족스트레스이론
  가족이 여러 변화나 사건을 경험할 때 스트레스원이 발생하는데, 이에 대한 가족자원과 인지평가가 상호작용하여 위기를 만드는 것이다.
- 건강가족이론
  건강가족의 개념은 외형상 형태가 아닌 기능적·사회심리적 측면에 기준을 두는 것으로 현대 가족의 건강성 척도들은 매우 다양하고 복잡하며, 주로 자기보고식의 다차원 개념들로 구성되어 있다고 주장한다.
- 가정폭력이론
  폭력은 가해자의 권력과 통제, 그리고 피해자의 억압과 두려움을 속성으로 가지며 개인적 요인, 가족 요인, 사회적 요인이 복합적으로 작용하여 발생한다.

- 여권주의이론

  여성들이 남성지배적인 사회구조와 가족구조 속에서 차별받고 있으므로 여성들이 권리의식을 갖고 동등한 지위, 자유와 경제적 독립을 누리며, 자신의 삶과 상황을 통제해야 한다고 주장하는 이론이다.

- 체계이론
  - 체계는 하나의 통일된 전체를 구성하는 상호 관련된 부분의 집합체로 정의된다.
  - 체계는 유기체처럼 한 부분이 변하면 다른 부분들도 변화하고 그 변화가 다시 처음의 변화 부분에 영향을 준다는 속성을 가지며, 체계 전체는 부분들 간의 '상호작용'이 포함되므로 부분들의 합보다 크다는 가정을 갖는다.

- 포스트모더니즘

  구조주의에서 중요시한 객관적인 지식과 절대적 진실의 가능성에 대한 믿음이 약화되면서 우리의 현실이란 불가피하게 주관적이라는 관점으로 바뀌게 되었다. 즉, 사실의 문제는 관점의 문제로 대치되어 가족치료자는 내담자도 똑같이 타당한 관점을 가지고 있다는 점을 인정하면서, 옳음에 대한 초월적 준거가 없다는 점을 강조한다.

- 사회구성주의

  치료자가 사회적 배경이 다른 내담자를 접할 때 문화의 차이를 이해할 뿐 아니라 경제상황이나 사회계층 등 사회적 입장의 차이를 생각하여 그것이 치료관계에 미치는 영향에 대하여 고찰하면서 응용해야 한다.

핵심문제 01

다음은 조현병 환자 가족에 대한 연구에서 나온 이론이다. 다음 괄호에 알맞은 단어를 고르시오.

- ( )은/는 계층과 계층 구성원들의 논리가 뒤엉킨 병리적 대화의 형태를 의미한다.
- 조현병은 ( )(이)라는 대화형태의 산물이다.
- ( )은/는 가족 구성원으로 하여금 긍정을 할 수도 없고 부정을 할 수도 없게 만드는 동시에 그러한 상황에 대해 언급조차 하지 못하도록 만든다.

① 다중체계
② 이중구속
③ 구속대화
④ 분화이론
⑤ 여권주의이론

고득점을 향한 해설

조현병 환자 가족에 관한 연구 – 이중구속이론(Double Binding Theory)
- 이중구속은 계층과 계층 구성원들의 논리가 뒤엉킨 병리적 대화의 형태를 의미한다.
- 조현병은 이중구속이라는 대화형태의 산물이다.
- 이중구속은 가족 구성원으로 하여금 긍정을 할 수도 없고 부정을 할 수도 없게 만드는 동시에 그러한 상황에 대해 언급조차 하지 못하도록 만든다.

답 ②

02 | 가족치료의 이해

1. 가족치료와 개인치료의 차이

① 문제 초점의 차이
- 개인치료는 내담자를 별개의 독립된 존재로 본다.
  문제의 원인을 개인에게 두고 정신내면의 과정, 행동, 특성 등을 파악하는 데 관심을 기울이며, 내담자가 맺고 있는 관계나 맥락은 일차적인 초점이 아니다.
- 가족치료는 내담자를 다른 사람 또는 체계와 상호작용하는 관계의 망에 속해있다고 본다. 문제나 증상은 그가 속한 가족이나 관계의 역기능과 직접적으로 연관된다고 보기 때문에 가족관계나 맥락을 일차적으로 고려한다.

② 치료개입 대상의 차이
- 개인치료는 개인에게 집중한다.
- 가족치료는 가족체계를 치료대상으로 삼는다.

③ 치료의 단위
- 개인치료는 개인을 치료의 단위로 삼는다.
- 가족치료는 가족체계의 구성원을 치료의 단위로 삼는다.
- 가족치료라고 해서 반드시 모든 가족이 다 참석해야 하는 것은 아니다. 현재 겪고 있는 문제와 관련되며 그 문제를 해결하는 데 꼭 필요한 가족 구성원이 참여한다.

④ 치료기간의 차이
- 개인치료는 개인이 가진 과거의 경험에 기초한 내면의 갈등을 해결하고자 하므로 1년 이상의 많은 시간을 필요로 하기도 한다.
- 가족치료는 가족 구성원과의 관계 속에서 '지금-여기'에 초점을 둠으로써 6개월 이하의 단기치료를 추구하는 경향이 있다.

⑤ 내담자에 대한 시각
- 개인치료는 내담자를 수동적이고 반응적인 존재로 본다.
- 가족치료는 내담자를 능동적으로 선택할 수 있는 존재로 본다.

⑥ 인과관계를 보는 시각
- 개인치료는 문제의 원인과 결과를 직선적 인과론으로 본다(A → B → C). 과거에 초점을 두고 증상과 행동의 원인을 파악하기 위해 이전의 발달단계를 추적해 나간다.
- 가족치료는 인과관계를 순환적이고 회귀적인 것으로 본다(A ⇌ B). 원인을 추적하기보다는 '지금-여기'에서 '무엇'이 일어나고 있는지와 상호작용의 패턴을 파악하는 데 초점을 둔다.

⑦ 문제의 진단과 해결과정에서 차이
- 개인치료는 기계론적 세계관에 기초한다.
  내담자의 문제를 객관적이고 정확하게 진단하고 평가할 수 있다고 본다.
- 가족치료는 유기체적 세계관에 기초한다.
  자신이 처한 상황이나 맥락에 따라 반응과 행동이 다르므로 문제를 정확하게 진단하는 것보다는 내담자의 인식행위에 초점을 둔다.

2. 가족상담과 집단상담의 차이

① 공통점

개인상담에 비해 여러 사람이 참여하여 상담자와 내담자의 관계형성이 단순하지 않고 사회적 현실과 같이 내담자 상호 간에 반응이 나타난다.

② 차이점
- 가족상담은 친밀한 사람들로 구성되고 문제의 공유에 있어 관련도가 높고 스트레스 상황 자체가 치료 대상이 되며 권력과 지위가 동등하지 않다.
- 집단상담은 낯선 사람들로 구성되고 동등한 존재로 참여하며 스트레스를 주는 환경에서 분리되어 있다.

[가족상담, 개인상담, 집단상담의 특성 비교]

유 형	상담목표	초 점	상담자역할	주요문제
가족상담	가족기능 향상	• 가족의사소통 • 연합과 역할 • 행동유형 • 상호작용패턴 • 가족체계	적극적 참여관찰자	• 부부문제 • 부모-자녀 갈등 • 고부갈등 • 가족불화 • 가족의 정서·행동문제
개인상담	• 성격의 재구조화 • 행동수정 • 증상제거 • 인지변화	• 무의식 • 감정전이 • 방어기제 • 행동학습 • 인지, 사고 • 개 인	• 비지시적, 소극적 • 적극적, 지시적 • 참여관찰자	• 성격의 무의식적 갈등 • 방어기제의 부적응적 유형 • 스트레스 관련 불안 • 정서·행동문제
집단상담	사회적 기능 향상	• 집단참여 • 피드백 • 집단역동	유동적 촉진자	• 대인관계 문제 • 부적응 • 불 안 • 행동문제

3. 기능적인 가족의 지표

① 부부관계의 특성 - 의사소통, 정서적 협력, 갈등

원만한 의사소통이 이루어지고 있는지, 관계에 있어서 정서적 협력이 이루어지고 있는지, 서로가 얼마나 조화를 이루고 있는지의 문제 등은 부부관계의 특성을 파악하는 열쇠가 된다.

② 가족 내의 권력통제 - 가족 내의 리더십

어느 한쪽 부모에 의해서 독점될 수도 있으며, 두 사람이 공유하는 형태로 존재할 수도 있다. 세력에 대한 합의가 없다면 끊임없는 갈등이 일어나게 되어, 불안정한 가족 양상과 무질서 상태를 초래할 수도 있다.

③ 가족응집력의 양과 유형

가족응집력이란 가족 성원들이 그 집단에 매력을 느끼고 그 안에 머무르도록 작용하는 자발적인 힘의 총체를 말한다. 즉, 가족이 어떻게 응집성과 개별성 양쪽의 조화를 이루면서 추진하느냐는 중요한 문제이다.

④ 가족 내의 의사소통

의사소통방식을 결정하는 요인에는 명확한 대화를 격려하는가, 가족이 자발적으로 대화하는가, 서로 말하도록 기회를 주는가 등을 포함한다.

⑤ 문제해결능력

가족이 위기에 어떻게 접근하여 효과적인 과정을 통해 문제를 해결하는가를 파악해야 한다.

⑥ 감정을 다루는 방법

한 개인이 건강하게 살아가기 위해서는 자신과 다른 사람에 대하여 보고, 듣고, 느낀 것을 분명하게 말할 수 있어야 한다.

⑦ 자존감의 형성

자신을 존중하는 사람만이 다른 사람도 존중할 수 있다.

⑧ 친밀함과 자립성

다른 사람과 친밀한 관계를 가질 수 있는가의 여부는 사람을 사랑할 수 있는지와 직결되기 때문에 가정생활에 있어서 중요한 요소이다. 자립성이란 자신의 두 발로 서며, 필요하다면 타인에게 기댈 수 있는 능력까지 포함하는 개념으로 자율과 의존이 조화를 이룬 상태이다.

4. 기능적 가족과 역기능적 가족의 특성 비교

기능적 가족	역기능적 가족
• 하위체계의 경계선이 명확하지만, 이것은 가족의 요구에 따라 변할 수 있다. • 가족규칙은 명확하며 공평하게 이루어진다. • 규칙은 가족상황에 따라 변할 수 있다. • 가족성원이 자신들의 역할을 명확히 이해한다. • 각 개인의 자율성이 존중되면서도 전체로서의 가족이 유지된다. • 의사소통은 자유롭고 명확하며 직접적이다.	• 하위체계의 경계선이 경직되거나 혼란되어 있으며, 가족의 요구에도 변화하지 않는다. • 가족규칙이 명확하지 않으며 경직되어 있다. • 가족의 행동이나 방법에 규칙을 갖고 있지 않다. • 역할은 경직되거나 명확하지 않아서 가족성원은 자신에게 요구되는 기대가 무엇인지 잘 알지 못한다. • 개인의 자율성은 가족 전체를 위해 희생되거나, 반대로 가족이 통합되지 못해 지나친 자율성이 요구된다. • 의사소통은 애매하고 간접적이고 권위적이다.

5. 가족생활주기

① 가족생활주기의 개념 및 의의
- 가족생활주기는 시간의 경과에 따른 가족 내의 발달적인 경향을 묘사하기 위하여 일반적으로 사용하는 용어이다.
- 개인의 발달은 가족의 영향을 받을 뿐 아니라 가족에게 영향을 주기 때문에 가족 구성원의 발달은 가족생활주기의 관점에서 살펴보아야 한다.
- 각 가족생활주기마다 수행해야 할 특정 발달과업이 있는데, 발달과업을 잘 수행하고 각 단계에 맞게 각 구성원의 지위와 관계가 변화되면 가족이 잘 기능하게 된다.
- 가족은 가족생활주기의 전환기에서 적응상의 문제를 일으킬 수 있으며, 이 적응상의 위기는 가족 문제의 근원이 될 수 있다.

② 카터와 맥골드릭(Carter & McGoldrick)의 가족생활주기

가족생활주기	이행에 동반된 특징적 원리	발달과정에 의해서 일어나는 가족 안에서의 이차적인 변화
결혼전기	• 자신에 대한 정서적, 재정적 책임 수용 • 부모로부터의 분리	• 원가족과의 관계로부터 분화 • 친밀한 이성관계의 발달 • 직업상의 정체감 확립
결혼적응기	새로운 체계에 대한 수임	• 부부체계의 형성 • 배우자가 포함되도록 확대가족, 친구와의 관계 재정비
자녀아동기	가족체계 내의 새로운 구성원 수용	• 자녀를 포함한 부부체계의 재구성 • 부모역할 받아들이기(자녀양육, 재정, 가사일에 공동참여) • 부모, 조부모 역할이 포함되도록 확대가족과의 관계 재정비
자녀청소년기	자녀의 자립을 인정해주는 가족경계의 확대	• 사춘기 자녀가 가족체계 안과 밖을 자유롭게 드나드는 것을 허용하는 형태로 부모-자녀 관계가 이행 • 중년의 부부문제나 직업 등의 발달과제에 대한 재인식 • 노년 세대에 대해 배려하는 방향으로 관심의 이행
자녀독립기	가족체계 밖에서 생활하거나 가족체계에 새롭게 참가하는 가족의 다양화 현상	• 부부체계를 2인군 관계로 재조정 • 성장한 자녀와 부모와의 관계가 성인 대 성인의 관계로 발전 • 사돈과 며느리, 사위, 손자녀 관계 재정비 • 부모 또는 조부모의 신체적·정신적 장애나 죽음에 대한 대처
노년기	역할변화 수용	• 신체적 쇠퇴에 직면하면서 자신과 부부의 기능과 관심사를 유지 • 다음 세대가 중추적 역할을 하도록 지원 • 연장자의 지혜와 경험을 가족체계 속에서 살리는 기회 형성 • 배우자, 형제, 친구의 죽음에 대처하면서 자신의 죽음을 대비하여 삶을 되돌아보고 통합

③ 이혼과 한부모가족에 따른 발달과제

단 계	발달과제
이혼 전 의사결정	이혼결정에 따른 실패감, 상실감, 두려움 해소, 현실수용, 자기수용
이혼협상	• 자녀양육권, 재산분할에 관한 합리적 의사결정 • 자녀 및 확대가족의 관계 재정립 • 배우자에 대한 애착 해소
이 혼	• 실패감, 죄책감, 상실감 해소 • 결혼생활에 대한 통합적 정리 • 재결합에 대한 환상을 포기
이혼 후	• 전 배우자와의 관계 재설정 • 분노, 상실감, 외로움 해소 • 새로운 역할과 책임 수용 • 정신적, 정서적 독립 • 경제적 문제 대처 • 자녀의 혼란과 상실감, 부적응 문제 대처 • 확대가족, 친구 등 사회적 지지체계 구축

④ 재혼가족의 발달과제

단계	발달과제
재혼결정	• 이전의 결혼생활과 전 배우자에 대한 감정 정리 • 새로운 결혼에 대한 현실적 기대 • 재혼의 동기와 문제점 검토
재혼가족설계 및 생활계획	• 새 배우자와의 결혼관계 설계 • 자녀들의 죄책감, 충성심, 갈등, 불안 등의 해소 지원 • 계부모-자녀 간 즉각적인 사랑의 신화에서 탈피 • 이전 결혼생활 문제를 반복하지 않는 노력 계획 • 별거자녀와의 관계 유지방법 모색 • 공동부모 역할 협조방법 모색
재혼과 가족 재구성	• 이전 가족과 배우자에 대한 애착 해소 • 새로운 부부체계 정립 및 친밀감 형성 • 재혼가족의 경계 형성 • 재혼가족의 통합을 위한 규칙, 의례 설정 • 가족 구성원 간 수용 및 의사소통의 효율화 노력 • 가족의 재구성에 따른 지원의 합리적 재분배 • 자녀들의 새로운 형제자매 관계 적응 • 자녀에 대한 친부모 및 계부모의 협력관계 구축 • 확대가족, 친지, 친구 등 사회적 지지체계 재구축

⑤ 가족생활주기 이해의 중요성
- 한국인의 가족생활주기에서 빈번하게 나타나는 공통적인 문제는 가족 간 갈등, 대화의 단절, 부부갈등과 폭력, 이혼, 경제적 문제였다.
- 가족발달단계와 발달과제를 이해하는 것은 가족 구성원 개인과 가족 전체의 시간차원의 변화를 이해하는 데 중요하다.
- 가족상담자는 가족이 달성해야 할 발달과제를 잘 이해하고, 가족이 갖고 있는 활용 가능한 문제해결자원과 강점들을 찾아내어 문제에 효율적으로 대처하며, 발달과제를 계속 달성하면서 성장할 수 있도록 도와주어야 한다.

6. 가족평가

① 가족평가의 정의
- 가족을 사정하고 진단하며 측정하는 일련의 행위를 말한다.
- 가족을 하나의 단위로 보고 가족 내부 및 외부체계, 그리고 이들 간 상호작용을 파악하기 위해 자료를 수집, 분석, 종합하여 가족에 대한 개입을 계획하는 일련의 과정이다.
- 가족치료의 전 과정을 통해 이루어지는 작업이며, 가족치료의 초기단계와 중기단계, 종결단계에서 각 치료단계의 목표에 맞추어 평가가 이루어진다.
- 가족문제, 가족의 구조와 관계유형, 가족체계와 외부체계의 상호작용, 문제해결을 위한 가족 구성원의 자원, 문제해결에 대한 가족의 동기 등을 평가한다.

② 가족평가의 목적
- 가족문제의 특성을 명료화한다.
- 가족 구성원들이 그들 문제를 어떻게 지각하는지 이해한다.
- 가족역동의 구조, 기능성, 영향을 정확히 파악한다.

③ 가족평가의 어려움
- 가족의 복잡성을 포착하는 어려움
- 가족평가의 철학적 근거 : 어떤 입장을 취할 것인가와 관련됨
- 평가단위 및 정보를 얻는 방법 : 누구로부터 가족에 대한 정보를 얻는가에 따라 평가의 결과가 달라질 수 있음
- 가족치료모델에 따른 평가에 대한 관점 차이

④ 가족평가 내용

치료과정	주요 평가내용
초기단계	• 가족이 제시하는 문제는 무엇인가? • 어떻게 가족치료에 의뢰되었는가? • 가족의 발달주기단계는 어떠하며 발달과업은 어떻게 수행되었는가? • 가족은 문제해결을 위하여 어떤 시도를 하였는가? • 가족의 강점은 무엇인가? • 문제가 유지되는 데 각 가족 구성원의 역할은 어떠했는가? • 약물 및 알코올 중독, 가정폭력, 성학대, 혼외관계 등의 문제가 있는가? • 가족의 성역할 및 가족구조는 어떠한가? • 가족의 의사소통 유형은 어떠한가? • 가족문제에 대한 치료자의 가설은 어떠한가?
중기단계	• 문제에 대한 개인의 책임감이 인식되었는가? • 가족 구성원의 상호이해가 촉진되는가? • 치료가 정체되지 않았는가? • 치료에서 '피하고 싶은' 어려운 관계나 개인이 있는가? • 대화주제 선택에서 치료자가 지나치게 개입하고 있지 않은가? • 치료자가 특정 가족 구성원의 역할(아내, 특정 자녀 등)을 맡고 있지 않은가?
종결단계	• 제시된 문제가 해결되었는가? • 가족 상호작용 유형이 개선되었는가? • 가족 구성원 각자가 목적했던 바를 이루고 만족하는가? • 미래에 비슷한 문제가 재발했을 때 다룰 수 있는 방법을 알고 있는가? • 가족 구성원이 가족 내외의 관계를 개선해왔는가?

⑤ 가족평가의 방법
- 면 접
  면접(인터뷰)은 가족평가에서 가장 기본적이며 중요한 도구로서 언어를 매개로 내담자와의 대담관계에서 가족을 평가할 수 있는 방법이다.
- 관 찰
  가족 구성원의 실제 상호작용을 살펴보고 언어적, 비언어적 교류를 평가하는 방법으로 치료의 전 과정에서 이루어지는 가장 기초적이며 질적인 진단방식이다.

- 주관적(질적) 평가

가계도 (Genogram)	3세대 이상에 걸친 가족 구성원에 관한 정보와 관계를 도표로 기록하는 작성법으로, 한 세대에서 다음 세대로 계속되거나 변화되는 가족구조, 관계유형, 기능을 찾아볼 수 있다.
생태도 (Ecomap)	가족과 가족의 생활공간 안에 있는 사람 및 기관 간의 연계를 그림으로 나타내는 방법으로 환경에서 가족으로의 자원의 흐름, 스트레스원, 가족과 환경 간의 경계 등의 정보를 얻을 수 있다.
가족조각 (Family Sculpting)	어느 시점에서 상호관계 및 상대방에 대한 느낌과 감정을 동작과 공간을 사용하여 표현하는 비언어적 기법으로 가족의 역동성이 가시화되고 가족 간의 물리적 거리, 가족관계, 동맹, 감정, 스트레스 상황에서의 대처방법 등을 알 수 있다.
동적가족화 (Kinetic Family Drawing : KFD)	가족이 무엇인가를 하는 것을 그리는 투사적 기법으로 가족집단의 역동관계를 볼 수 있다.
합동가족화 (Conjoint Family Drawing)	가족이 함께 작품을 만들어가도록 하는 방법으로 가족 구성원의 상호작용을 반영하며 가족기능의 측정에 도움을 준다.

- 객관적(양적) 평가
    - ENRICH(Enriching Relationship Issues, Communication and Happiness)
    - 가족환경모델(FES ; Family Environment Scale)
    - Beavers 체계 모델
    - 순환 모델 자기보고식 척도 FACES(Family Adaptability and Cohesion Scale)
    - 맥매스터(McMaster) 모델(FAD ; The Family Assessment Device)

⑥ 통합적 가족평가
- 전문가 중심의 평가
    - 전체성(개인보다 가족 전체에 초점을 둠)
    - 상호의존성의 정도
    - 경계의 투과성이 적절한지 여부
    - 가족규칙의 경직성
    - 가족신화
    - 위계와 권력구조
    - 하위체계 및 상위체계
    - 가족의사소통
- 내담자 중심의 평가
    - 문제와 해결방법에 대한 전문가는 치료자가 아닌 내담자이며, 치료자는 단지 가족의 이야기와 목표 반응에 대한 정보를 요청하는 입장이라는 견해를 가진다.
    - 따라서 내담자에 대한 전문가의 평가는 최소화되고 내담자 본인의 평가 비중은 증가한다.

핵심문제 02

다음 중 기능적 가족의 특성으로 옳지 않은 것은?

① 가족성원이 자신들의 역할을 명확히 이해한다.
② 각 개인의 자율성이 존중되면서도 전체로서의 가족이 유지된다.
③ 하위체계의 경계선이 명확하지만, 이것은 가족의 요구에 따라 변할 수 있다.
④ 의사소통은 애매하고 간접적이고 권위적이다.
⑤ 가족규칙은 명확하고 공평하게 이루어진다.

고득점을 향한 해설

기능적 가족과 역기능적 가족의 특성 비교

기능적 가족	역기능적 가족
• 하위체계의 경계선이 명확하지만, 이것은 가족의 요구에 따라 변할 수 있다. • 가족규칙은 명확하며 공평하게 이루어진다. • 규칙은 가족상황에 따라 변할 수 있다. • 가족 구성원이 자신들의 역할을 명확히 이해한다. • 각 개인의 자율성이 존중되면서도 전체로서의 가족이 유지된다. • 의사소통은 자유롭고 명확하며 직접적이다.	• 하위체계의 경계선이 경직되거나 혼란되어 있으며, 가족의 요구에도 변화하지 않는다. • 가족규칙이 명확하지 않으며 경직되어 있다. • 가족의 행동이나 방법에 규칙을 갖고 있지 않다. • 역할은 경직되거나 명확하지 않아서 가족 구성원은 자신에게 요구되는 기대가 무엇인지 잘 알지 못한다. • 개인의 자율성은 가족 전체를 위해 희생되거나, 반대로 가족이 통합되지 못해 지나친 자율성이 요구된다. • 의사소통은 애매하고 간접적이고 권위적이다.

답 ④

03 | 가족치료의 주요문제

1. 가족상담에서 다루는 문제

① 가족상담의 적용 범위
- 가족이 가진 모든 심리적 문제는 가족상담의 대상이 될 수 있다.
- 가족상담은 누구에게, 언제, 어떻게 적용하는가의 범위에 대해서는 유동적이다.
- 상담에 참여하는 사람의 인원수에 관계없이 가족 전체를 사정과 개입의 대상으로 삼는다.
- 가족에게 역기능이 존재하거나 또는 그러한 역기능이 주된 호소문제와 관련이 있다고 판단될 때 가족상담을 권유한다.
- 가족상담을 적용하기 위한 지표
  - 어떤 증상이 역기능적인 가족관계에 얽혀 있다고 판단될 경우
  - 도움을 구하는 사람의 호소가 특정 가족 개인의 문제보다도 가족 간의 관계 변화에 있다고 판단될 경우
  - 가족이 서로 분리되는 것에서 어려움을 겪는 경우

② 가족상담에서 다루는 문제
- 부부간의 문제
  - 결혼 : 원가족과의 관계 변화(새로운 관계의 정체감 확립 필요)
  - 부부문제 상담은 공동으로 이루어지는 것이 바람직함
- 맞벌이의 문제
  - 경제적 압박, 자아실현으로 인한 여성 취업 증가로 맞벌이 부부 증가
  - 문제 : 사회생활 속에서의 남녀평등, 가사분담, 자녀양육
- 아동양육의 문제
  확대가족 → 핵가족의 변화, 자녀양육에 대한 부부간의 의견 불일치
- 청소년기 자아정체감의 문제
  - 문제 : 심리적, 신체적 불안으로 인한 지나친 압박감, 우울, 자살시도, 폭력, 등교거부, 신경성 식욕부진증, 인터넷 게임중독 등
  - 청소년들은 상담에 대한 동기가 낮음
- 집 떠나는 성인 자녀와의 문제
  - 부모들의 이중적인 메시지 : 성인 자녀가 자율적이기를 원함, 독립적으로 성공적인 삶을 살 수 없을 것이라는 불안
  - 부모-자녀 관계를 분리시키고, 부모가 자녀에게 하던 투자를 부부관계로 돌리도록 변화를 도움
- 연로한 부모 돌보기
  - 고령화 사회 진입 : 부모 부양책임 증가(가족상담에 연로한 부모들을 참여시킬 수 있음)
  - 가족 전체가 적응상의 중요한 도전에 직면하게 되면서 방향의 재설정 및 재조직이 필요함
- 한부모 또는 재혼가족의 문제
  - 이혼율의 증가로 한부모가정 증가 : 자녀의 양육, 경제적 도움, 다른 한쪽 부모와의 만남 유지 등(긴장 및 스트레스 발생)

- 재혼가족 : 한쪽 부모의 죽음이나 이혼으로 인한 상실을 경험, 복잡하게 얽힌 가족관계로 인해 더욱 복잡한 문제를 파생시킬 수 있음
- 가정 내의 학대문제
  - 아동학대 : 가족상담을 통해 부모들이 자신의 분노를 조절하는 방법을 습득, 부모의 분노를 유발하는 아동의 행동에 대한 적절한 지도 필요
  - 아내구타 : 가족해체 측면 → 폭력가정은 가족보존의 관점으로 개입하는 것이 바람직함
- 약물과 알코올 중독의 문제
  가족 구성원의 약물남용 문제는 나머지 가족들도 영향을 받기 때문에, 당사자와 더불어 그 가족에 대한 정서적인 도움을 주어야 함

2. 가족 스트레스

① 가족 스트레스
- 생활스타일을 만들어갈 때 생활체계로서 가족에게 어떤 자극요인이 더해짐으로써 종래의 생활양식이 혼란을 초래하고, 기존의 대처양식이나 문제해결방식으로는 평형을 유지할 수 없는 위기에 도달하는 상황, 또한 그것을 극복하려는 노력과 결과까지를 포함하는 능동적인 과정을 의미하는 용어이다.
- 가족생활체계에 지금까지 형성된 기존의 역할체계나 문제해결능력으로 대응할 수 없는 어떤 변동이 생기는 과정이라고 본다.

② 가족 스트레스 연구
- 가족은 생활주기에 따른 발달단계의 스트레스를 필연적으로 경험한다.
- 가족 구성원은 각기 다른 방식으로 스트레스를 경험하며 각기 다르게 반응한다.
- 스트레스는 각 가족의 연령, 그들이 속해있는 생활주기에 따라 다양하다.
- 상담자는 가족생활주기를 이해함으로써 상담의 준거 틀을 마련하게 된다.
- 스트레스 요인

수직적 스트레스 요인		• 가족의 태도, 기대, 규칙 등 세대에 따라 전수되는 관계와 기능 양상을 포함한다. • 원가족에서 파생되는 가족이미지, 가족신화, 가족규칙 등이 이에 속한다.
수평적 스트레스 요인	발달적 스트레스 요인	자녀의 출산, 입학, 결혼처럼 대부분의 가족이 발달하면서 겪게 되는 사건과 같이 가족이 예측할 수 있는 것으로 구성된 생활주기상의 변화이다.
	외적 스트레스 요인	실직, 사고에 의한 죽음처럼 예측할 수 없는 사건들로 이루어져 있다.

③ 힐(Hill)의 ABC-X모델

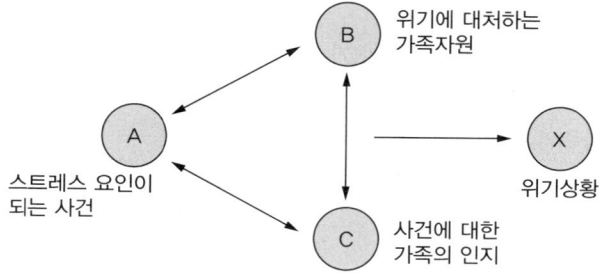

- A요인은 B요인, C요인과 상호작용하여 X(위기상황)가 된다.
- A요인(스트레스 요인이 되는 사건)이 반드시 스트레스 상황을 초래하지 않고, 매개적 변수(B, C요인)가 개재된다는 이론적 가설을 가지고 있다.

A요인 (스트레스 요인이 되는 사건)	• 가족 이외의 사건 : 전쟁, 정치적 또는 종교적 박해, 홍수, 지진 등의 자연재해 등으로 장기적으로 가족을 단결시키는 방향으로 작용한다. • 가족 내부의 사건 : 사생아의 탄생, 부양기피, 장애가족의 발생, 배우자의 부정, 자살, 약물남용 등으로 한층 해체적이다. • 가족 외적 사건 : 결정적인 스트레스 요인으로 보지 않거나, 다른 가족도 같은 상황이나 그것에 의해 상황이 나빠질 수 있다고 생각하는 성질을 갖고 있다. 전쟁으로 인한 이별이나 귀환에 의한 재통합, 화재로 인한 가옥상실, 강제적 이주, 불황기의 수입원 상실, 조산 등이다.
B요인 (위기에 대처하는 가족자원)	가족의 적응능력, 응집력, 과거에 위기를 극복한 경험
C요인 (사건에 대한 가족의 인지)	그 사건을 지위나 목표에 대하여 위협 또는 성장의 계기처럼 취급하는 문제

④ 힐(Hill)의 청룡열차(롤러코스터) 모델

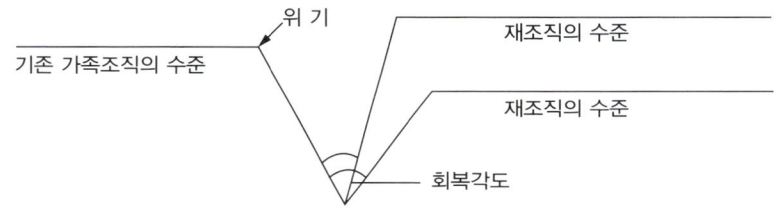

- 가족이 위기를 직면하면 조직해체 → 회복 → 재조직의 과정을 거치면서 적응해간다.
- 횡적 축으로 나타나는 시간의 진행 속에서 종적 축의 가족 재조직의 수준이 올라갔다 내려갔다 한다.

⑤ 맥커빈(McCubbin)의 이중 ABC-X 모델

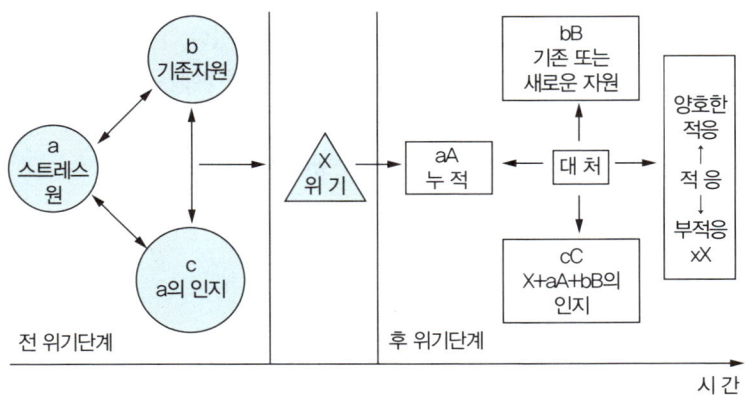

- 스트레스 요인 누적(aA)의 주된 현상
  - 사건 자체에 내재하는 곤란성이 시간의 경과와 함께 가중되는 사태
    예 갚지도 못한 원금의 이자가 불어남, 질병이 만성화되고 악화됨

- 원래의 사건이 미해결된 채 그것과는 별개의 사건이 겹쳐서 일어나는 경우
    - 예) 수해피해 후 전염병이 퍼짐, 생활주기상의 사건이 겹침, 노인돌보기와 자녀결혼 문제를 동시에 갖게 되는 경우
- 위기의 대처 행동 그 자체가 스트레스 요인으로 가중되는 경우
    - 예) 수입 감소에 대비한 주부의 취업으로 인한 가정생활의 갈등, 친척이나 전문가 등 외부도움의 의뢰 후 더욱 사태가 분열된 경우
- 적응적인 가족 기능의 평형 상태
    - 가족통합의 유지 또는 강화
    - 개인 발달과 가족단위 발달의 지속적 추진
    - 가족의 자립성과 환경의 방향을 통제할 수 있는 감각
- 부적응적 가족 기능의 상태
    - 가족통합의 저하
    - 개인적 발달 또는 가족 단위의 발달 저하
    - 가족의 독립성과 자립성의 저하 또는 상실을 초래
- 상담자는 가족 스트레스에 대한 이해를 통해 스트레스의 원인이 되는 사건을 해결하는 전략을 상담에 적용해볼 수 있으며, 상담받는 가족은 그들 나름대로 위기에 대처할 수 있는 자원을 인지하고 발달시킬 수 있다.

3. 가족체계의 이해

① 체계로서의 가족
- 체계 : 전체를 이루기 위해 연관되어 있는 개체들의 집합
- 가족 : 결혼, 혈연, 입양의 관계로 결합되어 가족이라는 정체감과 유대감을 가지는 상호의존적인 사람들
- 개인을 가족이라는 전체 체계의 한 부분으로 보고 개인의 행동을 다른 부분이나 전체 가족체계와의 관계성 맥락에서 설명한다.
- 가족은 체계로서 구조(Structure)와 과정(Process)을 가지고 있다.
- 구조에는 하위체계, 경계, 항상성, 규칙, 삼각관계 등이 있고, 과정에는 의사소통, 순환성 등이 포함된다.

② 가족하위체계
- 하위체계 : 체계 내에서 특정한 기능이나 과정을 수행하는 전체 체계의 부분들
- 가족의 가장 대표적인 하위체계
    - 부부 하위체계
    - 부모 하위체계
    - 형제자매 하위체계
    - 그 외 조부모, 부녀, 모자, 부자, 모녀, 손자녀 등의 하위체계

③ 가족체계의 주요개념
- 경 계

경 계	• 외부환경으로부터 개인, 하위체계 또는 체계를 구분 짓는 것이다. • 개인과 개인, 하위체계와 하위체계, 체계와 체계 사이에 존재한다.
경계선	• 체계 안과 밖으로 에너지와 정보가 흐르는 정도 • 경계 안 구성원들 간의 친밀함 정도, 상호교류와 접촉 정도
가족체계의 경계선	• 애매한 경계선 : 지나치게 개방적이어서 모든 정보가 공유되고 서로에게 지나치게 관여를 하며 얽혀있다. • 경직된 경계선 : 지나치게 폐쇄적이어서 상호 간에 생각이나 감정, 정보 등을 나누어 갖지 않고 개인적이다. • 명료한 경계선 : 경계가 유연하게 존재하여 정보가 적절히 공유되고, 구성원 간에 관여하는 정도가 적당하다.

- 가족항상성
  - 모든 체계는 바람직한 균형을 유지하려는 경향이 있다.
  - 모든 가족은 가족이 하나의 조직적인 독립체로서 일반적으로 가족의 안정(항상성)을 유지하려는 경향이 있다.
  - 그러나 가족의 기존 관계유형을 유지하기 위해 가족 내에 증상을 가진 누군가를 필요로 하기도 한다.
    예 부부싸움 시 관심을 끌기 위해 행동하는 아이
  - 가족의 항상성을 유지하는 것이 반드시 가족 구성원에게 최상의 이익을 주는 것은 아니다.
  - 피드백 기제

부정적 피드백	변화를 최소화하면서 체계를 유지하려는 작용
긍정적 피드백	체계의 변화를 유도하고 다른 수준으로 조직하는 작용

- 가족규칙
  - 가족 내에 권력, 역할, 의사소통, 문제해결 등에 관한 규칙이 존재한다.
  - 가족규칙은 오랜 기간 반복되는 가운데 은연중에 정해진 불문율적인 성격이 강하다.
- 가족신화
  가족 구성원이 공유하는 기대와 신념을 의미하는 것으로 역기능적 가족이 현실을 왜곡하거나 합리화, 부정하는 데 활용된다.
- 가족 삼각관계
  - 보웬에 의하여 처음 제안된 것으로, 가족 구성원 두 사람의 이인관계에서 불안이나 긴장을 경험하는 한 사람이 충족되지 못한 욕구를 충족하기 위하여 제3자나 대상을 끌어들임으로써 긴장관계를 회피하는 행동이다.
  - 가족 삼각관계에 끼어드는 대상이 반드시 가족 구성원만 되는 것은 아니다(친척, 일, 친구, 알코올, 취미, 외부활동 등이 될 수 있다).

- 가족의사소통
  - 언어와 비언어
  - 내용(사실적 보고)과 관계(내용 밑에 깔린 의도와 목적)
  - 단락 짓기 : 계속되는 의사소통 속에서 특정 원인을 찾는 것
  - 역기능적 의사소통 : 언어적 메시지와 비언어적 메시지의 불일치, 이중구속 메시지, 내용과 관계수준의 불일치, 단락 짓기의 불일치
- 순환적 인과관계
  - 체계의 일부분에서 발생하는 변화가 부분의 변화에 그치는 것이 아니라 그 체계가 속한 전체 체계와 다른 부분에 영향을 미치고, 그 영향이 다시 처음 변화가 일어난 부분에 영향을 미치게 되는 것을 의미한다.
  - 한 사람의 행동에 의하여 다른 사람의 반응이 나타나고, 그 반응이 또 다시 행동에 작용하여 또 다른 반응결과를 야기시킨다는 것이다.
    - 예) 아내는 남편이 술 마시고 늦게 귀가하는 것이 문제라고 말하고, 남편은 아내가 집에서 잔소리하고 귀찮게 하니까 술을 마시고 늦게 귀가한다고 말한다.

4. 가족의 역동성 이해

① 가족역동성
- 가족은 구성원들 간에 다양한 방식으로 영향을 주고받는 역동적인 체계이다.
- 가족은 복잡한 감정이 얽혀있는 가족역동체계를 가지고 있다.
- 가족역동성은 가족구조 내의 가족 구성원 간에 발생하는 상호작용을 의미한다.
- 가족구조, 가족관계, 권력구조, 역할구조 등이 가족의 상호작용에 영향을 준다.

② 3R
- 가족의 규칙(Family Rules)
  - 한 가족의 규칙은 무의식적으로 각 가족의 구성원들에게 각인, 성인이 되어 살면서 자신이 진정으로 원하는 것과 상반되는 경우에도 그것에 의해 영향을 받을 수밖에 없다.
  - 가정마다 여러 가지 규칙들이 있지만 자신에게 중요한 영향을 미치는 규칙의 목록에 어떤 것들이 있는지 파악하는 것이 무엇보다 중요하다.
- 가족역할(Family Roles)
  - 문제해결사, 희생양, 구조대원, 코미디언, 중재자, 치유자, 비밀유지자 등이 있다.
  - 자신의 가정 내의 역할을 찾아보고 다른 가족들의 역할을 함께 비교하여 보면 자신의 분명한 역할을 알 수 있게 된다.
  - 가족 내에서 자신의 역할에 만족한다면 좀 더 자신있게 그 역할을 해야 하지만, 필요에 따라 현실적인 역할을 선택하고 만들어가야 한다.
- 가족관계(Family Relationship)
  - 인간관계에 대한 가족 내에서의 학습방법 : 보고 그대로 따라하기
  - 어떻게 느끼고, 생각하고, 행동해야 하는지 아이들은 감각적으로 경험한 것을 그대로 따라한다.
  - 어린 시절 배운 것들이 성인이 된 후의 대인관계패턴으로 나타난다.

- 가정에서 전수받은 관계패턴은 무엇인가?
- 애정과 갈등 해소법에 대해 어떤 것을 배웠는가?
- 현재 나에게 가족관계가 대인관계에 어떤 영향을 미치고 있는가?

③ 상호작용패턴 인지
- 과거 가족관계와 대인관계의 상호작용패턴을 아는 것이 중요하다.
- 내담자 대부분이 자신의 문제에 대한 원인이 과거에 경험한 부모와의 상호작용의 결과임을 안다.
- 상호작용패턴을 알기만 하고 거기서 멈춘 경우
  - 운명론적 사고
  - 자신의 삶은 가정의 결과가 아닌 자신의 의지로 만들어가는 것이다.
- 상호작용패턴을 알고 원망하거나 비난하는 경우
  - 체념하는 경우보다 훨씬 위험하다.
  - 가족이 전수해준 것, 전수해주지 않은 것에 대해 가족을 원망하게 된다.
  - 부모에게 배운 좋은 경험은 간직하여 발전시키고, 나쁜 경험은 그것을 통해 새로운 의미를 알고 성장할 수 있어야 한다.

핵심문제 03

다음은 가족에 대한 설명이다. 괄호 안에 들어갈 내용으로 옳지 않은 것은?

- 가족은 체계로서 구조(Structure)와 과정(Process)을 가지고 있다.
- 구조에는 (   ) 등이 있고, 과정에는 의사소통, 순환성 등이 포함된다.

① 역동성
② 하위체계
③ 규 칙
④ 삼각관계
⑤ 경 계

고득점을 향한 해설

체계로서의 가족
- 체계 : 전체를 이루기 위해 연관되어 있는 개체들의 집합이다.
- 가족 : 결혼, 혈연, 입양의 관계로 결합되어 가족이라는 정체감과 유대감을 가지는 상호의존적인 사람들을 의미한다.
- 개인을 가족이라는 전체 체계의 한 부분으로 보고 개인의 행동을 다른 부분이나 전체 가족체계와의 관계성 맥락에서 설명한다.
- 가족은 체계로서 구조(Structure)와 과정(Process)을 가지고 있다.
- 구조에는 하위체계, 경계, 항상성, 규칙, 삼각관계 등이 있고, 과정에는 의사소통, 순환성 등이 포함된다.

답 ①

04 | 가족치료의 실제

1. 가족세우기

① 발달배경
- 독일의 가족치료사 헬링거(Hellinger)에 의해서 시작된 가족치료의 모델이다.
- 기존의 치료모델과는 달리 가족의 갈등과 문제에 가족체계의 관계와 의사소통 차원에서 접근하지 않고, 다세대적 관점 속에서 가족 안에 세대로 전수되는 역기능의 패턴을 파악하는 데 중점을 두었다.
- 한 개인이 가족관계 안에서 겪는 문제 또는 삶의 어려움을 다루는 방식은 가족 안에서 전수되는 부정적인 삶의 패턴인 가족체계 내의 '얽힘'의 관계를 해결하는 데 있다고 본다.

② 가족세우기 기법
- 내담자의 비언어적 의사소통의 도구인 신체적 표현을 통해 가족관계가 공간 안에서 대리인을 통해 표현되게 하는 해결중심적 단기치료의 한 형태이다.
- 단기집단치료의 형태를 갖고 있으며, 내담자의 가족 전체가 아닌 대리인의 참여를 통해 언어적 사용을 가능한 적게 하면서 가족 간의 정서적 관계를 몸으로 표현하는 치료모델이다.
- 상담사는 문제파악과 해결을 위해 '지금-여기'에서의 가족체계의 관계와 의사소통방식에만 관심을 기울이는 것이 아닌, 다세대관점 속에서 내담자의 부모와 조부모 세대까지 거슬러 올라가서 얽힘의 관계를 파악한다.

③ 치료기법 및 과정
- 남자와 여자 혼성, 최소 15명으로 구성된 집단을 가장 효율적인 치료집단으로 본다.
- 내담자가 집단 안에서 치료자에게 자신의 가족들에 대한 상황이나 문제를 이야기한다.
- 내담자는 집단참여자 안에서 자신의 가족 구성원을 대신할 대리인들을 선택하여 세운다.
- 대리인은 실제적으로 자신이 아닌 다른 사람의 인식과 감정으로 임하며 행동하게 된다.
- 치료사는 대리인들에게 그들의 신체적 상태, 감정, 인식을 묻는다.
- 대리인들의 진술 속에서 치료사는 가족역동을 파악하며 동시에 내담자가 자기 가족체계에 대한 인식을 하도록 돕고, 이를 통해 가족체계에 대한 변화를 이끌어낸다.
- 가족세우기 참가자들은 대리인을 통해서 진행되는 치료과정 속에서 내담자의 가족들이 갖고 있는 무의식적인 욕구와 관계성을 보게 되며, 이를 통해 내담자는 해결을 위한 통찰을 경험하게 된다.

2. 가족상담사의 역할

① 가족상담사의 역할
- 객관적인 지각자 역할
  - 상담자는 상담장면에서 나타나는 가족 구성원 간의 상호작용 역동을 관찰하고 가족이 상황을 객관적으로 인식하도록 돕는다.
  - 그 결과 가족이 가족체계의 문제와 문제해결을 위한 목표를 동일하게 인식하고 변화가 촉진된다.

- 교사로서의 역할
  - 정보를 제공하고 새로운 행동방식을 학습할 수 있는 적절한 시기를 조정한다.
  - 새로운 행동방식으로 변화할 수 있도록 교육하는 기능을 한다.
  - 상담자가 모델이 되어 의사소통방법을 가르치는 역할이다.
- 환경조정자로서의 역할
  변화가 허용될 수 있는 안전한 환경과 분위기를 만들어 주고, 이를 촉진하고 지속시키는 일을 맡는다.
- 안내자 또는 지도자 역할
  상담자는 여러 이론과 기법을 적용하여 가족의 변화를 돕고 촉진하는 안내자와 지도자 역할을 하게 된다.

② 가족상담사의 자질
- 상담자는 대인관계기술과 의사소통기술, 내담자와의 치료적 관계 형성기술 및 지지기술에 숙달되도록 노력해야 한다.
- 유능한 가족상담자의 특성으로 전문적인 지적 능력, 건강한 자존감, 정서적 공감능력, 융통성, 자신감 및 유머 등이 요구된다.
- 상담자 자신의 가족체계와 자신의 능력, 갈등영역에 대해 잘 인식하고 있어야 한다.

③ 가족상담사 훈련과정
- 체계적인 지식 습득
- 현장실습을 통한 상담경험
- 전문가의 감독하에 상담실무 훈련과정 이수
- 사회적 책임 인식 필요 : 전문적 실무규제 및 보호

3. 가족상담과정

① 가족상담 초기과정
- 접수상담
  - 전화상담 및 방문접수 상담, 타 기관 의뢰상담
  - 상담을 의뢰한 사람의 이름, 주소, 연락처 알아보기
  - 가족문제가 무엇인지, 문제의 성격과 지속시간, 가족의 대처방법 등을 확인
  - 가족체계 특성과 문제와의 관련성 관찰
  - 가족 구성원의 상담동기와 상담 참가 가능성 높은 사람 파악
  - 전에 상담이나 치료경험이 있는지, 있다면 어떤 문제로 상담받았고 효과는 어느 정도였는지 파악
  - 첫 면접상담에 참가할 사람과 날짜, 시간, 장소 정하기
- 치료적 관계 형성
  - 면접상담 첫 회기는 이후 상담의 방향과 성공 여부를 결정짓는 중요한 단계
  - 상담자는 편안하고 차분한 자세를 지니면서 온화한 표정으로 대하여야 하며, 가족 구성원들의 생각과 감정은 물론 자신의 감정변화에도 민감해야 함
  - 개개인을 포괄하는 가족체계를 관찰하면서 자연스럽게 그 안에 합류하여 가족 구성원들과 친밀감과 유대감을 형성하는 것이 중요

- 상담의 구조화
  - 치료적 관계를 바람직한 방향으로 안정시키기 위하여 상담에서 성취 가능한 범위와 제한점 안에서 가족을 교육하는 것
  - 제한점은 최소한도로 줄이고 상담시간, 가족의 행동규범 등에 관하여 구체적으로 정하는 것이 좋음
  - 상담자 역할의 범위와 한계를 정함
  - 내담자의 행동과 역할을 구조화(상담시간의 제한, 상담비용과 지불방법의 안내 등)
- 가족사정
  - 초기과정에서는 치료적 관계 형성 작업과 함께 문제파악과 목표설정에 초점
  - 중기과정에서는 가족의 상호작용방식, 의사소통방식, 관계패턴, 가족 구성원의 견해차이, 가족 구성원의 노력과 변화 등을 파악
  - 종결과정에서는 변화된 가족체계와 관계 패턴을 확인하고 상담목표 달성정도를 파악
- 문제의 명료화 및 상담목표 합의
  - 가족이 포괄적으로 말하는 문제를 구체적이고 해결 가능한 문제로 바꾸고 가족이 바라는 대안과 이를 성취하기 위한 변화나 기술들을 구체화하고 명료화
  - 상담목표를 설정할 때는 잠정적 가설을 세우고 가족의 문제해결에 중요하면서 가족이 원하는 것들을 가족과 합의하여 최종목표를 설정
  - 가족상담의 최종목표는 가족관계의 기능과 자율성을 증진시키는 것이고 결과목표는 제시된 문제를 해결하는 것이며, 과정목표는 의사소통 촉진, 역할의 융통성 증진, 기능적 대처방식의 습득, 감정표현 등
- 상담계약
  - 가족 구성원이 지속적으로 상담에 오도록 구체적 사항에 대하여 계약을 맺는 것
  - 첫 회기 상담 종결 전에 이루어짐
  - 상담목표, 상담형태와 시간, 상담간격, 상담비, 참가자 등에 대해 계약서를 작성하여 서명하기도 함

② **가족상담 중기과정**
- 변화를 위한 주된 작업이 이루어지는 실행과정
- 가족의 특성과 문제의 성격, 상담자의 능력과 전문적인 판단에 따라 설정된 상담목표 달성을 위해 적절한 이론과 기법을 선택하고 적용
- 가족은 문제에 대한 자각이 늘어나고 표면적인 문제행동이 완화되며 문제해결을 위한 동기가 커지고 다른 사람을 수용하며 기능적인 방식의 상호작용이 증가
- 상담자는 변화를 촉진하는 역할을 담당하며 가족이 긍정적인 변화를 자각하고 자율적인 문제해결능력을 습득하도록 도움
- 가족에게 퇴행현상이나 변화에 대한 저항이 나타나는 것에 대한 고려가 필요

③ 가족상담 종결과정
- 종결시기 판단 기준
  - 제시된 문제가 해결되고 증상이 완화되거나 소멸된 경우
  - 초기에 설정한 상담목표가 이루어진 경우
  - 가족 구성원들이 상담을 통하여 새롭게 습득한 대처방식이나 행동방식을 계속 유지하는 경우
  - 가족 구성원 간의 의사표현이 솔직하고 갈등을 협상할 수 있는 능력을 가지게 된 경우
  - 미래에 비슷한 문제가 발생하더라도 잘 처리할 자신감을 보이며 자발적인 활동이 증가하는 경우
  - 상담의 진행이 부진하거나 가족 구성원이 상담에 소극적으로 된 경우
- 종결과정에서 가족사정
  - 제시된 문제의 해결정도
  - 가족 상호작용의 개선정도
  - 가족 구성원의 정서만족
  - 미래에 대한 자신감
- 종결준비와 종결과정
  - 도입단계
  - 변화확인단계
  - 종결단계
  - 추후면접단계
- 조기종결
  - 가족이 조기종결을 제안하는 경우
  - 조기종결로 가는 표시가 나타나는 경우
  - 상담자의 능력을 벗어나는 문제인 경우

4. 가족상담 윤리
① 가족치료의 주요 윤리원칙
- 내담자에 대한 책임
  - 내담자의 다양성을 존중
  - 내담자와 상담관계 외의 사적 관계를 맺는 다중(이중)관계 금지
  - 내담자의 자기결정권 존중
  - 치료종결이나 의뢰에 대한 책임
  - 고지된 동의
- 비밀보장 : 상담을 시작하기 전 비밀유지에 대한 입장을 표명함으로써, 내담자가 개인적 비밀을 털어놓을 수 있는 신뢰감 형성이 가장 중요하다.

5. 집단상담 및 가족상담

① 치료자의 역할
- 전문성과 품위
  - 신체적·정신적으로 또는 알코올이나 기타 약물의 오남용으로 전문적 능력이 손상되어 치료자로서의 역할을 수행할 수 없는 경우에는 치료를 행할 수 없다.
  - 자신의 능력 밖에 있는 문제에 대한 진단, 처치, 충고 등을 하지 않으며, 증언이나 진술 등 자신의 전문적 소견을 공식화할 경우 타인의 삶에 지대한 영향을 미칠 수 있으므로 각별히 주의해야 한다.
- 훈련생 및 연구대상에 대한 책임
  상담자는 자신의 피고용인이나 훈련생이 약자인 점을 이용하여 사익을 추구해서는 안 된다.
- 가족치료 전문직에 대한 책임
  전문직이 요구하는 수준의 서비스 제공 및 관련 법 규정의 개정에 참여하고, 지역사회나 사회적 기능의 향상에 기여하는 활동을 포함한다.
- 비용에 대한 합의
  서비스나 수퍼비전을 제공할 때 수퍼비전의 내용을 내담자 또는 훈련생에게 설명해 주고 비용도 알려준다.
- 서비스에 대한 홍보
  내담자가 적절히 선택할 수 있도록 상담자의 능력 및 관련 자격증 등을 홍보하여야 한다.

② 상담자의 역할
- 자신이 가족체계의 대변자라는 입장을 전달하고 구성원이 가진 불만이나 호소를 관계 차원의 문제로 재정의하는 데 초점을 맞추어야 한다.
- 가족 구성원 중 개인의 복지가 위협을 받는 상황에서 임상적 차원의 개입이 필요한 경우, 개인적 욕구를 가족의 다른 어떤 욕구보다 우선적으로 다루어야 한다.
- 치료에 동의할 것인지 여부를 결정하는 데 도움이 될 수 있는 내용을 중심으로 치료의 위험에 대해 사전정보를 주도록 권고한다.
- 상담 초기 상담자는 비밀보장과 고지된 동의에 관해 설명하고, 비밀보장의 예외사항을 주지시킨다.

[윤리적 의사결정모델의 단계]

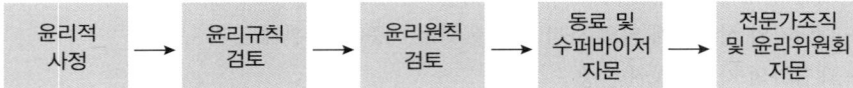

③ 윤리원칙의 서열화
- 생명보호의 원칙
- 평등과 불평등의 원칙
- 자율성과 자유의 원칙
- 최소 손실의 원칙
- 삶의 질의 원칙
- 사생활 보호와 비밀보장의 원칙
- 진실성과 정보 개방의 원칙

핵심문제 04

다음 괄호 안에 들어갈 가족치료 모델은?

> ( )는 내담자의 비언어적 의사소통의 도구인 신체적 표현을 통해 가족관계가 공간 안에서 대리인을 통해 표현되게 하는 해결중심적 단기치료의 한 형태이다.

① 가족풀기
② 가족보기
③ 가족세우기
④ 가족표현하기
⑤ 가족지시하기

고득점을 향한 해설

가족세우기 기법
- 내담자의 비언어적 의사소통의 도구인 신체적 표현을 통해 가족관계가 공간 안에서 대리인을 통해 표현되도록 하는 해결중심적 단기치료의 한 형태이다.
- 단기집단치료의 형태를 갖고 있으며, 내담자의 가족 전체가 아닌 대리인의 참여를 통해 언어적 사용을 가능한 적게 하면서 가족 간의 정서적 관계를 몸으로 표현하는 치료모델이다.
- 상담사는 문제파악과 해결을 위해 '지금-여기'에서의 가족체계의 관계와 의사소통방식에만 관심을 기울이는 것이 아닌 다세대관점 속에서 내담자의 부모와 조부모 세대까지 거슬러 올라가서 얽힘의 관계를 파악한다.

답 ③

05 | 보웬의 다세대 가족치료

1. 발달배경

① 보웬(Bowen)은 1950년대 초기에는 개인적 병리와 원인분석에 치중한 정신분석을 기반으로 한 임상치료를 실시하였다.
② 조현병 환자의 어머니는 자녀에게 지나친 애정과 결속으로 불안정한 애착을 보인다(모자공생)는 것을 발견하였다.
③ 보웬은 모자공생 개념을 확대하여 전체 가족을 하나의 정서적 유기체로 보아 개인의 문제는 가족의 문제이고, 전체 가족에게 영향을 미친다는 체계론적 관점으로 이동하였다.

2. 주요개념

① 자아분화
- 개인이 원가족의 정서적 융합에서 벗어나 자기만의 방식으로 자율적으로 기능하게 되는 과정이다.
- 정신 내적으로는 사고와 감정을 분리할 수 있는 능력이다.

- 대인관계적으로는 타인과 구별되는 확신과 신념, 자주성을 지닌 정도를 의미한다.
- 미분화 가족자아군 : 온 가족이 감정적으로 한 덩어리가 되어 정서적으로 함께 고착되어있는 상태이다.

② 삼각관계

두 사람 사이에 불안과 긴장을 해소하기 위하여 제3의 사람이나 대상을 관계로 끌어들이는 정서적 역동을 가리킨다.

③ 핵가족 정서체계

가족들이 감정적으로 연결되어 있는 정도를 의미하며, 원가족으로부터 형성되어 배우자 선택과 결혼생활을 통해 다세대에 걸쳐 반복된다.

④ 가족투사과정

미성숙한 부모가 자신의 미분화와 불안을 다루고 부부체계를 안정시키기 위해 무의식적으로 가장 취약한 자녀에게 정서적 에너지를 집중하는 방어기제이다.

⑤ 다세대 전수과정

여러 세대를 통하여 가족의 정서적 과정이 전수되는 것을 의미한다.

⑥ 정서적 단절

관계를 유지해야 할 사람들끼리 정서적으로 접촉을 끊고 지내는 것을 의미하며, 주로 원가족에서 투사과정에 개입된 자녀에게 일어나는 현상이다.

⑦ 출생순위

자녀의 출생순위나 형제자매 위치에 따라 가족의 정서체계 내에서 역할과 기능이 달라지고, 결혼생활에서 배우자와의 상호작용패턴에도 영향을 준다.

⑧ 사회적 정서과정
- 개인과 가족의 정서적 과정을 사회로 확대시킨 개념이다.
- 사회에 불안이 증가하면 결속에 대한 압력이 커져서 개별성과 분화수준은 감소되고, 역기능적 삼각관계가 맞물려 갈등과 투사가 발생하여 사회문제가 확산된다.

3. 치료목표

여러 세대를 통해 반복되고 있는 가족과정과 구조를 파악하여 원가족에게서의 자아분화 수준을 높여 가족체계를 변화시키는 것이다.

① **불안 감소** : 세대에 걸쳐 누적된 불안을 감소시킨다.
② **자아분화 촉진** : 자아분화 수준을 높인다.
③ **탈삼각화** : 삼각관계에서 벗어나도록 돕는다.

4. 치료과정

① 치료과정에 전체 가족이 참여하지 않아도 동기를 가진 개인이나 부부의 자아분화가 시작되면 관계성을 변화시키고 전체 가족체계를 변화시키는 매체가 될 수 있다.
② 가족평가
- 개인력, 핵가족력, 확대가족력 순서로 평가가 이루어진다.
- 치료적 개입에 앞서 문제를 일으키는 다세대 전수과정 기본유형을 찾는 것이 중요하다.

③ 개인대상치료
④ 부부대상치료

5. 치료자 역할
① 치료자의 자아분화 수준은 치료결과의 중요한 변수
② 중립적인 자세로 가족 구성원을 조용히 보조하는 능동적인 전문가
③ 내담자의 자아분화 수준을 높이는 촉진자이자 모델

6. 치료기법
① 가계도(Genogram)
  - 3세대 이상에 걸친 가족성원에 관한 정보와 그들 간의 정서과정을 표시한 그림이다.
  - 첫 면접에서 내담자와 함께 작성하여 여러 회기에 걸쳐 수정하고 보완한다.
  - 가족에 관한 정보가 도식화되어 있기 때문에 복잡한 가족유형의 형태를 한눈에 볼 수 있으며 가족 자신도 문제를 체계적인 관점에서 볼 수 있도록 도움을 준다.

② 치료적 삼각관계
  - 주로 부모나 부부처럼 두 사람의 성인과 치료자가 3자관계 형태를 이루어 개입하는 기법이다.
  - 치료자가 두 사람의 정서과정에 연루되지 않으면서 두 사람과 최적의 정서적 거리를 유지하는 객관적인 자세를 취함으로써 문제해결방법을 찾게 되고 관계를 개선시키는 것이다.

③ 코 칭
  - 치료자가 내담자와 가족으로 하여금 직접 가족문제에 대처하는 데 자신의 능력과 기능을 최대한 발휘하도록 돕는 방법이다.
  - 과정질문 : 내담자의 감정을 가라앉히고 정서적 반응에 따른 불안을 낮추며, 사고를 촉진하는 질문기법으로 내담자가 인식하지 못한 측면을 생각나게 하는 기법이다.
  - 도전이나 직면, 설명을 하기도 하고 과제도 부여한다.

④ '나-입장' 취하기
  다른 사람이 무엇을 하는가를 비난하거나 지적하는 대신에 자신이 무엇을 생각하고 느끼는가를 말하게 하여 자신의 생각과 감정을 표현하게 하는 방법이다.

⑤ 불안완화 기법
  치료과정에서 불안을 완화시키고 감정을 차분히 가라앉힐 때 가족 구성원 간에 이성적으로 이야기할 수 있다.

⑥ 관계성 실험
  중요한 삼각관계에 변화를 일으키는 것으로 정서적으로 가까이 가고자 하는 사람과 도망치는 사람을 치료하기 위한 기법이다.

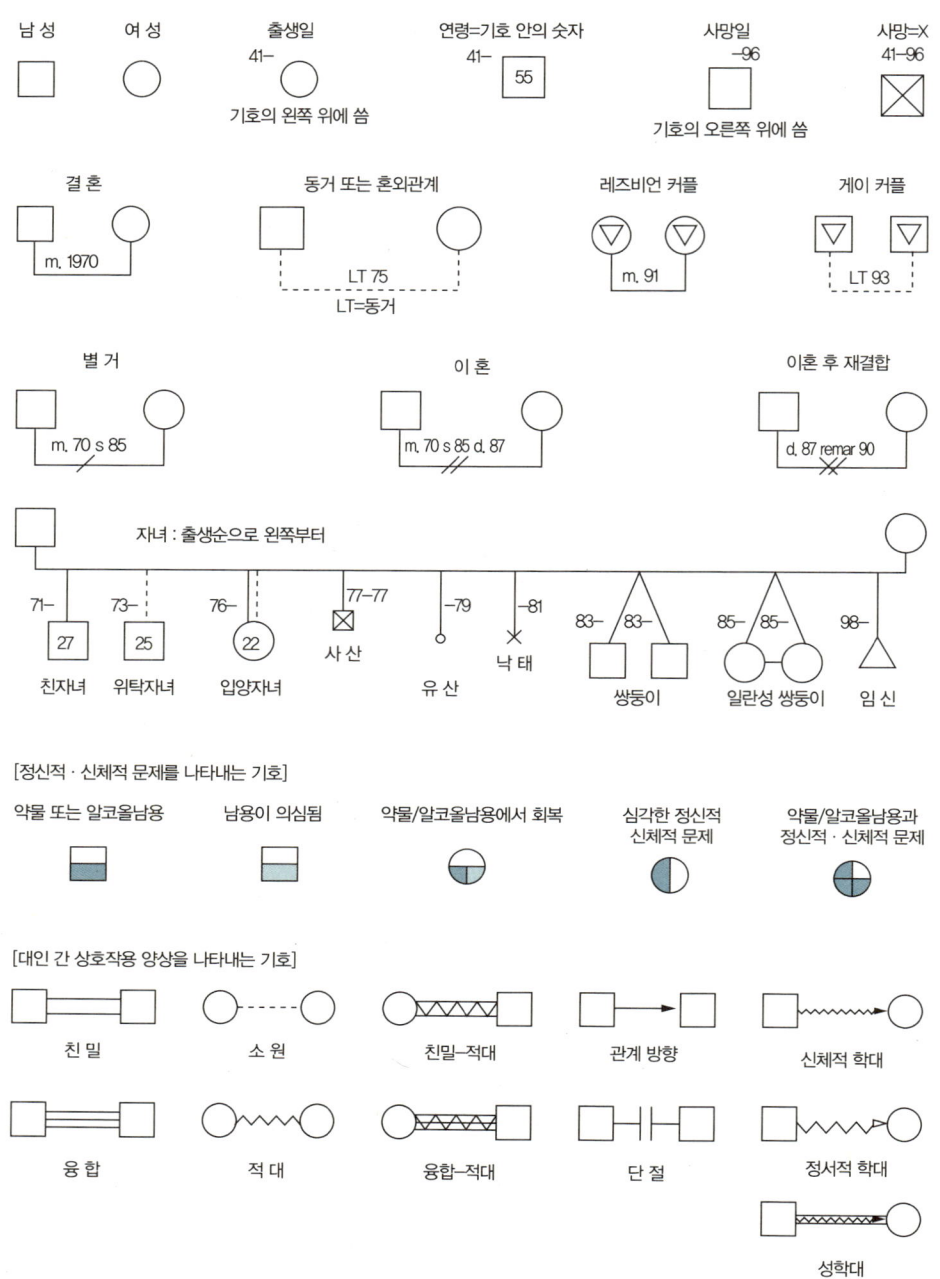

[가계도의 표준기호]

핵심문제 05

다음 괄호 안에 들어갈 이론가는?

> ( )은/는 모자공생 개념을 확대하여 전체 가족을 하나의 정서적 유기체로 보아 개인의 문제는 가족의 문제이고, 전체 가족에게 영향을 미친다는 체계론적 관점으로 이동하였다.

① 밀러(Miller)
② 맥커빈(McCubbin)
③ 힐(Hill)
④ 보웬(Bowen)
⑤ 헬링거(Hellinger)

고득점을 향한 해설

다세대 가족치료의 발달배경
- 보웬(Bowen)은 1950년대 초기에는 개인적 병리와 원인분석에 치중한 정신분석을 기반으로 한 임상치료를 실시하였다.
- 조현병 환자의 어머니는 자녀에게 지나친 애정과 결속으로 불안정한 애착을 보인다(모자공생)는 것을 발견하였다.
- 보웬(Bowen)은 모자공생 개념을 확대하여 전체 가족을 하나의 정서적 유기체로 보아 개인의 문제는 가족의 문제이고, 전체 가족에게 영향을 미친다는 체계론적 관점으로 이동하였다.

답 ④

06 | 경험적 가족치료

1. 발달배경

① 인본주의의 영향
　인간의 성장잠재력과 문제해결력을 존중, 자아가치와 성숙 및 성장을 중시
② 실존주의와 현상학의 영향
　'지금-여기'에서의 개인의 주관적인 감정과 욕구, 행동을 중시
③ 게슈탈트 치료의 영향
　상담자와 가족 사이에 그때그때 경험되는 상황과 느낌을 중시하고 현재 충만을 경험하는 것, 이를 통해 가족이 치료적 변화와 성장을 하는 것
④ 대표적 치료자 : 사티어

2. 주요개념

① 자아존중감 및 자기가치감
- 자아존중감과 자기가치감은 자기 자신에게 가지는 애착, 사랑, 신뢰, 존중으로 특히 사티어는 감정 측면을 중요시한다.

- 에너지 자원으로서 자신에 대해 신뢰하고 사랑할 때 강한 에너지가 만들어지며, 그 결과 주어진 상황에 현실적이고 유연하게 대처할 수 있게 된다.

② 의사소통 및 대처유형

[회유형]

단 어	정 서	행 동
• 동의하는 말, 사정하는 말 – "모두가 나의 잘못이다." – "네가 없으면 난 아무것도 아니다." – "나는 너를 행복하게 하기 위해 여기 있다."	• 구걸하는 마음 – "나는 힘이 없다." – 간청하는 표현 – 용서를 비는 자세	• 의존적 · 순교자적 태도 – 너무 착한 행동 – 사과하고 용서를 구하고 넋두리하며 애걸하고 양보한다.
내적 경험	**심리적 영향**	**신체적 영향**
• "나는 아무 가치가 없다." • "나는 힘이 없다." • "아무것도 아닌 것 같이 느낀다."	• 신경과민 • 우울증 • 감정억제 • 공황습격	• 소화기관의 고통 • 편두통, 당뇨, 변비
(자기/상황/타인 원그래프 — 자기 강조)		**자 원**
		• 돌봄과 양육 • 민감성
	◀ 무시된 요소 : 자기 (자신을 스스로 무시함)	

[비난형]

단 어	정 서	행 동
• 비난하는 말 – "너는 제대로 하는 것이 하나도 없다." – "대체 문제가 뭐냐?" – "모든 것은 네 잘못이다."	• 비난하는 감정 – "내 맘대로 할 것이다." – "내가 여기서 우두머리다."	• 공격적 태도 – 심판적인 행동 – 상대의 약점 발견
내적 경험	**심리적 영향**	**신체적 영향**
• 소외감 – "나는 외롭다." – "나는 실패자다."	• 편집증, 폭력 • 분노, 짜증, 반항 • 반사회적 특성	• 혈액순환의 문제 • 고혈압 등
(자기/상황/타인 원그래프 — 타인 강조)		**자 원**
		• 주장성 • 지도력과 에너지
	◀ 무시된 요소 : 타인 (다른 사람을 무시함)	

[초이성형]

단어	정서	행동

• 극히 객관적인 말
  – 규칙과 원칙에 관련된 말을 사용(규칙, 옳음 강조)
  – 추상적 단어, 긴 설명
  – "모든 것은 원칙에 따라야 한다."
  – "사람은 지적이어야 한다."
	• 경직되고 냉담한 감정
	  – 경직된 고자세
	  – "사람은 어떤 희생이 있어도 냉정하고, 조용하고, 침착해야 한다."
		• 권위적인 태도
		  – 강직, 원칙론적 행동
		  – 행동을 합리화
		  – 강요적, 의도적, 조작적 행동

내적 경험	심리적 영향	신체적 영향
• 상처받기 쉽고 고립된 느낌 • 어떤 감정도 표현할 수 없다.	• 강박증상 • 사회적 위축감 • 지나친 긴장감 • 공감력 부족 • 집착증, 우울증	• 암, 심장마비 • 근육통 • 건조성 질병

자기 / 상황 / 타인

◀ 무시된 요소 : 자기, 타인
(자신과 다른 사람을 무시함)

자 원
• 지식, 지성
• 세부사항에 주의집중
• 문제해결능력

[산만형]

단어	정서	행동

• 관계없는 말
  – 횡설수설하며 말의 뜻이 통하지 않고 요점이 없다.
  – 계속 "그냥 놔둬"라고만 말한다.
	• 혼돈스러운 감정
	  – "난 실제 여기 있는 것이 아니다."
	  – 안절부절못함
		• 부적절한 행동
		  – 지나친 활동성
		  – 산만한 행동

내적 경험	심리적 영향	신체적 영향
• "아무도 상관 않는다." • 균형이 없다.	• 혼란스러움 • 부적절함 • 낮은 충동통제 • 타인의 권리 침해 • 학습불능	• 신경성장애 • 위장관장애 • 편두통

자기 / 상황 / 타인

◀ 무시된 요소 : 자기, 타인, 상황
(모두를 무시함)

자 원
• 유 머
• 자발성과 창조성

[일치형]

단어	정서	행동

• 실제적인 말
  - 말의 내용, 신체자세, 목소리, 느낌이 일치함
  - 감정을 자각하는 말
	• 일치된 정서
	  - 표현의 흐름이 분명하여 안정감이 있음
		• 창조적
		• 생산적
		• 개성이 드러나고 유능함

내적 경험	심리적 영향	신체적 영향
• 조화, 균형 • 높은 자기가치감	건강한 신체상태	정신적 건강함
		자원
(자기/상황/타인)	◀ 무시된 요소 : 없음 (자기, 타인, 상황을 모두 존중함)	• 높은 자아존중감 - 자발성, 책임감, 친근성, 유능함, 창의성 등

③ 가족규칙
- 가족 구성원의 행동을 규정하고 제한하며 역할과 관련된 기대, 생각, 감정, 반응, 태도 등이 포함된다.
- 반복적인 생활경험을 통하여 만들어지며, 모든 가족 구성원의 행동에 영향을 주는 보이지 않는 힘이다.

3. 치료목표

① 개인의 자아존중감을 높인다.
② 자기 인생에 대한 선택권을 갖도록 한다.
③ 가족규칙을 합리적, 현실적으로 만든다.
④ 내면적 경험과 일치된 의사소통을 한다.

4. 치료과정

① 치료자들은 '지금-여기'에서의 감수성과 정서적 경험을 촉진한다.
② 치료의 주된 작업은 방어를 깨고 경험을 개방하여 가족 구성원들이 자발적으로 감정을 표현하게 하는 것이다.

5. 치료자 역할

① 가족을 이해하고 수용하는 자세로 가족들의 반응에 주의를 기울인다.
② 가족들의 감정과 반응을 함께 나눈다.
③ 안정된 분위기를 조성하고 치료자의 신뢰감과 자신감을 전달한다.

6. 치료기법

① 가족조각

가족 구성원 한명이 다른 가족에게 느끼는 내적 정서상태를 동작과 자세 등의 신체적 표현으로 공간적으로 나타내는 것이다.

② 역할극

실제경험을 바탕으로 현재의 느낌을 노출하는 것을 전제로 하여 과거의 사건이나 바람 또는 미래사건에 대한 감정을 직접 표현하게 함으로써, 가족 구성원들에게 생생하게 경험할 수 있는 기회를 제공하는 것이다.

③ 재정의

부정적 의미를 긍정적으로 바꾸기 위하여 행동과 감정, 사고에 감추어진 긍정적 의미를 제시하는 것이다.

④ 원가족 삼인군 치료

원가족 도표를 통하여 가족의 역동성과 가족관계를 쉽게 이해하고 평가하여, 역기능적인 가족규칙과 대처방식에서 벗어나도록 돕는다.

⑤ 빙산탐색

개인의 내적 경험을 이끌어내는 비유적 방법으로 행동, 대처, 감정, 감정에 대한 감정, 지각, 기대, 열망, 자기를 탐색한다.

핵심문제 06

다음 괄호 안에 알맞은 단어를 고르시오.

- ( )은/는 자기 자신에게 가지는 애착, 사랑, 신뢰, 존중으로 특히 사티어(Satir)는 감정 측면을 중요시한다.
- 에너지 자원으로서 자신에 대해 신뢰하고 사랑할 때 강한 에너지가 만들어지며 그 결과 주어진 상황에 현실적이고 유연하게 대처할 수 있게 된다.

① 자아성취감과 자기애
② 자아존중감과 자기가치감
③ 자아도취감과 자아만족감
④ 자기신뢰감과 자아현실감
⑤ 자아존중감과 자아효능감

고득점을 향한 해설

자아존중감 및 자기가치감
- 자아존중감과 자기가치감은 자기 자신에게 가지는 애착, 사랑, 신뢰, 존중으로 특히 사티어는 감정 측면을 중요시한다.
- 에너지 자원으로서 자신에 대해 신뢰하고 사랑할 때 강한 에너지가 만들어지며 그 결과 주어진 상황에 현실적이고 유연하게 대처할 수 있게 된다.

답 ②

07 | 구조적 가족치료

1. 발달배경
① 가족이 어떻게 상호작용하는가의 문제보다 가족체계 자체의 역동적 질서에 관심을 두었다.
② 가족구조가 변하면 동시에 가족의 지위가 변하며, 결국 가족성원들의 경험도 변할 수밖에 없다는 것이다.
③ 구조적 가족치료의 가장 큰 목적은 가족 내의 구조적 변화이다.
④ **주요학자** : 미누친(Minuchin)

2. 주요개념
① 가족구조
  - 반복적이고 체계화되어 있어 예측할 수 있는 가족행동을 말한다.
  - 가족상호작용 구조 : 하위체계, 경계선, 위계구조
② 하위체계 : 가족을 하나의 체계로 볼 때, 가족 안에는 다양한 하위체계가 존재한다.
  - 부부 하위체계 : 가족 하위체계의 기본이자 핵심이다.
  - 부모 하위체계 : 부부 하위체계가 역기능적일 경우 대부분 부모 하위체계가 약화되고 부정적 영향을 받기 쉽다.
  - 부모-자녀 하위체계 : 부모와 자녀로 구성된 체계로 위계구조와 부모의 권위가 확립되는 것이 중요하다.
  - 형제자매 하위체계 : 형제들이 서로 협력하고 경쟁하며 차이를 해결하고 서로 지원하는 능력을 존중해 주는 것이 좋다. 부모가 부적절하게 개입하면 더 큰 문제를 유발할 수 있다.
③ 경계선 : 가족 구성원 개인과 하위체계를 둘러싼 보이지 않는 테두리로서 다른 사람과의 접촉의 양과 종류에 따라 다르다.

경직된 경계선	명확한 경계선	모호한 경계선
• 독립, 자율, 실험 • 소외감, 거리감 • '나는 나, 너는 너' 　(지나치게 독립적인 태도) • 최소한의 접촉과 의사소통	• 가장 기능적 • 자율적이고 독립적 • '우리'와 함께 '나 자신'	• 관여, 협동, 지지 • 소속감, 충성심 • '너도 나, 나도 너' 　(개인의 정체성 구분 모호) • 최대한의 접촉과 의사소통

④ 위계구조
  - 가족 내 권력을 기반으로 한다.
  - 제 휴
    - 가족 구성원이 서로 연결되는 방법으로 지지나 협력 또는 반대나 대립하는 것이다.
    - 연합 : 두 사람이 제3자에게 대항하기 위하여 협력하고 연결되는 제휴이다.
    - 동맹 : 두 사람이 공동의 이익이나 목적을 위하여 제휴하는 것으로 반드시 제3자와 적대적이지는 않다.

3. 치료목표
① 역기능적인 가족구조를 변화시켜서 증상을 제거하거나 문제를 해결하는 것이다.
② 하위체계들 간 경계선을 명확하게 설정한다.
③ 가족 위계질서를 확립한다.
④ 가족의 실상에 맞는 규칙의 대체 등을 통해 가족을 재구조화하는 것이 목표이다.

4. 치료과정
① 가족구조의 평가와 목표설정
② 합류(Joining)
③ 가족의 구조 확인
④ 가족의 재구조화 과정

5. 치료자 역할
① 치료자가 지도력을 가지고 가족에 합류한다.
② 가족의 구조를 파악한다.
③ 구조를 변형시키기 위해 개입한다.

6. 치료기법
① **합류를 위한 기법**
  - 적응 : 치료자가 가족구조를 지각하고 분석할 때 가족구조를 의도적으로 지지해주는 방법
  - 추적 : 치료자가 가족이 지금까지 해온 의사소통이나 행동을 존중하며 가족의 기존 교류의 흐름을 거스르지 않고 뒤따라가는 방법
  - 모방 : 치료자가 가족의 행동유형, 속도, 감정을 모방하여 표현하는 방법

② **가족구조 사정을 위한 기법**
  가족 구성원이 자발적으로 참여하지 않은 상태에서 정보를 수집하는 것
  - 실연 : 가족에게 가족 구성원 간의 역기능적인 교류를 실제로 재현시키는 것
  - 가족지도 : 가족에게 관여하는 방법을 의도적으로 구조화하는 것

③ **가족 재구조화를 위한 기법**
  가족의 교류패턴을 변화시켜 바람직한 가족구조를 만들기 위한 방법
  - 재정의 : 증상을 바라보는 가족의 시각을 바꿔서 교류유형을 변화시키려는 기법
  - 긴장고조 : 상호 교류유형을 차단시키는 것으로서, 상담자가 긴장을 조성하는 가장 간단한 전략으로 의사통로를 차단시키는 것
  - 과제부여 : 가족에게 어떤 특정의 교류에 관여하는 과제를 주는 것
  - 증상활용
    - 증상에 초점 두기
    - 증상을 강화하기 : 불면증 환자에게 며칠 동안 잠을 자지 않게 하는 것
    - 증상을 의도적으로 등한시하기

- 새로운 증상으로 관심의 초점을 돌리는 것 : 비행청소년 문제를 부부간 불화에 초점
- 증상에 새로운 명칭을 붙이는 것 : 식이장애 딸이 부모의 통제에서 벗어나 독립적인 생활을 하려 하는 시도

핵심문제 07

다음 괄호에 들어갈 말로 옳은 것은?

( )(이)란 반복적이고 체계화되어 있어 예측할 수 있는 가족행동을 말한다.

① 생활양식 ② 생활패턴
③ 가족구조 ④ 가족체계
⑤ 가족패턴

고득점을 향한 해설

가족구조란 반복적이고 체계화되어있어 예측할 수 있는 가족행동을 말하며, 하위체계, 경계선, 위계구조 등으로 구성된다.

답 ③

---

08 | 전략적 가족치료

1. 발달배경

에릭슨의 영향을 받은 접근모델로 증상제거에 초점을 두고 해석이나 직면을 삼가며 증상행동과 증상을 둘러싼 배경을 변화시키는 데 중점을 둔 가족치료 모델이다.

2. 주요개념

① MRI 상호작용 모델
- 순환적 인식론
- 피드백 고리 찾기
- 가족규칙을 변화시키는 구체적인 전략을 세워서 개입
- 10회기 면접으로 단기에 종결

② 헤일리의 구조 · 전략적 모델
- 가족관계 안에서 의사소통과 역할, 권력을 누가 주도하느냐에 관심을 갖기 시작하였다.
- 가족에게 역설적 개입을 사용하여 자발적으로 증상을 포기하도록 하는 방법을 사용한다.

③ 밀란의 체계론적 모델
- 가족이 역기능적 상호작용 규칙인 '게임규칙'에 초점을 두고 역설적 접근을 통해 게임규칙에서 벗어나게 하는 접근을 시도한다.
- 장기적 단기치료 : 한 달에 한 번의 회기로 총 10회기

3. 치료목표
① 제시된 현재 증상을 제거하고 행동을 변화(이차적 변화)시키는 것이다.
② 문제를 분명하게 규정하고, 바라는 것과 변화목표를 객관적·구체적인 행동용어로 설정한다.

4. 치료과정
① 초기면접과 현재 문제 정의 단계
② 가설 설정과 목표 설정 단계
③ 개입 선택과 실행 단계

5. 치료자 역할
전략적 모델의 치료자는 문제해결을 위한 전략을 세우는 기술, 변화를 이끌어내는 강한 의지와 책임감, 상담 장면에서 통제와 권위를 유지하면서도 편안하고 유연한 분위기를 조성하는 것이 요구된다.

6. 치료기법
① 직접적 기법
- 충고, 제안, 지도 등을 상담자가 직접 내담가족 구성원들에게 요구한다.
- 내담가족이 상담사의 지시를 수용하도록 하여 문제를 해결하는 방법이다.

② 역설적 개입기법
기존의 해결방식과 전혀 상반된 전략을 계획하여 개입하는 것이다.

③ 은유적 기법
가족 구성원들이 자신들의 문제를 상담자와 의논하기를 원하지 않을 때, 유사한 다른 문제에 대해 이야기함으로써 접근해가는 방법이다.

④ 재구성 기법(재명명, 재규정)
가족 구성원이 문제를 다른 시각에서 이해할 수 있도록 돕는 방법이다.

⑤ 가장기법(위장기법)
긴장 상황을 조성하고 반항심을 유발하는 대신에 놀이를 하는 기분으로 저항을 위장한다.

⑥ 시련기법
내담가족이 현재 겪고 있는 증상이나 고통과 유사하거나 그보다 더 심한 시련을 체험하도록 과제를 주어서 그 증상을 포기하도록 유도하는 기법이다.

⑦ 순환적 질문기법

가족 구성원이 문제에 대한 제한적이고 단편적인 시각에서 벗어나 문제의 순환성을 인식하도록 유도하는 방법이다.

핵심문제 08

다음은 어떤 치료모델을 설명한 것인가?

- 순환적 인식론
- 피드백 고리 찾기
- 가족규칙을 변화시키는 구체적인 전략을 세워서 개입
- 10회기 면접으로 단기에 종결

① 헤일리의 구조 · 전략적 모델
② MRI 상호작용 모델
③ 밀란의 체계론적 모델
④ 맥매스터(McMaster) 모델
⑤ 맥커빈의 이중 ABC-X 모델

고득점을 향한 해설

MRI 상호작용 모델은 순환적 인식론을 바탕으로 가족규칙을 변화시키는 구체적인 전략을 세워서 개입하며, 10회기 면접으로 단기에 종결된다는 특징을 지닌다.

답 ②

---

09 | 밀란모델 가족치료

1. 발달배경

① 밀란(Milan) 학파의 가족치료이론이 헤일리(Haley)의 이론, MRI 그룹의 단기가족치료와 함께 전략적 가족치료로 분류되긴 하지만 구조보다는 과정에, 변화보다는 성장에, 행동보다는 의미에 초점을 둔다는 점에서 차이를 보이고 있다.

② 밀란모델이 헤일리와 MRI 그룹과 가장 큰 차이를 보이는 것은 치료자의 구성과 치료 과정이다. 즉, 밀란(Milan) 학파의 경우에는 다른 모형들과 달리 팀(Team) 접근방법을 선택하고 있으며, 치료과정도 치료 간격 사이에 긴 배양기를 두는 장 · 단기 치료의 양식을 취하고 있다.

2. 주요개념

① 가족게임

가족 안에 규칙을 지배하려는 권력 및 통제력과 관련이 있으며 가족이 힘을 얻고 항상성을 유지하기 위한 은밀한 규칙이다.

② 순환적 인식론

가족 한 사람의 증상행동은 다른 사람의 행동의 원인이거나 반응이라고 할 수 없고, 가족 중 누군가의 안녕과 보호에 중요하며 가족통합과 항상성 유지에 필요한 것이다.

3. 치료목표

① 전체 가족체계의 변화에 초점, 문제에 대한 가족의 반응이나 인식체계를 변화시켜 가족의 중요한 행동영역에 변화를 일으키는 것을 치료의 목표로 하고 있다.

② 개인의 생각이나 행동의 변화보다는 전체 가족체계 내의 규칙, 관계유형 그리고 의미의 구조를 변화시키는 데 치료적 초점을 두고 있다.

③ 구체적인 치료목표는 가족들이 가지고 있는 게임을 무력화시키는 일이다. 가족들의 게임은 비밀스럽게 진행되기 때문에 가족의 역기능 체제가 유지되고 변화되지 않는다. 이러한 비밀스러운 게임을 명백히 드러나게 함으로써 가족들이 가지고 있는 게임의 힘을 무력화시킨다.

4. 치료과정

① 치료간격이 최소 2주 이상 최대 몇 개월까지인 반면, 치료시간의 횟수는 10회 이내로 엄격하게 제한하는 장기적 단기치료이다.

② 전체 치료시간을 총 10회로 제한하는 것은 가족들이 치료결과에 대해 강한 책임의식을 갖게 됨과 아울러 시간과 비용면에 있어서 부담을 덜 수 있는 이중효과를 얻게 되기 때문이다.

③ 밀란 학파는 치료시간을 5개 부분으로 세분하여 치료를 실시한다.

사전과정	접수과정에서 얻은 정보와 가족의 상황을 검토하고, 치료자들 간의 의견을 교환하며, 유사한 사례가 있었는지를 검토한다. 즉, 치료팀이 실제적인 치료시간에 들어가기 전에 사전협의하는 과정으로 치료팀은 가족에 대한 초기가설을 설정한다.
면접과정	치료팀은 2인 1조로 편성하고, 한 조는 직접 치료를 실시하고, 다른 한 조는 뒤에서 관찰한다.
개입전략 수립 과정	치료실 밖에서 이루어지며, 치료과정에서 이루어진 상호작용에 관하여 치료팀과 관찰팀 간의 토의과정을 통하여 개입전략을 구상하고 결정한다.
개입과정	치료팀의 결정을 가족에게 전달하는 시간으로 가족에게 과제, 특히 역설적 처방, 가족의식 등의 역설적 과제를 준다.
사후과정	개입에 대한 가족의 반응을 치료팀과 관찰팀이 함께 모여 분석하고, 평가하고, 전체 치료시간의 진행과정에 대해 토의하며, 다음 치료시간에 대한 계획을 세운다.

5. 치료자의 역할

치료자는 상황 설정자, 체계 자문자, 촉진자, 전문가의 역할을 수행해야 하며, '가설설정, 순환성, 중립성'이라는 치료자 행동지침을 따라야 한다.

6. 치료기법

① 순환적 질문
- 순환적 질문은 체계적 가설설정 단계에서 가장 많이 활용하는 기법이다. 이 기법은 개인의 증상보다는 가족체계의 하위체계 간의 연관성에 초점을 두고 있는 기법으로, 돌아가면서 가족 구성원들에게 가족 상호작용 유형이나 가족관계에 대해 질문을 함으로써 가족 구성원들 사이의 지각차이를 밝혀내는 데 목적을 두고 있다.
- 치료자로부터 순환적 질문을 받고 이에 반응하는 과정을 통하여 가족들은 직선적 관점에서 벗어나 순환적 관점에서 가족 내에서 일어나는 사건이나 관계를 관찰할 수 있게 되며, 다른 성원의 관점을 자신의 관점과 비교할 수 있는 기회를 가지게 된다.

② 긍정적 의미부여(긍정내포, Positive Connotation)
긍정적 의미부여는 가족들이 가지고 있는 게임의 긍정적인 측면을 부각시키고 이를 역설적으로 처방하는 방법이다. 즉, 가족의 증상행동이나 다른 성원의 행동을 긍정적으로 재정의하고 재해석하는 것을 긍정적 의미부여라고 한다. 긍정적 의미부여의 가장 큰 기능은 가족의 저항을 야기하지 않으면서 가족의 변화능력을 보이게 하는 것이다.

③ 처방(Prescription)
가족의 저항에 대처하고 증상을 없애기 위하여 증상을 지속하게 하거나, 증상을 과장하게 하고, 자의로 증상을 통제할 수 있도록 하는 역설적 개입전략으로, 가족게임의 변화라는 치료적 효과를 목표로 한다.

④ 가족 의식(Family Consciousness)
의식이란 가족성원이 하는 게임의 규칙을 변경시키기 위해 말이 아닌 실행에 옮기는 방법이다. 치료자는 가족 전체가 경직된 가족규범이나 신화를 과장하거나 또는 이것과 상반되는 여러 가지 행동을 하도록 요구한다.

핵심문제 09

밀란모델과 헤일리 이론, MRI 그룹의 가족치료이론의 가장 큰 차이는 치료자 구성에 있어 다른 모형들과 다른 접근방법을 선택하고 있는 것이다. 이와 가장 관련 있는 것은?

① 팀(Team) 접근방법
② 구조적 접근방법
③ 변화적 접근방법
④ 행동적 접근방법
⑤ 문제해결적 접근방법

고득점을 향한 해설

밀란모델이 헤일리와 MRI 그룹과 가장 큰 차이를 보이는 것은 치료자의 구성과 치료과정이다. 즉, 밀란 학파의 경우에는 다른 모형들과 달리 팀(Team) 접근방법을 선택하고 있으며, 치료과정도 치료간격 사이에 긴 배양기를 두는 장·단기 치료의 양식을 취하고 있다.

답 ①

10 | 해결중심 단기치료

1. 발달배경

해결중심 단기치료 모델은 MRI(Mental Research Institute) 단기치료센터에서 20년간에 걸친 협력적 임상연구를 통해 발달된 모델로서 이곳에서 활동했던 드 쉐이저(De Shazer)와 그의 동료들이 1978년 위스콘신주의 밀워키에서 단기가족치료센터를 설립하면서 본격적으로 발전하기 시작하였다.

① 드 쉐이저(De Shazer)
- MRI의 전략적 치료에 토대를 둔 단기상담
- 문제원인을 아는 것보다 문제해결이 중요
- 내담자 자원 활용과 현재와 미래에 초점을 맞추는 접근원리에 충실
- 가족의 장점과 특성을 활용
- 사회구성주의의 영향 - 언어는 내담자의 현실을 구성
- 내담자와 상담자는 협력자의 역할

② 인수 김 버그(Insoo Kim Berg)
치료자 훈련과 이론 보급

③ 립칙(Lipchik)
치료적 질문들을 개발하여 아내구타 상담에 활용

④ 와이너-데이비스(Weiner-Davis)
부부문제와 이혼상담에 활용

⑤ 오한런(O'Hanlon)
이론을 구성하고 개념을 확장해서 보급

2. 주요개념

① 가 정
- 항상 일어나는 변화를 긍정적 방향으로 이끈다.
- 문제의 원인과 성질보다는 긍정적인 면에 초점을 맞춘다.
- 예외적 상황의 증가는 문제해결책 실행에 도움이 된다.
- 작은 변화는 큰 변화의 모체가 되며 해결을 위한 출발이 된다.
- 내담자는 문제해결에 필요한 자원을 가지고 있다.
- 상호작용 속에서 행동과 인식은 순환적이다.
- 내담자의 작은 변화는 다른 사람과의 상호작용에 파급효과를 미친다.

② 원리
- 병리적인 것 대신에 건강한 것에 초점을 두고 성공경험을 발견하는 데 주안점을 둔다.
- 예외적 상황에서의 변화를 증가시켜 변화를 긍정적 방향으로 이끈다.
- 이론적 틀보다 내담자의 견해와 말을 존중한다.
- 간단하고 단순한 것부터 시작하여 변화를 이끌어낸다.
- 내담자의 강점과 자원, 건강한 특성을 발견하고 치료에 활용한다.
- 현재에 초점을 두며 미래지향적으로 관심을 둔다.
- 내담자와의 자율적인 협력을 중요시한다.

③ 철학
- 어떤 것이 잘 기능하면 그것을 고치지 않는다.
- 일단 효과가 있는 것을 알면 그것을 좀 더 한다.
- 효과가 없다면 같은 방법이 아닌 다른 방법을 사용한다.

④ 문제와 문제해결, 저항을 보는 관점
- 문제란 어려움을 해결하기 위해 시도한 결과 실패한 것이므로, 과거의 성공이나 예외상황을 발견하여 확대시키는 일이 용이하다.
- 문제를 해결하기 위하여 문제내용을 알기보다는 문제해결방안과 새로운 행동유형을 만들어내는 일에 더 관심을 둔다.
- 내담자가 진심으로 변화를 원하는 것으로 보고 저항을 보이는 일은 없다고 간주한다.

3. 치료목표
① 내담자가 가족과 함께 현재 문제를 해결하는 방법을 구축하고 실천하도록 돕는 것에 초점을 둔다.
② 협동적 치료목표 설정 원칙
- 가족에게 중요하고 유익한 것을 목표로 한다.
- 목표는 작고 간단한 행동이어야 한다.
- 구체적이고 명확하고 측정할 수 있는 행동용어로 기술한다.
- 문제의 제거나 소멸이 아닌 성공의 긍정적 지표로 기술된다.
- 목표를 최종 결과가 아닌 처음의 시작이나 신호에 둔다.
- 현실생활에서 성취 가능한 것이어야 한다.
- 목표달성은 힘들고 어려운 일이라고 인식한다.
③ 치료자와 내담가족 구성원의 관계유형
  상담자와 내담가족 구성원 사이에 일어나는 상호작용과 관계의 본질에 따라 방문형, 불평형, 고객형으로 나눌 수 있다. 세 가지 유형 중 하나에 분명하게 포함되지 않을 수 있다.

관계유형	내 용	내담자	상담자
방문형	고민과 갈등만 있고 변화와 해결에 대한 기대나 소원이 적은 비자발적 유형이다.	자신의 문제를 인정하지 않고 상담의 필요성을 인식하지 않으며 다른 사람에게 문제가 있다고 생각한다.	상담실에 온 것 자체를 칭찬하고 따뜻하게 대하여 이들을 수용해야 하고 애로사항과 괴로움을 충분히 이해한다는 것을 알린다.
불평형	상담 중에 목표나 불평을 찾아내고 관찰을 잘하여 구체적인 문제상황을 말한다.	문제로 인해 고통받고 있지만 해결책을 찾는 단계에서 수동적이고 불분명한 반응을 보이며 불평과 문제 중심의 대화가 특징적이다.	문제해결의 방해자로 보기보다 해결을 위해 활용할 자원으로 간주하고 이들이 자신의 역할을 변화시키도록 유도한다.
고객형	문제해결과 변화를 위한 자발적인 동기와 문제해결을 위한 의지를 나타낸다.	자발적으로 문제해결을 위해 도움을 요청하고 상담자와 협력관계를 구축한다.	상담동기가 높기 때문에 협력적 관계를 구축한다.

4. 치료과정

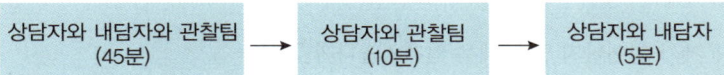

① 첫 회기 상담
- 관찰팀의 존재와 상담진행 방법을 알린다.
- 일방경 사용과 녹화에 대한 동의를 받는다.
- 질문기법을 사용하여 탐색하고 상담목표를 수립한다.
- 휴식시간에 관찰팀과 내담자에게 전달할 메시지 내용을 의논하고 자문을 받는다.
- 다음 회기 상담 약속을 한다.

② 첫 회기 상담 이후
- 긍정적인 변화를 확인하고 이를 유지·확장시키는 데 초점을 둔다.
- 질문, 지지와 격려, 과제 주기 등의 전략을 사용한다.
- 중요한 질문을 한다.
  - 지난번 치료 이후 변화한 것을 질문한다.
  - 긍정적인 변화에 대해 자세하고 구체적으로 질문한다.
  - 긍정적인 변화에 대해 언어적으로, 비언어적으로 인정해주고 가치를 확인하고 칭찬한다.
  - 자신감, 동기, 진행과정, 희망, 변화, 개선의 정도에 대해 질문하고 계속 실현 가능한지 질문한다.
- 가족이 변화하고 개선되다가 후퇴하고 악화되는 경우가 있다.
- 긍정적 변화와 개선의 유무, 변화가 목표와 관련되는 유무에 따라 개입방법이 달라진다.

③ 가족이 변화하고 개선되다가 후퇴하고 악화되는 경우에 상담자가 고려해야 할 사항
- 나빠진 사항과 대처방법에 관하여 자세히 질문하고 작은 성공경험과 해결책을 발견한다.
- 치료간격을 늘려서 극복시간을 주거나 면접 요일이나 시간을 바꿔본다.
- 가족과의 관계유형과 치료목표를 검토하고 고객형 관계로 발전시킨다.
- 개선된 점, 달라진 점, 예외상황, 노력방법, 배운 점 등을 확인한다.

5. 치료자의 역할

① 내담가족이 가지고 있는 힘과 자원을 개발하여 문제해결에 활용하도록 돕는 역할
② 내담가족의 자각과 의견을 존중하면서 함께 목표를 세우고 해결책을 구상하며 실행하는 것
③ 치료자의 태도는 내담자를 존중하는 자세와 알지 못하는 자세, 즉 진지한 호기심으로 내담자에 대해 '설명을 듣고자 하는' 탐색하는 자세
④ 치료자의 행동은 적극적인 해결중심의 대화 나누기

6. 치료기법

① 질문기법
- 기적 질문
  문제가 해결된 상황을 상상해보고 원하는 것을 스스로 설명하게 하여 해결책을 구체적으로 명료화시키기 위한 질문기법이다.
  – "세상에 기적이 일어나 당신의 모든 문제가 해결된다면 어떤 일들이 일어날까요?"
- 예외 질문
  – "최근에 문제가 일어나지 않은 때는 언제였습니까?"
  – "언제 바람직한 행동을 합니까?"
  – "어떻게 하면 문제가 발생하지 않나요?"
- 척도 질문
  현재 상태나 문제에 대해 구체적으로 알 수 있으며 변화정도에 대해 정확하게 파악할 수 있는 질문기법이다.
  – "1점에서 10점까지의 척도에서 1은 가장 문제가 심각한 때이고, 10은 문제가 모두 해결된 점수라면 지금 몇 점입니까?"
  – "5점에서 6점으로 올라가려면 무엇을 해야 한다고 생각하나요?"
  – "4점에서 5점으로 되면 무엇이 달라질까요?"
- 관계성 질문
  내담가족과 관련된 다른 중요한 사람들의 생각이나 행동에 대하여 묻는 질문기법이다.
  – 이 질문을 통해 자신의 행동이나 관점뿐 아니라 자신에 대한 다른 사람의 관점이나 행동에 대해 주의를 기울이게 되어 문제해결을 위한 잠재적 자원을 더 많이 활용하고 가족 간의 상호 영향과 변화 가능성을 파악할 수 있다.
- 대처 질문
  자신의 상황에 대해 절망감과 좌절감을 가지고 있는 내담자에게 희망과 성공을 경험할 수 있도록 해주는 질문기법이다.
  – "참 어려운 상황이었을 텐데 어떻게 지금까지 견뎌왔나요?"
  – "이렇게 잘 견뎌올 수 있었던 이유가 무엇일까요?"

② 메시지 주기
- 상담 회기마다 종료 전에 내담가족에게 메시지를 주는 것이 필수적인 과정이다.
- 칭찬 : 추상적인 것이 아닌 상담과정에서 드러난 성공과 강점을 인정하고 작은 것이라도 긍정적인 부분들을 표현하는 것이다.
- 연결문 : 과제에 대한 이해도와 실천가능성을 높이기 위한 교육이나 이론적 근거를 제공한다.

③ 과제 주기
- 방문형 : 상담에 온 것을 칭찬하고 도움이 필요할 때 상담에 오도록 격려한다.
- 불평형 : 다른 사람의 긍정적인 부분을 관찰하는 과제, 문제해결에 대해 생각하는 과제를 부여한다.
- 고객형 : 변화를 위해 행동하는 과제, 관찰하는 과제, 생각하는 과제를 부여한다.

> **핵심문제 10**
>
> **해결중심 치료기법과 그 예시가 옳은 것은?**
> ① 예외질문 – 아침에 일어나 지난밤에 모든 일들이 해결되었다고 생각해 보세요.
> ② 대처질문 – 문제가 없었던 때는 언제인가요?
> ③ 척도질문 – 지금 현재 상황에서 느끼는 스트레스가 어느 정도인지 0점에서 10점까지 점수로 표현해 보세요.
> ④ 기적질문 – 언제 바람직한 행동을 합니까?
> ⑤ 관계성질문 – 어려움 속에서 어떻게 지금 상황을 유지할 수 있었나요?
>
> **고득점을 향한 해설**
> ① 기적질문, ② · ④ 예외질문, ⑤ 대처질문에 해당한다.
>
> 답 ③

11 | 정신분석 가족치료

1. 발달배경
① 정신분석은 프로이트(Freud)로부터 시작하여 제2차 세계대전 이후 미국 정신의학계에서 중심적 위치를 차지하였다.
② 1980년대에 정신분석이 개인중심인 프로이트의 이론에서 벗어나 관계중심인 대상관계이론과 자기심리학으로 이행하면서 정신역동적 가족치료가 새롭게 주목받게 되었고, 정신분석적 사고와 가족치료를 통합하는 내용들로 구성된 연구가 활발히 진행되었다.

2. 주요개념

① 전 이

가족 구성원들은 과거의 가족관계에 대한 억압된 이미지들을 치료자와의 상호작용뿐 아니라 가족 구성원들과의 현재의 상호작용으로 드러내게 된다.

② 저 항

치료를 가로막거나 방해하는 의식적이거나 무의식적인 행위이다.

③ 투사적 동일시

개인이 수용하기 힘든 내적 특성을 대상이 갖고 있는 것으로 지각하여 대상으로 하여금 이에 일치된 행동과 감정을 유발하게 하는 과정이다.

④ 이중구속 메시지

한 사람이 다른 사람에게 이중구속 메시지를 전달할 때 메시지를 받는 사람은 한 메시지에 반응하면 자동적으로 다른 메시지에는 위반되므로 항상 어떤 식으로든 실패하게 되어 있다.

⑤ 희생양

상황이 계속적으로 변화하고 두 가지의 서로 다른 메시지가 동시에 주어져 있기 때문에 상황을 파악하지 못함 → 자신에게 보내진 메시지를 파악하기 위해 계속 탐색하면서 결국 혼돈에 빠짐 → 점점 융통성 없는 인간이 되어 인간관계가 단절됨 → 조현병을 나타냄

3. 치료목표

① 가족 구성원에게 성숙한 방어기제의 사용을 촉진시키는 것이다.

치료자가 해석을 사용하여 교육적 반응을 보여주고 방어를 지적해감에 따라 가족 구성원들은 무의식적 방어기제에 대해 점점 깨닫고 그것을 분석하고 의식적으로 통제하는 것을 배울 수 있다.

② 각 가족 구성원들이 분리-개별화를 이루도록 하는 것이다.
- 개별화가 증가되면 친밀한 관계를 맺는 능력이 증가된다.
- 가족 구성원들이 서로에게 가진 병리적 애착을 극복하고 개인의 독립과 성장을 이루도록 한다.

4. 치료과정

① 가족 구성원들에게 현재의 경험, 생각, 느낌들을 자유롭게 이야기하게 한다.

② 가족 구성원들의 사고나 감정의 자발적인 흐름이 중요한 실마리를 제공한다고 보기 때문에 정신분석 가족치료자들은 비지시적이며 최소한의 개입만 한다.

③ 저항에 대한 해석을 통해 갈등을 다룬다.

④ 가족비밀과 방어 뒤에 숨은 갈등을 표면화시키기 위해 의식적이며 신중한 직면기법을 사용한다.

5. 치료자의 역할

① 가족 구성원끼리뿐만 아니라 치료자와 가족 구성원들 간의 의사소통과 감정이입을 발전시킨다.

② 직면과 해석을 사용하여 저항을 드러내어 불안, 공포, 죄의식, 분노, 수치감 및 갈등의 정도를 줄여주며, 가족 구성원들을 위해 현실검증기계의 역할을 한다.

③ 건전한 가족기능의 모델이자 교육자로서 역할을 한다.

6. 치료기법

① 경청 : 가족의 말을 듣고 이해하는 데 초점을 두는 것이 중요하다.
② 감정이입 : 공감적 이해를 의미한다.
③ 해석 : 무의식적인 자료를 의식화하도록 촉진시켜 내담자가 무의식적인 자료들에 대한 통찰을 갖게 한다.
④ 분석 : 가족의 역동을 통해 가족 구성원들의 저항과 전이, 꿈 등을 분석한다.
⑤ 자유연상 : 내담자가 마음속에 떠오르는 것을 무엇이든지 이야기하도록 하는 방법으로 생각, 감정, 기억 등의 모든 것을 아무런 수정 없이 이야기하게 한다.

핵심문제 11

다음과 같은 개념을 사용하는 가족치료는 어떤 것인가?

> 전이, 저항, 투사적 동일시, 이중구속 메시지, 희생양

① 해결중심 단기치료
② 경험적 가족치료
③ 구조적 가족치료
④ 정신분석 가족치료
⑤ 다세대 가족치료

고득점을 향한 해설

정신분석 가족치료의 주요개념
- 전이 : 가족 구성원들은 과거의 가족관계에 대한 억압된 이미지들을 치료자와의 상호작용뿐만 아니라 가족 구성원들과의 현재의 상호작용으로 드러내게 된다.
- 저항 : 치료를 가로막거나 방해하는 의식적이거나 무의식적인 행위이다.
- 투사적 동일시 : 개인이 수용하기 힘든 내적 특성을 대상이 갖고 있는 것으로 지각하여 대상으로 하여금 이에 일치된 행동과 감정을 유발하게 하는 과정이다.
- 이중구속 메시지 : 한 사람이 다른 사람에게 이중구속 메시지를 전달할 때 메시지를 받는 사람은 한 메시지에 반응하면 자동적으로 다른 메시지에는 위반되므로 항상 어떤 식으로든 실패하게 되어 있다.
- 희생양 : 상황이 계속적으로 변화하고 두 가지의 서로 다른 메시지가 동시에 주어져 있기 때문에 상황을 파악하지 못함 → 자신에게 보내진 메시지를 파악하기 위해 계속 탐색하면서 결국 혼돈에 빠짐 → 점점 융통성 없는 인간이 되어 인간관계가 단절됨 → 조현병 나타냄

 ④

12 | 행동주의 가족치료

1. 발달배경
① 가족이 직면하는 문제에 행동치료의 이론과 실제적 기법을 적용한 것이다.
② 학습이론에 기초를 두고 고전적 조건화와 조작적 조건화에 의해 치료하나, 고전적 조건화보다는 조작적 조건화가 더 많이 적용된다.
③ 행동주의적 가족치료자들의 가장 큰 목표는 바람직하지 않은 부정적 행동을 소거하며 바라는 긍정적 행동을 늘리는 것이므로, 어떤 형태의 보상이나 처벌을 통한 치료를 계획한다.
④ 체계이론과는 달리 많은 행동주의적 가족치료자는 부부나 부모-자녀와 같은 한 쌍의 상호작용 변화에 역점을 둔다.

2. 주요개념
① 고전적 조건화, 조작적 조건화, 정적 강화, 부적 강화, 행동형성, 모델링, 식별학습, 일반화, 사회학습이론, 소멸, 벌, 강화계획, 프리맥의 원리
② 정상 가족과 역기능 가족

정상 가족	• 주고받는 관계가 균형을 유지(좋은 관계) • 비용에 비해 이익이 높음 • 긍정적 강화 통제하에서 좋은 행동의 교환 • 불유쾌한 감정의 최소화 • 효과적인 의사소통 • 효과적인 문제해결기술
역기능 가족	• 잔소리, 울음, 철회, 협박 등의 혐오적 통제로 문제에 반응 • 보상에 대한 기대가 없고 비용의 최소화에 집중. 결혼 보상 < 독신 보상 • 언어적, 도구적 보상은 없이 처벌 교환 • 악순환의 관계패턴 형성 • 긍정적인 대안이 없이 부적 반응 • 좋지 못한 문제해결기술

3. 치료목표
① 내담자 가족의 바람직한 행동도, 바람직하지 못한 행동도 학습된 것으로 본다.
② 바람직하지 못한 행동의 제거와 바람직한 행동의 증가가 목표이다.
③ 부정적 행동의 감소보다는 긍정적 행동변화를 어떻게 최대화할 것인가에 초점을 두었다.

4. 치료과정 및 기법

① 부모훈련

내담자가 적절한 해결방법에 대해 인식하도록 치료자가 문제의 본질을 재정의함으로써 시작한다. 부모가 문제행동을 끄집어내어 문제 상황을 관찰·조사할 수 있도록 훈련을 받으며, 문제 상황에서 부모 자녀 간에 상호작용을 강화할 수 있도록 훈련을 받는다.

강화	정적 강화는 유쾌자극을 제시함으로써, 부적 강화는 불쾌자극을 소거함으로써 긍정적인 행동을 조성한다.
긍정적 연습	부모로 하여금 아동이 나타내보이기 바라는 기술을 반복 연습시키는 전략이다.
타임아웃	부적절한 행동의 결과로 정적 강화를 받을 기회를 잃어버리는 것을 의미한다(아이에게는 이유를 설명해 주는 것이 좋다).
반응대가	부적절한 행동의 결과 일정 양의 정적 강화인을 상실하는 벌에 의한 형태이다(미리 이야기해야 한다).
프리맥의 원리	발생 빈도가 높은 행동을 발생 빈도가 낮은 행동을 위한 강화인으로 사용한다.

② 부부치료

- 행동적 부부치료는 정교한 구조적 사정 과정에서 시작한다. 보통 이 과정은 임상적 인터뷰, 특별한 목표행동의 평가, 표준화된 결혼생활 평가질문지가 포함된다.
- 사정은 결혼 관계의 장점과 약점, 그리고 보상과 벌이 교환되는 방식을 나타내도록 고안되었다. 이것은 관련 문제에 대한 소통의 능력, 상호존중 및 가치강화, 문제점 지적 기술, 성관계, 아동교육, 재정관리, 역할 분배, 의사결정능력을 포함한다.
- 행동주의 가족치료 방식은 서식화된 질문지나 부부 상호작용에 의한 직접 관찰을 선호한다.

주장 훈련	부부관계 또는 대인관계에서 주장행동을 통해 상호 저지함으로써 불안을 줄이는 데 사용하는 훈련이다(권리나 느낌을 정직하게 표현).
체계적 둔감법	공포나 불안을 극복하기 위해 이완을 한 후 불안장면(낮은 강도)을 상상케 하고 강도를 높이며 불안해하면 이완시킨 후 점진적으로 불안장면(높은 강도)을 직면하게 하여 과민성을 극복하게 하는 것이다.
포화 (Satiation)	정적 강화라도 계속적으로 주어져 포화상태에 이르게 되면 정적 강화자극의 기능이 상실되어 오히려 반대의 효과를 나타내는 원리이다.
혐오기술 (Aversive Techniques)	부적응행동에 혐오자극을 제시함으로써 그 행동을 멈추게 하는 것이다.

③ 성치료

- 볼페(Wolpe)의 체계적 둔감법
- 주장훈련
- 카플란(Kaplan) 인간의 성 반응 유형
- 관능훈련

핵심문제 12

다음과 같은 개념을 치료에 이용하는 가족치료 방법은?

> 고전적 조건화, 조작적 조건화, 정적 강화, 부적 강화, 행동형성, 모델링, 식별학습, 일반화,
> 사회학습이론, 소멸, 벌, 강화계획, 프리맥의 원리

① 정신분석 가족치료
② 밀란모델 가족치료
③ 행동주의 가족치료
④ 해결중심 단기치료
⑤ 구조적 가족치료

고득점을 향한 해설

행동주의 가족치료
- 가족이 직면하는 문제에 행동치료의 이론과 실제적 기법을 적용한 것이다.
- 학습이론에 기초하여 고전적 조건화와 조작적 조건화에 의해 치료하나, 고전적 조건화보다는 조작적 조건화가 더 많이 적용된다.
- 행동주의적 가족치료자들의 가장 큰 목표는 바람직하지 않은 부정적 행동을 소거하며 바라는 긍정적 행동을 늘리는 것이므로, 어떤 형태의 보상이나 처벌을 통한 치료를 계획한다.
- 체계이론과는 달리 많은 행동주의적 가족치료자는 부부나 부모-자녀와 같은 한 쌍의 상호작용 변화에 역점을 둔다.

답 ③

13 의사소통 가족치료

1. 발달배경

① 의사소통 가족치료는 초기 가족치료 접근법 중의 하나로서, 의사소통의 과정과 형태에 초점을 두었다.
② 의사소통이론은 전통적 지식과 함께 그 당시 새로운 이론으로 부각된 일반체계이론, 사이버네틱스, 정보이론 등과 밀접한 관련을 가지면서 독자적인 이론의 틀을 구축하였다.

2. 주요개념

① 주요 개념
- 시도된 해결
- 이중구속(Double Bind)

② 주요원리
- 모든 행동은 의사소통(대화)이라는 원리
- 내용(Content)과 관계(Relationship)의 원리
- 구두점(Punctuation)의 원리

- 디지털(Digital)과 아날로직(Analogic)의 원리
- 대칭(Symmetry)과 상보(Complementary)의 원리

③ 문제의 초점
- 역기능적 의사소통 : 원천, 내용, 대화를 받는 사람, 맥락
- 어려움을 잘못 다루는 것
- 문제해결시도의 실패와 악순환을 유발시킬 똑같은 문제해결방식의 계속적인 적용

3. 치료 목표

① 가족문제는 잘못된 의사소통에서 비롯되므로, 가족이 보다 바람직한 의사소통기술을 습득할 수 있도록 돕는 것을 목표로 한다.
② 가족을 재조직하는 것이 아니라, 다만 증상을 없애는 데 그 목적이 있다.
③ 문제의 해결이란 해로운 정적 피드백의 순환을 중단시킬 수 있도록 다른 행동유형을 대체하는 것이다. 다시 말하면, 행동주의적 가족치료자의 목표와 마찬가지로 증상을 자극하고 강화하는 행동을 제지하는 것이다.

4. 치료과정

① 구체적인 용어로 문제를 명백히 정의하는 단계
② 지금까지 시도된 해결책을 조사하는 단계
③ 성취할 구체적인 목표(변화)를 분명하게 정의하는 단계
④ 목표(변화)를 성취할 수 있는 계획을 공식화하고 수행하는 단계

5. 치료 기법

① 가르치기(Teaching)

가르치기 방법의 목적은 가족들로 하여금 가족을 의사소통이론의 관점에서 어떻게 이해하고 받아들이며 행동해야 하는가를 이해하도록 하는 것이다.

② 분석하기(Analysing)

사람은 의사소통을 하지 않을 수 없다는 원리의 측면에서 의사소통의 어떤 요소를 부정함으로써 역기능적 의사소통을 찾아내며, 내용과 관계의 원리의 측면에서는 어떻게 관계가 규정되는가 하는 점을 분석하게 된다.

- 구두점 원리의 측면에서는 어떻게 연속된 의사소통을 끊는가 하는 점이 분석된다.
- 디지털과 아날로직 의사소통 원리의 측면에서는 가족들이 두 의사소통의 형태 간에 어떤 불일치를 가지고 있는가 하는 점이 분석된다.
- 대칭과 상보 원리의 측면에서는 서로 경쟁의 방식으로 대화를 하는가 또는 서로의 힘을 남용하고 이를 당연시하는 방식으로 의사소통이 진행되는가 하는 점이 분석된다.

③ 해석하기(Interpreting)
- 가족들로 하여금 자신들이 가지고 있는 의사소통의 역기능적 형태가 무엇을 의미하는지 이해하도록 하는 작업이다.
- 역기능적 의사소통이 어떤 의사소통의 원리와 연결되는지 또는 이러한 연결들이 어떤 의미를 갖는지가 해석된다.

④ 조정하기(Manipulating)
- 역기능적 의사소통의 형태를 바꾸기 위한 여러 가지 치료의 전략을 의미한다.
- 주로 역설적 기법과 재정의를 사용한다.

핵심문제 13

다음과 같은 원리를 가진 가족치료 방법은 무엇인가?

- 모든 행동은 의사소통(대화)이라는 원리
- 내용(Content)과 관계(Relationship)라는 원리
- 구두점(Punctuation)의 원리
- 디지털(Digital)과 아날로직(Analogic)의 원리
- 대칭(Symmetry)과 상보(Complementary)의 원리

① 정신분석 가족치료
② 의사소통 가족치료
③ 행동주의 가족치료
④ 구조적 가족치료
⑤ 해결중심 단기치료

고득점을 향한 해설

의사소통 가족치료의 주요 원리
- 모든 행동은 의사소통(대화)으로 시작된다.
- 의사소통은 내용을 전달할 뿐만 아니라 사람들 간의 관계를 정의하기도 한다.
- 구두점 원리의 측면에서는 어떻게 연속된 의사소통을 끊는가 하는 점이 분석된다.
- 디지털과 아날로직 의사소통 원리의 측면에서는 가족들이 두 의사소통의 형태 간에 어떤 불일치를 가지고 있는가 하는 점이 분석된다.
- 대칭과 상보 원리의 측면에서는 서로 경쟁의 방식으로 대화를 하는가 또는 서로의 힘을 남용하고 이를 당연시하는 방식으로 의사소통이 진행되는가 하는 점이 분석된다.

답 ②

PART 05

발달상담 및 학업상담

| Chapter 01 | 발달심리학 |
| Chapter 02 | 학습심리학 |

교육이란 사람이 학교에서 배운 것을
잊어버린 후에 남은 것을 말한다.

― 알버트 아인슈타인 ―

CHAPTER 01 | 발달심리학

핵심 KEY

발달심리학의 이해	아동기 발달	청소년기 발달
태내 발달	자아 및 도덕성 발달	성인기 발달
신체, 지각능력의 발달	성 발달	노년기 발달

01 | 발달심리학의 이해

1. 발달과 발달심리 이론

① 이론은 하나의 가설이며 이 가설이 타당할 때 이론으로 인정받는다.
② 발달은 변화이므로 발달현상이나 심리현상을 완전하게 설명해낼 만큼 하나로 통합된 이론이기 때문에 다양한 이론적 관심이 필요하다.
③ 발달의 개념
 - 발달은 인간의 생명이 시작되는 수정의 순간에서부터 죽음에 이르기까지의 전 생애를 통해 이루어지는 모든 변화의 양상과 과정을 의미한다.
 - 신체, 운동기능, 지능, 사고, 언어, 성격, 사회성, 정서, 도덕성 등 인간의 모든 특성의 발달을 이야기한다.
④ 발달심리학의 개념
 발달심리학은 인간의 전 생애에 걸친 모든 발달적 변화의 양상과 과정을 연구하는 학문의 한 분야이다.

2. 발달심리학의 이론적 접근

① 학습이론적 접근
 학습이론은 미국에서 발전한 이론으로 환경결정론적이다. 환경이 인간에게 영향을 미친다고 보므로 인간을 수동적인 존재로 여긴다. 모든 것을 환경 탓으로 돌릴 수 있으므로 책임에 대하여 회피적인 구실을 제공할 수 있다.
 - 행동주의적 접근
   인간은 환경을 통해 배워나가는 존재로, 과거에 어떤 경험을 했는지에 따라 현재가 만들어진다고 보는 관점이다. 인간은 태어나면서부터 백지라고 말한 존 로크(1632~1704)로부터 시작하여 파블로프, 왓슨, 스키너를 통해 발전해간다.

> ※ 조건형성
> - 파블로프의 고전적 조건형성
>   무조건 자극과 조건 자극이 결합하여 후에 조건 자극만으로도 유기체의 반응을 이끌어내는 현상. 벨소리와 같은 중성 자극이 초기에는 개의 타액분비를 유발하지 못하지만 타액분비를 유발하는 음식과 계속 짝을 이루면 후에 음식 제공 없이 벨소리만으로도 개가 타액을 분비할 수 있다.
>   예 쥐를 무서워하지 않던 아이도 쥐를 보여주면서 무서운 소리를 계속 들려주면 쥐를 무서워하게 된다.
> - 스키너의 조작적 조건형성
>   고전적 조건형성과 구별되는 개념이다. 고전적 조건형성이 행동을 유발시키는 자극에 학습의 초점을 둔다면 조작적 조건형성은 행동의 결과에 초점을 두어 보상함으로써 바람직한 행동을 증가시키는 방법이다.
>   예 강 화
> - 정적 강화 : 바람직한 자극을 제공함으로써 행동의 빈도를 높이는 것
> - 부적 강화 : 원하지 않는 자극을 없앰으로써 행동의 빈도를 높이는 것

- 사회학습이론적 접근

    행동에 대한 강화 없이도 인간은 보는 것만으로도 배울 수 있다고 보는 관점으로 사회학습과 관찰학습을 특히 중요하게 보았다. 반두라는 인간은 타인의 행동을 관찰하고 모방함으로써 새로운 행동을 획득한다고 보았다.

    예 폭력장면에 노출 경험이 많은 아동이 그렇지 않은 아동보다 더 폭력적인 것

② 인지론적 접근
- 인지발달적 접근

    피아제(Piaget)는 지능검사를 통해 아이들의 나이에 따라 문제해결방식이 다름에 착안하여 인지발달을 연구하였다. 아이와 어른은 다르다고 보았으며, 단계이론을 주장하였다. 인간은 환경과의 경험 속에서 단계가 더 발전된다고 본다. 피아제의 단계는 현재도 활용도가 높으나 피아제가 정한 연령은 과거보다 점차 낮아지고 있다.

- 정보처리적 접근
    - 발달이란 아동이 동시에 정보를 처리해나갈 수 있는 정보처리역량의 변화와 적합한 정보에 주의를 기울이고 이를 부호화하며 처리해나갈 수 있는, 정보처리역량의 효율성의 변화를 말한다.
    - 나이에 따른 정보처리 속도와 용량의 차이에 대한 연구가 진행되고 있다.

③ 정신분석적 접근
- 프로이트(Freud)의 심리성적 접근

개 념	• 성적 에너지인 리비도가 집중되는 신체부위의 변화에 따라 발달단계를 나눈다. • 아동의 욕구가 적절히 충족될 때 정상적인 발달을 이루나 너무 억압되거나 좌절되면 고착된다. • 0~5세까지의 발달을 중요하게 다룬다.
발달단계	• 구강기(출생~1세 6개월) • 항문기(1세 6개월~3세) • 남근기(3~6세) • 잠복기(6~12세) • 성기기(12세~이후)

• 에릭슨(Erikson)의 심리사회적 접근

개념	• 에릭슨은 아동의 연령에 따라 리비도의 표출양상이 달라진다는 점은 인정하나, 일반적 쾌락원리에 지배되지는 않는다고 본다. 변화욕구를 충족시키고자 환경과 접촉하는 과정에서 아동이 경험하는 위기와 극복과정을 통해 성격이 발달된다고 보았다. • 예를 들면 구강기에 빨고자 하는 욕구가 때로는 충족되지만 때로는 좌절되는 과정 속에서 일종의 위기를 경험하게 되는데 긍정적 경험의 비율이 더 높으면 위기는 극복되지만 반대의 경우는 부정적 성격을 낳게 된다. • 에릭슨은 성격발달을 항상 양극적 측면으로 기술하였다.
발달단계 (8단계)	• 0~18개월(신뢰감 대 불신감) • 18개월~3세(자율성 대 의심 및 수치심) • 3~5세(주도성 대 죄책감) • 5~12세(근면성 대 열등감) • 12~20세(자아정체감 대 역할혼돈) • 20~24세(친밀감 대 고립감) • 24~65세(생산성 대 침체감) • 65세 이후(자아통합 대 절망감)

④ 생태학적 접근

인간의 발달을 개인이 몸담고 있는 실제 삶의 맥락 내에서 이해하고 연구하고자 하는 접근을 취한다.

• 동물행동학적 접근

동물행동학은 진화론적 관점에서 동물과 인간의 행동을 연구하는 학문으로서 인간발달에 있어서 생물학적 역할을 강조한다. 다양한 종 특유(Species-specific)의 행동들은 종의 생존가능성을 높이기 위해 온 것이라고 믿는다.

- 로렌츠(Lorenz)의 각인이론
    ⓐ 동물들의 생존가능성을 증진시키는 행동패턴 중의 하나는 각인
    ⓑ 각인은 새끼 새가 부화한 직후부터 어미를 따라다니는 행동으로서 태어나서 처음 접하는 물체에 애착을 형성하는 선천적 학습
    ⓒ 각인 현상은 결정적 시기(Critical Period)에만 발생함
- 어린 동물은 생후 초기 특정한 시기에 어떤 대상에 노출되어 그 뒤를 따르게 되면, 그 대상에 애착을 가지게 된다. 여기서 특정한 시기를 '결정적인 시기'라고 한다.

• 생태학적 관점
- 브론펜브레너(Bronfenbrenner) : 조건을 통제하여 결과를 얻는 실험실 연구에 반대하였다. 실험실에서 가능하던 것이 일반화의 어려움이 있음을 지적하며 환경적 조건을 중요하게 다루었다.
- 환경은 크게 '미시체계-중간체계-거시체계-외체계-시간체계'로 나눌 수 있다.
- 최근의 발달심리학은 평생발달에 환경 혹은 맥락이 영향을 준다고 본다.

3. 발달심리학의 연구방법

① 연구유형
- 상관연구
  발달에 영향을 미치는 여러 변인들의 상호관련성을 밝히기 위한 연구들이다. 상관연구는 변인 간의 양방적인 관계는 알려주지만 인과적 관계를 보여주지 못하는 한계가 있다.
- 실험연구
  인간의 발달에 영향을 미치는 변인들 간의 인과관계를 밝히기 위한 연구들이다. 실험조건의 인위성으로 인해 문제가 되기도 한다. 현장실험, 자연실험이 있다.
- 사례연구
  한두 명의 아동을 대상으로 얻은 결과를 바탕으로 발달의 일반적인 양상을 추론하는 연구방법이다. 소수 사례이므로 일반화에 한계가 있다.

② 자료수집방법
- 자기보고법
  자신의 생각, 태도, 관점 등을 스스로 평가하고 보고하게 함으로써 개인의 심리적 특성에 관한 자료를 수집하는 방법이다. 각종 검사, 질문지, 면접 등을 사용한다.
- 직접관찰법
  - 연구 대상의 행동을 직접 관찰함으로써 자료를 수집하는 방법이다.
  - 관찰한 내용을 자유기술식으로 기록하거나 관찰대상 행동목록 체크리스트에 체크하는 것, VTR을 사용하여 녹화하고 분석하는 것, 일방경을 통한 관찰 등이 포함된다.
  - 일방경을 통한 관찰, 자연적 관찰(피아제), 참여관찰법(리조의 연구 등)이 있다.

③ 연구설계
- 횡단적 설계
  - 여러 연령집단을 동시에 표집하여 이들 집단으로부터 얻은 자료의 연령집단 간 차이를 발달적 변화의 지표로 간주하는 연구설계이다.
  - 적은 경비와 노력으로 짧은 시간에 필요한 정보수집이 가능하다.
  - 발달적 변화과정을 정확하게 보여주지 못하며, 각 집단의 배경의 차이로 인해 발달의 참모습을 알기 어렵다.
- 종단적 설계
  - 한 연령집단을 표집하여 일정기간 동안 그 집단 아동의 연령에 따른 발달적 변화과정을 추적 연구하는 설계이다.
  - 개인이나 집단의 발달적 변화과정을 정확하게 추적, 진단하는 장점이 있는 데 반해 시간, 노력, 경비가 많이 든다.
  - 연구대상 선정 및 관리가 어려운 단점이 있다. 중도탈락이 많아 표집의 특성을 상실할 우려가 있으며 반복적인 검사도구 사용으로 인한 신뢰성의 문제가 지적된다.
- 횡단적-단기종단적 설계
  - 횡단적 설계의 대상이 되는 소수의 집단을 단기간 동안 추적함으로써 종단적인 발달적 변화를 진단하고자 하는 설계이다.

- 비교적 짧은 기간 동안에 관련되는 모든 연령 간의 종단적 변화를 관찰할 수 있다.
- 횡단적 설계와 종단적 설계의 단점이 여전히 남아있다.
- 발생과정 분석설계
  - 극히 적은 수의 아동의 특정행동이 형성되고 변화해가는 과정을 면밀하게 추적하여 분석한다.
  - 관심이 되는 행동을 반복 관찰하므로 발생과정의 철저한 규명이 가능하다.
  - 반복적인 검사의 연습효과로 인해 신뢰성이 문제시된다.

핵심문제 01

다음 중 행동주의 이론가는 누구인가?

① 프로이트(Freud)
② 파블로프(Pavlov)
③ 반두라(Bandura)
④ 브론펜브레너(Bronfenbrenner)
⑤ 피아제(Piaget)

고득점을 향한 해설

② 파블로프(Pavlov)는 행동주의이론가이다. 인간은 환경을 통해 배워나가는 존재로 과거에 어떤 경험을 했는지에 따라 현재가 만들어진다고 보는 관점이다.
① 프로이트(Freud)는 정신분석이론가이다. 구강기, 항문기, 남근기, 잠복기, 성기기의 5단계로 이루어진 심리성적 발달단계를 제시하였으며, 욕구좌절로 인한 각 발달단계에서의 고착이 아동의 성격을 형성한다고 보았다.
③ 반두라(Bandura)는 사회학습이론가이다. 행동에 대한 강화 없이도 인간은 보는 것만으로도 배울 수 있다고 보는 관점이다. 사회학습, 관찰학습을 특히 중요하게 보았다. 반두라는 인간은 타인의 행동을 관찰하고 모방함으로써 새로운 행동을 획득한다고 보았다.
④ 브론펜브레너(Bronfenbrenner)는 생태학적 관점의 이론가이다. 조건을 통제하여 결과를 얻는 실험실 연구에 반대하였다. 실험실에서 가능하던 것이 일반화의 어려움이 있음을 지적하며 환경적 조건을 중요하게 다루었다.
⑤ 피아제(Piaget)는 지능검사를 통해 아이들이 나이에 따라 문제해결방식이 다름에 착안하여 인지발달을 연구하였다. 인간의 발달은 네 가지 단계를 거쳐 발달한다고 봤으며 환경과의 상호작용에 의해서 이루어지는 적응과정이라고 보았다.

답 ②

02 | 태내 발달

1. 태내기

① 발달특성
- 임 신
  여성의 난자와 남성의 정자가 결합하여 하나의 세포를 이루는 수정란이 되면서 태내기가 시작된다. 성적으로 성숙된 여성은 약 28일을 월경주기로 하여 14일쯤에 한 번씩 배란이 일어나게 되며, 난자를 배출하게 되는데 이때 정자와 난자가 수정되면 생명이 시작된다.
- 유 전
  - 성염색체
    인간의 염색체는 모두 23쌍으로 이루어져 있는데 이중 22쌍의 염색체는 상동염색체이고 한쌍의 염색체는 태아의 성을 결정하는 성염색체로 X와 Y의 두 가지 유형이 있다. 여성은 XX, 남성은 XY로 성별이 결정된다.
  - 쌍생아

일란성 쌍생아	하나의 난자와 정자가 결합하여 수정란이 된 후 세포분열과정에서 두 개로 나눠진 것으로 유전적 정보가 일치한다.
이란성 쌍생아	짧은 간격 동안 2개의 난자가 배출되어 각각 다른 정자와 결합하여 이루어진 것으로 유전적인 정보가 다른 쌍생아이다.

② 태내기 발달의 3단계
  태내기란 수정란을 이룬 시기부터 출산에 이르는 동안을 말하는데, 대략 40주 정도이다.
- 발아기 : 정자와 난자가 결합한 수정란이 자궁벽에 착상하는 2주까지의 기간이다.
- 배아기 : 태아의 신체기관의 기본조직이 형성되는 가장 중요한 시기로 수정 후 2주부터 8~12주까지의 시기이다. 배아는 인간이 갖추어야 할 신체기관과 조직을 거의 모두 갖추게 된다.
- 태아기 : 수정 후 8~12주부터 출생까지의 기간으로 신경계가 발달하고 신장과 체중이 급격히 발달한다.

2. 태내기 장애예방을 위한 과업

① 금연 : 흡연은 저체중아를 출산하게 하고, 출산 시 사망률을 증가하게 한다.
② 금주 : 임산부가 음주할 경우 태아 알코올증후군이 발생하며 성장장애, 심장 및 순환기, 사지, 두부, 안면에 기형을 가져올 수 있다.
③ 약물복용 및 주사사용의 제한
④ 영양상태
⑤ 어머니의 정서상태

> **핵심문제 02**
>
> **태내기에 대한 설명 중 옳지 않은 것은?**
>
> ① 발아기는 정자와 난자가 결합한 수정란이 자궁벽에 착상하는 2주까지의 기간이다.
> ② 배아기에는 인간이 갖추어야 할 신체기관과 조직을 거의 모두 갖추게 된다.
> ③ 태아기는 수정 후 8~12주부터 출생까지의 기간으로, 신경계가 발달하고 신장과 체중이 급격히 발달한다.
> ④ 태내기란 수정란을 이룬 시기부터 출산에 이르는 대략 20주 정도의 기간을 말한다.
> ⑤ 태내기 동안 알코올에 노출되었을 경우 태아 알코올증후군이 발생할 수 있다.
>
> **고득점을 향한 해설**
> 태내기란 수정란을 이룬 시기부터 출산에 이르는 동안을 말하는데 대략 40주 정도이다.
>
> 답 ④

03 | 신체, 지각능력의 발달

1. 신체 및 운동기능 발달의 원리

머리쪽에서 아래쪽으로 발달하는 원리와 몸의 중심부에서 말초부로 발달하는 원리를 따라 순서대로 일어난다. 영아는 출생 후 2년 동안 신장과 체중이 급속도로 발달한다.

2. 뇌와 신경계의 발달

① 뇌의 발달

출생 후 2년까지 뇌의 크기와 무게가 발달하며, 좌·우뇌의 발달에 대한 논쟁이 계속되고 있으나 최근 어렸을 때 좌·우뇌가 분리된다는 이론이 힘을 얻고 있다.

② 신경계의 발달

시냅스가 많이 발달하면 정보처리 용량이 커지고, 시냅스 밀도는 6개월~7세에 성인보다 50%가 높다. 사용하지 않는 시냅스는 점차적으로 소멸된다.

3. 반사 및 운동기능의 발달

① 생존반사

숨 쉬는 호흡반사, 갑작스런 자극이 다가오면 눈을 감는 눈 깜빡이기 반사, 광선의 강도에 반응하는 동공반사, 자극을 주는 쪽으로 입을 돌리는 입술 내밀기 반사, 빨기 반사, 삼키기 반사 등이다.

② 원시반사

- 바빈스키반사 : 발바닥을 간질이면 발가락을 부채살처럼 펴는 반사로 생후 8개월에서 1년 사이에 사라진다.
- 모로반사 : 큰 소리가 나거나 몸이 불안정하게 되어 놀라면 등을 구부리고 손과 발을 앞으로 뻗는 반사로 생후 6~7개월에 사라진다.
- 잡기반사 : 손바닥에 물체를 대면 꼭 쥐는 반사로 생후 3~4개월에 의도적으로 잡는 반사이다.

③ 운동기능의 발달

이행운동은 학습보다는 척추에 프로그램화되어있는 것에 따른 변화로 보며, 이행운동은 아이마다 기간에 차이가 있으나 순서는 동일하다.

4. 영아기의 시지각 발달

① 형태지각

영아는 직선보다는 곡선을, 규칙적인 형태보다는 불규칙적인 형태를, 윤곽이 열려있는 형태보다는 닫힌 형태를, 비대칭형보다는 대칭형을, 지나치게 단순한 형태보다 적당하게 복잡한 형태를 선호한다.

② 깊이지각

- 깁슨과 워크(Gibson & Walk)의 시각절벽 실험이 대표적이다.
- 7개월을 전후해서 길 수 있는 연령에 다다른 대부분의 영아는 시각절벽 앞에서 기기를 멈추며 머뭇거리는 반응이 있다. 영아가 시각절벽을 변별하는 능력은 비교적 일찍 발달하지만 시각절벽에 대한 공포는 기기 시작할 때 나타난다.

③ 소리지각

출생 후 3일 만에 어머니의 음성과 낯선 사람의 음성 구분이 가능하다.

④ 영아기 이후 지각발달

2세 이후 지각능력이 빠르게 발달하며 신체접촉이 영아기의 시지각 발달에 중요하다.

핵심문제 03

다음은 신경계 발달에 대한 설명이다. 다음 괄호에 들어갈 말로 옳은 것은?

> (　　)이/가 많이 발달하면 정보처리 용량이 커지고 (　　) 밀도는 6개월~7세에 성인보다 50%가 높다. 사용하지 않는 (　　)은/는 점차적으로 소멸된다.

① 세 포　　　　　　　　　　② 피 질
③ 근 육　　　　　　　　　　④ 시냅스
⑤ 혈 관

고득점을 향한 해설

뇌와 신경계의 발달
- 뇌의 발달 : 출생 후 2년까지 뇌의 크기와 무게가 발달, 좌·우뇌의 발달에 대한 논쟁이 계속되고 있으나 최근 어렸을 때 좌·우뇌가 분리된다는 이론이 힘을 얻고 있다.
- 신경계의 발달 : 시냅스가 많이 발달하면 정보처리 용량이 커진다. 시냅스 밀도는 6개월~7세에 성인보다 50%가 높으며 사용하지 않는 시냅스는 점차적으로 소멸된다.

답 ④

04 | 아동기 발달

1. 피아제 이론과 아동기 인지발달

> ※ 인지발달의 기본가정
> - 인간의 지적 능력이란 개인이 주어진 환경에 효과적으로 적응할 수 있는 능력(생물적인 적응과 심리적 적응을 구분하지 않음)을 의미한다.
> - 인간은 환경과의 적극적인 상호작용을 통해 인지구조를 끊임없이 재구성해간다. 인간은 태어날 때 동물과 마찬가지로 몇 개의 반사기능만을 가지고 있는데, 반사기능을 통합하여 획득한 새로운 감각운동기능이 도식이다. 반사가 도식이 되는 것을 지능이라고 본다.

① 평형화
- 지능은 도식을 확대 혹은 분산시키며 단계적인 발달을 한다. 이런 과정이 일어나기 위해 평형화가 필요하다.
- 평형화는 동화와 조절의 2가지 기능의 통합과정이다.
- 동화는 자신이 이미 가지고 있는 기존의 도식에 따라 대처하는 것이고, 조절은 자신이 가진 기존의 도식을 새로운 대상에 맞게 바꾸어가는 인지과정이다. 동화와 조절이 균형을 이루는 것이 평형화이다.

② 인지발달단계

단계	내용
감각운동기 (0~2세)	• 대상에 대한 외현적 활동을 통해 세계를 이해한다. • 대상영속성 개념 획득 : 대상이 한 곳에서 다른 곳으로 사라져서 보이지 않아도 다른 곳에 존재한다는 사실에 대하여 안다. • 반사운동기(출생~1개월) : 반사의 연습이 이루어지고, 반사에서 도식으로 바뀌는 단계이다. • 일차순환반응기(1~4개월) : 도식이 정교화되고, 적응적 도식 발달(잡아서 보기, 입으로 가져가기 등)한다. • 이차순환반응기(4~8개월) : 의도를 갖고 우연행동을 되풀이하는 단계로, 행동의 영향을 기대한다. • 이차도식협응기(8~12개월) : 도식과 도식의 결합이 일어나며, 하나의 도식은 목표이고 다른 도식은 수단이 되는 단계이다. • 삼차순환반응기(12~18개월) : 수단과 결과 간의 관계를 탐색하고 시행착오를 통하여 학습한다. • 정신적 표상 또는 사고의 시작(18개월~2세) : 앞에 없는 사물을 내재적으로 표상하는 심상 및 상징기능형성, 지연모방이 가능하다.
전조작기 (2~7세)	• 기호(그림, 의미, 언어, 놀이) 사용이 가능하다. • 내재적으로 형성하고 있는 표상을 여러 형태의 상징으로 표현하며 가상놀이가 등장한다. • 중심화 : 자기중심성(타인의 감정, 지각, 관점 등이 자신과 동일한 것으로 가정)과, 자기중심적 언어(자신의 생각만을 전달하는 의사소통)를 갖는다.
구체적 조작기 (7~12세)	• 논리적 사고의 발달, 많은 경험을 통하여 단계를 정교화하는 것이 유익하다. • 보존개념, 서열개념, 분류개념이 획득된다.
형식적 조작기 (12세~성인)	• 논리적 사고 및 발달이 성인과 동일하다. • 여러 형태의 보존개념이 형성되며, 분류와 관계적 추론능력이 획득된다. • 가설연역적 사고가 가능하다. • 가능성과 실재 간의 체계적이며 논리적인 통합이 가능하게 된다.

2. 지능발달

① 지능의 개념

터만(Terman, 1921)은 지능은 추상적 사고를 수행하는 능력이라고 보았으며, 웩슬러(Wechsler, 1958)는 지능은 개인이 목적에 따라 행동하고, 합리적으로 사고하며, 환경에 효율적으로 대응할 수 있는 능력이라고 보았다.

② 지능이론

학자	내용
스피어만(Spearman) (1927)	• 지능의 2요인설 • 일반요인(G-factor)과 특수요인(S-factor)
서스톤(Thurstone) (1938)	• 서로 독립적인 7개의 능력 • 언어이해력, 단어유창성, 수, 공간시각, 기억, 추론, 지각속도
길포드(Guilford) (1988)	• 지능의 구조모형 • 5개의 내용차원, 6개의 조작차원, 6개의 결과차원
카텔과 혼 (Cattell & Horn) (1963, 1982)	• 유동성 지능 : 학습된 능력이 아니면서 비교적 모든 문화권에 보편적인 문제해결능력, 언어적 유추능력, 단순암기능력, 추상적 도형 간 관계이해능력 등을 중요하게 생각하였다. • 결정성 지능 : 학교학습이나 경험을 통해 획득한 능력, 어휘이해력, 수리력, 일반적 지식 등을 말한다.

스턴버그 (Sternberg)의 삼원지능이론 (1985)	• 성분적 지능 : 새로운 지식을 획득하고, 이를 논리적인 과제해결에 적용하는 능력이다. • 상위인지, 방략사용, 지식획득 • A : B = C : D와 같은 유추 • 경험적 지능 : 통찰력은 선택적 부호화(사고와 문제해결 과정에서 중요하고 적절한 정보에 주의를 기울이는 능력), 선택적 결합(서로 관련없는 요소들을 연관시켜 다소 다르거나 새로운 것을 창출해내는 능력) 및 선택적 비교능력(이미 있는 것들을 새로운 각도에서 보고 새로운 것을 유추해낼 수 있는 능력) • 과제의 신기성, 기술의 자동화 • 상황적 지능 : 현실상황에의 적응력, 실용적 지능으로 학업성적과 무관한 능력 • 적응, 조성, 선택
가드너(Gardner)의 다중지능이론	언어적 지능, 논리수학적 지능, 공간적 지능, 신체운동적 지능, 음악적 지능, 개인 간 지능, 개인 내 지능 등
비고츠키 (Vygotsky)의 근접발달영역	• 근접발달영역 : 아동이 스스로 과제를 해결할 수 있는 실제적 발달수준과 자신보다 유능한 성인이나 또래의 도움을 받아 과제를 해결할 수 있을 것이라 기대되는 잠재적 발달수준 간의 격차를 말한다. • 비고츠키는 개인의 지적 발달은 문화적 영향을 크게 받고 아동은 성인의 도움을 받아 문화적 산물로서의 지식을 내면화함으로써 개인적인 인지발달이 가능하게 된다고 말한다. • 발판화(Scaffolding) : 아동이 스스로 문제를 해결할 수 있는 수준에 도달하기까지 매 단계마다 아동의 수행수준에 맞추어 도움을 주는 수준과 양을 적절히 조절하는 방안이다.

3. 초기 지능검사

① 비네-시몽검사

1905년 비네와 시몽에 의해 제작되었으며, 생활연령, 정신연령이라는 개념이 사용되었다.

② 스탠포드-비네검사

터만이 비네-시몽검사를 기초로 만들었으며, 지능지수 IQ의 개념을 사용하였다.

③ 웩슬러 아동용 지능검사

언어적 질문에 답하게 하는 언어성 척도와 실제 퍼즐 맞추기를 시켜보는 것과 같은 동작성 척도로 지능지수를 분리하여 보여주는 점에서 다른 검사와 차이가 있다.

④ 카우프만 아동용 진단검사(K-ABC)
- 1983년 카우프만에 의해 제작되었다.
- 비언어적이며 문항이 모든 계층의 아동에게 적합하고, 적절히 힌트를 주는 등 검사 실시방법의 유연성이 높은 검사도구이다.

⑤ 베일리 유아발달 척도(1969) : 2개월에서 2세 6개월 사이 유아를 대상으로 하며, 3개의 하위검사영역이 있다.
- 운동성 척도 : 서기, 걷기, 공던지기, 컵잡기 등의 발달수준을 측정한다.
- 정신증 척도 : 다양한 적응행동을 진단한다.
- 유아행동기록 : 공포반응, 사회적 반응성, 영아의 감각적·신체생리적 결함이나 정서적 부적응행동을 초기에 찾아낼 수 있다.

4. 기억발달

① 기억과정
- 입력(부호화), 저장(단기기억, 장기기억), 인출(재인과 회상)의 과정이다.
- 단기기억(STM ; Short-Term Memory) : 정보가 청각부호로 처리, 되풀이 암송하는 언어적 시현이 필요, 한정된 용량, 장기기억으로 전이되지 못하면 20초 내에 소멸된다.
- 장기기억(LTM ; Long-Term Memory) : 의미적 부호로 처리된다.
- 재인 : 인출단서가 주어질 때 정보가 인출되는 과정이다.
- 회상 : 단서 없이 머릿속에 저장된 정보로부터 기억을 재구성하는 과정이다.

② 지식구조
- 장기기억에 저장되어 있는 구조화된 정보로, 인지능력이 향상되면 의미적 기억능력도 향상된다.
- 일화적 기억 : 사건이 일어나는 순서에 따라 계열적으로 기억
- 의미적 기억 : 위계망 구조의 형태, 사전적 기억

③ 영아기 기억발달
- 피아제는 대상영속성 개념이 발달하는 8~9개월경부터 재인기억을 갖고 있다고 생각했으며, 지연모방이 시작되는 18개월경에 회상기억이 가능하다고 주장하였으나 최근에는 영아기에 훨씬 더 많은 기억능력을 갖는다고 본다.
- 생후 3개월경부터 재인기억이 발달, 생후 1년 사이에 정교화되며, 회상기억도 9개월보다 훨씬 이전에 발달한다는 연구가 많다.

④ 기억방략의 발달(주의집중과 주의배분 능력의 발달)

연령이 증가함에 따라 아동의 주의집중 시간도 점차 길어진다. 2~4세 유아에게 반복과제를 줄 경우 집중 시간은 2~3분, 좋아하는 자극에도 3~4분 정도 집중 가능하나 3~5세경에는 특정 정보에 대한 주의집중 능력이 늘어나고 필요한 정보에 선택적으로 주의를 배분하는 능력도 향상된다.

⑤ 시연방략의 발달

일반적으로 기억방략은 초등학교 입학 이후 아동기 동안 발달되는데, 특히 언어적 시연방략은 초등학교 1학년부터 급격히 발달한다. 시연방략은 기억방략 중 가장 단순하면서도 기본이 되는 것으로서 되풀이하여 기억하는 방법이다. 플라벨(Flavell)은 시연방략 발달 실험을 통해 자발적 시연이 과제기억수준에 영향을 준다는 사실을 밝혀냈다. 플라벨은 아동의 시연방략 사용능력의 발달을 3단계로 구분했는데, 방략을 자발적으로 생성할 수 없거나 가르쳐주어도 잘 모르는 방략부재단계, 방략을 생성해서 사용하나 잘못 사용하는 생성결함단계, 방략을 생성하여 완전하게 사용하는 방략사용단계가 그것이다.

⑥ 조직화방략의 발달

조직화방략은 기억과제를 의미적으로 관련 있는 것끼리 묶어서 범주화하는 기억방법으로 의미적 조직화라 부른다. 9~10세에 발달한다.

⑦ 정교화방략의 발달

정교화방략은 기억해야 할 정보에 무언가를 덧붙이거나 다른 정보와 서로 관련시킴(예 도시이름과 도시산물)으로써 기억을 돕는 방략이다. 자발적 정교화방략의 사용은 청소년기에 가능하다.

⑧ 인출방략의 발달

인출방략은 저장되어 있는 정보 중에서 필요한 정보를 실패하지 않고 신속하게 꺼내 쓸 수 있는 방법으로 초등학교 입학 이후에 발달되는 것으로 알려졌지만 최근 연구 결과 좀 더 이른 시기에 발달된다고 본다.

⑨ 지식구조의 발달
- 표상의 형성
  - 표상은 장기기억 속에 저장하는 정보들의 기본단위이다. 8~9개월경에 영아는 표상을 형성하는데 대부분 영상적 표상(직접 사물이나 사태의 모습이 저장)이다.
  - 의미적 표상 : 추상적 개념들의 표상, 상당한 정도의 언어적 능력이 필요하므로 후에 발달한다.
- 지식구조의 유형과 발달
  - 사태도식 : 우리의 일상에서 어떤 일이 진행되는 순서에 따라 표상을 연결시켜 놓은 기억구조를 말한다.
  - 스크립트 : 스크립트는 매우 친숙한 활동과 연합되어 있는 단순하면서도 잘 구조화된 사건의 순서를 기술하는 도식의 일종이다. 상점에서 물건을 사거나 식당에서 음식을 주문하는 등의 여러 가지 일들에서 판에 박힌 전형적인 순서나 흔히 예상되는 계획을 지칭하는 것으로, 사건도식 또는 사태도식(Event Schema)이라고도 한다.
  - 내용지식구조 : 여러 개념들을 관련짓는 위계망 구조로 장기기억 속에 저장하고 있는 대상의 속성과 관계에 대한 내재적인 정신적 사전과 같다.
  - 영역특정지식 : 일반적 지능이나 학습능력보다 과제의 기억이나 학습에 큰 영향을 준다.
- 구성기억
  인출과정에 있어서 아동은 기존의 경험이나 지식과 관련지어 새로운 정보를 추론하거나 재구성하거나 창조해내는데 이것이 구성기억이다.

⑩ 상위기억능력의 발달

상위기억은 기억현상에 관한 지식과 기억과정을 통제하는 능력이다.
- 기억에 대한 상위인지적 지식의 발달 : 상위인지적 지식은 사람, 과제, 방략의 세 범주로 나뉜다. 자신과 타인을 포함하여 사람의 기억능력에 대해 정확한 판단과 예측이 가능한 것은 기억발달과정에서 중요하다. 기억해야 할 과제가 요구하는 작업량, 난이도를 판단하는 능력, 방략사용의 효과에 대한 상위인지적 지식은 작업에 필요한 시간, 과업수행을 효율적으로 계획하는 데 필수적이다.
- 기억에 대한 자기조정능력의 발달 : 과제가 요구하는 방향에 따라 자신의 기억수행 행동을 계획하고, 진행하고 평가하는 기억작용의 통제과정을 말한다.

5. 언어발달

① 언어발달의 이론적 접근

언어획득장치(LAD) : 아동은 LAD를 가지고 태어나며 이를 통해 투입된 언어자료를 처리하고 규칙을 형성하며 문법에 맞는 문장을 이해하고 산출하게 된다.

학습이론적 접근	스키너는 1957년 『언어행동』이라는 저서를 통해 아동의 언어는 행동조성의 과정을 거쳐 발달한다고 주장하였다. 아이들은 어른의 언어를 모방하면서 학습한다.
생득이론적 접근	• 언어획득장치(LAD) : 인간은 태어날 때 선천적으로 갖고 태어난다고 가정한다. • 모든 문화권 아동들이 공통적으로 생의 일정기간에 빠른 속도로 언어를 획득한다.
인지발달론적 접근	언어를 사고의 발달과 밀접하게 관련된 과정으로 고려한다. • 피아제의 관점 : 아동의 언어발달은 일반적으로 인지능력의 발달에 기초를 두고 있다고 생각 • 비고츠키의 관점 : 언어는 사고와 인지발달을 촉진하는 매개적 기능을 수행한다고 주장 • 의미론적 관점 : 아동이 특정 낱말의 의미를 획득하는 것은 아동의 기존의 인지구조나 지식 기반 내의 지식들이 그 낱말이 사용되는 맥락적 단서와 결합하여 의미를 추론하는 과정에 의존한다고 믿음 • 사회적 상호작용론적 관점(브루너) : 아동이 주변으로부터 받아들이는 언어적 정보들을 통합하여 스스로 의미를 추출하고 언어를 구성해가는 능력이 있다고 믿음

② 의사소통능력의 발달

듣기능력의 발달	상대방이 하는 말을 주의 깊게 듣고 의미를 정확히 이해하며 전달내용의 모순을 파악하는 능력이 중요하다. 초등 3학년 아동은 지시내용의 부적절성 파악이 가능하며, 동양계 아이들이 서양계 아이들에 비해 수용언어능력이 높다는 연구결과가 있다.
말하기능력	듣는 사람의 성, 연령, 사회적 지위에 따라 자신의 언어적 표현을 조정하는 능력은 2세경부터 발달한다.
상위의사소통 능력의 발달	상위의사소통은 아동이 자신이나 상대방의 의사소통능력에 관해 정확한 지식을 갖고 이에 맞추어 의사소통하는 능력이다. 유아기 이후부터 꾸준히 발달하며 초기에는 가정의 사회경제적 능력에 따라 차이가 있으나 중학교 이후에는 큰 차이를 갖지 않는다.

※ 언어의 발달
• 음운론적 발달 : 개개의 자음과 모음을 구분하고 그 발성적 특징을 이해하게 되는 것이다.
• 의미론적 발달 : 자신을 둘러싸고 있는 세계의 수많은 대상과 현상들이 각기 독특한 낱말로 지칭됨을 이해하고, '자다'와 '졸다'의 차이를 구분하기 시작한다.
• 통사론적 발달 : 낱말들을 문법적으로 정확한 순서로 배열하여 문장으로 만드는 능력이 발달하며, '잤다, 갔다' 등은 과거에 이루어진 일임을 안다.
• 화용론적 발달 : 같은 문장도 지시하거나 주장할 때, 간청할 때 달리 표현됨을 터득한다.

6. 기질의 발달

① 기질의 유형과 발달 : 영아 성격의 개인차가 기질이다. 토마스의 종단연구에서 시작되었다.
  • 기질의 특성 : 기질은 생득적이며 지속적인 특성이 강하나 기질의 형성과 변화에 환경이 영향을 미치는 것도 간과해서는 안 된다.
  • 기질의 진단

뉴욕 종단적 연구모형	• 순한 아동 : 생활습관이 규칙적, 반응강도 보통, 40%가 해당 • 까다로운 아동 : 생활습관이 불규칙적, 예측의 어려움, 반응강도가 강함, 10%가 해당 • 더딘 아동 : 상황변화에 적응이 늦음, 낯선 것에 까다로운 아동처럼 반응함, 반응강도가 약함, 15%가 해당
정서, 활동, 사회성 모형	• 정서성 : 자극에 얼마나 빨리 부정적인 반응을 나타내는가를 판단함 • 활동성 : 일상활동의 속도와 강도를 측정함 • 사회성 : 타인과 함께 있는 것을 선호하는 정도에 따라 판단함

로스바스트 유형	• 부모의 설문지나 전문적 관찰자가 가정 관찰, 실험실 관찰로 진단 • 반응성 : 정서성과 유사한 개념, 자극에 대한 반응속도와 강도 • 자기규제 : 스스로 자신의 반응을 증가 또는 감소시키는 통제능력

② 기질과 적응

조화의 적합성	영아의 기질과 어머니의 성격이나 양육방식의 조화는 성장에 매우 중요한 요소이다. 뉴욕 종단 연구결과 백인 부모들은 순한 기질의 아이를 선호했으며, 저소득 계층 소수민족 부모는 까다로운 기질의 아이와 조화를 이루었다.
기질과 문제행동	• 까다로운 기질의 아동이 문제행동 및 부모-자녀 관계의 갈등 유발 확률이 높다고 보나, 부모의 지각이 문제를 더욱 촉발시킨다고 본다. • 그러므로 어떤 기질인지가 중요하다기보다는 부모가 유아의 기질에 만족하고 서로 맞추어가는 노력이 필요하다. • 카간(Kagan)은 억압적 기질(낯선 상황이나 사람에게 수줍어하거나 두려워하는 기질 특성)을 가진 아동이 사회적 상호작용에 어려움을 갖는다고 보았다.

7. 애착의 형성과 발달

애착은 한 개인이 자신과 가장 가까운 사람에게서 느끼는 강한 감정적 유대관계이다. 애착형성의 결과는 정서적 안정성과 대인관계의 중요한 기초가 된다.

① 애착형성 이론

정신분석이론	프로이트 : 영아가 빨고자 하는 구강기 욕구를 충족시켜주는 대상과의 사이에서 밀접한 관계를 형성하며 양육행동이 애착형성의 중요한 요건이 된다.
인지발달이론	• 애착은 인지발달과정과 밀접하게 연결되어 있다. • 애착대상과 다른 대상을 구별할 수 있는 지각적 변별력이 필요하다. • 내재적 작용모델로서 기대를 사용하는 능력이 필요하다. • 대상영속성이 획득되어 있어야 애착형성이 가능하다.
동물행동학적 이론	• 종의 보존과 생존에 필요한 것으로 본능적 반응의 결과물이다. • 유아는 양육자의 보호를 이끌어낼 수 있는 유발자극을 생득적으로 지니며, 어머니는 유발자극에 반응하도록 프로그램화되어 있다.
기질가설	양육자의 양육행동보다 기질이 우선시된다.

② 애착발달 과정

초기 애착형성 과정	• 생후 2주 : 모든 대상에게 애착을 보임 • 6~8개월 : 영아가 어머니와 타인 구분, 본격적 애착 형성 • 특정 대상에 대한 강한 집착, 격리불안(6~12개월/2세 소멸), 낯가림(6개월~2세)
애착유형	• 안정애착 : 접근, 접촉행동의 기조를 보임, 어머니의 존재가 안전의 기반이 됨, 부모가 자녀에게 민감하고 수용적인 양육태도를 갖는다. • 불안정 회피애착 : 아동은 접근이나 접촉시도가 없으며 안정감이 결여되어 있고, 부모가 자녀에 민감하지 않고 거부적이거나 간섭도 하지 않는다. • 불안정 저항애착 : 아동은 이율배반적 행동을 보이며 안정감이 결여되어 있고, 부모가 접근행동을 보일 가능성이 적고 자녀에 대해 민감하지 않고 거부적이다. • 불안정 혼돈애착 : 아동은 회피와 저항이 복합된 행동, 부모의 비일관적 양육을 받았다.

8. 이타성의 발달

이타성은 타인의 행복에 대해 관심을 갖고 배려하는 내재적인 심리적 특성이다. 이타성이 행동으로 나타날 때는 친사회적 행동으로 보이며, 타인과의 관계에서 사회적으로 바람직한 행동을 하는 것이다.

① 친사회적 행동의 발달
- 2세 이전 : 함께 우는 것과 같은 공감반응
- 2세 전후 : 위로하고 도우려는 행동
- 4~6세 : 이타적 행동이 증가
- 9~10세 : 가장 높은 수준의 이타성을 보임

② 친사회적 행동의 관여요인

개인적 요인	• 도덕적 추론능력과 친사회적 행동은 높은 정적 상관을 갖는다. • 조망수용능력이 친사회적 행동을 결정하는 주요 요인이다. • 타인의 정서를 식별하는 공감이 친사회적 행동의 기초가 된다. • 이타적 자기도식이 친사회적 행동을 증가시킬 수 있다.
사회적 요인	이타적 행동에 대한 칭찬과 격려 같은 강화가 이타성을 증가시키며, 친사회적 행동은 모방을 통해 촉진된다.

9. 공격성의 발달

공격성은 생명체에 의도적인 해를 가하려는, 사회적으로 바람직하지 않은 행동이다. 도구적 공격성은 자신의 이익을 위해 타인에게 해를 가하는 것이고, 적의적 공격성은 타인에게 고통이나 해를 가하는 것이 목적이다.

① 공격성 발달이론
- 보상이론
  공격적 행동이 결과적으로 공격자에게 보상이 주어지기 때문에 일어난다고 주장하는 이론으로 공격적 아동은 공격적 행동의 결과에 대해 긍정적 기대를 가지며, 공격적 행동에 높은 가치를 둔다(타인지배, 통제력).
- 모방이론
  공격성은 공격적 행동 모방에서 시작된다고 보는 이론으로 공격성 모방학습 실험을 통해 공격성의 획득 기제 설명이 가능하다.
- 사회인지이론
  공격성은 잘못된 사회인지적 판단에 기인한다. 자신에 대한 또래 행동의 원인을 적의적인 것으로 판단하고, 적의적·공격적 반응을 보임으로써 적의적 귀인 강화의 악순환이 지속된다.

② 공격성의 발달양상
- 1세 6개월을 전후하여 나타남
- 2~3세는 물리적 공격성, 3~6세는 언어적 공격성으로 전환(부모의 제재, 난폭한 행동이 수단이 되지 못함을 인식)
- 6세를 전후하여 적의적 공격성(잘못된 귀인판단이 원인)
- 공격성은 지속적으로 나타남

③ 공격성 발달에 영향을 미치는 요인
- 생물학적 요인 : 남성호르몬의 발달, 기질
- 사회적 요인 : 사회환경(처벌적 부모-공격행동의 모델로 작용)의 영향이 크며, 부모의 강압적 행동은 아동의 공격성을 높인다. 공격성을 촉진하는 가족 상호작용 양상을 강압적 가족과정이라고 한다.

10. 사회인지 발달

① 인지발달이론
- 자신과 타인 및 이들의 행동을 포함하는 모든 사회적 자극에 대한 지각과 이해로 자기, 타인, 사회적 관계를 포함한다.
- 사회인지 발달도 일반적 인지와 병행하여 발달한다.
- 사회인지 발달은 표면적이고 구체적인 것에서부터 내면적이고 추상적인 것으로 발달한다.
- 사회인지 발달은 공간적·시간적 중심화에서 탈중심화로 발달한다.
- 피아제는 아동의 현재의 이해수준과 갈등을 일으키는 다른 사회적 경험이 아동의 사회인지 발달을 촉진시킨다고 보았다.

② 사회학습이론
- 다양한 사회적 환경에 대한 경험을 통해 사회적 인지가 발달한다.
- 연령에 관계없이 어떤 사회적 경험을 했느냐에 따라 인지적 표상이 다를 수 있다.
- 사회인지 발달요소 : 행위-결과 규칙 습득, 사회적 규칙 습득

핵심문제 04

다음은 아동기 인지발달에 대한 피아제(Piaget) 이론에 대한 설명이다. 괄호 안에 들어갈 말로 옳은 것은?

> 인지발달의 기본가정에 따르면 인간의 지적 능력이란 개인이 주어진 환경에 효과적으로 적응할 수 있는 능력을 의미(생물적인 적응과 심리적 적응을 구분하지 않음)한다. 인간은 환경과의 적극적인 상호작용을 통해 인지구조를 끊임없이 재구성해간다. 인간은 태어날 때 동물과 마찬가지로 몇 개의 반사기능만을 가지고 있는데, 반사기능을 통합하여 획득한 새로운 감각운동기능이 ( )이다.

① 체 계
② 조 절
③ 도 식
④ 동 화
⑤ 감 각

고득점을 향한 해설

피아제(Piaget)의 아동기 인지발달에 대한 이론
인간은 태어날 때 동물과 마찬가지로 몇 개의 반사기능만을 가지고 있는데, 반사기능을 통합하여 획득한 새로운 감각운동기능이 도식이다. 반사가 도식이 되는 것을 지능이라고 본다.

 ③

05 | 자아 및 도덕성 발달

1. 자아발달 연구의 접근

① 인지발달적 접근

자기개념은 행동에 영향을 주며, 일관되게 유지하려고 하는 특성이 있다. 자기개념은 자기도식과 동일어로 자기도식은 자아와 관련된 새로운 정보를 받아들이고 이해하고 처리하는 과정의 기초가 된다.

② 학습이론적 접근

반두라는 자신에게 주어진 과제를 성공적으로 수행할 수 있는 능력에 대한 자기평가가 자아인지 발달에 영향을 준다고 보았다. 자기효능감은 부모보다 또래 모델에 영향을 많이 받는다.

2. 자아인지의 발달

① 자아인지의 개념과 형성과정
- 쿨리(Cooley)는 자아인지는 타인과의 상호작용 속에서 타인이 나를 어떻게 인식하고 평가하는가에 따라 형성된다고 보았다. 최초에 형성되는 자아는 거울상자아라고 한다.
- 네이서(Neisser)는 자아인지는 자아와 환경 간의 상호작용활동에 대한 지각으로부터 직접 형성된다고 보았다.
- 생태적 자기 : 물리적 환경에 적응해 나가는 효율성에 의해 형성되는 자기이다.
- 대인 간 자기 : 사회적 상황에서 타인이 자신에게 주는 반응이나 정보에 의해 형성되는 자기이다.
- 범주적 자아 : 사람과 사람 간의 차이를 구분하고 유목화하여 자기를 지각하는 개념적 틀(연령, 성, 신분)이다.
- 개인 내적 자아 : 다른 사람은 모르는 자신만 알고 있는 자아이다.

② 자아인지 발달
- 생후 4개월경 영아의 최초 자아인지가 나타나며 대상과 분리된 존재임을 인식하고, 6개월경 초보적 신체적 자아인지를 형성하며, 18개월경 자신의 사진을 알아보는 등 자기표상 인식이 시작된다.
- 3세경 자기진술이 가능해지면서 자아인지가 크게 발달하고, 3세 6개월부터 내재적 자아인지가 나타난다.
- 6~8세경 타인에게 보이는 공적 자아와 개인 내적 자아의 불일치를 이해하며 개인 내적 자아가 진짜 자아임을 깨닫게 된다.

3. 자아평가의 발달

① 자아존중감
- 자아존중감은 스스로 자신이 지녔다고 생각하는 특성에 대한 느낌 또는 평가이다.
- 자아존중감의 발달은 만 2세경에 나타나는 자조기술의 발달과 더불어 시작된다.
- 부모의 수용, 사회적 비교는 자아존중감 형성에 중요한 역할을 한다(사회적 비교의 결과가 긍정적일 때 바람직한 자아존중감 형성).
- 아동기 중반 자아존중감은 안정되고 현실적으로 변해가다 사춘기에 낮아지고, 고등학교 시기 정상적으로 회복된다.

② 학습된 무력감

반복적인 학업실패가 누적된 결과 무능하다고 믿는 부정적 자아인지이다. 아동 중기나 후기에 나타나며, 실패할 것이라는 부정적 기대가 다시 무력감을 강화시키는 악순환이 된다.

4. 자기통제력의 발달

① 보다 크고 장기적인 목표달성을 위해 순간의 충동적인 욕구나 행동을 자제하며, 즐거움과 만족을 지연시키는 능력이다.
② 유혹에 저항하는 능력, 만족을 지연하는 능력, 충동을 억제하는 능력이 포함된다.

5. 도덕성 발달

① 사회화 이론
- 정신분석

  프로이트는 도덕성 발달을 초자아의 형성과정으로 설명하였다. 초자아는 아동이 스스로 도달하고자 지향하는 자아이상과 옳고 그름을 판단하는 양심으로 구성된다. 자아이상은 부모와 어른들의 행위를 흉내 내는 동일시에 의해 획득된다. 옳은 행동은 보상하며, 잘못된 행동은 처벌함으로써 수치와 죄의식을 느끼도록 하는 부모들의 통제에 의해 양심이 형성된다. 초자아 형성은 주로 3~6세에 이루어진다.

- 사회학습

  도덕성은 모방과 강화에 의해 학습되는 행동이다. 부모나 교사 등 주변의 어른들을 모델로 하여 그들의 도덕적 행동을 보고 배우는 모델학습을 통해 도덕성을 획득한다. 도덕적인 행동을 했을 때는 보상, 부적절한 행동에는 처벌을 받는 강화의 원리가 작용한다.

② 인지발달이론
- 피아제(Piaget)의 인지발달이론

2~4세	• 규칙이나 질서에 대한 도덕적 인식이 거의 없다. • 아무런 규칙 없이 가상적 놀이나 게임에 몰두한다.
5~7세	• 일상생활에서 자신이 따라야 할 규칙, 질서, 사회적 정의가 있음을 깨닫고 준수하기 시작한다. • 규칙은 하나님이나 부모와 같은 절대자가 만들어 놓은 것이며 반드시 지켜야 하며 결코 변할 수 없다. • 도덕적 실재론을 지닌다. • 타율적 도덕성 : 동기와 상관없이 무조건 더 많은 그릇을 깬 친구가 나쁘다고 본다. 이는 행위의 결과가 얼마나 나쁜가, 타인으로부터 비난을 받을 것인가의 여부에 의해 도덕적 선악이 결정된다고 판단하는 것이다. • 내재적 정의 : 규칙을 어기면 벌을 받는다. 물건을 훔친 친구가 넘어지는 것은 그 때문이라고 생각한다.
8~11세	• 도덕적 상대론을 지닌다. • 사회적 규칙은 임의적인 약속이며 사람들에 의해 변화될 수 있음을 알게 된다. • 어머니 병간호를 위해 결석할 수 있고 반드시 처벌을 받는 것이 아님을 안다. • 자율적 도덕성 : 동기나 의도에 의한 도덕적 사고가 가능하다.
11세경	• 새로운 규칙을 생성하고 가설적 상황을 통제할 수 있는 규칙을 설정할 수 있다. • 도덕적 추론은 개인적 차원을 넘어서서 전쟁, 환경, 공해문제 등으로 보다 확대된다.

- 콜버그(Kohlberg)의 도덕성 발달이론
  - 피아제 이론의 세분화
  - 방법 : 도덕적 딜레마를 담은 이야기 제시
    > **예** 하인츠 딜레마 : 하인츠는 암에 걸린 아내를 치료하기 위해 약을 구하려고 하였다. 치료에 사용할 수 있는 약이 딱 하나 있는데, 그 약은 생산하는 데 200달러가 들지만 2,000달러에 판매되고 있었다. 하인츠는 약값을 마련하기 위해 집과 재산을 처분하고 주변 사람들에게 돈을 꾸는 등 최선을 다했지만 1,000달러밖에 구하지 못했다. 하인츠는 약사에게 사정했지만, 약사는 하인츠에게 약을 싸게 팔 수도, 외상을 줄 수도 없다고 하였다. 절망에 빠진 하인츠는 결국 약국의 창고에 몰래 들어가 약을 훔치게 되었다.
  - 옳고 그름과 그 이유를 답하게 함
  - 3수준 총 6단계

전인습적 수준	1단계 타율적 도덕성	처벌과 복종 지향 : 처벌을 피할 수 있거나 힘 있는 사람에게 무조건 복종하는 것에 가치를 둔다. **예** 훔친 약값이 실제로는 200불밖에 안 될지도 모른다. **예** 남의 것을 함부로 훔칠 수 없다. 그것은 죄다.
	2단계 개인·도구적 도덕성	도구적 상대주의 지향 : 자신이나 타인의 욕구를 도구적으로 충족시키는 것이 옳은 행위. 자신에게 돌아오는 이익을 생각한다. **예** 약국 주인에게 큰 해를 끼치는 것도 아니고 또 언제나 갚을 수도 있다. **예** 약사가 돈을 받고 약을 팔려는 것은 당연한 일이다.
인습적 수준	3단계 대인관계적 도덕성	대인 간 조화와 착한 소년-소녀 지향 : 타인을 기쁘게 하거나 타인에게 인정을 받는 것이다. **예** 훔치는 것은 나쁘지만 아내를 사랑하는 남편으로서 당연한 행동이다. **예** 아내가 죽는다 해도 남편이 비난받을 일은 아니다. 죄를 안 지었다고 해서 무정한 남편이라 할 수는 없다.
	4단계 법·질서· 사회체계 도덕성	법과 질서 지향 : 권위, 고정된 규칙, 사회적 질서를 지향한다. **예** 사람이 죽어가는데 약사가 잘못하는 것이다. **예** 아내를 살리려는 것은 당연하지만 그래도 훔치는 것은 역시 나쁘다.
후인습적 수준	5단계 민주적· 사회계약적 도덕성	사회적 계약과 합법적 지향 : 개인의 권리를 존중하고 사회 전체가 인정하는 기준을 준수하는 것이 옳은 행동이다. **예** 훔치는 것이 나쁘다고 말하기 전에 전체적인 상황을 고려해야 한다. 법은 분명 훔치는 것은 나쁘다고 한다. 하지만 이 상황이라면 누구나 훔칠 것이다.
	6단계 보편윤리적 도덕성	보편적인 윤리적 원리 지향 : 옳은 행동은 자신이 선택한 윤리적 원리와 일치하는 양심에 의해 결정된다. **예** 법을 준수하는 것과 생명을 구하는 것 사이에서 선택하라면 약을 훔치더라도 생명을 구하는 것이 더 높은 수준의 원칙이다. **예** 암은 많이 발생하고 약은 귀하니 필요한 사람에게 약이 다 돌아갈 수 없다. 이 경우 모든 사람에게 보편적으로 옳다고 생각되는 행동을 해야 한다.

※ 콜버그의 도덕성 발달에 대한 비판
- 후인습적 수준의 도덕성, 특히 6단계의 적합성 여부가 문제시된다.
- 도덕적 퇴행현상의 설명이 불가능하다.
- 도덕적 판단이 도덕적 행위인가?
- 미국 중상류층 백인의 도덕적 가치이다.
- 도덕성의 본질과 감정 간의 관계를 등한시했다.

핵심문제 05

다음 자아인지의 개념과 형성과정에 대한 설명 중 옳은 것은?

① 쿨리(Cooley)는 자아인지는 타인과의 상호작용 속에서 타인이 나를 어떻게 인식하고 평가하는가에 따라 형성된다고 보았다. 최초에 형성되는 자아는 최초의 자아라고 한다.
② 생태적 자기란 사회적 상황에 적응해 나가는 효율성에 의해 형성되는 자기를 말한다.
③ 대인 간 자기란 사회적 상황에서 타인이 자신에게 주는 반응이나 정보에 의해 형성되는 자기를 말한다.
④ 개인 내적 자아란 다른 사람에게 모두 드러난 자아를 말한다.
⑤ 네이서(Neisser)는 자아인지는 사람과 사람 간의 차이를 구분하고 유목화하여 자기를 지각함으로써 형성된다고 보았다.

고득점을 향한 해설

자아인지의 발달(자아인지의 개념과 형성과정)
① 쿨리(Cooley)는 자아인지는 타인과의 상호작용 속에서 타인이 나를 어떻게 인식하고 평가하는가에 따라 형성된다고 보았다. 최초에 형성되는 자아는 '거울상자아'라고 한다.
② 생태적 자기란 물리적 환경에 적응해 나가는 효율성에 의해 형성되는 자기를 말한다.
④ 개인 내적 자아란 다른 사람은 모르는 자신만 알고 있는 자아를 말한다.
⑤ 네이서(Neisser)는 자아인지는 자아와 환경 간의 상호작용활동에 대한 지각으로부터 직접 형성된다고 보았다.

답 ③

06 | 성 발달

1. 성역할 발달

① 성유형화의 이론
- 생물사회학적 이론
  유전인자나 염색체 등의 생물학적 요인이 성차를 나타내게 하는 소인은 되지만 환경적 요인과 영향을 주고받음으로써 실제적인 성차가 나타난다.
- 정신분석이론
  - 3~6세경 남근기에 들어서면서 동일 성에 대한 동일시 과정을 통해 성 특성이 발달한다.
  - 여아의 성유형 설명에 어려움이 있으며, 거세불안 개념에 대한 비판, 남아의 아버지에 대한 동일시가 거세불안에 의한 것이 아니라는 반박이 있다.
- 사회학습이론
  - 환경과 경험에 의해 획득된 후천적 행동양식이다.
  - 사회에서 기대하는 대로 강화와 억압을 통해 학습된다(성유형 학습, 지각된 유사성 가설).

- 인지발달이론
  - 성역할 개념을 이해하고 맞추어나가는 인지능력의 발달이 성역할 발달의 주요요인이다.
  - 3세경 성정체성이 발달된다.
  - 4세경 성안정성에 대한 인식이 시작된다.
  - 5~6세경 성항상성(머리모양, 의복이 달라져도 성은 변하지 않음)이 획득된다.
- 성도식이론
  - 성유형화 발달을 정보처리적 관점에서 설명하는 인지이론이다. 성역할 발달을 성도식의 형성과 정교화 과정으로 설명한다. 성도식은 성에 대한 인지구조로 성과 관련된 일종의 신념과 기대체계이다.
  - 성도식은 성관련 행동의 선택과 통제에 영향을 주며, 자신의 도식에 맞는 환경 내의 성관련 정보에 주의를 기울이도록 하며 추론을 가능케 한다. 최근 연구에서는 성도식 모형이 성역할 발달을 설명하는 데 가장 적합한 모델로 추천된다.

2. 성역할 발달과 고정관념

① **성역할 발달**

성역할이란 남성과 여성에 따라 각기 달리 기대되는 행동양식이다. 이는 사회화의 한 부분으로 성 정체성, 성 안정성, 성 항상성이 획득되어야 성역할의 이해가 가능하다. 만 5세가 되면 성과 관련된 사회적 행동에 대한 지식을 습득하기 시작하여 공격성, 지배성은 남성적 특성, 친절과 정서성은 여성적 특성으로 지각하게 된다.

② **성역할 고정관념**

성역할 고정관념은 특정 행위나 활동이 남성 또는 여성에게 배타적으로 적용되는 것으로 판단하는 사고를 의미한다. 6세 아동은 강력한 성역할 구분을 갖는 데 비해 9세 아동은 보다 융통성 있게 성역할에 대한 관념을 갖는다. 그러다 12~15세경이 되면 다시 강한 성역할 고정관념을 갖는다. 성역할 정체성이 확립되는 청년후기나 성인기에는 성역할 규준에 대해 융통성 있는 사고가 가능하다.

3. 성차의 발달

① **입증된 성차의 발달**

출생 직후의 신생아도 생물학적 요인에 의해 성차를 보이며 영아기에도 지속된다. 남아는 깨어있는 시간이 길고 운동량이 많고, 더 많이 보채고 활동수준이 높다. 여아는 보다 조용하며, 눈의 접촉이 더 많다. 아동의 연령별로 언어, 놀이 등에서 성차를 확인할 수 있다. 언어능력의 성차는 영아기부터 나타나는데 여아의 언어능력은 남아보다 높으며, 어휘, 독해, 언어유창성 등의 성취도도 아동기부터 청년기까지 평균적으로 여아가 높다. 유아기의 성차는 놀이에서 가장 현저히 나타나며, 여아가 남아보다 정서적 민감성과 표현성이 높은 경향은 성인기까지 지속된다. 남아는 여아에 비해 시공간적 능력이 높다.

② **입증되지 않은 성차의 발달**

남아의 사고가 여아보다 더욱 분석적이며 인지적 처리능력이 높다는 주장은 경험적 근거가 희박하다. 남아가 여아보다 자아존중감과 성취동기가 높다는 것 또한 잘못된 통념이며, 여아가 남아보다 더 사회적이며, 더 피암시적이라는 주장 또한 입증되지 않았다.

③ 양성성
- 벰(Bem)은 종래에 심리학자들이 남성성과 여성성을 단일차원의 양극으로 생각했던 것과 달리 남성과 여성 모두 양성의 특성을 공유할 수 있다고 보고, 네 개의 성역할 유형으로 구분하였다.
- 양성적 유형을 성역할 발달의 중요한 지표로 제시함으로써 많은 문화권에서 고정관념을 타파하는 기틀이 되었다. 양성적 유형의 남녀 아동은 독립적이며 자기주장적인 남성적 특성과 민감하고 온정적인 여성적 특성을 공유하므로, 다른 유형에 비해 적응도가 높다. 또한 자아존중감이 높고 또래집단에서의 인기도가 높았다. 그러나 양성성은 실제로 여성이 남성적 특성을 지님으로써 얻을 수 있는 혜택에 불과하다는 비판도 제기된다.

핵심문제 06

다음은 정신분석이론에 따른 프로이트(Freud)의 주장이다. 괄호 안에 들어갈 말로 옳은 것은?

> 3~6세경 (　　　)에 들어서면서 남아는 어머니에 대한 오이디푸스 콤플렉스적인 애착을 극복하고 경쟁상대인 아버지로부터 느끼는 거세불안을 감소시키기 위해 아버지를 동일시하게 된다.

① 구강기
② 항문기
③ 남근기
④ 성기기
⑤ 잠복기

고득점을 향한 해설

정신분석이론에 따르면 3~6세경 남근기에 들어서면서 남아는 어머니에 대한 오이디푸스 콤플렉스적인 애착을 극복하고 경쟁상대인 아버지로부터 느끼는 거세불안을 감소시키기 위해 아버지를 동일시하게 된다. 이러한 동일시 과정을 거쳐 남아의 남성적 성 특성이 발달한다.

답 ③

07 | 청소년기 발달

1. 청소년기 발달이론

산업혁명 이후 청소년기 아이들을 산업현장에 투입하면서 청소년기를 따로 분리하기 시작하였다. 청소년기에 대한 관심은 고대 그리스부터 시작되어 중세에는 아동을 성인의 축소판으로 보기도 했으나, 19세기 말에 이르러 스탠리 홀이 청소년기의 발달을 이론적으로 체계화하며 청소년기에 대한 관심이 급속도로 증가하였다.

① 정신분석학적 접근

청소년기를 성기기에 잠복되어있던 성적 욕구가 증가하며, 성적 쾌락 추구를 위한 원초아와 초자아 사이에서 자아의 균형기능이 변화하는 시기로 본다. 그러므로 심리적 갈등과 혼란은 청소년기 심리적 발달의 불가피한 요인이다. 이에 비하여 에릭슨은 사회적 용인의 중요성을 도입하여 청소년기를 설명한다. 이 시기 정체성 위기를 제시한 에릭슨의 이론은 오늘날 청소년기 발달을 설명하는 개념으로 인정되고 있다.

② 인지발달적 접근

피아제(Piaget)는 청소년기를 형식적 조작기로 규정하고 명제적 사고(가설을 설정하고 이를 전제로 추론), 결합적 분석(문제해결 과정에서 관련변인들을 추출하고 분석하며 상호 관련지음), 추상적 추론(형식 논리에 의해 사고를 전개)이 가능한 시기로 보았다.

③ 콜버그(Kohlberg)의 도덕성 발달이론

인습수준의 도덕적 사고를 하며 자신이 속한 사회의 규칙, 기대관습을 준수하고 이에 동조하는 시기로 청소년기는 도덕적 사고의 퇴행현상이 나타나기도 한다.

④ 맥락 중심적 접근

- 미드(Mead)의 문화인류학적 모형 : 1925년 사모아에서 9개월간 청소년의 일상생활을 관찰한 결과 사모아 청소년들은 경쟁심이나 갈등이 없고 평화로운 청소년기를 보내는 데 비해 서구의 청소년들은 질풍노도의 시기를 겪는 것에 착안하여 문화적 상대론을 입증하였다. 청소년기 심리적 특성은 생물학적 요인과 문화적 요인의 상호작용에 의해 결정된다는 통합적 입장을 제시한다.
- 러너(Lerner)의 맥락주의 모형 : 청소년기는 발달적 가속성(환경적 경험에 의해 발달이 촉진될 수 있는 가능성)의 시기이다. 정상적인 발달이 바람직한 환경적 경험에 의해 촉진되는 과정과, 바람직하지 못한 환경으로 인해 발달이 위축되고 억제된 상태로부터 환경이 정상화되면 정상적으로 회복되는 과정을 겪는다.

순환적 기능	개인이 지닌 기질적 특성이 자신의 환경적 맥락에 영향을 미치고, 이는 다시 개인의 경험의 장을 형성하여 발달에 영향을 미친다.
확률적 생성	동일한 환경적 맥락이라도 이를 받아들이는 개인에 따라 그 상호작용은 달라질 수 있다.

2. 청소년기의 정의

① 생리학적 정의 : 생식기관과 이차 성징이 나타날 때 시작하여 생식체계의 완전한 성숙까지를 이야기한다.
② 인지적 정의 : 추상적 사고와 논리적 추리, 상위인지능력이 가능한 시기에 시작된다고 본다.
③ 사회학적 정의 : 사회적 인정이란 법적 규정을 의미하며 우리나라는 만 19세를 법률상 성인으로 인정한다.
④ 연령에 따른 정의 : 10~19세까지의 10대를 청소년기라고 한다.
⑤ 짐링의 정의 : 사회적 자유가 허용될 때 시작하여, 연령의 대다수가 법적, 경제적 그리고 도덕적 책임을 질 수 있을 때까지를 말한다.

3. 청소년기의 발달적 특징

① 신체 및 성적 발달
  성장 급등기로 이차 성징으로 인한 신체상이 발달하는 시기이다. 신체상이란 자신의 신체에 대한 감각, 느낌, 태도 등을 포함하는 정신적 표상이다.

② 청소년기 사고의 특성
  - 피아제의 형식적 조작사고
    - 추상적 사고가 가능한 시기로 에릭슨의 자아정체감에 대한 고민이 가능한 시기이다.
    - 가설적, 연역적 사고가 가능하므로 '스무고개놀이'가 가능하다.
    - 체계적이고 조합적인 사고가 가능하므로 문제해결을 위해 사전에 계획을 세우고, 체계적으로 해결책을 시험한다.
    - 이상주의적 사고가 가능하고 자신과 다른 사람들에게 이상적이었으면 하는 특성들에 대해 사고하기 시작한다. 그러므로 이상적인 부모상과 자신의 부모를 비교하며, 자신도 이상적 자아상과 비교해 열등감을 갖게 되는 시기이다. 미래의 가능성에 대해 상상하고 공상이 많은 시기이다.
  - 청소년기의 사회인지 발달
    엘킨드(Elkind, 1978)은 청소년기의 사회적 인지 특성으로 자아중심성을 든다.

개인적 우화	자신은 특별하고 독특한 존재이므로 자신의 감정이나 경험세계는 다른 사람과 근본적으로 다르다고 믿는 청소년기 자아중심성을 갖는다.
상상적 청중	청소년기의 과장된 자의식으로 인해 자신이 타인의 집중적인 관심과 주의의 대상이 되고 있다고 믿는 청소년기 자아중심성을 갖는다.

③ 청소년기 자아발달
  - 자신에 대한 이해는 자기인식에서 출발한다. 자기인식은 자아개념과 자아존중감의 발달을 초래한다. 자아개념은 인지적 측면이라 할 수 있다.
  - 신체적 특징, 개인적 기술, 특성, 가치관, 희망, 역할, 사회적 신분 등을 포함한 '나'는 누구이며 무엇인가를 깨닫는 시기이다.

- 자신이 독특하고 타인과 구별되는 분리된 실체라고 인식하는 데서 시작하며, 아동에서 청소년으로 성숙해가면서 발달하는 데 형식적 조작기 사고의 특징인 추상적 사고가 자아개념 발달에 중요한 역할을 한다.
- 청소년기 동안 자아는 여러 하위영역에서 자신의 역할을 얼마나 성공적으로 수행하는가에 대한 자기평가의 결과로 형성된다.

핵심문제 07

정신분석학적 접근에서는 청소년기를 다음과 같은 시각에서 보고 있다. ㉠~㉣에 들어갈 단어의 연결이 옳은 것은?

> 청소년기를 (㉠)에 잠복되어 있던 성적 욕구가 증가하며, 성적 쾌락 추구를 위한 (㉡)와 (㉢) 사이에서 (㉣)의 균형기능이 변화하는 시기로 본다. 그러므로 심리적 갈등과 혼란은 청소년기 심리적 발달의 불가피한 요인이다.

① ㉠ 구강기, ㉡ 초자아, ㉢ 원초아, ㉣ 자아
② ㉠ 항문기, ㉡ 초자아, ㉢ 자아, ㉣ 원초아
③ ㉠ 성기기, ㉡ 원초아, ㉢ 자아, ㉣ 초자아
④ ㉠ 성기기, ㉡ 원초아, ㉢ 초자아, ㉣ 자아
⑤ ㉠ 잠복기, ㉡ 원초아, ㉢ 초자아, ㉣ 자아

고득점을 향한 해설

정신분석학적 접근에서 보는 청소년기

프로이트(Freud)는 청소년기를 성기기에 잠복되어 있던 성적 욕구가 증가하며, 성적 쾌락 추구를 위한 원초아와 초자아 사이에서 자아의 균형기능이 변화하는 시기로 본다. 그러므로 심리적 갈등과 혼란은 청소년기 심리적 발달의 불가피한 요인이다. 이에 비하여 에릭슨(Erikson)은 사회적 용인의 중요성을 도입하여 청소년기를 설명한다. 이 시기 정체성 위기를 제시한 에릭슨의 이론은 오늘날 청소년기 발달을 설명하는 개념으로 인정되고 있다.

답 ④

08 | 성인기 발달

1. 성인기 발달이론

① 성인기 발달의 관점

성인기 발달이 갖는 특징으로는 맥락주의와 노쇠의 해석 측면이 있다. 성인기 발달은 개인의 사회문화적 요인을 고려하는 것이 필수적이며 노쇠의 의미도 청년기, 아동기와는 달리 적용되어야 한다. 성인기 발달을 설명하는 측면으로서 획득과 상실, 다차원성과 다방향성, 개인 내적 변화가 있다.

② 성인기 발달모형

성숙이 끝나는 청년기, 성인초기에 발달이 완성되며, 그 이후의 성인기 발달은 같은 상태를 유지한다고 보는 안정성 모형, 연령과 더불어 필연적 기능의 쇠퇴가 나타난다고 본 감소 모형이 있고, 볼테스의 생애 발달적 모형에서는 전 생애 발달에 영향을 미치는 요인들을 연령구분적 영향, 역사구분적 영향, 비규범적 영향의 세 가지로 구분하였다. 개인의 전 생애발달과정을 통해 볼 때 연령구분적 영향은 아동기 발달에 가장 크게 작용한다.

③ 성인기 인지발달이론
- 샤이에(Schaie)
  종단적 연구를 통해 성인기 인지발달의 단계모형을 제시하였다(5단계).
  - 습득단계(아동기~청소년기)
  - 성취단계(청소년기 후반~30대 초반)
  - 책임단계(30대 후반~40대 초반)
  - 실행단계(40대 이후)
  - 재통합단계(노년기)
- 리겔(Riegel)
  성인기 사고의 특징을 변증법적 추론에 의해 보다 성숙한 사고양식을 획득하게 되는 것이라고 하였으며 문제상황과 그 해결양상이 내포하고 있는 불완전성과 애매성을 강조하고 갈등과 변화를 발달의 본질로 보았다.
- 아를린(Arlin)
  성인기 인지발달은 문제발견이 주가 된다고 생각하고 성인기 인지발달을 5단계로 설정하였다. 형식적 조작사고의 획득이 곧 문제발견사고의 가능은 아니며 문제발견능력은 형식적 조작사고가 획득된 후에 발달한다고 하였다.

④ 성인기 성격발달이론
- 에릭슨(Erikson) : 심리사회적 발달이론에서 성인기의 발달을 세 가지로 나누어 설명하였다.
  - 친밀감 대 고립감(Intimacy vs. Isolation)
    정체감이 획득되면 성인의 심리사회적 발달이 이동하여 타인과의 관계에서 친밀감이나 고립감을 발견한다.

- 생산성 대 침체감(Productivity vs. Stagnation)
  생산성은 직업이나 전문적인 측면에서 사회에 공헌하는 생산적인 창조성을 의미하며, 자기침체는 이러한 활동에서 실패하게 되어 자기중심적인 생각에 빠지는 경우에 일어난다.
- 자아통합 대 절망감(Integrity vs. Despair)
  인생의 마지막 단계에서의 발달과업은 자아통합의 성취와 절망감이다. 이 단계에서는 과거의 모든 인생경험을 융합하고 통합하여 긍정적으로 생각하느냐 아니면 괴롭고 힘든 부정적인 것으로 생각하느냐에 관한 것이다.
- 레빈슨(Levinson)
  - 인생주기 모형을 제시하였는데, 이는 '성인기 사계절이론'이라고도 불린다.
  - 성인의 인생을 네 개의 시기로 나누고 각 시기 사이에 세 번의 시기 간 전환기를 설정하여 설명하고 있다.
  - 성인의 인생주기 모형을 17세에서 65세까지 9개의 주요 단계로 구성하고 있다.
- 베일란트(Vaillant)
  - 성인이 어려움에 직면하였을 때 가지게 되는 적응기제, 즉 방어기제에 대해 연구하였다.
  - 베일란트의 4가지 방어기제 수준 : 정신병적 기제, 미성숙한 방어기제, 신경증적 방어기제, 성숙기제
  - 베일란트의 적응이론에서는 성공적인 성인의 경우, 현재에 만족하기 때문에 과거보다는 현재가 행복하다고 느끼지만 그렇지 못한 성인의 경우, 현재가 만족스럽지 못하기 때문에 현재보다는 과거를 그리워한다고 본다.

2. 성인전기 발달

성인전기는 청소년기 이후부터 45세 전후를 말한다. 성인으로서 사회적 역할을 시작하는 시기로 직업을 선택, 결정하는 일이 주요 과업이다.

① **신체발달**
  신체적으로 가장 건강한 시기로 만성적 질병이 가장 적고, 이성과의 성관계가 확립되는 시기이다.

② **인지발달** : 형식적 조작사고가 강화되고 공고화되는 과정이다.
  - 키팅(Keating) : 보다 유능한 문제해결능력을 갖춤으로써 비판적 사고의 발달이 이루어진다.
  - 라부비-비프(Labouvie-Vief) : 성인전기의 인지발달은 청년기의 논리적이며 가설중심적인 사고로부터 실제적인 문제해결사고로의 변화 과정을 의미한다.
  - 페리(Perry) : 이분법적 사고가 다면적 사고로 대치된다. 다면적 사고란 어떤 사태와 관련되는 여러 요인과 입장들을 고르게 고려할 수 있는 사고이다.

③ **성격 및 사회성 발달**
  - 친밀감의 발달 : 성인초기의 성격특성은 친밀감 대 고립감의 위기로 표현한다(에릭슨). 친밀감의 불획득 시에는 지나친 자기의식이 일어나며, 사회적 행동과 적응에 대해 걱정하고 불안해한다.
  - 원만한 사회적 상호작용이 이루어지지 못함으로써 고립감에 빠져들게 된다.
    - 성인초기 친밀감은 결혼대상으로서 애정을 나눌 수 있는 사람, 사회생활에서 우정을 나눌 수 있는 사람들과의 친근한 관계 포함
    - 성인초기 친밀감의 중심문제 : 애정(열정 친밀감 관여, 성인전기 동안에 친밀감이 획득되면서 인간관계는 점차 성숙됨)

- 레빈슨(Levinson)의 성인전기 인생구조
  - 성인전기 전환기(약 17~22세 사이) : 독립하여 성인으로서의 삶을 준비하는 과도기
  - 성인전기 초보인생구조(약 22~28세 사이) : 이성을 만나 가정을 만들고 직업을 선택함
  - 30세 전환기(약 28~33세 사이) : 보다 안정된 성인전기 인생구조의 토대를 쌓음
  - 절정인생구조(약 33~40세 사이) : 사회활동에서 자신의 삶의 양식을 확립, 인생의 뿌리를 내림

④ 생애과업

전 생애 동안 지속할 직업을 선택하고 주어진 과업에 충실히 종사하는 일은 성인전기의 성공적인 발달 여부를 결정하는 주요 요인이다.

- 생애과업 발달이론 – 긴즈버그(Ginzberg)의 과업선택발달이론

환상적 단계(약 11세까지)	현실감 없이 여러 과업을 꿈꾸는 시기
시험적 단계(약 11~17·18세)	환상적 단계로부터 현실적인 의사결정단계로의 과도기
현실적 단계(17·18~20대까지)	구체적인 직업을 선택함

- 생애과업 발달이론 – 수퍼(Super)의 과업자아개념이론

구체화 국면(14~18세)	개인의 자아개념이 생애과업 선택에 중추적인 역할
명료화 국면(18~22세)	고려대상이 되는 생애과업의 범위를 좁히고, 실험적으로 경험
실행 국면(21~24세)	실제과업의 세계에 종사하기 시작
안정화 국면(25~35세)	전 생애에 걸쳐 지속될 구체적인 과업의 선택

※ 홀랜드(Holland)의 직업성격 유형이론
- 실제형(현실적 유형, Realistic Type)
- 탐구형(지적 유형, Intellectual Type)
- 예술형(예술가적 유형, Artistic Type)
- 사회형(사회적 유형, Social Type)
- 기업형(기업가적 유형, Enterprising Type)
- 관습형(관습적 유형, Conventional Type)

3. 성인중기 발달

성인중기는 45세 전후부터 60세 전후를 말한다. 쇠퇴의 징후, 삶의 위축, 다음 세대로의 전수를 생각해야 하는 시기이다.

① 신체적 변화
- 감각기능의 쇠퇴
  - 시각의 감퇴(40~49세) : 가까운 것을 보는 것이 어려우며, 시각의 범위가 좁아지고 사각범위가 커진다. 밝기에 대한 민감성이 낮아진다.
  - 청각의 감퇴 : 40세경에 고음에 대한 민감성이 낮아지고 50세경에 저음에 대한 민감성이 낮아지기 시작한다.

- 건강상태
  - 척추 사이의 디스크 감퇴로 키가 줄어든다. 30~50세 사이에 약 0.3cm, 60세에는 약 2cm 줄어든다.
  - 피부 탄력이 줄어들고 흰머리와 체중이 늘며 배가 나온다.
- 성적 변화
  - 여성의 신체가 폐경을 야기하는 생리적 변화를 경험하는 2~5년의 시기를 갱년기라고 한다. 폐경이 일어나는 평균 나이는 51세로 폐경은 에스트로겐 분비의 감소 때문에 일어나며, 이로 인해 배란이 멈춘다. 폐경기 동안 여러 가지 생물학적인 변화가 일어난다.
  - 난소가 작아지고, 정기적으로 난자를 방출하지 않으며 나팔관은 짧아지고 작아진다.
  - 질은 탄력성을 잃고 짧아지고 자궁은 작아지고 딱딱해진다.
  - 이런 모든 변화는 생식체계 기능의 중단과 관련이 있다. 난소 활동의 감소는 다른 선(Glands)에 영향을 미쳐 일부 여성들에게는 어떤 증상을 야기시킨다. 대부분의 여성들은 폐경기의 이런 증상들을 경험하지 않으며, 폐경기의 증상은 문화에 따라 달라질 수 있다.

② 인지발달
- 지능의 변화
  - 원인 : 생물학적 노화 과정의 일부
  - 지능발달의 종단적 연구 결과 : 언어능력은 의미 있게 증가하였으며 관계적 사고는 다소 증가하지만, 수리능력은 약간 감소한다.
- 기억의 변화
  - 중년기 기억감퇴의 원인
  - 정보처리 시간의 증가 : 50세 이후 기억정보를 활성화시키는 데 필요한 시간이 20~50세 사이보다 60% 정도 증가한다.
- 전문성의 획득
- 지혜의 발달

핵심문제 08

에릭슨(Erikson)은 성인기 성격발달이론에 대해 3가지로 나누어 설명하였다. 그중 타인과의 관계에서 친밀감이나 소외감을 발견하게 되는 것은 어떤 것을 얻었을 때 가질 수 있는 감정인가?

① 생산성
② 전문성
③ 정체감
④ 성취감
⑤ 통합감

고득점을 향한 해설

성인기 성격발달이론
에릭슨(Erikson)은 심리사회적 발달이론에서 성인기의 발달을 세 가지로 나누어 설명하였다.
- 친밀감 대 소외감(Intimacy vs. Isolation) : 정체감이 획득되면 성인의 심리사회적 발달이 이동하여 타인과의 관계에서 친밀감이나 소외를 발견한다.
- 생산성 대 침체감(Productivity vs. Stagnation) : 생산성은 직업이나 전문적인 측면에서 사회에 공헌하는 생산적인 창조성을 의미하며, 자기침체는 이러한 활동에서 실패하게 되는 경우 자기중심적인 생각에 빠지는 경우에 일어난다.
- 자아통합 대 절망감(Integrity vs. Despair) : 인생의 마지막 단계에서의 발달과업은 자아통합감의 성취와 절망감이다. 이 단계에서는 과거의 모든 인생경험을 융합하고 통합하여 긍정적으로 생각하느냐 아니면 괴롭고 힘든 부정적인 것으로 생각하느냐에 관한 것이다.

답 ③

09 | 노년기 발달

1. 노년기

① 노년기의 구분
- 신체 각 기관의 기능이 저하되며, 정신적 제반 능력도 점차 감퇴하게 된다. 노년기는 초로기·노화기·노쇠기로 나눌 수 있으나 개인차가 크고, 기능이나 기관의 감퇴가 일정하지 않으므로 연령적으로 구분하기는 어렵다. 대체로 45~55세를 초로기라 하고, 65~75세를 노쇠기의 문턱으로 보며, 그 사이를 노화기라고 한다.
- 노년기는 청년기와 마찬가지로 지극히 주관성이 강해지는 시기로 청년기의 주관성이 경험부족에서 온다면, 노년기의 주관성은 과잉된 경험에서 유래하는 경우가 많다. 노인은 흔히 완고하다고 하는데 그것은 지나치게 과거의 경험을 내세우기 때문이다.

② 신체적 변화
- 모든 신체 감각 및 기관의 기능이 저하된다.
- 항상성의 효과가 줄어들어 생리적인 적응능력이 감소한다.
- 심장의 크기가 줄고 심장의 지방분이 늘어나며 심장근육은 늘어지며 말라붙는다.

③ 인지적 변화
- 지능점수는 떨어지지만 이것이 지적 능력의 감소를 의미하는 것은 아니기 때문에 노년기에 지적 기능이 쇠퇴한다는 주장에는 의견이 분분하다.
- 시각 정보를 운동반응으로 전환하는 능력과 기억, 문제해결, 정보처리 과정 등 반응속도가 둔화되지만 개인차가 존재하며 지식과 실용적 능력을 결합한 개인의 능력인 지혜가 발달한다.
- 새로운 자료를 학습하는 속도가 느리고, 기억에서 정보를 도출할 성공률이 낮아진다.

④ 심리사회적 변화
- 지위 및 역할상실과 적응
  - 지위와 역할의 상실
  - 노년의 역할 유형 : 제도적 역할, 희박한 역할, 비공식적 역할, 무역할
  - 지위와 역할 상실에 따른 노인들의 대처방식

근로형	노동으로 건강과 인간관계를 유지하는 유형
한거형	취미활동을 즐기는 유형
사회오락형	취미, 인간관계 유지 및 정보교환을 하며 지내는 유형
자기완성형	자아실현을 기하는 유형
참여활동형	각종 사회활동을 하는 유형
폐쇄형	건강상 거동이 불편하고 나이 드는 것을 한탄하며 인생을 포기하고 칩거하는 유형

- 역할변화와 적응
  - 조부모의 역할

공식형	손자녀에게 선물을 주고 열중하지만 부모역할을 침해하지 않음
재미추구형	손자녀를 여가 활동의 원천으로 보고 손자-조부모 상호 간에 만족함
대리부모형	부모를 대신하여 손녀의 육아와 교육을 담당

  - 배우자의 사별로 인한 역할 변화
  - 퇴직자의 역할 : 퇴직자의 역할 적응 단계
    퇴직전단계 → 밀월단계 → 환멸단계 → 재지향단계 → 안정단계 → 종결단계

2. 노년기의 사회복지 실천

① 심리체계 측면의 실천
- 죽음에 대한 태도
  죽음의 과정에서 원조하는 전문가는 광범위한 개인차를 인식하고 죽음을 수용하는 단계로 나아가 편안하고 준비된 죽음을 맞도록 도움
- 자아통합과 죽음
  자신의 과거 사건을 재조회하는 인생회상 기법을 사용하여 과거의 왜곡된 경험을 해결하고, 통합할 수 있도록 노인들의 성공적인 노화과정을 원조

- 호스피스
  죽음을 앞둔 말기 환자에 대한 자원으로 고통을 완화하고 심리적 지원을 하는 것으로 편안함과 평화를 줄 수 있도록 원조
- 그 밖의 심리적 위축과 신체적 기능 감소로 인한 사회복지서비스(사회교육 프로그램, 주간보호 및 단기보호 프로그램, 각종 상담 및 교육 프로그램, 가정봉사 파견 프로그램 등) 제공

② 사회체계 측면의 실천
- 소득감소와 경제적 의존 : 연금제도와 공적 경로연금제도, 사회보장제도 미성숙, 노인의 빈곤 등을 해결해야 할 과제로 지적하고 있음
- 건강약화와 보호문제
- 역할상실과 여가활동 및 사회·심리적 고립과 소외
- 노인의 성문제 : 노인의 성에 대한 무지와 편견을 극복, 다양한 사회적 체계를 마련
- 노인학대 : 노인학대를 방지하기 위한 가족의 수발을 보충, 지원할 수 있는 서비스 체계의 정비가 필요, 노인부양에 관한 사회적 원조 체계의 구축이 요구됨

3. 노년기의 심리적 발달이론

① 에릭슨
- 에릭슨(Erikson)의 노년기 심리학적 대립은 '자아통합 대 절망감'이다.
  - 이 단계에서 노인들은 자신의 죽음에 직면해서 자신이 살아온 삶을 뒤돌아보게 된다.
  - 어떤 노인들은 자신의 삶을 의미 있고 만족스러운 것으로 인식하는가 하면(자아통합감), 어떤 노인들은 자신이 바라던 삶을 창조할 수 없다고 느끼거나 실망하여 다른 사람을 비난하게 된다(절망감).
- 이 시기에 절망감을 느끼는 것은 불가피한데, 에릭슨에 의하면 자기 자신의 인생에서 불행과 잃어버린 기회에 대한 것뿐만 아니라 인간존재의 나약함과 무상함에 대한 비탄감은 피할 수 없는 것이라고 한다.
- 자아통합감과 절망감 사이의 갈등을 성공적으로 해결하는 힘은 지혜이다.
  - 에릭슨에 의하면 지혜는 개인이 자신의 삶에 대한 후회 없이 지금까지 살아온 인생을 그대로 받아들이는 것을 포함한다.
  - 지혜는 자기 자신, 자신의 부모, 자신의 인생의 불완전함을 인정하는 것을 의미한다.

② 레빈슨
레빈슨(Levinson)은 단기 횡단법을 이용하여 '성인기 사계절이론'을 제시하였다. 핵심내용은 '인생 구조', 즉 일정한 시기에 있어서 개인의 생에 내재된 양식과 설계이다.
- 성인후기 전환기(60~65세)
  - 이 시기에는 한두 가지 질병에 걸리기 쉽고, 정신적·신체적 능력의 변화로 노화와 죽음에 대한 인식이 강화된다.
  - 이 시기에는 심장질환, 암, 시력 또는 청력의 감퇴, 우울증과 같은 질병에 걸릴 확률이 높아진다.
  - 성인후기 전환기는 자기 자신뿐만 아니라 동료들의 노화를 다시금 확인하는 시기이다.

- 노년기(65세 이상)
  - 인생의 마지막 단계에서 노인들이 죽어가는 과정을 이해하게 되고 자신의 죽음을 준비한다.
  - 이 시기에 노인들은 자아에 대한 궁극적인 관심과 인생이 과연 무엇인가에 대해 최종적으로 마음의 정리를 하게 되는데, 레빈슨은 이것을 삶의 끝자락에서 하게 되는 '다리 위에서의 조망'이라고 표현하였다.

③ 펙

펙(Peck)은 노년기의 심리적 발달에 관한 에릭슨의 논의를 확장하여 노인들이 해결해야 하는 세 가지 위기를 강조하였다.

- 자아분화 대 직업역할 몰두
  - 은퇴 즈음해서 노인들은 직업역할 이상으로 인간으로서 자신의 가치를 재정의할 필요가 있다.
  - 이 시기에는 자신의 자아가 직업에 있어서 자신의 과업의 총체보다 더 풍요하고 다양하다는 것을 인식할 필요가 있다.
- 신체초월 대 신체몰두
  신체적 상태에 대한 걱정을 극복하고 이를 보상할 다른 만족을 구해야 한다.
- 자아초월 대 자아몰두
  - 노인들이 직면하는 가장 어려운 과업은 지금의 자신과 자신의 인생에 대한 관심을 초월하는 것이며, 다가올 죽음의 실체를 받아들이는 것이다.
  - 인간은 본질적으로 다른 사람의 행복과 안녕에 기여함으로써 자아를 초월할 수 있다.

④ 뉴거튼

- 뉴거튼(Neugarten)은 성인기 성격의 변화는 연령과 관련 있는 것이 아니고 인생의 사건과 관련이 있다고 주장하였다. 뉴거튼의 사건 발생시기 모델은 인생에서의 사건들을 성인발달의 지표로 본다.
- 사건의 발생시기 모델에서는 인생에서 예상했던 순서와 리듬을 깨는 비규범적 사건들이 문제가 된다.

⑤ 해비거스트

- 해비거스트(Havighurst)는 연령에 따라 개인이 직면하는 발달과업을 확인했다. 개인의 발달과업은 그 사람의 일생의 어느 일정 기간 동안에 신체적 성숙과 문화적 압력이라는 두 가지 측면의 영향을 받아 나타나게 된다.
- 인생주기를 아동초기(0~6세), 아동중기(6~12·13세), 청소년기(13~18세), 성인초기(대략 18~30세), 중년기(대략 30~60세), 성숙후기(대략 60세 이후)의 6단계로 구분한다.
- 노년기에 해당하는 성숙후기에서는 활발한 사회적 참여로부터의 유리 또는 새로운 생활 속의 역할에 대한 재개입 등이 주요한 문제가 된다.

⑥ 퀴블러-로스

퀴블러-로스(Kübler-Ross)의 죽음에 대한 태도는 5가지로 나뉜다.

- 부정 : 자신이 곧 죽는다는 사실을 부인한다.
- 분노 : 자신의 죽음의 이유를 알지 못해 주위 사람들에게 질투, 분노를 표출한다.
- 타협 : 죽음을 받아들이기 시작하며 인생과업을 마칠 때까지 생이 지속되기를 희망한다.
- 우울 : 이미 죽음을 실감하기 시작하여 극심한 우울 상태에 빠진다.
- 수용 : 절망적인 단계로 거의 감정이 없는 상태이다.

⑦ 발테스와 발테스

발테스와 발테스(P. Baltes & M. Baltes)의 SOC 모델에서는 노년기의 성공적 삶은 선택(Selection), 최적화(Optimization), 보상(Compensation)을 필요로 한다고 보았다.
- 선택(Selection) : 나이가 들어감에 따라 쇠퇴 및 감소분이 증가하므로, 자신에게 중요한 활동이나 목표를 선택적으로 남겨놓고 다른 영역은 무시하는 것을 말한다.
- 최적화(Optimization) : 노인들이 보존하고 있는 능력들을 선택한 다음 그것을 충분히 증대시키는 것을 의미하는데, 양적·질적 측면 모두에서 선택한 것을 극대화하는 노력을 말한다.
- 보상(Compensation) : 생물학적·사회적·인지적 기능의 상실이 일어났을 때, 어떠한 학습이나 보조기구, 외부적 도움, 심리적 보상기제 등으로 그 부족함을 보완하는 것을 말한다.

⑧ 한국인의 노년기 발달과업
- 우리나라의 김종서, 남정걸, 정지웅, 이용환은 평생교육적 관점에서 한국인의 발달과업을 규정하였다.
- 이들은 평생교육의 측면에서 전 생애를 유아기(0~5·6세), 아동기(6~11·12세), 청년전기(12~18·19세), 청년후기(19~24·25세), 성인전기(25~35세), 성인후기(35~60세), 노년기(60세 이후)로 구분하였다.

지적 영역	• 세대차와 사회변화를 이해하기 • 은퇴생활에 필요한 지식과 생활을 배우기 • 정치, 경제, 사회, 문화에 대한 최신 동향을 얻기 • 건강증진을 위한 폭넓은 지식을 갖기
정의적 영역	• 적극적으로 일하고 생활하려는 태도를 유지하기 • 취미를 계속 살리고 여가를 즐겁게 보내기 • 정년퇴직과 수입 감소에 적응하기 • 소외감과 허무감을 극복하고 인생의 의미를 찾기 • 배우자 사망 후의 생활에 적응하기 • 동료 또는 자신의 죽음에 대하여 심리적으로 준비하기
사회적 영역	• 동년배 노인들과 친교를 유지하기 • 가정과 직장에서 일과 책임을 합당하게 물려주기 • 가정이나 사회에서 어른 구실을 하기 • 자녀 또는 손자들과 원만한 관계를 유지하기
신체적 영역	• 줄어드는 체력과 건강에 적응하기 • 노년기에 알맞은 간단한 운동을 규칙적으로 하기 • 건강 유지에 필요한 알맞은 섭생을 하기 • 지병이나 쇠약에 대해 바르게 처방하기

핵심문제 09

에릭슨(Erikson)이 말하는 노년기의 심리적 대립은 무엇인가?

① 신뢰감 대 불신감
② 주도성 대 죄의식
③ 근면성 대 열등감
④ 자아통합 대 절망감
⑤ 친밀감 대 소외감

고득점을 향한 해설

에릭슨의 노년기 심리적 발달이론
- 에릭슨(Erikson)의 노년기 심리적 대립은 '자아통합 대 절망감'이다.
  - 이 단계에서 노인들은 자신의 죽음에 직면해서 자신이 살아온 삶을 뒤돌아보게 된다.
  - 어떤 노인들은 자신의 삶을 의미 있고 만족스러운 것으로 인식하는가 하면(자아통합감), 어떤 노인들은 자신이 바라던 삶을 창조할 수 없다고 느끼거나 실망감에 다른 사람을 비난하게 된다(절망감).
- 이 시기에 절망감을 느끼는 것은 불가피한데, 에릭슨에 의하면 자기 자신의 인생에서 불행과 잃어버린 기회에 대한 것뿐만 아니라 인간존재의 나약함과 무상함에 대한 비탄감은 피할 수 없는 것이라고 한다.
- 자아통합감과 절망감 사이의 갈등을 성공적으로 해결하는 힘은 지혜이다.
  - 에릭슨에 의하면 지혜는 개인이 자신의 삶에 대한 후회 없이 지금까지 살아온 인생을 그대로 받아들이는 것을 포함한다.
  - 지혜는 자기 자신, 자신의 부모, 자신의 인생의 불완전함을 인정하는 것을 의미한다.

답 ④

핵심문제 10

노년기 인지발달에 관한 설명으로 옳은 것은?

① 정보처리 속도가 크게 증가한다.
② 결정지능의 감퇴가 유동지능보다 현저해진다.
③ 의미기억이 일화기억보다 더 많이 쇠퇴한다.
④ 인지발달의 변화양상에서 개인차가 더 커지게 된다.
⑤ 정보의 조직화와 정교화 책략 사용이 증가한다.

고득점을 향한 해설

① 노년기에는 운동반응, 반응시간, 문제해결, 기억력, 정보처리 과정에서 반응속도가 둔화된다.
② 나이가 들면 유동지능(학습능력에 관계되는 요인)은 점차 감소하고, 결정지능(의식과 행위에 관계되는 지능)은 증가한다.
③ 일화기억이 노화로 인해 가장 많이 쇠퇴하게 된다.
⑤ 정교화, 조직화, 인출 등의 체계적인 방략 사용능력은 오히려 감소한다.

답 ④

CHAPTER 02 학습심리학

| 핵심 KEY |

학습의 이해
고전적 조건형성 이론
조작적 조건형성 이론
사회학습 이론
귀인 이론
정보처리 이론
학습동기 이론
학습조건 이론
학업문제 상담

01 학습의 이해

1. 학습의 정의

① 학습의 개념
- 경험을 통하여 얻어지는 행동과 지식에서의 비교적 영속적인 변화를 말한다.
- 넓은 의미 : 유기체를 둘러싸고 있는 환경과 상호작용을 통한 행동변화이다.
- 좁은 의미 : 정해진 학습목표를 달성시키려는 상황에 참여하여 의도한 목표를 성취하는 활동이다.

② 학자들의 정의
- 파블로프와 손다이크(Pavlov & Thorndike) : "학습은 '자극과 반응의 결합'이다."
- 쾰러와 코프카(Köhler & Koffka) : "학습은 '통찰에 의한 관계의 발견'이다."
- 스키너(Skinner) : "학습은 '강화에 의한 조건화의 과정'이다."
- 킴블(Kimble) : "학습은 '강화된 훈련(Reinforced Practice)의 결과로 나타나는 행동 잠재력(Behavioral Potentiality)의 비교적 영속적인 변화'이다."
    - 학습은 행동에서의 변화로 나타나야 한다. 학습자들은 학습이 일어나기 전에는 하지 못했던 특정 행동을 학습 이후에는 할 수 있어야 한다. 학습은 특별한 경험의 결과로 발생하며 행동상의 변화에 선행되어 나타난다.
    - 행동의 변화는 비교적 영속적으로 나타나야 한다. 즉 행동의 변화는 일시적이거나 고정불변해서는 안 된다. 일시적인 신체 상태나 학습 모두 행동의 변화를 일으키지만, 학습에 의한 행동변화는 비교적 영속적이다.
    - 행동의 변화가 학습 후에 즉각적으로 나타날 필요는 없다. 과거와는 다르게 행동할 수 있는 잠재력이 있지만 바로 행동으로 나타나지는 않는다.
        예 운동선수는 주중에 비디오나 강의를 통해 자신의 실력향상을 위해 학습하지만, 실제 시합에 임하기 전까지는 그것을 행동으로 옮기지는 않는다.
    - 행동의 변화(혹은 행동잠재력)는 경험이나 훈련을 통해 얻어진다. 경험과 무관하게 복잡한 행동을 한다면 그것은 학습된 행동이라고 볼 수 없다.
    - 반사적 행동(재채기, 무릎반사, 뜨거운 것을 만졌을 때 손을 떼는 행동 등)은 경험의 결과가 아니고 유전적으로 결정된 유기체의 특성이다.

- 본능(둥지 짓기, 이동, 동면, 짝짓기 등)은 복잡한 행동이 유전적으로 결정된 것이다. 종 특유의 행동(Species-specific Behavior)이라고 말하기도 한다.
- 성숙에 의한 변화는 학습이 아니다. 아동초기의 많은 발달, 걷기, 말하기, 대소변 기능 통제학습은 성숙에서 비롯되는 것이지 경험에 의한 학습은 아니다. 그러나 이후의 여러 발달, 산술, 야구놀이, 작업 유지학습은 경험에서 비롯된다.
- 경험이나 훈련은 강화를 받아야 한다. 강화를 받은 경험이나 훈련들만이 학습된다.

2. 학습의 단계

① 습 득
- 유기체가 연습을 통해 자신의 행동잠재력에 새 행동을 동화하는(받아들이는) 단계이다.
- 이 단계에서 특정 자극과 반응 간의 연합이 발달된다.

② 저 장
- 학습된 반응이 유기체에 의해 기억 속에 잠재적 행동으로 보존되는 단계이다.
- 파지단계(Retention Stage) 또는 기억으로 부르기도 한다.

③ 인 출
- 유기체에 잠재적으로 저장되어 있는 이전의 학습된 행동이 외현적 행동 또는 수행으로 옮겨지는 단계를 말한다.
- 습득, 저장 및 인출은 서로 중복되며 상호작용한다. 이들은 별개의 세 가지 현상이 아니라 단일 현상의 측면들이다.

3. 학습과 수행

① 학습은 개념이며 직접적으로 관찰될 수 있는 것은 아니고, 그 증거는 유기체의 수행에서 볼 수 있다.
② 대부분의 학습 이론가들은 학습을 행동을 중재하는 과정으로 본다. 학습은 어떤 연습의 결과로 일어나며 행동의 변화에 선행하는 어떤 것이다.

③ 학습은 매개변인에 해당한다. 매개변인은 관찰되는 자극과 반응 사이에 일어난다고 가정되는 이론적 과정인데, 독립변인은 매개변인(학습)에 변화를 일으키고 매개변인은 종속변인(행동)에 변화를 일으킨다.

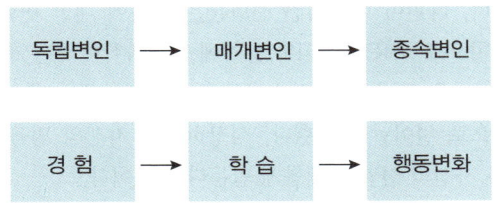

④ 비학습 수행변인

수행에 영향을 미치는 학습 이외의 요인들을 말하며, 유기체가 어떻게 행동할 것인지에 중요한 역할을 한다.

동기 (Motivation)	행동을 유발시키고 안내하며 유지시키는 조건을 말한다. 적절한 동기는 수행을 촉진시킨다. 그러나 동기가 지나치게 높을 때 수행은 오히려 저하하기 시작한다.
민감화(Sensitization)와 습관화(Habituation)	유기체가 특정 사태(자극)에 직면해 특정 행동(반응)을 보일 때 반응이 반복적으로 나타난다면 학습의 증거가 될 수 있다. 그러나 단지 자극에 대하여 반응의 변화가 나타날 수 있는데, 이때 반응의 강도가 증가한다면 이 변화를 민감화라 부르고, 반응의 강도가 감소한다면 습관화(둔감화)라고 부른다. 이 두 가지 경우에서의 변화는 학습된 변화를 가리키지 않는다.
감각적 적응 (Sensory Adaption)	수행의 변화가 학습에 실패하였기 때문이 아니라 감각적 적응으로 불리는 생리적인 적응의 문제에서 비롯될 때 이것은 학습이 아닌 수행변인이다.
생리적 특성	생물학적 성장과정인 성숙과 노년에 수반되는 생리적 퇴보인 노쇠는 수행에 영향을 미친다.
피로	지나치게 피로할 때는 이전에 학습된 반응들을 수행하는 능력은 일어날 수 없으며 휴식을 취하고 난 후에는 다시 반응하는 능력이 회복될 수 있다.
상태의존학습 (State-dependent Learning)	수행은 학습이 처음 일어났던 자극장면과 유사한 자극장면에 달려있다는 것을 상태의존학습이라고 한다. 예컨대, 창문이 없는 방에서 시끄러운 음악을 들으면서 시험공부를 한다면, 창문이 있는 조용한 교실에서 시험을 치는 것은 현저한 자극변화이며 수행에 영향을 미친다.

4. 학습이론의 역사

① 고대의 학습관
- 플라톤은 본질과 관념(이데아)은 표면적인 존재인 형상(이미지)과는 달리 타고나는 것이며 학습은 타고난 이데아를 체계적인 지식 체계로 발전시키는 과정이라고 보았다. 그는 수학, 고전 등과 같은 순수 학문을 공부함으로써 정신이 발달된다고 보았다. 이 견해는 이후 미국교육의 '정신도야이론(Mental Discipline Theory)'에 영향을 미쳤는데 이것은 팔을 훈련하면 근육이 발달하듯이 정신능력을 훈련하면 그것이 더욱 강해진다고 보고, 학습을 정신능력(상상, 기억, 의지, 사고 등)을 훈련하고 발달시키는 과정이라고 보는 이론이다.
- 아리스토텔레스는 지식의 원천은 물리적인 환경이며 학습은 환경과의 접촉을 통해서 일어난다고 했다. 즉, 처음에는 감각적 경험을 통해 단편적인 지식을 습득하지만 나중에는 그 지식의 연합을 통해 지식이 발달한다는 것이다. 아리스토텔레스의 학습관은 행동주의 연합이론의 기초가 되었다.

② 진화론과 학습이론
- 산업혁명 이후 사회상의 급격한 변화는 개인과 사회의 세계관에 반영되어 변화와 발전 그 자체를 주요한 목적으로 보게 되었다. 다윈이 발전시킨 진화론은 환경에 대한 변화와 적응이론을 발전시킨 것이다. 다윈의 진화론의 영향으로 교육과 심리학 분야에 실험과학이라는 개념이 도입되었다.
- 피아제는 다윈의 진화 개념을 근거로 한 학습이론을 정립했는데, 그는 학습이 출생부터 성인기까지의 주변 환경에 대한 적응으로 일어난다고 했다. 성장하면서 자신의 믿음과 상반되는 사실을 만났을 때 실제 사실에 적합하도록 자신의 신념을 새롭게 만든다는 것이다.
- 스키너도 다윈의 진화 개념에 대한 나름대로의 해석을 근거로 학습이론을 정립했다. 그는 유기체가 환경에 적응하는 것이 아니라 환경 중에서 생존하기에 적합한 특성을 선택한다고 보고, 인간의 행동 가운데 환경에 적절한 것만이 강화를 받고 계속 존재하게 되는 것을 학습이라고 보았다.

③ 과학적 실증주의
- 유럽의 심리학자들 사이에서 인간의 정신세계를 연구하는 데 실험적인 방법을 도입하기 시작했다.
- 분트(Wundt)는 실험심리학의 아버지라고 불리며 정신의 요소나 구조를 알아내는 데 주안점을 두는 구조주의 심리학의 발달을 뒷받침하는 학자로 알려져 있다. 라이프치히대학에 최초의 심리학 연구소를 설립하여 여기서 연구한 미국 출신 학생들이 유럽의 실험심리학을 미국으로 도입해가는 계기가 되었다.

④ 기능주의
- 기능주의는 미국에서 출발하였으며, 인간의 행동을 인위적으로 자극-반응으로 구분하기보다는 전체적이고 기능적으로 파악하며, 정신작용 과정을 연구하는 데 중점을 둔 심리학의 흐름이다.
- 제임스(James)는 기능주의 심리학의 창시자로, 의식은 통합된 전체로 기능하며 그 목적은 유기체로 하여금 환경에 적응하도록 하는 것이라고 했다. 전체로서의 개인의 의식과정은 환경에 대한 적응과정이기 때문에 요소로 환원될 수 없다고 주장했다. 그는 정신에 대한 생물학적 기초를 이해하는 것이 중요하다고 보고 이를 위해 하등동물을 연구해야 한다고 주장했다.
- 듀이(Dewey)는 정신의 요소나 구조를 연구하는 것도 중요하지만 더 중요한 것은 과정을 연구하는 것이라고 하였다. 그는 심리학의 목표는 환경에 대한 적응 과정에서 행동의 중요성을 연구하는 것이어야 한다고 했다. 또 인간의 행동을 자극-반응으로 구분하기보다는, 전체적이고 기능적으로 파악해야 한다고 했다.

⑤ 행동주의

행동주의는 20세기 초 기능주의와 구조주의의 연구방법과 대상에 대한 반작용으로 생겨났다. 행동주의적 접근은 유기체의 행동이 경험의 결과로 일어나는 학습으로 이해할 수 있다고 보았다. 따라서 행동주의는 관찰 가능한 행동을 연구의 영역으로 삼았고, 자극변인이 객관적으로 조작되고 반응변인이 예측되는 과학적인 연구방법을 사용했으며, 동물을 대상으로 많은 학습 실험을 시행했다.

핵심문제 01

다음 중 학습의 개념을 설명하는 말로 옳지 않은 것은?

① 학습은 경험이나 훈련과 무관하게 행동의 변화를 가져오는 것을 말한다.
② 강화를 받은 경험이나 훈련들만이 학습된다.
③ 아동초기의 많은 발달, 걷기, 말하기 등의 학습은 경험에 의한 학습이 아니다.
④ 학습에 의한 행동변화는 비교적 영속적으로 나타나야 한다.
⑤ 행동의 변화가 학습 후에 즉각적으로 나타날 필요는 없다.

고득점을 향한 해설

학습은 행동의 변화를 말하는데 반사적 행동이나 본능에 의한 행동, 성숙에 의해 변화되는 행동들은 학습이라고 규정할 수 없고 경험이나 훈련에 의해 변화를 가져와야 한다.

답 ①

02 | 고전적 조건형성 이론

1. 파블로프(Pavlov)

① 고전적 조건화의 구성요소
- 유기체로부터 자연적이고 자동적인 반응을 인출해 내는 무조건 자극(US)
- 무조건 자극에 의해 인출된 자연적이고 자동적인 반응인 무조건 반응(UR)
- 유기체로부터 자연적이고 자동적인 반응을 인출하지 않는 중성 자극인 조건 자극(CS)
- 이러한 구성 요소들이 특정 방식으로 혼합될 때 나타나는 조건 반응(CR)

② 조건 반사의 발달

조건 반응이 나타나기 위해서는 조건 자극과 무조건 자극이 여러 차례 짝지어져야 하는데, 먼저 조건 자극이 제시되고 그 다음에 무조건 자극이 제시되어야 한다. 결국 조건 자극만 제시되어도 무조건 반응과 유사한 반응이 나타나게 되어 조건 반응이 나타난다.

③ 파블로프의 개 실험
- 음식과 같은 자극이 유기체(파블로프의 연구에서 개를 의미함)에게 주어지면 타액분비와 같은 자연적이고 자동적인 반응이 유발된다.
- 음식에 대해 자연적인 반응을 가져오는 자극을 무조건 자극(US ; Unconditioned Stimulus)이라고 하고, 타액분비와 같이 무조건 자극에 자동적인 반응을 보이는 것을 무조건 반응(UR ; Unconditioned Response)이라고 한다.
- 무조건 자극을 주기 전에 소리나 불빛과 같은 중성 자극들(파블로프의 실험에서는 종소리)을 제시하는데 이것을 조건 자극(CS ; Conditioned Stimulus)이라고 한다.

- 조건 자극과 무조건 자극을 반복적으로 제시하게 되면 후에 조건 자극만 제시하여도 유기체는 침을 흘리게 된다. 이것은 무조건 반응과 같지만 사실은 조건 자극에 의해 유발된 반응이다. 이것을 조건 반응(CR ; Conditioned Response)이라고 한다.
- 고전적 조건화에서는 무조건 자극을 강화라고 부른다. 강화는 유기체의 반응과는 무관하다.
- 파블로프의 실험에서 무조건 자극(US)은 침을 분비하게 하는 고기이고 무조건 반응(UR)은 고기를 보고 분비된 침이다. 또한 조건 자극(CS)은 본래 아무 반응을 일으키지 않았던 자극 종소리를 뜻하며, 조건 반응(CR)은 조건 자극에 대하여 나타나게 된 반응(타액분비)을 의미한다. 처음에 고기에만 침을 흘리던 개가 나중에는 종소리만 들어도 침을 흘리게 되는 것은 무조건 자극과 조건 자극의 결합에 의한 조건화가 형성되었기 때문이다.

④ 실험적 소거

조건 자극을 유기체에게 주고 더 이상 강화(무조건 자극)가 주어지지 않으면 소거가 일어난다. 조건 반응이 일어난 후 무조건 자극 없이 조건 자극만 계속 주면 조건 반응은 점차 사라지는데 이것을 실험적 소거라고 한다.

⑤ 자발적 회복

소거가 일어나고 시간이 지난 후 다시 동물에게 조건 자극을 주면 일시적으로 조건 반응이 다시 나타나는데 이것을 자발적 회복이라고 한다.

⑥ 고차적 조건화

무조건 자극과 짝지어진 조건 자극은 그 자체로 강화적 속성을 갖는다. 그래서 두 번째 조건 자극과 짝지어서 조건 반응을 만들어낼 수 있다. 이때 무조건 자극을 일차적 강화인, 첫 번째 조건 자극이 이차적 강화인이 되며 이러한 과정을 이차적 조건화라고 한다. 이처럼 첫 번째 조건화가 2차, 3차적 조건화를 만들어내는 것을 고차적 조건화라고 한다.

⑦ 일반화와 변별
- 일반화란 강화에 선행한 자극과 관련 있는 자극에 의해 조건 반응을 생성해내는 능력이 증가되는 것을 말한다.
- 이처럼 일반화가 훈련할 때 사용되었던 자극과 관련 있는 여러 가지 자극에 반응하는 경향성을 말하는 것이라면, 반대로 변별은 어떤 한정된 자극 또는 훈련 시 사용되었던 자극에만 반응하는 경향성을 말한다.

2. 왓슨(Watson)

① 왓슨은 인간의 행동이 적절한 자극을 선택함으로써 형성된다고 보고 공포반응의 학습 과정을 설명했다.
② 아이에게 쥐와 굉음의 자극을 연결시키는 실험을 통해 아이의 공포반응이 학습된 것임을 밝혔다. 자극에 대한 반응이 반복적으로 이어지면 습관이 되는데 그로 인해 자극(S)-반응(R)의 관계가 이루어진다는 것이다. 이때 굉음은 무조건 자극, 소리로 인한 공포는 무조건 반응, 쥐는 조건 자극, 그리고 쥐에 대한 공포는 조건 반응이다.
③ 또한 아이가 토끼, 개, 모피외투 등 비슷한 조건에서 그 공포가 전이되면서 일반화가 일어남을 보여주었다.

핵심문제 02

다음 파블로프의 조건반사이론 중 조건화 이전의 종소리에 해당하는 것은?

① 무조건 자극
② 무조건 반응
③ 중성 자극
④ 조건 자극
⑤ 조건 반응

고득점을 향한 해설

조건 반사가 되기 이전의 종소리는 침을 흘리는 데 아무런 자극을 주지 못하는 중성 자극이다. 반면 조건화 이후의 종소리는 개가 듣고 침을 흘리는 조건 자극에 해당한다.

답 ③

03 조작적 조건형성 이론

1. 손다이크(Thorndike)

① 연합주의

감각적 인상과 행위를 하고자 하는 충동 간의 연합을 매듭(Bond) 또는 연결(Connection)이라고 불렀다. 이것은 감각적 사상과 행동을 연결하고자 하는 첫 시도이다. 이렇게 자극(S)과 반응(R)이 신경 매듭에 의해 연결된다고 믿는 것을 연합주의라고 한다. 그는 특정한 자극과 자발적 행동 사이의 연합으로 새로운 행동이 형성됨으로써 학습이 이루어진다고 주장했다.

② 시행착오 학습

동물이 상자 안에서 나오기 위해서는 특정한 반응을 해야만 하는 실험도구를 통해, 모든 동물은 상자로부터 도피하기 위해 필요한 행동을 학습하게 된다는 것을 밝혔다. 동물이 문제를 해결하는 데 걸린 시간(종속 변인)은 시행 횟수가 증가함에 따라 체계적으로 감소한다. 즉 동물은 기회를 더 많이 가질수록 문제를 더 빨리 해결한다는 것이다.

③ 학습은 통찰적이지 않고 점증적이다.

시행이 계속될수록 문제해결에 걸리는 시간이 점차 감소한다. 그러므로 학습은 급격하게 비약적으로 일어나는 것이 아니라 조금씩 단계적으로 일어난다.

④ 학습은 관념에 의해 매개되지 않는다.

학습은 사고나 추론을 통해 간접적으로 이루어지는 것이 아니라 행동에 의해 즉각적이고 직접적으로 이루어진다.

⑤ 학습의 법칙

효과(결과)의 법칙	학습의 결과가 만족스러우면 학습이 강화되어 그 반응이 나타날 확률이 증가하지만, 그렇지 않으면 확률이 감소한다.
연습의 법칙	학습은 연습에 의해 강화되고 효과가 높아진다.
준비성의 법칙	학습하는 태도나 준비와 관련하여 준비가 충분히 이루어졌을 때 수행 결합이 용이하고, 그렇지 못할 경우 수행 결합이 약화된다.
중다 반응	학습에서 사용한 첫 반응으로 문제가 해결되지 않을 경우 새로운 반응을 시도하며, 이런 활동이 문제가 해결될 때까지 계속된다.
시행착오 학습	여러 가지 반응들 중 어느 하나가 문제해결로 이어지는 경우, 해당 반응이 여러 번에 걸친 시행착오를 통해 점진적으로 습득된다.

2. 스키너(Skinner)

① 조작적 조건화의 원리
- 손다이크의 영향을 받은 스키너는 유기체가 어떤 결과를 얻기 위해 환경을 조작한다는 의미에서 조작적 조건화(Operant Conditioning)라는 용어를 사용했다.
- 사람들이 바람직한 결과를 이끌어내기 위해 단지 어떤 자극에 대해 수동적으로만 반응하는 것이 아니라 환경을 '조작'한다는 의미에서 나왔다고 할 수 있다.
- 조작적 조건화의 기본원리는 반응에 뒤따르는 강화에 의해 행동의 변화가 일어나게 하는 것이다.
- 대부분의 인간 행동은 조절이 가능하기 때문에 우리에게 좋은 결과를 가져오는 것을 추구하고 반대로 나쁜 결과를 가져오는 것은 피한다.
- 고전적 조건형성에서의 인간이 수동적이라면, 조작적 조건형성에서의 인간은 능동적인 유기체다. 조작적 조건형성의 주요개념은 '강화' 원리다. 즉 어떤 행동이 유지되거나 없어지는 것은 그 행동의 결과에 의해 결정된다는 것이다.
- 스키너의 상자에 넣은 굶주린 쥐가 우연히 막대를 눌러 먹이가 나오는 것을 알고는 막대를 누르는 것과 먹이를 얻는 것 사이에 연합을 형성하게 된다. 쥐는 먹이를 얻기 위해 막대를 누르는데, 막대를 누르는 행동은 조건화된 행동이며 먹이는 그 행동의 강화인이다.
- 도피조건화 : 바닥에 전기가 흐르는 상자에 쥐를 넣으면, 쥐는 전기충격을 피하기 위해서 장애물을 넘거나 조그마한 단상 위에 오르는 등의 특정 반응을 해야 한다. 결국 쥐는 전기충격과 특정 행동을 연합하게 되는데, 이때 반응은 조건화된 행동이며 전기충격의 종결은 강화인이다.
- 회피조건화 : 5초 간격으로 전기충격을 주기 직전에 불빛과 같은 신호를 주면 쥐는 불빛과 전기충격을 연합시키게 된다. 쥐는 전기충격을 회피하기 위한 반응을 빨리 배우게 된다.

[고전적·조작적 조건형성의 비교]

구 분	고전적 조건형성	조작적 조건형성
자극-반응계열	자극이 반응의 앞에 온다.	반응이 효과나 보상 앞에 온다.
자극의 역할	반응이 추출된다.	반응은 방출된다.
자극의 지명성	특수반응은 특수자극을 일으킨다.	특수반응을 일으키는 특수자극은 없다.
조건형성과 과정	한 자극이 다른 자극을 대치한다.	자극의 대치는 일어나지 않는다.
내 용	정서적·불수의적 행동이 학습된다.	목적지향적·의도적 행동이 학습된다.

② 행동의 기능적 분석
- 행동주의 이론에서는 환경적인 선행요인과 결과에 관심을 두며 이를 '선행요인(Antecedents) → 행동(Behavior) → 결과(Consequences)'의 도식으로 설명하고 있다.
- 인간의 특정한 행동은 선행하는 사건, 즉 선행요인과 행동 뒤에 일어나는 사건, 즉 결과에 의해 일어난다고 보는 것이다.

③ 일차적 강화와 이차적 강화
- 일차적 강화 : 훈련과 관계없이 그 자체로 생리적 만족과 쾌감을 주는 자극을 말한다.
  예 음식, 배변 등과 같은 생리적 욕구의 충족
- 이차적 강화 : 강화력이 없는 자극이 일차적 강화와 연결되면서 강화력을 가지게 된 것을 말한다. 이차적 강화인자는 고전적 조건형성의 과정을 통해 학습된다.
  예 좋은 성적, 승진, 성과급

④ 강화와 처벌
- 강화 : 반응이 다시 발생할 빈도를 증가시키는 것
- 처벌 : 반응이나 행동을 감소시키는 것

정적 강화	유쾌자극을 제시함으로써 행동의 빈도를 증가시키는 것 예 선물 등 원하는 대상물을 제공함으로써 긍정적 행동을 유발하는 것
부적 강화	불쾌자극을 소거함으로써 행동의 빈도를 증가시키는 것 예 목표를 이룬 학생에게 청소를 면제해줌으로써 성취도를 높이는 것
정적 처벌	불쾌자극을 제시함으로써 바람직하지 않은 행동의 빈도를 감소시키는 것 예 벌을 주어 행동을 감소시키는 것
부적 처벌	유쾌자극을 소거함으로써 바람직하지 않은 행동의 빈도를 감소시키는 것 예 용돈을 줄임으로써 행동을 감소시키는 것

⑤ 행동조형(Shaping Behavior)
- 행동에 대한 강화 이전 조작적 수준이 매우 낮을 때 혹은 목표행동이 형태상으로 다를 때 그 행동을 가르치는 수단이다.
- 동물에게 복잡한 행동을 가르칠 때 조형의 과정을 거쳐 목표에 이르도록 하는 것을 말한다. 단순한 행동으로부터 점차적으로 복잡한 행동으로 순차적인 학습을 하게 된다.
- 목표행동에 좀 더 가깝게 근접하는 행동을 연속적으로 강화하면서 새로운 행동을 발달시키는 것이다. 이를 '점진적 접근법'이라고 한다.

⑥ 강화계획

강화계획은 반응이 있을 때마다 강화하는 계속적 강화와 간격을 두고 행하는 간헐적 강화로 나뉜다.

계속적 강화		• 반응의 횟수나 시간에 상관없이 기대하는 반응이 나타날 때마다 강화를 주는 것이다. • 반응의 빠른 학습이 이루어진다. • 지속성이 거의 없으며, 반응이 빨리 사라진다. 예 공부를 열심히 하면 게임을 허락하는 것
간헐적 강화	고정간격계획 (FI)	• 일정 시간이 지난 뒤에 일어나는 특정한 행동을 강화하는 것이다. • 지속성이 거의 없으며, 강화시간이 다가오면서 반응률이 증가하는 반면 강화 후 떨어진다. 예 주급, 월급, 일당, 정기시험
	가변간격계획 (VI)	• 강화 시행의 간격이 다르지만 평균적으로 확인할 수 있는 시간 간격이 지난 후에 강화를 주는 것이다. • 느리고 완만한 반응률을 보이며, 강화 후에도 거의 떨어지지 않는다. 예 평균 5분인 경우 2분, 7분, 15분 정도에 강화를 줌
	고정비율계획 (FR)	• 특정한 행동이 일정한 수만큼 일어났을 때 강화를 주는 것이다. • 빠른 반응률을 보이지만 지속성이 약하다. 예 중국집 쿠폰
	가변비율계획 (VR)	• 평균 몇 번의 반응이 일어난 후 강화를 주는 것이다. • 반응률이 높게 유지되며 지속성도 높다. 예 자동도박기계

⑦ 소 거
- 문제행동의 빈도를 줄이기 위한 방법으로 강화를 중지하는 것이다.
- 반응 다음에 더 이상 강화인자가 따라오지 않을 때 소거가 일어난다.
- 고전적 조건형성에서는 조건 자극이 나타났으나 무조건 자극이 뒤따르지 않을 때 조건 반응이 소멸되는 것을 말한다.
- 조작적 조건형성에서는 강화인자가 장기간 보류되는 경우 어떤 사람이나 동물의 특정 행동이 지속되지 않는 것을 말한다.

⑧ 미신 행동
- 반응과 강화가 실제로는 관련이 없지만 관련된다고 생각하는 것을 미신 행동(Superstitious Behavior)의 학습이라고 한다.
- 미신 행동은 강화가 행동에 수반되지 않을 때 또는 많은 행동들 중 어느 것이 강화를 가져오는지 정확히 알지 못할 때 일어날 수 있다.
- 빨간색 스웨터를 입은 날 좋은 일이 생기면 중요한 날에 빨간색 스웨터를 입는 행동을 함으로써 스웨터(강화)와 좋은 일(반응)을 연결짓는 것이다.

⑨ 프리맥의 원리
- 프리맥에 의하면 높은 빈도의 행동(선호하는 활동)은 낮은 빈도의 행동(덜 선호하는 행동)에 대해 효과적인 강화인자가 될 수 있다.
- 더 좋아하는 과제를 할 수 있기 위하여 덜 좋아하는 과제를 수행하게 되기 때문에 낮은 빈도의 행동(덜 선호하는)을 높은 빈도의 행동(선호하는) 앞에 두는 것이 효과적이다.
- 음식을 맛있게 먹기 위해 우선 싫어하는 음식부터 먹고, 나중에 좋아하는 음식을 먹는다.

핵심문제 03

손다이크(Thorndike)가 제시한 학습의 법칙 중 보기의 내용과 연관된 것은?

- 자극과 반응 간의 연결은 그것을 사용함으로써 강화된다.
- 자극과 반응 간의 연결은 사용하지 않으면 약화된다.

① 연습의 법칙
② 시행착오 학습
③ 준비성의 법칙
④ 효과의 법칙
⑤ 연합주의

고득점을 향한 해설

자극과 반응 간의 연결이 그것을 사용함으로써 강화된다는 이론은 사용의 법칙이다. 또 사용하지 않으면 약화된다는 것은 불사용의 법칙에 해당한다. 이들은 지속적인 연습을 통한 목표행동으로의 변화를 강조하는 연습의 법칙에 포함된다.

답 ①

04 | 사회학습 이론

1. 의의

① 인간은 환경 속에서 의식적 또는 무의식적으로 어떤 모델의 행동을 관찰, 모방하는 과정을 통해서 학습하게 된다는 것이다.
② 사회학습은 모방학습 이론에 바탕을 두고 모방학습의 현상이나 과정을 밝히고 있다.
③ 반두라(Bandura)가 대표적인 학자로, 다른 사람의 행동을 관찰하고 모방하는 것을 통해 학습한다고 해서 '관찰학습, 모방학습' 또는 일상생활 속에서 학습이 이루어진다고 하여 '사회학습' 혹은 다른 사람의 보상 또는 처벌을 받는 것을 관찰하는 간접적 경험을 통해 학습했다고 하여 '대리학습'이라고 부르기도 한다.

2. 모방학습과 행동주의적 관점

① 직접경험 모방학습
- 행동주의적 관점에서는 모델 행동이 제시되어 학습자가 보게 되고, 학습자가 의식적 혹은 무의식적으로 모델 행동과 같이 반응하게 되면 후속적으로 모델 행동과 같이 반응한 행동에 강화가 이루어지면서 모방학습이 일어난다고 보았다.
- 강화를 받을수록 모방학습은 더 잘 일어난다고 하였다.
- 학습자는 모델 행동에 대한 반응을 개인적으로 수행하여 강화를 받고 계속적으로 직접경험을 하게 된다.

② 간접경험 모방학습
- 반두라의 모방학습 이론은 행동주의와 달리 강화를 받고 며칠이 지난 후에도 학습된 행동을 계속하는 경우를 설명하면서 이것이 모델 행동에 의한 강화임을 설명했다.
- 학급에서 쓰레기를 주워 칭찬을 들은 아이가 칭찬이라는 강화가 없음에도 다음 날 다시 쓰레기를 주웠을 때의 자극은 모델 행동에 의한 강화이다.
- 학습자는 강화된 행동을 관찰하고 시간이 경과한 후에 똑같은 행동을 한다.

3. 모델링과 모방

① 흔히 공격적인 행동, 이타적인 행동, 불쾌감을 주는 행동이 관찰을 통해 학습된다.
② 새로운 상황에서 다른 사람을 관찰하면서 그 행동을 따라하는 것이다. 이때 관찰의 대상은 모델이며 우리는 그의 행동을 모델링(Modeling) 또는 모방하게 된다. 이를 이용하여 광고업자들은 소비자들이 가장 존경하고 모방할 것으로 추측되는 사람을 선정하여 광고 모델로 쓴다.
③ 자기와 동성인 사람의 행동을 이성인 사람의 행동보다 더 잘 모방하며 연령이나 지위에서 자기와 비슷한 모델을 더 잘 모방한다.
④ 벌을 받은 모델을 모방하지 않고, 돈, 명성, 사회적 지위 등을 지닌 모델을 더 잘 모방한다.

4. 행동적 모델

① 모델 행동의 역할
- 모델 행동은 다른 사람들에게 유사한 행동을 유발시키는 사회적 촉진제의 역할을 한다.
- 모델링의 효과는 특별한 행동의 수행에 대하여 학습자의 자제력을 약화하거나 강화하는 것이다.
- 모델링의 영향은 행동을 새로운 패턴으로 변경하는 것으로, 인간의 많은 행동들이 모델링을 통하여 획득된다.

② 모델링의 자극 형태
- 살아있는 모델은 개인이 직접 접촉하는 가족 구성원, 친구, 직장 동료 등을 포함한다.
- 상징적 모델은 행동의 생생한 묘사를 의미한다. TV와 같은 매스미디어가 여기에 해당한다.
- 언어적 설명이나 교수는 기계 조립에 대한 일련의 수업과 같은 비수행적 모델이다.

5. 행동의 결과

① 조작적 조건화와 사회학습 이론에서의 강화

조작적 조건화	사회학습 이론
강화는 학습의 조건화를 위해 필요함	강화는 단지 학습에 영향을 주는 조건화를 촉진하는 한 요소임
강화는 반응 수행에 직접 영향을 주는 결과만을 포함	• 직접강화 : 외부에서 주어지는 피드백의 역할 • 대리강화와 자기강화와 같은 보다 폭넓은 강화를 포함

② 대리강화와 대리처벌
- 대리강화는 자신의 경험 대신 다른 사람의 경험을 통해 학습하는 것이다.
- 자신의 행동에 대해 직접적인 강화를 받지 않더라도 다른 사람이 보상이나 벌을 받는 것을 관찰함으로써 간접적인 강화를 받아 행동의 변화를 일으키는데 이것을 대리강화라고 한다.
- 대리처벌은 다른 사람이 처벌받는 행동을 본 사람이 모방행동을 보이지 않는 현상이다. 공격적인 행동 모방의 억제 효과를 가진다.

③ 자기강화
- 직접강화와 대리강화가 환경에 의해 주어지는 결과와 관계가 있다면 자기강화는 각 개인에 의해 의식적으로 만들어진다.
- 인간의 행동은 전적으로 외적인 영향에 의해서만 좌우되는 것이 아니라 자기생성적 요인과 외적 영향 요인의 상호작용에 의해서 지배된다는 이론이다.
- 자기강화는 스스로 설정한 행동의 기준이고, 개인의 통제하에 강화되고 있는 사건이며, 자기 자신이 강화를 집행한다.

6. 학습자의 인지적 과정

인간 행동의 획득과 모방은 일시적 경험을 상징적인 형태로 부호화하여 저장하고 생각으로 미래의 결과를 예상하는 인지과정을 통해 이루어진다. 행동은 강화에 의해 형성되기보다는 오히려 인지적인 과정에 의해 이루어진다.

① 주의집중(Attention)
- 모델의 행동을 주의 깊게 관찰하고 집중하면서 모델을 정확하게 지각하는 과정이다.
- 관찰자가 흥미를 갖고 있거나 관찰자의 과거 경험과 연관되어 있다면 더욱 집중하게 된다.
- 모델이 자신과 비슷한 상황이거나 모델 자체가 매력을 지녔다면 더욱 집중하게 된다.
- 관찰자는 학습이나 관찰을 통해 자신에게 이익이 된다고 판단되는 행동에 집중하게 된다.
- 인간관계의 구조적 성질은 주의집중 과정에서 가장 큰 영향을 미치는데 자주 접하는 사람이나 집단원 간의 반복적인 행동을 더 많이 관찰하고 모방한다.

② 보존(Retention)
- 모델을 통해 받은 내용과 인상을 기억하며 장기간 보존하는 과정으로서 '기억과정' 또는 '파지과정'이라고도 한다.
- 관찰자는 모델을 관찰한 후 어느 정도 시간이 지난 다음에 모방하기 때문에 모델의 행동을 시각적 또는 언어적인 형태의 상징적인 부호로 저장한다.

- 모델을 보고 감각조건 형성과정을 통해 관찰된 것을 심상이나 영상으로 만들어 기억하는 것을 심상적 표상체계라고 한다.
- 관찰한 사건에 대해 언어적으로 부호화하는 것을 언어적 표상체계라고 한다.

③ 운동재생(Motor Reproduction)
- 심상에 저장되어 있는 모델 행동의 상징적 표상을 적절한 행동으로 전환하는 과정이다.
- 운동재생 과정은 인지적 수준에서 반응의 선택과 조직을 포함하며 실행이 따른다.
- 행동을 정확하게 표현하려면 운동 동작의 반복과 교정을 통해 행동적인 실천 감각을 익히고 반응패턴으로 조직할 수 있는 능력이 필요하다.

④ 동기화(Motivation)
- 행동 수행에 영향을 미칠 수 있는 강화조건에 따라 모델의 행동이 수행되는 과정이다.
- 사람은 모델화된 행동을 습득하고 기억하며 능숙하게 수행할 수 있는 능력을 가질 수 있지만, 그 행동이 강화되지 않으면 외부 행동으로 활성화되지 않는다. 이러한 능력은 긍정적인 자극이 주어질 때 동기화되고 행동으로 실천된다.

7. 사회학습의 유형

① 배합의존형
관찰자가 모델의 행동의 이유를 알 필요도 없이 단순히 관찰하고 따라하는 것으로 직접모방형이라고 한다.
예 처음 양식을 먹을 때 곁눈질로 남을 관찰하면서 같은 행동을 하여 실수하지 않으려는 행동이다.

② 동일시형
관찰자가 모델의 행동 중 특수한 형태보다는 일반적인 행동을 모방하는 것으로 모형학습(Modeling)이라고 한다. 가치관이나 정서반응양식, 의식체계를 모방하는 것을 말한다.
예 아들이 아버지를 닮는 행동을 하는 것, 집단의 구성원들이 집단에 동조하는 행동이나 태도, 신념을 갖는 것 등이다.

③ 무시행학습형
관찰자가 모델의 행동을 관찰하고 그 행동을 시행해볼 기회가 없었는데도 모방하는 것을 말한다.
예 청소년들이 TV나 영화, 신문, 잡지 등에서 보고 따라하는 문제행동들을 말한다.

④ 동시학습형
모델과 관찰자가 동시에 같은 일을 할 때 관찰자가 모델의 행동을 모방하는 것을 말한다.
예 운동할 때 옆 사람이 열심히 하면 자기도 같이 열심히 하게 되고, 술집에서 남들이 떠드는 것을 보면 자기도 같이 떠들게 되는 경우를 말한다.

⑤ 고전적 대리조건형성형
관찰자가 모델의 정서반응을 보고 자기도 같은 정서반응을 하는 모방 형태이다.
예 슬픈 영화를 보거나 이야기를 듣게 되면 자기가 그런 것처럼 심정적으로 공감을 느낀다.

> **핵심문제 04**
>
> 반두라의 사회학습 이론에 대한 내용으로 옳지 않은 것은?
>
> ① 학습자가 모델 행동과 같이 반응한 후에 강화를 받을수록 모방학습이 더 잘 일어난다.
> ② 관찰학습, 모방학습, 또는 대리학습이라고도 부른다.
> ③ 사회학습 이론에서 강화는 단지 학습에 영향을 주는 조건화를 촉진시키는 한 요소이다.
> ④ 인간은 자기효율성을 성취하는 방향으로 행동을 규제할 수 있다.
> ⑤ 사회학습 유형은 배합의존형, 동일시형, 무시행학습형, 동시학습형, 고전적 대리조건형성형으로 나뉜다.
>
> **고득점을 향한 해설**
>
> 반두라의 모방학습 이론은 행동주의와 달리 강화를 받고 며칠이 지난 후에도 학습된 행동을 계속하는 경우를 설명하면서 이것이 모델 행동에 의한 강화임을 설명했다. 강화를 받을수록 모방학습이 더 일어난다고 보는 것은 행동주의적 관점이다.
>
> 답 ①

05 | 귀인 이론

1. 의 의

① 1950년대를 기점으로 인간이 환경에 어떻게 적응하고 어떻게 반응하는가를 설명하던 행동주의가 약화되고 인지를 중심으로 인간의 행위를 설명하려는 시도가 이루어졌다.
② 성공과 실패의 원인을 무엇으로 귀인하느냐에 따라 후속 행동과 정서적 반응에 영향을 준다고 보는 이론으로 와이너(Weiner)에 의해 체계화되었다.
③ 인간 행동의 원인은 개인이 지니고 있는 특성이나 환경적 요인에 대해 스스로 어떻게 인지하고 지각하느냐에 달려있다는 전제로 행동의 원인을 설명하고 예언하려는 이론이다. 사람들은 자신의 성공 또는 실패의 원인을 자신의 과업 수행 중에 있었던 특정한 일의 탓으로 돌리는 특징이 있다.
④ 어떤 일에 성공 또는 실패했을 때 그 원인을 자신의 노력이나 능력 등 내부적인 요소에 귀인하는 사람과 운이나 과제난이도 등 외부적인 요소에 귀인하는 사람의 후속 행동에는 차이가 생기게 된다.

2. 귀인의 4가지 요소

① 능 력
- 능력에 귀인시키는 것은 과거에 대한 정보에 의해 결정된다.
- 계속적인 성공이나 되풀이되는 실패는 개인에게 부딪힌 과제를 할 수 있는지 없는지를 결정하게 된다.

② 노 력
- 자신이 얼마나 노력했는가에 대해서 자신이 나타낸 결과, 즉 자신이 이룬 수행 정보를 통해서 추론한다.
- 이때 성공하는 비율이 상승할수록 노력을 더 했다고 지각한다.

③ 과제난이도
- 다른 사람들이 그 과제를 어떻게 생각하느냐와 연관된다.
- 많은 사람들이 어떤 과제에 성공했다면 그 과제는 쉽게 생각되며 그렇지 않으면 어렵게 지각된다.
- 과제의 길이나 복잡성 등의 객관적인 특징도 과제난이도에 영향을 주지만 과제를 잘 수행했다면 중요한 의미는 없다.

④ 운 : 과제 수행의 결과가 찬스(운)에 따라 나타난다고 생각한다.

3. 귀인의 3가지 차원

① 원인의 소재(Locus of Control)

어떤 일의 성공이나 실패에 대한 책임을 내적인 요인에 두어야 하는지 외적인 요인에 두어야 하는지에 대한 것이다.

내부귀인	자신이나 타인의 행동을 행동한 사람의 성격, 태도, 동기 또는 능력 같은 개인 성향이나 기질적 특성에 귀인하는 경우이다. 어떠한 결과에 대한 책임을 자기 자신의 노력이나 능력으로 돌릴 때 성공하면 자부심을 가져오지만 실패하면 수치심이 증폭된다.
외부귀인	어떤 행동의 원인을 환경, 운, 또는 과제난이도 같은 상황요인에서 찾는 경우이다. 어떠한 결과에 대한 책임을 과제의 난이도 혹은 운으로 돌릴 때 성공하면 외부의 힘에 감사하지만 실패하면 분노를 일으키게 된다.

② 안정성(Stability)
- 어떠한 일의 원인이 시간의 경과나 특정한 과제에 따라 변화하는가의 여부에 따라 안정과 불안정으로 분류된다.
- 어떤 사람이 성공 또는 실패했는데 그 성과를 초래한 원인이나 조건들이 계속 변하지 않는 것으로 지각되면 더 확신을 가지고 기대하게 된다는 것이다.
- 노력은 자신의 의지에 따라 달라지므로 불안정적 요인이고, 능력은 고정적이므로 안정적인 요인이다.
- 안정성은 주로 성공의 기대와 연관된다. 성공과 실패를 자신의 능력이나 시험의 난이도와 같은 안정적 요인에 귀인하면 미래에도 유사한 결과를 기대할 것이다. 그러나 노력이나 행운과 같은 불안정 요인에 귀인하면 그 결과는 예측할 수 없다.

③ 통제 가능성(Controllability)
- 원인이 본인의 의지에 의해 통제될 수 있느냐의 여부에 따라 통제 가능과 통제 불가능으로 나뉜다.
- 자신감과 미래에 대한 기대와 관련이 있다. 높은 점수를 통제 가능한 요인으로 귀인하면 자신감을 갖게 되고 미래에도 비슷한 결과를 기대한다.
- 그러나 통제 불가능한 요인으로 귀인하면 운이 좋았을 뿐이기 때문에 미래에 대해 불확실한 마음을 가지게 된다.

4. 귀인의 요소와 3가지 차원과의 관계

귀인 요소	원인의 소재	안정성 여부	통제 가능성 여부
능력	내부귀인	안정적	불가능
노력	내부귀인	불안정적	가능
과제난이도	외부귀인	안정적	불가능
운	외부귀인	불안정적	불가능

핵심문제 05

사람들은 외부귀인보다 대체로 내부귀인하는 경향이 더 크다고 할 때 이것을 무엇이라고 하는가?

① 근본귀인오류
② 자기고양편파
③ 후광효과
④ 행위자귀인편파
⑤ 외부귀인

고득점을 향한 해설

② 자기고양편파 : 성공 시 내부요인으로, 실패 시 외부요인으로 귀인하는 경향성
③ 후광효과 : 어떤 사람의 부분적인 긍정 인상으로 그 사람 전체를 높이 평가하는 경향성
④ 행위자귀인편파 : 사람들은 자신의 행동에 대해서는 외부요인으로 타인의 행동에 대해서는 내부요인으로 귀인하는 경향성
⑤ 외부귀인 : 행동원인을 환경, 운, 또는 과제난이도 같은 상황요인에서 찾는 경향성

답 ①

06 | 정보처리 이론

1. 의 의

① 정보처리 이론이란 새로운 정보가 투입되고 저장되며 기억으로부터 인출되는 방식에 대한 이론이다.
② 인간의 학습을 학습자 외부로부터의 정보(자극)를 획득하여 저장하는 과정이라고 가정한다. 보고 듣고 느끼는 등의 감각기관을 통해 들어온 정보를 정리하여 두뇌라는 저장고에 보관하는 과정이 학습이고, 저장된 정보는 필요할 때마다 재생시켜서 사용할 수 있다.
③ 컴퓨터의 단말기를 통해 정보를 저장했다가 필요할 때 출력해서 사용하는 과정과 인간의 학습 과정이 유사하다고 설명한다.

2. 기억의 과정

① 감각 등록기
- 학습자가 눈과 귀와 같은 감각 기관을 통해 정보를 최초로 저장하는 곳이다.
- 자극을 아주 정확하게 저장하지만 저장 시간은 매우 짧다.
- 이러한 정보는 단기 기억으로, 전이가 이루어지지 않으면 순식간에 사라진다.

② 단기 기억(작동기억)
- 성인의 경우 보통 5~9개의 정보가 약 20초 동안 저장될 수 있는 곳이다.
- 능동적인 처리가 없을 때 단기 기억의 지속 시간은 지극히 제한되어 있다.
- 용량에서도 단기 기억은 7개 정도(7±2)의 정보만을 저장한다.
- 정보의 양과 지속 시간을 규정하고 통제하는 기능을 한다.
- 청킹(Chunking)은 분리되어 있는 항목들을 묶어서 의미 있는 단위로 조합하는 것이다. 전화번호를 세 자리와 네 자리로 묶었을 때 기억이 잘되는 것처럼 의미 없이 철자를 나열하는 것보다 의미 있는 단어로 재배열할 때 더 많은 정보를 기억할 수 있고 단기 기억의 용량도 증가시킬 수 있다.

③ 장기 기억
- 장기 기억은 많은 정보를 비교적 오랫동안 저장할 수 있는 곳이다. 감각 기억이나 단기 기억과 달리 정보를 무한정으로 오래 지속할 수 있는데, 일상기억과 의미기억으로 구성되어 있다.
- 일상기억은 개인의 경험을 보관하는 곳으로 이 정보는 주로 이미지로 부호화되어 있으며 발생한 장소와 때를 기초로 조직된다.
- 의미기억에는 우리가 경험을 통해 습득했던 일반적인 지식들이 저장된다. 학습을 통해 얻은 지식이나 정보들이 의미기억에 저장되는데, 이러한 정보들은 따로따로 분리되어 존재하는 것이 아니라 서로 관련성을 맺고 네트워크를 이루고 있다. 이것은 학습자가 정보를 이해하고 능동적으로 조직한다는 것을 의미한다.

3. 저장된 정보의 유형

① 이중 부호 모형
- 정보가 시각적 혹은 언어적 형태로 보존된다고 보고, 이들이 서로 연관은 되지만 기능적으로는 독립적이라는 견해이다.
- 구체적 사물은 이미지 형태로 저장되고, 추상적 대상이나 사건은 언어적 체제로 저장된다.

② 언어적 망 모형
- 정보의 궁극적인 표상은 이미지가 언어적 형식을 통해 재구성된 것이라고 본다.
- 언어는 고립된 단어로 기억되는 것이 아니라 관련 정보를 추가해 명제적 형태로 기억된다.

4. 학습의 과정

① 자극에의 주의

물리적 신호가 눈, 귀 등 감각 기관을 통해 등록 되면 몇몇 자극이 각각 기억 형태에 맞게 등록이 된다. 이때 등록 과정에서 선택적으로 접수되는데, 이 과정에 관한 두 가지 견해가 있다.

형태재인 (Pattern Recognition)	등록된 자극을 내부에 저장되어 있는 기억 속의 영상과 비교하여 식별해낸다고 본다.
특징분석이론 (Feature Analysis Theory)	기억에 저장되어 있는 것은 이미지 표상이 아니라 자극의 특유한 측면이며 이 특유한 측면이 선택되어 처리된다고 본다.

② 자극의 부호화(Encoding)

자극을 변형시켜 나중에 쉽게 회상될 수 있는 형태로 바꾸는 것이다. 자극을 장기 기억에 보존하려면 부호화 과정이 필요하다.

조직화	정보를 조직화하면 학습하기 쉽고 기억하기도 쉽다. 자료를 조직화하는 방법은 위계를 사용하는 방법과 기억술이 있다.
정교화	정보에 다른 것을 더하거나 또는 이미 알고 있는 다른 것에 연관시켜 기억하려는 정보를 확대시키는 과정이다. 그 방법에는 단순한 반복 활동을 계속해서 정보를 기억하는 유지시연(Maintenance Rehearsal)과 정보를 특정한 방식으로 변형해서 기억하는 정교화시연(Elaborative Rehearsal)이 있다.
스키마 전략	스키마는 개별적인 사례들을 토대로 하나의 유의미한 구조로 정교화하기 때문에 부호화에 도움이 된다. 학습자는 스키마를 장기 기억 속에서 활성화하고 그 지식을 기초로 해석하게 되며 다른 자극을 인식할 때 기준으로 삼는다.

③ 저장과 인출

부호화 과정의 목적은 장기 기억소에 정보를 저장하기 위한 준비를 하기 위함이다.

설단 현상	알고 있는 것을 일시적으로 기억하지 못하거나 접근이 불가능해 인출에 실패하는 것을 말한다. 알고 있는 것 같은데 기억은 안 나고 입에서 맴도는 현상을 말한다.
맥락 단서	학습자가 학습한 것과 동일한 맥락에서 회상할 때 상이한 환경에서 기억해내는 것보다 우수한 기억력을 보이는 것을 말한다.

5. 망각의 원인

① **비효율적 부호화** : 책을 읽었는데 내용을 기억할 수 없다면, 비효율적 부호화 때문에 망각이 일어난 것으로 볼 수 있다. 음운적 부호화는 의미적 부호화보다 저장률이 낮다.

② **소멸이론** : 소멸이론에서는 시간의 흐름 자체가 망각을 유발한다고 한다. 시간의 경과가 망각의 주된 원인이라고 설명하는 이론이다.

③ **간섭이론** : 정보가 서로 경합을 벌이기 때문에 망각이 일어난다고 한다. 역행간섭은 새로운 정보가 이전에 학습한 정보의 저장을 방해하는 것을 말하고, 순행간섭은 이전에 학습한 정보가 새로운 정보의 저장을 방해하는 것을 말한다.

④ **인출 실패** : 인출단서와 부호화가 일치하지 않을 때 인출 실패 가능성이 높다. 부호화할 당시의 처리 유형이 인출 당시의 처리 유형과 일치하면 기억이 증가된다는 연구 결과도 있다.

> **핵심문제 06**
>
> 다음 중 단기 기억에 관한 설명으로 옳지 않은 것은?
>
> ① 정보의 양은 무제한적이지만 시간은 약 20초간 저장될 수 있다.
> ② 능동적인 처리가 없을 때 지속 시간은 극히 제한되어 있다.
> ③ 정보의 양과 지속 시간을 통제하는 기능을 한다.
> ④ 청킹을 통해 단기 기억의 용량을 증가시킬 수 있다.
> ⑤ 단기 기억은 5~9개 정도의 정보만을 저장한다.
>
> **고득점을 향한 해설**
>
> 단기 기억은 성인의 경우 보통 5~9개의 정보만을 20초 동안 저장할 수 있는 곳이다. 청킹은 분리되어 있는 항목들을 묶어서 의미 있는 단위로 조합하는 것으로 보다 많은 정보를 기억할 수 있도록 돕는다.
>
> 답 ①

07 학습동기 이론

1. 의 의

① 동기유발이란 어떤 활동을 촉진 및 유지하려는 내적 상태 또는 과정을 포함한다.
② 켈러(Keller)는 학습자들의 동기를 유발하고, 그것을 계속 유지시켜 나가기 위한 전략을 ARCS 이론으로 발전시켰다.
③ 동기와 동기 유발의 수준은 인간의 행동에서 대단히 중요하다.

2. 동기유발의 기능

① 활성적 기능(Activating Function)
  유기체가 행동을 일으키는 데는 근원적인 힘이 필요한데 이것이 행동의 원인, 곧 동기이다. 동기는 행동을 일으키고 지속하게 해주며 행동을 성공적으로 추진하는 힘을 준다.
② 지향적 기능(Directive Function)
  동기는 행동의 방향을 결정하는 데 중요한 역할을 한다. 행동의 방향 선택에서 중요한 것은 환경 요인인데 동기는 그 요인과 가깝게 또는 멀리하게 하도록 행동시키는 기능을 한다.
③ 조절적 기능(Adjusting Function)
  어떤 목표행동에 도달하려면 다양한 동작들이 필요한데, 어떤 동작을 선택하고 수행하는 과정에서 동기가 조절적 기능을 한다.

④ 강화적 기능(Reinforcing Function)

행동의 결과로 어떤 보상(어떤 행동의 결과로 생기는 외적 강화)이 주어지느냐에 따라 동기유발의 수준이 달라진다. 이처럼 행동의 수행이 어떤 효과를 가져오느냐에 따라 그 행동이 일어날 확률이 증가하기도 하고 감소하기도 한다.

3. 학습에 있어서의 동기유발

① 내발적 동기유발과 외발적 동기유발
- 내발적 동기(Intrinsic Motive)는 행동의 전개 자체가 목표인 것으로, 스스로 학습에 흥미를 갖거나 성적을 올리기 위해서 공부를 하는 경우이다.
- 외발적 동기(Extrinsic Motive)는 행동의 목표가 행동 이외의 것으로 행동이 수단의 역할을 한다. 어머니에게 혼나지 않으려고 공부를 하는 경우처럼 외부적인 상이나 벌이 동기를 유발하는 경우가 이에 해당한다.

② 학습 동기의 유발
- 학습 목표는 학습 활동을 결정짓는 원인이기 때문에 적절한 수준의 학습 목표를 선정하는 것은 내발적 동기를 유발하는 시발점이 된다.
- 학습자가 자신의 학습의 진행 상황 및 결과에 대한 정보를 제공받는 것은 외발적 학습 동기를 유발하는 데 도움이 된다.
- 상은 활동을 활발하게 하고 벌은 벌을 가져오는 자극을 회피하게 하므로 상과 벌의 적절한 사용은 학습의 동기를 유발하는 역할을 할 수 있다.
- 학습자에게 지적 호기심을 환기하고 이를 통해 성공에 대한 쾌감을 맛볼 수 있도록 하는 것은 내발적 동기유발의 방법이다.
- 경쟁적인 방법의 활용도 동기를 유발할 수 있다.

③ 동기조절의 유형(데시와 라이언의 자기결정성 이론)
- 개 념

  인간에게는 자기결정성이 존재하는데, 이것이 동기에 영향을 미친다고 보았다. 즉 자신이 스스로 가치를 부여한 목표라면, 그 목표를 성취하기 위한 행동을 더 적극적으로 수행하게 된다는 것이다.
- 자기결정성 이론에서 상정하는 동기조절의 유형

구 분	내 용
무동기	외부의 보상에도 동기화되지 못하고, 행동하려는 의지가 결핍된 상태이다.
외적 조절	• 외적 보상이나 압력, 혹은 제약에 순응하기 위해 행동을 한다. • 자기결정이 포함되어 있지 않은 타율적 행동이다.
부과된 조절 (투사)	자신이나 타인의 인정을 추구하며, 죄책감이나 불안 혹은 자기비난을 피하기 위하여 동기화된 행동을 한다.
확인된 조절 (동일시)	내적 흥미보다는 개인적 중요성이나 자신이 설정한 목표를 추구하기 위해 동기화된 행동이다.

통합된 조절	• 특정 행동이 갖는 바람직한 측면을 받아들여 자신의 가치체계에 통합하여 발현된 행동이다. • 통합된 조절은 내면화의 자연스러운 결과이다. • 통합은 자기조절이 매우 성숙된 단계이기 때문에 자기반성적 사고가 가능한 청소년기 이후에 획득 가능하다. • 통합된 동기에 따른 행동은 내재적 동기와 공통점이 많지만, 과제수행 자체의 즐거움보다는 다른 결과를 얻기 위해 행동하므로 외적 동기에 의한 행동으로 간주한다.
내적 동기 (내재적 조절)	• 자신의 내·외적 세계를 탐구하고 숙달하기 위한 선천적 동기이다. • 내재적으로 동기화된 학습자는 학습활동에 참여하는 과정에서 갖게 되는 만족이나 즐거움, 재미 등을 얻기 위해 과제를 수행한다. • 학습자는 도전감을 주는 과제를 선호하고, 호기심 때문에 과제를 수행하기도 하며, 과제 수행의 결과를 자신의 내부적 기준에 의해 판단하는 경향이 있다.

• 자기결정성의 개념을 바탕으로 구분한 학습동기의 단계(발레란드와 비소네트)

무기력 단계	학습동기가 전혀 내면화되지 않은 상태
외적 강압 단계	누군가가 직접적으로 보상을 주거나 통제를 가하면서 구체적인 행동을 지시할 때 행동을 수행하는 단계
내적 강압 단계	스스로가 자신의 행동을 통제하지만 외적 가치나 보상체계를 그대로 내면화한 단계
유익추구 단계	어떤 목표를 이루기 위해 유익한 행동을 스스로 선택하여 수행하는 단계
의미부여 단계	행동을 수행하면서 갈등을 경험하지 않는 단계로 내적 갈등이나 긴장을 경험하지 않는 단계
지식탐구 추구 단계	알고 이해하고 의미를 추구하려는 욕구에 의해 공부하는 단계
지적 성취 추구 단계	과제를 완벽하게 수행하는 것이 중요하며, 즐거움과 만족을 얻기 위해 공부하는 단계
지적 자극 추구 단계	흥분되는 학습을 통하여 강렬한 지적 즐거움을 얻기 위해 공부하는 단계

4. 동기의 4가지 요소 : 켈러(Keller)의 ARCS 이론

① 주의(Attention)
- 학습이 일어나기 위해서는 먼저 학습자가 학습 자극에 흥미를 가지고 주의를 기울여야 한다.
- 주의는 호기심, 주의 환기, 감각 추구 등의 개념들과 연관되어 있는데, 특히 호기심은 학습자의 주의를 유발, 유지시키는 주요 요인이다.
- 학습자가 주위 환경을 탐구하고 탐색할 기회를 가지므로 흥미는 계속 유지된다.

지각적 주의 환기	새롭고 신기한 사건이나 사실을 제시하여 학습자의 호기심이나 주의를 유발하는 것
인식적 주의 환기	학습자 스스로 새로운 정보를 추구하고 문제해결을 하도록 계속적으로 주의나 호기심을 유지하는 것

② 관련성(Relevance)
- 학습 상황에서 개인적인 필요, 즉 관련성이 지각되어야만 학습 동기는 계속적으로 유지된다.
- 관련성이란 학습자가 교육의 내용을 자신의 개인적 흥미나 삶의 목적과 연관시키는 것으로, 자신의 장래에 어떤 중요한 목적을 달성하는 데 도움이 된다고 생각될 때 학습 동기가 상승된다.
- 인정받으려는 욕구, 성공의 욕구, 소속감의 욕구, 참여의 욕구 등이 학습의 과정에서 관련성을 증가시키는 요인이 된다.

- 학습자의 경험과 가치에 연관되는 예문이나 구체적인 용어, 개념 등을 사용하는 친밀성의 전략을 사용하여 관련성을 높일 수 있다.
- 학습의 목표, 성취의 목적 등 목적이나 실용성을 제시하는 목적지향성의 전략도 관련성을 높일 수 있다.

③ 자신감(Confidence)
- 학습자가 학습에 재미와 필요성을 느끼고 성공의 기회가 있다는 것을 아는 것은 동기유발 및 유지를 위해 중요하다.
- 자신에게 어떤 일을 성공시킬 수 있는 능력이 있다고 느낄 때 높은 동기를 가질 수 있으므로 능력에 대한 자각을 통해 동기를 유발하도록 한다.
- 자신이 내린 선택이나 노력이 행동의 결과에 영향을 끼친다고 느낄 때 자신감을 갖고 이러한 통제 가능성에 대한 지각은 동기유발을 가져온다.
- 성공에 대한 확신이 있을 때 더욱 노력하게 되고 성공률도 높아지는데 이러한 성공에 대한 기대감은 높은 동기를 유발시킨다.

④ 만족감(Satisfaction)
- 학습자의 노력의 결과가 좋을 때 그 결과에 대해 만족한다면 학습 동기는 계속 유지될 것이다.
- 만족감은 초기 학습을 유발하는 동기라기보다는 유발된 동기를 유지시키는 역할을 한다.
- 학습의 내적 결과와 외적 결과가 만족감에 영향을 미친다. 내적 결과에는 학습자의 학업 수행과 결과에 대한 인지적 평가와 기타 내적 보상이 포함되는데, 한 학생이 발표를 한 후에 실수 없이 잘했다는 자신의 평가가 만족감을 주는 것을 말한다. 외적 결과에는 강화와 피드백이 포함된다. 예를 들면, 선생님의 잘했다는 피드백이 만족감을 올려주는 경우를 말한다.

핵심문제 07

켈러(Keller)의 ARCS 이론에서 동기의 요소가 아닌 것은 무엇인가?

① 동기유발
② 주 의
③ 자신감
④ 만족감
⑤ 관련성

고득점을 향한 해설

동기유발이란 어떤 활동을 촉진 및 유지하려는 내적 상태 또는 과정을 말한다.

답 ①

08 | 학습조건 이론

1. 학습조건 이론의 의의
① 가네(Gagne)의 학습조건 이론은 인간 학습의 복잡성을 설명하는 요소를 밝히는 데 중요성을 두고 있다.
② 가네는 학습이란 인간의 성향이나 능력의 변화가 일정 기간 지속적으로 유지되는 상태라고 정의한다.
③ 학습(학습력이라고 부름)은 환경의 자극과 학습자의 인지 과정으로부터 획득되는데, 환경의 자극을 변형시켜서 새로운 능력을 획득하기 위한 정보처리의 단계라고 할 수 있다.

2. 학습의 기본 가정
① 성숙적 준비성 모형
  인간의 행동 발달은 학습의 누적 효과로부터 생겨난다. 누적된 학습의 영향으로 개개인의 발달이 이루어진다는 것이다. 그러므로 학습이 효과적으로 이루어지기 위해서는 그 전에 어떤 성숙이 이루어져야 한다.
② 누가적 학습 모형
  모든 학습된 지적 기능은 다른 많은 기능들의 학습이나 더 복잡한 기능의 학습에 기여한다. 즉 단순한 능력들은 더 복잡한 능력의 학습에 기여하며 또 다른 상황으로 일반화되어 그 결과 점차로 지적 완성을 이룬다.
③ 인간 학습의 다양성
  가네는 이전의 학습 이론들이 인간 학습의 본질을 설명하는 데 한계가 있다고 지적했다. 학습이란 단순한 과정이 아니기 때문에 한 학습이론에서 제시하는 인간 학습의 본질을 모든 학습에 적용시킬 수는 없다는 것이다.

3. 학습의 영역
① 언어 정보
  언어로 표현될 수 있는 정보를 말하는데, 사물에 대한 이름이나 사실에 대한 진위를 언급하는 단일 명제가 있고 여러 개의 명제들이 조합된 지식인 명제적 지식, 선언적 지식이 있다.
  - 이름과 명칭 : 어떤 대상에 대하여 일관된 언어 반응이나 이름을 적용
  - 단순 명제, 단순 사실 : 둘 또는 그 이상의 사물이나 사건과의 관계를 구두로 말하거나 글로 진술하는 것
  - 의미 있게 조직된 명제의 집합체 : 학습된 정보를 요약하여 말하거나 바꾸어 말하거나 보고하는 것
    예 애국심의 정의를 의역하는 것
② 지적 기능
  - 방법적 지식, 절차적 지식으로 여러 가지 기호나 상징을 사용하여 환경과 상호작용할 수 있는 능력이다.
  - 아는 지식이 아닌 실행하는 지식이다.
  - 변별학습, 구체적·정의적 개념학습, 원리(규칙)학습, 고등규칙학습(문제해결학습)의 4가지 기능으로 분류된다.
    예 흰색과 검정색을 구별하는 것, 사각형의 면적을 계산하는 것

③ 운동기능
- 신체적 움직임을 수행하기 위한 능력 및 실행계획을 말한다.
- 단순한 것에서 복잡한 수준에 이르는 것까지 다양하며 장기간의 반복적 연습을 통해 학습된다.
- 부분적 운동기능의 학습이 선행되어 전체적 운동기능의 학습이 촉진된다.
  예 구두끈을 묶거나 수영 시범을 보이는 것

④ 태 도
- 개인이 여러 종류의 활동들 가운데 어떤 것을 선택하는 데 영향을 주는 능력이다.
- 또 어떤 사람, 사건에 대해 좋아하거나 싫어하는 또는 찬성하거나 반대하는 등의 행위를 선택하도록 하는 내적 상태를 말한다.
  예 밴드 콘서트에 가지 않고 대신 놀이공원에 가기로 선택하는 것

⑤ 인지 전략
- 학습자의 사고와 학습을 지배하는 통제 과정이다.
- 개인의 학습, 기억, 사고, 행동을 지배하며 개념과 규칙의 활용을 조정해주고 점검하는 기능을 한다.
- 학습자들이 이전에 경험하지 않았던 문제 상황에 자신이 가지고 있는 지식과 기능을 사용하는 방법을 말한다.
  예 과제를 제출하기 위해 목록카드를 개발하는 것

4. 학습의 인지과정

① 학습을 위한 준비
- 학습의 시작단계로 주의집중, 기대, 관련 정보의 재생 또는 장기 기억으로부터의 기능 재생이 포함된다.
- 학습자로 하여금 학습과제에 참여하도록 한다.

② 획득과 수행
- 자극이 수용되어 획득되면 개인은 어떤 반응을 보이기 시작한다.
- 수행은 일련의 규칙 진술문에 의해서 행동의 규칙성을 기술할 수 있을 때 규칙을 따르는 행동이다.
- 선택적 지각, 의미론적 부호화, 재생과 반응, 강화(피드백)의 학습과정을 거친다.

③ 학습의 전이
- 학습자가 학습한 능력을 새로운 예 또는 새로운 상황에 적용할 수 있을 때 학습의 전이가 이루어진다.
- 학습의 전이를 위해 학습자는 장기 기억에서 사용될 수 있는 부가적인 단서를 찾는다.

④ 학습의 9단계

구 분	단 계	기 능
학습을 위한 준비	주의집중	학습자로 하여금 자극에 경계하도록 한다.
	기 대	학습자로 하여금 학습목표의 방향을 설정하도록 한다.
	작동적 기억으로 재생	선수학습능력의 재생을 자극한다.
획득과 수행	선택적 지각	중요한 자극 특징을 자동적 기억 속에 일시적으로 저장하도록 한다.
	의미론적 부호화	자극 특징과 관련 정보를 장기 기억으로 전이시킨다.
	재생과 반응	개인의 반응 발생기로 저장된 정보를 재현시켜 반응 행위를 하도록 한다.
	강 화	학습목표에 대하여 학습자가 가졌던 기대를 확인시켜준다.

재생과 전이	재생을 위한 암시	이후의 학습력 재생을 위해 부가적 암시를 제공한다.
	일반화	새로운 상황으로의 학습전이력을 높인다.

5. 학습의 과정

① 학습의 절차
- 학습의 절차는 운동기능과 지적 기능을 포함한 기능들의 연속적인 조직이다.
- 여러 부분으로 구성된 긴 절차가 수행되려면 학습자는 단순한 규칙들(그러한 규칙을 구성하는 개념들) 하나하나를 알아야 할 뿐 아니라 행동 단계의 계열을 따라서 수행할 수 있어야 한다.
- 절차를 학습한다는 것은 필수 개념과 원리는 물론 개별 운동기능을 학습한다는 것이다. 한 단계의 절차가 다음 단계의 선택에 단서를 제공해준다.

② 학습위계
- 학습 요소는 독립적으로 존재하는 것이 아닌 다른 요소와의 관련성에 따라 위계를 이룬다.
- 학습위계는 지적 기능만의 조직으로, 위계상의 각각의 기능들은 다음 단계의 복잡한 상위기능에 필수적인 선행 요건이 된다.
- 하위 요소를 먼저 학습하지 않고는 그 위의 상위 요소를 학습할 수 없는 두 기능 간의 연결이다.
- 하위 능력을 충분히 학습하면 상위 능력을 쉽게 학습할 수 있는 필요조건이 된다.
- 각 내용 단위는 학습해야 할 단일한 능력을 지시하고 있다.
- 신호 학습, 자극-반응 학습, 연쇄 학습, 언어연합 학습, 변별 학습, 개념 학습, 원리 학습, 문제해결 학습의 8가지 학습의 형태가 있고, 순서대로 위계가 성립한다고 보았다.

핵심문제 08

다음 중 가네(Gagne)의 학습조건 이론의 내용으로 옳지 않은 것은?

① 학습은 환경의 자극을 변형시켜서 새로운 능력을 획득하기 위한 정보처리의 단계이다.
② 단순한 능력들은 더 복잡한 능력의 학습에 기여하며 또 다른 상황으로 일반화되어 지적 완성을 이룬다는 이론을 성숙적 준비성 모형이라고 한다.
③ 학습이 획득되는 과정에서 선택적 지각, 의미론적 부호화, 재생과 반응, 강화의 과정을 거친다.
④ 하위 요소를 먼저 학습하지 않고는 상위 요소를 학습할 수 없다.
⑤ 학습이란 인간의 성향이나 능력의 변화가 일정 기간 지속적으로 유지되는 상태이다.

고득점을 향한 해설

성숙적 준비성 모형은 인간의 행동발달이 누적 효과로 생기며 학습이 효과적으로 이루어지기 위해서는 그 전에 누적된 학습의 모형으로 어떤 성숙이 이루어져야 한다는 것이다. 모든 학습된 지적 기능은 더 복잡한 기능의 학습에 기여한다는 것은 누가적 학습 모형이다.

답 ②

09 | 학업문제 상담

1. 학업상담의 개요
① 청소년기의 가장 중요한 일은 학업에 관한 바람직한 습관을 형성하고 성취하는 일이다.
② 학업상담에서 상담자의 역할은 내담자가 학습과정에서 겪게 되는 여러 가지 어려움을 조력해 주는 것이다.
③ 학업문제는 학업부진으로 인해서 자아개념을 손상시키고, 신체질병이나 정신문제를 일으키며, 부모와의 관계를 악화시키고, 좌절에 의한 비행과 탈선 등 여러 가지 문제의 원인이 된다.
④ 학업상담은 학업문제를 가져오는 요인들을 제거하여, 학업문제가 가져오는 결과들을 해결하는 것이다.

2. 학업상담의 특징
① 비자발적인 내담자가 많다.
② 부모의 관여가 적절한 수준과 형태로 이루어지도록 돕는다.
③ 학습과정에서 겪는 문제를 통합적으로 해결하여 유능한 학습자가 되도록 조력하는 과정이다.
④ 학업문제와 그 밖의 문제가 혼재되어 있다.

3. 학업상담자에게 요구되는 자질
① 학업문제에 영향을 주는 다양한 요인들을 체계적으로 고려하는 능력
② 학업문제의 원인과 그에 대한 개인 및 가족의 대응 전략에 대한 정확한 이해능력
③ 학업방법 자체를 학습하여 주도적인 학습상담을 할 수 있는 능력
④ 학업의 문제를 다루어야 하는 시점에 적절한 지식과 전략을 사용할 수 있도록 준비된 능력

4. 성공적 학습태도를 위한 상담
① **자각** : 학생으로 하여금 자신의 패배적인 악순환을 먼저 깨닫게 해야 한다.
② **대치** : 과거의 비효과적인 학습전략을 성공수준의 새로운 학습전략으로 교체하도록 돕는다.
③ **변화를 위한 긍정적 자극 필요**
   - 긍정적 자극이란 칭찬, 애정, 지원, 인정, 이해적 배려 등을 말한다.
   - 학생들은 대개 불만을 직접적으로 표현하지 못하다가 상담을 통해 솔직하게 말할 용기를 갖는다.
   - 상담으로 인해 학생은 직접적으로 불만을 말할 수 있게 되고, 상담자의 이해와 공감으로 자기 불만으로부터 벗어날 수 있는 자각과 용기를 찾는 것이다.
④ **기타** : 학습문제는 학습계획 및 태도뿐만 아니라, 공부하는 분위기, 학생 개인의 정신적 · 신체적 건강상태, 학습능력의 수준 및 학습에 대한 욕구 등을 고려해야 한다.

5. 학업상담의 절차

① 상담관계 형성
② 상담구조화
③ 학업문제의 진단
- 진단방법
  - 면접을 통한 진단
  - 심리검사를 통한 진단

> ※ 인지적 접근
> - 지능검사, 학업성취검사, 기초학습기능검사, 학습부진아용 배치·진단검사, 자기조절학습검사 등이 있다.
> - 학습전략을 평가하는 자기조절학습검사, MLST 학습전략검사 등이 있다.
> - 학습유형을 측정하는 SSI(학생유형검사)가 있다.
>
> ※ 정의적 접근
> - 객관적 검사 : 학업성취동기, 학습흥미, 귀인척도, 시험불안검사, 자아개념검사
> - 주관적 검사 : HTP, SCT, TAT, 투사검사
> - 정의적 문제와 행동적 문제가 함께 나타나는 대표적인 문제로는 ADHD, 즉 주의력결핍 과잉행동 문제를 들 수 있다.

- 진단절차

제1단계	초기면접으로 신뢰관계를 형성하고 진단목적을 명확히 하는 단계(예비단계)
제2단계	• 진단결과에 대한 피드백을 준비하는 단계 • 진단결과의 내용과 전달형태를 어떻게 할 것인지를 결정하는 단계
제3단계	• 피드백을 제공하는 단계 • 진단내용이 정확한가를 확인하고 제공된 해석에 대해 내담자가 자신의 실제 생활모습 또는 사례를 연결 짓도록 하는 과정이 중요
제4단계	• 치료적 진단과정에 추가되는 단계 • 진단을 통해 내담자가 발전하게 됨을 정리하고 이를 문서화하여 내담자에게 제공하는 단계 • 진단과정이 보다 효과적이려면 상담자는 내담자로 하여금 진단결과에 대해 이해하고 자기 생각을 이야기하게 하며, 진단결과에 대해 깊이 있게 의견을 나누는 것이 중요

④ 상담목표의 설정
⑤ 개입전략 설정 및 개입

핵심문제 09

다음 중 학업상담자에게 요구되는 자질에 관한 설명으로 옳지 않은 것은?

① 학업문제에 영향을 주는 다양한 요인들을 체계적으로 고려할 수 있어야 한다.
② 학업문제의 원인과 그에 대한 개인 및 가족의 대응 전략에 대한 정확한 이해능력이 있어야 한다.
③ 학업상담은 학업성취 그 자체에만 한정되어 이루어져야 한다.
④ 학업상담을 하기 위해서는 학업방법 자체를 학습하여 주도적인 학습상담을 할 수 있는 적절한 지식을 교육하고 훈련하여야 한다.
⑤ 아동 및 청소년 상담을 하는 상담자라면 누구나 학업의 문제를 다루어야 하는 시점에 적절한 지식과 전략을 사용할 수 있도록 준비해둘 필요가 있다.

고득점을 향한 해설

학업문제는 결과에 있어서 비슷한 양상을 보이나 그 원인은 매우 다양하고 그에 대한 개인 및 가족의 대응전략 역시 차이가 많다. 다양하고 적절한 개입전략이 되기 위해서는 다양한 발생 원인을 정확히 진단할 뿐 아니라, 이와 같이 개인 및 개인이 속한 가족 안에서 학업문제가 어떻게 다루어져 왔는지의 과정에 대한 정확한 이해가 필요하다. 학업상담은 학업성취 그 자체에만 한정되지 않고 학업문제에 대한 개인 및 가족의 건강한 발전과 적응과정이라는 보다 폭넓은 목적을 추구하여야 하기 때문이다.

답 ③

교육이란 사람이 학교에서 배운 것을
잊어버린 후에 남은 것을 말한다.
― 알버트 아인슈타인 ―

제2편

01 적중예상문제

02 부록(상담심리사 윤리강령)

행운이란 100%의 노력 뒤에 남는 것이다.

– 랭스턴 콜먼 –

  **끝까지 책임진다! 시대에듀!**
QR코드를 통해 도서 출간 이후 발견된 오류나 개정법령, 변경된 시험 정보, 최신기출문제, 도서 업데이트 자료 등이 있는지 확인해 보세요! **시대에듀 합격 스마트 앱**을 통해서도 알려 드리고 있으니 구글 플레이나 앱 스토어에서 다운받아 사용하세요. 또한, 파본 도서인 경우에는 구입하신 곳에서 교환해 드립니다.

01 적중예상문제

PART 01	상담심리학
PART 02	이상심리학
PART 03	심리평가 및 연구방법론
PART 04	집단상담 및 가족상담
PART 05	발달상담 및 학업상담

교육은 우리 자신의 무지를 점차 발견해 가는 과정이다.

- 윌 듀란트 -

01 적중예상문제

PART 01 | 상담심리학

01 상담을 정신건강상담, 성상담, 성장상담, 비행상담 등으로 구분하는 기준은?

① 내담자의 조력욕구에 따라
② 내담자의 문제유형에 따라
③ 조력수단에 따라
④ 구성인원에 따라
⑤ 연령에 따라

고득점을 향한 해설
① 문제예방상담, 발달·성장상담, 문제해결상담 등
③ 놀이치료, 미술치료, 독서치료, 음악치료, 원예치료 등
④ 개인상담과 집단상담
⑤ 아동상담, 청소년상담, 성인상담, 노인상담 등

02 상담의 초기단계에서 주로 이루어져야 할 사항과 가장 거리가 먼 것은?

① 따뜻하고 온화한 분위기를 형성한다.
② 내담자의 강점과 단점을 상담에 활용한다.
③ 상담에 대한 구체적인 안내를 한다.
④ 낙관적인 태도를 갖는다.
⑤ 목표를 수립한다.

고득점을 향한 해설
상담의 초기단계에서는 상담접수, 상담관계 형성, 상담의 구조화, 사례개념화, 목표설정 및 전략수립 등이 이루어진다. 이 단계에서는 주로 내담자에 대한 기본정보(인구통계학적 정보, 건강정보 등), 외모·행동, 호소문제, 현재의 주요기능상태, 스트레스원 등의 기초적 정보를 탐색하게 된다. 상담 초기는 앞으로의 성공적인 상담진행을 위한 라포형성이 매우 중요한 시기이다.

정답 01 ② 02 ②

03 지능에 대한 설명으로 옳지 않은 것은?

① 비네(Binet)는 정신연령(Mental Age)이라는 용어를 사용하였다.
② 지능이란 인지적·지적 기능의 특성을 나타내는 불변개념이다.
③ 새로운 환경 및 다양한 상황을 다루는 적응과 순응에 관한 능력이다.
④ 결정화된 지능은 문화적·교육적 경험에 따라 영향을 받는다.
⑤ 비네와 시몽은 육군의 업무 배치 방법을 개발하였다.

고득점을 향한 해설

지능은 고정불변의 것이 아니라 변화하는 과정이다. 지능이란 유전적·환경적 결정요인을 지니고 있으며 지능검사를 통하여 측정되는 개인의 지능은 유전적 결정요인뿐만 아니라 초기 교육적 환경, 후기 교육과 직업 경험, 현재의 정서적 상태 및 기질적·기능적 정신장애, 검사 당시의 상황요인의 상호작용 결과로 나타나는 개인의 전체적·잠재적인 적응능력을 말한다.

04 상담심리학의 발전 과정에 대한 설명으로 옳지 않은 것은?

① 심리학의 이론적 바탕의 마련은 프로이트의 심리학에서 시작하여 왓슨의 행동주의 심리학으로 이어졌다.
② 제2차 세계대전의 영향으로 상담심리학이 독립된 응용심리학의 한 분야로 자리 잡게 된다.
③ 1952년 상담심리학자를 위한 공식적인 조직이 결성되면서 상담심리학이라는 명칭이 사용되기 시작했다.
④ 1970년대 아이젠크가 전통적인 심리치료의 효과에 대한 의문을 제기하면서 상담 및 심리치료의 과정 및 효과에 관한 연구가 활발해졌다.
⑤ 1943년 미국심리학회의 제17분과로 출범했다.

고득점을 향한 해설

상담심리학의 발전 과정
심리학의 이론적 바탕의 마련은 1879년 분트의 실험심리학에서 시작하여 왓슨의 행동주의 심리학으로 이어졌다.

05 다음 중 인간중심 상담이론의 상담목표를 서술하고 있는 것은?

① 무의식을 의식화하여 개인의 성격구조를 수정하고 자아의 기능을 강화한다.
② 바람직하지 않은 행동은 감소시키고 바람직한 행동은 증가시킨다.
③ 자아와 경험 간의 불일치를 제거하고 방어기제를 내려놓게 함으로써 충분히 기능하는 사람이 되도록 돕는다.
④ 자동적 사고를 변화시키고 인지도식을 재구성하여 새롭고 합리적인 사고를 하도록 돕는다.
⑤ 충동에 따르지 않고 현실에 맞게 행동하도록 자아를 강화시키는 것이다.

> **고득점을 향한 해설**

상담이론의 상담목표
- 정신분석이론 : 무의식을 의식화하여 개인의 성격구조를 수정하고 충동에 따르지 않고 현실에 맞게 행동하도록 자아를 강화시킨다.
- 행동수정이론 : 바람직하지 않은 행동은 감소시키고 바람직한 행동은 증가시킨다.
- 인지상담이론 : 자동적 사고를 변화시키고 인지도식을 재구성하여 새롭고 합리적인 사고를 하도록 돕는다.

06 상담목표를 설정하는 방법에서 적극적 수준은?

① 자아실현
② 적 응
③ 예 방
④ 문제해결
⑤ 치 료

> **고득점을 향한 해설**

적극적 수준의 상담목표
- 전인적 발달 : 신체적, 심리적, 사회적, 문화적으로 균형 있고 조화롭게 발달할 수 있도록 하여 하나의 통합된 인격체로서의 전인(全人)을 길러내는 것이다.
- 자아실현 : 개인이 갖고 태어난 무한한 잠재가능성을 발휘, 실현하며 살도록 돕는 것이다.
- 개인적 강녕 : 개인이 신체적, 심리적, 사회적, 도덕적, 경제적으로 건강하고 안정되어 있을 뿐 아니라 평화로운 가운데 보람을 느끼는 삶을 살아가게 하는 것이다.

07 다음 중 보기의 내용과 연관된 내담자의 이해와 평가로 옳은 것은?

> - 상담자에게 강한 전이 감정을 보이는가?
> - 상담 장면에 저항하고 있는가?
> - 상담자에게 지나치게 의존하는가?
> - 지나치게 말이 많은가?

① 내담자 탐색을 통한 평가
② 환경적 특성
③ 심리검사를 통한 평가
④ 내담자의 자원 평가
⑤ 정신상태 평가

> **고득점을 향한 해설**

② 가족 구성과 가족들의 성격적 특성, 내담자와의 관계, 가족 분위기, 성장배경, 유전적 질환, 가족병력 등
③ 내담자 정보 제공, 자기탐색 촉진, 적절한 상담기법의 선정, 상담결과의 평가 등
④ 내담자의 적성, 흥미, 관심의 영역을 파악하고 누구나 나름의 재능이 있음을 인식시키고 활용하게 하며, 내담자가 일상생활에서 사용하는 지식, 기술, 특성 등을 통해 장점을 파악하고, 적용할 수 있는지 고려
⑤ 신경학적 검사로 지남력, 섬망, 기억력 등을 측정하여 신경학적 손상을 평가

정답 03 ② 04 ① 05 ③ 06 ① 07 ①

08 심리검사를 통해 측정할 수 있는 사항으로 옳지 않은 것은?

① 현재 인지기능
② 정서상태
③ 동기수준
④ 대인관계 양식
⑤ 자기탐색 촉진

> **고득점을 향한 해설**
> 심리검사로 측정하는 것
> • 인지적 과정
> • 정서상태
> • 동기수준과 욕구체계
> • 대인관계 양식

09 상담 중기에 사용되는 기법으로 옳지 않은 것은?

① 심층적 공감
② 피드백 주기
③ 해 석
④ 추수상담에 대한 논의
⑤ 직 면

> **고득점을 향한 해설**
> 추수상담에 대한 논의는 상담의 종결단계에서 이루어진다.

10 다음 중 보기의 내용에 해당하는 상담은?

> • 기간은 주로 주 1회부터 25회기 미만을 일컫는다.
> • 내담자의 문제에 대해 즉각적이고 신속한 개입이 이루어져야 한다.
> • 비교적 건강성을 지닌 내담자나 경미한 문제를 지닌 내담자에게 적합하다.
> • 내담자의 생활이나 지위의 변화에 정서적 어려움을 겪고 있을 때 적합하다.
> • 군인이나 학생 등 각종 조직이나 기관의 구성원에게 적합하다.

① 단기상담
② 위기상담
③ 집단상담
④ 장기상담
⑤ 추수상담

> **고득점을 향한 해설**
> 단기상담은 상담의 목표를 빠른 시간 내에 구체적으로 설정하고 그 목표를 해결하는 데 초점을 맞춘다.

11 다음 중 정신분석기법으로 옳지 않은 것은?

① 자유연상
② 꿈의 분석
③ 억 압
④ 저 항
⑤ 해 석

> **고득점을 향한 해설**
> 억압(Repression)은 정신분석기법이 아닌 개인의 부적응적인 방어기제 중 하나로, 의식하기 힘든 고통과 충격 등을 무의식 속으로 억누르는 것이다.

12 여성주의 상담이론에 대한 설명으로 옳지 않은 것은?

① 사람은 누구나 남녀를 불평등하게 분리하는 베타편견이 있다.
② 모든 문제는 사회문화적인 측면에서 거시적인 접근을 한다.
③ 사람은 정치적이므로 환경변화를 위해 사회적 행동에 참여해야 한다.
④ 길리건(Gilligan)은 여성의 배려와 책임의 도덕성이 관계체계에 근거하고 있다고 주장한다.
⑤ 상담기법으로 성역할 분석, 힘의 분석, 주장훈련, 그리고 의식향상훈련기법이 있다.

> **고득점을 향한 해설**
> 사람은 성에 관해 남녀를 불평등하게 분리하는 알파편견과 남녀 차이를 인정하지 않고 똑같이 취급하는 베타편견을 가진 존재이다.

13 인간중심 상담이론에서 말하는 '충분히 기능하는 사람'에 대한 설명으로 옳지 않은 것은?

① 현재 자신의 자아를 완전히 지각하는 사람이다.
② 계속적으로 변화하는 사람으로 과정 중에 있는 사람이다.
③ 경험의 개방성, 실존적인 삶, 자신의 유기체에 대한 신뢰, 자유로움, 창조성은 이들이 가진 특성이다.
④ 환경과 문화에 영향을 받지 않는 사람이다.
⑤ 실존적인 삶을 사는 사람이다.

> **고득점을 향한 해설**
> '환경과 문화에 영향을 받지 않는 사람'은 매슬로우(Maslow)의 인본주의 성격이론에서 자기실현을 한 사람의 설명이다.

14 인간중심치료에서 상담자의 역할에 해당하는 것은?

① 저항의 분석
② 경험의 개방성
③ 진실성
④ 무조건적인 반영
⑤ 역할모델

고득점을 향한 해설
① 저항의 분석은 정신분석 상담의 기법에 해당한다.
② 경험의 개방성은 인간중심 상담에서 내담자가 자기완성을 지향하여 성장해나가는 인격적 특성에 해당하는 것으로서, 치료자의 역할을 의미하는 것이 아니다.
④ 무조건적 반영이 아닌 무조건적·긍정적 존중과 수용이다.
⑤ 내담자가 상담자를 존경하여 태도, 가치, 신념, 행동 등을 따라하는 것은 행동주의 이론에서의 개념이다.

진실성
상담자가 내담자와의 상담관계에서 경험하는 감정을 있는 그대로 솔직히 인정하고 표현하는 태도로서 상담자의 내적 경험과 외적 표현이 일치해야 한다.

15 행동주의 접근의 4가지 요소에 속하지 않는 것은?

① 사회심리학적 이론
② 조작적 조건형성
③ 사회학습
④ 인지적 경향
⑤ 고전적 조건형성

고득점을 향한 해설
행동주의 접근의 4가지 요소는 고전적 조건형성, 조작적 조건형성, 사회학습, 인지적 경향이다. 사회심리학적 이론은 에릭슨(Erikson)의 이론으로 정신분석이론에 속한다.

16 행동주의 상담과정을 옳게 설명한 것은?

⊙ 관계형성
ⓒ 내담자의 상태 파악
ⓒ 문제행동 규명
ⓔ 기술 적용
ⓜ 목표 설정
ⓗ 결과 평가 및 종결

① ㄱ → ㄴ → ㄷ → ㄹ → ㅁ → ㅂ
② ㄱ → ㄷ → ㄴ → ㅁ → ㄹ → ㅂ
③ ㄱ → ㄷ → ㄴ → ㄹ → ㅁ → ㅂ
④ ㄱ → ㄴ → ㅁ → ㄷ → ㄹ → ㅂ
⑤ ㄱ → ㄴ → ㄷ → ㅁ → ㄹ → ㅂ

> **고득점을 향한 해설**

상담의 과정
상담관계형성 → 문제행동 규명 → 내담자의 현재 상태 파악 → 상담목표 설정 → 상담기술 적용 → 상담결과 평가 → 상담종결

17 다음 중 설명이 다른 하나는?

① 논박하기는 상담 기술의 인지적 기법이다.
② 비합리적인 신념은 정서적 문제로 이어진다.
③ 내가 만나는 모든 사람에게 인정받아야 한다.
④ 인지오류에는 과잉일반화와 정서적 추론 등이 있다.
⑤ 어떤 사건이나 행위 등과 같은 환경 자극은 상담에서 개입해야 하는 핵심이다.

> **고득점을 향한 해설**

아론 벡의 인지행동상담과 연관된 내용이고, ① · ② · ③ · ⑤는 엘리스의 합리적정서행동치료(REBT)와 연관된 내용이다.

18 평소 잘해주던 사람이 한두 번 잘못했다고 하여 관계를 끊으려 한다고 결론 내리는 경우와 같이 현재 상황의 한두 부분에 근거하여 극단적으로 부정적 결론을 내리는 인지오류는?

① 전부 아니면 전무의 사고 ② 과잉일반화
③ 긍정적인 면의 평가절하 ④ 과장/축소
⑤ 넘겨짚기

> **고득점을 향한 해설**

② 과잉일반화(지나친 일반화) : 현재 상황의 한두 부분에 근거하여 극단적으로 부정적 결론을 내리는 것이다.
① 전부 아니면 전무의 사고(흑백논리, 양극단적 사고, 이분법적 사고) : 두 가지 범주로 상황을 나누어 보는 것이다.
③ 긍정적인 면의 평가절하 : 자신의 능력을 객관적으로 평가하지 않고 지나치게 낮추어 보는 것이다.
④ 과장/축소 : 자신이나 타인을 어떤 상황에서 판단할 때, 비이성적으로 부정적인 측면을 강조하고 긍정적인 면을 최소화하는 것이다.
⑤ 넘겨짚기(임의적 추론) : 어떤 결론을 지지하는 증거가 없거나 그 증거가 결론에 위배됨에도 불구하고 그와 같은 결론을 내리는 것이다.

19 게슈탈트 이론에서 미해결 과제에 직면하거나 미해결 상황과 관련된 불안한 정서에 직면하는 것을 스스로 막는 데 사용되는 수단 중 하나는?

① 현 재
② 미해결 과제
③ 회 피
④ 전경과 배경
⑤ 게슈탈트

고득점을 향한 해설
① '지금-여기(Now & Here)'를 강조하여 현재의 순간을 이해하고 경험하며 음미하는 것을 강조한다.
② 인간의 분노, 격분, 증오, 고통, 불안, 슬픔, 죄의식, 포기 등과 같은 표현되지 못한 감정을 포함하는 개념이다.
④ 어느 한 순간에 관심의 초점이 되는 부분을 전경이라고 하고 관심 밖에 있는 부분을 배경이라고 한다.
⑤ 개체가 자신의 유기체 욕구나 감정을 하나의 의미 있는 행동 동기로 조직화하여 지각하는 것이다.

20 게슈탈트 상담이론에서 억압과 회피의 감정들과 만나게 하는 기법은?

① 욕구와 감정의 자각
② 자기 부분들 간의 대화
③ 빈 의자 기법
④ 꿈 작업
⑤ 과장하기

고득점을 향한 해설
④ 꿈 작업 : 내담자의 욕구나 충동, 감정이 외부로 투사된 것으로 보고, 내담자에게 꿈의 각 장면을 연기하게 하여 투사된 부분들과 접촉함으로써 억압과 회피의 감정들과 만나게 한다.
① 욕구와 감정의 자각 : '지금-여기'에서의 욕구와 감정을 자각한다.
② 대화실험 : 내담자에게 특정 장면을 연출하거나 공상 대화를 하도록 제안함으로써 내담자의 내적인 분할을 돕는 기법이다.
③ 빈 의자 기법 : 현재 상담에 참여하지 않은 사람과 직접 대화를 나누는 형식을 취함으로써 그 사람과의 관계를 직접 탐색해 볼 수 있고, 자기 자신의 억압된 부분 혹은 개발되지 않은 부분들과의 접촉이 가능하다.
⑤ 과장하기 : 내담자가 어떤 상황에서 감정의 정도와 깊이가 미약하여 명확히 자각하지 못하고 있을 때는 내담자의 특정 행동이나 언어를 과장하여 표현하게 한다.

21 다음 중 교류분석 상담이론의 의사교류패턴으로 바르게 짝지어진 것은?

㉠ 상호교류
㉡ 상보교류
㉢ 교차교류
㉣ 이면교류
㉤ 표면교류

① ㉡, ㉢, ㉣
② ㉠, ㉣, ㉤
③ ㉡, ㉢, ㉤
④ ㉠, ㉡, ㉢
⑤ ㉢, ㉣, ㉤

고득점을 향한 해설
ⓒ 상보교류 : 자신의 자아 상태와 상대방의 자아 상태가 서로 욕구를 충족시키는 평행의 상태이다.
ⓒ 교차교류 : 의사소통의 방향이 평행이 아니고 어긋나는 상태이다.
ⓔ 이면교류 : 두 가지 수준의 교류가 동시에 일어나면서 오해가 많이 발생한다.

22 행동변화를 위한 상담의 과정으로 적절한 것은?

① 인간의 전 행동(Total Behavior)은 행위, 사고, 느낌, 그리고 신경학적 태도로 구성된다.
② 인간은 욕구와 바람, 그리고 가치를 지향하면서 세상을 살아가도록 구조화되어 있다.
③ 인간의 뇌는 소속감, 힘, 즐거움, 자유, 성장의 욕구를 충족시키기 위해 행동을 통제한다.
④ 행동변화를 위한 상담은 욕구탐색-현재 행동 초점두기-자기행동 평가하기-책임있게 행동하기의 단계로 진행된다.
⑤ 행동선택은 자동차에 비유하면 기본 욕구는 엔진이고, 바람은 핸들, 행위와 사고는 앞바퀴, 느낌과 생물학적 행동은 뒷바퀴이다.

고득점을 향한 해설
① 인간의 전 행동은 행위, 사고, 느낌, 생물학적 행동으로 구성된다.
② 인간은 욕구와 바람을 달성하도록 동기화되어 있다.
③ 인간의 뇌는 소속감, 힘, 즐거움, 자유, 그리고 생존의 욕구 충족을 위해 행동을 통제한다.
④ 행동변화를 위한 상담은 욕구탐색(W)-현재 행동에 초점두기(D)-자기행동 평가하기(E)-책임있게 행동하는 계획세우기(P)의 순으로 진행된다.

23 교류분석 상담이론에서 세상에 대한 비난, 불신, 좌절, 분노를 나타내는 반응은?

① I'm OK
② I'm OK, You're not OK
③ I'm OK, You're OK
④ I'm not OK, You're OK
⑤ I'm not OK, You're not OK

고득점을 향한 해설
① 'I'm OK'는 교류분석의 4가지 각본분석에 포함되지 않는다.
③ 자기긍정, 타인긍정은 정서적·신체적 욕구를 애정적·수용적인 방식으로 충족하는 유형이다.
④ 자기부정, 타인긍정은 자신이 무능하여 다른 사람의 도움 없이 살 수 없다는 좌절감을 경험하면서 형성되는 것으로서 무력감과 우울감을 주된 정서로 갖는 유형이다.
⑤ 자기부정, 타인부정은 긍정적 스트로크의 제공자 부재로 쉽게 포기하고 희망이 없으며 심각한 정신적 문제를 지니는 유형이다.

24 현실치료 상담이론의 5가지 원리에 속하지 않는 것은?

① 인간은 욕구와 바람을 달성하도록 동기화되어 있다.
② 인간의 모든 행동은 행위, 사고, 느낌, 생물학적 행동으로 구성되며 목적이 있다.
③ 행위, 사고, 느낌, 생물학적 행동은 서로 분리될 수 없고, 외부로부터 생성되며 선택에 의한 것이다.
④ 인간은 지각체계를 통해서 세상을 본다.
⑤ 인간은 자신이 바라는 것과 환경으로부터 얻고 있다고 지각하는 것과의 불일치로 인해 각자에게 필요한 구체적인 행동을 수행하게 된다.

고득점을 향한 해설
행위, 사고, 느낌, 생물학적 행동은 외부가 아니라 내부에서 생성되는 것이다.

25 현실치료 상담이론에서 인간의 기본적인 다섯 가지 욕구에 해당되지 않는 것은?

① 자아실현의 욕구
② 생존의 욕구
③ 즐거움의 욕구
④ 자유의 욕구
⑤ 소속감의 욕구

고득점을 향한 해설
현실치료 상담이론에서 인간의 기본적인 다섯 가지 욕구는 소속감의 욕구, 힘의 욕구, 즐거움의 욕구, 자유의 욕구, 생존의 욕구이다. 자아실현의 욕구는 매슬로우(Maslow)의 욕구위계이론의 5단계에 해당한다.

26 상담과정에서 내담자의 주요 호소문제가 명확해지면 상담의 구체적인 목표를 설정하게 된다. 상담목표 설정 시 지켜야 할 기준을 6가지 제시하시오.

고득점을 향한 해설
- 행동보다는 결과 또는 성취로 진술되어야 한다.
- 검증이 가능하며, 구체적인 행동으로 이어질 수 있는 것이어야 한다.
- 가시적이고 실제적인 차이로 나타나는 것이어야 한다.
- 내담자의 능력 및 통제력을 고려한 현실적인 것이어야 한다.
- 내담자의 가치에 적절한 것이어야 한다.
- 도달을 위한 현실적인 기간이 설정되어야 한다.

27 상담자와 내담자와의 상담관계에서 제시되는 일반적인 윤리적 지침을 5가지 기술하시오.

고득점을 향한 해설
- 전문가로서의 태도
- 성실성
- 사회적 책임
- 인간권리와 존엄성에 대한 존중
- 정보의 보호

28 정신분석이론의 오이디푸스 콤플렉스(Oedipus Complex)에서 아동이 경험하고 발전시키는 동성 및 이성 부모에 대한 두 가지 금지된 소망은 무엇인가?

> **고득점을 향한 해설**
> - 근친상간적 소망
> - 근친살해적 소망

29 엘리스의 합리적 정서치료의 'ABCDE 모형'에 대하여 각 과정이 무엇을 의미하는지 간단하게 설명하시오.

> **고득점을 향한 해설**
> - A(Activating Event) : 일반적으로 어떤 감정의 동요나 행동에 영향을 끼치는 사건
> - B(Belief System) : 어떤 사건이나 행위 등과 같은 환경적 자극에 대해서 각 개인이 가지게 되는 태도 또는 그의 신념체계나 사고방식
> - C(Consequence) : 선행사건을 경험한 뒤 개인의 신념체계를 통해 사건을 해석하여 생기는 정서적, 행동적 결과
> - D(Dispute) : 자신과 외부 현실에 대한 내담자의 왜곡된 사고와 신념을 논박
> - E(Effect) : 비합리적인 신념을 논박하거나 직면한 결과

30 다음이 설명하는 기법은 무엇인가?

> 자신이 현재 느끼고 있는 감정을 행동으로 표현할 수 있게 하는 기법으로 자기 내면의 다양한 자신과 대화를 할 수 있게 한다. 특히 특정 상황에 대하여 상충하는 정서를 가지고 "자, 이 의자에 앉아보세요. 당신은 지금 어린 시절로 돌아가는 겁니다. 그 앞의 빈 의자에 엄마가 앉아있다고 상상해 보세요." 등의 방법과 같다.

고득점을 향한 해설

빈 의자 기법
현재 상담에 참여하지 않은 사람과 직접 대화를 나누는 형식을 취함으로써 그 사람과의 관계를 직접 탐색해볼 수 있고, 자기 자신의 억압된 부분 혹은 개발되지 않은 부분들과의 접촉이 가능하다.

PART 02 | 이상심리학

01 개정된 DSM-5에 대한 설명 중 옳지 않은 것은?

① 특정 행동을 반복하는 강박장애 중 특정 물건에 집착해 이를 수집하고 저장하는 증상을 따로 떼어 저장장애로 독립시켰다.
② DSM-IV에서 사용하는 다축체계가 폐지되었다.
③ 주의력결핍 과잉행동장애(ADHD)는 연령제한에 변함이 없다.
④ 폭식장애, 급격한 감정 변화를 동반하는 월경 전 불쾌감장애 등이 새로운 정신장애 진단군에 포함되었다.
⑤ 범주적 분류의 한계를 보완하기 위해 차원적 평가방식을 도입함으로써 '하이브리드 모델(Hybrid Model)'을 제안하였다.

고득점을 향한 해설
주의력결핍 과잉행동장애(ADHD)의 연령제한을 종전의 7세에서 12세로 높였다.

02 이상행동을 설명하는 모델과 그 설명으로 옳은 것은?

① 인지 모델 – 이상행동은 잘못된 사고과정의 결과로서 가장 잘 이해된다.
② 행동주의 모델 – 이상행동은 자기실현을 하는 데 있어서 오는 어려움에서 생긴다.
③ 인본주의 모델 – 이상행동은 무의식적 내적 갈등의 상징적 표현이다.
④ 사회문화 모델 – 이상행동은 정상행동과 같이 학습의 결과로 습득되며 학습원리로 치료할 수 있다.
⑤ 정신분석 모델 – 이상행동은 뇌의 구조적 결함이나 신경화학적 과정의 결손에 의해 발생한다.

고득점을 향한 해설
① 인지 모델은 인간의 역기능적 사고와 신념 등 부적응적인 인지적 활동에 의해 이상행동이나 정신장애가 발생한다고 본다.
② 인본주의 모델에 관한 설명이다.
③ 정신분석 모델에 관한 설명이다.
④ 행동주의 모델에 관한 설명이다.
⑤ 생물의학적 입장에 관한 설명이다.

03. 개정된 DSM-5에서 제외된 장애는?

① 우울장애
② 전반적 발달장애(PDD)
③ 폭식장애
④ 월경 전 불쾌감장애
⑤ 파괴적 기분조절부전장애

고득점을 향한 해설

DSM-IV의 분류기준에서 '전반적 발달장애(Pervasive Developmental Disorders)'의 하위유형으로 분류된 '자폐성장애'가 '자폐스펙트럼장애'로 명칭이 변경되어 DSM-5에서 새롭게 제시된 '신경발달장애'의 하위유형으로 분류되었다.

04. 개정된 DSM-5에서 불안장애 유형에 해당되지 않는 것은?

① 강박장애
② 범불안장애
③ 사회불안장애
④ 분리불안장애
⑤ 선택적 함구증

고득점을 향한 해설

DSM-IV 불안장애 유형	범불안장애, 공황장애, 특정공포증, 광장공포증, 사회공포증, 강박장애, 외상 후 스트레스장애, 급성 스트레스장애
DSM-5 불안장애 유형	범불안장애, 공황장애, 특정공포증, 광장공포증, 사회불안장애, 분리불안장애, 선택적 함구증

DSM-IV에서 불안장애의 하위 범주였던 '강박장애'와 '외상 후 스트레스장애'는 DSM-5에서 '강박 및 관련 장애'와 '외상 및 스트레스 관련 장애'라는 독립된 범주로 분류되었다.

05. 사회공포증에 대한 설명으로 옳지 않은 것은?

① 주로 행동요법 및 인지요법을 함께 시행하는데 인지 재훈련 같은 기법들이 활용된다.
② 엘리베이터, 버스나 지하철 등 탈출하기 어려운 공간 또는 백화점, 영화관 등에서 공황발작과 함께 나타난다.
③ 무대공포나 적면공포 등으로 나타난다.
④ 특정한 사회적 상황이나 일을 수행하는 상황에 노출되는 경우 발생한다.
⑤ 사회공포증을 가진 사람은 자신의 공포가 과도하고 비합리적이라는 사실을 알고 있다.

고득점을 향한 해설

② 광장공포증에 대한 설명이다. 광장공포증은 외출을 하거나, 군중 속에 있을 때, 집에 혼자 있을 때 등의 상황에서 두려움이나 발작을 일으킨다.

정답 01 ③ 02 ① 03 ② 04 ① 05 ②

06 해리장애에 대한 설명 중 옳은 것은?

① 이인증이나 비현실감을 경험하는 중에 현실검증력도 심하게 손상된다.
② 책에 몰두해서 내려야 할 역에서 내리지 못하는 것도 해리 현상에 해당된다.
③ 해리성 둔주는 다중성격장애라고도 불린다.
④ 둘 또는 그 이상의 별개의 성격상태 또는 빙의 경험을 해리성 기억상실이라고 한다.
⑤ 해리장애는 의식, 기억, 행동 및 자기정체감의 통합적 기능에 만성적인 이상을 경험하는 상태를 말한다.

고득점을 향한 해설
② 책에 몰두해서 주변을 완전히 잊는 것, 최면상태 등의 정상적인 경험도 해리 현상으로 볼 수 있다.
① 이인증이나 비현실감을 경험하는 중에 현실검증력은 본래대로 유지된다.
③ 해리성 정체성장애를 다중성격장애라고도 부른다.
④ 둘 또는 그 이상의 별개의 성격상태 또는 빙의 경험은 해리성 정체성장애에서 나타난다.
⑤ 해리장애는 의식, 기억, 행동 및 자기정체감의 통합적 기능에 갑작스러운 이상이 생긴 상태를 말한다.

07 전환장애에 대한 설명으로 옳지 않은 것은?

① 신체증상은 의도적으로 가장된 것이 아니며, 그에 선행된 갈등이나 스트레스를 전제로 한다.
② 전환은 개인의 무의식적·심리적 갈등이 신체증상으로 나타나는 경향을 말한다.
③ 히스테리성 신경증이라고도 불리며, 신체화 장애와 달리 한두 가지의 특정한 신체증상으로 나타난다.
④ 증상이 짧게는 3개월에서 길게는 1년 이상까지 장기간 지속된다.
⑤ 아동이나 청소년에게서 상대적으로 높은 발병률을 보인다.

고득점을 향한 해설
보통 2주 이내의 짧은 기간에 증상이 완화된다.

08 DSM-5의 아동의 성불편증 진단기준 8개의 항목 중 옳지 않은 것은?

① 반대 성에게 적합한 성적인 특성에 대한 강한 선호를 나타낸다.
② 자신이 반대 성의 전형적 감정과 반응을 지니고 있다는 강한 신념을 지닌다.
③ 소꿉놀이나 상상놀이에서 반대 성 역할하기를 강하게 선호한다.
④ 반대 성의 놀이상대가 되는 것을 강하게 선호한다.
⑤ 자신의 성적인 신체구조에 대한 강한 혐오감을 나타낸다.

고득점을 향한 해설

② 청소년 및 성인의 진단기준에 해당한다.

아동 (다음 중 4개 이상을 6개월 이상 나타냄)	• 반대 성이 되기를 강하게 원하거나 자신이 반대의 성이라고 주장한다. • 소년의 경우는 여성의 옷으로 바꿔 입거나 여성복장의 흉내내기를 좋아하는 반면, 소녀의 경우는 오로지 인습적인 남성복장 입기를 고집하며 인습적인 여성복장 입기를 강력히 거부한다. • 소꿉놀이나 상상놀이에서 반대 성 역할하기를 강하게 선호한다. • 반대 성에 의해서 흔히 사용되거나 연관된 장난감, 게임, 활동을 강하게 선호한다. • 반대 성의 놀이상대가 되는 것을 강하게 선호한다. • 소년은 남성적인 장난감, 게임, 활동을, 소녀는 여성적인 장난감, 게임, 활동을 강하게 거부한다. • 자신의 성적인 신체구조에 대한 강한 혐오감을 나타낸다. • 반대 성에게 적합한 성적인 특성에 대한 강한 선호를 나타낸다.
청소년 및 성인 (다음 중 2개 이상을 6개월 이상 나타냄)	• 자신에게 부여된 일차적 성과 경험된/표현된 성에 있어서 현저한 불일치를 나타낸다. • 자신의 경험된/표현된 성과의 현저한 불일치 때문에 자신의 일차적 성 특성을 제거하려는 강한 욕구를 지닌다. • 반대 성의 일차적 성 특성을 얻고자 하는 강한 욕구를 지닌다. • 반대 성이 되고자 하는 강한 욕구를 지닌다. • 반대 성으로 대우받고자 하는 강한 욕구를 지닌다. • 자신이 반대 성의 전형적 감정과 반응을 지니고 있다는 강한 신념을 지닌다.

09 우울장애의 귀인이론에서 우울감이 장기화되는 경우는?

① 실패의 원인을 자신의 능력부족 또는 성격상의 결함 등 안정적 요인으로 귀인하는 경우
② 실패의 원인을 과제의 난이도나 운 등 외부적 요인으로 귀인하는 경우
③ 실패의 원인을 자신의 전반적인 능력 부족이나 성격 전체의 문제 등으로 귀인하는 경우
④ 실패의 원인을 노력 부족 등 불안정적 요인으로 귀인하는 경우
⑤ 실패의 원인을 자신의 특수한 능력 부족이나 성격상 일부의 문제 등으로 귀인하는 경우

정답 06 ② 07 ④ 08 ② 09 ①

고득점을 향한 해설

우울장애의 귀인이론

내부적 요인	• 실패의 원인을 자신의 능력 또는 노력의 부족, 성격상의 결함 등 내부적 요인으로 귀인하는 경우 우울감이 증폭된다. • 실패의 원인을 과제의 난이도나 운 등의 외부적 요인으로 귀인하는 경우 우울감은 상대적으로 낮은 수준을 보인다.
안정적 요인	• 실패의 원인을 자신의 능력 부족이나 성격상의 결함 등 안정적 요인으로 귀인하는 경우 우울감은 장기화된다. • 실패의 원인을 노력 부족 등 불안정적 요인으로 귀인하는 경우 우울감은 상대적으로 단기화된다.
전반적 요인	• 실패의 원인을 자신의 전반적인 능력 부족이나 성격 전체의 문제 등으로 귀인하는 경우 우울증이 일반화된다. • 실패의 원인을 자신의 특수한 능력 부족이나 성격상 일부의 문제 등으로 귀인하는 경우 우울증이 특수화된다.

10 심리적 갈등이나 스트레스로 인해 갑작스런 시력상실이나 마비와 같은 감각 이상 또는 운동증상을 나타내는 질환은?

① 공황장애
② 전환장애
③ 신체증상장애
④ 질병불안장애
⑤ 갈등장애

고득점을 향한 해설

전환장애(Conversion Disorder)
- 전환장애는 DSM-5에서 신체증상 및 관련 장애의 하위유형에 속한다.
- 전환장애는 주로 신경학적 손상을 시사하는 한 가지 이상의 신체적 증상을 나타내는 경우로, 기능성 신경증상 장애(Functional Neurological Symptom Disorder)라고 불리기도 한다.

11 연극성 성격장애의 특징으로 옳지 않은 것은?

① 감정적·외향적·자기주장적·자기과시적인 성격을 특징으로 하며, 타인의 주의를 끌고자 외모에 신경을 쓴다.
② 자신이 항상 타인에게 관심의 중심이 되기를 바라므로, 대인관계를 지속적으로 유지하지 못한다.
③ 무책임하고 무모한 행동, 수단과 방법을 가리지 않는 쾌락을 추구한다.
④ 자신을 과장하는 이면에는 의존적인 성격과 무능력감이 내재해있다.
⑤ 타인에게 쉽게 영향을 받는다.

> **고득점을 향한 해설**

③ 반사회적 성격장애에 관한 설명이다.
반사회적 성격장애의 특성
- 사회적 규범에의 부적응, 타인의 권리 무시, 침범
- 목표지향적 활동의 결여
- 지속적인 비이성적, 충동적, 폭력적 행위
- 강한 자기주장, 약자에 대한 비난
- 성적 일탈 또는 약물남용의 발생 가능성
- 무책임하고 무모한 행동, 수단과 방법 가리지 않는 쾌락 추구

12 DSM-5의 조증 삽화의 주요증상이 아닌 것은?

① 수면욕 저하
② 사고의 비약
③ 목표지향적 활동의 증가
④ 정신운동성 지체
⑤ 주의산만

> **고득점을 향한 해설**

조증 삽화는 정신운동 초조가 나타난다. 정신운동 지체는 지체성 우울에서 나타난다.

13 물질관련장애 치료방법 중에서 행동주의적 접근방법은?

① 뇌절제술
② 꿈의 분석
③ 자유연상
④ 체계적 둔감법
⑤ 음주 거절 기술 배우기

> **고득점을 향한 해설**

④ 단계적 노출을 통하여 부적응적 증상을 제거하는 방법으로 불안장애 등에 효과적이며, 또 다른 행동주의적 치료방법으로 소거, 혐오적 조건형성이 있다.
① 생물학적 치료방법으로 극단적인 경우 외에는 사용하지 않는다.
② 정신분석적 치료방법으로 꿈속에서 나타나는 주제와 내용을 분석하여 무의식적인 갈등을 찾아가는 방법이다.
③ 정신분석적 치료방법으로 아무런 억제나 논리적 판단 없이 마음속에 떠오르는 생각을 그대로 솔직하게 이야기하는 방법이다.
⑤ 인지행동 치료방법으로 음주에 대한 유혹이 올 때 어떻게 거절할 것인지 대처방법을 생각해보고 연습하는 것이다.

정답 10 ② 11 ③ 12 ④ 13 ④

14 조현병의 음성증상에 해당하는 것은?

① 정서적 둔마
② 망상
③ 환각
④ 의존성
⑤ 와해된 언어

> **고득점을 향한 해설**

음성증상(Negative Symptom)
- 정상적·적응적 기능의 결여를 나타냄
- 유전적 소인이나 뇌세포 상실에 의한 것으로 추정함
- 스트레스 사건과의 특별한 연관성 없이 서서히 진행됨
- 약물치료로도 쉽게 호전되지 않으며, 인지적 손상이 큼
- 정서적 둔마, 무논리증 또는 무언어증, 무욕증 등

15 DSM-5에서 처음으로 추가된 장애로, 맥락이나 듣는 사람의 필요에 맞추어서 의사소통을 적절하게 변화시키는 능력이 저하되어 있는 장애는?

① 아동기-발병 유창성장애
② 사회적 의사소통장애
③ 언어장애
④ 발화음장애
⑤ 말소리장애

> **고득점을 향한 해설**

② 사회적 의사소통장애 : 인사 또는 정보교환과 같은 사회적 목적을 위해서 맥락에 적절하게 의사소통을 하는 능력과 관련된다.
① 아동기-발병 유창성장애 : 말의 유창성에 문제가 있는 경우를 말한다. 말을 시작할 때 첫 음이나 첫 음절을 반복하여 사용하거나 특정한 발음을 길게 하거나, 말을 하는 도중에 부적절하게 머뭇거리거나 갑자기 큰 소리로 발음하는 등 다양한 형태로 나타난다.
③ 언어장애 : 언어의 표현과 더불어 이해에 현저한 어려움을 나타내는 경우를 말한다.
④ 발화음장애 : 발음에 어려움을 나타내는 경우를 말한다. 나이나 교육수준에 비해서 현저하게 부정확하거나 잘못된 발음을 사용하고 단어의 마지막 음을 발음하지 못하거나 생략하는 등의 문제를 나타낸다.
⑤ 말소리장애 : 언어음의 생성이 아동의 연령과 발달단계에 기대되는 수준에 맞지 않고, 이러한 결함이 신체적, 구조적, 신경학적 또는 청력 손상의 결과로 발생한 것이 아니다.

16. 자폐스펙트럼장애에 대한 설명으로 옳지 않은 것은?

① 사회적 상호작용의 특징적인 결함, 제한적 흥미, 과도한 반복적 행동을 보인다.
② 대부분의 사람들이 사용하는 일반적인 신체적인 신호를 거의 사용하지 못한다.
③ 특이한 말을 하거나 상동증적 행동을 보이기도 한다.
④ 집이나 주요 애착대상으로부터 분리를 경험하거나 예상할 때 반복적으로 심한 고통을 느낀다.
⑤ 특정 동작이나 대상의 한 부분에 몰두한다.

고득점을 향한 해설

분리불안장애
집이나 주요 애착대상으로부터 분리를 경험하거나 이를 예상할 때 반복적으로 심한 고통을 느낀다. 주요 애착대상을 잃는 것 혹은 질병, 부상, 재난, 사망과 같은 해로운 일이 일어나지 않을까 지속적이고 과도하게 근심한다.

17. DSM-5에서 제시한 주의력결핍 과잉행동장애의 진단기준으로 옳지 않은 것은?

① 조직화 기술이 빈약하기 때문에 과제나 자료를 분실하거나 집안일이나 약속을 이행하지 못한다.
② 충동성과 관련된 증상 중에 흔히 차례를 기다리지 못하는 것이 있다.
③ 흔히 다른 사람의 활동을 방해하고 간섭하는 충동성이 있다.
④ 장애를 일으키는 과잉행동-충동 또는 부주의 증상이 7세 이전에 있었다.
⑤ 종종 일상적인 활동을 잊어버린다.

고득점을 향한 해설

장애를 일으키는 과잉행동-충동 또는 부주의 증상이 12세 이전에 있었다. DSM-IV에서는 7세였으나 개정되었다.

18. 혈관성 치매에 대한 설명으로 옳지 않은 것은?

① 뇌졸중이나 뇌경색에 의해 혈관이 막히거나 터짐으로써 발생하는 치매이다.
② 고혈압, 당뇨, 고지혈증, 심장병, 비만, 흡연 등이 중요 위험인자라고 할 수 있다.
③ 가계에 따라 전달되는 경향이 있으며, 남성보다는 여성에게서 더 빈번히 발생한다.
④ 기억력을 포함하여 2가지 이상의 인지기능 저하가 나타나야 하며, 그와 같은 인지기능 저하가 뇌혈관질환 발병 후 3개월 이내에 발생되어야 한다.
⑤ 혈관성 주요 또는 경도 신경인지장애는 유병률이 65세 이후에 급속히 증가하지만, 어느 연령에서나 발생할 수 있다.

고득점을 향한 해설

③ 알츠하이머형 치매에 대한 설명에 해당한다. 알츠하이머형 치매는 흔히 말하는 노인성 치매에 해당하는 것으로서 뇌세포의 파괴가 주된 원인이며, 뇌 안의 기억 작용과 관련된 신경전달물질, 즉 아세틸콜린과 세로토닌의 부족으로 인해 나타난다. 기억착오와 혼돈이 뚜렷한 특징이다.

19 조현병의 양성증상에 해당하지 않는 것은?

① 망상, 환각, 와해된 언어나 행동
② 약물치료로도 쉽게 호전되지 않으며, 인지적 손상이 큼
③ 스트레스 사건에 의해 급격히 발생함
④ 도파민 등 신경전달물질의 이상에 의한 것으로 추정됨
⑤ 정상적·적응적 기능의 과잉 또는 왜곡을 나타냄

고득점을 향한 해설

양성증상(Positive Symptom)	음성증상(Negative Symptom)
• 정상적·적응적 기능의 과잉 또는 왜곡을 나타냄 • 도파민 등 신경전달물질의 이상에 의한 것으로 추정됨 • 스트레스 사건에 의해 급격히 발생함 • 약물치료에 의해 호전되며, 인지적 손상이 적음 • 망상, 환각, 와해된 언어나 행동 등	• 정상적·적응적 기능의 결여를 나타냄 • 유전적 소인이나 뇌세포 상실에 의한 것으로 추정됨 • 스트레스 사건과의 특별한 연관성 없이 서서히 진행됨 • 약물치료로도 쉽게 호전되지 않으며, 인지적 손상이 큼 • 무감동, 무언어증, 무의욕증 등

20 주의력결핍과잉행동장애(ADHD)의 설명으로 가장 적절한 것은?

① 사춘기 중학생인 철수는 학교 과제물을 챙겨가지 않아서 혼이 나곤 하는데, 그럴 때마다 스스로 불합리한 지시에 저항하는 남자다운 모습이 보여서 좋다.
② 주의력결핍과잉행동장애(ADHD)의 몇 가지 부주의, 과잉행동-충동 증상은 10세 이전에 발현이 된다.
③ 철수는 토론 수업에서 상대방의 억지 주장에 참지 못하고, 중간에 말을 끊고 논리가 잘못되었다는 것을 주장하기 시작했다.
④ 주의력결핍과잉행동장애(ADHD)에는 부주의, 과잉행동-충동성, 그리고 혼합형의 하위 유형이 있다.
⑤ 어려서부터 발달장애 증상이 있던 철수는 중학교 3학년이 되면서 수업이 어려워 수업시간에 잠을 자거나 하품을 크게 하기도 하고, 친구와 떠들다가 혼나고 자주 화장실을 가곤 한다.

고득점을 향한 해설

① 지시에 따라 학업, 작업, 또는 자신이 해야 할 일을 자주 수행하지 못하는 행동이 나타나도 반항적 행동이나 지시를 이해하지 못해서인 경우는 ADHD로 진단하지 않는다.
② 주의력결핍과잉행동장애(ADHD)의 몇 가지 부주의, 과잉행동-충동 증상은 12세 이전에 발현이 된다(DSM-Ⅳ는 7세).
③ 다른 사람의 말을 경청하지 않거나 질문이 끝나기도 전에 성급하게 대답하는 것은 ADHD의 증상으로 볼 수 있지만, 토론 수업이고, 억지 주장을 펼치는 것은 경청한 것으로 볼 수 있으며, 대답이 아닌 주장을 펼치는 부분은 정상적 토론 활동으로 볼 수 있다. 또한 단편적인 몇 가지 증상으로만 진단할 수 있는 것은 아니다.
⑤ 증상의 발생이 광범위성 발달장애, 조현병 또는 기타 정신병적 장애의 경과 중에만 발생하는 것이 아니며, 다른 정신장애(예 기분장애, 불안장애, 물질중독 또는 금단, 해리성장애, 인격장애)에 의해 잘 설명되지 않는 경우 ADHD로 진단한다. 다른 병리적 요인이 있는 경우에는 다른 요인을 우선하여 탐색해야 한다.

21 의사소통장애의 유형에 해당하지 않는 것은?

① 언어장애
② 발화음장애
③ 아동기-발병 유창성장애
④ 음성 틱장애
⑤ 사회적 의사소통장애

> **고득점을 향한 해설**
> 음성 틱장애는 운동장애 유형에 해당된다.

22 분리불안장애에 대한 설명 중 옳지 않은 것은?

① 발병 계기에는 부모의 질병, 동생 출산, 어머니의 직장출근, 이사 등이 있다.
② 애착대상으로부터 분리될 때 불안이 높아진다.
③ 불안의 정도가 일상생활을 위협할 정도로 심하고 지속적인 경우를 말한다.
④ 어떤 특정한 상황에서 다른 사람에게 전혀 대꾸를 하지 않으며 말을 하지 않는다.
⑤ 부모가 무의식적으로 아이와 떨어지는 것을 두려워하거나 불안장애가 있을 때 위험도가 높다.

> **고득점을 향한 해설**
> ④ 선택적 함구증에 대한 내용이다.

23 강박 및 관련 장애에 속하는 것을 모두 고른 것은?

| ㉠ 수집광 | ㉡ 발모광(털뽑기장애) |
| ㉢ 피부뜯기장애 | ㉣ 강박장애 |

① ㉠, ㉡
② ㉡, ㉢
③ ㉠, ㉡, ㉢
④ ㉠, ㉡, ㉢, ㉣
⑤ ㉡, ㉢, ㉣

> **고득점을 향한 해설**
> 강박 및 관련 장애 유형에는 강박장애, 신체이형장애, 수집광, 발모광(털뽑기장애), 피부뜯기장애 등이 있다.

정답 19 ② 20 ④ 21 ④ 22 ④ 23 ④

24 다음 중 애착장애와 관련 없는 것은?

① 애착 반응성 또는 발육부진 양육이라고도 한다.
② 다른 사람과의 관계를 두려워하거나 회피한다.
③ 누구에게나 부적절하게 친밀함을 나타낸다.
④ 유형에는 억제사회관여형과 억제형이 있다.
⑤ 애착은 3세대에 걸쳐 전이된다고 한다.

고득점을 향한 해설
애착장애의 유형은 억제형과 탈억제형으로 나뉜다. 탈억제형은 탈억제 사회 관여 장애 또는 탈억제성 사회적 유대감 장애라고도 하며 누구에게나 부적절하게 친밀함을 나타낸다.

25 물질관련 및 중독장애에 대한 설명으로 옳지 않은 것은?

① 술, 담배, 마약 등과 같은 물질이나 약물을 복용하여 생기는 다양한 심리적 문제이다.
② 물질중독이란 물질복용으로 일시적으로 나타나는 부적응 증상을 말한다.
③ 알코올사용장애는 알코올에 대한 내성만 가지고 있는 상태이다.
④ 물질금단이란 물질복용을 중단함으로써 나타나는 증상이다.
⑤ 비물질관련장애에 도박장애가 있다.

고득점을 향한 해설
알코올사용장애는 알코올의존과 알코올남용을 포함하며 금단, 내성, 절망감이 포함된 행동과 신체증상들의 집합체이다.

26 다음은 이상심리학의 기본 이론 중 무엇에 관한 설명인가?

- 이상행동을 심리학의 관점에서 설명한 이론
- 이상행동은 주변 환경으로부터의 잘못된 학습에 기인한 것
- 학습이론을 통해 이상행동이 습득되고 유지되는 과정을 구체적으로 이해

고득점을 향한 해설

인간의 행동을 환경과의 상호작용에 의한 학습의 과정으로 보며, 이상행동의 원인을 주변 환경으로부터의 잘못된 학습에 기인한 것으로 보는 이론은 행동주의 이론이다.

27 다음의 증세를 보이는 경우와 관련이 있는 장애는?

지방에 살다가 이직을 하면서 서울로 이사를 온 A씨는 자기가 자기가 아닌 것 같고 서울로 이사를 온 것이 마치 꿈속에서 일어난 일 같다고 한다. 일을 할 때에도 자신이 일을 하는 것 같지도 않고 밥을 먹어도 자신이 먹는 것 같은 느낌이 들지 않는다며, 이러다가는 미쳐버릴 것 같아서 너무 불안하다고 호소하고 있다.

고득점을 향한 해설

이인성 장애

뇌의 이상이나 약물사용과 무관하게 기억장애가 발생하여 자아의 분리감과 소외감을 지속적으로 경험하는 것을 이인성 장애라고 한다. 또한 자신의 생각, 감정, 감각, 신체 또는 행위에 관해서 생생한 현실로 느끼지 못하고 그것과 분리되거나 외부관찰자가 된 것 같은 경험을 하는 것을 뜻한다.

28 양극성 및 관련 장애의 유형 3가지를 쓰시오.

고득점을 향한 해설
제Ⅰ형 양극성장애, 제Ⅱ형 양극성장애, 순환성장애

29 성격장애 중 B군 성격장애 유형 2가지를 쓰고 특징을 기술하시오.

고득점을 향한 해설
- 반사회성 성격장애 : 타인의 권리를 존중하지 않으며 사회규범에 적응하지 못한다.
- 경계성 성격장애 : 신경증적 상태와 정신병적 상태의 경계를 의미하는 것으로 자기에 대해 명확하지 않고 일관성이 없다.
- 히스테리성(연극성) 성격장애 : 겉모습이 연극적이고 항상 자신에게 관심을 끌려고 하는 행동을 한다.
- 자기애성 성격장애 : 자신의 능력을 과장되게 평가해 왜곡된 자기상 또는 자아상을 갖는다.

30 전환장애의 특징 3가지를 기술하시오.

고득점을 향한 해설
- 전환은 개인의 무의식적·심리적 갈등이 신체증상으로 나타나는 경향을 말한다.
- 신체증상은 의도적으로 과장된 것이 아니며 선행된 갈등이나 스트레스를 전제로 한다.
- 히스테리성 신경증이라고도 불리며 신체증상장애 경향을 함께 나타내는 경향이 많다.
- 일반적으로 2주 이내의 짧은 기간 내에 증상이 완화된다.

PART 03 | 심리평가 및 연구방법론

01 심리검사 해석의 주요 내용이 아닌 것은?

① 검사 상황에서 보이는 피검자의 태도와 감정은 중요한 해석 자료이다.
② 피검자의 행동관찰 및 수검태도는 표준편차를 고려하여 반영해야 한다.
③ 반응내용과 주제에 따라 개인 고유의 특성에 대한 해석적 정보를 얻을 수 있다.
④ 검사 상황에서 피검자의 언어 스타일, 특이한 행동 등을 관찰하는 것은 중요하다.
⑤ 검사자의 개인적 특성이 피검자의 반응을 이끌어내는 데 많은 영향을 주기 때문에 검사자와 피검자가 좋은 관계를 맺는 것은 중요하다.

> **고득점을 향한 해설**
> 심리평가에는 수검자 정보, 실시된 검사명, 의뢰 사유, 배경정보, 현 병력, 행동관찰 및 수검태도, 검사결과에 대한 기술 및 해석, 요약 및 제언, 평가자 정보 등이 주요 내용으로 기술된다. 표준편차를 적용하는 객관적인 정보는 주로 문항을 중심으로 한 응답에 적용된다.

02 지능에 대한 학자들의 정의가 옳게 연결된 것은?

A. 터만
B. 피아제
C. 프리만
D. 핀트너
E. 비네

㉠ 지능은 지능검사에 의해 측정된 것이다.
㉡ 지능은 자신이 도달한 목표를 아는 능력이다.
㉢ 지능은 새로운 환경에 자신을 적응시키는 능력이다.
㉣ 지능은 추상적 사고를 하는 능력이다.
㉤ 지능은 동화와 조절이 균형을 이루는 형태이다.

① A - ㉢
② B - ㉡
③ C - ㉠
④ D - ㉤
⑤ E - ㉣

> **고득점을 향한 해설**
> - 터만 : 지능은 추상적 사고를 하는 능력이다.
> - 피아제 : 지능은 동화와 조절이 균형을 이루는 형태이다.
> - 프리만 : 지능은 지능검사에 의해 측정된 것이다.
> - 핀트너 : 지능은 새로운 환경에 자신을 적응시키는 능력이다.
> - 비네 : 지능은 자신이 도달한 목표를 아는 능력이다.

03 심리평가에 대한 설명으로 적절한 것은?

① 웩슬러-벨뷰(Wechsler-Bellevue)는 아동용 지능척도를 개발하였다.
② 비네(Binet)는 실험실에서 연구되어온 심리학을 처음으로 현장에 적용한 학자이다.
③ 비네(Binet)는 시몽(Simon)과 함께 성격정신발달검사인 최초의 비네-시몽 검사를 개발하였다.
④ 카텔(Cattell)은 복잡하고 어려운 심리검사를 단순하고 감각과제를 중심으로 반영해야 한다고 했다.
⑤ 심리평가는 임상적 면담, 행동평가, 심리검사 결과, 그리고 평가자의 경험을 반영하여 평가해야 한다.

> **고득점을 향한 해설**
> ① 웩슬러-벨뷰는 성인용 지능척도를 개발했다.
> ③ 비네는 시몽과 함께 정신박약아를 식별하기 위한 최초의 지능검사인 비네-시몽 검사를 개발하였다.
> ④ 카텔은 검사가 단순하고 감각과제에 한정되어 있음을 비판하고, 보다 복잡한 검사법의 필요성을 주장했다.
> ⑤ 심리평가는 임상적 면담, 행동평가, 심리검사 결과, 그리고 심리학적 지식을 반영하여 평가한다.

04 지능에 대한 설명으로 적절한 것은?

① 지능이 높아도 학습할 수 있는 능력은 높지 않다.
② 지능은 상징이 아닌 구체적 문제를 해결할 수 있는 능력이다.
③ 지능은 특정 상황에 대한 적응력과 새로운 환경 변화에 대한 사고력이다.
④ 지능은 목적을 향한 유기체의 개별적 능력을 중심으로 한다.
⑤ 지능은 추상적 사고능력이다.

> **고득점을 향한 해설**
> ① 지능이 높으면 학습할 수 있는 능력이 높고, 낮으면 학습할 수 있는 능력이 낮다.
> ② 지능은 상징을 통해 문제를 해결할 수 있는 능력이다.
> ③ 지능은 전체 환경에 대한 적응력이자, 새로운 문제 상황에 대처하는 정신적 능력이다.
> ④ 지능은 어떤 목적을 향해 합리적으로 행동하고 체계적으로 사고하며, 환경을 효과적으로 다루는 유기체의 종합적, 전체적 능력이다.

05 웩슬러 지능검사(K-WAIS-Ⅳ)에 대한 설명이 아닌 것은?

① 지각추론은 비언어적인 자료를 통합할 수 있는 능력을 포함한다.
② 언어성 IQ와 동작성 IQ의 소항목들을 통해 전체 IQ를 산출한다.
③ 언어이해는 공통성, 어휘, 상식, 이해를 중심으로 수검자의 언어능력을 반영한다.
④ 작업기억지표는 시각적 요소보다 언어적, 청각적 요소를 더 많이 포함하고 있어 집중력, 기억력, 연속적 처리능력도 함께 본다.
⑤ 처리속도는 비언어적 문제를 해결할 때 요구되는 정신적 속도를 반영한다. 특히 성취나 인정욕구가 강한 사람들이 양호한 결과를 보일 수 있다.

고득점을 향한 해설

언어성 IQ와 동작성 IQ의 소항목들을 통해 전체 IQ를 산출하는 것은 웩슬러 지능검사 3판(K-WAIS-Ⅲ)의 구성이다. 4판에서는 언어이해지표, 지각추론지표, 작업기억지표, 처리속도지표로 구성된다.

06 아동용 웩슬러 지능검사(K-WISC-Ⅴ)에 대한 설명이 아닌 것은?

① 이전 판과는 달리 지능이론은 물론이고, 인지발달, 신경발달, 인지신경과학, 학습과정에 대한 최근 인지이론에 기초하고 있다.
② 언어이해, 지각추론, 작업기억, 처리속도의 4개의 요인구조와 16개의 소검사로 구성되어 있다.
③ 언어이해는 4개의 소검사로 구성되어 있고, 언어적 추론, 이해, 개념화, 단어지식 등을 이용하는 언어능력을 측정한다.
④ 유동추론은 4개의 소검사로 구성되어 있고, 전반적인 시각지능 측정을 포함한다.
⑤ 작업기억은 숫자, 그림기억, 순차연결의 소검사로 구성되며, 주의력과 집중력 등을 측정한다.

고득점을 향한 해설

K-WISC-Ⅳ 검사는 언어이해, 지각추론, 작업기억, 처리속도의 4개의 요인구조에 15개의 소검사로 구성되어 있다. K-WISC-Ⅴ는 언어이해, 시공간, 유동추론, 작업기억, 처리속도의 5개 영역에서 16개의 소검사로 구성되어 있다.

07 다음 중 심리검사의 성격이 다른 것은?

① 웩슬러검사 ② MMPI
③ 카우프만검사 ④ 성취도검사
⑤ 적성검사

고득점을 향한 해설
심리검사는 인지검사(웩슬러지능검사, 카우프만 지능검사, 적성검사, 성취도 검사 등)과 성격검사(MMPI, 16PF, TCI, MBTI 등), 그리고 진단 및 감별검사(성격장애, 기분장애, 정신지체 등 정신의학적 진단 분류 등)이 있다.

08 심리검사 실시단계를 순서대로 옳게 나열한 것은?

> ㉠ 검사요강에 제시된 정보를 숙지하고 지시문에 따라 검사를 수행한다.
> ㉡ 검사 개발 당시 규준의 진행 과정과 동일한 조건에서 검사가 실시, 채점, 해석되어야 한다.
> ㉢ 검사자는 검사 사용 목적을 고려하여 검사시행 여부를 결정한다.
> ㉣ 수검자의 거부감을 해소하고 적극적으로 검사에 임할 수 있게 한다.
> ㉤ 단답형 문항과 자유형 문항이 혼용되어있는 경우 검사요강에 제시된 기준을 충실히 이행하고 객관성을 유지하도록 노력한다.

① ㉠ - ㉡ - ㉢ - ㉣ - ㉤
② ㉡ - ㉠ - ㉢ - ㉤ - ㉣
③ ㉡ - ㉢ - ㉠ - ㉣ - ㉤
④ ㉤ - ㉢ - ㉡ - ㉠ - ㉣
⑤ ㉢ - ㉡ - ㉣ - ㉠ - ㉤

고득점을 향한 해설
심리검사는 5단계로 진행되며, 심리검사의 선택(㉢)-검사 실시방법에 대한 이해(㉡)-검사에 대한 동기화(㉣)-검사의 실시(㉠)-검사 채점 및 해석(㉤) 순으로 시행한다.

09 로샤검사에 대한 설명으로 옳지 않은 것은?

① 신뢰도나 타당도 검증이 매우 빈약하고 그 결과도 매우 부정적이다.
② 로샤검사에 사용되는 카드는 모두 12장으로 카드 Ⅷ부터는 컬러로 구성되어 있다.
③ 1929년 벡에 의해 체계적 연구가 시작되었고, 1974년 엑스너(Exner)가 종합체계를 정립하였다.
④ 개인의 성격을 다차원적으로 접근하며, 대인관계와 사고, 감정, 현실지각 능력, 적응 능력을 알 수 있다.
⑤ 로샤검사는 맞는 반응이나 틀린 반응 없이, 개인의 반응을 통해 성격의 무의식적 측면을 추론하고 평가하는 것이 가능하다.

고득점을 향한 해설
로샤검사에 사용되는 카드는 모두 10장으로 카드 Ⅷ부터는 컬러로 구성되어 있다.

10 다음 중 벨락(Bellak)이 제시한 TAT의 기본가정에 해당하는 것을 모두 고른 것은?

㉠ 정신적 결정론(Psychic Determination)
㉡ 투사(Projection)
㉢ 통각(Apperception)
㉣ 외현화(Externalization)
㉤ 내현화(Internalization)

① ㉠, ㉡
② ㉠, ㉢, ㉣
③ ㉡, ㉢, ㉤
④ ㉢, ㉣, ㉤
⑤ ㉢, ㉣

고득점을 향한 해설

TAT의 기본가정(벨락)

통 각	개인은 대상을 인지할 때 지각, 이해, 추측, 심상의 과정을 거쳐 대상에 대한 결론을 내린다. 이러한 과정에서 개인은 내적 욕구와 선행 경험을 토대로 새로운 지각에 대해 상상력을 발휘하게 된다.
외현화	수검자는 전의식적 수준에 있는 내적 욕구와 선행 경험을 외현화과정을 통해 의식화한다. 수검자는 반드시 즉각적으로 인식하지 못하더라도 질문과정을 거치면서 그것이 자기 자신에 대한 내용임을 부분적으로 인식하기에 이른다.
정신적 결정론	TAT를 비롯한 모든 투사적 검사는 자유연상의 과정을 포함하여, 검사결과의 해석에 있어서 정신적 결정론의 입장을 따른다. 즉 수검자의 반응내용은 그의 역동적인 측면을 반영하므로, 수검자의 반응 모두 역동적인 원인과 유의미하게 연관된다는 것이다.

11 다음 중 벤더-게슈탈트(BGT) 검사의 특징으로 옳지 않은 것은?

① BGT 검사는 비언어적 검사로서 문화적 영향을 덜 받는 검사이다.
② BGT 검사는 수검자의 기질적 뇌손상을 진단하기 위한 용도로 사용된다.
③ BGT 검사는 카드 10장으로 구성되어 있으며, 도형A를 포함하여 도형1~9까지 존재한다.
④ BGT 검사는 시각, 지각 운동의 성숙수준, 정서적 상태, 갈등영역, 행동통제 등 다양한 측면을 알 수 있다.
⑤ BGT 검사는 행동상의 미성숙을 검사하는 방법이다.

고득점을 향한 해설

BGT 검사는 간단한 기하학적 도형이 그려진 9장의 카드로 구성되어 있으며, 도형은 도형A를 포함하여 도형1~8까지 존재한다.

12 웩슬러 지능검사의 질적 분석에 해당하는 것은?

① 산수 문제에서 정확한 숫자를 말하는 경우
② 빠진곳찾기에서 빠진 곳을 잘 찾아내는 경우
③ 바꿔쓰기에서 하나도 빼놓지 않고 답을 한 경우
④ 쉬운 문항은 실패하고, 어려운 문항에서 성공하는 경우
⑤ 한국적 상황에서는 정서가 섞인 응답을 하는 경우는 제외

고득점을 향한 해설
① 산수 문제에서 하나의 숫자가 아니라 근접한 대답을 하는 경우
② 빠진곳찾기에서 그림에서 보이지 않는 부분을 자주 언급하는 경우
③ 바꿔쓰기에서 자주 건너뛰는 경우
⑤ 정서가 섞인 응답을 하는 경우

13 다음은 ○○심리상담소에서 실시한 A군의 홀랜드 유형 직업적성검사의 결과이다. 다음 중 검사결과의 1차 코드 유형 및 A군에게 가장 이상적인 직업을 순서대로 옳게 나열한 것은?

성격유형	R	I	A	S	E	C
결 과	48	77	85	39	23	14

	1차 코드	이상적인 직업
①	A-I	애니메이터, 건축기사
②	A-I	사회사업가, 상담사
③	I-A	미술가, 무용가
④	I-A	교사, 사서
⑤	A-I	법률가, 정치인

고득점을 향한 해설
예술형 조합코드로서 A-I는 추상적인 개념을 통해 창조적인 활동을 수행한다. 이러한 유형을 가진 사람은 도예가, 애니메이터, 디스플레이어, 건축기사 등의 직업이 이상적이다.

14 다면적 인성검사(MMPI-2) 해석에 대한 설명으로 옳은 것은?

① 4-6은 타인에 대한 의존적 상태를 나타내며 수용적인 태도를 나타낸다.
② 2-4는 분노와 공격성이 반사회적이고 파괴적인 성향을 나타낸다.
③ 2-7-8은 특정 스트레스로 인한 일시적으로 나타나는 것으로 다양한 신경증 증상을 보이며 우울 증상과 신경과민성 및 강박적 사고가 나타날 수 있다.
④ 6-7-8은 심각한 정신병리를 암시하며, 피해망상, 과대망상, 환각 등의 특징이 나타날 수 있다.
⑤ 4-9는 자신의 감정을 과잉 억제하는 경향이 나타나고, 주기적으로 분노감과 적개심을 폭발적으로 나타낸다.

고득점을 향한 해설

① 4-6은 까다롭고 타인을 원망하며 화를 잘 내고 논쟁을 자주 벌이며 자신을 향한 타인의 주의나 관심에 대한 욕구가 많고 반응이 예민하다.
② 2-4는 반사회적이지 않은데 우울하고 불행한 사람으로 만성적으로 우울하고 불행하다고 느끼며 적개심과 울분으로 가득하다. 미성숙, 의존적, 자기중심적, 자기연민, 타인원망 등의 특징을 보일 수 있다.
③ 2-7-8은 만성적이고 다양한 신경증 증상을 보이며 우울현상, 신경과민성 및 강박적 사고, 과도한 의심과 걱정 및 우유부단함을 보일 수 있다. 주의집중 및 사고 곤란, 사고장애 가능성, 자살사고 및 자살기도를 할 수 있으며 친밀한 대인관계에 어려움이 있다.
⑤ 4-9는 공격적이고 충동적인 행동의 외현화된 표출로서 알콜, 폭행, 부부문제, 성적 문제, 다양한 일탈행동 등을 보일 가능성이 높다.

15 투사적 검사의 장점이 아닌 것은?

① 피검자의 방어 반응이 어렵다.
② 반응에 대한 상황적 요인이 있다.
③ 피검자의 의도대로 반응하기 어렵다.
④ 개인의 독특성을 최대한 끌어낼 수 있다.
⑤ 검사자극이 모호하고, 피검자의 자유로운 반응이 허용된다.

고득점을 향한 해설

반응에 대한 상황적 요인, 즉 검사자에 대한 피검자의 선입견 등을 무시하기 어려운 것은 한계점이다.

16 추리 통계에서 Z점수에 대한 설명으로 옳지 않은 것은?

① 확률을 구하기 위한 출발점으로 Z점수를 이용한다.
② 분포 내에서 위치를 명확하게 지정해주는 단일 값이다.
③ 실험집단에서 Z점수의 상승은 처치효과가 유의미하지 않다는 것을 의미한다.
④ 표준화는 해당 값에서 모집단의 평균을 뺀 값을 모집단의 분산으로 나누는 것이다.
⑤ Z점수에서 양(+)의 값과 음(-)의 값은 그 점수가 평균 이상인지 이하인지를 알려준다.

고득점을 향한 해설

실험집단에서 Z점수가 1점 상승했다는 것은 34% 정도의 향상을 보였다는 것으로 처치효과 평가를 나타낸다.

정답 12 ④ 13 ① 14 ④ 15 ② 16 ③

17 측정치에 대한 설명으로 옳은 것은?

① 측정결과를 각기 다른 유목으로 분류하는 것은 서열척도이다.
② 비율척도는 상대적 기준점을 중심으로 크기의 비율을 반영한다.
③ 명명척도는 사회계층, 선호도, 변화평가, 상담사 자격 등급 등을 나타낸다.
④ 등간척도는 관찰자의 속성 차이를 균일한 간격을 두고 분할하여 측정하는 척도이다.
⑤ 척도는 관찰대상을 측정하기 위한 규칙에 따라 대상이나 사건에 의미를 부여하는 것이다.

고득점을 향한 해설
① 서열척도는 크기나 중요성에 따라 관찰 결과들의 순위를 매기는 것으로 사회계층, 선호도, 변화평가, 상담사 자격 등급 등을 나타낸다.
② 비율척도는 절대영점을 가지고 크기의 비율을 반영한다.
③ 명목척도(명명척도)는 측정결과를 각기 다른 유목으로 분류하는 것으로 성별, 직업, 인종 직업 등을 나타낸다.
⑤ 척도는 관찰대상을 측정하기 위한 일련의 기호나 숫자로 나타내는 도구이다.

18 연구설계의 특징으로 옳지 않은 것은?

① 솔로몬 4집단 설계는 설계가 복잡하지 않지만, 집단의 수가 많아 시간과 비용에 어려움이 있다.
② 사후검사 통제집단 설계는 사전검사 없이 사후검사만 실시하기 때문에 실험처치의 효과 크기를 알 수 없다.
③ 진실험설계(True-Experimental Design)는 실험집단과 통제집단이 있으며 피험자들을 각 집단에 무선 배치한다.
④ 일원적 요인설계는 하나의 독립변인이 둘 이상의 수준을 가질 때, 이에 따른 종속변인에 대한 효과를 알아보는 실험설계이다.
⑤ 준실험설계는 실제 교육현장에서 이루어지는 연구절차로, 연구자가 실험통제를 완전하게 이루지 못한 상황에서 적용된다.

고득점을 향한 해설
솔로몬 4집단 설계는 설계가 복잡하고, 집단의 수가 많아 시간과 비용의 어려움이 있다.

19 등간척도에 대한 설명으로 옳지 않은 것은?

① 등간척도는 구간의 차이가 동일한 척도이다.
② 온도는 등간척도에 포함된다.
③ 등간척도의 통계기법은 평균, 표준편차 등이다.
④ 등간척도는 항상 '+'로만 표시된다.
⑤ 등간척도는 얼마나 큰지에 관한 정보를 제공한다.

고득점을 향한 해설
등간척도는 +, -로 표시되며, 서스톤(Thurstone)이 처음으로 제창한 것이기 때문에 서스톤 척도로도 불린다.

20 질문지법에 대한 내용 중 옳지 않은 것은?

① 응답내용을 피검자가 작성했는지 등의 진위확인이 어렵다.
② 응답자의 편의에 따라 대답을 완성할 수 있다.
③ 익명성이 보장되어 응답자는 자유롭고 진솔하게 응답할 수 있다.
④ 응답자들은 조사자의 영향을 많이 받게 된다.
⑤ 문장이해력과 표현력이 부족한 응답자에게는 제한적이다.

고득점을 향한 해설
질문지법은 조사자의 영향을 적게 받는 조사법에 해당된다.

21 다음 중 표준화면접에 대한 설명으로 옳지 않은 것은?

① 모든 응답자에게 동일한 질문순서와 동일한 질문내용에 따라 수행하는 방법이다.
② 비표준화면접에 비하여 타당도가 높지만 신뢰도는 낮다.
③ 면접의 신축성, 유연성이 낮다.
④ 깊이 있는 측정이 어렵다.
⑤ 계획에 따라 면접이 진행된다.

고득점을 향한 해설
표준화면접은 비표준화면접에 비해 응답결과에 있어서 신뢰도가 높지만 타당도는 낮다.

22 '대학생들은 축구와 야구 중에 어느 것을 더 좋아하는가'라는 문제를 검증하는 경우처럼 빈도나 비율의 차이검증에 가장 적합한 분석방법은?

① t검증
② F검증
③ Z검증
④ χ^2검증
⑤ W검증

고득점을 향한 해설
교차분석 검증의 방법으로서 카이제곱검증은 한 변수의 속성이 다른 변수의 속성에 대해 독립적인지, 두 개의 독립적인 표본이 몇 개의 같은 범주로 분류되어 있는 경우 각 표본에서 어느 특정 범주에 속한 비율이 동일한지를 검증하는 분석방법이다.

정답 17 ④ 18 ① 19 ④ 20 ④ 21 ② 22 ④

23. 다음 상황에 알맞은 검증방법은?

> 서울에 거주하는 30대 기혼부부들의 성별에 따른 결혼만족도에 차이가 있는지를 알아보고자 한다.

① t검증 ② F검증
③ Z검증 ④ χ^2검증
⑤ W검증

고득점을 향한 해설
t검증은 두 집단 간의 평균차이를 분석하고자 하는 경우에 이용하는 분석방법으로, 독립된 두 집단의 관찰치에 대한 모평균이 같다는 가설을 검증하는 t통계량을 계산한다.

24. 다음 보기의 내용에 해당하는 타당도는?

> 재고자 하는 것을 재고 있는가를 묻는 것으로, 검사를 받는 일반 사람들에게 검사의 문항이 검사가 재고자 하는 바를 충실하게 재는 것처럼 보이는가를 묻는 방법이다.

① 내용타당도 ② 기준관련타당도
③ 안면타당도 ④ 예언타당도
⑤ 구인타당도

고득점을 향한 해설
안면타당도는 내용타당도와 마찬가지로 측정항목이 연구자가 의도한 내용을 실제로 측정하고 있는가 하는 것으로서, 내용타당도가 전문가의 평가 및 판단에 근거하는 반면 안면타당도는 전문가가 아닌 일반인의 일반적인 상식에 준하여 분석한다.

25. 신뢰도와 타당도에 관한 내용 중 옳지 않은 것은?

① 신뢰도가 없으면 항상 타당도가 있다.
② 타당도가 있으면 항상 신뢰도가 있다.
③ 타당도가 없으면 신뢰도는 있을 수도 있고 없을 수도 있다.
④ 타당도와 신뢰도는 비대칭적 관계이다.
⑤ 타당도는 신뢰도의 충분조건이고, 신뢰도는 타당도의 필요조건이다.

고득점을 향한 해설
신뢰도가 없으면 반드시 타당도도 없다.

정답 23 ① 24 ③ 25 ①

26 객관적 검사의 장점과 단점에 대해 설명하시오.

고득점을 향한 해설

객관적 검사

장 점	단 점
• 검사 실시의 간편성 • 검사의 신뢰도, 타당도가 높음 • 검사자변인, 상황변인의 영향이 적으므로 객관성 증대	• 사회적 바람직성(방어가 쉬움) • 반응경향성(긍정적으로 일관되게 반응하거나 부정적으로 일관되게 반응) • 문항 내용의 제한성

---

27 측정 수준에 따른 척도의 4가지 종류와 사례를 쓰시오.

고득점을 향한 해설

- 명목척도(명명척도) : 성별, 결혼유무, 종교, 인종, 직업유형, 장애유형, 지역, 계절 등
- 서열척도 : 사회계층, 선호도, 석차, 소득수준, 수여받은 학위, 자격등급, 장애등급, 변화에 대한 평가, 서비스 효율성 평가 등
- 등간척도 : IQ, EQ, 온도, 학력, 학점, 시험점수, 물가지수, 사회지표 등
- 비율척도(비례척도) : 연령, 무게, 신장, 수입, 매출액, 출생률, 사망률, 이혼율, 경제성장률, 졸업생 수, 서비스 대기인 수, 서비스 수혜기간 등

28 내적 타당도를 저해하는 요인을 5가지 이상 쓰시오.

> 고득점을 향한 해설

내적 타당도 저해 요인
- 성숙요인(시간의 경과)
- 선별요인(선택요인)
- 통계적 회귀요인
- 도구요인
- 인과적 시간 – 순서(인과관계 방향의 모호성)
- 역사요인(우연한 사건)
- 상실요인(실험대상의 탈락)
- 검사요인(테스트 효과)
- 모방(개입의 확산)

29 웩슬러 지능검사에서 병전지능 추정의 기준이 되는 소검사 3개를 서술하시오.

> 고득점을 향한 해설

어휘, 기본상식, 토막짜기

병전지능 추정 소검사
병전지능 수준은 흔히 어휘 문제의 점수로 추정하고 그 외에도 기본지식(상식), 토막짜기, 수검자의 연령, 학령, 직업 및 학업성적 등을 고려해서 추정한다.

30 HTP 검사 결과 모든 그림의 크기가 매우 작고 왼쪽 아래에 위치한 경우 가능한 해석을 기술하시오.

> **고득점을 향한 해설**

우울, 불안, 낮은 자존감, 대인관계 기능 저하 등

PART 04 | 집단상담 및 가족상담

01 다음 중 집단상담이 부적합한 경우는?

① 내담자가 생활상의 문제를 가지고 있다.
② 내담자가 자기 공개를 꺼린다.
③ 다른 참가자의 말에 대해 비판적인 태도를 보인다.
④ 일탈적인 성적 행동의 가능성을 가지고 있다.
⑤ 내담자가 자신의 감정, 동기, 행동에 대한 인식을 하고 있다.

고득점을 향한 해설

집단상담이 부적합한 경우
- 내담자가 위기에 처했을 경우
- 내담자 보호를 위해 비밀이 철저히 보장되어야 하는 경우
- 자아개념과 관련된 검사를 해석할 경우
- 내담자가 비정상적으로 말하는 것에 두려움을 가지고 있는 경우
- 내담자의 대인관계 기술이 극도로 효율적이지 못한 경우
- 내담자의 인식, 자신의 감정, 동기, 행동에 대한 인식이 매우 부족할 경우
- 일탈적인 성적 행동의 가능성을 가지고 있는 경우
- 주의집중에 대한 내담자의 요구가 집단에서 다루어지기 어려운 경우 등

02 집단상담의 후기단계에서 주어지는 피드백에 대한 설명으로 틀린 것은?

① 구성원들에게 친밀감, 독립적인 평가를 제공할 수 있다.
② 긍정적인 피드백은 적절한 행동을 강화할 수 있다.
③ 지도자는 효과적인 피드백 모델이 될 수 있다.
④ 교정적인 피드백이 긍정적인 피드백보다 중요하다.
⑤ 피드백 혹은 환류는 다른 집단원의 행동, 사고, 감정에 대한 반응으로 자신의 생각과 감정을 되돌려주는 것을 말한다.

고득점을 향한 해설

집단의 변화 촉진요인으로서 피드백(Feedback)
- 피드백 혹은 환류는 다른 집단원의 행동, 사고, 감정에 대한 반응으로 자신의 생각과 감정을 되돌려주는 것을 말한다.
- 집단 내에서 학습을 유발하는 중요한 수단으로, 솔직하고 구체적인 피드백은 집단의 행동이 다른 구성원들에게 어떤 영향을 주는지, 대인관계에서 어떤 변화가 필요한지 깨닫도록 한다.
- 집단원들은 우호적인 피드백과 비우호적인 피드백을 교환해봄으로써 그것이 인간관계에 어떤 영향을 미치는가를 경험해 볼 수 있다.
- 집단상담자는 언제 어떤 종류의 피드백을 제공할 것인가에 관한 선택이 결국 자기 자신과 다른 사람과의 관계형성에 영향을 미치며, 그 변화의 책임이 바로 집단원 자신에게 있음을 알려준다.
- 집단 초기에 상담자는 시기적절한 피드백을 제공함으로써 집단원들이 이를 모방하여 실행해볼 수 있도록 한다.
- 자기 자신을 비현실적으로 인식하는 집단원의 경우 다른 구성원들의 피드백을 통해 자기 이해의 폭을 넓히는 동시에 자신을 다른 각도에서 조망할 수 있게 된다.

03 다음과 같은 형태의 집단은 무엇인가?

- 정서적 장애를 치료하는 것이 목적이다.
- 장기적인 치료가 필요하다.
- 의학적 환경과 관련된다.

① 집단상담 ② 집단지도
③ 집단치료 ④ T-집단
⑤ 개방집단

고득점을 향한 해설
집단치료는 정서적 장애나 심리적 갈등이 있는 내담자를 전문적으로 도와주는 것이다. 무의식적 동기에 관심을 기울여 장기간 치료하며 의학적 환경과 관련된다.

04 집단상담에서 준비단계의 과업이 아닌 것은?

① 상담의 원활한 진행을 위해 참여자의 의존성을 강화한다.
② 저항과 갈등을 생산적으로 처리하면 집단 응집성이 발달한다.
③ 응집성은 집단 발달에 방해가 될 수 있어서 행동변화를 위해 나가야 한다.
④ 집단원들의 적대감과 갈등의 느낌을 직접적으로 보다 분명하게 표현하도록 한다.
⑤ 지도성의 책임을 집단원에게 이양하는 과정에서 자기보호 반응인 저항이 나타난다.

고득점을 향한 해설
상담의 원활한 진행을 위해 참여자는 의존성을 벗어나 지도성의 책임을 가지고 주도적으로 집단에 참여하도록 해야 한다.

05 집단상담의 유형과 특징에 대한 설명으로 옳은 것은?

① 개방집단은 응집력은 약하지만, 개방적 분위기로 자발적 결속력을 강화할 수 있다.
② 협동상담은 지도자들의 관점을 상호교환하여 질적 향상을 가져올 수 있다는 장점이 있다.
③ 폐쇄집단은 안정적으로 집단 과업을 이룰 수 있지만, 시간제한이 없어서 쉽게 지칠 수 있다.
④ 집단원의 의견충돌이 있을 경우, 협동상담에서는 지도자들끼리 의견충돌 없이 조정할 수 있다.
⑤ 집단의 목표, 과제 등을 미리 정하지 않은 비구조화 집단은 준비 기간이 짧아서 시간과 경비를 절약할 수 있다.

고득점을 향한 해설
① 개방집단은 응집력은 약해지고, 의사소통, 수용, 지지 등이 부족해 갈등을 일으킬 수 있다.
③ 폐쇄집단은 시간제한이 있고, 회기도 미리 정해져 있다.
④ 협동상담에서는 지도자들끼리 협동이 이루어지지 않고, 의견충돌이 있으면 집단 유지·발전에 부정적 영향을 끼친다.
⑤ 구조화집단은 합의된 공동목표를 달성하는 데 시간과 경비를 절약할 수 있다.

정답 01 ④ 02 ④ 03 ③ 04 ① 05 ②

06 성장중심 아동집단과 문제중심 아동집단에 대한 설명으로 옳지 않은 것은?

① 성장중심 아동집단은 우정, 자기관리와 같은 발달적 과제를 다룬다.
② 문제중심 아동집단은 문제를 경험하는 아동의 개인적 갈등을 다루는 것이 목적이기 때문에 공격적이고 폭력적이라 할지라도 집단에 참여시킨다.
③ 성장중심 아동집단은 의사소통에 방해가 되거나 집단의 기능을 방해하는 아동은 포함시키지 않는 것이 좋다.
④ 문제중심 아동집단은 학업의 실패, 비만, 부모의 이혼, 비행의 문제를 경험하고 있는 아동들에게 적합하다.
⑤ 문제중심 집단은 항상 폐쇄되어 있어야 한다. 일단 집단을 시작하면 새로운 구성원을 받지 않아야 한다.

고득점을 향한 해설
문제중심 아동집단은 아동의 성장에 방해가 될 수 있는 현재 혹은 과거의 개인적 갈등을 치료하는 것에 초점을 두고 있다. 그러나 공격적이고 폭력적이어서 다른 아동들에게 위협이 될 만한 아동은 집단구성원으로 적합하지 않다.

07 집단지도자의 역할과 태도에 대한 설명으로 옳은 것은?

① 집단지도자는 문제가 발생하면 더 큰 문제로 확산되지 않도록 즉각적이고 능동적으로 개입해야 한다.
② 집단지도자는 의사소통 및 상호작용을 촉진하고 원활한 집단 분위기 조성을 위해, 상담의 시작에서 의사소통 훈련을 해야 한다.
③ 비구조화 집단에서 집단지도자는 집단의 방향이 전적으로 집단원에 달려 있고 책임이 있다는 자유방임형 태도를 통해 과업 완수의 양과 질을 높여야 한다.
④ 민주형 지도자는 집단원의 자발적 참여를 독려하여 과업 성취 기간을 상당히 줄일 수 있다.
⑤ 집단지도자는 집단 분위기 조성과 모범을 보이기 위해 자기 개방이 필요하지만, 과도한 자기 개방이 되지 않게 해야 한다.

고득점을 향한 해설
① 집단지도자는 집단원들이 문제해결의 분위기를 조성해야 하지만, 지나친 개입은 하지 않아야 한다.
② 집단지도자는 의사소통 및 상호작용을 촉진해야 하지만, 상담의 시작에서 의사소통 훈련을 해야 하는 것은 아니다. 집단에서는 집단원의 일상적 의사소통 방식이 자연스럽게 드러나도록 하면서 상호작용을 하도록 하는 것이 적절하다. 의사소통 기술을 훈련하고 시작하면 방어적 태도가 나올 수 있으며, 지나친 개입이 될 수 있다.
③ 방임형 태도는 과업의 양과 질이 떨어지고 탁상공론의 경향이 있다.
④ 민주형 지도력의 한계는 과업 성취를 위해 상당한 기간이 소요된다는 것이다.

08. 다음 중 집단상담의 도입단계에 이루어져야 할 내용에 속하는 것을 모두 고른 것은?

> ㉠ 참여자 소개
> ㉡ 바람직한 대안행동 실험
> ㉢ 집단의 구조화
> ㉣ 행동목표의 설정
> ㉤ 자기노출과 감정의 정화

① ㉠, ㉣, ㉤
② ㉠, ㉢, ㉣
③ ㉠, ㉡, ㉢
④ ㉠, ㉢
⑤ ㉠, ㉣

고득점을 향한 해설
바람직한 대안행동 실험과 자기노출, 감정의 정화는 작업단계에서 이루어져야 할 과업이다.

09. 내담자의 침묵에 대한 처리로 가장 적절한 것은?

① 번번히 지속되는 침묵은 상담자의 해석적 발언보다는 침묵의 근본적 원인을 탐색해야 한다.
② 침묵으로 집단원들이 서로 눈치를 보게 되면 상담자가 침묵을 깨뜨리는 입장이 되어야 한다.
③ 집단상담에서 집단들의 침묵에 대해 압박과 불안을 느끼면 침묵을 깨고 발언하도록 한다.
④ 침묵이 지속되는 동안 집단원들에 대한 자료 수집의 시간으로 활용한다.
⑤ 내담자의 침묵은 상담자에 대한 저항이므로 내담자가 많은 생각을 하지 않도록 유의한다.

고득점을 향한 해설
① 너무 오랫동안 계속되거나 번번히 지속되는 침묵이라면 상담자가 해석적 발언을 통해 개입할 수 있다.
② 상담자가 침묵을 깨뜨리는 입장이 되지 않고 집단원들 쪽에서 침묵을 깨고 발언하도록 한다.
③ 집단상담에서 집단들의 침묵에 대해 압박과 불안을 느끼더라도 자신이 말을 해야 한다는 압박감을 느끼지 않는다.
⑤ 내담자의 침묵은 인간 행동의 한 형태로 침묵 중에 많은 느낌과 생각이 진행될 수 있다.

10. 목표를 설정할 때 주의할 사항이 아닌 것은?

① 목표를 정할 때는 구체적으로 현실적인 순서와 기준 등을 분명히 밝힌다.
② 성취가 가능한 목표를 정한다.
③ 다른 사람이 목표의 달성을 측정할 수 있어야 한다.
④ 새 행동의 목표를 세우는 것보다 문제가 되는 행동을 중단하는 것이 우선되어야 한다.
⑤ 정해진 시간 안에 달성할 수 있는 목표를 잡아야 한다.

고득점을 향한 해설
문제시하는 행동을 단순히 중단하는 것이 아닌, 바람직한 새 행동의 목표를 세워야 한다.

정답 06 ② 07 ⑤ 08 ② 09 ④ 10 ④

11 T-집단에서 집단상담자의 역할로 볼 수 없는 것은?

① 조력자 ② 전문가
③ 집단원 ④ 교육자
⑤ 행동 모델

> **고득점을 향한 해설**
> T-집단에서 집단상담자는 조력자, 전문가, 집단원의 세 가지 역할을 융통성 있게 잘 수행할 수 있어야 하며 집단원들이 모방할 수 있도록 바람직한 집단원으로서 해야 할 행동의 모범을 보여야 한다.

12 윤리적 의사결정모델의 단계를 순서대로 옳게 나열한 것은?

① 윤리적 사정 → 윤리원칙검토 → 윤리규칙검토 → 전문가조직 및 윤리위원회 자문 → 동료 및 수퍼바이저 자문
② 윤리규칙검토 → 윤리원칙검토 → 윤리적 사정 → 전문가조직 및 윤리위원회 자문 → 동료 및 수퍼바이저 자문
③ 윤리규칙검토 → 윤리원칙검토 → 전문가조직 및 윤리위원회자문 → 동료 및 수퍼바이저 자문 → 윤리적 사정
④ 전문가조직 및 윤리위원회 자문 → 동료 및 수퍼바이저 자문 → 윤리원칙검토 → 윤리규칙검토 → 윤리적 사정
⑤ 윤리적 사정 → 윤리규칙검토 → 윤리원칙검토 → 동료 및 수퍼바이저 자문 → 전문가조직 및 윤리위원회 자문

> **고득점을 향한 해설**
> 윤리적 의사결정모델의 단계는 윤리적 사정 → 윤리규칙검토 → 윤리원칙검토 → 동료 및 수퍼바이저 자문 → 전문가조직 및 윤리위원회 자문 순서이다.

13 게슈탈트 집단상담에 대한 설명으로 옳지 않은 것은?

① '어떻게'와 '무엇을'보다 '왜'를 더 중요시한다.
② 집단원 간의 상호작용보다 한 번에 한 집단원의 문제를 집중적으로 다룬다.
③ 신체언어, 뜨거운 자리 등이 기법으로 사용된다.
④ 지금 이 순간의 경험을 알아차리도록 돕는다.
⑤ 집단상담자가 먼저 모험에 맞닥뜨리고, 정서적 경험을 하는 솔선수범을 보여야 한다.

> **고득점을 향한 해설**
> '왜'보다 '어떻게'와 '무엇을'을 더 중요시한다.

14. 가족상담의 특징에 대한 설명으로 가장 적절한 것은?

① 명료한 가족체계 경계선은 폐쇄적이어서 상호 간의 생각이나 감정, 정보 등을 구분하고 개인적인 것을 중시한다.
② 가족 삼각관계에서 관여하는 대상은 가족 구성원이다.
③ 가족 의사소통에서 역기능적 의사소통은 계속되는 의사소통 속에서 특정 원인을 찾는 것이다.
④ 가족 스트레스 요인 중 수평적 요인은 발달적 요인과 외적 요인으로 구분할 수 있다.
⑤ 자아분화 수준을 높이고 촉진하는 것은 경계선을 중시하는 구조적 가족치료의 주요 기법이다.

고득점을 향한 해설

① 명료한 가족체계 경계선은 경계가 유연하게 존재하여 정보가 적절히 공유되고, 구성원 간에 간여 정도가 적당하다.
② 가족 삼각관계에서 관여하는 대상은 가족 구성원만이 아니라 친척이나 친구, 일이나 취미 활동 등 다양하다.
③ 가족 의사소통에서 계속되는 의사소통 속에서 특정 원인을 찾는 것은 단락짓기이다.
⑤ 자아분화 수준을 높이고 자아분화를 촉진하는 것은 보웬의 다세대 가족치료의 주요 목표이다.

15. 다음의 가족평가 방법 중 주관적(질적) 평가 방법에 속하지 않는 것은?

① 가계도(Genogram)
② 동적가족화(KFD)
③ FBS
④ 생태도(Ecomap)
⑤ 합동가족화(CFD)

고득점을 향한 해설

주관적(질적) 평가 방법

구분	설명
가계도 (Genogram)	3세대 이상에 걸친 가족 구성원에 관한 정보와 관계를 도표로 기록하는 작성법으로, 한 세대에서 다음 세대로 계속되거나 변화되는 가족구조, 관계유형, 기능을 찾아볼 수 있다.
생태도 (Ecomap)	가족과 가족의 생활공간 안에 있는 사람 및 기관 간의 연계를 그림으로 나타내는 방법으로 환경에서 가족으로의 자원을 흐름, 스트레스원, 가족과 환경 간의 경계 등의 정보를 얻을 수 있다.
가족조각 (Family Sculpting)	어느 시점에서 상호관계 및 상대방에 대한 느낌과 감정을 동작과 공간을 사용하여 표현하는 비언어적 기법으로 가족의 역동성이 가시화되고 가족 간의 물리적 거리, 가족관계, 동맹, 감정, 스트레스 상황에서의 대처방법 등을 알 수 있다.
동적가족화 (KFD ; Kinetic Family Drawing)	가족이 무엇을 하고 있는 장면을 그리는 투사적 기법으로 가족집단의 역동관계를 볼 수 있다.
합동가족화 (Conjoint Family Drawing)	가족이 함께 작품을 만들어 가도록 하는 방법으로 가족 구성원의 상호작용을 반영하며 가족기능의 측정에 도움을 준다.

정답 11 ④ 12 ⑤ 13 ① 14 ④ 15 ③

16 다음 도식은 누구의 ABC-X 모델인가?

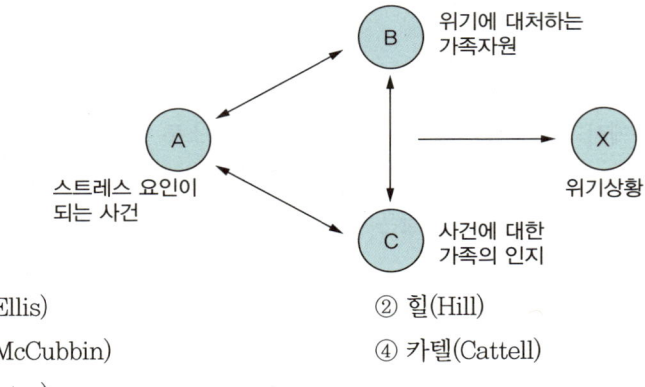

① 엘리스(Ellis) ② 힐(Hill)
③ 맥커빈(McCubbin) ④ 카텔(Cattell)
⑤ 카터(Carter)

고득점을 향한 해설

힐(Hill)의 ABC-X모델
A요인은 B요인, C요인과 상호작용하여 X(위기상황)가 된다. A요인(스트레스 요인이 되는 사건)이 반드시 스트레스 상황을 초래하지 않고, 매개적 변수(B, C요인)가 개재된다는 이론적 가설을 가지고 있다.

17 가족상담사의 역할로 옳지 않은 것은?

① 객관적인 지각자 ② 환경조정자
③ 안내자 또는 지도자 ④ 학 생
⑤ 교 사

고득점을 향한 해설

가족상담사의 역할

객관적인 지각자	• 상담자는 상담장면에서 나타나는 가족 구성원 간의 상호작용 역동을 관찰하고 가족이 상황을 객관적으로 인식하도록 돕는다. • 그 결과 가족이 가족체계의 문제와 문제해결을 위한 목표를 동일하게 인식하고 변화가 촉진된다.
교 사	• 정보를 제공하고 새로운 행동방식을 학습할 수 있는 적절한 시기를 조정한다. • 새로운 행동방식으로 변화할 수 있도록 교육하는 기능을 한다. • 상담자가 모델이 되어 의사소통방법을 가르치는 역할이다.
환경조정자	변화가 허용될 수 있는 안전한 환경과 분위기를 만들어 주고 이를 촉진하고 지속시키는 일을 맡는다.
안내자 또는 지도자	상담자는 여러 이론과 기법을 적용하여 가족의 변화를 돕고 촉진하는 안내자와 지도자 역할을 하게 된다.

18 다음 그림은 가계도에서 어떤 관계를 의미하는가?

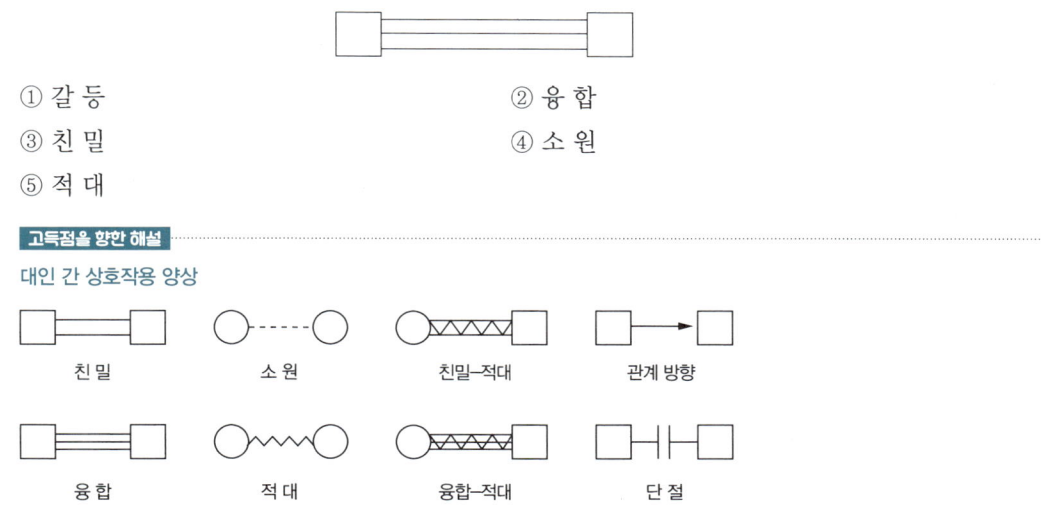

① 갈 등
② 융 합
③ 친 밀
④ 소 원
⑤ 적 대

> **고득점을 향한 해설**
>
> 대인 간 상호작용 양상
>
> 친 밀   소 원   친밀-적대   관계 방향
> 융 합   적 대   융합-적대   단 절

19 가족체계의 가족역동성에 대한 설명으로 가장 적절한 것은?

① 인간관계에 대한 가족 내 학습은 관습에 의해 교육받아 나타난다.
② 가족마다 규칙이 있지만, 행동에 영향을 주는 것은 개인의 의지와 습관이다.
③ 한 사람의 행동으로 다른 사람의 반응이 나타나는 순환이 가족 역동의 핵심이다.
④ 가족역동성은 규칙(Rule), 역할(Role), 관계(Relationship)의 3R을 중심으로 한다.
⑤ 가족의 항상성을 유지하면 항상 가족원에게 최상의 이익을 가져다준다.

> **고득점을 향한 해설**
> ① 인간관계에 대한 가족 내 학습은 보고 그대로 따라하기를 통해 나타난다.
> ② 가족 규칙은 무의식적으로 각 가족의 구성원에게 각인되어 진정으로 원하는 것과 상반되는 경우에도 영향을 받는다.
> ③ 부분에서 발생하는 변화가 그 체계 전체에 영향을 미치는 것은 순환적 인과관계이다.
> ⑤ 가족의 항상성을 유지하는 것이 반드시 가족원에게 최상의 이익을 주는 것은 아니다.

20 재혼가족의 발달과제로 옳지 않은 것은?

① 재혼 결정단계에서 이전 결혼생활과 이전 배우자에 대한 감정 정리를 해야 한다.
② 재혼가족의 설계에서 공동부모 역할 협조방법을 모색해야 한다.
③ 재혼가족에서 즉각적인 사랑의 신화를 완성하기 위해 노력해야 한다.
④ 가족의 재구성을 위해 이전 가족과 배우자에 대한 애착을 해소해야 한다.
⑤ 자녀들 사이에서 새로운 형제자매 관계에 적응을 위한 다양한 노력과 단계가 필요하다.

고득점을 향한 해설
재혼가족에서 부모는 즉각적인 사랑의 신화에서 벗어나야 한다.

21 윤리원칙의 서열화를 순서대로 옳게 나열한 것은?

① 비밀보장의 원칙 → 평등의 원칙 → 최소 손실의 원칙 → 정보 개방의 원칙
② 생명보호의 원칙 → 최소 손실의 원칙 → 진실성의 원칙 → 비밀보장의 원칙
③ 최소 손실의 원칙 → 삶의 질의 원칙 → 자유의 원칙 → 정보 개방의 원칙
④ 비밀보장의 원칙 → 평등의 원칙 → 삶의 질의 원칙 → 사생활 보호의 원칙
⑤ 생명보호의 원칙 → 자율성의 원칙 → 최소 손실의 원칙 → 비밀보장의 원칙

고득점을 향한 해설
윤리원칙의 서열화 원칙은 높은 순위의 원칙을 먼저 지키고 낮은 순위의 원칙을 지킨다.
1. 생명보호의 원칙
2. 평등과 불평등의 원칙
3. 자율성과 자유의 원칙
4. 최소 손실의 원칙
5. 삶의 질의 원칙
6. 사생활 보호와 비밀보장의 원칙
7. 진실성과 정보 개방의 원칙

22. 가족치료모델에 대한 설명 중 다음 괄호 안에 들어갈 말로 적절한 것은?

( )모델은 MRI(Mental Research Institute) 단기치료센터에서 20년간에 걸친 협력적 임상 연구를 통해 발달된 모델이다. 이곳에서 활동했던 드 쉐이저(De Shazer)와 그의 동료들이 1978년 위스콘신의 밀워키에서 단기가족치료센터를 설립하면서 본격적으로 발전하기 시작하였다.

① 해결중심 단기치료
② 전략적 가족치료
③ 구조적 가족치료
④ 경험적 가족치료
⑤ 다세대 가족치료

고득점을 향한 해설
해결중심 단기치료의 발달배경에 대한 설명이다.

23. 정신분석 가족치료의 치료목표로 옳지 않은 것은?

① 가족 구성원에게 성숙한 방어기제의 사용을 증가시키는 것이다.
② 각 가족 구성원들이 분리-개별화를 이루도록 하는 것이다.
③ 도움을 필요로 하는 가족의 현재문제를 해결하는 방법을 가족과 함께 구축하고 실천하도록 돕는 것에 초점을 둔다.
④ 가족 구성원들이 서로에게 가진 병리적 애착을 극복하고 개인의 독립과 성장을 이루도록 한다.
⑤ 개별화가 증가되면 친밀한 관계를 맺는 능력이 증가된다.

고득점을 향한 해설
정신분석 가족치료의 치료목표
- 가족 구성원에게 성숙한 방어기제의 사용을 증가시키는 것이다.
  - 치료자가 해석을 사용하여 교육적 반응을 보여주고 방어를 지적해감에 따라 가족 구성원들은 무의식적 방어기제에 대해 점점 깨닫고 그것을 분석하고 의식적으로 통제하는 것을 배울 수 있다.
- 각 가족 구성원들이 분리-개별화를 이루도록 하는 것이다.
  - 개별화가 증가되면 친밀한 관계를 맺는 능력이 증가된다.
  - 가족 구성원들이 서로에게 가진 병리적 애착을 극복하고 개인의 독립과 성장을 이루도록 한다.

24 기능적인 가족의 지표가 아닌 것은?

① 자신을 존중하는 자존감 형성이 중요하다.
② 친밀함과 자립성은 가정생활에서 중요한 요소이다.
③ 가족 내 의사소통은 권력 통제를 통해 기회가 제공되어야 한다.
④ 가족 내 권력 통제는 어느 한 쪽 부모에 의해서 독점될 수도 있다.
⑤ 의사소통, 정서적 협력, 갈등을 통해 부부관계 특성을 파악할 수 있다.

고득점을 향한 해설
가족 내 의사소통은 권력 통제를 통해 제공되는 것이 아니라 명확한 대화 격려, 자발적 대화, 기회 제공 등이 포함된다.

25 기능적 가족 특성에 대한 설명으로 옳은 것은?

① 의사소통은 자유롭고 간접적이다.
② 가족규칙은 명확하며 공평하게 이루어진다.
③ 가족규칙은 평생 변하지 않는다.
④ 개인의 자율성은 가족 전체를 위해 희생된다.
⑤ 하위체계의 경계선이 명확하면 가족의 주장이나 요구에 따라 변하지 않는다.

고득점을 향한 해설
① 의사소통은 자유롭고 명확하며 직접적이다.
③ 가족상황에 따라 규칙은 변할 수 있다.
④ 역기능적 가족에서 개인의 자율성은 가족 전체를 위해 희생되거나, 반대로 가족이 통합되지 못해 지나친 자율성이 요구된다.
⑤ 하위체계의 경계선이 명확하지만, 가족의 요구에 따라 변할 수 있다.

정답 24 ③ 25 ②

26 집단상담자의 역할을 서술하시오.

> **고득점을 향한 해설**

집단상담자의 역할
- 집단활동의 시작을 돕는다.
- 집단의 방향을 제시하고 집단 규준을 발달시킨다.
- 집단분위기 조성을 돕는다.
- 의사소통 및 상호작용을 촉진시킨다.
- 집단원에게 행동의 모범을 보인다.
- 집단원을 보호한다.
- 집단활동의 종결을 돕는다.

27 집단은 개방수준에 따라 개방집단과 폐쇄집단으로 구분할 수 있다. 각각의 특징을 쓰시오.

> **고득점을 향한 해설**

개방집단
- 새로운 성원의 아이디어나 자원을 활용할 수 있다.
- 새로운 성원의 참여로 집단 전체의 분위기를 조성할 수 있다.
- 성원 교체에 따른 안정성이나 집단정체성에 문제가 발생할 수 있다.
- 새로운 성원의 참여가 기존 성원의 집단과업 과정에 방해요소가 될 수 있다.

폐쇄집단
- 같은 성원의 지속적인 유지로 인해 결속력이 매우 높다.
- 안정적인 구성으로 집단성원의 역할행동을 예측할 수 있다.
- 성원의 결석이나 탈락이 집단에 부정적인 영향을 미친다.
- 새로운 정보의 유입이 이루어지지 않으므로 효율성이 떨어질 수 있다.

28 다음 괄호 안에 공통적으로 들어갈 말은 무엇인지 쓰시오.

- ( )은/는 시간의 경과에 따른 가족 내의 발달적인 경향을 묘사하기 위하여 일반적으로 사용하는 용어이다.
- 개인의 발달은 가족의 영향을 받을 뿐 아니라 가족에게 영향을 주기 때문에 가족 구성원의 발달은 ( )의 관점에서 살펴보아야 한다.
- 각 ( )마다 수행해야 할 특정 발달과업이 있는데 발달과업을 잘 수행하고 각 단계에 맞게 각 구성원의 지위와 관계가 변화되면 가족이 잘 기능하게 된다.
- 가족은 ( )의 전환기에서 적응상의 문제를 일으킬 수 있으며 이 적응상의 위기는 가족 문제의 근원이 될 수 있다.

고득점을 향한 해설

가족생활주기에 대한 설명이다. 가족생활주기는 결혼전기, 결혼적응기, 자녀아동기, 자녀청소년기, 자녀독립기, 노년기로 이어지는 일련의 과정이다.

29 전략적 가족치료 기법에 대해 쓰시오.

고득점을 향한 해설

전략적 가족치료 기법
- 역설적 개입기법 : 기존의 해결방식과 전혀 상반된 전략을 계획하여 개입하는 것이다.
- 불변의 처방 : 모든 역기능 가족에서 공통적으로 유사한 가족게임이 있다는 전제를 갖고 가족게임을 중단하도록 고안된 처방을 모든 가족에게 하는 것이다.
- 순환적 질문기법 : 차이질문, 가설질문, 행동효과질문, 3인군질문 등이 있다.

30 가족상담의 맥매스터 모델(McMaster Model)에서 가족기능의 6가지 측면을 서술하시오.

고득점을 향한 해설

가족기능의 6가지 측면

- 문제해결 : 가족이 가족기능을 효과적으로 유지하면서 가족의 문제를 해결할 수 있는 능력을 평가
- 의사소통 : 가족 구성원 간의 의사소통 방식을 통해 정보교환이 원활히 이루어지고 있는지 평가
- 역할 : 가족의 과업을 달성하기 위해 가족 구성원 개개인의 역할과 책임이 적절하게 배분되어 있는지 평가
- 정서적 반응성 : 가족이 적절한 강도와 지속성으로 주어진 자극에 유효하게 반응하는지, 질적·양적인 측면에서 적절한 정서적 경험을 가지는지 평가
- 정서적 관여 : 가족 구성원들이 서로의 관심사, 가치관, 활동 등에 대해 얼마나 관심과 배려를 나타내는지 평가
- 행동통제 : 가족이 현재 상태를 유지하거나 새로운 상황에 적응하기 위해 어떠한 방식으로 영향을 미치는지 평가

PART 05 | 발달상담 및 학업상담

01 발달심리학을 연구하는 방법의 유형 중 '발달에 영향을 미치는 여러 변인들의 상호 관련성을 밝히기 위한 연구'를 할 때 유용한 연구방법은?

① 사례연구
② 상관연구
③ 실험연구
④ 관찰연구
⑤ 문헌연구

고득점을 향한 해설

발달심리학을 연구하기 위한 방법의 유형
- 사례연구 : 한두 명의 아동을 대상으로 얻은 결과를 바탕으로 발달의 일반적인 양상을 추론하는 연구방법이다. 소수 사례이므로 일반화에 한계가 있다.
- 상관연구 : 발달에 영향을 미치는 여러 변인들의 상호관련성을 밝히기 위한 연구이다. 상관연구는 변인 간의 양방적인 관계는 알려주지만 인과적 관계를 보여주지 못하는 한계가 있다.
- 실험연구 : 인간의 발달에 영향을 미치는 변인들 간의 인과관계를 밝히기 위한 연구이다. 실험조건의 인위성으로 인해 문제가 되기도 한다. 현장실험, 자연실험이 있다.

02 영아기 신체와 운동기능의 발달 원리에 대한 설명으로 옳은 것은?

① 영아기에는 먼저 머리쪽부터 발달해서 아래쪽으로 발달해간다.
② 영아기에는 먼저 다리부터 발달해서 몸통이 발달해간다.
③ 영아기에는 먼저 손근육부터 발달해서 팔근육 쪽으로 발달해간다.
④ 영아기에는 관절부터 발달해서 척추 쪽으로 발달해간다.
⑤ 영아는 출생 후 1년 동안 신장과 체중이 급속도로 발달한다.

고득점을 향한 해설

영아기의 신체 및 운동기능 발달의 원리에는 두 가지가 있다. 머리쪽에서 아래쪽으로 발달하는 두미원리(Cephalocaudal Principle)와 몸의 중심부에서 말초부로 발달하는 중심말초원리(Proximodistal Principle)를 따라 순서대로 일어난다. 영아는 출생 후 2년 동안 신장과 체중이 급속도로 발달한다.

03 영아기에 나타나는 시지각의 발달 중 깊이지각에 대한 발달을 알아보기 위해 한 연구가는 시각절벽 실험을 하였다. 이 실험을 한 연구가는 누구인가?

7개월 전후에 길 수 있는 연령에 다다른 대부분의 영아는 시각절벽 앞에서 기는 것을 멈추며 머뭇거리는 반응이 있다. 영아가 시각절벽을 변별하는 능력은 비교적 일찍 발달하지만 시각절벽에 대한 공포는 기는 것을 시작할 때 나타난다.

① 심슨(Simpson)
② 왓슨(Watson)
③ 허드슨(Hudson)
④ 깁슨(Gibson)
⑤ 존슨(Jonson)

고득점을 향한 해설
- 영아기의 시지각 발달에는 형태지각과 깊이지각이 있다.
- 형태지각에서 영아는 직선보다는 곡선을, 규칙적인 형태보다는 불규칙적인 형태를, 윤곽이 열려있는 형태보다는 닫힌 형태를, 비대칭형보다는 대칭형을, 지나치게 단순한 형태보다는 적당하게 복잡한 형태를 선호한다.
- 깊이지각을 알아보기 위한 실험으로는 깁슨과 워크(Gibson & Walk)의 시각절벽 실험이 대표적이다.

04 다음은 피아제(Piaget)가 말한 인지발달단계 중 어느 단계에 속하는 설명인가?

- 논리적 사고의 발달, 많은 경험을 통하여 단계를 정교화하는 것이 유익하다.
- 보존개념, 서열개념, 분류개념이 획득된다.

① 감각운동기
② 전조작기
③ 구체적 조작기
④ 형식적 조작기
⑤ 잠복기

> 고득점을 향한 해설

피아제(Piaget)의 인지발달단계

발달단계	연령	특징
감각운동기	0~2세	• 대상에 대한 외현적 활동을 통해 세계를 이해한다. • 대상영속성 개념 획득 : 대상이 한 곳에서 다른 곳으로 사라져서 보이지 않아도 다른 곳에 존재한다는 사실에 대하여 안다. • 반사운동기(출생~1개월) : 반사의 연습이 이루어지고, 반사에서 도식으로 바뀌는 단계이다. • 일차순환반응기(1~4개월) : 도식이 정교화되고, 적응적 도식으로 발달(잡아서 보기, 입으로 가져가기 등)한다. • 이차순환반응기(4~8개월) : 의도를 갖고 우연행동을 되풀이하는 단계로, 행동의 영향을 기대한다. • 이차도식협응기(8~12개월) : 도식과 도식의 결합이 일어나며, 하나의 도식은 목표, 다른 도식은 수단이 되는 단계이다. • 삼차순환반응기(12~18개월) : 탐색과 시행착오를 통해 수단과 결과 간의 관계를 탐색하고 시행착오를 통해 학습한다. • 내적표상단계(18개월~2세) : 앞에 없는 사물을 내재적으로 표상하는 심상 및 상징기능형성, 지연모방이 가능하다.
전조작기	2~7세	• 기호(그림, 의미, 언어, 놀이) 사용이 가능하다. • 내재적으로 형성하고 있는 표상을 여러 형태의 상징으로 표현하며 가상놀이가 등장한다. • 중심화 : 자기중심성(타인의 감정, 지각, 관점 등이 자신과 동일한 것으로 가정)과, 자기중심적 언어(자신의 생각만을 전달하는 의사소통)를 갖는다.
구체적 조작기	7~12세	• 논리적 사고의 발달, 많은 경험을 통하여 단계를 정교화하는 것이 유익하다. • 보존개념, 서열개념, 분류개념이 획득된다.
형식적 조작기	12세~성인	• 여러 형태의 보존개념이 형성되며, 분류와 관계적 추론능력이 획득된다. • 가설연역적 사고가 가능하다. • 가능성과 실재 간의 체계적이며 논리적인 통합이 가능하게 된다.

05 다음은 어떤 이론가의 언어발달에 대한 설명인가?

> • 인간은 태어날 때 선천적으로 언어획득장치(LAD)를 갖고 태어난다고 가정한다.
> • 모든 문화권 아동들이 공통적으로 생의 일정 기간에 빠른 속도로 언어를 획득한다.

① 스키너(Skinner)
② 촘스키(Chomsky)
③ 비고츠키(Vygotsky)
④ 브루너(Bruner)
⑤ 파블로프(Pavolv)

고득점을 향한 해설

언어발달의 이론적 접근

학습이론적 접근	스키너(Skinner)는 1957년 『언어행동』이라는 저서를 통해 아동의 언어는 행동조성의 과정을 거쳐 발달한다고 주장하였다. 아이들은 어른의 언어를 모방하면서 학습한다.
생득이론적 접근	• 언어획득장치(LAD) : 인간은 태어날 때 선천적으로 이를 갖고 태어난다고 가정한다(Chomsky). • 모든 문화권 아동들이 공통적으로 생의 일정 기간에 빠른 속도로 언어를 획득한다.
인지발달론적 접근	언어를 사고의 발달과 밀접하게 관련된 과정으로 고려한다. • 피아제의 관점 : 아동의 언어발달은 일반적으로 인지능력의 발달에 기초를 두고 있다고 주장 • 비고츠키의 관점 : 언어는 사고와 인지발달을 촉진하는 매개적 기능을 갖는다고 주장 • 의미론적 관점 : 아동이 특정 낱말의 의미를 획득하는 것은 아동의 기존 인지구조나 지식기반 내의 지식들이 그 낱말이 사용되는 맥락적 단서와 결합하여 의미를 추론하는 과정에 의존한다고 믿음 • 사회적 상호작용론적 관점(Bruner) : 아동이 주변으로부터 받아들이는 언어적 정보들을 통합하여 스스로 의미를 추출하고 언어를 구성해가는 능력이 있다고 봄

06 다음 이야기에 등장하는 인물에 대한 로사의 반응을 통해 콜버그(Kohlberg)의 도덕성 발달이론에서 어떤 단계에 머무르고 있는지 답하시오.

> 유럽에서 어떤 부인이 특수한 암으로 죽어가고 있었다. 의사가 보기에 그녀를 구할 수 있는 약이 꼭 하나 있었다. 그 약은 최근에 같은 마을의 약제사가 발견한 일종의 라디움이었다. 그 약을 조제하는 데 비용도 많이 들었지만 약제사는 약을 만드는 데 든 비용의 열 배를 약값으로 매겼다. 라디움 값은 200불이 들었는데 그 약을 조금 투약하는 데에도 2,000불을 매겨놓은 것이다. 그 부인의 남편인 하인츠는 자기가 아는 사람을 모두 찾아가 돈을 빌렸지만, 약값의 절반인 1,000불 정도밖에 구할 수 없었다. 그는 약제사에게 아내가 죽어가고 있다고 말하고, 약을 좀 싼 값에 팔든지 아니면 모자라는 돈은 뒤에 갚도록 해줄 것을 간청하였다. 그러나 약제사는 "안 됩니다. 내가 그 약을 발견했습니다. 그 약으로 돈을 좀 벌어야겠습니다."라고 말했다. 하인츠는 절망에 빠진 나머지, 약제사의 점포에 침입하여 아내를 구할 그 약을 훔쳤다.

> 로사의 반응 : 아무리 그래도 하인츠는 잘못했어. 아내를 살리려는 것은 당연하지만, 그래도 훔치는 행동은 역시 나쁜 것이야. 자기 감정이나 상황과 관계없이 규칙은 항상 지켜야 하니까.

① 전인습적 수준 1단계 ② 전인습적 수준 2단계
③ 인습적 수준 4단계 ④ 후인습적 수준 6단계
⑤ 후인습적 수준 5단계

> 고득점을 향한 해설

콜버그(Kohlberg)의 도덕성 발달이론
- 1수준 : 전인습적 수준

1단계	처벌과 복종 지향 : 처벌을 피할 수 있거나 힘 있는 사람에게 무조건 복종하는 것에 가치를 둔다. • 훔친 약값이 실제로는 200불밖에 안 될지도 모른다. • 남의 것을 함부로 훔칠 수 없다. 그것은 죄다.
2단계	도구적 상대주의 지향 : 자신이나 타인의 욕구를 도구적으로 충족시키는 것이 옳은 행위. 자신에게 돌아오는 이익을 생각한다. • 약국 주인에게 큰 해를 끼치는 것도 아니고 또 언제나 갚을 수도 있다. • 약사가 돈을 받고 약을 팔려는 것은 당연한 일이다.

- 2수준 : 인습적 수준

3단계	대인 간 조화와 착한 소년-소녀 지향 : 타인을 기쁘게 하거나 타인으로부터 인정받는 것을 지향한다. • 훔치는 것은 나쁘지만 아내를 사랑하는 남편으로서 당연한 행동이다. • 아내가 죽는다 해도 남편이 비난받을 일은 아니다. 죄를 안 지었다고 해서 무정한 남편이라 할 수는 없다.
4단계	법과 질서 지향 : 권위, 고정된 규칙, 사회적 질서를 지향한다. • 사람이 죽어가는데 약사가 잘못하는 것이다. • 아내를 살리려는 것은 당연하지만 그래도 훔치는 것은 역시 나쁘다.

- 3수준 : 후인습적 수준

5단계	사회적 계약과 합법적 지향 : 개인의 권리를 존중하고 사회 전체가 인정하는 기준을 준수하는 것이 옳은 행동이다. • 훔치는 것이 나쁘다고 말하기 전에 전체적인 상황을 고려해야 한다. 법은 분명 훔치는 것은 나쁘다고 한다. 하지만 이 상황이라면 누구나 훔칠 것이다.
6단계	보편적인 윤리적 원리 지향 : 옳은 행동은 자신이 선택한 윤리적 원리와 일치하는 양심에 의해 결정된다. • 법을 준수하는 것과 생명을 구하는 것 사이에서 선택하라면 약을 훔치더라도 생명을 구해야 하는 것이 더 높은 수준의 원칙이다. • 암은 많이 발생하고 약은 귀하니 필요한 사람에게 약이 다 돌아갈 수 없다. 이 경우 모든 사람에게 보편적으로 옳다고 생각되는 행동을 해야 한다.

07 피아제(Piaget)의 도덕성 발달이론에서 타율적 도덕성이 지배하는 시기는 언제인가?

① 2~4세
② 5~7세
③ 8~11세
④ 11세경
⑤ 15세 이후

고득점을 향한 해설

피아제(Piaget)의 도덕성 발달이론

2~4세	• 규칙이나 질서에 대한 도덕적 인식이 거의 없다. • 아무런 규칙 없이 가상적 놀이나 게임에 몰두한다.
5~7세	• 일상생활에서 자신이 따라야 할 규칙, 질서, 사회적 정의가 있음을 깨닫고 준수하기 시작한다. • 규칙은 신이나 부모와 같은 절대자가 만들어놓은 것이며 반드시 지켜야 하며 결코 변할 수 없다. • 도덕적 실재론을 지닌다. • 타율적 도덕성 : 동기와 상관없이 무조건 더 많은 그릇을 깬 친구가 나쁘다고 본다. 이는 행위의 결과가 얼마나 나쁜가, 타인으로부터 비난을 받을 것인가의 여부에 의해 도덕적 선악이 결정된다고 판단한다. • 내재적 정의 : 규칙을 어기면 반드시 벌을 받는다. 물건을 훔친 친구가 넘어지는 이유도 그 때문이라고 생각한다.
8~11세	• 도덕적 상대론을 지닌다. • 사회적 규칙은 임의적인 약속이며 사람들에 의해 변화될 수 있음을 알게 된다. • 어머니 병간호를 위해 결석할 수 있고 반드시 처벌을 받는 것이 아님을 안다. • 자율적 도덕성 : 동기나 의도에 의한 도덕적 사고가 가능하다.
11세경	• 새로운 규칙을 생성하고 가설적 상황을 통제할 수 있는 규칙을 설정할 수 있다. • 도덕적 추론은 개인적 차원을 넘어서서 전쟁, 환경, 공해문제 등으로 보다 확대된다.

08 종래에 심리학자들이 남성성과 여성성을 단일차원의 양극으로 생각했던 것과 달리 남성과 여성 모두 양성의 특성을 공유할 수 있다고 보고, 네 개의 성역할 유형으로 구분한 학자의 이름은 무엇인가?

① 카터(Carter)
② 맥기(McGhee)
③ 벰(Bem)
④ 맥코비(Maccoby)
⑤ 융(Jung)

고득점을 향한 해설

양성성

- 벰(Bem)은 종래에 심리학자들이 남성성과 여성성을 단일차원의 양극으로 생각했던 것과 달리 남성과 여성 모두 양성의 특성을 공유할 수 있다고 보고, 네 개의 성역할 유형으로 구분하였다.
- 양성적 유형을 성역할 발달의 중요한 지표로 제시함으로써 많은 문화권에서 고정관념을 타파하는 기틀이 되었다. 양성적 유형의 남녀 아동은 독립적이며 자기주장적인 남성적 특성과 민감하고 온정적인 여성적 특성을 공유하므로 다른 유형에 비해 적응도가 높다. 또한 자아존중감이 높고 또래집단에서의 인기도 높았다. 그러나 양성성은 실제로 여성이 남성적 특성을 지님으로써 얻을 수 있는 혜택에 불과하다는 비판도 제기된다.

구 분		여성성	
		높음	낮음
남성성	높음	양성성	남성적 유형
	낮음	여성적 유형	미분화

09 미드(Mead)는 청년기 연구를 통해 다음과 같은 이론을 입증하였다. 괄호 안에 들어갈 이론의 이름은?

> 1925년 사모아에서 9개월 간 청소년의 일상생활을 관찰한 결과 사모아 청소년들은 경쟁심이나 갈등이 없고 평화로운 청소년기를 보내는 데 비해 서구의 청소년들은 질풍노도의 시기를 겪는 것에 착안하여 (   )을 입증하였다. 청소년기 심리적 특성은 생물학적 요인과 문화적 요인의 상호작용에 의해 결정된다는 통합적 입장을 제시한다.

① 생물학적 문화론 ② 문화적 상대론
③ 사모아 문화론 ④ 문화적 평화론
⑤ 사회학습이론

고득점을 향한 해설
보기는 청소년기 발달의 맥락 중심적 접근에 대한 연구에 대한 연구인 미드(Mead)의 문화인류학적 모형에 대한 설명이다.

10 샤이에(Schaie)는 성인기 인지발달의 5단계 모형을 제시하였다. 각 단계가 옳게 연결된 것은?

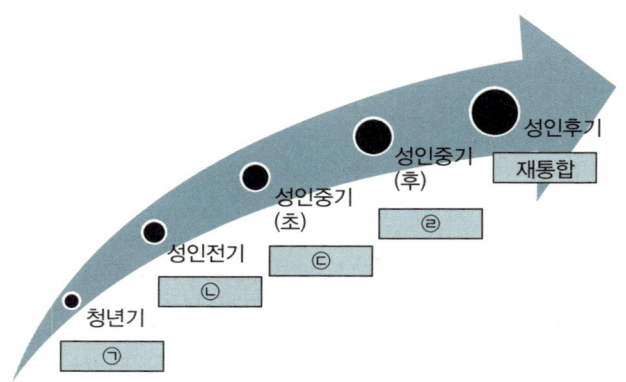

① ㉠ - 실행단계 ② ㉡ - 지식획득단계
③ ㉢ - 책임단계 ④ ㉣ - 성취단계
⑤ ㉣ - 조작단계

고득점을 향한 해설

성인기 인지발달이론

샤이에(Schaie)는 20년에 걸친 종단적 연구를 통해 성인기 인지발달의 단계모형을 제시하였다.

단계	연령	특징
획득단계	아동·청소년기	감각운동기능에서 형식적 조작사고에 이르기까지 기본 인지구조의 발달
성취단계	성인전기	성취와 독립의 목표를 지향하는 인지행동
책임단계	성인중기(초)	일상의 문제해결에 있어서 개인적 목표와 가족 및 사회적 책임의 통합
실행단계	성인중기(후)	보다 복잡한 조직적 위계와 책임을 갖는 문제해결
재통합단계	성인후기	자신의 흥미·가치에 적합한 문제 및 과제의 선택

11 레빈슨의 성인기 발달모형에 대한 설명 중 다음 괄호에 들어갈 단어로 적절한 것은?

> 레빈슨(Levinson)의 성인기 발달모형의 특징은 각 시기에 한 개인의 삶의 기본양식을 뜻하는 (   )을/를 가정하고 있다는 점이다. (   )은/는 "지금 내 삶은 어떠한 모습인가?"라는 의문에 대해 스스로 제시하는 대답을 의미한다.

① 삶의 의미
② 인생구조
③ 스타일
④ 적응양식
⑤ 도식

고득점을 향한 해설

레빈슨(Levinson)의 인생주기 모형

- 레빈슨의 인생주기 모형은 '성인기 사계절이론'이라고도 불린다.
- 성인의 인생을 네 개의 시기로 나누고, 각 시기 사이에 세 번의 시기 간 전환기를 설정하여 설명하고 있다.
- 성인의 인생주기 모형을 17세에서 65세까지 9개의 주요 단계로 구성하고 있다.
- 레빈슨의 성인기 발달모형의 또 하나의 특징은 각 시기에 한 개인의 삶의 기본양식을 뜻하는 인생구조(Life Structure)를 가정하고 있다는 점이다. 인생구조는 "지금 내 삶은 어떠한 모습인가?"라는 의문에 대해 스스로 제시하는 대답을 의미한다. 레빈슨은 자신이 중요성을 부여하는 사람들과의 관계, 결혼과 가족, 직업을 가장 중요한 요소로 설명하고 있다.

12 노년기 발달의 주요 특징에 대한 설명으로 옳은 것은?

① 노년기의 성공적인 삶은 최적화, 보상, 그리고 생활만족이다.
② 노년기에는 새로운 자료를 습득하는 능력이 효율적으로 증대되어 지혜가 향상된다.
③ 최적화는 성공적인 노화에 따른 자기 능력을 획득하여 적응 능력을 향상하는 것이다.
④ 노년의 역할 유형은 제도적 역할, 희박한 역할, 비공식적 역할, 무역할로 나눌 수 있다.
⑤ 노년기에는 이전의 기억을 중심으로 사고하므로 과거의 기억이 뚜렷해지는 경향이 있다.

고득점을 향한 해설

① 발테스와 발테스(P. Baltes & M. Baltes)가 주장한 SOC(Selective Optimization with Compensation) 모델에서 노년기의 성공적인 삶은 선택, 최적화, 그리고 보상을 필요로 한다.
② 노년기에는 새로운 자료를 학습하는 속도가 느리다.
③ 최적화는 노년기 보존 능력을 선택하고 그것을 충분히 증대시키는 것이다.
⑤ 노년기에는 기억에서 정보를 도출할 성공률이 낮아진다.

13 동기유발의 기능에 대한 내용이 옳게 연결된 것은?

⊙ 활성적 기능 ⓒ 지향적 기능
ⓒ 조절적 기능 ② 강화적 기능

A. 목표 수행을 위한 동작의 선택과 수행에서 동기가 필요하다.
B. 보상에 따라 동기유발의 수준이 달라진다.
C. 유기체가 행동을 일으키는 데는 근원적 힘이 필요하다.
D. 동기는 행동의 방향을 결정하는데 중요한 역할을 한다.

① ⊙ – A ② ⓒ – A
③ ⓒ – C ④ ⊙ – C
⑤ ⓒ – D

고득점을 향한 해설

- 활성적 기능 : 유기체의 행동유발에 필요한 근원적인 힘이 동기이다.
- 지향적 기능 : 동기는 행동 방향 결정에 중요한 역할을 한다.
- 조절적 기능 : 목표 수행을 위한 동작의 선택과 수행에서 동기가 필요하다.
- 강화적 기능 : 행동 결과 보상에 따라 동기유발 수준이 달라진다.

14 개는 갑자기 소리가 들리면 즉각적으로 소리 나는 방향을 바라본다. 그러나 한동안 소리에 귀 기울인 후에 더 이상 위협적이지 않다고 판단되면 그 소리를 무시한다. 이것은 비학습 수행변인 중 어디에 해당하는 증상인가?

① 생리적 특성
② 감각적 적응
③ 습관화
④ 민감화
⑤ 강 화

> **고득점을 향한 해설**
> 습관화(Habituation)
> 유기체가 환경에 보다 둔감하게 반응하도록 만드는 과정이다. 유기체가 특정 사태에 직면해 감소된 반응 강도를 보이는 것으로 학습된 변화는 아니다.

15 조작적 조건형성에서 제시하는 학습의 법칙에 대한 설명으로 옳지 않은 것은?

① 임계학습법칙은 문제해결을 위한 반응은 문제해결이 될 때까지 여러 번에 걸친 시행착오를 거치게 된다.
② 연습은 할수록 강화되고 효과가 높아진다는 것은 연습의 법칙이다.
③ 준비성의 법칙은 학습태도나 준비가 충분히 이루어지면 수행 결합이 용이하다는 것이다.
④ 중다 반응은 학습에서 사용한 첫 반응으로 문제해결이 안되면 새로운 반응을 시도하는 것이다.
⑤ 학습의 결과가 만족스럽지 않으면 학습의 반응이 나타날 확률이 감소한다는 것은 효과(결과)의 법칙이다.

> **고득점을 향한 해설**
> 시행착오 학습은 여러 반응 가운데 어느 하나가 문제해결로 이어지는 경우, 해당 반응이 여러 번에 걸친 시행착오를 통해 점진적으로 습득된다.

16 동기의 4가지 요소에 대한 설명으로 옳지 않은 것은?

① 학습이 일어나기 위해서는 먼저 학습자가 학습 자극에 흥미를 가져야 한다.
② 학습자가 교육 내용을 자신의 개인적 흥미나 삶의 목적과 연관시킬 때 학습동기가 상승한다.
③ 자신이 어떤 일을 성공시킬 수 있는 능력이 있다는 유능감이 있으면 동기유발이 원활하다.
④ 켈러의 동기의 4가지 요소는 주의(Attention), 관계(Relation), 자신감(Confidence), 그리고 만족감(Satisfaction)으로 구성된다.
⑤ 만족감은 유발된 동기를 유지하는 역할을 한다.

> **고득점을 향한 해설**
> 켈러의 ARCS 이론에서 동기의 4가지 요소는 주의(Attention), 관련성(Relevance), 자신감(Confidence), 그리고 만족감(Satisfaction)이다.

17 고전적 조건형성과 조작적 조건형성을 비교한 내용 중 옳은 것은?

① 고전적 조건형성은 자극에 대한 반응을 다루는데 조작적 조건형성은 도구적 행위를 다룬다.
② 고전적 조건형성에서 인간은 능동적이고 조작적 조건형성에서는 수동적이다.
③ 파블로프와 손다이크는 고전적 조건형성을 설명하는 대표적인 학자이고 스키너와 왓슨은 조작적 조건형성을 설명하는 대표적인 학자이다.
④ 고전적 조건형성은 강화이론이라고도 하며 조작적 조건형성은 변별이론이라고 한다.
⑤ 고전적 조건형성은 점진적 접근방법을 통해 행동조형이 가능하다고 보았다.

> **고득점을 향한 해설**
> ② 고전적 조건형성에서 인간은 수동적이고 조작적 조건형성에서는 능동적이다.
> ③ 파블로프와 왓슨은 고전적 조건형성을 설명하는 대표적인 학자이고 손다이크와 스키너는 조작적 조건형성을 설명하는 대표적인 학자이다.
> ④ 변별은 고전적 조건형성과 관련된 개념이고, 강화는 조작적 조건형성과 관련된 개념이다.
> ⑤ 조작적 조건형성은 점진적 접근법을 통해 행동조형이 가능하다고 보았다.

18 다음은 어떤 강화계획에 관한 설명인가?

- 특정한 행동이 일정한 수만큼 일어났을 때 강화물을 준다.
- 빠른 반응을 보이지만 지속성은 약하다.
- 옷 공장에서 옷 100벌을 만들 때마다 1인당 10만 원의 성과급을 주기로 했다.

① 변동비율계획   ② 고정비율계획
③ 변동간격계획   ④ 고정간격계획
⑤ 계속강화

> **고득점을 향한 해설**
>
> | | |
> |---|---|
> | 고정간격계획 | 일정한 시간 간격이 지난 다음에 반응에 대하여 강화하는 것이다.
예 주급, 월급, 일당, 정기적인 시험 등 |
> | 변동간격계획 | 시간 간격이 불규칙하게 강화되는 경우이다. 강화를 받고 즉시 다시 보상을 받을 수도 있고 한참이 지난 후에 받을 수도 있다. 그러나 평균적으로 확인할 수 있는 시간 간격이 지난 후에 강화를 주는 것이다.
예 성과급 보수제도 |
> | 고정비율계획 | 특정한 행동이 일정한 수만큼 일어났을 때 강화물을 주는 것이다.
예 양말 공장에서 양말 1,000개를 만들 때마다 1인당 100만 원의 성과금을 지급 |
> | 변동비율계획 | 강화물을 받기 위해 시행되는 반응의 수가 항상 같지 않다. 몇 번을 반응해야 강화물을 받을 수 있을지 예측할 수 없다.
예 카지노의 슬롯머신, 복권 등 |

19 공격성 발달의 설명으로 옳지 않은 것은?

① 공격적 행동은 결과적으로 공격자에게 보상이 주어지기 때문에 일어난다.
② 공격성 모방학습 실험을 통해 공격성의 획득 기제 설명이 가능하다.
③ 공격성은 사회인지적 판단의 잘못에서 기인한다.
④ 물리적 공격성은 1세 6개월을 전후하여 수유 과정에서 나타난다.
⑤ 자신에 대한 또래 행동 원인을 적의적으로 판단하고 공격적 반응을 보이면 적의적 귀인 강화의 악순환이 지속된다.

고득점을 향한 해설

공격성은 1세 6개월을 전후하여 나타나는데, 물리적 공격성은 2~3세에 나타난다.

---

20 보기의 내용을 설명하는 말은 무엇인가?

> 누나가 장난감을 정리하지 않아서 벌을 받는 것을 보고 동생이 자기 장난감을 정리하고 있다.

① 대리강화　　　　　　② 대리처벌
③ 자기강화　　　　　　④ 정적강화
⑤ 부적강화

고득점을 향한 해설

대리처벌
다른 사람이 처벌받는 행동을 본 사람이 모방행동을 보이지 않는 현상이다.

---

21 다음 중 관찰학습의 과정을 순서대로 옳게 나열한 것은?

① 주의집중 → 보존 → 동기화 → 운동재생
② 주의집중 → 보존 → 운동재생 → 동기화
③ 동기화 → 주의집중 → 보존 → 운동재생
④ 동기화 → 주의집중 → 운동재생 → 보존
⑤ 주의집중 → 동기화 → 보존 → 운동재생

고득점을 향한 해설

- 주의집중은 모델의 행동을 주의 깊게 관찰하고 정확하게 지각하는 과정이다.
- 보존은 모델을 통해 받은 내용과 인상을 기억하며 보존하는 과정으로 기억 혹은 파지과정이라고도 한다.
- 운동재생은 저장되어 있는 모델 행동의 상징적 표상을 적절한 행동으로 전환하는 과정이다.
- 동기화는 강화조건에 따라 모델의 행동이 수행되는 과정이다.

정답　17 ①　18 ②　19 ④　20 ②　21 ②

22 사회학습의 유형을 가장 적절하게 설명한 것은?

① 해외에서 음식을 먹을 때, 다른 사람이 어떻게 하는지 관찰하고 따라하는 것을 동일시형이라고 했다.
② 아버지가 하는 것과 같은 행동을 아들은 모방하고 따라하는 것을 직접모방형이라고 한다.
③ 인터넷 동영상을 보고 따라하는 문제행동을 대리모방학습형이라고 한다.
④ 스포츠 센터에서 옆 사람이 열심히 하는 것을 보면서 자기도 더 열심히 하게 되는 것을 동시학습형이라고 한다.
⑤ 스포츠 드라마를 보고 자신도 모르게 스포츠를 좋아하게 되고 큰 감동을 받는 것은 모델학습형이라고 한다.

고득점을 향한 해설
① 관찰자가 모델의 행동을 단순히 관찰하고 따라하는 것은 직접모방형이다.
② 일반적 행동을 모방하는 모형학습을 동일시형이라고 한다.
③ 관찰자가 모델의 행동을 관찰하고, 시행해보지 않고 모방하는 것을 무시행학습형이라고 한다.
⑤ 관찰자가 모델의 정서반응을 보고 자기도 같은 정서반응을 하는 모방은 고전적 대리조건형성형이다.

23 다음 중 보기의 내용에 해당하는 정보처리 이론의 주요개념은?

- 등록된 외부의 표상들을 내부에 저장되어 있는 기억 속의 영상과 비교하여 식별해낸다.
- 자극에 대한 비교, 분석, 기억의 탐색, 의사결정 등의 과정을 포함한다.

① 정교화　　　　　② 형태재인
③ 특징분석이론　　④ 스키마 전략
⑤ 조직화

고득점을 향한 해설
형태재인(Pattern Recognition)은 감각기억 내의 입력자극정보와 장기 기억에 대한 대조를 통해 현재 주어진 자극으로부터 의미를 이끌어내는 과정을 말한다.

24 망각의 원인에 대한 설명으로 옳은 것은?

① 시간의 흐름 자체가 망각을 유발한다는 것은 소멸이론이다.
② 이전에 학습한 정보가 새로운 정보의 저장을 방해하는 것은 역행간섭이다.
③ 음운적 부호화는 의미적 부호화보다 저장률이 높다.
④ 인출단서와 부호화가 일치하지 않을 때, 인출 실패 가능성이 낮다.
⑤ 책을 읽었는데 내용을 기억할 수 없다면, 다른 책 내용과의 간섭 때문에 나타나는 것으로 볼 수 있다.

고득점을 향한 해설

② 역행간섭은 새로운 정보가 이전 정보의 저장을 방해하는 것이고, 순행 간섭은 이전의 학습 정보가 새로운 정보의 저장을 방해하는 것이다.
③ 음운적 부호화는 의미적 부호화보다 저장률이 낮다.
④ 인출단서와 부호화가 일치하지 않을 때 인출 실패 가능성이 높다.
⑤ 책을 읽었는데 내용을 기억할 수 없다면 비효율적 부호화 때문에 일어난 것으로 볼 수 있다.

25 성공적 학습태도를 위한 상담의 내용과 거리가 먼 것은?

① 변화를 위한 긍정적 자극은 칭찬, 애정, 지원, 인정 등이다.
② 학생에게 자신의 패배적인 악순환을 먼저 깨닫게 해야하는 자각이 필요하다.
③ 비효율적 학습전략을 새로운 학습전략으로 교체하도록 돕는 것을 대치라고 한다.
④ 학습 문제는 학습 분위기, 개인의 정신적 건강상태, 신체적 건강상태 등을 고려해야 한다.
⑤ 변화를 위한 자극을 위해 불만에 대해 논박하여 자기 불만에서 벗어날 수 있는 자각을 하게 한다.

고득점을 향한 해설

변화를 위한 긍정적 자극이 필요한데, 상담에서 불만을 직접적으로 표현하고, 상담자의 이해와 공감으로 자기 불만에서 벗어날 수 있는 자각과 용기를 찾게 한다.

26 어린 동물이 생후 초기의 특정한 시기 동안 어떤 대상에게 노출된 후, 그 뒤를 따르게 되어 그 대상에게 애착을 형성하는 것을 무엇이라고 하는가?

고득점을 향한 해설

각인
- 동물들의 생존가능성을 증진시키는 행동패턴 중의 하나
- 태어나서 처음 접하는 물체에 애착을 형성하는 선천적 학습
- 각인 현상은 결정적 시기(Critical Period)에만 발생

27 인간발달을 연구하는 대표적인 세 가지 연구설계법과 그 장단점을 기술하시오.

고득점을 향한 해설

횡단적 설계	장점	빠른 자료수집이 가능하며, 시간이 절약된다.
	단점	• 개인이 어떻게 변화하는지 알 수 없고, 특성의 안정성에 대한 정보를 얻을 수 없다. • 성장과 발달의 증가나 감소가 명확하지 않다.
종단적 설계	장점	발달연구에서 규명하려는 연령변화에 대한 정보를 줄 수 있으며, 성장하면서 보여주는 변화까지 알 수 있다.
	단점	• 비용과 시간이 많이 소요된다. • 피험자의 탈락현상이 발생할 수 있다.
계열적 설계	장점	• 연령효과 측정이 가능하다. • 동시대 출생집단의 효과 측정이 가능하다. • 측정 시기의 효과로 자료가 수집될 당시 상황의 효과를 분리할 수 있다.
	단점	시간과 비용이 많이 소요된다.

28 노소 간에 그 결과의 차이가 없는 이 효과는 단어의 목록 중에서 앞에 있는 단어의 부분보다는 뒤에 있는 단어를 더욱 잘 기억하는 현상을 의미한다. 이 효과는 무엇인가?

> 고득점을 향한 해설

최신효과이다. 최신효과란, 어떤 사물에 대해 가장 최근에 제시된 정보를 잘 기억하는 현상이다.

29 보기의 내용에 해당하는 정보처리 이론의 주요개념은 무엇인가?

- 학습자가 새로운 정보를 접할 때 이미 머리에 저장하고 있는 지식을 기초로 하여 해석하게 된다.
- 자신의 내부에 있는 과거 반응들의 능동적인 조작을 가지고 있다.

> 고득점을 향한 해설

스키마(Schema)
개별적인 사례들을 토대로 구조화를 이루어 다른 자극을 인식할 때 기준으로 삼는 것을 의미하는데, 책을 읽거나 사람을 만나서 접하는 정보들을 이미 과거 경험을 통해 형성된 도식을 토대로 받아들이고 해석하게 되는 것을 예로 들 수 있다.

30 다음 괄호 안에 들어갈 알맞은 말을 적으시오.

(㉠)은/는 과거의 경험과 효과가 저장되어 일정 기간 파지되는 것이며, 반면 파지되지 못하고 변용되거나 소실되는 현상을 (㉡)(이)라고 한다.

고득점을 향한 해설

㉠ 기억, ㉡ 망각

02 부록

상담심리사 윤리강령

교육은 우리 자신의 무지를 점차 발견해 가는 과정이다.

- 윌 듀란트 -

02 | 상담심리사 윤리강령

한국상담심리학회는 인간의 존엄성과 가치를 존중하고 다양한 심리적 조력활동을 통해 개인이 자기를 실현하는 삶을 살도록 돕는다. 본 학회는 이러한 목적을 구현하기 위하여 상담심리사 자격제도를 운영한다. 본 학회에서 인증한 상담심리사(1급, 2급)와 상담심리사 수련과정에 있는 학회원은 전문가로서의 능력과 자질을 향상시키며, 상담심리사의 역할을 하는 데 있어 내담자의 복지를 최우선 순위에 둔다. 상담심리사는 전문적인 상담 활동을 통해 내담자의 개인적인 성장을 넘어 국민의 심리적 안녕을 도모함으로써 사회적 공익에 기여한다. 이러한 책무를 다하기 위해 상담심리사는 전문성, 성실성, 사회적 책임, 인간 존중, 다양성 존중의 원칙을 따른다. 윤리강령의 준수는 내담자와 상담자 보호 및 상담자의 전문성 증진에 기여한다. 이를 위하여 상담심리사는 다음과 같은 윤리강령을 숙지하고 준수할 것을 다짐한다.

1. 전문가로서의 태도

가. 전문적 능력

(1) 상담심리사는 자신의 능력의 한계를 인정하고 교육과 수련, 경험 등에 의해 준비된 역량의 범위 안에서 전문적인 서비스와 교육을 제공한다.

(2) 상담심리사는 자신이 가진 능력 이상의 것을 주장하거나 암시해서는 안 되며, 타인에 의해 능력이나 자격이 오도되었을 때에는 수정해야 할 의무가 있다.

(3) 상담심리사는 문화, 신념, 종교, 인종, 성적 지향, 성별 정체성, 신체적 또는 정신적 특성에 대한 자신의 편견을 자각하고, 이를 극복하기 위해 노력해야 한다. 특히 위와 같은 편견이 상담 과정을 방해할 우려가 있을 경우 자문, 사례지도 및 상담을 요청해야 한다.

(4) 상담심리사는 자신의 활동분야에 있어서 최신의 과학적이고 전문적인 정보와 지식을 유지하기 위해 지속적인 교육과 연수의 필요성을 인식하고 참여한다.

(5) 상담심리사는 자신의 전문적 능력에 대해 정확히 인식하고 정기적으로 전문인으로서의 능력과 효율성에 대해 자기점검 및 평가를 해야 한다. 상담자로서 직무를 수행하는 데 방해가 되는 개인적 문제나 능력의 한계를 인식하게 될 경우 지도감독이나 전문적 자문을 받을 책무가 있다.

나. 성실성

(1) 상담심리사는 자신의 신념체계, 가치, 제한점 등이 상담에 미칠 영향력을 자각해야 한다.

(2) 상담심리사는 내담자에게 상담의 목표와 이점, 한계와 위험성, 상담료 지불방법 등을 명확히 알린다.

(3) 상담심리사는 능력의 한계나 개인적인 문제로 내담자를 적절하게 도와줄 수 없을 때, 전문적 자문과 지원을 받는 등의 적절한 조치를 취한 뒤, 직무수행을 제한할지 아니면 완전히 중단할지 여부를 결정해야 한다.

(4) 상담심리사는 자신의 질병, 죽음, 이동, 퇴직으로 인한 상담의 갑작스런 중단가능성에 대비하고 있어야 하며, 또한 내담자의 이동이나 재정적 한계 등과 같은 요인에 의해 상담이 중단될 경우, 이에 대해 적절한 조치를 취해야 한다.

(5) 상담심리사는 내담자가 더 이상 도움을 필요로 하지 않거나, 상담을 지속하는 것이 더 이상 내담자에게 도움이 될 가능성이 없거나, 오히려 내담자에게 해가 될 것이 분명하다면 상담 관계를 종결해야 한다. 내담자가 다른 전문가를 필요로 할 경우에는 적절한 과정을 거쳐 의뢰하거나 관련 정보를 제공한다.

(6) 상담심리사는 개인의 이익을 위해 상담전문직의 가치와 품위를 훼손하는 행동을 해서는 안 된다.

(7) 상담심리사는 자신이 지도감독 내지 평가하거나 기타의 권위를 행사하는 대상, 즉 내담자, 학생, 수련생, 연구 참여자 및 피고용인을 물질적, 신체적, 업무상으로 착취하지 않는다.

(8) 상담심리사는 자신의 기술이나 자료가 다른 사람들에 의해 오용될 가능성이 있는 활동에 참여해서는 안 되며, 이런 일이 일어난 경우에는 이를 바로잡거나 최소화하는 조치를 취한다.

다. 자격관리

(1) 상담심리사는 자신의 자격급수와 상담경력을 정확히 알려야 하며, 자신의 자격을 과장하지 않는다.

(2) 상담심리사는 자신이 상담 관련 분야에서 취득한 최종 학위 및 전공을 정확히 명시하고, 그 이외의 분야에서 취득한 학위가 있더라도 그것을 마치 상담 관련 학위인 것처럼 알리지 않는다.

(3) 상담심리사는 자신의 전문자격을 유지하기 위하여 지속적인 교육, 연수를 받아야 한다. 만약 자격이 정지되었을 경우에는 이에 따른 책임을 지며 자격을 회복하기 위해 노력한다.

2. 사회적 책임

가. 사회와의 관계

(1) 상담심리사는 사회의 윤리와 도덕기준을 존중하고, 사회공익과 상담분야의 발전을 위해 최선을 다한다.

(2) 상담심리사는 필요시 무료 혹은 저가의 보수로 자신의 전문성을 제공하는 사회적 공헌 활동에 참여한다.

(3) 상담비용을 책정할 때 상담심리사들은 내담자의 재정상태를 고려하여야 한다. 책정된 상담료가 내담자에게 적절하지 않을 때에는, 대안적 서비스를 받을 수 있도록 돕는다.

(4) 상담심리사는 상담자 양성에 도움이 되는 다양한 전문적 활동에 참여한다.

나. 고용기관과의 관계

(1) 상담심리사는 자신이 종사하는 기관의 목적과 방침에 공헌할 수 있는 활동을 할 책임이 있다. 기관의 목적과 방침이 상담자 윤리와 상충될 때에는 이를 해결하기 위해 노력해야 한다.

(2) 상담심리사는 근무기관의 관리자 및 동료들과 상담업무, 비밀보장, 직무에 대한 책임, 공적 자료와 개인자료의 구별, 기록된 정보의 보관과 처분에 관하여 상호 협의해야 한다. 상호 협의한 관계자들은 협의 내용을 문서화하고 공유한다.

(3) 상담심리사는 자신이 속한 기관의 효율성에 제한을 줄 수 있는 상황에 대해 미리 알려주어야 한다.

다. 상담기관 운영자
  (1) 상담기관 운영자는 기관 내에서 이루어지는 제반 상담활동을 관리 감독함에 있어, 내담자의 권리와 복지를 최우선으로 고려해야 한다.
  (2) 상담기관 운영자는 방음, 편안함, 주의집중 등을 고려하여 상담 및 심리평가에 적합한 독립된 공간을 제공해야 한다.
  (3) 상담기관 운영자는 상담심리사를 포함한 피고용인의 권리와 복지 보장 및 전문성 제고를 위해 최선의 노력을 다할 책임이 있다.
  (4) 상담기관 운영자는 업무에 적합한 전문성을 갖춘 상담심리사를 고용하고, 이들의 증명서, 자격증, 업무내용, 기타 상담자와 관련된 다른 정보 등을 정확하게 파악하고 관리하여야 한다.
  (5) 상담기관 운영자는 직원들에게 기관의 목표와 활동에 대해 알려주어야 한다.
  (6) 상담기관 운영자는 고용, 승진, 인사, 연수 및 지도 시에 성별, 장애, 나이, 성적 지향, 성별 정체성, 사회적 신분, 외모, 인종, 가족형태, 종교 등을 이유로 차별적인 행동을 해서는 안 된다.
  (7) 상담기관 운영자는 고용을 빌미로 상담심리사가 원치 않는 유료 상담, 유료 교육, 내담자 모집을 강제해서는 안 된다.

라. 다른 전문직과의 관계
  (1) 상담심리사는 함께 일하는 다른 전문적 집단의 특성을 존중하고, 상호 협력적 관계를 도모한다.
  (2) 공적인 자리에서 개인 의견을 말할 경우, 상담심리사는 그것이 개인적 의견에 불과하며 상담심리사 전체의 견해나 입장이 아님을 분명히 해야 한다.
  (3) 상담심리사는 내담자가 다른 정신건강 전문가의 서비스를 받고 있음을 알게 되면, 내담자로 하여금 상담 사실을 그 전문가에게 알리도록 권유하고, 긍정적이고 협력적인 치료관계를 맺도록 노력한다.
  (4) 상담심리사는 내담자 의뢰나 소개와 관련한 비용을 수취하거나 요구하지 않는다.

마. 자 문
  (1) 자문이란 개인, 집단, 사회단체가 전문적인 조력자의 도움이 필요하여 요청한 자발적인 관계를 말한다. 상담심리사는 자문을 요청한 개인이나 기관의 문제 혹은 잠재된 문제를 규명하고 해결하는 데 도움을 준다.
  (2) 상담심리사는 자신이 자문에 참여하는 개인 또는 기관에게 도움을 주는 데 필요한, 자질과 능력을 갖추었는지를 스스로 검토하고 자문에 임해야 한다.
  (3) 상담심리사는 자문에 임할 때 자신의 가치관, 지식, 기술, 한계성이나 욕구에 대한 깊은 자각이 있어야 하고, 자문의 초점은 문제를 가진 사람이 아니라 풀어나가야 할 문제 자체에 두어야 한다.
  (4) 자문 관계는 자문 대상자가 스스로 성장해나가도록 격려하고 고양하는 것이어야 한다. 상담심리사는 이러한 역할을 일관성 있게 유지해야 하고, 자문 대상자가 스스로의 의사결정자가 되도록 도와주어야 한다.
  (5) 상담활동에서 자문의 활용에 대해 홍보할 때는 학회의 윤리강령을 성실하게 준수해야 한다.

바. 홍보
  (1) 상담심리사는 전문가로서의 자신의 자격과 상담경력에 대해 대중에게 정확하게 홍보해야 하며, 오해를 일으킬 수 있거나 거짓된 내용을 전달해서는 안 된다.
  (2) 상담심리사는 일반인들에게 상담의 전문적 활동이나 상담 관련 정보, 기대되는 상담효과 등을 정확하게 알려주어야 한다.
  (3) 상담심리사는 출판업자, 언론인, 혹은 후원사 등이 상담의 실제나 전문적인 활동과 관련된 잘못된 진술을 하는 경우 이를 시정하고 방지하도록 노력한다.
  (4) 상담심리사가 워크숍이나 상담 프로그램을 홍보할 때는 참여자의 선택을 위해서 정확한 정보를 제공해야 한다.
  (5) 상담심리사는 상담자의 품위를 훼손하지 않도록 책임의식을 가지고 홍보해야 한다.
  (6) 상담심리사는 홍보에 활용하기 위하여 내담자에게 소감문 작성이나 사진 촬영 등을 강요하지 않는다.
  (7) 상담심리사는 자신이 실제로 상담 및 자문 활동을 하지 않는 상담기관이 자신의 이름을 기관의 홍보에 사용하지 않도록 해야 한다.

3. 내담자의 복지와 권리에 대한 존중
  가. 내담자 복지
    (1) 상담심리사의 일차적 책임은 내담자의 복지를 증진하고 존엄성을 존중하는 것이다.
    (2) 상담심리사는 내담자의 잠재력을 개발하여 건강한 삶을 영위하도록 도움을 주며, 어떤 방식으로도 해를 끼치지 않는다.
    (3) 상담심리사는 상담관계에서 오는 친밀성과 책임감을 인식해야 한다. 상담심리사의 개인적 욕구 충족을 위해서 내담자를 희생시켜서는 안 되며, 내담자로 하여금 의존적인 상담관계를 형성하지 않도록 노력해야 한다.
    (4) 상담심리사는 직업 문제와 관련하여 내담자의 능력, 일반적인 기질, 흥미, 적성, 욕구, 환경 등을 고려하면서 내담자와 함께 노력하지만, 내담자의 일자리를 찾아주거나 근무처를 정해줄 의무가 있는 것은 아니다.

  나. 내담자의 권리와 사전 동의
    (1) 내담자는 상담 계획에 참여할 권리, 상담을 거부하거나 상담 개입방식의 변화를 거부할 권리, 그러한 거부에 따른 결과에 대해 고지 받을 권리, 자신의 상담 관련 정보를 요청할 권리 등이 있다.
    (2) 상담심리사는 상담을 시작할 때 내담자가 충분한 설명을 듣고 선택할 수 있도록 적절한 정보를 제공해야 하고, 상담자와 내담자 모두의 권리와 책임에 대해서 알려줄 의무가 있다. 이러한 사전 동의 절차는 상담과정의 중요한 부분이며, 내담자와 논의하고 합의된 내용을 적절하게 문서화한다.
    (3) 상담심리사가 내담자에게 설명해야 할 사전 동의 항목으로는 상담자의 자격과 경력, 상담비용과 지불방식, 치료기간과 종결 시기, 비밀보호 및 한계 등이 있다.
    (4) 상담심리사는 내담자에게 상담 과정의 녹음과 녹화 가능성, 사례지도 및 교육에의 활용 가능성에 대해 설명하고, 내담자에게 동의 또는 거부할 권리가 있음을 알려야 한다.

(5) 내담자가 미성년자 혹은 자발적인 동의를 할 수 없는 경우, 상담심리사는 내담자의 최상의 복지를 고려하여, 보호자 또는 법정 대리인의 사전 동의를 구해야 한다.
(6) 상담심리사는 미성년인 내담자를 상담할 때, 필요하면 부모나 보호자가 상담에 참여 할 수 있음을 내담자에게 알린다. 이 경우, 상담자는 부모 혹은 보호자의 참여에 앞서 그 영향을 고려하고 내담자의 권익을 보호하도록 한다.

다. 다양성 존중
(1) 상담심리사는 모든 인간의 기본적인 권리, 존엄성, 가치를 존중하며 성별, 장애, 나이, 성적 지향, 성별 정체성, 사회적 신분, 외모, 인종, 가족형태, 종교 등을 이유로 내담자를 차별하지 않는다.
(2) 상담심리사는 내담자의 다양한 문화적 배경을 이해하려고 적극적으로 시도해야 하며, 상담심리사 자신의 고유한 문화적 정체성이 상담과정에 어떤 영향을 주는지 인식해야 한다.
(3) 상담심리사는 자신의 고유한 가치, 태도, 신념, 행위를 인식하고, 내담자에게 자신의 가치를 강요하지 않는다.

4. 상담관계
 가. 다중 관계
(1) 상담심리사는 객관성과 전문적인 판단에 영향을 미칠 수 있는 다중 관계는 피해야 한다. 가까운 친구나 친인척, 지인 등 사적인 관계가 있는 사람을 내담자로 받아들이면 다중 관계가 되므로, 다른 전문가에게 의뢰하여 도움을 준다. 의도하지 않게 다중 관계가 시작된 경우에도 적절한 조치를 취해야 한다.
(2) 상담심리사는 상담할 때에 내담자와 상담 이외의 다른 관계가 있다면, 특히 자신이 내담자의 상사이거나 지도교수 혹은 평가를 해야 하는 입장에 놓인 경우라면 그 내담자를 다른 전문가에게 의뢰한다.
(3) 상담심리사는 내담자와 상담실 밖에서 연애 관계나 기타 사적인 관계(소셜미디어나 다른 매체를 통한 관계 포함)를 맺거나 유지하지 않는다.
(4) 상담심리사는 내담자와의 관계에서 상담료 이외의 어떠한 금전적, 물질적 거래를 해서는 안 된다.
(5) 상담심리사는 내담자의 선물로 인해 발생할 수 있는 문제를 숙고해야 한다. 선물의 수령 여부를 결정함에 있어서 상담 관계에 미치는 영향, 선물의 의미, 내담자와 상담자의 동기, 현행법 위반 여부 등을 신중하게 고려해야 한다.

 나. 성적 관계
(1) 상담심리사는 내담자 및 내담자의 보호자, 친척 또는 중요한 타인에게 자신의 지위를 이용하여 성희롱 또는 성추행을 포함한 성적 접촉을 해서는 안 된다.
(2) 상담심리사는 내담자 및 내담자의 보호자, 친척, 또는 중요한 타인과 성적 관계를 가져서는 안 된다.
(3) 상담심리사는 이전에 연애 관계 또는 성적인 관계를 가졌던 사람을 내담자로 받아들이지 않는다.
(4) 상담심리사는 상담관계가 종결된 이후 적어도 3년 동안은 내담자와 성적 관계를 맺지 않아야 한다. 그 후에라도 가능하면 내담자와 성적인 관계는 갖지 않는다.

다. 여러 명의 내담자와의 관계
  (1) 상담심리사가 두 명 이상의 사람들에게 상담 서비스를 제공하는 경우(예 남편과 아내, 부모와 자녀), 누가 내담자이며 각각의 사람들과 어떤 관계를 맺어갈지를 명확히 하고 상담을 시작해야 한다.
  (2) 만약에 상담심리사가 내담자들 사이에서 상충되는 역할을 해야 된다면, 상담심리사는 그 역할에 대해서 명확히 하거나, 조정하거나, 그 역할로부터 벗어나도록 한다.

라. 집단상담
  (1) 상담심리사는 집단 목표에 부합하는 집단원들을 모집하여 집단상담이 원활히 진행되도록 한다.
  (2) 상담심리사는 집단참여자를 물리적 피해나 심리적 외상으로부터 보호하기 위해 충분한 주의를 기울인다.
  (3) 집단리더는 지위를 이용하여 집단원의 권리와 복지를 훼손하지 않는다. 또한, 집단 과정에서 집단원의 선택의 자유를 존중하고, 이들이 집단 압력으로부터 보호 받을 권리가 있음을 유념한다.
  (4) 집단리더는 다중관계가 될 수 있는 가까운 친구나 친인척, 지인 등을 집단원으로 받아들이지 않는다. 또한, 집단상담이 끝난 후 집단원과 사적인 관계를 맺거나 유지하지 않는다.

5. 정보의 보호 및 관리

가. 사생활과 비밀보호
  (1) 상담심리사는 상담과정에서 알게 된 내담자의 민감 정보를 다룰 때 특별히 주의해야 하고, 상담과 관련된 모든 정보의 관리에 있어 개인정보 보호와 관련된 법을 준수해야 한다.
  (2) 상담심리사는 사생활과 비밀유지에 대한 내담자의 권리를 최대한 존중해야 할 의무가 있다.
  (3) 내담자의 사생활 보호에 대한 권리는 존중되어야 하나, 때로 내담자나 내담자가 위임한 법정 대리인의 요청에 의해 제한될 수 있다.
  (4) 내담자의 사생활 보호가 제한되는 경우라 하더라도, 상담심리사는 내담자의 사생활 침해를 최소화하기 위해 노력해야 하고, 문서 및 구두 보고 시 사생활에 관한 정보를 포함시켜야 할 경우 그 목적과 밀접한 관련이 있는 정보만을 포함시킨다.
  (5) 상담심리사는 강의, 저술, 동료자문, 대중매체 인터뷰, 사적 대화 등의 상황에서 내담자의 신원확인이 가능한 정보나 비밀 정보를 공개하지 않는다.
  (6) 상담심리사는 상담기관에 소속된 모든 구성원과 관계자들에게도 내담자의 사생활과 비밀이 보호되도록 주지시켜야 한다.

나. 기록
  (1) 상담기관이나 상담심리사는 상담의 기록, 보관 및 폐기에 관한 규정을 마련하고 준수해야 한다.
  (2) 상담심리사는 법, 규정 혹은 제도적 절차에 따라, 상담기록을 일정기간 보관한다. 보관 기간이 경과된 기록은 파기해야 한다.
  (3) 공공기관이나 교육기관 등은 각 기관에서 정한 기록 보관 연한을 따르고, 이에 해당하지 않는 경우에는 3년 이내 보관을 원칙으로 한다.
  (4) 상담심리사는 상담의 녹음 및 기록에 관해 내담자의 동의를 구한다.

(5) 상담심리사는 면접기록, 심리검사자료, 편지, 녹음 파일, 동영상, 기타 기록 등 상담과 관련된 기록들이 내담자를 위해 보존된다는 것을 인식하며, 상담기록의 안전과 비밀보호에 책임을 진다.

(6) 상담심리사는 내담자가 합당한 선에서 기록물에 대한 열람을 요청할 경우, 열람할 수 있도록 한다. 단, 상담심리사는 기록물에 대한 열람이 내담자에게 해악을 끼친다고 사료될 경우 내담자의 기록 열람을 제한한다.

(7) 상담심리사는 내담자의 기록 열람에 대한 요청을 문서화하며, 기록의 열람을 제한할 경우, 그 이유를 명기한다.

(8) 복수의 내담자의 경우, 상담심리사는 각 개별 내담자에게 직접 해당되는 부분만을 공개하며, 다른 내담자의 정보에 관련된 부분은 노출되지 않도록 한다.

(9) 상담심리사는 기록과 자료에 대한 비밀보호가 자신의 죽음, 능력상실, 자격박탈 등의 경우에도 보호될 수 있도록 미리 계획을 세운다.

(10) 상담심리사는 상담과 관련된 기록을 보관하고 처리하는 데 있어서 비밀을 보호해야 하며, 이를 타인에게 공개할 때에는 내담자의 직접적인 동의를 받아야 한다.

다. 비밀보호의 한계

(1) 내담자의 생명이나 타인 및 사회의 안전을 위협하는 경우, 내담자의 동의 없이도 내담자에 대한 정보를 관련 전문인이나 사회에 알릴 수 있다.

(2) 내담자가 감염성이 있는 치명적인 질병이 있다는 확실한 정보를 가졌을 때 상담심리사는, 그 질병에 위험한 수준으로 노출되어 있는 제3자(내담자와 관계 맺고 있는)에게 그러한 정보를 공개할 수 있다. 상담심리사는 제3자에게 이러한 정보를 공개하기 전에 내담자가 자신의 질병에 대해서 그 사람에게 알렸는지, 아니면 스스로 알릴 의도가 있는지를 확인한다.

(3) 법원이 내담자의 동의 없이 상담심리사에게 상담관련 정보를 요구할 경우, 상담심리사는 내담자의 권익이 침해되지 않도록 법원과 조율하여야 한다.

(4) 상담심리사는 내담자 정보를 공개할 경우, 정보 공개 사실을 내담자에게 알려야 한다. 정보 공개가 불가피할 경우라도 최소한의 정보만을 공개한다.

(5) 여러 전문가로 구성된 팀이 개입하는 상담의 경우, 상담심리사는 팀의 존재와 구성을 내담자에게 알린다.

(6) 비밀보호의 예외 및 한계에 관한 타당성이 의심될 때에 상담심리사는 동료 전문가 및 학회의 자문을 구한다.

라. 집단상담과 가족상담

(1) 집단상담을 할 경우, 상담심리사는 그 특정 집단에 대한 비밀 보장의 중요성과 한계를 명백히 설명한다.

(2) 가족상담에서 상담심리사는 각 가족 구성원의 사생활 보호에 대한 권리를 존중한다. 한 가족 구성원에 대한 정보는, 해당 구성원의 허락 없이는 다른 구성원에게 공개될 수 없다. 단, 미성년자 혹은 심신미약자가 포함된 경우, 이들에 대한 비밀보장은 위임된 보호자에 의해 제한될 수 있다.

마. 상담 외 목적을 위한 내담자 정보의 사용
  (1) 교육이나 연구 또는 출판을 목적으로 상담관계로부터 얻어진 자료를 사용할 때에는 내담자의 동의를 구해야 하며, 각 개인의 익명성이 보장되도록 자료 변형 및 신상 정보의 삭제와 같은 적절한 조치를 취하여 내담자에게 피해를 주지 않도록 한다.
  (2) 다른 전문가의 자문을 구할 경우, 상담심리사는 사전에 내담자의 동의를 구해야 하며, 적절한 조치를 통해 내담자의 사생활과 비밀을 보호하도록 노력한다.

바. 전자 정보의 관리 및 비밀보호
  (1) 전자기기 및 매체를 활용하여 상담관련 정보를 기록·관리하는 경우, 상담심리사는 기록의 유출 또는 분실 가능성에 대해 경각심과 주의의무를 가져야 하며 내담자의 정보보호를 위해 적극적인 노력을 해야 한다.
  (2) 내담자의 기록이 전산 시스템으로 관리되는 경우, 상담심리사는 접근 권한을 명확히 설정하여 내담자의 신상이 드러나지 않도록 조치를 취한다.

6. 심리평가

가. 기본 사항
  (1) 심리평가의 목적은 심리검사를 활용하여 내담자의 자기이해 및 의사결정을 돕고 치료계획을 수립하는 데 있다.
  (2) 상담심리사는 규정된 전문적 관계 안에서만 심리검사를 활용한 진단, 평가 및 개입을 한다.
  (3) 심리평가에 대한 상담심리사의 결과해석, 소견 및 권고는 충분한 정보와 근거를 바탕으로 이루어져야 하며, 상담심리사는 이에 대한 내담자의 알권리를 존중한다.
  (4) 상담심리사는 심리검사의 결과나 해석을 오용해서는 안 되며, 전문적 자격을 갖추지 않은 사람에 의한 심리검사의 개발, 출판, 배포, 사용에 대해서는 적절한 조치를 취한다.
  (5) 상담심리사는 내담자 혹은 내담자의 법정대리인의 동의가 있는 경우에만 내담자의 개인정보가 포함된 심리평가 관련 자료를 공개한다. 단, 공개 대상은 자료를 해석할만한 충분한 자격을 갖춘 전문가로 제한한다.

나. 검사를 사용하고 해석하는 능력
  (1) 상담심리사는 심리평가를 수행함에 있어 평가 도구의 채점, 해석과 사용, 관리에 대한 책임이 있으며, 자신이 훈련받은 검사와 평가만을 수행해야 한다. 이는 온라인 검사의 경우에도 해당된다.
  (2) 상담심리사는 검사도구의 타당도와 신뢰도, 검사도구의 개발과 사용 지침에 대해 이해하고 있어야 한다.
  (3) 상담심리사는 검사의 실시, 채점 및 해석이 제공되는 온라인 검사의 경우에도 원 검사의 구성 및 해석에 대해 숙지하고 있어야 한다.
  (4) 상담심리사는 수련생이 심리검사를 유능하게 수행할 수 있는지 지속적으로 감독해야 한다.

다. 사전 동의
  (1) 상담심리사는 심리평가 전에 내담자 또는 내담자의 법정 대리인에게 사전 동의를 받아야 한다. 사전 동의를 구할 때에는 검사의 목적과 용도, 비용에 대해 내담자가 이해할 수 있도록 설명해야 한다.
  (2) 상담심리사는 검사결과를 제공할 때 내담자 혹은 내담자가 사전 동의한 수령인에게 결과를 전달하고 적절한 해석을 제공해야 한다. 이는 집단으로 실시된 검사도 해당된다.

라. 검사의 선택 및 실시
  (1) 상담심리사는 내담자에게 적절한 심리검사를 선택해야 하며 검사의 타당도와 신뢰도, 제한점 등을 고려한다.
  (2) 상담심리사는 다문화 배경을 가진 내담자를 위한 심리검사 선택 시, 그의 사회문화적 맥락을 신중히 고려해야 한다.
  (3) 상담심리사는 표준화된 조건에 따라 검사를 시행한다. 검사가 표준화된 조건에서 시행되지 않거나, 검사 수행 중 일반적이지 않은 행동 혹은 예외적인 상황이 발생할 경우, 그러한 내용을 기록해야 하고, 그 검사결과의 타당성을 의심하거나 무효 처리할 수 있다.
  (4) 상담심리사는 신뢰할 수 있는 검사결과를 얻기 위해 검사지 및 검사도구가 노출되지 않도록 주의하고 그 내용을 언급하지 않을 책임이 있다.

마. 검사 결과의 해석과 진단
  (1) 상담심리사는 검사 해석에 있어서 성별, 장애, 나이, 성적 지향, 성별 정체성, 사회적 신분, 외모, 인종, 가족형태, 종교 등의 영향을 고려하고, 다른 관련 요인들과 통합 비교하여 검사 결과를 해석한다.
  (2) 상담심리사는 경험적으로 입증되지 않은 평가 도구를 사용할 경우, 그 도구를 사용하는 목적을 내담자에게 설명하고 결과 해석에 신중해야 한다.
  (3) 상담심리사는 정신장애에 대한 평가를 하는 경우 각별한 주의를 기울여야 한다. 내담자를 위한 치료 방향, 치료 유형 및 후속조치를 결정하기 위해서 개인 면담 및 평가 방법을 신중하게 선택하고 사용한다.
  (4) 상담심리사는 내담자의 문제가 그가 속한 문화의 영향을 받는다는 것을 인지하고, 정신장애 진단 시 사회경제 및 문화적 경험을 고려해야 한다.
  (5) 상담심리사는 정신장애를 진단하는 것이 내담자나 다른 사람들에게 해가 된다고 판단할 경우, 진단 혹은 진단 결과의 보고를 유보할 수 있다. 상담자는 진단이 지니는 긍정적, 부정적 함의를 신중하게 고려한다.

바. 검사의 안전성
  (1) 상담심리사는 공인된 검사의 전부 또는 일부를 발행자 허가 없이 사용, 재발행, 수정하지 않는다.
  (2) 상담심리사는 실시한 지 오래된 검사 결과에 기초한 평가를 피하고, 시대에 뒤떨어진 검사 도구를 사용하지 않는다.
  (3) 상담심리사는 심리검사의 요강, 도구, 자극, 또는 문항이 대중매체, 인터넷(온라인) 등을 통해 노출되지 않도록 해야 하며, 또한 특정한 반응에 대한 구체적인 해석이 대중적으로 공개되지 않도록 해야 한다.

7. 수련감독 및 상담자 교육

가. 수련감독과 내담자 복지
  (1) 수련감독자는 수련생이 진행하는 상담을 지도·감독할 때, 내담자의 복지를 우선적으로 고려해야 한다.
  (2) 수련감독자는 수련생이 내담자들에게 상담 서비스를 제공함에 있어서, 자신의 자격 요건을 명확히 알리도록 지도한다.
  (3) 수련감독자는 사전 동의 및 비밀보장 등의 권리가 내담자에게 있음을 수련생에게 주지시킨다.

나. 수련감독자의 역량과 책임
  (1) 수련감독자는 사례지도 방법과 기법들에 대한 교육과 훈련을 받음으로써, 사례지도 역량을 향상시키기 위해 노력한다.
  (2) 수련감독자는 전자 매체를 통하여 전송되는 모든 사례지도 자료의 비밀 보장을 위해서 주의하고, 필요한 조치를 취한다.
  (3) 수련감독자는 사례지도를 진행할 때, 학회에서 권고한 사례지도 형식과 시간을 준수해야 한다.
  (4) 수련감독자는 사례지도를 시작하기 전에, 진행 과정에 대해 충분히 설명한 후 동의를 받음으로써, 수련생의 적극적 참여를 독려할 책임이 있다.
  (5) 수련감독자는 수련생에게 그들이 준수해야 할 전문가적·윤리적 규준과 법적 책임을 숙지시킨다.
  (6) 수련감독자는 지속적 평가를 통해 수련생의 한계를 파악하고, 그가 자신의 한계를 인식하고 보완할 수 있도록 돕는다.
  (7) 자격 심사 추천을 하는 주 수련감독자는 수련생이 합당한 역량을 모두 갖추었다고 여겨질 때에만 훈련과정을 확인 및 추천한다.

다. 수련감독자와 수련생 관계
  (1) 수련감독자는 수련생과 상호 존중하며 윤리적, 전문적, 개인적, 그리고 사회적 관계를 명료하게 정의하고 유지한다.
  (2) 수련감독 관계의 변화나 확장이 있을 경우, 수련감독자는 그로 인한 문제가 발생하지 않도록 적절한 전문적 조치를 취한다.
  (3) 수련감독자와 수련생은 성적 혹은 연애 관계를 갖지 않는다.

(4) 수련감독자와 수련생은 상호 성희롱 또는 성추행을 해서는 안 된다.
(5) 수련감독자는 가족, 친구, 동료 등 상대방에 대한 객관성을 유지하기 힘든 사람과 수련감독 관계를 맺지 않는 것을 원칙으로 한다.

라. 상담 교육자의 책임과 역할
(1) 상담 교육자는 상담과 관련된 자신의 지식과 능력 범위 안에서 교육을 제공하며, 상담 분야에서의 가장 새로운 정보와 지식을 활용한다.
(2) 상담 교육자는 교육과정에서 상담자의 다양성 인식 증진 및 다문화적 역량 향상을 도모한다.
(3) 상담 교육자는 교육생들이 상담이라는 전문직의 윤리적 책임과 규준을 숙지할 수 있도록 지도하고, 교육자 스스로 윤리적인 역할 모델이 될 수 있도록 노력한다.
(4) 상담 교육자는 자신이 속한 기관의 정책과 실제가 수련과정의 취지와 어긋난다면, 가능한 범위에서 그 상황을 개선하도록 노력한다.
(5) 상담 교육자는 수련중인 학회 회원의 상담료나 교육비를 책정할 때 특별한 배려를 함으로써 상담자 양성에 기여한다.
(6) 강의나 수업 중에 내담자, 학생, 혹은 수련생에 관한 정보나 이야기를 사례로 활용할 경우, 신상 정보를 충분히 변경하여 그 개인이 드러나지 않도록 보호한다.
(7) 상담 교육자는 교육생들이 훈련프로그램 중 상담자의 역할을 할 경우에도, 실제 상담자와 동일한 윤리적 의무와 책임이 있음을 인식하도록 지도한다.
(8) 상담 교육자는 평가대상이 되는 학생과 상담 관계를 맺지 않는다. 단 학교 현장에서 교육의 목적으로 이루어지는 집단상담의 경우는 예외로 한다.
(9) 상담 교육자와 교육생은 성적 혹은 연애 관계를 갖지 않는다.
(10) 상담 교육자와 교육생은 상호 성희롱 또는 성추행을 해서는 안 된다.

8. 윤리문제 해결

가. 숙지의 의무
(1) 상담심리사는 본 윤리강령 및 적용 가능한 타 윤리강령을 숙지해야 할 의무가 있다. 본 윤리강령에 대해 모르고 있거나, 잘못 이해했다고 해도 비윤리적 행위가 정당화될 수는 없다.
(2) 상담심리사는 현행법이 윤리강령을 제한할 경우, 현행법을 우선적으로 적용한다. 만약 윤리강령이 현행법이 요구하는 것보다 엄격한 기준을 설정하고 있다면 윤리강령을 따라야 한다.
(3) 특정 상황이나 행위가 윤리강령에 위반되는지 불분명할 경우, 상담심리사는 윤리강령에 대해 지식이 있는 다른 상담심리사, 해당 권위자 및 상벌윤리 위원회의 자문을 구한다.
(4) 상담심리사는 사실이 아닌 일을 만들거나 과장해서 위반 사례로 신고하거나 이를 조장하지 않는다.

나. 윤리위반의 해결

(1) 상담심리사는 다른 상담심리사의 윤리강령 위반을 인지한 경우, 그 위반이 심각한 해를 끼치지 않는다면 우선 해당 상담심리사에게 윤리문제가 있음을 인식시킨다.
(2) 명백한 윤리강령의 위반으로 개인이나 조직이 실질적인 해를 입거나 그럴 가능성이 있는 경우, 그리고 개별적인 시도로 해결되지 않는 경우, 상담심리사는 상벌윤리 위원회에 신고한다.
(3) 소속 기관 및 단체와 본 윤리강령 간에 갈등이 있을 경우, 상담심리사는 갈등의 본질을 명확히 하고, 소속 기관 및 단체에 윤리강령을 알려서 이를 준수하는 방향으로 해결책을 찾도록 한다.

다. 상벌윤리 위원회와의 협조

상담심리사는 상벌윤리 위원회의 업무에 협조한다. 상담심리사는 윤리강령을 위반한 것으로 신고된 사건 처리를 위한 상벌윤리 위원회의 조사, 요청, 기타절차에 협력한다.

9. 회원의 의무

본 학회의 모든 회원(정회원, 준회원)은 상담심리사 자격취득 여부와 상관없이 본 윤리강령을 준수할 의무가 있다. 윤리강령에 어긋나는 행위를 한 상담심리사는 윤리강령과 상담심리학회 회칙에서 정한 절차에 따라 징계를 받을 수 있다. 또한, 징계결과를 학회원, 다른 기관이나 개인에게 알릴 수 있다.

부 칙

- 본 윤리강령은 2003년 5월 17일부터 시행한다.
- 본 윤리강령은 학회 명칭과 상담전문가 명칭을 변경함에 따라 해당되는 용어를 수정하여 2004년 4월 17일자부터 시행한다.
- 본 개정 윤리강령은 2009년 11월 21일부터 시행한다.
- 본 개정 윤리강령은 2018년 1월 1일부터 시행한다.

상담심리학

- 김현택 외, 심리학 : 인간의 이해, 학지사, 2002
- 이장호, 상담심리학, 박영사
- 이장호 외, 상담심리학의 기초, 학지사, 2005
- 노안영, 상담심리학의 이론과 실제, 학지사, 2005

이상심리학

- Ann M. Kring 외, 이봉건 역, 이상심리학, 시그마프레스, 2012
- APA 집필, 권준수 등역, 정신질환의 진단 및 통계편람, 학지사, 2015
- James Morrison, 신민섭 등역, 쉽게 배우는 DSM-5, 시그마프레스, 2016
- Ronald J. Comer, 정경미 등역, 이상심리학 원론, 시그마프레스, 2013
- 권석만, 현대 이상심리학, 학지사, 2013

성격심리학

- 노안영 외, 성격심리학, 학지사, 2003
- Charles S. Carver 외, 김교헌 역, 성격심리학 : 성격에 대한 관점, 학지사, 2012
- Richard M. Ryckman, 장문선 등역, 성격심리학, 박학사, 2013
- Walter Mischel 외, 손정락 역, 성격심리학 : 통합을 향하여, 시그마프레스

심리검사

- 최정윤, 심리검사의 이해, 시그마프레스, 2010
- 신민섭 외, 그림을 통한 아동의 진단과 이해, 학지사
- John R. Graham, 이훈진 등역, MMPI-2 성격 및 정신병리 평가, 시그마프레스

연구방법론

- 성태제 외, 연구방법론, 학지사
- 송인섭 외, 실제 논문작성을 위한 연구방법론, 교육과학사, 2008

집단상담

- 이형득 외, 집단상담, 중앙적성출판사, 2002
- Marianne Schneider Corey, 김진숙 등역, 집단상담 과정과 실제, 센게이지러닝, 2010
- 강진령, 집단상담의 실제, 학지사, 2011
- 이장호 외, 집단상담의 원리와 실제, 법문사, 1992

가족상담

- 정문자 외, 가족치료의 이해, 학지사
- 김유숙, 가족치료 : 이론과 실제, 학지사
- 김유숙, 가족상담, 학지사
- 송정아, 가족치료 이론과 기법, 하우
- 최규련, 가족상담 및 치료, 공동체

발달심리학

- 송명자, 발달심리학, 학지사, 1995
- 김혜리 외, 아동의 심리, 중앙적성출판사, 1993
- 최경숙 외, 발달 심리학, 교문사, 2010
- 김태련 외, 발달심리학, 학지사, 2004

학습심리학

- 문선모, 학습이론 : 교육적 적용, 양서원, 2007
- Matthew H. Olson 외, 김효창 등역, 학습심리학, 학지사, 2009
- 박창호 외, 인지학습심리학, 시그마프레스, 2011

얼마나 많은 사람들이
책 한 권을 읽음으로써
인생에 새로운 전기를 맞이했던가.

– 헨리 데이비드 소로 –

좋은 책을 만드는 길, 독자님과 함께하겠습니다.

2026 시대에듀 상담심리사 한권으로 끝내기

개정12판1쇄 발행	2025년 10월 15일 (인쇄 2025년 08월 22일)
초 판 발 행	2014년 05월 15일 (인쇄 2014년 03월 18일)
발 행 인	박영일
책 임 편 집	이해욱
편 저	여한구 · 박경화
편 집 진 행	박종옥 · 김연지
표지디자인	현수빈
본문디자인	조성아 · 김휘주
발 행 처	(주)시대고시기획
출 판 등 록	제10-1521호
주 소	서울시 마포구 큰우물로 75 [도화동 538 성지 B/D] 9F
전 화	1600-3600
팩 스	02-701-8823
홈 페 이 지	www.sdedu.co.kr
I S B N	979-11-383-9837-4 (13180)
정 가	34,000원

※ 이 책은 저작권법의 보호를 받는 저작물이므로 동영상 제작 및 무단전재와 배포를 금합니다.
※ 잘못된 책은 구입하신 서점에서 바꾸어 드립니다.

실전감각을 키우는
최종모의고사

상담심리사 최종모의고사

합격을 위한
최고의 선택

- 상담심리사 및 관련 시험 대비
- 최종모의고사 4회 수록
- 중요한 문제만을 담은 부록 구성
- 키워드로 확인하는 핵심개념

※ 도서의 이미지와 구성은 변경될 수 있습니다.

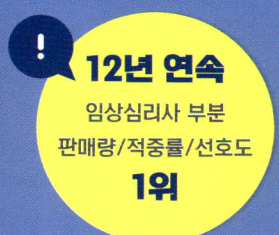

12년 연속
임상심리사 부분
판매량/적중률/선호도
1위

과목별 핵심이론부터 명쾌한 기출해설까지
한권으로 완성하는 시대에듀 임상심리사 시리즈

임상심리사 2급 1차 필기합격 단기완성

- 전 과목 핵심이론 + 이론별 핵심예제
- OX퀴즈 + 전문가의 한마디로 빈틈없는 학습
- 최신 기출키워드 분석
- 실전대비 적중예상문제 2회
- 합격완성 기출복원문제 2회
- 방대한 이론을 한곳에 모았다! 핵심요약집
- 유료 온라인 동영상 강의교재

임상심리사 2급 2차 실기합격 단기완성

- 전 과목 핵심이론 + 이론별 기출복원예제
- OX퀴즈 + 전문가의 한마디로 빈틈없는 학습
- 최신 기출키워드 분석
- 기출문제 심층분석 적중예상문제 2회
- 2024년 제1~3회 실기시험 기출복원문제
- 방대한 이론을 한곳에 모았다! 핵심요약집
- 유료 온라인 동영상 강의교재

※ 도서의 이미지와 구성은 변경될 수 있습니다.
※ 개정판 준비 중입니다.

+ 시대에듀 임상심리사 2급 시리즈

- ✓ 임상심리사 2급 1차 필기합격 단기완성
- ✓ 기출이 답이다 임상심리사 2급 1차 필기합격
- ✓ 파이널 핵심유형 100제 임상심리사 2급 1차 필기합격
- ✓ 임상심리사 2급 2차 실기합격 단기완성
- ✓ 기출이 답이다 임상심리사 2급 2차 실기합격
- ✓ 파이널 핵심유형 100제 임상심리사 2급 2차 실기합격